Handbuch IT-Outsourcing

Thomas Söbbing

Handbuch IT-Outsourcing

Rechtliche, strategische und steuerliche Fragen

mitp

Die Deutsche Bibliothek –
CIP-Einheitsaufnahme

Ein Titeldatensatz für diese Publikation
ist bei Der Deutschen Bibliothek erhältlich.

ISBN 3-8266-0981-6
1. Auflage 2002

Lektorat: Esther Neuendorf
Korrektorat: Petra Heubach-Erdmann
Satz: mediaService, Siegen
Druck: Media-Print, Paderborn

Inhaltsverzeichnis

Vorwort

Dieses Buch soll ein Leitfaden für all diejenigen sein, die sich mit *strategischen, rechtlichen* und *steuerrechtlichen* Fragen eines IT-Outsourcings beschäftigen wollen.

Im Vordergrund stand hierbei nicht, ein juristisches Lehrbuch zu schreiben, das können andere viel besser als ich. Mir lag es vielmehr am Herzen, die einzelnen Fragen, Strategien und Prozesse eines IT-Outsourcings in einem *Handbuch* zu beschreiben und diese rechtlich und steuerlich zu betrachten. Dabei können gerade die rechtlichen und die steuerlichen Aspekte die Strategien und Prozesse eines IT-Outsourcings maßgeblich beeinflussen und vielleicht sogar im negativen Fall ein Outsourcing-Projekt zum Scheitern bringen. Aus diesem Grund beschäftigt sich dieses Buch mit dem *Spannungsfeld* zwischen Strategien und Prozessen auf der einen Seite und den rechtlichen und steuerlichen Fragen auf der anderen Seite (siehe Abbildung V.1).

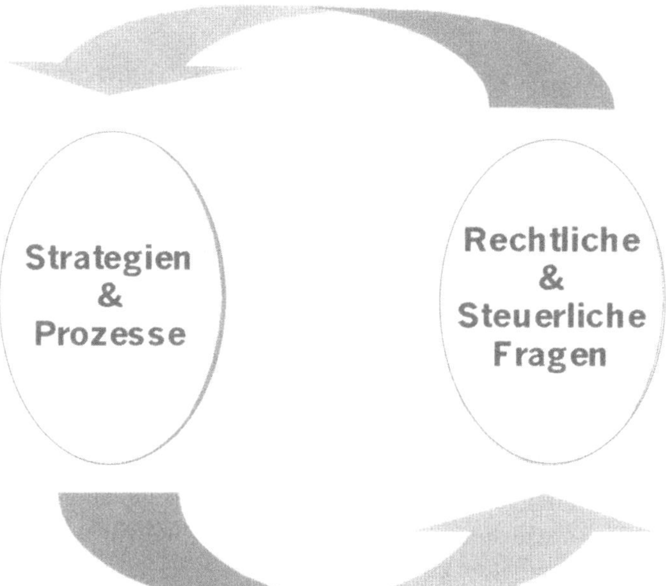

Abbildung V.1

Besonders wichtig war es mir dabei, nicht eine Vorgehensweise eines bestimmten Outsourcing-Dienstleisters zu beschreiben und diese als »Ultima Ratio« darzustellen. Vielmehr sind in dieses Buch Erfahrungen und theoretische Überlegungen aus zahlreichen Outsourcing-Projekten in unterschiedlichen Unternehmen verarbeitet worden, an denen ich aktiv beteiligt war.

Nach einer Einleitung, in der Pro und Contra des IT-Outsourcings diskutiert werden, werden in Kapitel B. *die Formen des Outsourcings* beschrieben und rechtlich hinterleuchtet. Kapitel C. beschreibt den Ablauf eines *IT-Outsourcing-Projekts* und geht dabei besonders auf die Rechtsfragen ein, die im Laufe eines Outsourcing-Projekts entstehen können. Unter der Berücksichtigung der rechtlichen Fragen eines Outsourcing-Projekts wird in Kapitel D. ein *Outsourcing-Vertragswerk* beschrieben, das sich durch den modularen Aufbau flexibel auf die eigenen Bedürfnisse eines Outsourcing-Vertrages zuschneiden lässt.

Wesentlichen Einfluss auf die Gestaltung eines Outsourcing-Projekts haben die *steuerrechtlichen Aspekte eines Outsourcing-Projekts*, die in Kapitel E. erläutern werden. In Kapitel F. wird eine Sonderform des Outsourcings, das *Application Service Providing* (ASP) behandelt. In Kapitel F. und G. werden die rechtlichen Fragen zweier Sonderfälle des IT-Outsourcings angesprochen: das *Outsourcing in der öffentlichen Verwaltung* und in der *Kreditwirtschaft.*

Kapitel H. schließlich bietet eine wahre Fundgrube an *Musterverträgen* und exemplarischen Texten, die, da sie dem Buch auch in elektronischer Form auf CD beiliegen, leicht auf eigene Bedürfnisse hin abgewandelt werden können.

Trotz des relativen großen Umfanges dieses Buches können die betroffenen Rechtsgebiete nur skizziert werden und auf die neuralgischen Punkte kann lediglich hingewiesen werden. Ziel meines Buches ist es, den (juristischen) Beratern der Vertragsparteien eine Übersicht und einen möglichen Lösungsansatz für die juristischen und steuerlichen Aspekte eines Outsourcings (im Besonderen bei der Gestaltung eines Outsourcing-Vertragswerks) anzubieten. Ich habe daher bewusst darauf verzichtet, mit diesem Werk bis in die letzte Tiefe der einzelnen Rechtsgebiete einzudringen, um somit dem Leser auf relativ geringem Raum dennoch eine Übersicht über die Bandbreite der strategischen, rechtlichen und steuerrechtlichen Fragen eines Outsourcings in der Informationstechnologie zu geben. Sollte sich der Leser mit einer spezielleren Frage beschäftigen, so hoffe ich, ihm durch meine Quellenhinweise weiterhelfen zu können.

Die Rechts- und Steuerfragen des IT-Outsourcings tangieren sehr viele Rechtsgebiete. Daher kann ich natürlich keine Garantie dafür geben, dass alle Informationen wirklich auf dem neusten Stand sind. In den Jahren 2001 und 2002 gab es eine Fülle von Gesetzesänderungen und Ergänzungen[1] die mich bereits mehrfach beim Erstellen des Werkes vor neue Aspekte gestellt haben. Ich bitte daher den Leser – die Leserin – um Verzeihung, wenn die eine oder andere Information nicht mehr aktuell oder gar falsch sein sollte. Auch, wenn ich dieses Buch nur neben meinem eigentlichen Beruf geschrieben habe, so tue ich doch mein Möglichstes, um es auf einem aktuellen Stand zu halten. Aus diesem Grund würde ich mich gerade über Rückmeldung und konstruktive Hinweise sehr freuen.

Thomas Söbbing
tsoebbing@web.de

Frankfurt a. M., im September 2002,

1. Zu erwähnen wäre hier z.B. das Rundschreiben des BAKred vom 6. Dezember 2001 zum § 25a KWG oder das Job-AQTIV-Gesetz zum 1.1.2002 oder die Änderung des § 613 a BGB zum 1. April 2002 und vor allem die große Schuldrechtreform zum 1.1.2002.

Einleitung

I. Entwicklung

In den 80er-Jahren bis in die frühen 90er-Jahre hinein ist es üblich gewesen, ein Produktportfolio breit auszurichten. Vorstellung der damaligen Unternehmensstrategie war es, Ausfälle in einem Geschäftsbereich durch einen anderen expandierenden Geschäftsbereich auszugleichen. Dies zeigte sich deutlich in der Firmenstrategie von Daimler Benz. Der damalige CEO von Daimler Benz, Edzard Reuter, hatte die Vision, aus dem Automobilhersteller Daimler Benz einen »Technologiekonzern« zu schaffen. Durch Zukäufe von AEG, Dornier (etc.) und der Gründung des debis Systemhauses und der DASA stellte Edzard Reuter das Produktportfolio von Daimler Benz sehr breit auf. So konnte der Daimler-Benz-Konzern zu Beginn der 90er-Jahre von der Waschmaschine über Autos bis zum modernen Großraumflugzeug alles liefern.

Seit Anfang/Mitte der 90er hat sich der Trend umgekehrt. Die Unternehmensstrategien gehen nicht mehr davon aus, dass ihr Produktportfolio besonders breit ausgerichtet sein sollte. Man beschränkt sich immer mehr darauf, was ein Unternehmen wirklich gut kann, die so genannten Kernkompetenzen.

Mit Antritt von Jürgen Schrempf als neuer CEO von Daimler Benz hat sich auch die Unternehmensstrategie von Daimler Benz geändert. Der Konzern, der aus dem Automobilbau kommt, hat sich wieder auf seine Kernkompetenzen zurück besonnen und verstärkt diesen Bereich nach und nach durch Firmenzukäufe und Fusionen. Zu nennen sind hier natürlich die Fusion von Daimler Benz und dem US-Automobilhersteller Chrysler, die Beteilung von Daimler Chrysler an Mitsubishi Motors, einem der größten Automobilhersteller. Währenddessen wurden die Nicht-Kernkompetenzen des Daimler-Chrysler-Konzerns, wie z.B. der Bau von Waschmaschinen, immer weiter verringert.

Was sich so im Bereich der Unternehmensstrategie widerspiegelt, hat sich auch im Bereich der einzelnen Unternehmensprozesse vollzogen, so dass der Trend mehr und mehr in die Richtung geht, Nicht-Kernprozesse auszugliedern und sich auf das Kerngeschäft zu konzentrieren. Wurden noch in den 80er-Jahren bis zu 70 % der Automobilteile vom Hersteller des KFZ selbst gefertigt, so hat sich dieser Anteil gegen Ende der 90er-Jahre bei Daimler Chrysler auf nahezu 40 % reduziert.

Diese Spezialisierung auf Kern-Kompetenzen bezieht sich aber nicht nur auf die Zulieferung von Einzelteilen für die Endproduktion. Vielmehr werden ganze Produktionsabschnitte an Fremdunternehmen vergeben. Dies erfolgt unter dem Schlagwort des *Outsourcing*.

Natürlich ist Outsourcing eigentlich nichts völlig Neues. Schon seit den 50er-Jahren gingen einzelne Unternehmen dazu über, sich der Leistungen externer Dienstleistungsunternehmen zu bedienen.

Die historische Entwicklung vieler Unternehmen begann damit, dass Erfinder, Unternehmer oder Händler ein Produkt entwickelten oder hieran Rechte erlangt hatten und dieses nunmehr herstellen und vertreiben wollten. Um die Produkte oder den Vertrieb der Produkte als den Hauptbereich ihrer Tätigkeit herum ergab sich für die Unternehmen bald die Notwendigkeit, weitere Abteilungen, Verwaltungseinheiten oder Produktionseinheiten aufzubauen. So lebt ein Produktionsunternehmen nicht alleine davon, dass es beispielsweise eine bestimmte Maschine produziert. Für ihren Bau sind bestimmte Einzelteile notwendig, die ebenfalls produziert werden müssen, Produktionsanlagen müssen instand gehalten werden, das Produkt muss mit Produktbeschreibungen versehen werden und es muss letztendlich über entsprechende Vertriebswege, für die Verwaltungseinheiten notwendig sind, verkauft werden. In diesem Zusammenhang bauten viele Betriebe eigene Instandhaltungsbetriebe, Schreinereien, mechanische Werkstätten, Druckereien, Marketingabteilungen, IT-Abteilungen usw. auf. Die Betreibung dieser Unternehmenseinheiten ist für viele Betriebe aber nur mit erheblichem Einsatz möglich, gerade, weil es sich dabei um Nicht-Kernkompetenzen handelt.

Ein geradezu klassisches Beispiel ist der kleine Handwerksbetrieb, in dem der Inhaber (meist der Handwerksmeister) nach Zuschließen der Werkstatt sich noch um die Lohnbuchhaltung kümmern muss. Je nach Motivation des Inhabers sah auch die entsprechende Lohnbuchhaltung aus. Dies ist dem Inhaber aber nicht zu verübeln, da er nach seiner Ausbildung und Profession mehr für eine handwerkliche Tätigkeit geeignet ist und nicht für die buchhalterische Tätigkeit. Die Folgen einer schlechten Lohnbuchhaltung konnten aber erheblich sein. Sicherlich ist es aber ein nur logischer Schritt von auch kleinen Handwerksunternehmen, die Lohnbuchhaltung an entsprechende Lohnbuchhaltungsbüros zu vergeben, um sich wieder voll auf die handwerkliche Tätigkeit zu konzentrieren.

Der Einsatz, den Unternehmen, egal welcher Größe, beim Betreiben von Nicht-Kernkompetenzen aufwenden müssen, ist in den letzten Jahren so erheblich geworden, dass es den Unternehmen kaum noch gelingt, mit der Entwicklung im Bereich der Nicht-Kernkompetenzen Schritt zu halten. Gerade die rasante Entwicklung im Bereich der Informations-Technologie (IT) zeigt dies deutlich auf.

Eine Lösung für diese schnelle Entwicklung in der Informations-Technologie wird in der Ausgliederung dieser Nicht-Kernkompetenzen gesehen. Dabei sollte aber nicht übersehen werden, wie wichtig diese Nicht-Kernkompetenzen weiterhin für ein Unternehmen sein können.

Welche Bedeutung IT-Outsourcing auch in den nächsten Jahren spielen wird, hat die international tätige Unternehmensberatung »Frost and Sullivan« in ihrer Studie aus dem Jahre 1999 zum Thema Outsourcing[2] prognostiziert. Der Umsatz im Bereich Outsourcing von IT-Dienstleistungen auf dem europäischen Markt wird von derzeit 40 Milliarden US-Dollar (1999) in den nächsten Jahren (bis 2006) auf 174,6 Milliarden Dollar wachsen. Dieser Trend zeigt, dass Wirtschaftsunternehmen immer mehr dazu übergehen, sich auf Kernkompetenzen innerhalb der Wertschöpfungskette[3] zu spezialisieren und Nicht-Kernkompetenzen outzusourcen.

II. Definition und rechtliche Bedeutung

Das aus der amerikanischen Managementpraxis stammende Kunstwort *Outsourcing* besteht aus den Worten *outside, resource* und *using.* Neuerdings ist das Wort Outsourcing aber auch fester Bestandteil der deutschen Sprache geworden.[4] Im Wesentlichen werden zwei Fallgruppen des Outsourcings unterschieden. Bei Outsourcing im engeren Sinne konzentriert sich die Fremdgabe vor allem auf die Aufgabe der Informationsverarbeitung. Beim Outsourcing im weiteren Sinne werden alle Aufgabenbereiche ausgegliedert, die nicht zum Kerngeschäft eines Unternehmens gehören.

Ziel des Outsourcing ist es, bestimmte Produkte oder Dienstleistungen (durch eigene Unternehmensprozesse) nicht mehr selbst herzustellen, sondern auf ein Dienstleistungsunternehmen zu übertragen, das die geforderten Leistungen wirtschaftlicher erbringt als das outsourcende Unternehmen. Outsourcing der IT ist in verschiedenen Formen möglich. Grundsätzlich ist dabei zu prüfen, ob tatsächlich ein Outsourcing vorliegt oder ob lediglich Leistungen fremdvergeben werden. Liegt eine Fremdvergabe von Leistungen vor, also übernimmt der Outsourcing-Anbieter nicht ganze Betriebsteile, so beschränken sich die rechtlichen Fragen auf die gewöhnliche Abwicklung eines IT-Projekts.

---

2. Die Unternehmensberatung Frost & Sullivan beobachtet ständig eine Reihe wichtiger High-tech-Branchen und befragt diese auf neue Markttrends, Kennzahlen und Unternehmensstrategien, www.frostandsullivan.com
3. Die Differenz zwischen der Absatzleistung und dem Faktoreinsatz kennzeichnet den Wert der betrieblichen Wertschöpfung. W. Hopfenbeck Allg. Betriebswirtschaftslehre 9. Auflage S. 95
4. Lt. Duden: Out|sour|cing, das; -s <engl.> (Wirtsch. Übergabe von bestimmten Firmenbereichen an spezialisierte Dienstleistungsunternehmen

Der Begriff Outsourcing ist rechtlich nicht definiert. Auch gibt es kaum Rechtsprechung[5] und nur vereinzelte Literatur zum Thema Rechtsfragen von IT-Outsourcing-Projekten. Mangels Regelungen zum Thema IT-Outsourcing stellt die Erstellung eines IT-Outsourcing-Vertragswerkes eine besondere Herausforderung da. Die Abgrenzung, ob tatsächlich ein Outsourcing vorliegt, wird häufig mit der Frage verbunden, ob ein Betriebsteil übergeht. Die Voraussetzung, wann ein Betriebsteil vorliegt und ob dieser tatsächlich übergeht, wird im weiteren Verlaufe dieses Werkes beschrieben. Die wesentlichen Normen, in denen ein Betriebsteil erwähnt wird, sind:[6]

- § 123 UmwG — Aufteilung von (Betriebs-)Teilen[7]
- § 613 a BGB — bei Übergang von Personal[8]
- § 20 UmwStG — Steuerliche Betrachtung bei Übergang eines Betriebsteils
- § 34 III UrhG — bei der Übernahme von Nutzungsrechten[9]

Sicherlich kann diese Aufzählung nicht abschließend entscheiden, ob tatsächlich Outsourcing gegeben ist. Dennoch regeln diese Normen mit ihrem Regelungsbereich häufig Sachverhalte, die im Zusammenhang mit einem Outsourcing-Projekt stehen.

III. Gründe für ein Outsourcing-Projekt

Wie bereits bei der Beschreibung der Entwicklung von Outsourcing dargestellt, ist der Begriff des Outsourcings eng mit der Konzentration auf das Kerngeschäft verbunden (siehe auch Abbildung 1). Die mit der Organisation der Randdienstleistung betrauten Kräfte werden so entlastet und haben mehr Zeit für ihre speziellen Bereiche zur Verfügung. Die betrauten Kräfte werden neben ihrem Aufgabenbereich kaum mehr mit »fachfremdem Ballast« konfrontiert.[10]

Ein weiterer Grund für ein Outsourcing-Projekt wird in den garantierten Service Levels[11] gesehen. Der Outsourcing-Anbieter garantiert dem Outsourcing-Kunden einen gewissen Standard an qualitativen und quantitativen Zielen. Für den Outsourcing-Kunden besteht somit die Möglichkeit, aus garantierten Service Levels einen größeren Profit für sein Kerngeschäft generieren zu können und/oder somit auch seine gesamten Kosten (TCO – Total Cost of Ownership)[12] zu senken.

5. Koch Computer-Vertragsrecht Auflage 5. Rn. 1006
6. Siehe Kapitel C., Das Outsourcing-Projekt, und Kapitel D., Das Outsourcing-Vertragswerk
7. Siehe Kapitel B, Formen des Outsourcings, I.
8. Siehe Kapitel C., Das Outsourcing-Projekt, und Kapitel D., Das Outsourcing-Vertragswerk
9. Siehe Kapitel C., Das Outsourcing-Projekt, und Kapitel D., Das Outsourcing-Vertragswerk
10. Outsourcing-Management Müller/Prangenberg S. 30
11. Siehe Kapitel C., Das Outsourcing-Projekt, III. Nr. 5.
12. IT Service Management nach ITIL S. 2

Die mit Outsourcing erzielbaren wirtschaftlichen Potenziale erstrecken sich neben den Qualitätsaspekten auf eine Einsparung der IT-Kosten eines Unternehmens. Ein externer Anbieter kann aufgrund von Größenvorteilen (Betriebsgröße, Produktionskapazität) rationellere Herstellungsmethoden anwenden bzw. seine Fixkosten auf einen breiteren Nutzerstamm verteilen. Ob durch ein Outsourcing-Projekt tatsächlich Kosten eingespart werden können, lässt sich pauschal nicht bejahen.

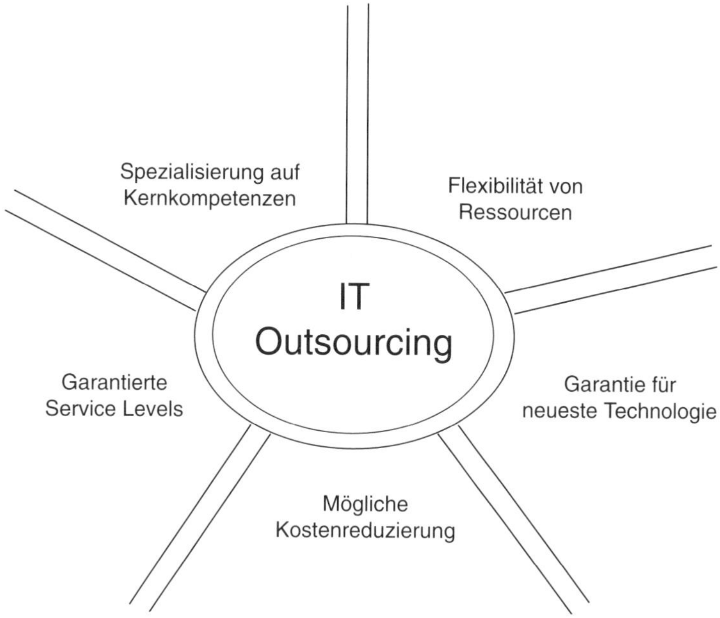

Abbildung A.1

Wenn diese Kosten bezogen auf den Umsatz in einer Größenordnung von 1,5 % bis 3 % je nach Branche liegen, so ist sehr leicht ersichtlich, dass eine Einsparung von z.B. 20 % hier ein wirtschaftlicher Effekt, jedoch nur eine weniger priore strategische Option ist.[13]

Ein Unternehmen, das Leistungen extern zukauft, anstatt sie intern herzustellen, gewinnt an strategischer Flexibilität, da keine Infrastruktur aufgebaut und keine Know-how-Barriere überwunden werden muss. Auch der Rückzug aus bestimmten Absatzmärkten ist leichter, da zuvor keine Investitionen in z.B. Gebäude und Maschinen getätigt wurden.

Ein weiterer Grund für ein Outsourcing-Projekt kann die Reduzierung der Fertigungstiefe sein. Eine Reduzierung der Fertigungstiefe bedingt die Auslagerung von bisher intern erbrachten Leistungsprozessen an externe Anbieter. Damit

13. Oecking in Köhler-Frost S.104

gewinnt das Unternehmen an Flexibilität und nutzt Spezialisierungsvorteile von Zulieferern, die wiederum Wettbewerbsvorteile schaffen können.

Auch könnte in der Reduzierung der Kapitalbindung ein Grund für ein Outsourcing-Projekt gesehen werden. Die zur Eigenerstellung erforderlichen PC, Server etc. fallen weg, d.h., sie binden keine Finanzmittel mehr.

IV. Gründe, die gegen ein Outsourcing-Projekt sprechen

Neben den Vorteilen, die ein Outsourcing-Projekt verspricht, können Outsourcing-Projekte auch Nachteile beinhalten:

Ein Nachteil eines Outsourcing-Projekts könnte im Verlust von Entscheidungsspielräumen bestehen. Ein einmal durchgeführtes Outsourcing ist de facto mittelfristig irreversibel (nicht behebbar), da die durch das Outsourcing deinvestierten Ressourcen mit wesentlich höherem Investitionsaufwand völlig neu bereitgestellt werden müssen.

Ein weiterer Nachteil könnte in der Abhängigkeit vom Dienstleister gesehen werden. Der Outsourcing-Kunde und der Outsourcing-Anbieter sind durch das Outsourcing-Projekt eng miteinander verbunden. Die Entscheidung, nicht mehr mit dem Outsourcing-Partner zusammenzuarbeiten, ist mit erheblichen Folgen und Kosten verbunden.

V. Fazit

Eine generelle Befürwortung von Outsourcing-Projekten kann nicht gegeben werden. Die Gründe für ein Outsourcing-Projekt müssen von potenziellen Outsourcing-Kunden wie auch vom Outsourcing-Anbieter sorgfältig durchdacht und abgewogen werden. Die Outsourcing-Partner müssen sich über die weitreichende Entscheidung eines Outsourcing-Projekts bewusst sein.

Formen des Outsourcings

Durch die verschiedenen Anforderungen der Outsourcing-Kunden an ein Outsourcing-Projekt haben sich in der Praxis sehr unterschiedliche organisatorische Formen des Outsourcings gebildet. Die vier häufigsten organisatorischen Formen des Outsourcings sind:

- Konzentration von IT-Aktivitäten im Unternehmen[14]
- Konzerninternes Outsourcing
- Totales Outsourcing
- Partielles Outsourcing/Outtasking

Diese Formen eines Outsourcing-Projekts können in ihrer Ausgestaltung und ihren Anforderungen sehr unterschiedlich sein. Sind die Anforderung bei der Zusammenführung von IT-Service-Aktivitäten im Unternehmen oder Konzern noch sehr einfach gehalten, können die Anforderungen beim partiellen Outsourcing (Outtasking) oder beim totalen Outsourcing an die beteiligten Personen und Unternehmen doch sehr komplex sein (siehe Abbildung B.1).

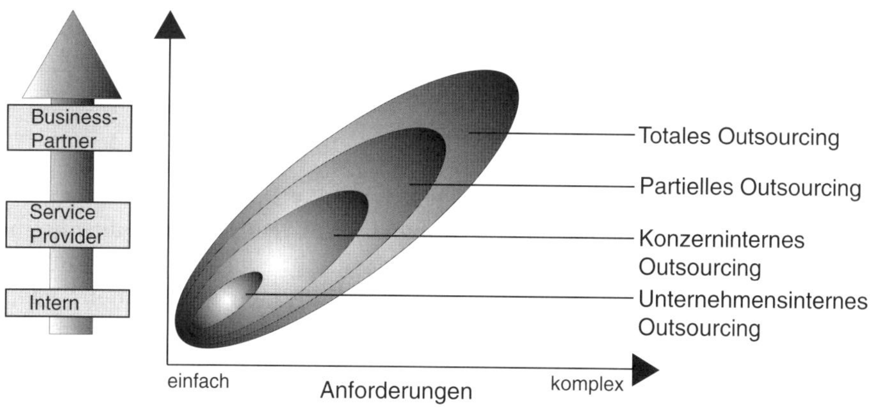

Abbildung B.1

Entsprechende Anforderungen sind auch an die potenziellen Outsourcing-Anbieter zu stellen. Ist ein relativ kleiner Anbieter noch in der Lage, einen gewissen

14. Streng genommen ist die Konzentration von IT-Aktivitäten keine Form des Outsourcings. Da sie aber häufig eine nötige Vorstufe zum Outsourcing ist, wird sie nachfolgend mitbetrachtet.

Bereich der IT in Form eines partiellen Outsourcing (Outtasking)[15] lokal an einem bestimmten Standort zu erbringen, so scheitert er möglicherweise bereits an der bundesweiten Serviceerbringung und der Einhaltung der Service Level Agreements[16], da er über keine Servicestützpunkte verfügt. Darüber hinaus erscheint es für einen kleinen Serviceanbieter auch schwierig, die gesamte Bandbereite des IT-Betriebs eines Unternehmens oder Konzern zu übernehmen.

Bei einem großen Outsourcing-Anbieter erscheint auf den ersten Blick die Möglichkeit wahrscheinlicher, den gesamten IT-Betrieb eines Konzerns, der vielleicht sogar weltweit agiert, im Sinne eines totalen Outsourcings zu übernehmen. Aber auch dies kann zeitweilig in den organisatorischen Abwicklungen zu einigen unbeantworteten Fragen führen.

Für den Aufwand, die rechtlichen Fragen eines Outsourcing-Projekts in der Informationstechnologie zu beantworten, gilt Entsprechendes. Ist der Aufwand für ein Outsourcing innerhalb eines Unternehmens oder eines Konzerns noch recht gering, so erfordert ein partielles Outsourcing oder Outtasking einen schon größeren rechtlichen Aufwand. Entschließt sich der Outsourcing-Kunde zu einem totalen Outsourcing, so ist der Aufwand für die Beantwortung der rechtlichen Fragen schon erheblich.[17]

Natürlich kann ein Outsourcing-Projekt auch scheitern. Folge des Scheiterns eines Outsourcing-Projekts ist häufig die Rückabwicklung eines Outsourcing-Projekts. Häufig ist der Outsourcing-Kunde danach bestrebt, den ausgelagerten IT-Betrieb wieder selbst zu betreiben. Dieser Begriff wird häufig als *Insourcing* bezeichnet. [18]

Neben den oben bereits erwähnten organisatorischen Formen des IT-Outsourcings gibt es noch folgende Sonderformen eines Outsourcing-Projekts:

- Business Process Outsourcing
- Application Service Providing

Alle diese Outsourcing-Formen unterliegen durch die engen Verbindungen zwischen den Dienstleistern (Outsourcing-Anbieter) und dem Kunden (Outsourcing-Kunden) besonderen Gegebenheiten. Das gewählte Outsourcing-Modell sollte als eine auf Dauer angelegte, partnerschaftliche Beziehung betrachtet werden, [19] denn bereits schon in der Vorbereitungsphase muss auf komplexe Zusammenhänge Rücksicht genommen werden, die sich über das gesamte Outsourcing-Projekt erstrecken. Dies zeigt sich im Besonderen bei »totalen Outsourcing-Projekten«, in denen der gesamte IT-Betrieb an einen Outsourcing-Anbieter übergeben wird.

---

15. Siehe Kapitel B., Formen des Outsourcings, III.
16. Service Level Agreements (SLA) siehe Kapitel C., Das Outsourcing-Projekt, III. Nr. 5. und Kapitel D., Der Outsourcing-Vertrag, IV. Nr. 2.
17. Sommerlad in Köhler-Frost S. 281 ff.
18. Wisskirchen/Kleinertz in Köhler-Frost S. 181,182
19. Lewandowski/Mann in »Service Level Management« S. 222

I. Konzentration von IT-Aktivitäten

Die Konzentration von IT-Aktivitäten kann in zwei Varianten unterschieden werden. Einmal von der Konzentration der IT-Service-Aktivitäten in Unternehmen und einmal von der Konzentration der IT-Service-Aktivitäten im Konzern.

I.1 Konzentration der IT-Service-Aktivitäten in Unternehmen

Wird als Dienstleister nicht ein externes Unternehmen, sondern eine, gegebenenfalls als Profit Center organisierte, Fachabteilung herangezogen, spricht man aufgrund des kompletten Verbleibs aller Funktionen im Unternehmen nicht von einem Outsourcing.[20] Hierzu werden die IT-Service-Aktivitäten in einem Unternehmen zu einer Fachabteilung (z.B. in der Form eines Shared Service Center)[21] zusammengezogen (siehe Abbildung B.2).

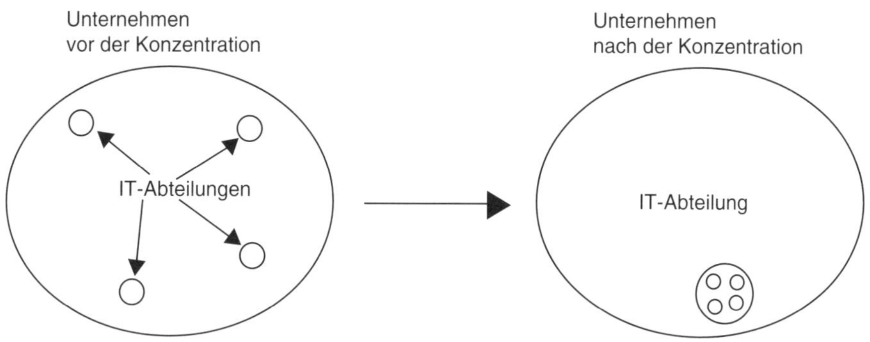

Abbildung B.2

Gleichwohl ist die Zentralisierung eine notwendige Stufe des Outsourcings. Insbesondere die Bildung von Profit Centern ist sinnvoll, denn diese ermöglichen den Vergleich der betriebseigenen Möglichkeiten und Kosten mit den Angeboten externer Dienstleister,[22] um in einer späteren Make-or-Buy-Entscheidung zu prüfen, in welchen Bereichen ein Outsourcing sinnvoll ist.[23]

20. Bongard »Outsourcing« S. 88
21. Unter einem Shard Service Center (SSC) wird die Zusammenfassung gleicher Prozesse mehrerer Business Units in einem wirtschaftlich und/oder rechtlich selbstständigen Verantwortungsbereich zur Unterstützung mehrerer Organisationseinheiten mit der Absicht, die Prozesse und den Ressourceneinsatz zu optimieren, verstanden. SSC unterscheiden sich von verwandten Ansätzen, insbesondere dem Outsourcing und der Zentralisierung, im Wesentlichen durch eine interne Kunden- und Lieferantenbeziehung. Siehe Wisskirchen/Kleinertz in Köhler-Frost S. 189–199
22. Bongard »Outsourcing« S. 88

Bei der Zentralisierung der IT-Abteilungen in der Form eines unternehmensinternen Outsourcings ergeben sich keine relevanten rechtlichen Fragen für ein IT-Outsourcing-Projekt.

I.2 Konzentration der IT-Service-Aktivitäten im Konzern

Wurden bei der Konzentration der IT-Service-Aktivitäten im Unternehmen die IT-Service-Aktivitäten eines Unternehmens zu einer Abteilung zusammengefasst, werden bei der Konzentration der IT-Service-Aktivitäten im Konzern alle IT-Abteilungen des Konzerns in einem Tochterunternehmen, meist einer GmbH oder einer GmbH & Co. KG,[24] konzentriert (siehe Abbildung B.3).[25]

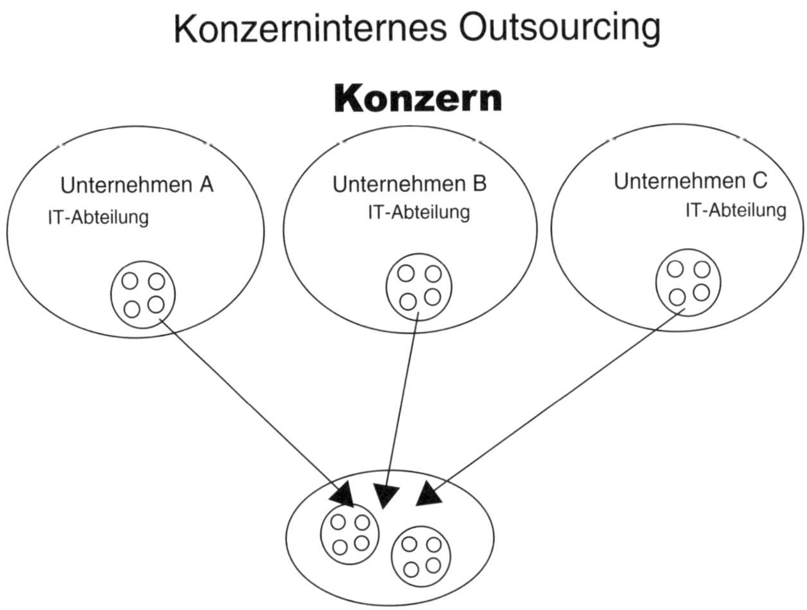

Abbildung B.3

Der Konzern beauftragt nunmehr für IT-Service-Erbringung nicht mehr die eigenen IT-Service-Abteilungen, sondern ein Tochterunternehmen, ein Beteiligungsunternehmen oder ein Gemeinschaftsunternehmen,[26] das auch in der Form

23. Bei der Make-or-Buy-Entscheidung im Unternehmen ist zu prüfen, in wie weit der Fremdbezug in Anspruch genommen werden kann. Es ist die Frage nach den Kernaufgaben zu beantworten und es ist darauf zu achten, dass Outsourcing nicht nur ein Body-Leasing ist. Horchler in Köhler-Frost S. 143
24. Hamann in »Outsourcing in Banken und Sparkassen« S. 76
25. Wisskirchen/Kleinertz in Köhler-Frost S. 181, 182; Bongard »Outsourcing« S. 89, Schott in Köhler-Frost S. 181, 182
26. Staudacher in Köhler-Frost S. 301,

eines Shared Service Center (SSC) Leistungen für den Konzern erbringen kann. Durch die Zentralisierung der IT-Service-Aktivitäten in einem Tochterunternehmen kommt es zu Synergieeffekten bei Einkauf der IT, bei der Personalverwaltung und beim Auftragsmanagement. Auch die Umsetzung von weltweit gültigen Konzernstrategien und Standards im Umfeld der Informationstechnologie gestaltet sich durch die Konzentration der IT-Service-Aktivitäten in einem Konzern erheblich einfacher und kann auf diesem Weg auch zu Kostenreduzierungen führen.

Ferner ist es möglich, dass die neu gegründete IT-Service-Tochter des Konzerns auch Kunden außerhalb des eigenen Konzerns gewinnen[27] und somit ihren eigenen Beitrag dazu leisten kann, den Profit des Konzerns zu steigern. Beide Geschäftsbereiche (Leistungserbringung für den Konzern und Drittgeschäft) sollen an sich möglichst profitabel sein, wobei eine Quersubventionierung aus dem Geschäft mit dem Mutterkonzern, wenn überhaupt, nur in der Anfangsphase akzeptiert wird.[28]

a) Rechtliche Betrachtung

Die Ausgliederung des IT-Betriebs in eine neue Tochtergesellschaft kann auf zwei Wegen geschehen.[29] Einerseits kann der Konzern die entsprechenden Betriebsteile einzeln in die Tochtergesellschaft übertragen. Anderseits kann der Konzern die Ausgliederung der Betriebsteile nach Maßgabe des Umwandlungsgesetzes (UmwG) durchführen.

aa) Ausgliederung außerhalb des UmwG

Für eine Ausgliederung des betreffenden Betriebsteils außerhalb des Umwandlungsgesetzes müssen sämtliche Vermögensgegenstände (Asset) des Betriebsteils einzeln übertragen werden. Es reicht nicht aus, den Betriebsteil pauschal zu bezeichnen.[30] Die Übertragung erfolgt grundsätzlich nach § 929 ff. BGB, bei Software nach § 34 III UrhG[31] und bei unbeweglichen Gegenständen (Grundstücke, Häuser etc.) in notarieller Form durch Auflassung und Eintragung ins Grundbuch. Dies erfolgt im Wege eines Kauf- oder Übertragungsvertrages zwischen dem Konzern (und dessen einzelnen Gesellschaften) und der neuen IT-Tochtergesellschaft.

---

27. Bongard »Outsourcing« S. 90
28. Spies in »Service Level Management« S. 94
29. Siehe Kapitel E., Steuerliche Aspekte des Outsourcings
30. Hamann in »Outsourcing in Banken und Sparkassen« S. 77
31. Siehe Kapitel C., Das Outsourcing-Projekt, III. Nr. 3.

Anstelle eines Kauf- oder Übertragungsvertrages kann der Konzern auch im Wege einer Sachgründung das Asset in die neu gegründete IT-Tochtergesellschaft einbringen. Der Konzern muss dazu bei einer Sachgründung aber besondere gesetzliche Erfordernisse im Rahmen der Vorschriften zur Sicherung der Kapitalaufbringung berücksichtigen.[32]

Daneben könnte der Konzern das Asset der Betriebsteile auch im Wege der Miete nach §§ 535 BGB oder Pacht nach § 581 BGB[33] zur Nutzung überlassen. Dies kann aber zur sog. Betriebsaufspaltung führen, bei der ggf. Sonderprobleme zu beachten wären.[34]

bb) Ausgliederung nach dem UmwG

Mit dem Inkrafttreten des Umwandlungsgesetzes[35] wurde das Ausgliedern von Unternehmensteilen vereinfacht. Das Umwandlungsgesetz ist unter anderem geschaffen worden, um die bis zu seinem Inkrafttreten in zahlreichen verschiedenen Gesetzen verstreuten Regelungen zur Umstrukturierung von Unternehmen zu vereinheitlichen, dabei neue Umwandlungsmöglichkeiten zu schaffen und Lücken zu schließen und bei allem auch noch zum Schutz der Gläubiger und Minderheitsgesellschafter bessere rechtliche Rahmenbedingungen zu geben.[36] Nach dem Umwandlungsgesetz sind folgende Umwandlungsmöglichkeiten vornehmlich möglich:

- Verschmelzung
- Spaltung
- Vermögensübertragung
- Formwechsel

Für ein Outsourcing der IT in eine Tochtergesellschaft des Konzerns kommt aber lediglich die Spaltung nach § 123 UmwG in Betracht.[37] Das Umwandlungsgesetz unterteilt die Spaltung wiederum in die Aufspaltung nach §123 I UmwG, in die Abspaltung nach § 123 II UmwG und in die Ausgliederung nach § 123 III UmwG. Alle Formen der Spaltung haben den Vorteil, dass im Wege der »partiellen Gesamtrechtsnachfolge« die entsprechenden Vermögenswerte (Asset), Betriebe oder Betriebsteile nicht einzeln aufgeführt werden müssen. Nach § 124 UmwG i.V.m. § 3 UmwG können an einer Aufspaltung oder einer Abspaltung vor allem Personengesellschaften wie OHG und KG sowie Kapitalgesellschaften wie GmbH, AG und KGaA, aber auch eingetragene Genossenschaften und andere beteiligt sein.

---

32. Bei Sachgründung einer GmbH nach dem GmbH-Gesetz siehe: §§ 5 IV, 7 III, 8 I Nr. 4 + 5, 9, 9c Satz 2, 10 V, 82 GmbHG
33. Siehe Kapitel E., Steuerliche Aspekte des Outsourcings
34. Horchler, Outsourcing 1996 S. 114 ff.
35. BGBl 1994, 3210
36. Hamann in »Outsourcing in Banken und Sparkassen« S. 80
37. Arbeitsrechtliche Fragen der Spaltung siehe Kapitel C., Das Outsourcing-Projekt, III. Nr. 1.

Für eine Verlagerung des Konzern-IT-Betriebes auf eine Tochtergesellschaft kommt lediglich die *Ausgliederung* in Betracht. Die Ausgliederung i.S.d. § 123 III UmwG ist die Übertragung eines oder mehrerer Vermögensteile eines Rechtsträgers auf eine oder mehrere übernehmende Rechtsträger, wobei im Unterschied zur Aufspaltung der übertragende Rechtsträger bestehen bleibt. Als Gegenleistung erhält der übertragende Rechtsträger Anteile an dem übernehmenden Rechtsträger.

Das *Spaltungsverfahren* ist sehr aufwendig. Es bedarf eines notariell beurkundenden Spaltungs- und Übernahmevertrages, der einen Monat vor Spaltungsbeschluss dem Betriebsrat zur Verfügung gestellt werden muss. Als Alternative zu diesen Verträgen kann auch ein Spaltungsplan mit gesetzlich festgelegtem Mindestinhalt, vgl. § 124 UmwG, dem Betriebsrat vorgelegt werden. In allen Fällen, in denen eine Spaltung erfolgt, um eine Neugründung durchzuführen, ist immer ein Spaltungsplan im Unterschied zu einem Spaltungs- und Übernahmevertrag erforderlich, weil im Unterschied zu einer reinen Spaltung kein Vertragspartner besteht, mit dem ein Spaltungs- und Übernahmevertrag abgeschlossen werden kann.[38]

Bei der Spaltung zur Aufnahme wird die fragliche Übertragung der Vermögensteile gleichzeitig jeweils auf einen anderen bestehenden Rechtsträger übertragen. Bei der Spaltung zur Neugründung wird die fragliche Übertragung auf einen anderen (neu gegründeten) Rechtsträger übertragen.

Die Anforderung an den Spaltungs- und Übernahme/Spaltungsplan sind im § 126 UmwG gesetzlich geregelt. Die Regelungen sind sehr umfangreich, zur Erleichterung der Praxis erlaubt der § 126 II UmwG aber, dass bei der Bezeichnung der zu übertragenden Gegenstände auf Urkunden wie Bilanzen und Inventare Bezug genommen werden kann, deren Inhalt eine Zuweisung des einzelnen Gegenstandes ermöglicht.[39] Solche Urkunden sind dann gem. § 126 II UmwG dem Spaltungs- und Übernahmevertrag als Anlagen beizufügen. Den Vertragsparteien steht das Recht frei, über die vorgenannten Mindestinhalte hinausgehende Regelungen zu vereinbaren.[40]

Gemäß § 127 UmwG ist von den Leistungsorganen jedes der beteiligten Unternehmen ein Spaltungsbericht anzufertigen. Ein Spaltungsbericht im Sinne des § 127 UmwG stellt einen schriftlichen Bericht dar, in dem die Spaltung, der Vertrag oder sein Entwurf im Einzelnen rechtlich und wirtschaftlich erläutert und begründet wird. Die Vertretungsorgane können den Bericht auch gemeinschaftlich erstellen. Gemäß § 127 S. 2 i.V.m. § 8 III UmwG ist dieser durch – notariell zu beurkundende – Verzichtserklärungen der Anteilsinhaber aller beteiligten Rechtsträger vermeidbar sowie auch dann, wenn sich alle Anteile des übertragenden Rechtsträgers in der

38. Hamann in »Outsourcing in Banken und Sparkassen«, S. 85
39. Hamann in »Outsourcing in Banken und Sparkassen« S. 86
40. Vgl. Priester in Lutter: UmwG a.a.O. § 126 Rz. 59

Hand des übernehmenden Rechtsträgers befinden. Ferner müssen folgende weitere Schritte bedacht werden:

- Spaltungsprüfung gem. § 125 i.V.m. §§ 9–12 UmwG[41]
- Spaltungsbeschluss gem. § 125 i.V.m. § 13 UmwG
- Sachgründungsbericht nach dem GmbHG bei der Sachgründung einer GmbH, vgl. § 138 UmwG
- Die Spaltung muss gem. § 125 i.V.m. §§ 16, 17, 129 UmwG ins Handelregister eingetragen werden[42]

cc) Haftung

Gemäß § 133 I UmwG haften die bei der Spaltung beteiligten Rechtsträger als Gesamtschuldner für die Verbindlichkeiten des übertragenden Rechtsträgers, die vor dem Wirksamwerden der Spaltung begründet worden sind. Selbstverständlich bleiben daneben die allgemeinen Haftungsbestimmungen wie die §§ 25, 26 und 28 HGB bestehen. Unter den Voraussetzungen des § 125 i.V.m. § 22 UmwG kann der Gläubiger Sicherheitsleistungen für seinen Anspruch verlangen. Zur Sicherheitsleistung ist gem. § 133 I S. 2 2. Halbsatz UmwG allerdings nur der an der Spaltung beteiligte Rechtsträger verpflichtet, gegen den sich der Anspruch richtet. Die Inhaber von Sonderrechten in einem übertragenden Rechtsträger werden durch §§ 125 i.V.m. § 23 UmwG, 133 II UmwG geschützt, da ihnen in dem übernehmenden Rechtsträger gleichwertige Rechte zu gewähren sind.[43] Darüber hinaus sieht § 133 III UmwG vor, dass diejenigen Rechtsträger, denen die Verbindlichkeiten im Spaltungs- und Übernahmevertrag nicht zugewiesen worden sind, ebenfalls für die Verbindlichkeiten haften.[44]

b) Beispiel

Bei der Konzentration der Konzern-IT-Services in einem Tochterunternehmen ist als bekanntes Beispiel das debis Systemhaus[45] zu nennen. Dort wurde eine große Anzahl von IT-Aktivitäten des Daimler-Chrysler-Konzerns gebündelt und nicht nur dem eigenen Konzern, sondern auch Drittfirmen (z.B. Henkel KGaA) zur Verfügung gestellt.

41. Dies gilt gem. § 125 II UmwG nicht bei Ausgliederungsfällen, weil dort kein Austausch stattfindet.
42. Erst die Eintragung führt zur Wirksamkeit der Spaltung.
43. Siehe auch Hamann in »Outsourcing in Banken und Sparkassen«, S. 88
44. Wenn sie vor Ablauf von 5 Jahren nach der Spaltung fällig sind und daraus Ansprüche gegen die gerichtlich geltend gemacht worden sind.
45. Das debis Systemhaus wurde im Jahre 2000 von der Deutschen Telekom übernommen und vertreibt seine Leistungen heute unter dem Markennamen »T-Systems«.

II. Totales Outsourcing

Hat ein Konzern seine IT-Service-Aktivitäten in einer IT-Service-Tochter gebündelt, wäre ein möglicher nächster Schritt ein Outsourcing der gesamten IT, ein so genanntes *Totales Outsourcing*.[46] Hierbei wird der Großteil der IT-Service-Aktivitäten eines Konzerns oder eines Unternehmens von einem Serviceprovider (Outsourcing-Anbieter) erbracht.[47] Dieser wirtschaftliche Vorgang wird unterschiedlichst bezeichnet, im Ergebnis ist aber der gleiche Prozess gemeint.[48] IBM bezeichnet die gesamte Ausgliederung des IT-Betriebs eines Unternehmens oder Konzerns als *Strategic Outsourcing* (SO),[49] während Siemens (Siemens Business Service) dieses als *Information Technology Outsourcing* (ITO) bezeichnet.[50]

II.1 Organisatorische Vorgehensweise

In einem ersten Schritt analysiert der Outsourcing-Anbieter in einer so genannten *Due Diligence* die meist bestehende IT-Service-Tochter des Outsourcing-Kunden. Diese wird nach der Analyse in ein *Joint Venture* mit dem Outsourcing-Anbieter vom Outsourcing-Kunden eingebracht. Der Outsourcing-Anbieter übernimmt zwar häufig die unternehmerische Führung der Service-Gesellschaft, dennoch hat der Outsourcing-Kunde durch den Gesellschaftsvertrag Einblick und Steuerungsmöglichkeiten bei der Service-Gesellschaft. Nach einem Zeitraum von drei bis sieben Jahren übernimmt der Outsourcing-Anbieter das Joint Venture und macht dieses zu einer eigenen Service-Tochter. Im weiteren Verlauf wird aus Synergieeffekten diese Service-Tochter in den Konzern oder in das Unternehmen des Outsourcing-Anbieters einverleibt.

a) Due Diligence

In einem ersten Schritt bewertet der Outsourcing-Anbieter die meist bestehende IT-Service-Tochter des Outsourcing-Kunden in einer so genannten *Due Diligence* (Abbildung B.4). Zielsetzung des Outsourcing-Anbieters ist dabei eine mögliche Übernahme der IT-Service-Tochter des Outsourcing-Kunden, um somit in einem ersten Schritt den IST-Betrieb des Outsourcing-Kunden zu betreiben. Aus steuerlichen und organisatorischen Gründen[51] übernimmt der Outsourcing-Anbieter die IT-Service-Tochter nicht zu 100 %, vielmehr wird die IT-Service-Tochter in ein Joint Venture zwischen dem Outsourcing-Kunden und dem Outsourcing-Anbieter eingebracht.

46. Wird häufig auch als Komplettes Outsourcing bezeichnet.
47. Müthlein »Outsourcing und Datenschutz« S. 8
48. Ferner benutzt die Firma Compaq (aus Marketinggründen) den Begriff Futuresourcing für Outsourcing.
49. Diemer in Köhler-Frost S. 58, 69
50. Oecking in Köhler-Frost S. 94, 98
51. Siehe Kapitel E., Steuerliche Aspekte des Outsourcings

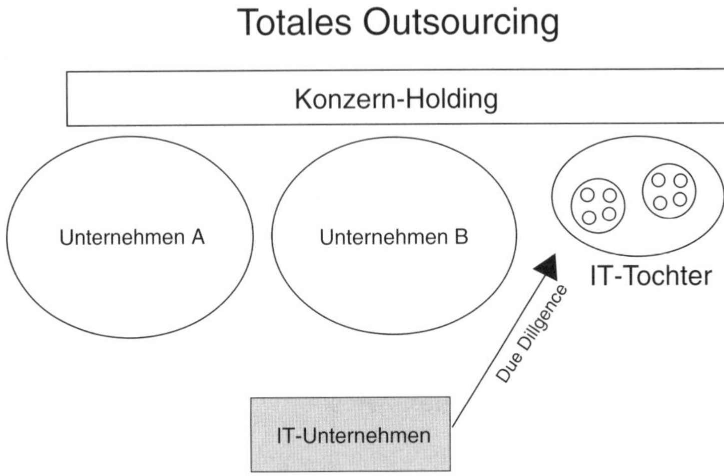

Abbildung B.4

Wörtlich übersetzt ist die Due Diligence die im Rahmen einer Unternehmensakquisition erforderliche bzw. angemessene oder gebührende Sorgfalt bei der Analyse des Untersuchungsobjektes (hier der IT-Service-Tochter des Outsourcing-Kunden).[52] Im übertragenen Sinne ist die Due Diligence damit die umfassende, formalisierte, aber auch kreative, alle für die Zielsetzung relevanten Aspekte berücksichtigende Analyse und Bewertung des Untersuchungsobjektes. Alle wesentlichen Einflussfaktoren, Chancen und Risiken sollten durch eine Due Diligence aufgezeigt werden. [53]

aa) Prüfungspflicht

Nach dem deutschen Kaufrecht trifft den Käufer (hier möglicherweise den Outsourcing-Anbieter) keine Prüfungspflicht hinsichtlich des Kaufobjektes.[54] Auch die kaufrechtliche Gewährleistung des Verkäufers hängt nicht davon ab, dass der Käufer eine Überprüfung des Kaufobjektes vorgenommen hat. Gegebenenfalls ist aber bei unterlassener Prüfung der Einwand des Mitverschuldens gem. § 254 BGB bei einer Inanspruchnahme des Verkäufers aus vorvertraglichem Verschulden aus § 241 II i.V.m. § 311 II BGB, § 311 III BGB denkbar. Die Gewährleistungsansprüche sind andererseits gem. §§ 439, 460 BGB insoweit ausgeschlossen, als der Käufer Kenntnis um den Mangel erhält oder dieser ihm nur wegen eigener grober Fahrlässigkeit unbekannt geblieben ist.

52. Weyam Fremdwörterbuch Wirtschaft
53. Busse von Colbe/Pellens Lexikon des Rechnungswesens Due Diligence S. 189
54. Zur rechtlichen Bedeutung der Due Diligence Harrer DStR 1993, 1673 ff.; Merkt BB 1995, 1042 ff.

Eine Due Diligence macht vor diesem Hintergrund für den Käufer gewährleistungsrechtlich nur dann einen Sinn, wenn die Ergebnisse der Due Diligence in die nachfolgende Vertragsgestaltung einfließen.[55]

bb) Informationsrechte des Veräußerers

Ob und inwieweit sich der Verkäufer (sprich der Outsourcing-Kunde) die Möglichkeit der Durchführung einer Due Diligence tatsächlich und auch rechtlich verschaffen kann, hängt nicht zuletzt von der Rechtsform des zu veräußernden Unternehmens und der Stellung des Verkäufers ab.[56]

- Ohne weiteres möglich ist dies dem Verkäufer nur, wenn er Einzelunternehmer oder Alleingesellschafter einer GmbH oder faktischer Alleingesellschafter einer GmbH & Co. KG ist.
- Soweit der GmbH-Gesellschafter von seiner Gesellschaft Informationen aufgrund von § 51a GmbHG verlangen kann, sind diese grundsätzlich vertraulich zu behandeln.[57]
- Der Aktionär hat im Ergebnis keine Möglichkeit, über die höchst eingeschränkten Informationsquellen aus Jahresabschluss und Lagebericht sowie seinem Fragerecht aus § 131 AktG hinaus Informationen über die Aktiengesellschaft zu erhalten. Sein diesbezügliches Fragerecht versagt indes hinsichtlich sensibler Unternehmensdaten (etwa stille Reserven, latente Steuern, Verzinsung des tatsächlich eingesetzten Kapitals).[58]
- Nach § 166 HGB kann auch der Kommanditist nur sehr eingeschränkt Informationen erhalten.[59]

cc) Fragenkatalog

Die Due Diligence dient dabei für den Outsourcing-Anbieter als Entscheidungsgrundlage und ggf. Verhandlungsbasis für das Outsourcing-Projekt mit dem Outsourcing-Kunden. Durchgeführt wird die Due Diligence vom Outsourcing-Anbieter oder von Dritten, z.B. Wirtschaftprüfern, Steuerberatern, Rechtsanwälten oder Unternehmensberatern.[60] Wie bereits erwähnt, wird von diesem dritten Personenkreis ein umfassender Fragenkatalog erstellt, die so genannte *Due Diligence-List.*

---

55. Due Diligence und Gewährleistungsrecht siehe Loges DB 1997, 965 ff.; Merkt BB 1995, 1041 ff. Zur Vorstandshaftung aufgrund fehlerhafter Due Diligence beim Unternehmenskauf Kiethe NZG 1999, 976 ff.
56. Näher zu Due Diligence im Spannungsfeld zur Geheimhaltungspflicht und Geschäftsführern und Gesellschaftern: Bihr BB 1998, 1198 ff.; Ziegler DStR 2000, 249 ff. Zur Herausgabe von Informationen im Rahmen einer Due Diligence Bremer GmbHR 2000, 176 ff.
57. Zur Auskunftserteilung von Geschäftsführen siehe Götze ZGR 1999, 202 ff.
58. Geheimhaltungspflichten der AG-Vorstandsmitglieder bei Unternehmenskäufen: Roschmann, Frey AG 1996, 449 ff.; Schroeder AG 1967, 2161 ff.; Ziemons AG 1999, 492 ff. zu Besonderheiten beim Erwerb durch den Vorstand Mertens AG 1997, 541 ff.
59. Näher zum Auskunftsrecht des Kommanditisten Huber ZGR 1982, 539 ff.
60. Busse von Colbe/Pellens Lexikon des Rechnungswesens Due Diligence, S. 189

Aus der Sicht des Käufers (Outsourcing-Anbieter) werden damit alle bedeutenden Fragen und Bereiche abgedeckt.[61]

Eine solche Liste könnte folgende Punkte beinhalten:[62]

- Aktiva und Passiva des zu übernehmenden Unternehmens
- Verträge und Vereinbarungen
- Arbeitsrechtliche Angelegenheiten
- Steuer- und Bilanzangelegenheiten
- Sonstiges

Die Ausrichtung der Due Diligence kann natürlich entsprechend des zu bewerteten Objektes sehr unterschiedlich ausfallen. Grundsätzlich kann jedoch anhand folgender Aspekte vorgegangen werden:[63]

Review von Abschlüssen

- Analyse der Verlässlichkeit
- Analyse der Bilanzpolitik
- Analyse der Vermögens-, Finanz- und Ertragslage

Identifikation von Risiken

- Marktrisiken:
  - Fehlende Instrumente, Controlling, Planung, Berichtswesen, Kompetenzregeln, hohe Fluktuation, demotivierte Mitarbeiter.[64]
- Liquiditätsanalysen:
  - Steuerrisiken für Nachzahlungen, Einhaltung von Investitionssummen, Forderungsaufbau, Tilgungsstau, Haftungstatbestände
- Ökologische Risiken (sind im Umfeld der IT-Branche eher zu vernachlässigen)

Analyse von Erfolgspotenzialen bzw. Prüfung der Planung:

- Prüfung des vom Management erstellten Geschäftsplanes nach den folgenden Kriterien:
  - Glaubwürdigkeit des geplanten Umsatzwachstums
  - Planungstreue des Unternehmens in der Vergangenheit
  - Erfolg der Programme zur Kostendämmung
  - Zukunftsträchtigkeit der Produktpalette
  - Erwartete Kundentreue[65]

---

61. Merkt Internationaler Unternehmenskauf, S. 1043
62. Entnommen aus Harrer, S. 1673 f.
63. Peemöller/Keller in »Saarbrücker Handbuch der Betriebswirtschaftlehre« Kapitel 3. Rn. 327
64. Bei der Übernahme des debis Systemhauses durch die deutsche Telekom haben 5000 Mitarbeiter das debis Systemhaus nach Fusion verlassen, Focus Ausgabe 48/2000.
65. Hier als sehr hoch anzusetzen, da der Outsourcing-Kunde durch den Outsourcing-Vertrag fest gebunden wird.

Analyseinstrumentarium für Planungsrechnungen:

- Prüfung der Prämissen auf:
  - Kompatibilität mit der gesamtwirtschaftlichen Entwicklung
  - Kompatibilität mit der branchenüblichen Entwicklung
  - Kompatibilität mit den betrieblichen Zusammenhängen
- Weiterrechnungen:
  - Abschreibungen
  - Personalaufwand
  - Zinsaufwand
  - Informationen über geplante Investitionen; Personalstand, Finanzierungsstruktur
  - Anpassung der Planung für die nächsten Jahre
  - Funktionalrechnung
  - Input-/Outputrelation
  - Zeit- und Betriebsvergleich
  - Kalkulationsmäßige Rechnung

Nach Abschluss der Due Diligence – mit der Maßgabe, ein möglichst lückenloses Bild des zu erwerbenden Unternehmens aufgenommen zu haben – sind die Ergebnisse in einem abschließenden Bericht zusammenzufassen, um dem potenziellen Erwerber (Outsourcing-Anbieter) eine Grundlage für seine Kaufentscheidung zu geben.[66] Diese Kaufentscheidung kann auch entscheidend sein, ob der Outsourcing-Anbieter mit dem Outsourcing-Kunden das entsprechende Outsourcing-Projekt durchführen will.

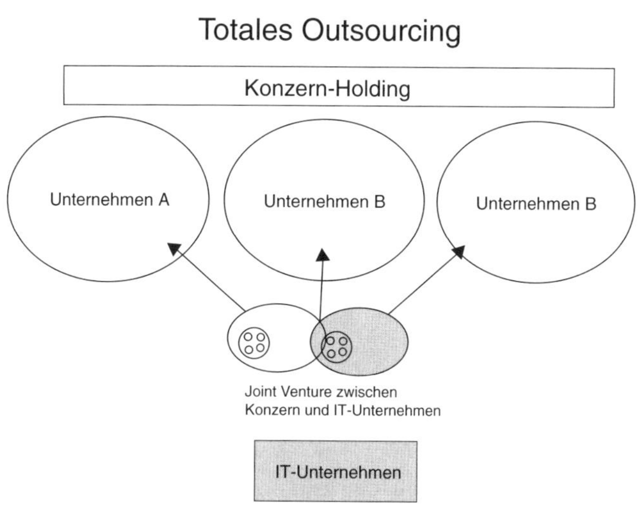

Abbildung B.5

66. Ganzert/Kramer S. 581

b) Gründung eines Joint Venture

Um steuerliche Vorteile zu erlangen,[67] aber auch als Steuerungs- und Überwachungsinstrumentarium für den Outsourcing-Kunden, wird hierbei häufig die Gründung einer gemeinsamen Service-Gesellschaft in der Form eines Joint Venture angestrebt (Abbildung B.5). Vom Outsourcing-Kunden wird die bereits bestehende IT-Service-Tochter in das Joint Venture eingebracht.

Unter einem Joint Venture[68] wird im Allgemeinen die Zusammenarbeit von nicht gebietsansässigen Unternehmen mit einem Partner aus dem Gastland verstanden, d.h. alle Formen der Zusammenarbeit, einschl. Lizenzvergabe, Vertragsmanagement, Vertragsfertigung und Gemeinschaftsunternehmen.[69] Beim »totalen Outsourcing« spielen die Fragen wie Gebietsansässigkeit eher eine untergeordnete Rolle, vielmehr geht es den Outsourcing-Partnern um die Gründung eines Gemeinschaftsunternehmens.

Zu Beginn einer Ausgliederung in Zusammenspiel mit einem Dritten steht in der Regel ein Kooperationsvertrag, der die Ziele und den Gegenstand der Ausgliederung sowie die von den Beteiligten dazu zu leistenden Beiträge beschreibt. In dieser Phase muss Einigung bestehen über:

- Rechtsform der Gesellschaft
- Kapitalausstattung
- Abstimmung über Geschäftsordnung für die Geschäftsführung
- Besetzung der Geschäftsführung
- Bildung von Beiräten
- Einzelheiten des Gesellschaftsvertrages

Im Rahmen des Joint Venture können sich verschiedene Rechtsfragen ergeben, die sowohl der Outsourcing-Kunde als auch der Outsourcing-Anbieter berücksichtigen müssen.

aa) Kartellrechtliche Fragen

Kartellrechtliche Fragen bei der Gründung eines Joint Venture ergeben sich dann,[70] wenn das Joint Venture lediglich die Aufgabe hat, *nur* den Outsourcing-Kunden zu betreuen und bei der Anmelde- und Anzeigepflicht nach §§ 35 ff. GWB.

---

67. Siehe Kapitel E., Steuerliche Aspekte des IT-Outsourcings
68. Der Begriff Joint Venture lässt sich auch als gemeinsames Wagnis übersetzen. Vgl. Raffee, Eisele (1994) S. 17–22
69. Fremdwörterbuch der Wirtschaft S. 115
70. Siehe Kapitel B., Formen des Outsourcings, II. Nr. 1.

(1) Ausschließlichkeit des Joint Venture

Hat das Joint Venture lediglich die Aufgabe, nur den Outsourcing-Kunden zu betreuen, kommt es darauf an, ob es sich um voll bezahlte Leistungen handelt, dann ist eine Ausschließlichkeit in der Regel zulässig, oder dem Outsourcing-Anbieter ein Verwertungsverbot auferlegt wird, das den Wettbewerb spürbar beeinträchtigt, ohne dass dem ein Austausch der Leistung zugrunde liegt.

Da es *unwahrscheinlich* ist, dass der Outsourcing-Kunde oder Outsourcing-Anbieter vertraglich verlangt, dass das Joint Venture die Belieferung an Dritte unterlässt,[71] unterliegen daher die Outsourcing-Vertragswerke zwischen Outsourcing-Kunden und Outsourcing-Anbieter grundsätzlich auch nicht dem § 1 GWB. Der klassische Fall des Outsourcings ist daher kartellrechtlich nicht relevant, sondern führt zu einer Verstärkung des Wettbewerbs und ist daher unter dem Kartellrecht begrüßenswert.[72]

(2) Anmelde- und Anzeigepflicht

Handelt es sich beim Outsourcing-Anbieter, wie im Fall eines Joint Venture, um den Zusammenschluss verschiedener Unternehmen, sind die §§ 35 ff. GWB zu beachten. Die Vorschriften über die Zusammenschlusskontrolle finden gem. § 35 I Nr.1 GWB Anwendung, wenn die beteiligten Unternehmen insgesamt im letzten, vor dem Zusammenschluss endenden Geschäftsjahr Umsatzerlöse von mehr als 500 Mio. € erzielt haben und gem. § 35 I Nr. 2 GWB mindestens ein beteiligtes Unternehmen im Inland Umsatzerlöse von mehr als 25 Mio. € erzielt hat. Gemäß § 35 II GWB gilt § 35 I GWB nicht, wenn ein Unternehmen, das nicht im Sinne des § 36 II abhängig ist und im letzten Geschäftsjahr weltweit Umsatzerlöse von weniger als 10 Mio. € erzielt hat, sich mit einem anderen Unternehmen zusammenschließt oder, nach Nr. 2, soweit ein Markt betroffen ist, auf dem seit mindestens fünf Jahren Waren oder gewerbliche Leistungen angeboten werden und auf dem im letzten Kalenderjahr weniger als 15 Mio. € umgesetzt wurden. Soweit durch den Zusammenschluss der Wettbewerb beim Verlag, bei der Herstellung oder beim Vertrieb von Zeitungen oder Zeitschriften oder deren Bestandteilen beschränkt wird, gilt nur Satz 1 Nr. 2 des § 35 II GWB.

Gemäß § 35 III GWB finden die Vorschriften des GWB keine Anwendung, soweit die Kommission der Europäischen Gemeinschaften nach der Verordnung (EWG) Nr. 4064/89 des Rates vom 21. Dezember 1989 über die Kontrolle von Unternehmenszusammenschlüssen in ihrer jeweils geltenden Fassung ausschließlich zuständig ist.

71. Niebling »Outsourcing« S. 23
72. Niebling »Outsourcing« S. 24

Die Zusammenschlusstatbestände sind in § 37 GWB zusammengefasst als:

- Erwerb des Vermögens eines anderen Unternehmens ganz oder zum wesentlichen Teil durch Umwandlung oder in sonstiger Weise
- Erwerb von Anteilen an einem anderen Unternehmen, wenn die Anteile alleine oder zusammen mit sonstigen, dem Unternehmen bereits gehörenden Anteilen
  - 25 % des Kapitals oder des Stimmrechtes des anderen Unternehmens erreichen oder
  - 50 % des Kapitals oder des Stimmrechtes des anderen Unternehmens erreichen oder
  - dem Unternehmen eine Mehrheitsbeteiligung im Sinne des § 16 I AktG einbringen

Nach § 39 GWB sind Zusammenschlüsse vor dem Vollzug beim Bundeskartellamt gemäß den § 39 I, II GWB anzumelden. Zur Anmeldung sind verpflichtet:

1. die am Zusammenschluss beteiligten Unternehmen
2. in den Fällen des § 37 I Nr. 1 und 3 GWB auch der Veräußerer

Gemäß § 39 III GWB ist in der Anmeldung die Form des Zusammenschlusses anzugeben. Die Anmeldung muss ferner über jedes beteiligte Unternehmen folgende Angaben enthalten:

1. die Firma oder sonstige Bezeichnung und den Ort der Niederlassung oder den Sitz
2. die Art des Geschäftsbetriebes
3. die Umsatzerlöse im Inland, in der Europäischen Union und weltweit; anstelle der Umsatzerlöse sind bei Kreditinstituten, Finanzinstituten und Bausparkassen der Gesamtbetrag der Erträge gemäß § 38 IV GWB, bei Versicherungsunternehmen die Prämieneinnahmen anzugeben
4. die Marktanteile einschließlich der Grundlagen für ihre Berechnung oder Schätzung, wenn diese im Geltungsbereich dieses Gesetzes oder in einem wesentlichen Teil desselben für die beteiligten Unternehmen zusammen mindestens 20 vom Hundert erreichen
5. beim Erwerb von Anteilen an einem anderen Unternehmen die Höhe der erworbenen und der insgesamt gehaltenen Beteiligung
6. eine zustellungsbevollmächtigte Person im Inland, sofern sich der Sitz des Unternehmens nicht im Geltungsbereich dieses Gesetzes befindet

Ist gem. § 39 III GWB ein beteiligtes Unternehmen ein verbundenes Unternehmen, so sind die Angaben nach Satz 2 Nr. 1 und 2 des § 39 GWB auch über die verbundenen Unternehmen und die Angaben nach Satz 2 Nr. 3 und Nr. 4 über jedes am Zusammenschluss beteiligte Unternehmen und die mit ihm verbundenen Unternehmen insgesamt zu machen sowie die Konzernbeziehungen, Abhängigkeits- und Beteiligungsverhältnisse zwischen den verbundenen Unternehmen mitzuteilen. In der

Anmeldung dürfen keine unrichtigen oder unvollständigen Angaben gemacht oder benutzt werden, um die Kartellbehörde zu veranlassen, eine Untersagung nach § 36 I GWB oder eine Mitteilung nach § 40 I GWB zu unterlassen.

Eine Anmeldung ist gem. § 39 IV GWB nicht erforderlich, wenn die Kommission der Europäischen Gemeinschaften einen Zusammenschluss an das Bundeskartellamt verwiesen hat und dem Bundeskartellamt die nach Absatz 3 des § 39 GWB erforderlichen Angaben in deutscher Sprache vorliegen. Das Bundeskartellamt teilt den beteiligten Unternehmen unverzüglich den Zeitpunkt des Eingangs der Verweisungsentscheidung mit.

Ferner kann das Bundeskartellamt gem. § 39 V GWB von jedem beteiligten Unternehmen Auskunft über Marktanteile einschließlich der Grundlagen für die Berechnung oder Schätzung sowie über den Umsatzerlös bei einer bestimmten Art von Waren oder gewerblichen Leistungen verlangen, den das Unternehmen im letzten Geschäftsjahr vor dem Zusammenschluss erzielt hat.

Darüber hinaus müssen die beteiligten Unternehmen dem Bundeskartellamt den Vollzug des Zusammenschlusses unverzüglich anzeigen, vgl. § 39 VI GWB.

bb) Gesellschaftsrechtliche Aspekte

Bei der Gründung eines Joint Venture zwischen dem Outsourcing-Kunden und dem Outsourcing-Anbieter wird in rechtlicher Hinsicht die Trennung eines Unternehmens von einem Teil seiner bisherigen Unternehmenstätigkeit vorgenommen (Verlagerung). Dies führt zu einem Verlust oder zu einer Verringerung des Einflusses des Outsourcing-Kunden auf die vorher bestehende IT-Service-Gesellschaft, die fest im Konzern verankert gewesen ist. Die Mitwirkungsrechte des Outsourcing-Kunden an dem Joint Venture sollten daher den Verlust oder die Reduzierung der Einwirkungsmöglichkeiten kompensieren. Sie sind abhängig von der Rechtsform des Konzerns, aus dem ausgegliedert wird, und von der Methode der Spaltung.[73]

Für das IT-Outsourcing kommt als Spaltung im Sinne des § 123 UmwG nur die Ausgliederung in Frage[74], diese gilt auch für die Gründung des Joint Venture. Der Outsourcing-Kunde überträgt die Vermögensteile der IT-Service-Gesellschaft auf das Joint Venture. Als Gegenleistung erhält der Outsourcing-Kunde Anteile am Joint Venture.

73. Staudacher in Köhler-Frost Steuerl., gesellschafts- u. arbeitsrechtliche Aspekte von Outsourcing S. 308

74. Siehe Kapitel B., Formen des Outsourcings, I. Nr. 2a

cc) Gläubigerschutzvorschriften

Gemäß § 123 I und II UmwG kann eine Ausgliederung (z.B. in Form eines Joint Venture) durch die Methoden der Auf- und Abspaltung oder der Ausgliederung mit Sonderrechtsnachfolge gem. § 123 III UmwG durchgeführt werden.[75] Bei allen Methoden nach dem UmwG sollte bedacht werden, dass der Gesetzgeber dem Gläubigerschutz einen hohen Stellenwert eingeräumt hat. Gesamtschuldnerische Haftung, Verpflichtung zur Leistung von Sicherheiten an Gläubiger und besondere Haftung gegenüber Arbeitnehmeransprüchen (§§ 22, 133 und 134 UmwG)[76] zeigen dies deutlich auf und sind bei der Gründung des Joint Venture zu bedenken.

dd) Konzernrechtliche Haftung

Soweit nicht ein kodifiziertes Konzernrecht besteht wie bei Aktiengesellschaften bzw. soweit nicht Unternehmensverträge (Beherrschungsvertrag, Gewinnabführungsvertrag etc.) vorliegen, darf der Einfluss eines herrschenden Unternehmens auf das abhängige Unternehmen nur derart ausgeübt werden, dass die eigenen Interessen des abhängigen Joint Venture nicht missachtet werden. Andernfalls besteht nach der BGH-Rechtsprechung zum so genannten *qualifizierten Konzern*[77] die Gefahr, dass das herrschende Unternehmen für die Verbindlichkeiten des abhängigen Unternehmens haftet (Haftungsdurchgriff der Gläubiger des Joint Venture auf das herrschende Unternehmen).

ee) Regelungsinhalte eines Joint-Venture-Vertrages

Da der Aufbau eines kompletten Unternehmens durch das Joint Venture-Vertragswerk geregelt wird, umfasst das Vertragswerk typischerweise folgende Aspekte:[78]

- Vereinbarungen eines bestimmten Unternehmenskonzeptes für das Joint Venture: Produktpalette, Kapazität, Zielmarkt
- Investitionsvolumen
- Finanzierung, insbesondere die finanziellen Beiträge der einzelnen Partner
- Rechtsform des Gemeinschaftsunternehmens, Kapital und Kapitalanteile der einzelnen Partner
- Organe und Organbesetzung, Mehrheiten in den Organen
- Aufbau-Management, d.h. Management während der Errichtungsphase bis zum Beginn der Leistungserbringung
- Beiträge einzelner Partner in der Aufbauphase (z.B. Lieferung von PCs)
- Management[79] während der Leistungserbringung

---

75. Siehe Kapitel B., Formen des Outsourcings, I. Nr. 2a
76. Staudacher in Köhler-Frost Steuerl., gesellschafts- u. arbeitsrechtliche Aspekte von Outsourcing S. 309
77. TBB-Urteil, BGHZ 122, 123
78. Entnommen aus Rechtsfragen des internationalen Gemeinschaftsunternehmen-Joint Venture-RIW 1990, 1 ff.
79. Unter Management sind dabei auch die Führungskräfte gemeint, die nicht Organe sind.

- Personalauswahl und -entsendung: sehr häufig werden Führungskräfte vom Outsourcing-Anbieter zum Joint Venture abgestellt
- Liefer- und Leistungsbeziehungen des Joint Venture zum Outsourcing-Geber und zum Outsourcing-Anbieter
- Zielmarkt (mehr Kunden als nur den Outsourcing-Kunden) und Vermarktungswege, Wettbewerbsfragen zwischen Müttern und Gemeinschaftsunternehmen, unter Umständen auch zwischen den Müttern; die Wettbewerbs- und kartellrechtlichen Fragestellungen des Joint Venture werden manifestiert
- Know-how, Lizenzen, Personalschulungen etc.
- Fragen des Rechnungswesens und Berichtspflichten des Gemeinschaftsunternehmens
- Geschäftspolitische Grundsätze
- Regelungen über die Vorgründungsphase bis zur Gründung der Gemeinschaftsunternehmens
- Regelungen über die Beendigung eines Joint Ventures, insbesondere durch die spätere mögliche Übernahme durch den Outsourcing-Anbieter
- Rechtswahl, Schiedsgerichtsklausel, Salvatorische Klausel usw.

Das oben aufgeführte Regelungsspektrum ist bei weitem nicht nur gesellschaftsrechtlicher Natur, so dass sich die Vertragsgestaltung nicht nur auf die Erstellung eines Gesellschaftsvertrages/Satzung der zu gründenden Gesellschaft bezieht. Auch sind diverse Regelungsinhalte vorhanden, die nicht Gegenstand von Leistungsverträgen (z.B. Übernahme von Know-how) sind. Es kommt daher oft zu einem dreistufigen Aufbau:[80]

1. Gesellschaftsvertrag, Satzung der zu gründenden Gesellschaft
2. Einzelne Liefer- und Leistungsverträge (Know-how-Verträge)
3. Ein übergreifender Vertrag (Joint Venture Agreement, Shareholders Agreement, Basic Agreement und ähnlich genannt) zwischen den Müttern, in denen diejenigen Fragen geregelt sind, die nicht durch die bereits vorgenannten Verträge umfassend geregelt sind.

c) Vom Joint Venture zur Service-Tochter des Outsourcing-Anbieters

In einem Zeitraum von drei bis sieben Jahren nach Gründung des Joint Venture kann es für den Outsourcing-Anbieter aus organisatorischen und steuerlichen Gründen[81] interessant sein, die Anteile des Outsourcing-Kunden am gemeinsamen Joint Venture zu übernehmen (Abbildung B.6).

80. Entnommen aus Rechtsfragen des internationalen Gemeinschaftsunternehmen-Joint Venture-RIW 1990, 1 ff.
81. Siehe Kapitel E., Steuerliche Aspekte des IT-Outsourcings

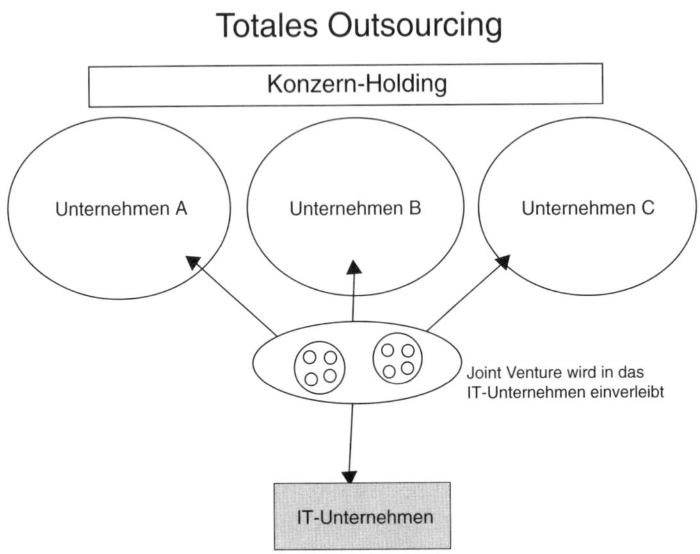

Abbildung B.6

Dies könnte dem Outsourcing-Kunden sogar entgegenkommen. Entsprechend dem Outsourcing-Gedanken möchte sich dieser mehr auf seine Kernkompetenzen spezialisieren, folglich ist das Interesse des Outsourcing-Kunden an den Gesellschaftsanteilen des Joint Venture in der Regel gering, so dass dieser wenig gegen eine Übernahme der Gesellschaftsanteile durch den Outsourcing-Anbieter einzuwenden haben wird.

Der Outsourcing-Anbieter hat in diesem Zeitraum auch bewiesen, dass es ihm möglich ist, den IT-Service zu liefern, und dass er in der Lage ist, die vereinbarten Service Levels zu halten.[82] Entsprechend des Outsourcing-Vertrags und den darin vereinbarten Service Levels wird er dies auch zukünftig für Outsourcing-Kunden tun.[83] Daher ist für den Outsourcing-Kunden kaum zu befürchten, dass er den Einfluss auf die Serviceerbringung (durch den Verkauf der Geschäftsanteile des Joint Venture) verlieren könnte.

Der Outsourcing-Anbieter macht somit aus dem Joint Venture eine IT-Service-Tochter seines eigenen Konzerns und verleibt das zuvor bestandene Joint Venture in seinen Konzern ein. Das Joint Venture wird somit in der Regel ein verbundenes, meist auch beherrschendes Unternehmen im Sinne des §§ 15 ff. AktG.

82. Service Level Agreements SLA siehe Kapitel C., Das Outsourcing-Projekt, III. Nr. 5.
83. Denkbar wäre hier eine Dreieckskonstellation, Outsourcing-Kunden und Outsourcing-Anbieter schließen einen Vertrag. Der Service für den Outsourcing-Kunden wird aber nicht durch den Outsourcing-Anbieter erbracht, sondern durch seine Service-Gesellschaft.

Die Frage einer konzernrechtlichen Haftung nach der Auslagerung der IT auf das Joint Venture ist nur relevant, wenn der Konzern des Outsourcing-Kunden weiterhin gesellschaftsrechtlich beteiligt bleibt. Wird wie im nächsten Schritt das Joint Venture vom Outsourcing-Anbieter zu 100 % übernommen (sofern keine rechtlichen und steuerlichen Aspekte entgegenstehen), dürften sich durch den Übernahmevertrag die konzernrechtlichen Haftungsfragen des Outsourcing-Kunden erledigt haben.

d) Integration im Outsourcing-Unternehmen

Aus Gründen der Vereinfachung der Verwaltung und ähnlich gelagerten Synergieeffekten wird das vormalige Joint Venture bzw. die IT-Tochter des Outsourcing-Anbieters in das IT-Unternehmen (Outsourcing-Anbieter) integriert (Abbildung B.7). Dabei ergeben sich meist keine rechtlichen Fragen, sofern die arbeitsrechtlichen Aspekte wie Tarifverträge[84] geklärt sind.

Die IT-Abteilungen der IT-Tochter werden in die entsprechenden IT-Abteilungen des Outsourcing-Anbieters integriert und erbringen nun aus dieser Positionen ihre Services für den Outsourcing-Kunden.

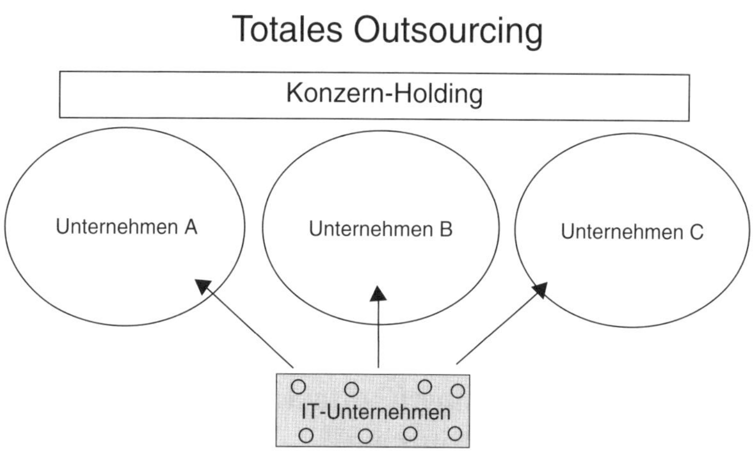

Abbildung B.7

II.2 Beispiel für ein totales Outsourcing

Im Herbst 1997 schlossen die Firmen Novartis und IBM einen Outsourcing-Vertrag für ein totales Outsourcing des IT-Betriebes von Novartis. Gleichzeitig wurde ein Joint Venture gegründet, die ITpro, an der die IBM 70 Prozent erhielt. Nach einer Übergangszeit von sieben Jahren ging die ITpro vollständig in den Besitz der IBM über.[85]

84. Siehe Kapitel C., Das Outsourcing-Projekt, III. Nr. 1.
85. Diemer in Köhler-Frost S. 63

Der Pharmakonzern Novartis war im Jahre 1996 aus dem Zusammenschluss der Unternehmen Sandoz und CibaGeigy entstanden. Die Firmen Sandoz und Ciba-Geigy verfügten zu diesem Zeitpunkt über völlig unterschiedliche IT-Infrastrukturen, was für das Outsourcing eine besondere Herausforderung darstellte.

Weitere Beispiele für totales Outsourcing:

- Deutsche Bank und Siemens Business Service (SBS) haben als Joint Venture das IT- Unternehmen Sinius GmbH gegründet[86]
- Stadt Leipzig und IBM Deutschland GmbH haben als Joint Venture das IT-Unternehmen LeCoS GmbH gegründet
- Carl Schenk AG (Darmstadt) und die IBM Deutschland GmbH; hierbei wurde die SIS GmbH, eine IT-Tochter der Carl Schenk, im Sinne eines totalen Outsourcings von der IBM übernommen
- Henkel KGaA und das debis Systemhaus haben als Joint Venture das IT-Unternehmen dits GmbH gegründet, das aber nur im Sinne eines Outtaskings (Rechenzentrumsbetrieb) agiert
- Siemens Business Service (SBS) übernimmt zum 1. Juli 2002 das Preussag Systemhaus (PSH)[87]

II.3 Fazit

Im Laufe der organisatorischen Vorgehensweise eines »totalen Outsourcings« werden häufig Rechtsanwälte, Wirtschaftsprüfer, Steuerberater und Unternehmensberater mit zum Teil erheblichen Beratungsaufwänden beauftragt. Fraglich ist, ob diese Berater (ob extern oder intern) nicht für einen so erheblichen Kostenbeitrag sorgen, dass dadurch der Profit des Outsourcing-Projekts aufgezehrt wird. Hinzu kommen Aspekte wie die Verwischung von Verantwortlichkeiten und Loyalitäten, die bei einem »totalen Outsourcing« zu berücksichtigen sind.

III. Partielles Outsourcing (Outtasking)/Multisourcing (Multi-Vendor-Outsourcing)

Fraglich ist, ob der Kunde seinen IT Betrieb gleich in die Hände eines Outsourcing-Anbieters geben will. Einerseits könnte er nur einen Teil seines IT-Betriebs fremdvergeben oder wenn er schon seinen IT-Betrieb fremdvergeben will, dann vielleicht in die Hände verschiedener Anbieter.

86. Pressemitteilung vom 12.02.2001 Siemens beteiligt sich an Deutscher-Bank-Tochter Sinius siehe http://www.sinius.de/c.php/de/presse/12_02_2001.rsys?
87. Siehe Computerwoche Nr. 27 vom 5. Juli 2002 S. 12

III.1 Partielles Outsourcing (Outtasking)

Entschließt sich der Kunde, nur einen Teilbereich oder eine Teilaufgabe fremdzuvergeben so spricht man von *partiellem Outsourcing* oder *selektivem Outsourcing*.[88] Unter Beachtung der vorherigen Begriffsbestimmung ist partielles Outsourcing kein Outsourcing im eigentlichen Sinne (Herauslösung des gesamten IT-Betriebs). Denn es wird gerade nicht die gesamte IT, sondern nur spezifische Teilbereiche (Tasks) auf einen Dienstleister übertragen. Deshalb spricht man insoweit auch von *Outtasking*. Beispiele für Outtasking finden sich in der Praxis vor allem im Bereich der Auslagerung des Host-Betriebes und der Auslagerung des SAP-R/3-Basisbetriebs. Bei einem gescheiterten »Totalen Outsourcing-Projekt« wird partielles Outsourcing/Outtasking häufig auch als eine Alternative gesehen.[89] Der Outsourcing-Kunde entscheidet sich dort, wo es möglich ist, Bereiche (Task) in Form eines Insourcings[90] wieder selbst zu betreiben. Andere Bereiche, in denen es nicht möglich ist, ein totales Outsourcing zu revidieren oder nur mit unverhältnismäßigen Mitteln, werden durch ein partielles Outsourcing oder Outtasking gezielt fremdvergeben. Dies geschieht in einer erneuten Make-or-Buy-Entscheidung.

III.2 Multisourcing (Multi-Vendor-Outsourcing)

Möchte der Outsourcing-Kunde zwar seinen ganzen IT-Betrieb oder große Teile (Task) seines IT-Betriebs auslagern, diesen aber nicht im Sinne eines totalen Outsourcings in die Hände *eines* Outsourcing-Anbieters geben, sondern an unterschiedliche Service Provider, so spricht man von einem *Multisourcing* bzw. einem *Multi-Vendor-Outsourcing*. Der Outsourcing-Kunde bedient sich hierbei durch eine *Multisourcing-Strategie* nicht nur eines Providers (der auch die Generalunternehmerschaft hat), sondern vieler unterschiedlicher Provider, die sich als Einzelunternehmer gerade auf einen besonderen Task (z.B. SAP-R/3-Basisbetrieb oder User Help Desk) spezialisiert haben. Hierbei wird die Auffassung vertreten, dass ein Outsourcing-Anbieter selten alle Teilbereiche (Task) gleich gut betreiben kann, vielmehr nimmt man sich für jeden Teilbetrieb den entsprechenden Spezialisten.

Ein großer Nachteil des Multisourcings (Multi-Vendor-Outsourcing) besteht in den (auch rechtlichen) Schnittstellen der einzelnen Outsourcing-Anbieter. Wird zum Beispiel der First Level Support von einem anderen Dienstleister betrieben als der Second Level Support, so kann es bei der Klassifizierung der Fehler bereits zu erheblichen Reibungsverlusten führen, die die Vorteile eines Multisourcings bei weitem übersteigen (siehe Abbildung B.8). Eine wesentliche Aufgabe der verbliebenen IT-Mitarbeiter[91] des Outsourcing-Kunden bzw. des CIO und seiner stark verkleinerten IT-Abteilung besteht dann in der Aufgabe des so genannten *Vendor-*

88. Bongard »Outsourcing« S. 91. Zuweilen wird auch der Begriff des »cosourcing« verwendet (bei Firmen wie Compaq, Henkel).
89. Barucha in Köhler-Frost S. 213 ff.
90. Siehe Kapitel B., Formen des Outsourcings, V.

Managements. Der CIO des Outsourcing-Kunden und seine verbliebenen IT-Mitarbeiter übernehmen hierbei die Funktionen von Controllern, Einkäufern und IT-Service-Managern, um die Leistungen der Outsourcing-Anbieter zu überprüfen, nach Optimierungspotenzialen zu suchen, den Know-how-Verlust zu verringern und vor allem, um den Outsourcing-Anbieter *zu steuern*.[92] Dabei ist es beim Vendor-Management nicht so erheblich, ob die Leistungen wie beim totalen Outsourcing von einem Outsourcing-Anbieter kommen oder wie beim Multisourcing von mehreren Anbietern.

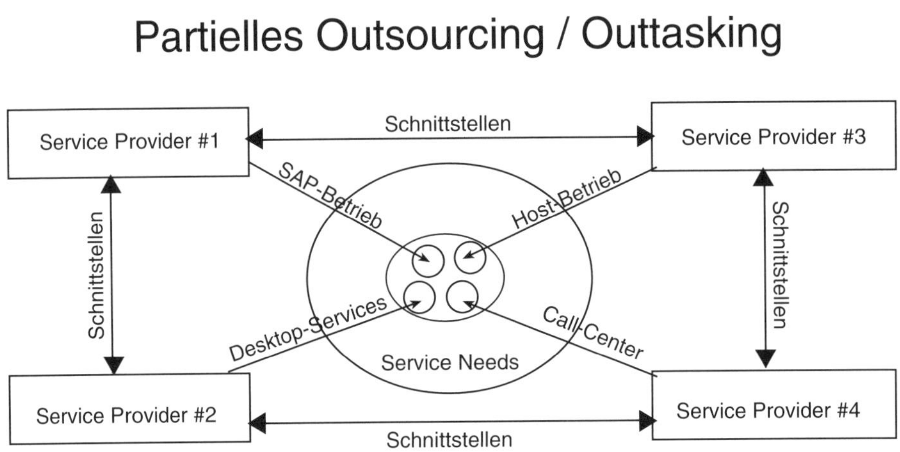

Abbildung B.8

Partielles Outsourcing (Outtasking) bzw. Multisourcing (Multi-Vendor-Outsourcing) kommt in verschiedenen Formen vor, meist wird unterschieden in:[93]

- **Professional Service**

  IT-Projekte werden extern vergeben, es handelt sich im weitesten Sinne um DV-Beratung und -Design über die Einführung bis zur Schulung von Systemen

- **System-Integration**

  Der Outsourcing-Anbieter stellt für Teilbereiche komplexe Lösungen inkl. Hard- und Software zur Verfügung. Dies können z.B. sein:

  - Desktop Services
  - First Level Support (UHD)

91. In der Regel bleiben ca. 10 % der IT-Mitarbeiter beim Outsourcing-Kunden; siehe auch Charles Chang „Müllbeseitigung entlastet IT-Budgets“ in Computerwoche Nr. 32 vom 9. August 2002 S. 30.
92. Computerwoche Nr. 32 vom 9. August 2002 S. 31
93. Erben/Müller in Köhler-Frost S. 201 ff.

- Second Level Support
- SAP-R/3-Basisbetrieb

Etc.[94]

IV. Insourcing

In Falle des Scheiterns eines Outsourcing-Projekts stellt sich häufig die Frage, was nach einem Outsourcing folgt. Zum einem hat der Outsourcing-Kunde die Möglichkeit, sich einen anderen Outsourcing-Anbieter zu suchen und an gleicher Stelle weiterzumachen. Eine weitere Möglichkeit besteht darin, den ausgelagerten IT-Betrieb wieder selbst zu betreiben (so genanntes *Insourcing*) und den Prozess des Outsourcing-Projekts zu revidieren.[95]

Das Unternehmen bietet seinen Fachabteilungen die zuvor ausgelagerten Dienstleistungen erneut durch seine eigene IT-Abteilung an. Allerdings sind nicht alle Outsourcing-Projekte revidierbar oder manche sind nur mit erheblichem Aufwand zu revidieren.

Daher sollte der Outsourcing-Kunde in einer *modifizierten Make-or-Buy-Entscheidung* erneut prüfen, welche Bereiche ingesourct werden können und welche Bereiche im Wege eines partiellen Outsourcings/Outtaskings von einem Dienstleister betrieben werden können.

V. Business Process Outsourcing

Das *Business Process Outsourcing* (BPO) bezeichnet eine Geschäftsbeziehung, in der ein Anbieter einen kompletten Geschäftsprozess oder eine vollständige Unternehmensfunktion übernimmt, einschließlich der gesamten sie unterstützenden Informationstechnologie.[96]

Im Gegensatz zum konventionellen Outsourcing ist der Anbieter in der technischen Umsetzung frei. Der Kunde bezieht das Prozessergebnis, ohne in den Verantwortungsbereich oder die Infrastruktur der Datenverarbeitung einbezogen zu sein.[97]

Beim Business Process Outsourcing ist neben dem *Best in Class*-Design und Management des Prozesses insbesondere die Integration des Prozesses in die beteiligten Unternehmen ein erfolgskritischer Faktor. In der Gestaltung dieser Geschäftsfelder muss ein wesentlicher Augenmerk auf die Definition der Prozess-

---

94. Siehe auch Kapitel C. Das Outsourcing-Projekt, I. Nr. 1.
95. Wisskirchen/Kleinertz in Köhler-Frost S.181, 182
96. Cunningham »Outsourcing« S. 32
97. Oecking in Köhler-Frost S. 94

kennzahlen und Messmethoden gelegt werden. Diese Prozesskennzahlen stellen eines der wichtigsten Elemente in der Gestaltung des Business Process Outsourcings dar, da durch die Kennzahlen die Value Creation als Zielstellung vereinbart, gemessen und einem kontinuierlichen Benchmarking[98] unterworfen werden kann.[99]

Da der Outsourcing-Anbieter nicht Betriebsteile übernimmt, sondern ganze Geschäfts- oder Businessprozesse neu gestaltet, könnte hierbei über eine fehlende Anwendbarkeit des § 613a BGB nachgedacht werden. Dies würde zu einem entscheidenden Vorteil des BPO gegenüber dem klassischen Outsourcing führen. Der Gesetzgeber hat aber die Definition des Betriebsteils im § 613a BGB so weit gefasst, dass er auch im BPO eine Übernahme eines Betriebsteils sehen würde.[100] Im Ergebnis lässt sich daher eine Anwendung des § 613a BGB durch BPO nicht ausschließen.

VI. Application Service Providing (ASP)

Ein ASP-Dienstleistungsunternehmen bietet in der Regel den Kunden Zugriff auf verschiedenste Software-Applikationen an. Diese Applikationen kommen von leistungsfähigen, sicheren und hoch verfügbaren Rechenzentren. Im Gegensatz zu herkömmlichen Unternehmen verkaufen ASP Anwendungen wie Office-Pakete oder Betriebssysteme nicht an ihre Kunden, sondern stellen diese Leistungen den Unternehmen gegen eine Gebühr zur Verfügung. Die Anwendungen werden auf einem zentralen Server zur Verfügung gestellt und von den Unternehmen oder auch von Endanwendern über das Internet oder Virtual Private Networks (VPN) abgerufen (siehe Abbildung B.9).

Application Service Providing (ASP) stammt wie die meisten „Early Adopters" aus den USA. Der deutsche Markt liegt laut Forit[101] von der Marktentwicklung etwa zwei Jahre hinter den USA zurück. Während in den USA bereits fast 80 % der Unternehmen verschiedenste ASP-Angebote nutzen, sind es auf dem deutschen Markt gerade einmal 5 %. So werden in Deutschland für dieses Jahr laut Dataquest Umsätze in Höhe von 150 Millionen € erwartet. Bis 2003 soll sich dieser Betrag auf 1,2 Milliarden € erhöhen. Dabei machen klein- und mittelständische Unternehmen 70 % des Marktvolumens aus. Vorreiter bei der Auslagerungen von Software sind laut Forit Anwendungen des E-Commerce wie Transaktionen, Zahlungen und Sicherheit. Application Service Providing stellt damit ein zentrales Element bei der Ausweitung des E-Commerce und bei der Etablierung von voll integrierten Internet-Business-Unternehmen dar (siehe auch Kapitel F.).

98. Benchmarking siehe Kapitel C., Das Outsourcing-Projekt, IV. Nr. 4.
99. Oecking in Köhler-Frost S. 98
100. Siehe auch Kapitel C., Das Outsourcing-Projekt, III. Nr. 1a); a.A. Heymann CR 2000 S. 23 f.
101. www.forit.de/studien/asp.html

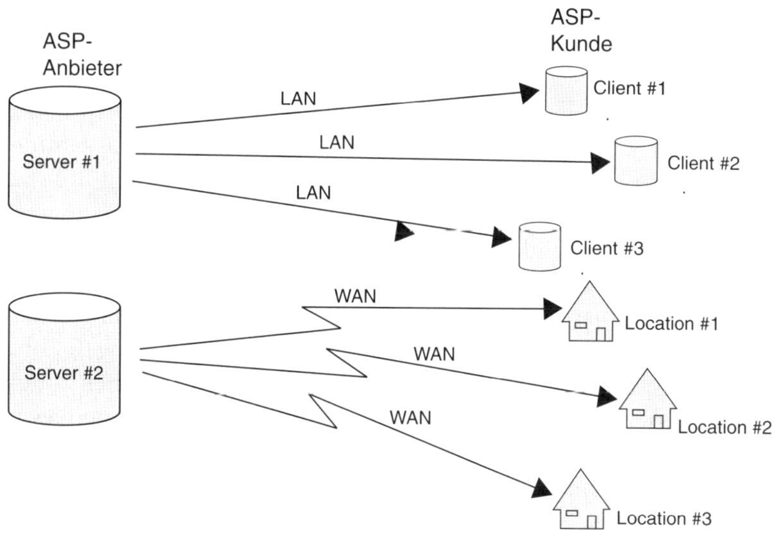

Abbildung B.9

Ob es sich bei Application Service Providing (ASP) tatsächlich um eine Form des Outsourcings handelt, erscheint fraglich.[102] Auch wenn man möglicherweise Application Service Providing nicht direkt als eine Form des Outsourcings bezeichnen kann, so besteht doch zum Outsourcing eine erhebliche Verwandtschaft.

VII. Fazit

Aus einer Studie von IDC zum Thema Outsourcing aus dem Jahre 2001 geht hervor,[103] dass 42 % der befragten Unternehmen Outsourcing-Dienstleistungen in Anspruch nehmen. Der überwiegende Teil davon selektives (partielles) Outsourcing, der Anteil der Unternehmen, die komplettes (totales) Outsourcing betreiben, ist mit 3,9 % eher gering.

Betreiben Sie Outsourcing?	Prozent
Ja, selektives Outsourcing	38,4
Ja, komplettes Outsourcing	3.9
Nein	57.7
Total	100,0

102. Siehe auch Kapitel F., Application Service Providing
103. Siehe IDC »Outsourcing 2001 Application Service Providing« www.idc.com

Weiterhin wird nach der internationalen IDC-Analyse Outsourcing immer beliebter. Im vergangenen Jahr haben private und öffentliche Organisationen in Westeuropa über 16 Milliarden Dollar in langfristige Outsourcing-Verträge gesteckt, und der Markt für IT-Outsourcing soll innerhalb der nächsten Jahre weiter rasant wachsen. Ein besonderes Kennzeichen liegt dabei in dem Umstand, dass immer mehr und umfangreichere Verträge abgeschlossen werden. Die Hauptgründe dafür liegen in erster Linie in Globalisierung, E-Commerce und Euro. Insgesamt gibt es einen Trend zu kürzeren und flexibleren Outsourcing-Verträgen, der Wert der einzelnen Projekte steigt jedoch kontinuierlich. Vertragserneuerungen und Erweiterungen bereits installierter Lösungen treiben das Wachstum weiter an.? Neben dem klassischen IT-Outsourcing kommen neuerdings Web-Hosting, E-Commerce-Dienstleistungen und ASP hinzu.? Als Ursachen für den Dienstleistungs-Boom werden von IDC neben dem E-Commerce-Hype und stärkerem Kostenbewusstsein bei zunehmender strategischer Bedeutung der IT für die Unternehmen vor allem auch der IT-Fachkräftemangel gesehen.

Aber nur ca. 6 % der befragten Unternehmen gaben an, Application Service Providing zu betreiben.

Betreiben Sie ASP ?	Prozent
Ja	5,6
Nein	94,4
Total	100,0

Software-Häuser werden am häufigsten als Anbieter genannt: 38,5 % der Unternehmen, die ASP-Dienste in Anspruch nehmen, greifen auf ein Software-Haus als Anbieter zurück.

Diese Studie von IDC zeigt, dass die Kunden auf dem deutschen Outsourcing-Markt viel mehr zum überschaubaren und besser kontrollierbaren partiellen Outsourcing neigen. Das Vertrauen der Kunden zum Outsourcing-Anbieter scheint in den seltensten Fällen ausreichend zu sein, um den gesamten IT-Betrieb in die Hände eines Outsourcing-Anbieters zu geben. Dennoch kann auch das partielle Outsourcing ein Schritt hin zu einem totalen Outsourcing sein. Wächst das Vertrauen eines Kunden durch ein partielles Outsourcing, so könnte dieser eher geneigt sein, eines Tages seinen ganzen IT-Betrieb im Sinne eines totalen Outsourcings in die Hände eines Outsourcing-Anbieters zu geben.

Das Outsourcing-Projekt

Bevor ein Outsourcing-Projekt in der Informations-Technologie realisiert werden kann, sollten die einzelnen Schritte genau definiert werden. Sicherlich gilt das Hauptaugenmerk den IT-Prozessen, die von einem IT-Dienstleistungsunternehmen übernommen werden sollen. Die organisatorischen Maßnahmen des Outsourcing-Projekts gestalten sich in 18 Teilschritten, die sich in vier Hauptbereiche unterteilen lassen:

Vorüberlegungen:

1. Die Vision eines Outsourcing-Projekts
2. Outsourcing-Strategie definieren

Planungsphase (Plan)

3. Ist-Analyse (Assessment)
4. Total-Cost-of-Ownership-Analyse
5. Make-or-Buy-Entscheidung
6. Scope[104] des Outsourcing-Projekts definieren
7. Ausschreibung/Providerauswahl
8. Abschluss eines Letter of Intent (LoI)[105]
9. Analyse der Geschäfts- und IT-Prozesse

Implementierungsphase (Build)

10. Due Diligence
11. Mögliche Gründung eines Joint Venture
12. Schrittweise Übernahme des Ist-Betriebes (Beginn der Transition)[106]
13. Abschluss des Outsourcing-Vertrages

---

104. Mit dem Scope des Projektes sind hier die IT Bereiche des Outsourcing-Kunden gemeint, die outgesourct werden sollen.
105. Ein Letter of Intent stellt eine Art von Vorvertrag dar, in dem Vertragsparteien Regelungen treffen, die vor Abschluss des Outsourcing-Vertrages gelten. Horchler in Service Level Management 61–62. Siehe auch Kapitel C., Das Outsourcing-Projekt, II. Nr. 2.
106. Als Transition wird der Zeitraum zwischen Ist- und Soll-Betrieb beschrieben. Diemer in Köhler-Frost »Strategisches Outsourcing: Gemeinsam den Markt angehen« S. 61

Laufender Betrieb (Run)

14. Aktivieren der SLA
15. Joint-Verifikation[107]
16. Benchmarking[108]
17. Soll-Zustand (Ende Transition)
18. Change-Management
19. Ggf. Rückabwicklung und Insourcing[109]

Nicht alle dieser Teilschritte sind auch aus rechtlicher oder steuerlicher Sicht relevant. Welche Hauptbereiche rechtlich oder steuerlich besonders beachtet werden müssen, ist in den Vorüberlegungen zu ermitteln.[110]

I. Vorüberlegungen

Zu Beginn jeglicher Überlegung zur Realisierung eines Outsourcing-Projektes in der Informations-Technologie steht eine Vorüberlegung zum Outsourcing. Ein so genannter Entscheider[111], meist gedrängt von Kosteneinparungsnöten oder Innovationsstaus, hat zunächst eine grobe Vision, dass das Outsourcing der Informations-Technologie des Unternehmens interessante Wettbewerbsvorteile bringen wird.

I.1 Vision eines Outsourcing-Projekts

Die Frage, die sich bereits zu diesem Zeitpunkt stellt, lautet: »Wie kann diese Outsourcing-Vision konkretisiert und verwirklicht werden?« Hierzu wird in der Regel ein Katalog mit Fragen erstellt (meist von externer Seite), den der Outsourcing-Kunde an sein Outsourcing-Projekt stellen muss:

- **Ziel des Outsourcing-Projekts**
  - Was will der Outsourcing-Kunde mit seinem Outsourcing-Projekt erreichen?
    - Mittelbare und oder unmittelbare Kostenreduzierung
    - Spezialisierung auf die Kernkompetenzen
    - Flexibilität des eigenen Unternehmens bzgl. der Ressourcen
    - Synergieeffekte durch Zentralisierung der IT
    - Technologiegarantie (z.B. Erneuerung der IT innerhalb von 36 Monaten)
    - Abbau von Personal

107. Der Zeitraum nach Abschluss des Outsourcing-Vertrages, in dem vereinbart wird, dass der Outsourcing-Kunde wie der Outsourcing-Anbieter das Recht haben, sämtliche Informationen zu inventarisieren und zu validieren, die im Vertrag aufgezeichnet oder vergessen worden sind (»Phase der gemeinsamen Überprüfung«).
108. Siehe auch IV. Nr. 4.
109. Nicht Bestandteil eines erfolgreichen Outsourcing-Projektes. Siehe auch Kapitel B., Formen des Outsourcings, IV.
110. Die organisatorischen Schritte werden jeweils zu Beginn der einzelnen Teilschritte besprochen.
111. Mit Entscheider ist umgangssprachlich eine Person gemeint, die wichtige Entscheidungen für ein Unternehmen fällt.

- Welche Bereiche der IT sollen outgesourct werden?
  - Beispiele:
    - Host/Großrechner
    - Client/Server
    - Desktop Services
    - User Help Desk (First Level Support)
    - Entstörung
    - Netzwerk (LAN/WAN)
    - IT Security
- **Mit welchem Service-Provider kann das Outsourcing-Projekt realisiert werden?**
  - Welche Outsourcing-Anbieter haben in den letzten fünf Jahren Projekte beim Outsourcing-Kunden realisiert?
  - Mit welchem Outsourcing-Anbieter wurden in der Vergangenheit langfristige Projekte realisiert?
  - Mit welchem Outsourcing-Anbieter plant der Outsourcing-Kunde langfristige Projekte zu realisieren?
  - Welcher dieser Outsourcing-Anbieter bietet die Möglichkeit an, Outsourcing-Projekte zu realisieren? Wenn ja, welche Art von Outsourcing?
    - Totales Outsourcing
    - Busines Process Outsourcing
    - Outtasking (Welche Leistungen konkret?)
    - Application Service Providing
    - Ist der Outsourcing-Anbieter in der Lage, mit Besonderheiten umzugehen, wenn der Outsourcing-Kunde aus der öffentlichen Verwaltung, aus der Kreditwirtschaft oder einem sonstigen Bereich kommt, der aufsichtsrechtlichen Bedingungen unterliegt?
- **Vorhandensein von Vorgaben**
  - Wurden bereits Geschäfts- und IT-Prozesse definiert (für den Übergang)?
  - Liegen ausreichende Leistungsbeschreibungen vor?
  - Wurden bereits Service Level Agreements definiert?
  - Wurde ein Service-Level-Management etabliert?
  - Gibt es konkrete Angaben über das IT-Asset (nicht nur aus der Anlagenbuchhaltung)?
- **Welche Form soll für das Outsourcing-Projekt gewählt werden?**
  - Lediglich die Übernahme von Services wie z.B. UHD?
  - Herausgabe von IT-Funktionen im Sinne eines Outtaskings (z.B. Entstörung?)
  - Herausgabe des gesamten IT-Betriebs (totales Outsourcing?)
  - Ist die Gründung eines Joint Venture geplant, z.B. bei großen Asset-Werten?
    - Wurden bereits die IT-Service-Aktivitäten im Konzern gebündelt?
    - Wurden möglicherweise die IT-Service-Aktivitäten gebündelt in eine IT-Tochter des Konzerns eingebracht?
    - Wurde bereits eine Due Diligence durchgeführt?

- **Zeitplan des Outsourcing-Projekts**
  - Zu welchem Termin plant der Outsourcing-Kunde Beginn und Ende
    - der Planungsphase?
    - der Implementierungsphase?
    - des laufenden Betriebs?
- **Wie sieht die IT-Umgebung des Outsourcing-Kunden aus?**
  - Alle konkreten Fragen zur IT-Infrastruktur und zum IT-Service-Management (z.B.)
    - Angaben zum Desktop-Service
    - Angaben zum Host-Betrieb
    - etc.
- **Was soll der Outsourcing-Anbieter übernehmen?**
  - Personal
  - Hardware
  - Software
  - Sonstige vertragliche Verpflichtungen
- **Rechtliche Fragen des Outsourcing-Projekts**
  - Siehe *rechtliche Outsourcing-Strategie*
  - Steuerliche Aspekte
  - Festlegen einer steuerlichen Outsourcing-Strategie
- **Zukünftige Steuerung des Outsourcing-Anbieters**
  - Welche Prozesse sollen aufgesetzt werden, um den Outsourcing-Anbieter zu steuern?
  - Wie soll ein Change-Management gestaltet werden?
  - Welche Regelungen sollen mit in den Outsourcing-Vertrag aufgenommen werden?
  - Soll ein Service-Level-Management etabliert werden?

Sicherlich ist dieser Fragenkatalog nicht abschließend. Weitere Fragen ergeben sich aus Details oder während des Outsourcing-Projekts. Das Ergebnis der Beantwortung des Fragenkatalogs sollte ein erster Schritt hin zu einer konkreten Outsourcing-Strategie sein, damit das Outsourcing-Projekt auch praktisch realisiert werden kann.

1.2 Outsourcing-Strategie

Zur Entwicklung einer globalen Outsourcing-Strategie gehört die Beantwortung des Fragenkatalogs. Die Ergebnisse des Fragenkatalogs können meist in drei Ebenen unterteilt werden (siehe Abbildung C.1): eine strategische Ebene, in der Fragen der weiteren Vorgehensweise beantwortet werden, eine (Geschäfts-) prozessorientierte Ebene, in der die möglicherweise outgesourcten Prozesse des Outsourcing-Kunden analysiert und transformiert werden, und eine (Informations-) technisch bezogene Ebene, in der die technologischen Fragen des Outsourcing-Projekts beantwortet werden müssen.

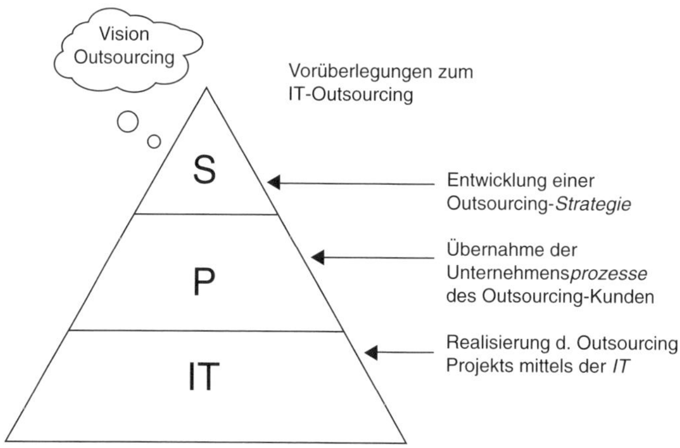

Abbildung C.1

a) Strategische Überlegungen

Zur strategischen Ebene zählen im Wesentlichen fünf Arten von Überlegungen, die ein Unternehmen[112] aufstellen muss, das sich mit dem Gedanken trägt, seine Informations-Technologie auszugliedern (siehe Abbildung C.2). Die Ergebnisse dieser Überlegungen und der Beantwortung des zuvor gestellten Fragenkatalogs führen zu einer entsprechenden Outsourcing-Strategie, zu der z.B. auch eine rechtliche Outsourcing-Strategie zählt. Die strategischen Überlegungen (siehe Abbildung C.2), denen sich ein Outsourcing-Kunde stellen muss, können zuweilen sehr unterschiedlich sein:

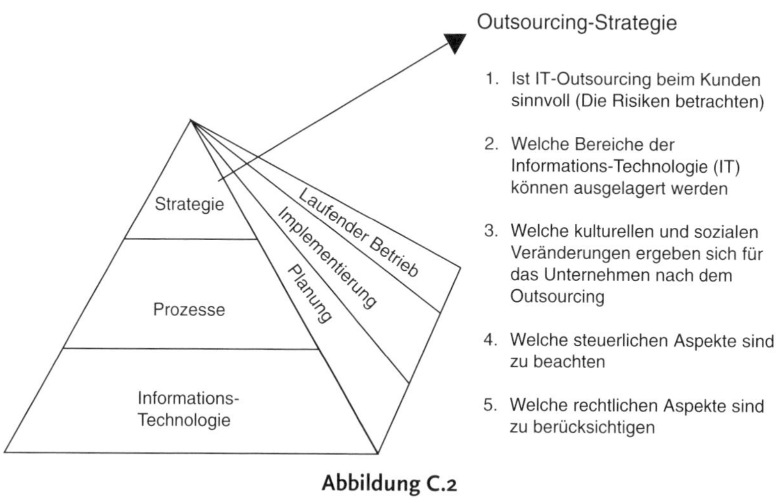

Abbildung C.2

112. Diese Überlegungen werden in der Praxis meist von der beauftragten Unternehmensberatung beantwortet.

Grundsätzlich lassen sich diese fünf strategischen Fragen in mehrere Handlungsstränge zusammenfassen. Der erste Handlungsstrang beschäftigt sich mit der Übernahme des IT-Betriebes, während sich gleichzeitig die weiteren Handlungsstränge z.B. mit den rechtlichen und steuerlichen Fragen des Outsourcings beschäftigen. Sicherlich liegt der Schwerpunkt des Outsourcings in der Übernahme des IT-Betriebes; Inhalt dieses Werkes ist aber der Handlungsstrang, der sich vor allem mit den rechtlichen und steuerlichen Fragen des Outsourcings beschäftigt. Sind die strategischen Fragen in der Planungsphase noch von erheblicher Bedeutung, so nehmen sie im Verlauf des Outsourcing-Projekts deutlich ab. Erst wenn der Outsourcing-Kunde darüber nachdenkt, das Outsourcing-Projekt zu revidieren (z.B. durch Insourcing) können strategische Fragen wieder erheblich an Bedeutung gewinnen.

Die Gewichtung der rechtlichen und steuerlichen Aspekte kann sehr unterschiedlich sein. So kann es sein, dass Vorteile in einem Bereich (z.B. im IT-Betrieb) zu ganz erheblichen Nachteilen in einem anderen Bereich (Steuern: Aufdeckung stiller Reserven) führen können.

Bei der Erstellung einer Outsourcing-Strategie müssen die Ziele des Outsourcing-Projekts klar definiert worden sein, damit die rechtliche Outsourcing-Strategie danach ausgelegt werden kann.

So kann es arbeitsrechtlich ein Vorteil sein, keinen Teilbetrieb zu definieren, um den § 613a BGB zu umgehen. Für die steuerlichen Aspekte nach § 20 UmwStG und der Übernahme von Software nach § 34 I UrhG wäre dies möglicherweise aber nachteilig.

aa) Ist das Outsourcing der IT beim Kunden sinnvoll?

Die erste Frage, die sich jeder potenzielle Outsourcing-Kunde stellen muss, ist die Frage, ob ein Outsourcing der IT wirklich sinnvoll ist. Hierbei müssen die Vor- und Nachteile verglichen werden[113] und in einer Make-or-Buy-Entscheidung[114] zusammengefasst werden. Danach lässt sich die Frage beantworten, in welchen Unternehmensbereichen Outsourcing sinnvoll sein kann.

bb) Welche Bereiche der IT können ausgelagert werden und mit welchem Anbieter?

Die Auswahl des richtigen Outsourcing-Anbieters ist für den Outsourcing-Kunden eine Kardinalsfrage. Trifft der Outsourcing-Kunde bereits hier die falsche Wahl, kann das ganze Outsourcing-Projekt zum Scheitern verurteilt sein. Meist ist das Outsourcing-Projekt für den Kunden sein erstes Outsourcing-Projekt, während der Anbieter bereits einige Outsourcing-Projekte realisiert hat. Um dieses Ungleichgewicht ausgleichen zu können, bedient sich der Outsourcing-Kunde häufig einer

113. Siehe Kapitel A., Einleitung, II. und III.
114. Horchler in Köhler-Frost S. 143

Unternehmensberatungsgesellschaft. In der Regel kennt die Unternehmensberatung die einzelnen Anbieter und kann auch beurteilen, welche Bereiche der IT mit welchem Provider am erfolgreichsten outgesourct werden können.

Zu den IT-Betrieben, die häufig outgesourct werden, zählen:

- Beschaffung von Hard- und Software
- Wartung von Hard- und Software
- User Help Desk (First Level)
- Entstörung (Second Level)
- Hostbetrieb
- Warenwirtschaftssystem (ERP)
- LAN/WAN

cc) *Welche Veränderungen ergeben sich durch das Outsourcing für das Unternehmen?*

Die Frage, welche Veränderungen sich durch das Outsourcing für den Outsourcing-Kunden und damit für sein Unternehmen (inkl. der Schaffung einer Servicekultur[115] oder der Folgen für die Mitarbeiter) ergeben, sollte nicht unterschätzt werden. Die Beantwortung dieser Fragen gehört häufig auch (zum Teil) zum Risiko-Management,[116] das die Risiken eines Outsourcing-Projekts beurteilen soll.

Einige Fragen, die für die Veränderung eines Unternehmens nach dem Outsourcing relevant sein könnten, finden sich hier aufgezeigt:

- Der IT-Betrieb wird nun nicht mehr von einer eigenen Abteilung erbracht, sondern durch eine andere Gesellschaft.
- Verlängerung der Eskalationswege
- Ein möglicher kostenloser Service wird nunmehr für den Mitarbeiter kostenpflichtig.
- Ehemalige Mitarbeiter, die stolz auf ihr Unternehmen waren, werden von einem großen IT-Unternehmen übernommen, dort herrscht möglicherweise ein anderes Denken.
- Tiefe und langfristige Verbindung mit dem Service-Provider

Diese Faktoren sollten in einer Outsourcing-Strategie bedacht werden und zu entsprechenden Handlungen des Vorstands oder der Geschäftführung des Outsourcing-Kunden führen.

---

115. Blomer in Service Level Management S. 24
116. Siehe auch Kapitel C., Das Outsourcing-Projekt, II. Nr. 4.

dd) Steuerliche Aspekte

Die steuerlichen Aspekte eines Outsourcing-Projekts sind ebenso zu berücksichtigen. Ein steuerneutrales und steueroptimiertes Handeln kann zukünftig den Profit eines Outsourcing-Projekts steigern. Die wesentlichen Aspekte und die Vorgehensweise einer steuerlichen Outsourcing-Strategie werden in Kapitel E., *Steuerliche Aspekte* behandelt.

ee) Welche rechtlichen Aspekte sind zu berücksichtigen?

Um die rechtlichen Aspekte des Outsourcing-Projekts zu berücksichtigen (Schwerpunkt dieses Buches), muss das Unternehmen, das plant, seine IT auszulagern, mit dem Outsourcing-Anbieter auch eine *Strategie für die juristischen Fragen* entwickeln. In Einzelnen besteht diese rechtliche Strategie aus der Beantwortung der juristischen Fragen des Outsourcing-Projekts und der Erstellung eines Outsourcing-Vertrages. Zuweilen müssen Branchenbesonderheiten berücksichtigt werden (siehe Kapitel G., *Outsourcing in der öffentlichen Verwaltung* und Kapitel H. *Outsourcing in der Kreditwirtschaft*).

Die Rechtsfragen, die sich aus den verschiedensten juristischen Disziplinen während des Outsourcing-Projekts ergeben, sind in der obigen Grafik stichwortartig dargestellt (siehe Abbildung C.3).

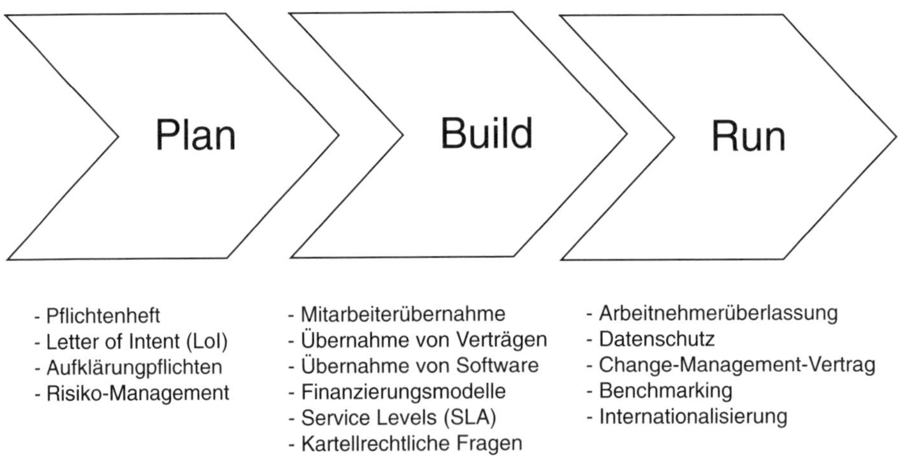

Abbildung C.3

Selbstverständlich sind einzelne rechtliche Fragen nicht nur innerhalb eines Schrittes relevant, sondern möglicherweise in allen drei Schritten eines Outsourcing-Projekts. So z.B. das Risiko-Management, das natürlich nicht nur während der Planung, sondern während der gesamten Dauer des Outsourcing-Projekts relevant ist. Entsprechendes gilt auch für den Datenschutz. Werden bereits während der Planungsphase Mitarbeiter überlassen, so stellt sich bereits hier die

Frage nach der Rechtmäßigkeit einer möglichen Arbeitnehmerüberlassung. Die oben aufgeführte Reihenfolge sollte somit nicht als eine ultimative Lösung für die »Rechtliche Outsourcing-Strategie« gesehen werden, sondern lediglich als Muster.

b) Prozessbezogene Überlegungen

Bei den prozessbezogenen Überlegungen handelt es sich um Überlegungen, die den wesentlichen Teil in der Implementierungsphase des Outsourcing-Projekts darstellen. Die Zielsetzung ist hierbei, die Kosten für das IT-Service-Management und den IT-Support zu senken und zugleich neue Geschäftsmodelle zu entwickeln, um die Qualität der Services, die dem Outsourcing-Kunden geboten werden, zu erhalten oder zu steigern.

Damit diese Hauptziele erreicht werden können, müssen diese Prozesse so gestaltet werden, dass die Ressourcen beim Erbringen qualitativer, hochwertiger, innovativer, auf Geschäftsprozesse ausgerichtete IT-Services auf wirkungsvolle, effiziente und effektive Weise genutzt werden. [117] Hierzu müssen die Geschäfts-[118] und IT-Prozesse des Outsourcing-Kunden, die möglicherweise outgesourct werden sollen, analysiert und transformiert (inkl. Standardisierung und Optimierung) werden. Häufig wird diese Standardisierung und Optimierung nach einem bestimmten Standard vorgenommen, dem so genannten *ITIL* (IT Infrastructure Library).[119]

aa) Analyse der Geschäfts- und IT-Prozesse (Service Needs definieren)

Während dieser Phase werden die Geschäfts- und IT-Prozesse des Outsourcing-Kunden in den so genannten *Service Needs* definiert (siehe Abbildung C.4). Dabei stellt der Kunde fest, welche Prozesse bereits definiert worden sind und welche er möglicherweise noch benötigt.[120] Dies erfolgt meist im Rahmen eines Audits oder Assessments durch den Outsourcing-Kunden, durch eine Unternehmensberatung oder durch den Outsourcing-Anbieter.[121]

Service Needs können auf drei unterschiedlichen Ebenen angesiedelt sein:

- Business
- IT-Service-Management
- Services an IT-Komponenten

117. Siehe Macfarlane/Rudd »The IT Infrastructure Library (ITIL)« S. 4
118. Vor allem beim Business Process Outsourcing
119. Siehe Macfarlane/Rudd »The IT Infrastructure Library (ITIL)« S. 2
120. Siehe auch www.kpmg.de/ebusiness/eassessement
121. Siehe auch Kapitel C., Das Outsourcing-Projekt, II. Nr. 1.

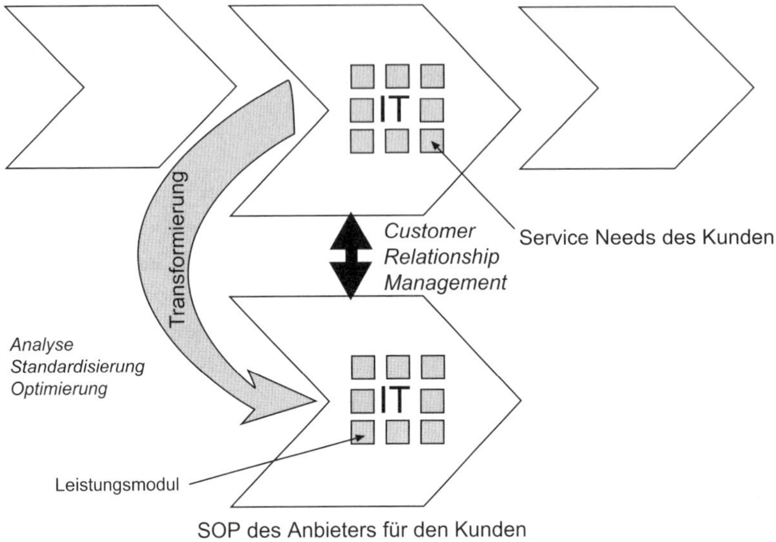

Abbildung C.4

bb) Transformieren der Geschäftsprozesse

Sind die Service Needs des Outsourcing-Kunden definiert worden, können diese durch eine Transformierung in das Service-Offering-Portfolio (SOP) des Outsourcing-Anbieters abgebildet werden. Sehr häufig werden die Geschäftsprozesse bei der Transformierung zusätzlich *standardisiert* und *optimiert.*

Können die Service Needs auf Services an IT-Komponenten heruntergebrochen werden, kann rasch eine Transformation in ein ebenfalls an IT-Komponenten orientiertes SOP eines Outsourcing-Anbieters erfolgen. Hier wird der Outsourcing-Kunde die größte Anzahl an Outsourcing-Anbietern mit einem passenden und vergleichbaren SOP vorfinden können.

Liegen die formulierten Service Needs auf Ebene von IT-Service-Management-Prozessen, muss zunächst ein gleiches Verständnis dieser Prozesse zwischen den potenziellen Partnern erarbeitet werden. Hier kann es hilfreich sein, wenn Service Needs und SOP eine vergleichbare Basis haben. Erfahrungsgemäß wird der Outsourcing-Kunde auch auf dieser Ebene eine Reihe von Outsourcing-Anbietern finden. Die notwendigen und anspruchsvolleren Absprachen für die Transformation dieser Service Needs in das jeweilige SOP werden jedoch unterschiedlich hohe Anstrengungen erfordern. Diese sind umso geringer, desto ähnlicher sich die Konzeptionen der IT-Service-Management-Disziplinen bzw. -Prozesse der Partner sind. Der Outsourcing-Kunde kann bei der Formulierung seiner Service Needs diesen Sachverhalten Rechnung tragen und für die Definition seiner Service Needs auf Ebene des IT-Service-Managements anerkannte und verbreitete Konzepte, wie z.B.

Bausteine aus der IT Infrastructure Library,[122] nutzen. Dies erhöht die Wahrscheinlichkeit, mehrere Outsourcing-Anbieter mit passenden und vergleichbaren Leistungen im IT-Service-Management zu finden, und verringert die benötigten Anstrengungen für die Transformation.

Beim ITIL-Standard würden dann folgende Prozesse definiert werden, die aus dem SOP des Outsourcing-Anbieters dem Outsourcing-Kunden zur Verfügung stehen. Dabei konzentriert sich der Service-Support generell auf die tagtägliche Erbringung und Unterstützung der IT-Services, während sich die Service Delivery mit der langfristigen Planung und Verbesserung der IT-Service-Leistungen befasst.[123]

Service Support	**Service Delivery**
Service Desk[124]	
Incident-Management	Service-Level-Management
Problem-Management	Finance-Management für IT-Services
Configuration-Management	Capacity-Management
Change-Management	Continuity-Management für IT-Services
Release-Management	Availability-Management

Bleiben die Service Needs des Outsourcing-Kunden auf Ebene seines Business, handelt es sich in der Regel um mit Hilfe von IT durchgängig oder in Teilen automatisierten Businessprozessen aus dem Kerngeschäft des Outsourcing-Kunden. Diese Prozesse können durchaus in eine Outsourcing-Strategie integriert werden. Hier sollte ein besonderes Augenmerk auf die speziellen Branchenkenntnisse des Outsourcing-Anbieters gelegt werden, da das Outsourcing Teile des Kerngeschäftes betrifft. Der Outsourcing-Kunde wird hier auf spezialisierte Anbieter mit einem begrenzten SOP treffen. Dass ein Outsourcing-Anbieter mit einem passenden Service-Angebot gefunden wird, ist nicht selbstverständlich. Auch werden die angebotenen Leistungen nur schwer und nur in Teilbereichen zu vergleichen sein.

Wie hier gezeigt werden konnte, steigt der Aufwand für die Transformation der Service Needs in Leistungen aus den SOPs der Outsourcing-Anbieter, je näher das Outsourcing der Businessebene ist. Kann jedoch eine Vereinbarung von Services auf Ebene des Kerngeschäfts erfolgen, liegt die Verantwortung und das Risiko eines angemessenen IT-Service-Managements und der notwendigen Services auf Ebene von IT-Komponenten (Client/Server-Hardware, Client/Server-Applikation und -Betriebssysteme, Netzwerk, Datenbanken etc.) beim Outsourcing-Anbieter.

122. Siehe Macfarlane/Rudd »The IT Infrastructure Library (ITIL)« S. 2
123. Siehe Macfarlane/Rudd »The IT Infrastructure Library (ITIL)« S. 6
124. Service Desk ist kein Prozess, sondern eine Funktion, siehe Macfarlane/Rudd »The IT Infrastructure Library (ITIL)« S. 6

Gleichzeitig wird zwischen dem Outsourcing-Kunden und dem Outsourcing-Anbieter eine besondere Beziehung aufgebaut. Der Outsourcing-Anbieter kennt zu diesem Zeitpunkt schon sehr genau die Service Needs des Outsourcing-Kunden und weiß, wie er auf diese Bedürfnisse eingehen muss. Das SOP des Outsourcing-Anbieters ist auf die Service Needs des Outsourcing-Kunden abgestimmt. Somit wurde bereits an dieser Stelle ein Customer-Relationship-Management[125] zwischen Outsourcing-Kunden und Outsourcing-Anbieter etabliert.

c) Informationstechnische Überlegungen

Eine wesentliche Rolle beim IT-Outsourcing spielen natürlich die IT-Überlegungen. Hierbei stellt sich die Frage, mit welcher Informations-Technologie der Outsourcing-Kunde das Outsourcing-Projekt realisiert haben möchte.

Dazu müssen der Outsourcing-Kunde und der Outsourcing-Anbieter gemeinsam festlegen, mit welcher Technologie sie die Geschäftsprozesse unterstützen wollen. In der unten aufgeführten Auflistung sind einige Beispiele genannt.

Beispiel:

Anforderung	Technologie
ERP-Anwendungen[126]	SAP R/3
Desktop-Systeme	Hewlett Packard e-PC
Intel-Server	Dell PowerEdge 4600
Mailsystem	Lotus Notes und Domino Server
PC-Betriebssystem	Windows XP
LAN/WAN	Cisco Cataylst 29xx/Cisco Access Router
Host	Siemens BS 2000

Gestaltet der Outsourcing-Anbieter das IT-Service-Management für den Outsourcing-Kunden streng nach dem ITIL-Standard,[127] so sind für Service-Support und Service Delivery entsprechende Technologien einzusetzen. So könnte für die technische Umsetzung des zum Service-Support gehörenden Problem-Managements z.B. Action Request System der Firma Remedy (auch Remedy ARS oder ARS genannt)[128] gewählt werden. Für das zur Service Delivery gehörende Service-Level-Management könnte z.B. »Patrol for SLM« von BMC gewählt werden.

125. Fremdwörterbuch Wirtschaft S. 43
126. E R P = Enterprise Resource Planing; siehe auch Ritter »Das ERP-Pflichtenheft«, S. 13
127. Siehe Macfarlane/Rudd »The IT Infrastructure Library (ITIL)« S. 2
128. Die Firma Remedy ist in der Zwischenzeit von der Firma Peregrine aufgekauft worden ist. Das Remedy ARS kann aber weiterhin von der Firma Peregrine bezogen werden.

II. Planungsphase

Zu Beginn der Planungsphase eines Outsourcing-Projekts steht häufig ein Assessment, in dem eine Ist-Analyse der vorhandenen IT-Struktur vorgenommen wird, darüber hinaus werden in einer TCO-Analyse die entsprechenden Kosten für die Geschäfts- und IT-Prozesse des Outsourcing-Kunden analysiert. Nach dem Assessment und der TCO-Analyse sollte der Outsourcing-Kunde in der Lage sein, durch eine Make-or-Buy-Entscheidung[129] festzustellen, welche IT-Bereiche er weiterhin selbst betreiben sollte und in welchen IT-Bereichen es sinnvoll ist, Leistungen durch Outsourcing hinzuzukaufen.

Hat sich der Kunde entschieden, einige IT-Bereiche oder vielleicht sogar den gesamten IT-Betrieb von einem externen Dienstleister erbringen zu lassen, so muss der Outsourcing-Kunde dies im so genannten *Scope des Outsourcing-Projekts* festlegen. Der Scope eines Outsourcing-Projekts findet sich häufig auch in der Ausschreibung wieder, auf die sich dann verschiedene Outsourcing-Anbieter mit ihren Outsourcing-Angeboten bewerben können.

Der erste Schritt in der Planungsphase ist die Analyse der Unternehmensprozesse[130] des Outsourcing-Kundens. Zielsetzung des Outsourcing-Anbieters ist dabei meist eine Standardisierung und Optimierung der zu übernehmenden Unternehmensprozesse, um somit eine Kostenreduzierung zu erreichen.

Der Outsourcing-Anbieter investiert in dieser Phase bereits eine große Menge an Know-how und Manpower in dieses Projekt. Dabei weiß der Outsourcing-Anbieter häufig noch nicht, ob das Outsourcing-Projekt tatsächlich mit ihm realisiert wird. Zuweilen nimmt der Outsourcing-Anbieter diese Anfangsverluste in Kauf, weil er der Meinung ist, diese durch die meist sehr lange Vertragsbindung (fünf bis acht Jahre)[131] des Outsourcing-Kunden an den Outsourcing-Anbieter ausgleichen zu können. Dies ist dann umso schmerzhafter, wenn der Outsourcing-Kunde sich nach der Analyse seiner outzusourcenden Unternehmensprozesse für ein anderes IT-Dienstleistungsunternehmen entscheidet. Um dieses Risiko möglichst gering zu gestalten, haben sich im Wesentlichen zwei Ansätze bewährt:

- Pflichtenheft
- Letter of Intent

Ferner stellen sich in der Planungsphase die rechtlichen Fragen der vorvertraglichen Aufklärungspflichten und des Risiko-Managements.

---

129. Horchler in Köhler-Frost S. 143
130. Geschäfts- wie IT-Prozesse
131. Cunningham »Outsourcing« S. 32

II.1 Pflichtenheft

Um die Risiken der Anfangsinvestitionen des Outsourcing-Anbieters zu minimieren, besteht die Möglichkeit, dass der Outsourcing-Anbieter für den Outsourcing-Kunden kostenpflichtig ein Pflichtenheft[132] erstellt. In diesem Pflichtenheft definiert der Outsourcing-Anbieter für den Outsourcing-Kunden die Leistungen, die im Rahmen des Outsourcings erbracht werden.

a) Begriff und Abgrenzung

Der Begriff *Pflichtenheft*[133] findet sich in DIN 69901. Dort wird er als ausführliche Beschreibung der Leistungen technischer, wirtschaftlicher, organisatorischer und sonstiger Art definiert, die erforderlich sind, die Ziele des Projekts zu erreichen.

In den *Besonderen Vertragsbedingungen* (BVB) der öffentlichen Hand ist das Pflichtenheft als fachliches Feinkonzept beschrieben, in dem der Informationsbedarf festgelegt wird, und zwar hinsichtlich Umfang, Zeit, Ort und Prioritäten. Bei den BVB der öffentlichen Hand[134] handelt es sich um ein Regelwerk des Bundesministeriums des Inneren (BMI) für die Vergabe öffentlicher Aufträge. Dieses ist für alle Institutionen der öffentlichen Hand und deren Vertragspartner verbindlich.[135]

Bei der Definition[136] des Pflichtenheftes nach DIN und BVB ist unbedingt zu beachten, dass der Begriff in der Literatur fast ausschließlich für den Bereich der Verträge zur Erstellung von (Individual-) *Software* gebraucht wird. Dort nämlich stellt das Pflichtenheft ein in verbaler und grafischer Form ausgearbeitetes Feinkonzept der künftigen Software dar, in dem sich nicht nur Aussagen zu Ausgestaltung und Aufbau der Bildschirminhalte und der einzelnen Programmfunktionen finden, sondern auch alle inhaltlich an das Programm zu stellenden Anforderungen aufgelistet sind,[137] es sich mithin um eine vertragliche Beschreibung des Lieferumfanges[138] handelt. Das Pflichtenheft wird also zumeist als Bestandteil eines Vertrages verstanden, d.h., der Begriff beschreibt einen vertraglichen, keinen vorvertraglichen Bereich.

---

132. Ein Muster eines Pflichtenheftes befindet sich in Kapitel J., Mustertexte, I.
133. Die Terminologie ist nicht immer eindeutig; tlw. auch Bezeichnung als Lastenheft, Anforderungsprofil, Sollkonzept, Systemanalyse, Leistungsbeschreibung; vgl. Hörl 1999, S. 250
134. Vgl. BMI-Drucksache OI 3/S – 194 461/1 vom 20. Dezember 1985
135. Lesshaft 1989, S. 146, 149
136. Zurückhaltend mit Definitionsversuchen die Rspr., OLG Köln NJW-RR 1993, 1529 beschreibt Pflichtenheft ähnlich DIN 69901
137. Schaub, 1993, S. 329, 330
138. Koch 2000, S. 57, Rn. 10

Demgegenüber ist Pflichtenheft in dem *hier* verstandenen Sinne[139] ein Konzept, das zur späteren Umsetzung durch ein Outsourcing-Projekt vorgesehen ist. Dieses Konzept beinhaltet die Vorstellungen, Vorgaben und Anforderungsspezifika eines outsourcingwilligen Unternehmens darüber, was, in welchem Umfang und ggf. auf welche Art und Weise outgesourct werden und welchen Anforderungen das IT-Dienstleistungsunternehmen genügen soll. Nicht selten wird das Pflichtenheft als Leistungsbeschreibung zur Durchführung der öffentlichen Ausschreibung einer Outsourcing-Maßnahme verwendet. In diesem Sinne weist das Outsourcing-Pflichtenheft frappierende Ähnlichkeiten mit dem oben erwähnten Software-Pflichtenheft auf. So wird man denn auch *Pflichtenheft* als gemeinsamen Oberbegriff für Software-Pflichtenheft, Outsourcing-Pflichtenheft und weitere denkbare Pflichtenhefte zu verstehen haben (siehe Abbildung C.5).

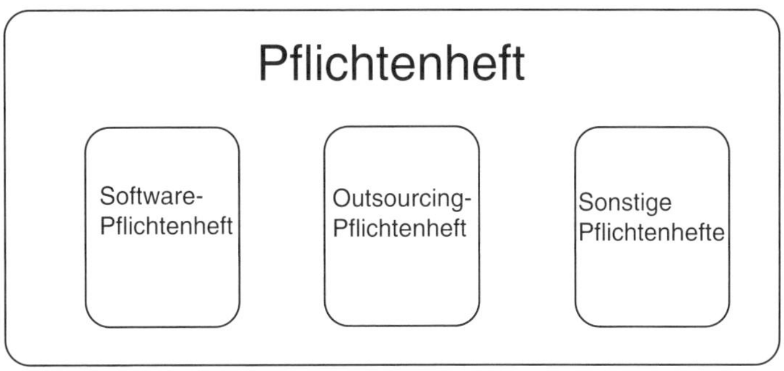

Abbildung C.5

b) Aufgaben und Notwendigkeit

Das Pflichtenheft dient als informationstechnische und organisatorische Grundlage. Aus den Aufgaben des Pflichtenheftes wird seine Notwendigkeit vor allem dann deutlich, wenn man die Situation betrachtet, wie sie – hypothetisch – ohne Pflichtenheft bestünde. Einige essenzielle Aufgaben[140] eines Pflichtenheftes seien hier aufgeführt:[141]

- **Einholen von Angeboten:** Nur durch ein gutes Pflichtenheft kann sich der Kunde (ggf. im Rahmen einer Ausschreibung) bei verschiedenen Anbietern Angebote einholen und diese miteinander vergleichen.

139. Anders als beim Software-Pflichtenheft existiert hierzu fast gar keine Literatur, weswegen Koch Computer-Vertragsrecht, 5. Auflage, Rn. 1006, empfiehlt, die mangelnde Rechtssicherheit durch gezielte Vertragsgestaltung auszugleichen.

140. In der Literatur zum Software-Pflichtenheft ist häufig zu lesen, dass das Pflichtenheft eine Beschreibung des »Was«, nicht des »Wie« enthält, vgl. statt vieler Koch 2000, S. 58, Rn. 12

141. Siehe auch Lewandowski/Mann in »Service Level Management« S. 222

- **Ausscheiden ungeeigneter Anbieter:** Sofern ein Anbieter gar nicht in der Lage ist, den Anforderungen des Pflichtenheftes nachzukommen, erkennen er und der Kunde dies ohne weiteres, so dass beide Seiten von aufwendigen Angebotserstellungen und zeitraubenden, aber fruchtlosen Vertragsverhandlungen verschont bleiben.
- **Vermeidung von Missverständnissen:** Je detaillierter und konkreter das Pflichtenheft, desto größer ist die Wahrscheinlichkeit, dass zwischen Kunden und Service-Provider weder über den Umfang noch den Inhalt der Spezifikationen Missverständnisse auftreten.[142] Insbesondere können dadurch Kosten späterer Rechtsstreitigkeiten vermieden werden.
- **Kostenrisiko des Kunden:** Ohne ein umfassendes und konkretes Pflichtenheft besteht für den Outsourcing-Kunden die Gefahr, dass der Anbieter *eigentlich* aus bestehendem Vertrag geschuldete Leistungsteile nur gegen Sondervergütung erbringt.[143]
- **Kostenrisiko des Anbieters:** Erstellt der Outsourcing-Anbieter unter Einsatz von Manpower und Know-how ein Pflichtenheft, ohne zu wissen, ob er letztlich das Projekt übernehmen wird, kann er das entstehende Kostenrisiko ausschalten, wenn er mit dem outsourcingwilligen Unternehmen vereinbart, dass dieser die Erstellung vergütet. So entstehen dem Anbieter keine (Anfangs-) Verluste und der Kunde erhält ein – hoffentlich brauchbares – Pflichtenheft, mit dem er andere Angebote einholen kann.[144]

c) Aufbau

Einen verbindlichen oder einheitlichen Aufbau für ein Pflichtenheft gibt es nicht.[145] Welche Grobstruktur ein Pflichtenheft aufweisen könnte, ist im Folgenden dargestellt.[146] Im Übrigen versteht es sich von selbst, dass das Pflichtenheft die erwarteten Leistungen widerspiegelt und quantitativ definiert; es hat vollständig, widerspruchsfrei, verständlich und realisierbar zu sein.[147]

aa) Grundsätzliches

Zunächst sollte der Ersteller die Ziele und Interessen des outsourcingbereiten Unternehmens formulieren. In dieser Einführung werden die Personen und

---

142. Schaub 1993, S. 329, 330
143. Koch 15. Auflage, S. 53, Rn. 1
144. Um das Kostenrisiko zu vermeiden, gehen immer mehr Outsourcing-Anbieter dazu über, Pflichtenhefte auf Basis kostenpflichtiger Studien/Konzeptionen anzubieten und im Falle eines Auftrages den Betrag für die Studie/Konzeption später mit den Outsourcing-Zahlungen zu verrechnen.
145. Ein Formularbeispiel aus der Praxis findet sich als Anlage zu dieser Arbeit.
146. Vom Autor mithilfe vielfältiger Literatur zusammengestellt; vgl. v.a. Koch 2000, S. 60, Rn. 17 mit Hinweis auf die Norm ANSI/IEEEStd 830-1984 Standardguide for Software Requirements.
147. Koch Computer-Vertragsrecht, 5. Auflage, S. 56, Rn. 8

Unternehmen aufgezählt, an die das Pflichtenheft gerichtet ist. Ein Inhaltsverzeichnis und eine Leseanweisung zur Handhabung des Pflichtenheftes bieten dem Leser nützliche Hilfe, sich im Pflichtenheft zu orientieren. In einem Glossar (oder auch Definitionssammlung) werden zur Vermeidung von Missverständnissen[148] alle Fachausdrücke gemeinsam festgelegt. Das Glossar oder die Definitionssammlung dient auch später als Verständigungsbasis für die weitere Vertragserstellung.[149]

In der Einleitung[150] finden sich im Übrigen allgemeine Spielregeln, z.B. wie der Outsourcing-Kunde die Angebotpositionen aufzuschlüsseln hat oder dass der Outsourcing-Anbieter in seinem Angebot die Zusammenarbeit mit Partnerfirmen (Subbeauftragung) offen legen muss.[151]

bb) Definition »Ist«

In einem zweiten – nicht zwingend erforderlichen, aber zu empfehlenden – Teil kann die momentane Situation (Arbeitsorganisation, Betriebsablauf) des Unternehmens beschrieben werden. Insbesondere wäre dann auf die Abläufe einzugehen, die durch das neue System verändert werden sollen. Der Leser müsste schließlich in der Lage sein, sich die aktuellen Defizite im Unternehmen deutlich zu machen.

cc) Definition »SOLL«

Der Sollzustand beschreibt die Ziele der Veränderung entsprechend den Ergebnissen der Analysephase. Die detaillierte Aufgabenbeschreibung bildet den Kern des Pflichtenheftes. Je genauer es beschrieben ist, desto einfacher ist es für den IT-Dienstleister, ein Angebot zu erstellen. Hier muss erläutert werden, welche Hard- und Software-Standards erfüllt sein sollen, wie die Lieferung oder Installation zu erfolgen hat, ob Netzanbindung, Druckereinrichtung erfolgt, was gemietet, was gekauft wird, wie hoch die Verfügbarkeit des Systems sein soll, welches Mailsystem und welches Sicherheitsmanagement gewünscht ist, wie der User Help Desk organisiert sein soll und einiges andere mehr. Kurzum: Es findet eine umfassende Leistungsbeschreibung statt, die sich möglicherweise später auch in den Leistungsverträgen wiederfindet.[152]

---

148. Man denke nur an die Vielseitigkeit des Begriffes Pflichtenheft.
149. Siehe auch Kapitel D., Das Outsourcing-Vertragswerk, I. Nr. 16.
150. Darüber hinaus ist die Einleitung ähnlich zu gestalten wie die Präambel in Rahmenverträgen; Siehe auch Kapitel D., Das Outsourcing-Vertragswerk, I. Nr. 1.
151. a bspw. der Outsourcing-Nehmer das Leistungsmodell »Alles aus einer Hand« bevorzugt
152. Siehe auch Kapitel D., Das Outsourcing-Vertragswerk, IV.

dd) Qualität

Sofern nicht schon beschrieben, sind noch die gewünschten Qualitätsmerkmale zu formulieren. Inhalte dieser Qualitätsmerkmale können die so genannten *Service Level Agreements* (SLA) sein, in denen die qualitativen und quantitativen Ziele der Leistungserbringung definiert werden. Folge bei Nichteinhaltung dieser SLA könnten dann entsprechende Vertragsstrafen sein.[153]

ee) Geheimnisse

Insbesondere Unternehmen, die mit sensiblen und deshalb geheim zu haltenden Daten (Betriebsgeheimnisse, Datenschutzproblematik allgemein) umgehen, sollten zum Schutz dieser Daten beim IT-Dienstleistungsunternehmen schon im vorvertraglichen Bereich auf eine (später vertraglich fixierte) entsprechende Geheimhaltungszusage hinwirken.[154]

d) Erstellung des Pflichtenhefts

Ein Pflichtenheft kann sowohl vom Outsourcing-Kunden selbst als auch von außen stehenden Unternehmen erstellt werden (siehe Abbildung C.6).

Beim Software-Pflichtenheft ist umstritten gewesen, ob in den zahllosen Fällen, in denen diese Frage nicht vertraglich geregelt ist, den Kunden oder den Anbieter die Pflicht trifft, das Software-Pflichtenheft zu erstellen. Relevant wurde dieses Problem, da aus Kostengründen oft auf die Erstellung eines detaillierten Software-Pflichtenheftes verzichtet worden ist.[155] So fanden sich Software-Hersteller und Kunde oft in der Situation, dass die vom Anbieter erstellte Software nicht den Erwartungen des Kunden entsprach, was wiederum zu zahlreichen Rechtsstreitigkeiten führte. Die Frage, die die Gerichte dabei immer wieder beschäftigte, war, ob das erstellte Programm mangelhaft im Sinne des §§ 631 ff. BGB ist, so dass der Anwender Ansprüche aus § 634 BGB geltend machen konnte.

Eine insbesondere von einigen OLG getragene Ansicht sah die Erstellung des Software-Pflichtenheftes als Pflicht des Anbieters, denn in der Regel weise nur jener die notwendige Fachkenntnis hierfür auf[156]. Komme der Anbieter dieser Verpflichtung nicht nach, sei seine Programmierleistung mangelhaft – einer Beweisaufnahme über die Mangelhaftigkeit bedürfe es nicht mehr.

Die Gegenauffassung des BGH und darauf folgend des OLG Köln sah die Pflicht zu Erstellung beim Kunden; fehlte das Pflichtenheft, sei mittlerer Ausführungsstandard geschuldet.[157]

---

153. Siehe auch Nr. 5. SLA
154. Siehe auch IV. Nr. 2. Datenschutz
155. Schaub CR 1993, S. 329
156. LG Bamberg. BB-Beilage 11/89, Urteil Nr. 1, Seite 2; KG Berlin, CR 1990, 768 ff. und OLG Düsseldorf (vgl dazu BGH CR 1992, 543)

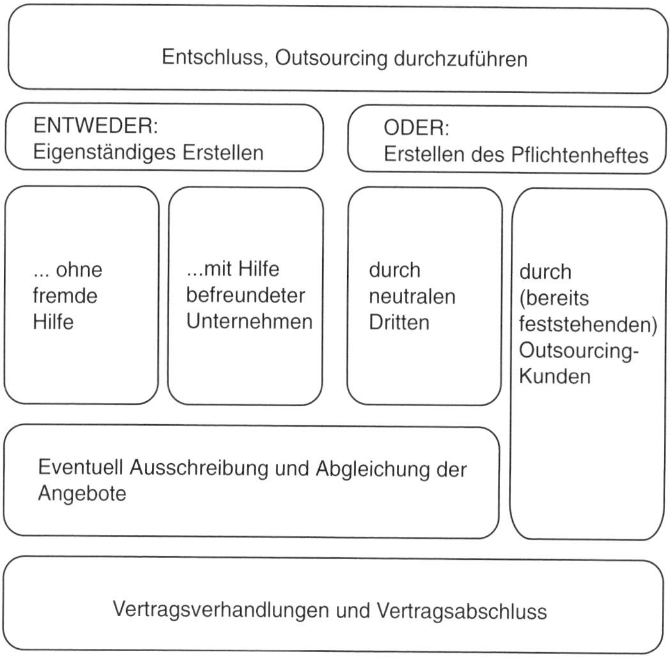

Abbildung C.6

Die *nunmehr herrschende Meinung* des BGH hat sich zu Recht durchgesetzt. Denn es ist nicht einzusehen, wieso beispielsweise im Baumängelrecht – wo sich ebenfalls Unternehmer als Fachmann und Besteller als Laie gegenüberstehen – der Kunde nach dem Gedanken der §§ 642, 645 I BGB, beim Software-Erstellungsvertrag aber der Unternehmer erklären muss, wie das gewünschte Werk auszusehen hat.[158]

Zusammenfassend[159] und darüber hinaus kann festgestellt werden, dass das Software-Pflichtenheft mangels abweichender Vereinbarungen vom Kunden in eigener Verantwortung und auf eigene Kosten zu erstellen ist, während den Anbieter im IT-Bereich nur die Pflicht trifft, das kundenseitig erstellte Pflichtenheft zu überprüfen bzw. den Kunden auf notwendige Mitwirkungshandlungen hinzuweisen.[160]

157. BGH CR 1992, 543 und OLG Köln CR 1992, 470 ff.
158. Schaub CR 1993, 329, 332
159. Vgl. i.ü. Hörl 1999, S. 250 ff., Müller-Hengstenberg 1995, 198, 200 f. und Lesshaft, Ulmer CR 1988, 813, 816 f.
160. OLG Celle CR 1991, 610 und OLG Köln NJW-RR 1993, 1528

aa) Interne/externe Erstellung

Zunächst besteht also die Möglichkeit, dass der Outsourcing-Anbieter das Pflichtenheft in *Eigenregie* erstellt. Dabei kann sich das Unternehmen aber auch von befreundeten outsourcingerfahrenen Unternehmen – eventuell einem Outsourcing-Anbieter oder eine Unternehmensberatung, mit der in der Vergangenheit bereits gute Erfahrungen gemacht wurden – unterstützen lassen. In diesem Falle liegen die Chancen des Helfers, den Outsourcing-Deal später selbst abschließen zu können, wegen seiner Sachnähe deutlich höher als die Chancen anderer Anbieter.

Der Outsourcing-Anbieter freilich kann das Pflichtenheft auch völlig *extern* erstellen lassen. Dann führt ein eventuell schon als Outsourcing-Geber feststehendes Unternehmen oder aber ein »neutrales« Drittunternehmen (z.B. eine Unternehmensberatung) die Erstellung durch.

bb) Vor- und Nachteile

Nun fragt sich, welches Vorgehensmodell – interne oder externe Erstellung – für den Outsourcing-Anbieter am vorteilhaftesten ist.

Unabhängig davon, in welcher Form die Pflichtenhefterstellung in Angriff genommen wird, bietet es sich an, ein Team aus hoch qualifizierten Mitarbeitern zusammenzustellen, das sich in der Regel über mehrere Wochen mit dem Projekt beschäftigt. Gewöhnlich verursacht die Erstellung eines detaillierten Individualkonzeptes – lässt es der Outsourcing-Anbieter durch ein kundiges Drittunternehmen oder seine eigenen Mitarbeiter erstellen – Kosten in sechsstelliger Höhe.[161]

Lässt man das Pflichtenheft *durch den* (evtl. bereits feststehenden) *Outsourcing-Anbieter* oder durch ein befreundetes Outsourcing-Unternehmen durchführen, besteht die Gefahr, dass der Kunde ein Pflichtenheft erhält, das eher auf die Bedürfnisse des IT-Dienstleistungsunternehmens als auf die Kundenbedürfnisse zugeschnitten ist[162]. Der Outsourcing-Kunde wird nämlich aus Wirtschaftlichkeitsgesichtpunkten bzw. um das Projekt am Ende auch wirklich zugesprochen zu bekommen, darauf hinwirken, ein Pflichtenheft zu erstellen, das *seinem* Angebots- und Unternehmensprofil am ehesten entspricht. Mithin ist jedenfalls für den Fall, dass sich der Outsourcing-Kunde noch nicht für einen Anbieter entschieden hat, von der Erstellung durch einen Outsourcing-Anbieter abzuraten.

---

161. In DM; vgl. für Software-Pflichtenheft Schaub 1993, Seite 329: 25 % der Auftragssumme; nach Selbstauskunft von EDS und IBM betragen die Kosten für ein EDS-Pflichtenheft i.d.R. zwischen 30.000 und 100.000 DM, bei IBM von 50.000 DM bis über 1.000.000 DM.
162. So auch Dzierzon, Clearview Consulting GmbH

Die eben genannte Problematik stellt sich nicht, wenn das Pflichtenheft durch das outsourcingwillige Unternehmen *selbst* oder durch einen Drittanbieter erstellt wird. Gleichwohl wird man aber zu bedenken haben, dass die Eigenerstellung nur dann ratsam erscheint, wenn der Outsourcing-Anbieter über entsprechendes Know-how und die nötige Manpower verfügt. Fehlt es hieran – und dies ist bei der Mehrzahl der Unternehmen zu erwarten – ist auch die Selbsterstellung ungeeignet.

Schließlich bleibt noch die Pflichtenhefterstellung *durch einen neutralen Drittanbieter*, also ein Beratungsunternehmen, das weder identisch mit dem outsourcingwilligen Unternehmen noch potenzieller Outsourcing-Kunde ist. Diese Lösung bringt allerdings den Nachteil mit sich, dass die Erstellung des Pflichtenheftes durch einen Drittanbieter in den meisten Fällen teurer als jene für die Selbsterstellung sein wird. Zur Lösung dieses Konflikts soll der Fokus auf die Floprate gerichtet werden. Unter *Floprate* versteht man die Anteile der Fälle, in denen sich die an ein Vorhaben gerichteten Erwartungen mehrheitlich nicht erfüllt haben. Die Floprate beim IT-Outsourcing liegt zwischen 30 % und 50 %.[163] In Anbetracht dieser Tatsache sollte auf die professionellen Strukturen und reichhaltigen Erfahrungen von Drittanbietern nicht verzichtet werden. Die dadurch entstehenden Mehrkosten stellen eine sinnvolle Investition dar.

e) Haftung

Bei der Erstellung und der Nutzung des Pflichtenheftes als Grundlage für ein IT-Outsourcing-Projekt stellt sich auch die Frage nach der Haftung bei einem mangelhaften Pflichtenheft.

aa) Pflichtenheft vom Kunden erstellt

Eindeutig ist die Haftungslage, wenn der Kunde das mangelhafte Pflichtenheft selbst erstellt hat. In diesem Falle bestehen keine Ansprüche gegen andere. Allerdings ändert sich die Lage dann, wenn das mangelhafte Pflichtenheft später in die Vertragsverhandlungen mit dem Outsourcing-Provider eingeführt und vom Anbieter – trotz vorhandenen Fachwissens – auf erkennbare wesentliche Mängel nicht hingewiesen wird. In diesem Falle haftet der Anbieter bei Verschulden wegen Verletzung von Aufklärungspflichten nach §§ 311 I, 311 II i.V.m. § 280 BGB.[164] Zu ersetzen ist der Vertrauensschaden; dies kann bis zur Vertragsrückabwicklung gehen[165] und sogar zum Ersatz entgangenen Gewinns führen, der erzielt worden wäre, wenn der Geschädigte die Unwirksamkeit des Vertrages gekannt hätte.[166]

---

163. Everest White Paper »Outsourcing – Top oder Flop?«, S. 1, URL: www.outsourcing-management.de
164. Schmid 1990, S. 311
165. OLG Düsseldorf BB-Beilage 11/89, S. 4
166. Vgl. Koch Computer-Vertragsrecht, 5. Auflage, Rn. 1040

bb) Pflichtenheft vom Outsourcing-Anbieter erstellt

Erstellt ein bereits feststehender Outsourcer das mangelhafte Pflichtenheft, kommt auch hier eine Haftung in Betracht, selbst wenn der Anbieter die Leistung kostenlos erbracht hat.[167] Als Anspruchsgrundlage kommt vor allem § 280 I BGB wegen Verletzung von Nebenpflichten in Betracht, jedoch kann auch eine Verletzung von Hauptpflichten in Frage kommen, wenn die Verpflichtung zur Erstellung eines Pflichtenheftes hinreichend klar von anderen Outsourcing-Leistungen abgrenzbar ist. Hierfür gilt dann nichts anderes als bei der Erstellung durch unabhängige Dritte.

cc) Pflichtenhefterstellung durch Dritte

Erstellt z.B. eine unabhängige Unternehmensberatung das Pflichtenheft, wird man dies als Systemberatung[168] einzuordnen haben. Anwendbar ist hierauf das Werkvertragsrecht.[169] Folge eines mangelhaften Pflichtenheftes ist das Vorliegen eines Werkmangels und das Eingreifen der Vorschriften der §§ 633, 635 BGB. Problematisch ist hier, dass der eigentliche Schaden durch die Umsetzung des Pflichtenheftes nicht am Werk selbst, sondern am sonstigen Vermögen des Kunden entsteht.

II.2 Letter of Intent (LoI)

Eine andere Möglichkeit zur Absicherung des vorvertraglichen Risikos liegt möglicherweise in dem Abschluss eines Letter of Intent (LoI).[170]

a) Definition und Abgrenzung

Der aus der angloamerikanischen Vertragspraxis[171] stammende Begriff des Letter of Intent[172] (LoI) wird am trefffendsten mit *Absichtserklärung* übersetzt. Der LoI wird irgendwann zwischen den ersten vertrieblichen Gesprächen und dem Abschluss des Outsourcing-Vertragswerkes unterzeichnet.[173] Dadurch hat er für die Konkretisierung vorvertraglicher Pflichten Bedeutung gewonnen. Durch ihn wird in der Regel von einer der (künftigen) Vertragsparteien in Form eines Briefes bekundet, dass sie die Absicht habe, mit der anderen Partei einen Vertrag über die Lieferung einer Anlage, eines Schiffes oder einer Bohrinsel, einen Gesellschafts- oder Fusionsvertrag, ein Lizenzabkommen oder eben einen IT-Outsourcing-Vertrag zu schließen.[174]

---

167. Vgl. Redeker-Witte 2000, 1.4 Rz 55
168. Liegt vor, wenn nicht punktuell, sondern systematisch und umfassend informiert werden soll, vgl. dazu Hörl 1999, S. 334 f.
169. Da ein kompletter Organisationsvorschlag geschuldet ist, vgl. Hörl 1999, S. 435 f.
170. Ein Muster eines Letter of Intent befindet sich in Kapitel J., Mustertexte,II.
171. Blaurock 1983, 334, 336
172. letter bedeutet Brief, intent bedeutet Absicht.
173. Blaurock 1983, 334, 337
174. Vgl. Blaurock 1983, 334 f.

Die Abgrenzung des Letter of Intent von ähnlichen Rechtsfiguren gestaltet sich äußerst schwierig. Zum einen handelt es sich schon bei den als Letter of Intent bezeichneten Schriftstücken nicht um eine homogene Gruppe.[175] Zum anderen sind Verwechslungen mit nahe stehenden Rechtsfiguren – und den unzähligen Falschbezeichnungen[176] – an der Tagesordnung.[177] Die in der Praxis häufig anzutreffenden Varianten des LoI sind: [178]

- In **Punktuationen**, die auch als *Memorandum of Understanding* (MoU) bezeichnet werden, sind Verhandlungsergebnisse schriftlich fixiert.
- **Heads of Agreement** sind rudimentäre Diskussionsentwürfe eines Vertrages. In diesen Fällen werden – oft von den Spitzen der Unternehmen – in kurzen Vermerken die Interessenlage der Beteiligten erläutert oder die Zielrichtung bzw. der Zweck der geplanten Vereinbarung festgelegt[179]. Im Gegensatz zur Mehrseitigkeit der Heads of Agreement ist ein Letter of Intent[180] bloß eine einseitige Absichtserklärung, allenfalls verbunden mit einer Bitte um Gegenzeichnung. Andere Autoren[181] gehen hingegen – zu Recht – davon aus, dass auch Letters of Intent mehrseitig sein können. Denn schließlich verneint selbst Lutter das Vorliegen eines LoI nicht, wenn die Gegenseite der Bitte um Gegenzeichnung nachgekommen ist und nunmehr Mehrseitigkeit vorliegt. Nach der hier vertretenen Ansicht wird freilich die Abgrenzung von LoI und Heads of Agreement nahezu überflüssig.
- Bei **Intructions to Proceed** dokumentieren die Vertragspartner ihre Verständigung über die Art und Weise des weiteren Vorgehens.
- In **Traktaten** werden die dem Vertragsschluss vorausgehenden Verhandlungen fixiert. Übrigens wurde eine Regelung, wonach den Traktaten Rechtswirksamkeit abgesprochen wurde, deshalb nicht in das BGB aufgenommen, weil man sie für selbstverständlich hielt[182].
- **Optionen** räumen das Recht ein, durch einseitige Erklärung einen Vertragsschluss herbeizuführen.
- **Vorverträge** begründen die Verpflichtung zum Abschluss eines Hauptvertrages.[183]
- **Rahmenverträge**[184] legen gemeinsame Bestimmungen für noch abzuschließende Einzelverträge fest.

---

175. Blaurock 1983, 334 f.
176. Vgl. Weber 1994, 533 f.
177. Lutter 1998, 12
178. Kösters 1999, 623
179. Lutter 1998, 14; tlw. auch Bezeichnung als Memorandum of Understandig oder Basic Arguments
180. Lutter 1998, 15
181. Kösters 1999, 623
182. Vgl. Blaurock 1983, 334
183. Palandt/Heinrichs Vor § 145 Rn. 19, 21
184. Siehe auch Kapitel D., Das Outsourcing-Vertragswerk, I.

b) Rechtsbindungswille

Auch die Frage danach, ob der Abschluss eines LoI rechtsgeschäftliche Bindungswirkung für die Geschäftspartner entfaltet, lässt sich nicht ohne weiteres beantworten. Denn der Letter of Intent kann, aber muss nicht einen rechtsgeschäftlichen Inhalt haben. Ob ein LoI überhaupt irgendeine Bindungswirkung entfaltet, richtet sich nach seinem Inhalt und dem hierin zum Ausdruck gebrachten Parteiwillen.[185] Eine Bindungswirkung nur aus der Überschrift des Letter of Intent lässt sich auf jeden Fall verneinen.

aa) Rechtsbindung bezüglich Hauptvertrag

Zunächst muss ermittelt werden, ob ein LoI Bindungswirkung bezüglich des Hauptvertrages – z.B. des Outsourcing-Vertragswerkes – entfaltet. Dies wäre dann der Fall, wenn in dem LoI – bzw. im Rahmen des »Abschlusses« eines LoI – ein Angebot läge, mithin ein auf den Abschluss des Hauptvertrages gerichteter Bindungswille gegeben wäre. Dies freilich ist allein schon deshalb abzulehnen, weil in einem LoI regelmäßig auf einen *in Zukunft* zu schließenden Vertrag hingewiesen wird.[186]

Darüber hinaus gibt auch § 154 BGB eine wertvolle Auslegungsregel: Danach scheitert der Vertragschluss – selbst wenn der LoI mit Bindungswillen in Bezug auf die Hauptleistung abgegeben worden ist – im Zweifel immer noch an der Unvollständigkeit der Abreden (§ 154 I BGB) oder – gar nicht so selten – der angemahnten Form (§ 154 II BGB).[187] Bis zur endgültigen Einigung über alle Punkte, die zu Verhandlungen anstehen, kommt der Vertrag folglich nicht zustande, es sei denn, die Parteien vereinbaren dies ausnahmsweise.[188] Durch einen LoI wird also nicht der Hauptvertrag geschlossen.

bb) Verpflichtung zum Abschluss des Hauptvertrages

Wenn – wie gezeigt – der Hauptvertrag durch einen LoI nicht geschlossen wird, stellt sich dennoch die Frage, ob der Absender eines LoI unter Aspekten einer vorvertraglichen Pflichtverletzung i.s.d. § 311 II BGB, § 311 III i.V.m. § 280 BGB seine Abschlussfreiheit verliert, wenn der Empfänger, der seinerseits alle offenen Punkte im Sinne des Schreibens geklärt und erledigt hat (Kreditlinie besorgt, Erlaubnis eingeholt etc.).[189]

Im Ergebnis kann ein Anspruch auf Abschluss des Hauptvertrages nicht in Frage kommen, da die Abschlussfreiheit (vgl. Art. 2 I GG) des Absenders Vorrang genießt.[190]

185. Kösters 1999, 623
186. Lutter 1998, 20
187. Lutter 1998, 21
188. Blaurock 1983, 334, 338
189. Lutter 1998, 67 f.

cc) Sonstige Bindung

Die soeben erfolgte Verneinung von Ansprüchen auf die Hauptleistung darf jedoch nicht zu dem Irrtum verleiten, Letters of Intent enthielten in keiner Hinsicht vertragserzeugende Willenserklärungen[191]. Das ergibt sich beispielsweise schon daraus, dass Letters of Intent häufig Rechtswahlklauseln, Regeln über vergütete Vorleistungen[192] oder Ausschlüsse der Unkostenerstattung enthalten, die aber nur dann sinnvoll sind, wenn mit ihnen eine rechtliche Bindung angestrebt wird[193]. Somit ist eine rechtliche Bindung bezüglich Nichthauptleistungspflichten je nach Ausgestaltung des LoI zu bejahen (siehe Abbildung C.7).

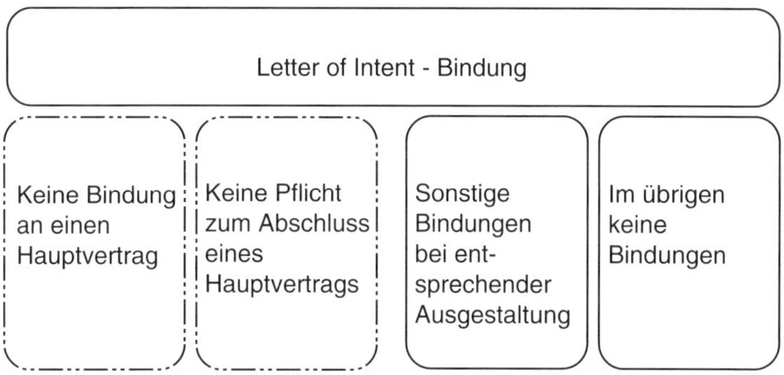

Abbildung C.7

c) Aufgaben und Notwendigkeiten

Bei dem LoI handelt es sich um eine vielseitige Gestaltungsform.[194]

Aufgabe des LoI ist es, den Stand der im Vorfeld eines Vertragsschlusses geführten Verhandlungen festzuhalten und die wechselseitige Absicht zu bekunden, vorbehaltlich der Einigung über noch zu verhandelnde Punkte sowie des Eintritts sonstiger Ereignisse (z.B. Zuführung von Informationen, Sicherstellung der Finan-

190. Zur Verneinung des Kontrahierungszwangs vgl. statt vieler BGH WM 1962, 1174, 1175 f.; hingegen ist Erstattung der Aufwendungen aus c.i.c (neu § 242 I i.V.m. § 311 II BGB) möglich, Blaurock 1983, 334, 336, siehe unten.
191. Lutter 1998, 41
192. Z.B. bindende Vereinbarung darüber, dass der Besteller dem Lieferanten gerade dann, wenn der Hauptvertrag nicht zustande kommt, den bis zum Rücktrittsdatum angefallenen Aufwand ersetzen muss, oder dass sich der Lieferant verpflichtet, die Vorarbeiten weiter zu fördern, die Planung voranzutreiben, öffentlich-rechtliche Genehmigungsverfahren einzuleiten etc.; es handelt sich dabei i.d.R. um Geschäftsbesorgungsverträge (§§ 675, 662 ff. BGB) oder Werkverträge (§§ 631 ff. BGB), vgl. Lutter 1998, 40 f.
193. Vgl. Blaurock 1983, 334, 337
194. Anders als Lutter 1998, 12 ist beim LoI nicht einmal sicher, dass er in Briefform ergeht. Ebenso wenig kann davon ausgegangen werden, dass Letters of Intent einem einheitlichen Zweck dienen oder einen typischen Inhalt aufweisen.

zierung) einen Vertrag abzuschließen.[195] Nimmt man diese Beschreibung zur Grundlage seines Versuches, die Funktionen eines LoI zu ermitteln, kommen folgende Aufgaben für den LoI in Betracht:

- **Vertrauen in Ernstlichkeit:** Der LoI soll beim Erklärungsempfänger Vertrauen in die Ernstlichkeit der Vertragsabsichten des Erklärenden wecken, was zu einer gewissen faktischen Bindung führen kann, obschon ein Bindungswille im Rechtssinne nicht immer zu bestehen vermag[196].
- **Sicherheit im vorvertraglichen Bereich:** Der LoI regelt das rechtlich ungeordnete vertragliche Vorfeld und ist deswegen geeignet, Sicherheit zu schaffen. Die weiteren Verhandlungen werden beispielsweise nunmehr von der Frage entlastet, wer die finanziellen Lasten der Vorarbeiten zu tragen habe, und dies insbesondere auch dann, wenn der Hauptvertrag scheitert[197].
- **Ordnung bei komplexer Materie:** Seine Wirkung entfaltet der LoI am besten bei sehr umfangreichen Vertragsverhandlungen. Hier nämlich dient er oft der Klarstellung, über welche Aspekte des komplexen zu schließenden Hauptvertrages sich die Parteien bereits geeinigt haben und welche noch der Klärung bedürfen.[198]
- **Signalwirkung:** Eine weitere Funktion von Letters of Intent ist in der Förderung nicht unmittelbar rechtlicher Ziele zu sehen, also etwa in der Bestätigung, dass nun eine große Verhandlungsdelegation gebildet werden kann und die Hausjuristen an die Arbeit gehen können.
- **Zielkennzeichnung:** Weiterhin dient ein LoI dazu, das geplante Projekt überhaupt erst zu kennzeichnen, z.B. Mitteilung der *firm intention* zur Bildung eines Joint Venture.[199]
- **Erfolgserlebnis:** Nicht zuletzt kann ein LoI und seine Bekanntgabe das Ziel verfolgen, der Verhandlungsdelegation, den Mitarbeitern der Unternehmen, den (potenziellen) Aktionären oder der gesamten Volkswirtschaft ein Erfolgserlebnis zu bereiten.[200]
- **Verbesserung der Ausgangssituation:** Auf verhandlungs-psychologischer Ebene kann die schriftliche Fixierung eines LoI die faktische Einschränkung des Verhandlungsspielraumes bewirken, z.B. indem die Rechtswahlfrage zu einem Zeitpunkt, in dem diese Frage noch unverdächtig erscheint und auf der »Gegenseite« noch keine Juristen am Verhandlungstisch sitzen, zum eigenen Gunsten festgelegt wird.[201] Außerdem können Haftungsausschlüsse vereinbart werden.

195. Kösters in 1999, 623
196. Kösters 1999, 623
197. Blaurock 1983, 334, 335
198. Vgl. Lutter 1998, 10
199. Vgl. Lutter 1998, 10
200. Ganz ähnlich wohl Lutter 1998, 10
201. Lutter 1998, 10 f.

d) Inhalt und Aufbau eines LoI

Der LoI unterliegt keinen bestimmten Formvorschriften. Ginge es hingegen um Vorverträge über formbedürftige Hauptverträge wie die Veräußerung eines Grundstücks, müsste auch der Vorvertrag der Form des Hauptvertrages genügen.[202] Oft stellt der LoI eine einseitige Erklärung der einen Partei gegenüber der anderen dar, mit der abschließenden Bitte, der Empfänger möge den LoI »bestätigen« oder »annehmen« und diese Annahme auf einem Durchschlag des Briefes erklären.

Der Umfang eines Letter of Intent reicht in der Praxis von gerade mal zehn Zeilen bis zu 30 eng beschriebenen Seiten.[203]

aa) Keine Verbindlichkeiten

Zur Vermeidung von Missverständnissen empfiehlt es sich, in einer Unverbindlichkeitsklausel die fehlende Verpflichtung zum Abschluss des Hauptvertrages klarzustellen.[204]

bb) Zeitliche Geltung

Soweit der LoI irgendwelche Unterlassungspflichten oder Vorgehenspläne enthält, sollte deren zeitliche Geltung festgeschrieben werden.[205]

cc) Geheimhaltungspflicht

Um die schützenswerten Interessen der Parteien auch im Verhandlungsstadium zu sichern, gehören Abreden in den LoI, die die Verpflichtung begründen, wechselseitig ausgetauschte Informationen vertraulich zu behandeln und auch im Falle des Scheiterns der Verhandlungen Geheimhaltung zu bewahren.[206] Damit soll verhindert werden, dass Betriebsinterna oder die beabsichtigte Transaktion an das Licht der Öffentlichkeit gezerrt werden. Würde auf eine derartige Abrede verzichtet werden, bestünde gleichwohl die Verpflichtung, Geschäftsgeheimnisse des Vertragspartners vertraulich zu behandeln. Bei einem Verstoß käme es dann zur Haftung aus § 311 II BGB, § 311 III i.V.m. § 280 BGB. Eine gesonderte Vereinbarung macht dennoch Sinn, da in ihr Art und Umfang der Vertraulichkeit punktgenau geregelt werden kann.[207] Da im Falle des Geheimnisverrates der Schaden für das geschädigte Unternehmen nur schwer nachweisbar ist, sollte auch ein pauschalierter Schadensersatz den Weg in den LoI finden.

---

202. BGH NJW 1986, 1983
203. Vgl. Lutter 1998, 9
204. Kösters 1999, 623
205. Kösters 1999, 623
206. Kösters 1999, 623
207. Kösters 1999, 623, 624

e) Exklusivvereinbarung

Die Abrede, während der gemeinsamen Verhandlungen keine Parallelverhandlungen mit Dritten aufzunehmen, gehört zum heute fast selbstverständlich gewordenen Inhalt eines LoI. Die Parteien können einem Verstoß gegen die Exklusivitätsabrede durch eine Vereinbarung vorbeugen, die vorsieht, dass diejenige Partei, die vertragswidrig mit einem Dritten verhandelt, die der anderen Partei im Zusammenhang mit den Vertragsverhandlungen entstandenen Kosten zu erstatten hat, falls der Hauptvertrag mit dem Dritten geschlossen wird.[208]

f) Anwendbares Recht, Gerichtsstand, Schiedsgericht

Um Rechtsklarheit zu schaffen, empfiehlt es sich, das anwendbare Recht in den Fällen, in denen der LoI verbindende Verpflichtungen enthält, vertraglich zu bestimmen. In der Wahl des Vertragsstatuts sind die Parteien sowohl nach deutschem Kollisionsrecht (Art. 27 EGBGB) als auch nach dem internationalen Privatrecht der meisten ausländischen Staaten frei. Ebenfalls zu bestimmen sind Gerichtsstand und ggf. Schiedsklauseln.

g) Haftung

Der Letter of Intent (LoI) kann möglicherweise verschiedene Haftungsansprüche aus dem Vorvertraglichen wie während der Vertragslaufzeit unterstützen.

aa) Ansprüche aus vorvertraglicher Pflichtverletzung

Der Eintritt in Vertragsverhandlungen zwischen zwei oder mehreren Parteien begründet zwischen ihnen ein *Vertrauensverhältnis*, aus dem sich – insbesondere im fortgeschrittenen Stadium der Verhandlungen – Verhaltenspflichten der Parteien ergeben. Dieses Interesse war den Vätern der großen Schuldrechtsreform so wichtig, dass sie das aus dem Gewohnheitsrecht gewohnheitsrechtlich anerkannte Institut der *culpa in contrahendeo* (c.i.c.) im neuen § 311 BGB aufgenommen haben.[209] Wann eine vorvertragliche Sonderbeziehung vorliegt, klärt nun das Gesetz in § 311 II BGB unter ausfüllungsbedürftige Rechtsbegriffe. Die bislang herrschende Meinung ging davon aus, es müsse auf die Anbahnung geschäftlicher Kontakte abgezielt werden, [210] nicht nur ein gesteigerter sozialer Kontakt stattfinden.

Spätestens mit Vorliegen eines LoI – gleich welchen Inhalts – kann ein derart verdichtetes Rechtsverhältnis vorliegen, dass die Voraussetzungen für ein vorvertragli-

208. Kösters 1999, 623, 625
209. Das Institut der c.i.c. ging auf Rudolf von Ihering zurück und wurde mit einer Analogie insbesondere zu den §§ 122, 179, 307, 309, 463 S. 633 BGB a.F. (alte Fassung gültig bis 31.12.2001; Bei Dauerschuldverhältnissen bis 31.12.2002 vgl. Art 229 § 5 S.2 EGBGB n.F. gilt altes Recht), später auch mit dem Hinweis auf § 11 Nr. 7 2 HS. AGBG (Neu in § 309 Nr. 7 2 HS. BGB) begründet.
210. Palandt/Putzo § 276 Rn. 66.

ches Schuldverhältnis erfüllt sind.[211] Die schuldhafte Verletzung der sich daraus ergebenden Pflichten führt dann zum Schadenersatz aus einer vorvertraglichen Pflichtverletzung gem. §§ 311 II BGB, 311 III i.V.m. § 280 BGB.[212]

Fazit: Der Letter of Intent kann vertrauensbegründende Grundlage für Schadensersatzansprüche aus rechtsgeschäftsähnlichen Schuldverhältnissen aus §§ 311 II BGB, 311 III i.V.m. § 280 BGB sein.[213]

Bei einem Anspruch aus §§ 311 II BGB, 311 III i.V.m. § 280 BGB besteht die anspruchsbegründende *Pflichtverletzung* in der Enttäuschung des Vertrauens des potenziellen Vertragspartners (Empfänger des LoI), das vom Handelnden (Absender des LoI) selbst veranlasst wurde. Insbesondere wird das geweckte Vertrauen bei Verletzung vorvertraglicher Schutz- und Treuepflichten enttäuscht.[214] Vorvertragliche Schutz- und Treuepflichten sind, den Abschluss des Hauptvertrages zu fördern, sich so zu verhalten, dass der Verhandlungspartner keine Schäden erleidet[215] und dem Partner richtige und vollständige Informationen über Zustände zu erteilen, die für seine Willensbildung erkennbar von Bedeutung sind.[216]

Im Zusammenhang mit dem LoI gewinnt die Fallgruppe *Abbruch der Vertragsverhandlungen* eine wesentliche Bedeutung. Veranlasst eine von vornherein nicht abschlussbereite oder nicht abschlussfähige Partei den Abbruch fortgeschrittener Vertragsverhandlungen, ist der Tatbestand einer vorvertraglichen Pflichtverletzung aus §§ 311 II, 311 III BGB i.V.m. § 280 BGB ebenso erfüllt,[217] als wenn die Partei ein qualifiziertes Vertrauen auf das Zustandekommen des Vertrages erwecken würde (z.B. wenn der Vertragsschluss als sicher hingestellt oder der andere Teil zu Vorleistungen veranlasst wird) und sodann die Verhandlungen ohne triftigen Grund abbräche – die Haftung setzt in diesem Fall nicht einmal voraus, dass das Vertrauen schuldhaft herbeigeführt worden ist.[218]

Die Regelung im §§ 311 II, 311 III BGB i.V.m. § 280 BGB dient dem Schutz und Ersatz des *negativen Interesses*, was in praxi zum Ersatz nutzloser Aufwendungen[219]

---

211. Blaurock 1983, 334, 336 f. und Lutter 1998, 66
212. Vormals c.i.c. siehe auch Staudinger-Löwisch, Vorbemerkung zu §§ 275-283 a.F. (alte Fassung gültig bis 31.12.2001; Bei Dauerschuldverhältnissen bis 31.12.2002 vgl. Art 229 § 5 S.2 EGBGB n.F. gilt altes Recht), Rn. 59, 61; MüKo-Kramer. Vor § 145, Rn. 34
213. MüKo/Kramer, Vor § 145, Rn. 34
214. Kösters 1999, 623, 624
215. Palandt/Heinrichs, § 276, Rn. 66, 72
216. BGHZ 71, 386, 396
217. OLG Stuttgart, DB 1989, 1817
218. Blaurock 1983, 334, 337
219. Verwiesen sei an dieser Stelle auf BGH NJW 75, 1774: Der Beklagte stellte der Klägerin den Abschluss eines Lizenzvertrages in Aussicht und verlangte hierfür zuvor verschiedene Maßnahmen, so auch den Bau von Fabrikationsanlagen. Die Lizenz wurde später nicht erteilt. Der BGH sprach der Klägerin Schadensersatz (Fabrikationsanlagen) aus c.i.c. (neu § 242 I i.V.m. § 311 II BGB) zu.

führt.[220] Jedoch ist es möglich, sich gegen die in den Fällen des Abbruchs von Vertragsverhandlungen bestehenden Haftungsrisiken abzusichern, indem Ansprüche nach §§ 311 II BGB, 311 III i.V.m. § 280 BGB in den Grenzen des § 276 II BGB abgedungen werden.[221]

bb) Schadensersatz wegen einer Pflichtverletzung während der Vertragslaufzeit aus § 280 BGB

Soweit der LoI bindende Verpflichtungen enthält, kann sich durch eine Pflichtverletzung ein Schadensersatzanspruch aus § 280 I BGB begründen[222]. Wenn beispielsweise eine Exklusivitätsabrede eine bindende Verpflichtung ist, stellt der schuldhafte Verstoß gegen eine solche Vereinbarung eine Verletzung des Schutzbereichs des § 280 I BGB dar, der zum Ersatz des aus der Verletzung der Exklusivitätsabrede entstandenen – ggf. pauschalierten – Schadens verpflichtet.

h) Sonstiges

Denkbar ist weiterhin die Vereinbarung über Urheber- und sonstige Rechte aus der Planungsphase, evtl. auch Abreden darüber, wer die Kosten für bestimmte erbrachte Leistungen trägt.

i) Fazit

Mit dem Letter of Intent steht den Rechtsanwendern im Bereich IT-Outsourcing ein flexibles Instrument zur Verfügung, um überflüssige Kosten, Risiken und Missverständnisse zu vermeiden. Dem Praktiker kann nur dringend empfohlen werden, zur Erzielung von Vertrauen einen Letter of Intent zu gebrauchen.

II.3 Vorvertragliche Aufklärungspflichten

Wie bereits mehrfach erwähnt, sind Outsourcing-Projekte komplex und risikobehaftet. Aus diesem Grund ist es in der Planungsphase wichtig, die Outsourcing-Partner über gewisse Aspekte eines Outsourcing-Projekts bereits vor dem Vertragsabschluss zu informieren Dieses spiegelt sich besonders bis zum Ende der Planungsphase wider, wenn noch kein Regelungswerk (Pflichtenheft, LoI oder Outsourcing-Vertragswerk) gefunden worden ist, in denen die gegenseitigen Rechte und Pflichten der Outsourcing-Partner definiert sind.

Rechtsprechung zu diesem Thema existiert bisher kaum,[223] da sich die Vertragsparteien meist außergerichtlich einigen, sofern es zu Streitigkeiten kommt, ebenso wenig wie Abhandlungen über Rechtsprobleme, insbesondere im vorvertraglichen

220. Lutter 1998, 71
221. Lutter 1998, 88
222. Kösters 1999, 623, 624
223. Koch, Computer-Vertragsrecht, 5. Auflage, Rn. 1006

Bereich. Daher versucht man, die bisherige Judikatur und Literatur zum Bereich *Computervertragsrecht*[224] für vorvertragliche Informationspflichten im Gebiet »Outsourcing« nutzbar zu machen.

a) Aufklärungs- und Beratungspflichten

Eine allgemeine Beratungs- und Aufklärungspflicht wird vom BGH in ständiger Rechtsprechung abgelehnt[225]. Vielmehr muss es zu der Schaffung eines Vertrauensverhältnisses kommen, in der der Vertragspartner redlicherweise eine Aufklärung erwarten kann.[226]

Aufklärungspflicht bedeutet dabei, die Gegenseite unaufgefordert über solche Umstände zu informieren, die den Vertragszweck vereiteln können und die nur dem Anbieter bekannt sind.[227] Dieser Verpflichtung zu eigeninitiativem Handeln stehen die Beratungspflichten gegenüber, die vom Kunden gewünscht werden, sozusagen fremdinitiiert sind.[228]

aa) Eigeninitiative Aufklärungspflichten

Im IT-Bereich wird regelmäßig mit dem Begriff der Fachkunde für eine Aufklärungspflicht argumentiert.[229] Die Rechtsprechung geht also zumeist davon aus, dass der Anbieter – sowohl von Soft- als auch Hardware – dem Kunden an Wissen überlegen ist.

Die teilweise unreflektierte Einstufung des Kunden als IT-Laien (insbesondere, wenn es sich bei um einen Konzern handelt, der zuvor seinen IT-Betrieb selbst verantwortet hat) und die damit verbundene Erkundigungspflicht des Anbieters stößt allerdings vermehrt auf Kritik.[230] Die Anerkennung einer selbstständigen Aufklärungspflicht erscheint auch widersprüchlich. Denn zum einen wird eine genuine Aufklärungspflicht im Bereich der vorvertraglichen Pflichtverletzung aus § 311 II, § 311 III BGB i.V.m. § 280 BGB abgelehnt. Andererseits wird sie über das Begriffspaar »Fachmann« und »Laie« im Bereich der IT wieder konstruiert. Es erscheint allerdings auch lebensfremd, davon auszugehen, dass sich die Parteien nicht über den Vertragsgegenstand unterhalten.

Nach dem BGH soll die Aufklärungspflicht aber dann vorliegen, wenn der Anbieter ein für den Vertrag wesentliches Wissensgefälle erkennen konnte, wobei immer die bestehende Vertragsbeziehung wesentlich ist.[231] Einen Schutz des entgegenge-

---

224. Hörl, LB., S. 187 m.w. Nachweisen
225. BGH NJW 1970, 653 (655); BGHZ 88, 130 (135); Marly, LB., Rn. 482; Zahrnt in: BB 1992, 720 (721); Schneider in: CR 2000, 27 (28)
226. Zahrnt in: NJW 1995, 1785; Marly, LB., Rn. 482
227. BGH NJW 1985, 1769 (1771); BGH NJW 1979, 2243;
228. Marly, LB., Rn. 482; Zahrnt, in NJW 1995, 1785
229. Hörl, LB., S. 189; Übersicht bei Marly, LB., Rn. 497 f.
230. Schneider in CR 2000, 27; Zahrnt in BB 1992, 720 (721)

brachten Vertrauens wird man demnach dann annehmen können, wenn der Kunde zwar nicht ausdrücklich um eine Information bittet, aber dem Vertragspartner mitteilt, wofür er das geplante System einsetzen möchte. Erkennt der Anbieter dann, dass der Vertragsgegenstand unter- oder überdimensioniert ist, wird man eine Pflicht annehmen können, den Kunden darauf hinzuweisen. Ebenso, wenn eine Werbung eine bestimmte Tauglichkeit suggeriert oder die Anschaffung mit erheblichen Folgekosten verbunden ist.[232]

In diesen Fällen wird ein Vertrauenstatbestand geschaffen, da der Kunde durch einen fehlenden Hinweis von seiner richtigen Einschätzung ausgehen muss.

bb) Aufklärungspflicht aus erbetener Beratung

Anders als bei der Aufklärungspflicht ohne Zutun des Kunden trifft den Anbieter hier eine Aufklärungspflicht nur dann, wenn der Anwender nach einer Auskunft fragt oder um Beratung bittet.[233] Hierbei muss unterschieden werden, ob ein selbstständiger Beratungsvertrag abgeschlossen wird mit der Folge der Haftung aus einer vorvertraglichen Pflichtverletzung gem. § 311 II, § 311 III BGB i.V.m. § 280 BGB oder ob die erbetene Beratung lediglich im Rahmen des geschäftlichen Kontakts geleistet wird.

(1) Selbstständiger Beratungsvertrag

Die Vereinbarung eines Beratungsvertrages kann durch die Vertragsparteien ausdrücklich oder konkludent erfolgen. Bei der Annahme eines, in der Praxis weit häufiger vorkommenden, stillschweigend zustande gekommenen Beratungsvertrages ist allerdings Zurückhaltung geboten.[234] Gemäß § 676 BGB kann bei einem Rat oder einer Empfehlung vorbehaltlich besonderer vertragsrechtlicher oder deliktsrechtlicher Verantwortlichkeit grundsätzlich keine Haftung eingreifen. Demzufolge sind an einen rechtsgeschäftlichen Erklärungswillen allein aus einer Auskunft auch hohe Anforderungen zu stellen.

Nach ständiger Rechtsprechung ist der stillschweigende Abschluss eines Auskunftsvertrages dann anzunehmen, wenn die Auskunft für den Beratenen erkennbar von erheblicher Bedeutung ist und dieser sie zur Grundlage wesentlicher Entschlüsse machen möchte.[235] Dabei ist insbesondere eine überragende Sachkunde des Auskunftsgebers oder ein vorhandenes wirtschaftliches Interesse zu berücksichtigen; von den Gesamtumständen des geschäftlichen Kontakts hängt es ab, ob beide Vertragsparteien die Auskunft zum Gegenstand vertraglicher Rechte und Pflichten erhoben haben.[236] Da also insgesamt die Annahme eines konkludent

---

231. BGH NJW 1985, 1769 (1771); Marly, LB., Rn. 484
232. Marly, LB., Rn. 486, 500
233. Marly, LB., Rn. 489
234. Marly, LB., Rn. 490
235. BGH NJW 1992, 2080 (2082); BGH NJW 1991, 352; BGH WM 1985, 450 (451); BGH WM 1985, 1520

geschlossenen Auskunftsvertrages weitgehend von Indizien und den Erklärungen der Parteien abhängt, wird sich ein solcher Vertrag schwer feststellen lassen.

Bei Pflichtverletzungen aus diesem Vertrag haftet die Vertragspartei dann aber aus § 280 BGB, die der dreijährigen Verjährungsfrist nach § 195 BGB unterliegt.[237]

(2) Aus dem Vertrauensverhältnis resultierende Beratungspflichten

Aus dem geschäftlichen Kontakt resultiert dann eine unselbstständige Aufklärungspflicht, wenn der Kunde eine Auskunft oder Beratung erbittet, wobei beides notwendigerweise nicht ausdrücklich geschehen muss.[238] Wenn also der Kunde um Hilfe bei seiner Auswahl bittet, gibt er sein Wissensdefizit zu erkennen. Das rechtfertigt es dann auch, weiter gehende Anforderungen an den Umfang der Aufklärungspflichten zu stellen als in der Situation, in der der Kunde Wünsche nicht konkret äußert und der Anbieter die Bedürfnisse erst ausforschen muss.

Die Rechtsprechung der Untergerichte geht dabei davon aus, dass Lieferant und Kunde den Vertragszweck und Leistungsinhalt zusammen herausarbeiten müssen, wenn der Anbieter sich auf Unterstützung »einlässt«.[239] Dabei muss die Beratungsinitiative vom Lieferanten ausgehen; er rutscht sozusagen in ein Beratungsverhältnis hinein.[240] Dies ist umso problematischer, als dem Anbieter dadurch ein erheblicher Aufwand entsteht, den der Kunde – eventuell bewusst – nicht tragen möchte. Dennoch wird von dem Anbieter einer Datenverarbeitungsanlage gefordert, dass er die Wünsche des Kunden in Zusammenarbeit ermittelt und dieses Ergebnis in einem Pflichtenheft festhält.[241] Bei Fehlen eines Pflichtenheftes wird ein mittlerer Ausführungsstandard geschuldet.[242]

Bei Großprojekten mag dieser Aufwand über den Umsatz wieder kompensiert werden können, der »normale« IT-Anbieter sieht sich jedoch in einer Haftungsfalle.[243] Entweder erforscht der Anbieter die Wünsche des Kunden unentgeltlich und haftet für die Auskünfte aus mangelhafter Beratung oder er vertraut auf eine klare Zielvorstellung des Kunden und haftet aus unterlassener Aufklärungspflicht. Es sollte daher genau geprüft werden, ob die Interessen des Kunden schützenswert sind oder der Kunde nur Kosten für eine Beratung abwälzen will und dies dem Anbieter angelastet wird.[244]

---

236. Marly, LB., Rn. 491
237. Bei Schuldverhältnissen, die sich vor dem 1.1.2002 begründet haben, gilt die positive Vertragsverletzung (p.V.V.) die der 30-jährigen Verjährungsfrist nach § 195 BGB aF unterliegt, siehe auch Marly, LB., Rn. 492 vgl. Art 229 § 5 S.2 EGBGB n.F.
238. Marly, LB., Rn. 493
239. Schneider in: CR 2000, 27 (28); Zahrnt in: BB 1992, 720 (721)
240. Zahrnt in: NJW 1995, 1785 (1786); Schmidt in: CR 1992, 709
241. OLG Stuttgart CR 1989, 589; OLG Koblenz WM 1989, 222 (224)
242. Schneider, in: CR 2000, 27 (28); Siehe auch Kapitel C., Das Outsourcing-Projekt, II. Nr. 1.
243. Schneider in: CR 2000, 27 (28); Zahrnt in: NJW 1995, 1785; Schmidt in: CR 1992, 709 (710)
244. Hörl, LB., S. 200; Schneider in: CR 2000, 27 (28)

Es gibt aber auch in der Rechtsprechung Tendenzen, die Beratungspflicht bzgl. des »anderweitig informierten« und bzgl. des kaufmännischen Anwenders einzuschränken.[245]

Anders als bei der Beurteilung von AGB ist es bei der Beurteilung des Kunden als Laien zunächst unerheblich, ob es sich bei dem Anwender um einen Kaufmann oder Nichtkaufmann handelt.[246] Denn die IT-Kenntnisse eines kaufmännischen Anwenders sind unabhängig von der kaufmännischen Erfahrung zu bestimmen.[247] Einschränkungen werden allerdings dann gemacht, wenn es um die Wirtschaftlichkeit eines IT-System geht, etwa den Rationalisierungserfolg.[248] Die Eigenschaft des Kunden als Kaufmann kann also nur dort eine Rolle spielen, wo es um unternehmensspezifische Anforderungen geht, die nur der Kaufmann einschätzen kann. Bringt er allerdings seine Kalkulationen zur Rentabilität des IT-System mit ein und der Anbieter berät ihn dann auch »betriebswirtschaftlich«, haftet der Anbieter aus diesem Beratungsverhältnis. Denkbar ist dies vor allem bei Anbietern von so genannten Branchenlösungen, die durch die Spezialisierung auf einen Wirtschaftszweig typische betriebswirtschaftliche Überlegungen kennen und etwa Folgekosten besser beurteilen können.[249] Dies zeigt, dass eine Haftung wegen mangelhafter Aufklärung über die Rentabilität eines IT-System eher die Ausnahme bilden wird, da der Kaufmann dies selber beurteilen kann.

b) Folgerungen für den Bereich IT-Outsourcing

Um die zum »normalen« IT-Bereich dargestellte Aufklärungspflicht auf Outsourcing-Projekte zu übertragen, ist es zunächst notwendig, die Ausgangslage und die gegenläufigen Interessen der Parteien zu untersuchen.

In der heutigen Informationsgesellschaft kommt ein größeres Unternehmen kaum noch ohne komplexe Datenverarbeitungssysteme aus. Daran ändert auch die neue Stärke der so genannten »old economy« nichts, die sich im Übrigen verstärkt im IT-Bereich engagiert (B2B, B2C). Daher besitzt der externe Bezug in diesem Bereich einen hohen Stellenwert, da innerbetrieblich das erforderliche Know-how und/oder die benötigten Ressourcen nur in unzureichendem Maße zur Verfügung stehen.[250] Wenn dann die Unternehmung sich für die Übertragung an Externe entscheidet, kommt es wesentlich darauf an, die Ziele und Interessen zu definieren. Meistens wird es das outsourcende Unternehmen dabei mit ungewohnter Materie zu tun haben und das Projekt schnell erledigt haben wollen, sich also an ein paar wenige renommierte Unternehmen wenden und das preisgünstigste mit dem Projekt betrauen.[251]

---

245. Übersicht bei: Zahrnt in: NJW 1995, 1785 (1786)
246. Marly, LB., Rn. 485
247. Hörl, LB., S. 205; Marly, LB., Rn. 485
248. Zahrnt in: NJW 1995, 1785 (1787); OLG Hamm CR 1989, 498
249. Hörl, LB., S. 206; Schmidt in: CR 1992, 709 (710)
250. Mertens/Knollmayer, LB., S. 18

Der Dienstleister dagegen steht in ständigem Wettbewerbsdruck. Neben Präsentationskosten im Vorfeld des Vertrages fallen für den Dienstleister hohe Umstellungskosten an, die er in den Folgejahren kompensieren möchte; neben einer langen Vertragsdauer besteht dagegen durch den Verlust an IT-Kompetenz im eigenen Haus die Gefahr, dass nach Ablauf der Vertragszeit dieser Verlust an Kompetenz vom Outsourcing-Anbieter zur Durchsetzung unangemessener Konditionen genutzt wird.[252]

Schon nach dieser kurzen Darstellung zeigt sich, dass im Bereich Outsourcing die Interessen der Parteien vor dem Vertragsschluss häufig sehr weit auseinander liegen.

Die dargestellten Grundsätze zur Aufklärungs- und Beratungspflichtverletzung im »normalen« IT-Bereich lassen sich grundsätzlich auch auf den Bereich IT-Outsourcing übertragen.

aa) Eigeninitiative Aufklärungspflichten

Allerdings wird sich der Outsourcing-Kunde aufgrund der Folgen der Auslagerung regelmäßig um eine Beratung bei dem Outsourcing-Anbieter bemühen. Die Entscheidung für ein Outsourcing-Projekt wird daher meist nach einer vorvertraglichen Beratung fallen.

Denkbar ist es dennoch, dass etwa im Bereich des klassischen Rechenzentrum-Outsourcing (RZ-Outsourcing) oder Client/Server-Outsourcing (CS-Outsourcing) eine eigeninitiierte Aufklärung notwendig wird.

Da beim RZ-Outsourcing lediglich Rechenzentrumsleistung zur Verfügung gestellt wird und das CS-Outsourcing darauf beschränkt ist, Hardware, regelmäßig einschließlich Netzwerk-Servern oder angepasste Software zur Verfügung zu stellen,[253] ist es durchaus denkbar, dass sich der Outsourcing-Kunde mit klaren Vorstellungen mit dem Outsourcing-Anbieter einigt. Eine Aufklärungspflicht gründet dann auch auf dem spezifischen Vertragsgegenstand. Denn der Auftragnehmer zeichnet sich gerade dadurch aus, dass er im wesentlichen Outsourcing-Projekte durchführt. Durch diese Spezialisierung wird es dem Outsourcing-Anbieter eher zugemutet werden können, dass er erkennt, ob etwa Hardware, Software oder Server unter- bzw. überdimensioniert sind. Berät ein Rechenzentrum, das die Auswertung von Daten übernehmen soll, den Auftraggeber hinsichtlich des für die Datenerfassung zu beschaffenden Systems, ist es zur genauen Spezifikation der Daten und der Datenträger verpflichtet, die das Erfassungssystem liefern muss.[254]

251. EVEREST White-Paper, S. 3
252. Mertens/Knollmayer, LB., S. 35
253. Heymann in: CR 2000, 23
254. Koch Computer-Vertragsrecht, 5. Auflage, Rn. 1008

Wie bereits aufgezeigt, besteht auch dann eine Aufklärungspflicht, wenn eine Anschaffung mit erheblichen Folgekosten verbunden ist.[255] Wenn für den Outsourcing-Kunden bei Vertragsschluss z.B. nicht erkennbar ist, dass eine umfangreiche Schulung seines Personals erforderlich wird, hat der Outsourcing-Anbieter darüber aufzuklären.

Auch erscheint es pflichtwidrig, wenn der Anbieter nicht in geeignetem Umfang über Gefahren eines IT-Katastrophenfalls (Blitzschlag, Explosion etc.) und dessen Auffangmöglichkeiten durch so genannte *Backup-Systeme*[256] aufklärt. Schutzpflichten als Teil der Aufklärungspflichten beinhalten auch, dass der eine Vertragsteil mitteilt, wenn Gefahren für Eigentum oder Gesundheit vom Vertragsgegenstand ausgehen können.[257]

bb) Aufklärungspflicht aus erbetener Beratung

Eine Aufklärungspflicht aus erbetener Beratung kommt vor allem im Bereich Business Process Outsourcing (BPO)[258] in Betracht, da hierbei nicht nur die IT-Prozesse, sondern auch die gesamten Geschäftsprozesse übernommen werden. Vor der Entscheidung für eine Auslagerung von Aufgaben durch den Kunden und anschließendem Fremdbezug finden in der Regel umfassende Gespräche statt. Daher wird es auch regelmäßig schwer fallen, die aus dem vorvertraglichen Verhältnis resultierenden Beratungspflichten von einem selbstständigen Beratungsvertrag abzugrenzen. Wie bereits festgestellt, kommt es darauf an, dass beide Parteien unter Berücksichtigung der Bedeutung des Geschäftes und der Verkehrsauffassung die Auskunft zum Gegenstand selbstständiger Rechte und Pflichten erhoben haben.

Sofern aber ein selbstständiger Beratungsvertrag nicht zustande kommt, lassen sich die gewonnenen Erkenntnisse zum größten Teil auf den Bereich Outsourcing übertragen. Generell haftet also der Anbieter, wenn er auf Fragen des Kunden fahrlässig falsche Auskunft gibt oder falsch berät.[259] Komplizierter gestaltet sich aber die Frage, ob bei der Beratung von Outsourcing-Projekten unternehmerische Aspekte in der Beratung des Outsourcing-Anbieters eine Rolle zu spielen haben. Besonders relevant wird dies dort, wo Standard-Software den betrieblichen Prozessen angepasst werden soll. Eine weit verbreitete Form des Outsourcings ist die Auslagerung von SAP-R/3-Anwendungen, wobei der Systemintegrator nicht nur für die Hardware und Betriebssoftware die Verantwortung übernimmt, sondern auch eine Standard-Software, wie SAP R/3, an die betrieblichen Anforderungen des Kunden anpasst.[260] Teilweise wird bei branchenspezifischen Verhandlungen daran

255. Marly, LB., Rn. 500
256. Schmid in: CR 1994, 513
257. BGHZ 64, 46 (49)
258. Siehe auch Kapitel B., Formen des Outsourcings, V.
259. Marly, LB., Rn. 494
260. Heymann in: CR 2000, 23 (24)

gedacht, den Anbieter zu betriebswirtschaftlichen Überlegungen zu verpflichten.[261]

Es fragt sich allerdings, inwieweit man den Kaufmann aus seiner unternehmerischen Verantwortlichkeit entlassen kann. Da es auch hier immer noch um Vertrauenshaftung, also die Einordnung »Laie« und »Fachmann« geht, wird man den Einzelfall untersuchen müssen: Inwieweit hat der Kunde bereits Erfahrung mit IT-Outsourcing und welche betrieblichen Abläufe in welcher Komplexität unterlagen bereits intern der Datenverarbeitung? Und umgekehrt, welche vergleichbaren Unternehmen hat der Outsourcing-Kunde bereits »betreut« und mit welcher Kompetenz wirbt er?

Häufig lassen sich durch ähnliche Dienstleistungen für mehrere Unternehmen auch Synergieeffekte erzielen.[262] Aus dieser Beratungspraxis könnten sich auch Aufschlüsse bzgl. der Rentabilität von verschiedenen Outsourcing-Möglichkeiten ergeben. Die Erfahrung eines Outsourcing-Anbieters würde also insoweit zu einer verschärften Aufklärungs- und Beratungspflicht führen. Hier wird man im Einzelfall scharf abgrenzen müssen, was von einem Anbieter von Branchenlösungen neben der technischen Beratung an unternehmerischer Beratungsfähigkeit verlangt werden kann, und der Eigenverantwortung des Kunden. Von einem Vollkaufmann, der seinen Betrieb durch Installation einer Computeranlage umorganisieren will, muss erwartet werden können, dass er selbstständig die aufgezeigten Alternativen überdenkt.[263] Bei den vorvertraglichen Verhandlungen muss der Anwender auch seine konkreten betrieblichen Bedürfnisse mitteilen, dies liegt in seinem Risikobereich; bedarf er hierzu der Hilfe des Anbieters, muss er diesen um Hilfe bitten.[264] Maßstab für die dann gebotene Hilfe sind nicht die konkret-individuellen Fähigkeiten und Verständnismöglichkeiten des Anwenders, sondern ein objektivierter Maßstab.[265] Der Anbieter kann also diejenigen Verständnismöglichkeiten voraussetzen, wie sie bei einem Anwender der betroffenen Branche typischerweise erwartet werden können. Rechtsprechung genau zu dieser Problematik konnte nicht ermittelt werden. Da aber vom Kunden eine Mitteilung der betrieblichen Bedürfnisse gefordert wird, könnte man davon ausgehen, dass eine Haftung für die Beratung über die betriebswirtschaftliche Eignung nur dann in Betracht kommt, wenn der Auftraggeber dazu eine Beratung wünscht. Es läge dann in der Entscheidung des Auftragnehmers, sich dazu zu äußern und gegebenenfalls für diese Beratung zu haften. Eine solche abstrakte Folgerung erscheint aufgrund der oben gezeigten möglichen Umstände jedoch nicht angebracht. Wie schon oft betont, werden jeweils alle Umstände des Einzelfalls maßgeblich sein. Entscheidungen zu diesem Bereich bleiben abzuwarten.

261. Hörl, LB., S. 206; Schmidt in: CR 1992, 709 (712)
262. Mertens, Knollmayer, LB., S. 36
263. OLG Hamm CR 1989, 498
264. BGH CR 1989, 102; Schneider in: CR 2000, 27 (28); Schmidt in CR 1992, 709 (711)
265. Schmidt in CR 1992, 709 (712)

c) Anspruchsvoraussetzungen und Rechtsfolge

aa) Anspruchsvoraussetzung

Eine vorvertragliche Pflichtverletzung setzt gem. §§ 311 I, 311 II i.V.m. § 280 BGB eine nicht nur zufällige Beziehung zwischen den Parteien voraus, wobei neben ernsthaften Vertragsverhandlungen auch schon ein geschäftlicher Kontakt ausreicht.[266] Diese Sonderbeziehung endet, wenn der geschäftliche Kontakt abgebrochen wird oder ein Vertrag zustande kommt. Nach dem Vertragsschluss begangene schuldhafte Nebenpflichtverletzungen begründen dagegen einen Anspruch aus § 280 I BGB.[267]

Pflichtverletzung

Zentrales Merkmal der Haftung aus einem vorvertraglichen Verschulden gem. § 311 II, § 311 III BGB i.V.m. § 280 BGB ist die Pflichtverletzung, die in einem Tun oder Unterlassen liegen kann[268]. Soweit also der Anbieter im oben dargestellten Sinne falsch aufklärt oder berät oder dieses unterlässt, liegt darin eine Verletzung seiner Aufklärungspflicht.

Verschulden

Aus einer vorvertraglichen Pflichtverletzung gem. § 311 II, § 311 III BGB i.V.m. § 280 BGB haftet der Verhandlungspartner nur, wenn ihn ein Verschulden gemäß § 276 BGB trifft; ein Verschulden durch fremden Verschulden wird ihn nach § 278 BGB zugerechnet.[269] Damit ist dem Geschäftsmann auch die Exculpationsmöglichkeit nach § 831 I S. 2 BGB verwehrt.

Ausnahmsweise haftet der Vertreter selbst, wenn der Kunde dem Vertreter in besonderem Maße vertraut oder der Vertreter an dem Vertragsschluss ein eigenes wirtschaftliches Interesse hatte[270]. Ein Mitverschulden des Kunden ist nach § 254 BGB zu berücksichtigen.[271]

bb) Rechtsfolge

Ansprüche einer vorvertraglichen Pflichtverletzung aus § 311 II, § 311 III BGB i.V.m. § 280 BGB wegen einer Informationspflichtverletzung sind grundsätzlich nur auf das so genannte negative Interesse[272] gerichtet, das nicht auf das positive Interesse[273] begrenzt ist.[274] Danach ist der Vertrauende so zu stellen, wie er ohne die

266. Siehe auch Michalski in Jura 1993, 22 (23); Gottwald in: JuS 1982, 877 (878)
267. Hörl, LB., S. 438
268. Grigoleit, LB., S. 152; Hörl, LB., S. 446
269. Hörl, LB., S. 449; Michalski in: Jura 1993, 22 (28)
270. Gottwald in: JuS 1982, 877 (883);
271. Grigoleit, LB., S. 256
272. Negatives Interesse meint hier: Ersatz der vergeblichen Aufwendungen, vgl. 284 BGB
273. Positives Interesse meint hier: Schadensersatz statt Leistung.
274. Hörl, LB., S. 455

Pflichtwidrigkeit des anderen gestanden hätte.[275] Dies geschieht mittels der Differenzhypothese nach § 249 Satz 1 BGB.[276] Ist es zum Vertrag gekommen, hat der Geschädigte die Wahl: Er kann entweder verlangen, dass der Vertrag rückgängig gemacht wird oder dass der Vertrag angepasst wird.[277] Daneben kann der Geschädigte auch am Vertrag festhalten und verlangen, dass ihm die Mehraufwendungen ersetzt werden, die durch die unzureichende Aufklärung entstanden sind.[278]

(1) Vertragsaufhebung

Wird die Aufhebung des Vertrages gewünscht, ist der Vertrag rückabzuwickeln, soweit er schon vollzogen ist; dabei kann der Geschädigte neben der Vergütung auch Ersatz seiner nutzlosen Aufwendungen fordern (z.B. für die Angebotserstellung).[279] Er hat insoweit ein Leistungsverweigerungsrecht.[280] Hat der Geschädigte auch Vorteile aus dem Vertragsgegenstand gehabt, so sind diese Vorteile auf den Schadensersatzanspruch anzurechnen.[281]

Für den Kunden wird es aber regelmäßig schwierig sein, den Beweis zwischen Informationspflichtverletzung und Vertragsschluss zu erbringen. Die Rechtsprechung vermutet jedoch bei der Informationshaftung, dass der Kunde bei pflichtgemäßer Information Abstand vom Vertrag genommen hätte, und hält den Informationspflichtigen beweispflichtig dafür, dass der Kunde den Vertrag auch geschlossen hätte, wenn er in ausreichendem Umfang aufgeklärt worden wäre.[282]

(2) Vertragsanpassung

Meistens wird das outsourcende Unternehmen den Vertragsgegenstand zumindest teilweise nutzen können. Nunmehr als Wahlrecht ausgestaltet, hatte die Vertragsanpassung ursprünglich zum Sinn, eine Lösung für solche Verträge zu bieten, deren Rückabwicklung schwer durchführbar oder aus tatsächlichen oder wirtschaftlichen Gründen unvernünftig ist.[283]

Gerade auch im Outsourcing, wo alleine die Projektplanung bis zu sechs Monate und länger dauern kann,[284] stört der Wechsel auf einen neuen Anbieter den betrieblichen Ablauf erheblich und hat hohe finanzielle Einbußen zur Folge. Der Outsourcing-Kunde wird sich daher in den meisten Fällen wohl für eine Vertragsanpassung entscheiden.

275. Gottwald in: JuS 1982, 877 (884)
276. Grigoleit, LB., S. 153
277. Gottwald in: JuS 1982, 877 (884)
278. Hörl, LB., S. 459
279. BGH NJW 1974, 849 (852); Michalski in: Jura 1993, 22 (29)
280. Gottwald in: JuS 1982, 877 (884)
281. Palandt/Heinrichs, Vorbem. v. § 249, Rn. 119 f.; Paefgen, LB., S. 55
282. BGH NJW-RR 1997, 144 (145); BGH NJW-RR 1988, 348; BGH NJW 1984, 1688
283. Hörl, LB., S. 464
284. EVEREST White-Paper, S. 3

Verlangt der Kunde Vertragsanpassung, wird entweder die Leistung des Anbieters erhöht oder die Berechnungsgrundlage geändert.[285]

Bei der Anpassung der geschuldeten Gegenleistung wird der Geschädigte so behandelt, als wäre es ihm gelungen, mit dem gleichen Vertragspartner einen »besseren« Vertrag abzuschließen.[286] Dies würde bedeuten, dass z.B. im Fall, dass der Outsourcing-Anbieter eine unterdimensionierte Hardware empfohlen hat, er auf eigene Kosten eine Umrüstung vornehmen müsste. Der Kunde erhielte etwas, was er bei ausreichender Information höher hätte vergüten müssen. Dies ist zum einen ein Verstoß gegen das schadensrechtliche Bereicherungsverbot, unabhängig davon, ob die Leistung erhöht wird oder der Anwender den dafür erforderlichen Geldbetrag von seiner Leistung abzieht.[287] Im Falle des Outsourcings würde die »Minderung« also bedeuten, dass z.B. der Outsourcing-Kunde den erforderlichen Geldbetrag für einen zusätzlich notwendigen Server von der Miete (RZ-und CS-Outsourcing) abziehen oder die vereinbarte Vergütung für Service Levels entsprechend kürzen könnte. Bei der Erhöhung der Leistung müsste der Anbieter diese Leistungen bereitstellen. Auch bedeutet dies nicht mehr Ersatz des Vertrauensinteresses, sondern des Erfüllungsinteresses, denn der Kunde würde so gestellt, wie es bei ordnungsgemäßer Aufklärung richtig wäre.[288] Obwohl daher auch heftig kritisiert, wird in Einzelfällen eine Vertragsanpassung von der Rechtsprechung vorgenommen.[289] Der Schaden ist dann gemäß § 287 ZPO durch das Gericht zu schätzen.[290]

cc) Haftungsausschluss[291]

Die Haftung für eine Informationspflichtverletzung aus §§ 311 I, 311 II i.V.m. § 280 BGB kann zumindest nicht mehr nachträglich ausgeschlossen werden, da dann der Mangel der freien Selbstbestimmung – Irrtum bei Vertragsschluss – durch eine rechtsgeschäftliche Erklärung beseitigt würde, der derselbe Mangel innewohnt.[292]

Auf der Grundlage der Privatautonomie können die Parteien in den Grenzen von § 276 III BGB den Schadensersatzanspruch wegen vorvertraglicher Informationspflichtverletzung ausschließen.[293] Nach § 276 III BGB kann eine Haftung für Vorsatz nicht ausgeschlossen werden.[294]

285. Hörl, LB., S. 463
286. Hörl, LB., S. 466
287. Hörl, LB., S. 467
288. Gottwald in: JuS 1982, 877 (884)
289. Gottwald in: JuS 1982, 877 (884); Hörl, LB., S. 467 f.
290. Gottwald in: JuS 1982, 877 (884)
291. Zum Thema Möglichkeit des Haftungsausschlusses siehe Kapitel D., Das Outsourcing-Vertragswerk, I. Nr. 9d
292. Grigoleit, LB., S. 248
293. Grigoleit, LB., S. 252; anders Koch, HdB., Rn. 213 (Verweis auf § 242 BGB)
294. Nähere Ausführungen zum Haftungsausschluss Kapitel D., Das Outsourcing-Vertragswerk, I. Nr. 9

Des Weiteren kann gem. § 444 BGB auf eine Vereinbarung, durch die die Rechte des Käufers wegen eines Mangels ausgeschlossen oder beschränkt werden, sich der Verkäufer (Outsourcing-Anbieter) nicht berufen, wenn er den Mangel arglistig verschwiegen oder eine *Garantie für die Beschaffenheit der Sache* übernommen hat.

Bei einem formularmäßigen Haftungsausschluss kann im nichtkaufmännischen Bereich (Outsourcing untypisch) gemäß § 309 Nr. 7 BGB die Haftung aus vorvertraglichem Verschulden gem. § 311 II, § 311 III BGB i.V.m. § 280 BGB für Vorsatz und grobe Fahrlässigkeit nicht ausgeschlossen werden.

Darüber hinaus ist aber auch die Freizeichnung für normal fahrlässige Informationspflichtverletzungen nach § 307 I BGB unwirksam, da die Freizeichnung von einer solchen »Kardinalpflicht« eine ungerechtfertigte Lastenverteilung bedeuten würde; wer sich in die Position einer möglichen Vertragspartei begibt, muss auch für die vertrauensgeneigte Willensbildung der anderen Partei verantwortlich bleiben.[295]

d) Fazit

Im Ergebnis bleibt festzuhalten, dass für den Anbieter von Outsourcing-Lösungen erhebliche Risiken bestehen, aus einer Verletzung von Aufklärungspflichten zu haften. Dies liegt zum einen an der bisher bestehenden uneinheitlichen Rechtsprechung zu »normalen« IT-Projekten. Die Vorgabe des BGH, dass bei fehlendem Pflichtenheft ein mittlerer Ausführungsstandard geschuldet wird, wird von den Untergerichten kaum beachtet.[296] Zum anderen ist eine formularmäßige Freizeichnung durch AGB nicht möglich. Ist eine individuelle Haftungsbegrenzung nicht möglich, empfiehlt es sich, die Erstellung eines Pflichtenheftes und dessen Genehmigung zur Bedingung, ggf. auch zur auflösenden Bedingung für den Rest des Vertrages auszugestalten; entspricht das Pflichtenheft dann nicht den Vorstellungen und es kann keine andere Einigung erzielt werden, würde der Rest des Vertrages nicht realisiert werden müssen. Übergibt der Kunde das Pflichtenheft nicht, kommt er in Annahmeverzug.[297]

II.4 Risiko-Management

Die Entscheidung für das Outsourcing der Informations-Technologie (IT) kann mit vielen Risiken belegt sein. Auch wenn die Informations-Technologie für den Outsourcing-Kunden keine Kernkompetenz darstellt, ist die Informations-Technologie für den überwiegenden Teil der Unternehmen heute von solch erheblicher Bedeutung, dass ein Nichtfunktionieren oder Schlechtfunktionieren der Informations-Technologie zu erheblichen Wettbewerbsnachteilen führen würde. Solche

295. Schmidt in: CR 1992, 709 (711)
296. Schmidt in: CR 2000, 27 (29)
297. Koch Computer-Vertragsrecht, 5. Auflage, Rn. 230

operativen Gründe sind besonders gegeben, wenn der Outsourcing-Kunde seine IT outgesourct hat und somit keinen unmittelbaren Einfluss mehr auf die IT hat. Dabei ist Risiko-Management kein einmaliges Projekt, sondern ein dauerhafter Prozess.[298]

a) Gesetzliche Grundlagen für Risiko-Management

Nicht nur aus operativen Gründen neigen Unternehmen dazu, ein Risiko-Management zu etablieren. Auch die gesetzliche Forderung aus dem KonTraG und die Forderungen des Bundesaufsichtsamts für Kreditwesen verlangen von den Unternehmen die Etablierung eines Risiko-Managements.

aa) KonTraG

Seit dem 1.5.1998 ist das Gesetz zur Kontrolle und Transparenz im Unternehmensbereich (KonTraG) in Kraft getreten. Danach ist der Vorstand eines Unternehmens gem. § 91 II AktG verpflichtet, ein Risiko-Management einzurichten: »*... geeignete Maßnahmen zu treffen, insbesondere ein Überwachungssystem einzurichten, damit den Fortbestand der Gesellschaft gefährdende Entwicklungen früh erkannt werden.*«[299] Die Einrichtung eines Überwachungssystem ist eine Konkretisierung der allgemeinen Leitungsaufgabe des Vorstands (§ 76 AktG) und unterliegt damit auch dessen Sorgfaltspflicht (§ 93 I AktG).[300] Bereits vor der Einführung des KonTraG wurde durch die Rechtsprechung eine Überwachung der Risiken verlangt;[301] durch die Regelung in § 91 II AktG ist nun aber ein Anknüpfungspunkt für die verpflichtende Prüfung des Risiko-Managementsystems für amtlich börsennotierte Aktiengesellschaften (§ 317 IV HGB) geschaffen worden.[302]

bb) KonTraG für GmbH

Der § 91 II AktG bezieht sich zwar im Wortlaut nur auf Aktiengesellschaften, man hofft – so die Gesetzesbegründung – auf ein »Ausstrahlen«[303] dieser Regelung auch auf andere Unternehmensformen, insbesondere in der Rechtsform der GmbH.[304]

---

298. Volger, Gundert DB 2000, 1426
299. Hintergrund der Schaffung der Regelung im § 91 II AktG sind die spektakulären Unternehmenskrisen zu Beginn der 90er (z.B. die Fälle Balsam, Schneider, Metallgesellschaft oder Barings). Scharf DB 1997, 739, 741; Weber DStR 99, 1710
300. In der betriebswirtschaftlichen Literatur werden unter dem Begriff Überwachungssystem organisatorische Sicherungsmaßnahmen, interne Kontrollen und die interne Revision zusammengefasst. ZfbF 1986 S. 996–1006
301. BGH v. 20.2.1995, II ZR 9/94, ZIP 1995, 560
302. Scharf DB 1997, 738; Weber DStR 99, 1710
303. Lück, Hunecke Stbg 1998 Nr. 3 S. 129
304. BT-Drs. 13/9712, S. 15; Ernst, Seibert, Stuckert, S. 53 (Fn. 3); siehe auch Scharpf, DB 1997, 737 f.

cc) *Anforderungen des BAKred/BAFin*

Mit dem Schreiben vom 23. Oktober 1995 hat das Bundesaufsichtsamt für das Kreditwesen (BAKred) die Verlautbarung über die Mindestanforderung an das Betreiben von Handelsgeschäften der Kreditinstitute veröffentlicht. Darin legt das BAKred (neuerdings Bundesanstalt für Finanzdienstleistungsaufsicht (BAFin))[305] ein Risiko-Controlling und -Management in Kapitel 3 fest, so dass ein Risikoüberwachungs-, -controlling- und -managementsystem vorhanden sein muss: »*Zur Begrenzung der mit den Handelsgeschäften verbundenen Risiken ist ein System zur Messung und Überwachung der Risikopositionen und zur Analyse des mit ihm verbunden Verlustpotenzials (Risiko-Controlling) sowie zu deren Steuerung (Risiko-Management) einzurichten.*«[306]

Die Forderungen des BAKred/BAFin an ein Risiko-Management in Kap. 3.1 sind sehr weit reichend, so wird gefordert »in ein möglichst alle Geschäftsbereiche der Bank umfassendes Konzept zur Risiko-Überwachung und -Steuerung eingegliedert zu sein und dabei die Erfassung und Analyse von vergleichbaren Risiken aus Nichthandelsaktivitäten zu ermöglichen«. Durch diese weit reichende Forderung des BAKred/BAFin über die Kerngeschäfte hinaus muss auch für ein IT-Outsourcing-Projekt im Bankenumfeld ein Risiko-Management etabliert werden.[307]

b) Definition des Risiko-Managements

Unter Risiko-Management werden allgemein »alle erforderlichen Aufgaben und Maßnahmen zur Risikobekämpfung« verstanden.[308] Aus betrieblicher Sicht umfasst Risiko-Management alle systematischen Aufgaben zur rechtzeitigen Erkennung, Bewertung und Bewältigung von potenziellen Risiken.[309] Dazu müssen ungünstige Entwicklungen im Unternehmen (z.B. durch geeignete Indikatoren) frühzeitig aufgezeigt werden, aber auch neue, bisher nicht definierte Risiken, erkannt werden können.

Das Risiko-Management bei IT-Projekten darf dabei nicht mit Projektcontrolling verwechselt werden. Das Projektcontrolling überprüft laufend die Einhaltung der finanziellen, terminlichen und inhaltlichen Projektplanziele mit den Ist-Werten und versucht, bei Abweichungen korrigierend einzugreifen. Projektcontrolling ist eine nachgelagerte Tätigkeit und erkennt Defizite deutlich später als ein proaktives Risiko-Management.[310]

---

305. Am 1. Mai 2002 ist das Bundesaufsichtsamt für das Kreditwesen mit den Bundesaufsichtsämtern für den Wertpapierhandel und das Versicherungswesen in der Bundesanstalt für Finanzdienstleistungsaufsicht (BAFin) aufgegangen.
306. Schreiben des BAKred v. 23 Okt. 1995 Mindestanforderungen an das Betreiben von Handelsgeschäften, Kapitel 3, 1. Satz
307. Siehe auch Kapitel G., Outsourcing in der Kreditwirtschaft
308. Risiko Management Schriften der Unternehmensführung Prof. Dr. Jacob Band 33 Wiesbaden 1986
309. Gaulke »Risiko-Management in IT-Projekten« S. 11
310. Gaulke »Risiko-Management in IT-Projekten« S. 1

c) Bedeutung für Outsourcing

Für das IT-Outsourcing-Projekt müssen entsprechende Outsourcing-Indikatoren bestimmt werden, an denen das Scheitern des Outsourcing-Projekts frühzeitig zu erkennen ist. Die Unternehmensführung kann dann entsprechende Gegenmaßnahmen zum Schutze des Unternehmens treffen, um somit Schäden vom Unternehmen fern zu halten. Um diese Indikatoren zu bestimmen, muss im Rahmen des Risiko-Managements eine Analyse erfolgen.

aa) Analyse im Rahmen des Risiko-Managements

Die Risikoerkennung in einem IT-Outsourcing-Projekt, sprich die Analyse möglicher Risiken, die ein Outsourcing-Projekt zum Scheitern bringen können, wird durch unterschiedliche Methoden und ein Frühwarnsystem[311] unterstützt.

- Analyse der Projektdokumente
- Durchführung von moderierten Risiko-Workshops
- Befragung von ausgewählten Mitarbeitern in Interviews
- Befragung von ausgewählten Mitarbeitern mittels Fragebogen

Ein wichtiger Erfolgsfaktor für die Risikoerkennung auf Basis der letzten drei Methoden ist die repräsentative Auswahl der Teilnehmer mit entsprechender vertikaler und horizontaler Abdeckung. Die vertikale Abdeckung bezieht sich dabei auf die Projekthierarchie, die horizontale Abdeckung auf die Funktionalität.

Auch wenn der Begriff *Risiko* umgangssprachlich meist negativ behaftet ist, können sich Risiken positiv wie negativ darstellen. Daher müssen die Risiken identifiziert werden und entsprechend ihres positiven wie negativen Charakters zugeordnet werden.[312]

bb) Bewertung von negativen Risiken (Verluste)

Wurden durch die entsprechenden Methoden Risiken identifiziert, müssen die Risiken bewertet werden. Eine Bewertung kann in unterschiedlichen Kategorien dargestellt werden.

- Eine Kategorie **a)** für unkritische Indikatoren, die nicht geeignet sind, das Outsourcing-Projekt nachhaltig zu stören (z.B. ein Mitarbeiter weigert sich, zum Outsourcing-Anbieter zu wechseln).
- Eine Kategorie **b)**, die als bedingt kritisch anzusehen ist, da sie geeignet ist, das Outsourcing-Projekt in gewissen Projektzielen negativ zu beeinflussen (z.B. die angestrebte Kostenreduzierung kann nicht erreicht werden).
- Eine Kategorie **c)**, die als so kritisch anzusehen ist, dass sie geeignet ist, das Outsourcing-Projekt zum Scheitern zu bringen (z.B. der Outsourcing-Anbieter geht in Insolvenz).[313]

---

311. Gleißner/Füsser DB 2000, 933
312. Kromschröder/Lück DB 1998, 1573

Weitere mögliche Risken, die ein Outsourcing-Projekt nachhaltig negativ beeinflussen können, sind:

- Der Verlust von Ressourcen
- Der Verlust von Entscheidungsspielräumen
- Die technologische Abhängigkeit

Sicherlich ist diese Liste nicht vollständig. Es gibt bestimmt eine ganze Reihe weiterer möglicher Risiken, die ein Outsourcing-Projekt negativ beeinflussen können.

(1) Verlust von Ressourcen

Die durch ein durchgeführtes Outsourcing entstandenen Schäden sind de facto mittelfristig irreversibel (nicht behebbar), da die durch das Outsourcing deinvestierten Ressourcen mit wesentlich höherem Investitionsaufwand völlig neu bereitgestellt werden müssten. Dieses Risiko könnte möglicherweise in die Kategorie **b)** fallen und als bedingt kritisch anzusehen sein.

(2) Verlust von Entscheidungsspielräumen

Auch durch ein erfolgreich durchgeführtes Outsourcing ist der Verlust von Entscheidungsspielräumen gegeben. Der Outsourcing-Kunde kann seine IT nicht mehr so gestalten, wie er es vor dem Outsourcing konnte. Auch dieses Risiko könnte möglicherweise in die Kategorie **b)** fallen und als bedingt kritisch anzusehen sein, wenn entsprechende Lösungsansätze gefunden werden können, um dieses Risiko zu minimieren.

(3) Technologische Abhängigkeit

Durch den Verlust von Entscheidungsspielräumen gerät der Outsourcing-Kunde möglicherweise auch in eine technologische Abhängigkeit vom Outsourcing-Anbieter. Hat sich der Outsourcing-Anbieter entschieden, das ERP-System mit SAP R/3 durchzuführen, bleiben dem Outsourcing-Kunden kaum Möglichkeiten, diese Entscheidung rückgängig zu machen. Eine konkrete Einteilung in eine Risikokategorie ist an dieser Stelle nicht möglich. Sicherlich könnte der Outsourcing-Kunde bei der Wahl des ERP-Systems auch ohne das Outsourcing in eine technologische Abhängigkeit geraten. Andererseits muss eine technologische Einscheidung für ein IT-Produkt nicht zwangsläufig zu einer Abhängigkeit vom Outsourcing-Anbieter führen.

(4) Beurteilung der Risiken

Die möglichen Risiken eines Outsourcing-Projekts aufzuzeigen, stellt einen Punkt dar. Ein weiterer Punkt ist, die Risiken zu beurteilen und entsprechende Gegenmaßnahmen einzuleiten.[314] Im Vorfeld der Realisierung eines Outsourcing-Projekts können bereits einige Maßnahmen getroffen werden, um Risiken zu minieren.

313. Gaulke »Risiko-Management in IT-Projekten« S. 50
314. Gaulke »Risiko-Management in IT-Projekten« S. 50–52

- Die Frage, ob der Dienstleister vertrauensvoll ist (ggf. Referenzen)
- Versicherung von schlecht einschätzbaren Risiken
- Besondere Anforderungen an das Outsourcing-Vertragswerk[315] stellen, um z.B. den Verlust von Ressourcen und Entscheidungsspielräumen zu minimieren und eine technologische Abhängigkeit zu vermeiden.

cc) Positive Risiken (Chancen)

Durch das Outsourcing der IT können sich für den Outsourcing-Kunden verschiedene Chancen im Sinne von positiven Risiken, sprich Chancen zur Verbesserung seiner Wettbewerbsfähigkeit ergeben:

- Kostenreduzierung
- Synergieeffekte
- Mitarbeitergarantie
- Flexibilität

d) Fazit

Ob die Initialzündung für die Risikobetrachtung eines IT-Outsourcing-Projekts aus dem operativen Geschäft oder aus den gesetzlichen Verpflichtungen des § 91 II AktG kommt, ist zweitrangig. Die Outsourcing-Partner sollten sich zu Beginn eines Outsourcing-Projekts die fundamentale Frage stellen, ob sie das Risiko einer engen unternehmerischen Verbindung und möglichen Abhängigkeit tatsächlich miteinander eingehen wollen und welche positiven wie negativen Risiken sich in dem Outsourcing-Projekt gegenüberstehen.

Die Risikobetrachtung eines IT-Outsourcing-Projekts bezieht sich nicht nur auf die Planungsphase, sondern auf das gesamte Outsourcing-Projekt.

III. Implementierungsphase/Inbetriebnahme

In der Implementierungsphase übernimmt der Outsourcing-Anbieter schrittweise den Ist-Zustand des IT-Betriebs des Outsourcing-Kunden und betreibt diesen in Eigenregie weiter. Gleichzeitig betreibt der Outsourcing-Anbieter eine Standardisierung und Optimierung der zu übernehmenden Unternehmensprozesse, um somit den erwünschten Soll-Zustand und die damit verbundenen Kostenreduzierungen zu erreichen. Die Phase zwischen Soll-Zustand und Ist-Zustand, die meist über die Implementierungsphase hinausreicht, wird häufig als *Transition* bezeichnet.[316]

315. Siehe Kapitel D., Das Outsourcing-Vertragswerk
316. Diemer in Köhler-Frost »Strategisches Outsourcing: Gemeinsam den Markt angehen« S. 61

Soll der Service nicht direkt von Outsourcing-Anbieter erbracht werden, sondern durch ein Joint Venture zwischen dem Outsourcing-Kunden und dem Outsourcing-Anbieter, so wird in der Implementierungsphase an dieser Stelle eine entsprechende Servicegesellschaft gegründet.[317]

Nachdem in der Planungsphase schwerpunktmäßig die vorvertraglichen Risiken betrachtet worden sind, ergeben sich weitere juristische Fragen während der Implementierung des Outsourcing-Projekts. Hier sind vor allem die Rechtsfragen bei der Übernahme von Hardware, Software, vertraglichen Verpflichtungen (möglicherweise in einer Due Diligence)[318], aber auch die Gestaltung von Service Level Agreements und Finanzierungsmodellen zu betrachten.

Im Schutze des vereinbarten LoI oder eines vereinbarten Pflichtenheftes sollte die Phase der Inbetriebnahme des Outsourcing-Projekts auch dazu genutzt werden, den Hauptvertrag zu schließen.

III.1 Mitarbeiterübernahme

Stellt sich die Frage nach den rechtlichen Gesichtpunkten des IT-Outsourcings, fällt jedem Outsourcing-Erfahrenden gleich die Mitarbeiterübernahme ein. Sicherlich bestehen die Rechtsfragen eines Outsourcing-Projekts nicht nur aus der Mitarbeiterübernahme, dennoch stellt dies eine zentrale Frage innerhalb eines jeden Outsourcing-Projekts dar. Dabei stellen sich zwei Kernfragen:

1. Müssen die Arbeitnehmer, die in den vom Outsourcing betroffenen Bereichen tätig waren, übernommen werden?
2. Wenn ja, zu welchen Bedingungen? Inwieweit ist die Vertragsfreiheit eingeschränkt?

a) Mitarbeiterübernahme gem. § 613a BGB

Zentrale gesetzliche Regelung in diesem Zusammenhang ist § 613a BGB. Die Vorschrift bezweckt den Schutz der Arbeitnehmer durch Sicherung der Arbeitsplätze, durch Kontinuität des Betriebsrates und Regelung der Haftung.[319] § 613a BGB ist eine zwingende Norm – ihre Rechtsfolgen können daher weder vertraglich abbedungen noch umgangen werden.

aa) Rechtslage vor Inkrafttreten des § 613a BGB

Der in § 613a BGB angeordnete Übergang der Arbeitsverhältnisse vom alten auf den neuen Betriebsinhaber ist ein Vertragsübergang kraft Gesetzes, der dem BGB – abgesehen von Ausnahmen wie § 571 BGB – grundsätzlich fremd ist. Daher gingen vor Inkrafttreten des § 613a BGB im Jahre 1972 die Arbeitsverhältnisse nur

317. Siehe auch Kapitel B., Formen des Outsourcings, I. 1a)
318. Siehe auch Kapitel B., Formen des Outsourcings, I. 1b)
319. Palandt/Putzo § 613a Rn. 1

dann auf den Erwerber über, wenn dies in einem dreiseitigen Vertrag zwischen Veräußerer, Erwerber und Arbeitnehmer vereinbart war.[320]

Dieser – durchaus systemgerechte – Umstand hatte jedoch den Nachteil, dass er zu einer Lücke im Rechtsschutz bzw. Kündigungsschutz führte. Dass der Arbeitnehmer nur deshalb Arbeit verlieren konnte, weil sich die Dispositionsbefugnis über seinen Arbeitsplatz änderte, widersprach dem Grundsatz des § 1 KSchG, wonach eine Kündigung sozial gerechtfertigt sein muss.[321]

bb) Tatbestandsvoraussetzungen

Die Tatbestandsvoraussetzung des § 613 a BGB ist der Übergang eines Betriebes oder Betriebsteils.

(1) Übergang eines Betriebes oder Betriebsteils

Der Übergang eines Betriebes oder eines Betriebsteils unterscheidet sich in der Rechtsprechung des BAG bis 1994 und der Rechtsprechung des EuGH.

(aa) Rechtsprechung des BAG bis 1994

Eine Definition des Betriebs- oder Betriebsteilübergangs findet sich im BGB nicht. Nach ständiger Rechtsprechung des BAG lag der Übergang eines Betriebs dann vor, wenn der neue Inhaber mit den übernommenen sächlichen und immateriellen Betriebsmitteln den Betrieb – für bestimmte arbeitstechnische Zwecke – fortsetzen konnte.[322]

Den Übergang eines Betriebsteils im Sinne von § 613a BGB nahm man dann an, wenn es sich um eine relativ geschlossene Teilorganisation handelte, die in ihrer Gesamtheit innerhalb des Betriebes eine bestimmte – nicht nur untergeordnete – Teilaufgabe wahrnahm und bei Veräußerung ihren Charakter beibehielt.[323]

(bb) Rechtsprechung des EuGH

Neben der Rechtsprechung des BAG entwickelte sich – in Deutschland – fast unbemerkt die gemeinschaftsrechtliche Rechtsprechung des EuGH. Die Definition des Betriebsübergangs durch den EuGH war aber von Anfang an durch einen anderen Ansatzpunkt gekennzeichnet. Anders als das BAG wurde nicht auf eine Zusammensetzung sächlicher oder immaterieller Betriebsmittel abgestellt, sondern vielmehr darauf, ob eine wirtschaftliche Einheit übergeht, die ihre Identität bewahrt hat.[324] Zur Beantwortung dieser Frage werden sämtliche – den betreffenden Vorgang kennzeichnende – Tatsachen berücksichtigt: Art des Betriebes, (Nicht-)Übergang der Aktiva, Gebäude oder beweglichen Güter, Wert der immateriellen Güter

---

320. Palandt/Putzo (31. Aufl.) § 611 Anm. 1g; Brox/Rüthers Rn. 223a
321. Preis § 73 I; Kerschner/Höhler S. 13
322. BAG NJW 1986, 451, 552; BAG DB 1991, 549, 550; BAG AP Nr. 14 zu § 613a
323. BAG NJW 1986, 451, 552
324. EuGH Rs. 24/85 Spijkers Slg. 1986, 1119 Rn. 11

zum Übernahmezeitpunkt, Übergang der Kundschaft sowie der Grad der Ähnlichkeit zwischen der vor und der nach dem Übergang verrichteten Tätigkeit und die Dauer einer eventuellen Unterbrechung dieser Tätigkeit. All diese Umstände sind jedoch nur Teilaspekte der vorzunehmenden globalen Bewertung, die Sache der nationalen Gerichte ist.[325]

Die früheren Urteile des EuGH wichen – abgesehen vom anderen Ansatz – im Ergebnis nicht von der Rechtsprechung des BAG ab. Sie fanden in Deutschland kaum Beachtung – wohl daher, dass die Vorlagefragen aus den Niederlanden[326] und Dänemark[327] kamen und die Rechtsprechung des BAG nicht beeinträchtigten. Beachtung hingegen fand die berühmte Entscheidung *Christel Schmidt* aus dem Jahre 1994.[328]

Folgender Sachverhalt lag der Entscheidung zugrunde: Christel Schmidt war bei einer Spar- und Leihkasse als Reinigungskraft für eine Filiale beschäftigt. Die Spar- und Leihkasse kündigte ihr wegen Umbaus der Filiale; die Reinigung sollte der Firma Spiegelblank übertragen werden. Die Firma Spiegelblank bot Christel Schmidt an, sie zu einem höheren monatlichen Arbeitsentgelt zu übernehmen. Christel Schmidt war jedoch nicht bereit, unter diesen Bedingungen zu arbeiten, da die erhebliche Vergrößerung der reinigenden Fläche nach ihrer Meinung in Wirklichkeit zu einer Verschlechterung ihres Stundenlohns geführt hätte. Vielmehr erhob sie Kündigungsschutzklage; das LAG Schleswig-Holstein – als Berufungsgericht – setzte das Verfahren aus und legte dem EuGH gem. Art 234 EGV zwei Fragen zur Vorabentscheidung vor:

1. Können Reinigungsaufgaben, wenn sie vertraglich einer Fremdfirma übertragen werden, ein Betriebsteil im Sinne des RL 77/ 187/ EWG sein?
2. Falls die Frage grundsätzlich bejaht wird: Gilt dies auch dann, wenn die Reinigungsaufgaben bis zur Übertragung von einer einzigen Arbeitnehmerin erledigt worden sind?

Es ging also um die Frage, ob die bereits bloße Funktionsnachfolge, d.h. die Fortführung betrieblicher Tätigkeiten durch einen externen Dritten ohne Übernahme sächlicher oder immaterieller Betriebsmittel, als Übergang eines Unternehmens, Betriebes oder Betriebsteiles im Sinne des Art. 1 I RL 77/ 187/ EWG zu werten ist. Der EuGH ging aufgrund folgender Erwägungen von der Anwendbarkeit der RL 77/ 187/ EWG aus: Nach Auffassung des EuGH greift zunächst der Einwand, dass keine Vermögensgegenstände übertragen worden seien, nicht durch. Dies sei nur eines von verschiedenen Kriterien, die im Rahmen einer Gesamtbewertung dieses vielschichtigen Vorganges zu berücksichtigen sind. Die Wahrung der wirtschaftli-

325. EuGH Rs. 24/85 Spijkers Slg. 1986, 1119 Rn. 13
326. EuGH Rs. 24/85 Spijkers Slg. 1986, 1119; EuGH Rs. C-29/91 Stichting Slg. 1992, I-3189
327. EuGH Rs. C-209/91 Slg. 1992, I-5755.
328. EuGH Rs. C-392/92 Christel Schmidt NZA 1994, 545, 546

chen Identität ergebe sich im Ausgangsverfahren aus der Gleichartigkeit der vor und nach der Übertragung ausgeführten Reinigungsaufgaben, die im Übrigen durch das der Klägerin unterbreitete Angebot der Weiterbeschäftigung zum Ausdruck komme – ein typisches Merkmal eines Vorganges, der in den Anwendungsbereich der Richtlinie falle.[329] Letztlich werde die Anwendung der Richtlinie nicht dadurch ausgeschlossen, dass die Arbeit zuvor von einer einzigen Arbeitnehmerin ausgeführt wurde; die Richtlinie stelle nicht auf die Zahl der im übertragenen Unternehmensteil beschäftigten Arbeitnehmer ab.

Mit der *Christel Schmidt*-Entscheidung wurde die über Jahre entwickelte Rechtsprechung des BAG zum Begriff des übergangenen Betriebes gegenstandslos; die deutsche Rechtsordnung wurde bei der Entscheidungsfindung nicht berücksichtigt. Kritik aus Deutschland blieb daher nicht aus. Zu Unrecht, § 613a BGB dient der Umsetzung der RL 77/ 187/ EWG – einer Richtlinie zur Rechtsangleichung, die einstimmig vom Rat beschlossen wurde. Die Funktion und Wirkungsweise der Richtlinie ist aber mit der Umsetzung noch nicht beendet. Sie bleibt ständiger Begleiter der nationalen Umsetzungsgesetze bezüglich deren Auslegung und Anwendung.[330] Dabei genießt sie als höherrangiges Gemeinschaftsrecht Vorrang[331]. Dies hat zur Folge, dass die Anwendung und Auslegung des § 613a BGB stets unter Beachtung der Inhalte und der Regelungsziele der RL 77/ 187/ EWG und in diesem Sinne richtlinienkonform erfolgen muss. Zuständig für die verbindliche Auslegung von Richtlinien ist gemäß Art. 234 EGV der EuGH. Daher hätte das BAG seine Rechtsprechung schon vor 1994 an die des EuGH anpassen müssen.

Eine Konkretisierung des Anwendungsbereiches der Richtlinie durch den Gerichtshof erfolgte in der Entscheidung *Ayse Süzen*: Die Voraussetzungen eines Betriebsübergangs wurden noch deutlicher herausgearbeitet und die Christel-Schmidt-Rechtsprechung relativiert.

Das ArbG Bonn ersuchte den EuGH um Vorabentscheidung darüber, ob die Richtlinie auch für den Fall gilt, dass ein Auftraggeber, der die Reinigung von Räumlichkeiten einem Unternehmer übertragen hat, den Vertrag mit diesem kündigt und zur Durchführung der Arbeiten einen neuen Vertrag mit einem anderen Unternehmen schließt, ohne dass dieser Vorgang mit einer Übertragung materieller oder immaterieller Betriebsmittel von dem einen auf den anderen Unternehmer verbunden ist.[332]

---

329. EuGH Rs. C-392/92 Christel Schmidt NZA 1994, 545, 546
330. Wolf, in: Grabitz/Hilf A2 Rn. 28
331. EuGH Rs. C-106/77 Simmenthal Slg.1978,I-644 Rn. 17/18
332. EuGH Rs. C-13/95 Ayse Süzen NZA 1997, 433, 434

Der Gerichtshof machte zunächst deutlich, dass dem Fehlen einer vertraglichen Beziehung zwischen Veräußerer und Erwerber im Sinne der Richtlinie bezüglich des Vorliegens eines Übergangs keine ausschlaggebende Bedeutung zukommt.

Die Anwendbarkeit der Richtlinie setzt voraus, dass es um den Übergang einer auf Dauer geschlossenen Einheit geht, deren Tätigkeit nicht auf die Ausführung eines bestimmten Vorhabens beschränkt ist. Der Begriff *Einheit* bezieht sich dabei auf eine organisierte Gesamtheit von Personen und Sachen zur Ausübung einer wirtschaftlichen Tätigkeit mit eigener Zielsetzung.[333]

Der EuGH bestätigt noch einmal, dass es stets einer umfassenden Gesamtbewertung bedarf. Daher kann aus dem Umstand allein, dass die von dem alten und dem neuen Auftragnehmer erbrachten Dienstleistungen ähnlich sind, noch nicht der Schluss gezogen werden, der Übergang einer wirtschaftlichen Einheit liege vor. Die Einheit darf nicht mit der bloßen Tätigkeit gleichgesetzt werden. Insoweit relativierte der EuGH wohl seine Rechtsprechung im Fall *Christel Schmidt*. Die Identität ergibt sich auch aus anderen Merkmalen wie ihrem Personal, ihren Führungskräften, ihrer Arbeitsorganisation, ihren Betriebsmethoden und ggf. den ihr zu Verfügung stehenden Betriebsmitteln. Das heißt andererseits aber nicht, dass das Fehlen derartiger Betriebsmittel einen Übergang im Sinne der Richtlinie per se ausschließt.

Den maßgebenden Umständen kommt vielmehr abhängig von der ausgeübten Tätigkeit, den Produktions- und Betriebsmethoden, die in dem betreffenden Unternehmen, Betrieb oder Betriebsteil angewendet werden, unterschiedliche Gewichtung zu: Wenn im Einzelfall eine wirtschaftliche Einheit ohne relevante Betriebsmittel tätig ist, kann die Wahrung ihrer Identität nicht von der Übertragung von Betriebsmitteln abhängen. In ähnlichen Fällen, in denen es im Wesentlichen auf die menschliche Arbeitskraft ankommt – eine Gesamtheit von Arbeitnehmern, die durch gemeinsame Tätigkeit miteinander verbunden sind und eine wirtschaftliche Einheit darstellen – , kann eine solche Einheit ihre Identität über ihren Übergang hinaus bewahren, wenn der neue Unternehmensinhaber nicht nur die betreffende Tätigkeit weiterführt, sondern auch einen nach Zahl und Sachkunde wesentlichen Teil des Personals übernimmt, das sein Vorgänger gezielt bei dieser Tätigkeit eingesetzt hatte.

Auf die Frage des vorlegenden Gerichts antwortete der Gerichtshof, dass die Richtlinie gemäß Art. 1 I nicht für den Fall gilt, dass – wie hier – ein Auftraggeber, der die Reinigung vom Räumlichkeiten einem Unternehmer übertragen hat, den Vertrag mit diesem kündigt und zur Durchführung ähnlicher Arbeiten einen neuen Vertrag mit einem anderen Unternehmer schließt, sofern dieser Vorgang weder mit einer Übertragung relevanter materieller oder immaterieller Betriebsmittel von einem auf den anderen Unternehmer noch mit der Übernahme eines nach Zahl und Sach-

333. Dazu und zum Folgenden EuGH Rs. C-13/95 Ayse Süzen NZA 1997, 433, 434

kunde wesentlichen Teils des vom einen Unternehmer zur Durchführung des Vertrages eingesetzten Personals durch den anderen Unternehmer verbunden ist.

(cc) Auswirkungen

Das BAG hat sich nunmehr dem EuGH angeschlossen und seine Rechtsprechung modifiziert.[334] Darüber hinaus wurden die – vom EuGH herausgearbeiteten – Voraussetzungen des Betriebsübergangs vom Gemeinschaftsgesetzgeber in der Änderungsrichtlinie 98/ 50/ EG kodifiziert. Nach Art 1b) Teil 1 RL 98/ 50/ EG gilt als Übergang im Sinne der RL 77/ 187/ EWG der Übergang einer ihre Identität bewahrenden wirtschaftlichen Einheit im Sinn einer organisierten Zusammenfassung von Ressourcen zur Verfolgung einer wirtschaftlichen Haupt- und Nebentätigkeit.

(2) Inhaberwechsel durch Rechtsgeschäft

Ein Betriebsinhaberwechsel liegt nicht vor, wenn der in Rede stehende Betrieb oder Betriebsteil stillgelegt worden ist. Betriebsstilllegung und Betriebsübergang gemäß § 613a BGB schließen einander aus[335]. Ob eine Betriebsstilllegung mit ggf. anschließender Betriebsmittelveräußerung oder ein Übergang vorliegt, kann jedoch im Einzelfall schwierig sein. Nach Auffassung des BAG setzt eine Betriebsstilllegung den ernstlichen und endgültigen Entschluss voraus, die Betriebs- und Produktionsgemeinschaft zwischen Arbeitgeber und Arbeitnehmer für einen seiner Dauer nach unbestimmten, wirtschaftlich nicht unerheblichen Zeitraum aufzulösen.[336] Andernfalls liegt eine nur unerhebliche Betriebspause bzw. Betriebsunterbrechung vor.[337] Bei alsbaldiger Wiedereröffnung des Betriebes spricht eine tatsächliche Vermutung gegen die ernsthafte Stilllegungsabsicht.[338] Doch auch in einer Betriebsstilllegung von lediglich kurzer Zeit kann eine echte Stilllegung zu erblicken sein, wenn sie auf unbestimmte Zeit beabsichtigt war und nur infolge unvorhergesehener Umstände eine alsbaldige Wiedereröffnung des Betriebes möglich wurde.[339] Nachdem das BAG seine bisherige Rechtsprechung, dass allein die Fortführungsmöglichkeit zur Annahme eines Übergangs genügte,[340] aufgegeben hat,[341] sind nunmehr die tatsächliche Weiterführung oder Wiederaufnahme der Geschäftstätigkeit und die Dauer der Unterbrechung die wesentlichen Kriterien der Abgrenzung. Das bedeutet in Pachtfällen, dass nach Aufgabe der Betriebsinhaberschaft durch den Pächter kein Betriebsübergang auf den Pächter stattfindet, wenn dieser den zurückgefallenen Betrieb nicht weiterführt.[342]

---

334. BAG NZA 1998, 253, 254
335. Jauernig/Schlechtriem § 613a Rn. 3
336. BAG AP Nr. 104, 105 zu § 613a BGB
337. BAG NZA 1994, 653, 654
338. BAG NZA 1988, 170, 171
339. Richardi/Annuß in: Staudinger § 613a Rn. 71
340. So noch BAGE 80, 74, 79
341. BAG NZA 1999, 704, 705
342. So schon Richardi/Annuß in: Staudinger § 613a Rn. 76

(aa) Abgrenzung zur Betriebsstilllegung

Bei Betriebsverlegungen hängt die Abgrenzung insbesondere davon ab, ob die örtliche Verlegung des Betriebs zu einem Identitätsverlust führt,[343] Verlagerungen ins Ausland führen zu Stilllegungen, wenn zu erwarten ist, dass die Belegschaft nicht bereit ist, am neuen Ort weiterzuarbeiten.

(bb) Abgrenzung zum Übergang kraft Gesetzes

§ 613a BGB bezieht sich nicht solche Übergange, die kraft Gesetzes im Wege der Gesamtrechtsnachfolge erfolgen, sondern allein auf rechtsgeschäftliche Vorgänge. Übergänge aufgrund Gesamtrechtsnachfolge vollziehen sich ausschließlich auf Unternehmensebene, wobei der Rechtsnachfolger im Wesentlichen durch Erbfall nach § 1922 BGB oder durch gesellschaftsrechtliche Umwandlung als neuer Rechtsträger unmittelbar und vollständig in die Rechtsposition des bisherigen Inhabers einrückt, ohne dass es einzelner Rechtsübertragungsakte bedarf. Diese Nachfolge stellt, vom Ergebnis her gesehen, den alten Inhaber in neuer Gestalt dar, sämtliche Rechtsbeziehungen setzen sich fort[344]. Auch auf den Gesellschafterwechsel in einer Personengesellschaft findet § 613a BGB keine Anwendung.[345]

Dennoch ist aufgrund des § 324 UmwG davon auszugehen, dass § 613a I und IV BGB auf die übertragende Umwandlung – genauer auf die Verschmelzung, Spaltung und Vermögensübertragung – anwendbar sind, obwohl es sich hierbei – wie oben festgestellt – um Fälle der Gesamtrechtsnachfolge handelt. Die grundsätzliche Anwendbarkeit des § 613a BGB in den Umwandlungsfällen wird ferner durch die Neufassung seines Abs. III bestätigt. Schließlich verlangt eine richtlinienkonforme Auslegung des § 613a BGB[346] seine Anwendung auf Umwandlungsfälle.[347]

Dabei tut sich im Fall von Verschmelzungen, Spaltungen oder Vermögensübertragungen ein Spannungsverhältnis zwischen § 613a I 1 BGB und § 323 II UmwG auf,[348] d.h. zwischen Zuordnung kraft Gesetzes anhand Eingliederung in die Betriebsorganisation und der Zuordnung durch die Betriebsparteien im Wege eines Interessenausgleichs.

cc) Rechtsfolgen des Betriebsübergangs

Die Rechtsfolge des Betriebsübergangs umfasst den Übergang der Arbeitsverhältnisse, den Kündigungsschutz, das Haftungssystem, das Betriebsverfassungsrecht und die Fortgeltung der Kollektivnorm § 613a I 2-4 BGB.

343. BAG EzA § 613a Nr. 188
344. Jauernig/Schlechtriem § 613a Rn. 3; Kerscher/Köhler S. 23
345. Richardi/Annuß in: Staudinger § 613a BGB
346. Art 1 I RL: Diese Richtlinie ist auf den Übergang oder ... durch Verschmelzung anwendbar
347. Wank in: MHzA § 124 Rn. 210; Wlotzke DB 1995, 40, 42; Richardi/Annuß in Staudinger § 613a Rn. 216 Balze/Rebel/Schuck S. 9
348. Vgl. dazu Balze/Rebel/Schuck S. 10; Wlotzke DB 1995, 40, 45; Richardi/Annuß in: Staudinger § 613a Rn. 219

(1) Übergang der Arbeitsverhältnisse gemäß § 613a I 1 BGB

Die Arbeitsverhältnisse gehen gem. § 613a I 1 BGB über, hierbei ist der Eintritt des anderen Inhabers und vor allem das seit dem 1. April 2002 neu geregelte Widerspruchsrecht des Arbeitnehmers zu berücksichtigen.

(aa) Eintritt des anderen Inhabers

Mit dem Eintritt des anderen Inhabers stellen sich die Fragen der Übernahme der Arbeitsverhältnisse und dessen Eintritt in sonstige Rechte und Pflichten.

(aaa) Übernahme der Arbeitsverhältnisse

Der Betriebsübergang hat gem. § 613a I 1 BGB zur Folge, dass der Erwerber in die Rechte und Pflichten aus den im Zeitpunkt des Übergangs bestehenden Arbeitsverhältnissen eintritt. Der Übergang der Arbeitsverhältnisse kann daher sowohl Tatbestand als auch Rechtsfolge sein. Bewirkt die Übernahme einzelner Arbeitnehmer unter Umständen einen Betriebsübergang, ist Rechtsfolge die Übernahme der übrigen Arbeitsverhältnisse.

Ein Arbeitsverhältnis liegt vor, wenn der Verpflichtete aufgrund eines privatrechtlichen Vertrages unselbstständige Dienstleistungen zu erbringen hat.[349] § 613a BGB gilt für Arbeitnehmer und für Arbeitsverhältnisse aller Art, also auch für Aushilfs-, Nebenbeschäftigungs-, Probe- und befristete Arbeitsverhältnisse. Als Arbeitsverhältnisse im Sinne des § 613a I BGB gelten auch das mittelbare[350] und das so genannte faktische Arbeitsverhältnis. Auch das gekündigte Arbeitsverhältnis wird – ohne weiteres – übernommen, wenn die jeweilige Kündigungsfrist noch nicht abgelaufen ist.[351]

Bei gewerbsmäßiger Überlassung von Arbeitnehmern an Dritte (Entleiher) bestehen die Arbeitsverhältnisse zwischen Leiharbeitnehmern und den Verleihern[352] (§ 1 AÜG). Deshalb greift § 613a BGB – abgesehen von den Fällen des § 10 AÜG – nicht ein, wenn ein Betrieb oder Betriebsteil des Entleihers übertragen wird[353]. Gemäß §§ 12a I TVG, 5 I 2 ArbGG, § 2 II BUrlG sind Personen arbeitnehmerähnlich, die wirtschaftlich abhängig und vergleichbar einem Arbeitnehmer sozial schutzbedürftig sind. Das BAG lehnt jedoch eine analoge Anwendung des § 613a BGB auf diese Vertragsverhältnisse – mangels Regelungslücke – bisher ab.[354] Vertretungsberechtigte Organmitglieder juristischer Personen, d.h. Vorstandsmitglieder von Aktiengesellschaften und der (angestellte) GmbH-Geschäftsführer sind keine Arbeitnehmer im arbeitsrechtlichen Sinne,[355] ein automatischer Übergang

349. Zöllner/Loritz § 4 III
350. Dütz § 3 IV Rn. 135
351. Wank in: MHzA § 124 Rn. 127
352. Zöllner/Loritz § 27 III
353. Wank in: MHzA § 124 Rn. 30
354. BAG BB 1981, 1466, 1466; BAG NZA 1998, 1001, 1002

solcher Dienstverhältnisse scheidet gemäß § 613a I 1 BGB (analog) aus. Nach dem Wortlaut des Gesetzes gehen nur die im Zeitpunkt des Überganges bestehenden Arbeitsverhältnisse über. Daher werden Arbeitnehmer im Ruhestand und deren Versorgungsansprüche von § 613a I 1 BGB nicht erfasst. Ebenso kann der Erwerber auch nicht Schuldner der Provisionsansprüche von Arbeitsnehmern werden, die zur Zeit des Betriebsüberganges schon ausgeschieden waren, deren Provisionsansprüche aber erst danach fällig wurden.[356]

Erfasst werden nur Rechte und Pflichten aus dem Arbeitsverhältnis, nämlich Ansprüche auf (rückständigen) Lohn,[357] auf Urlaub, auf Weihnachtsgratifikation oder auf betriebliche Altersversorgung.[358]

(bbb) Eintritt in sonstige Rechte und Pflichten

Zu den nach § 613a BGB übergehenden Rechten und Pflichten gehören auch einseitige Gestaltungsrechte (Kündigung, Widerruf, Rücktritt). Wurden solche Gestaltungsrechte im Moment des Betriebsübergangs noch nicht ausgeübt, kann dies grundsätzlich der Erwerber tun. Der Erwerber tritt ebenso in Rechtspositionen ein, die sich noch nicht zu Rechten und Pflichten verdichtet haben: Soweit das Gesetz für die Geltendmachung von Rechten an die Dauer der Zugehörigkeit zu einem Betrieb anknüpft (so z.B. §§ 622 II BGB, 1 KSchG oder 4 BUrlG), sind Betriebszeiten beim Veräußerer anzurechnen. Sonstige Rechte und Pflichten sind die nach dem Arbeitnehmerfindungsgesetz. Im Hinblick auf die Werkswohnungen greift § 613a BGB lediglich bei Werksdienstwohnungen ein.[359]

Von § 613a BGB nicht erfasst werden rückständige Sozialversicherungsbeiträge[360] oder die Lohnsteuer.[361] Handlungsvollmachten oder Prokuren sind nicht Bestandteile der Arbeitsverhältnisse – sie erlöschen mit Betriebsübergang.[362]

In Bezug auf Wettbewerbsverbote ist zunächst zwischen den gesetzlichen gem. § 60 HGB und den nachvertraglichen gem. §§ 74 ff. HGB zu unterscheiden.

Gesetzliche Wettbewerbsverbote im Sinne des § 60 HGB, die während des Arbeitsverhältnisses gelten, gehen ohne weiteres über.

Bei nachvertraglichen Wettbewerbsverboten ist nochmals zu differenzieren, nämlich danach, ob das Arbeitsverhältnis zum Zeitpunkt des Betriebsübergangs noch bestand oder nicht.[363]

---

355. BGH WM 1981, 377, 377; Zöllner/Loritz § 4 III 5a; vgl. auch § 5 I 3 ArbGG
356. BAG NZA 1987, 597, 597 BAG NZA 1987, 559, 559; Wank § 124 Rn. 126
357. Wank in MHzA § 124 Rn. 130
358. Palandt/Putzo § 613a Rn. 19; Wank in: MHzA § 124 Rn. 133
359. MüKo/Schaub § 613a Rn. 94; Wank in: MHzA § 124 Rn. 134
360. BayObLG BB 1974, 1582, 1583
361. Wank in: MHzA § 124 130
362. Baumbach/Hopt § 52 Rn. 5
363. Wank in: MHzA § 124 Rn. 141

Geht der Betrieb bei Bestehen des betreffenden Arbeitsverhältnisses über, tritt der Erwerber in die Rechte und Pflichten aus der Wettbewerbsabrede ein. Ist das Arbeitsverhältnis hingegen bereits beendet, hat also das Wettbewerbsverbot zu laufen begonnen, findet § 613a BGB keine Anwendung.

(bb) Widerspruchsrecht des Arbeitnehmers

Nach dem Gesetzestext brauchen dem Übergang der Arbeitsverhältnisse weder der alte noch der neue Betriebsinhaber noch der Arbeitnehmer zuzustimmen. In der Vergangenheit wurde trotz des eindeutigen Wortlautes des § 613a[364] vom BAG einer teleologischen Reduktion dahin unterworfen, dass jeder Arbeitnehmer dem Übergang seines Arbeitsverhältnisses widersprechen kann, mit der Folge, dass das Arbeitsverhältnis mit dem Betriebsveräußerer bestehen bleibt. Dennoch war dieses Widerspruchsrecht des Arbeitnehmers stets problematisch.

Mit einer Entscheidung des EuGH aus dem Jahre 1988 wurde die alte Diskussion neu belebt: Die Entscheidung betraf Art 3 I RL 77/ 187/ EWG. Danach wird ein Betriebsveräußerer nach dem Zeitpunkt des Übergangs von seinen Pflichten aus dem Arbeitsverhältnis allein aufgrund des Übergangs befreit, selbst wenn die in dem Unternehmen beschäftigten Arbeitnehmer dem nicht zustimmen oder dagegen Einwände erheben, jedoch vorbehaltlich des Rechts der Mitgliedstaaten, die gesamtschuldnerische Haftung des Veräußerers und des Erwerbers ab dem Zeitpunkt des Übergangs vorzusehen[365]. Obwohl diese Entscheidung das Widerspruchsrecht nicht für unzulässig erklärte,[366] wurde die Rechtsprechung des BAG zum Teil als nicht richtlinienkonform betrachtet.[367] Hierauf sind erneut Vorabentscheidungsverfahren eingeleitet worden.[368] Mittlerweile steht die Gemeinschaftsrechtskonformität nicht mehr in Zweifel: Der EuGH hat entschieden, dass die RL 77/187/EWG den Arbeitnehmer zwar berechtigt, jedoch nicht verpflichtet, das Arbeitsverhältnis mit dem Erwerber fortzusetzen. Eine solche Verpflichtung würde die Grundrechte des Arbeitnehmers verletzen.[369] Das BAG hat nunmehr die Rechtsprechung zum Widerspruchsrecht bestätigt[370] und der Gesetzgeber hat dies in der neuen Fassung des § 613a BGB vom 1. April 2002[371] gesetzlich niedergeschrieben.[372]

Nach dem neuen Absatz 6 des § 613a BGB kann der Arbeitnehmer dem Übergang des Arbeitsverhältnisses innerhalb eines Monats nach Zugang der Unterrichtung nach Absatz 5 schriftlich widersprechen. Der Widerspruch kann gegenüber dem bisherigen

364. In seiner Fassung, die bis zum 31.03.2001 gültig gewesen ist
365. EuGH Rs. 144, 145/87 NZA 1990, 885, 886
366. EuGH verb. Rs. C-132, 138, 139/91 NZA 1993, 169, 170; Commandeur NJW 1996, 2537, 2537
367. Vgl. Richardi/Annuß in: Staudinger § 613a Rn. 118
368. ArbG Bamberg EuZW 1992, 160; ArbG Hamburg EuZW 1992, 31, 32
369. EuGH verb. Rs. C-132, 138, 139/91 NZA 1993, 169, 170
370. BAG NZA 1993, 795, 796; BAG NJW 1998, 3138, 3139
371. BGBI Teil 1, 1159

Arbeitgeber oder dem neuen Inhaber erklärt werden. Hierbei ist zu beachten, dass die Frist nicht wie bisher ab genereller Kenntnis des Arbeitnehmers vom Betriebsübergang unabhängig vom Ursprung der Kenntnisnahme gilt, sondern gem. § 613a VI S. 1 BGB ab dem Zeitpunkt des Zugangs der ordnungsgemäßen Unterrichtung des Arbeitnehmers oder den neuen Inhaber gem. § 613a V BGB.[373] Dies gilt auch dann, wenn der Betriebsübergang – entgegen der Anordnung des Abs. V – ohne vorherige Unterrichtung des Arbeitnehmers vollzogen wurde und die Unterrichtung erst nach dem Übergang erfolgt.[374] Solange die Unterrichtungspflicht nach § 613 a V BGB also nicht vollständig und formgerecht erfüllt ist, wird die Widerspruchsfrist nicht in Gang gesetzt. Dies kann in der Praxis zu erheblichen Fragen führen. So kann ein Arbeitnehmer unbegrenzt wieder zu seinen alten Arbeitgeber wechseln, wenn er beim Betriebsübergang nicht umfassend informiert worden ist.

Der Widerspruch ist eine empfangsbedürftige, bedingungsfeindliche Willenserklärung, die ausdrücklich oder konkludent abgegeben werden kann.[375] Neu ist hierbei die Erfordernis der Schriftform (§ 126 BGB) für den Widerspruch, das heißt, der Arbeitnehmer muss die schriftliche Widerspruchserklärung grundsätzlich eigenhändig unterzeichnen (§ 126 I BGB). Bei Nichteinhaltung der Frist ist der Widerspruch des Arbeitnehmers unwirksam.

Gem. § 613a V BGB ist danach der Arbeitgeber (Outsourcing-Kunde) oder der Inhaber (Outsourcing-Anbieter) verpflichtet, die vom Übergang betroffenen Arbeitnehmer vor dem Übergang in Textform zu unterrichten über:

1. Den Zeitpunkt oder den geplanten Zeitpunkt des Übergangs
2. Den Grund für den Übergang
3. Die rechtlichen, wirtschaftlichen und sozialen Folgen des Übergangs für die Arbeitnehmer und
4. Die hinsichtlich der Arbeitnehmer in Aussicht genommen Maßnahmen

Gemäß § 613a V BGB muss der Arbeitnehmer in Textform (§ 126 b BGB) unterrichtet werden.[376] Eine mangelhafte Unterrichtung führt zu einem Nichtbeginn der Widerspruchsfrist. Die Erklärungsfrist für den Widerspruch des Arbeitnehmers beginnt erst ab Zugang einer vollständigen und richtigen sowie formgerechten Unterrichtungserklärung zu laufen.

---

372. Die Neuregelung dient nach der Gesetzbegründung der Umsetzung europarechtlichen Vorgaben Art. 7 VI der Richtlinie 2001/23/EG des Rates vom 12.03.2001 zur Angleichung der Rechtsvorschriften der Mitgliedstaaten über die Wahrung von Ansprüchen der Arbeitnehmer bei Übergang von Unternehmen, Betrieben oder Unternehmens- oder Betriebsteilen. Bei der Richtlinie handelt es sich um eine inhaltlich unveränderte Neufassung der so genannten Betriebsübergangsrichtlinie.
373. Willemsen/Lembke NJW 2002, 1159, 1160
374. BT-Drs. 14/7760, 5, 20
375. Richardi/Annuß in: Staudinger § 613a Rn. 123
376. Inwieweit auch eine Unterrichtung nach § 126 b BGB via E-Mail, Fax oder eine Kopie ausreichend ist, siehe Willemsen/Lembke NJW 2002, 1159, 1164

Als Folge der Ergänzung des § 613a durch die neuen Absätze 5 und 6 wurde der § 324 UmwG dahingehend angepasst, dass § 613a I und IV bis VI BGB durch die Wirkung der Eintragung von Verschmelzung, Spaltung oder Vermögensübertragung unberührt bleiben.[377] Dadurch soll bestimmt werden, dass die Unterrichtungspflicht gegenüber den betroffenen Arbeitnehmern (§ 613a V BGB) und das Widerspruchsrecht der Arbeitnehmer (§ 613a VI BGB) auch im Falle einer derartigen Umwandlung eines Rechtsträgers Anwendung findet.[378] Damit bestehen im Falle von Unternehmensumwandlungen nicht nur Informationspflichten der beteiligten Unternehmen gegenüber den Betriebsräten (§§ 5 III, 126 III UmwG), sondern auch gegenüber den einzelnen Arbeitnehmern der an der Umwandlung beteiligten Unternehmen.

Bereits vor der Gesetzesänderung zum 1. April 2002 konnte der Arbeitnehmer sowohl gegenüber dem Veräußerer als auch gegenüber dem Erwerber erklären, dass er mit dem Übergang seines Arbeitsverhältnis nicht einverstanden ist; eines besonderen Grundes bedarf es nicht.[379] Hat der Arbeitnehmer erklärt, er werde nicht widersprechen, kann der Widerspruch gegen Treu und Glauben verstoßen. In jedem Falle ist das Arbeitsverhältnis übergegangen, wenn der Arbeitnehmer in seiner Kenntnis weiterarbeitet oder mit dem Erwerber die Fortsetzung vereinbart.[380]

Folge des Widerspruchs ist das Fortbestehen des Arbeitsverhältnisses mit dem bisherigen Betriebsinhaber trotz des Betriebsübergangs. Wenn der Arbeitsplatz wegen des Betriebs- oder Betriebsteilübergangs jedoch weggefallen ist, verbleit dem Veräußerer das Recht zur ordentlichen betriebsbedingten Kündigung gem. § 1 KSchG.[381] Eine solche Kündigung fällt nicht unter Abs. IV S. 1.[382]

Der widersprechende Arbeitnehmer kann dabei, wenn nur ein Betriebsteil oder einer von mehreren Betrieben veräußert wurde, gemäß § 1 II 2 KSchG verlangen, auf einem etwaigen freien anderweitigen Arbeitsplatz desselben oder eines anderen Betriebes des Unternehmens beschäftigt zu werden[383]. In eine Sozialauswahl mit den kraft entsprechender Betriebsteilzuordnung beim Veräußerer zurückbleibenden Arbeitnehmern ist er grundsätzlich. nicht einzubeziehen, da er wegen der freiwilligen Aufgabe seines sicheren Arbeitsplatzes nicht schutzbedürftig ist. Ausnahmsweise ist in eine vollumfängliche Sozialauswahl einzutreten, wenn der Widerspruch durch einen sachlichen Grund geboten erscheint: Als erheblich ist insbesondere anzusehen, wenn im neuen Unternehmen das KSchG gem. § 23 I keine Anwendung findet, der neue Inhaber illiquide, gewerberechtlich

377. Willemsen/Lembke NJW 2002, 1164
378. BT-Drs. 14/7760, S. 20
379. Palandt/Putzo § 613a Rn. 15
380. MüKo/Schaub § 613a Rn. 60
381. Palandt/Putzo § 613a Rn. 15
382. Richardi/Annuß in: Staudinger § 613a Rn. 132
383. MüKo/Schaub § 613a Rn. 80

unzuverlässig oder der Arbeitsplatz beim Erwerber durch eine bereits konkret geplante Betriebsänderung gefährdet ist. Hingegen reichen die bloße Nichtexistenz eines Betriebsrates, die lediglich tatsächliche Verringerung der Basis für eine Sozialauswahl oder schlichte Lästigkeiten wie die Verlängerung der Anfahrtswege als sachliche Gründe nicht aus[384]. Für die Betriebsratsanhörung gemäß § 102 BetrVG gilt Folgendes:

Wird nur ein Teil des Betriebs veräußert, bleibt der Betriebsrat funktionsfähig. Eine Anhörung ist erforderlich, unabhängig davon, ob die Kündigung vor oder erst nach dem Übergang ausgesprochen werden soll.

Wird hingegen ein ganzer Betrieb veräußert, so geht auch der Betriebsrat über. Soll die Kündigung vor dem Übergang ausgesprochen werden, sind die Rechte des Betriebsrates zu wahren. Erfolgt die Kündigung jedoch erst nach Betriebsübergang, so besteht beim Veräußerer kein Betriebsrat mehr; eine Anhörung nach § 102 BetrVG entfällt.[385]

(2) Kündigungsschutz

Eine Kündigung wegen Übergang eines Betriebes oder Betriebsteils ist gemäß § 613a IV 1 BGB unwirksam.

(aa) Rechtsnatur des Kündigungsverbotes und deren Rechtsfolgen

Die Vorschrift des § 613a IV 1 BGB ergänzt die des § 613a I 1 BGB und nimmt dabei Komplementärfunktion wahr. Sie ist eine spezialgesetzliche Regelung des Umgehungsverbotes und soll verhindern, dass der in § 613a I 1 BGB angeordnete Bestandsschutz durch Kündigungen unterlaufen wird.[386]

§ 613a IV 1 BGB stellt nach Rechtsprechung des BAG ein eigenständiges Kündigungsverbot dar.[387] Dies hat zur Folge, dass sich hierauf auch Arbeitnehmer berufen können, die nicht unter den Anwendungsbereich des KSchG fallen, d.h. auch solche, die noch nicht die Wartezeit des § 1 I KSchG erfüllt haben oder die in keinen Betrieben nach § 23 I KSchG arbeiten.

Ebenso ist die Drei-Wochen-Frist des § 4 KSchG damit nicht maßgebend.[388] Das heißt jedoch nicht, dass die Unwirksamkeit einer Kündigung zeitlich unbegrenzt geltend gemacht werden kann. Die Grenze bildet Treu und Glauben in der Form der Verwirkung. Wann der Tatbestand der Verwirkung (Zeit- und Umstandsmoment[389]) erfüllt ist, entscheidet sich stets im Einzelfall.[390]

---

384. Richardi/Annuß in: Staudinger § 613a Rn. 134 f.
385. MüKo/Schaub § 613a Rn. 81 f.; Richardi/Annuß in: Staudinger § 613a Rn. 137
386. Richardi/Annuß in: Staudinger § 613a Rn. 243
387. BAG NZA 1985, 593, 594; BAG NZA 1986, 522, 523; BAG NZA 1997, 148, 149; Richardi/Annuß in: Staudinger § 613a Rn. 244; nach a.A. stellt § 613a IV nur klar, dass der Betriebsübergang kein dringendes betriebliches Erfordernis ist, so Schaub ZIP 1984, 272, 275
388. Balze/Rebel/Schuck S. 244; Richardi/Annuß in: Staudinger § 613a Rn. 245

(bb) Abgrenzung zur »Kündigung aus anderen Gründen« gemäß Abs. IV S. 2

Das in § 613a IV 1 BGB statuierte Kündigungsverbot will den Arbeitnehmer nicht vor solchen Risiken schützen, die sich jederzeit unabhängig von einem Betriebsübergang realisieren können. Diesem Umstand trägt § 613a IV 2 BGB Rechnung, wonach das Recht zur *Kündigung aus anderen Gründen* unberührt bleibt.[391] Stehen somit beide Sätze in Wechselbeziehung zueinander, und es ist stets im Einzelfall zu prüfen, ob es neben dem Übergang einen sachlichen Grund (betriebs-, verhaltens- oder personenbedingt) gibt, der aus sich heraus die Kündigung zu rechtfertigen vermag.[392] Bedeutsam ist diese Abgrenzung für Kündigungen, die die Aufrechterhaltung eines Not leidend gewordenen Betriebes mit verminderter Personenzahl bezwecken; hier kann es zum Konflikt zwischen den Interessen am individuellen Bestandsschutz und dem an der Erhaltung der Betriebsorganisation kommen.[393] Eine »Kündigung wegen eines Betriebsübergangs« im Sinne des § 613a IV BGB wird nur dann ausgesprochen, wenn der Betriebsübergang die überwiegende Ursache der Kündigung bildet. Der Betriebsübergang muss der Beweggrund und nicht allein der äußere Anlass für die Kündigung sein. Dabei ist ausschließlich auf die Verhältnisse beim Wirksamwerden der Kündigung, also bei Zugang abzustellen[394]. Erfasst werden also Fälle, wenn einzelnen Arbeitnehmern nur deswegen gekündigt wird, weil der Erwerber trotz Fehlens ausreichender Gründe im Sinne des § 1 KSchG nicht bereit ist, sie weiterzubeschäftigen.[395] Das Kündigungsverbot greift hingegen nicht, wenn der bisherige Betriebsinhaber zwar eine Betriebsveräußerung in Erwägung zieht, aber noch keine Verhandlungen mit einem Übernahmeinteressenten aufgenommen hat, Kündigungen wegen Auftragsmangels oder wegen Rationalisierungsmaßnahmen ausspricht, um den Betrieb rentabel zu machen und die Verkaufschancen zu steigern. Nicht der Betriebsübergang ist für die Kündigung ursächlich, sondern ganz generelle betriebswirtschaftliche Erfordernisse. Zulässig sind also Kündigungen, die auf vom Veräußerer selbst gewonnenen und von ihm im Betriebablauf zu verwirklichenden Erkenntnissen beruhen.[396]

Umstritten ist aber die Zulässigkeit einer Kündigung durch den bisherigen Inhaber, die den Zweck verfolgt, eine den Wünschen des potenziellen Erwerbers entsprechende Betriebsstruktur herbeizuführen (so genannte *Veräußererkündigung auf Erwerberkonzept*).[397] Auch hier ist eine Kündigung aus anderen Gründen anzu-

389. Jauernig/Vollkommer § 242 Rn. 59 f.
390. BAG EzA § 242 BGB Prozessverwirkung Nr. 1
391. Bezüglich Art. 4 I RL 77/187/EWG EuGH Rs. C-392/92 Christel Schmidt NZA 1994, 545, 546
392. Erman/Hanau § 613a Rn. 122; Balze/Rebel/Schuck S. 233
393. Erman/Hanau § 613a Rn. 124
394. BAG NZA 1999, 147, 149
395. Richard/Annuß in: Staudinger § 613a Rn. 249; unklar insoweit Erman/Hanau § 613a Rn. 129
396. Erman/Hanau § 613a Rn. 125; Richard/Annuß in: Staudinger § 613a Rn. 250
397. Vgl. Sieger/Hasselbach DB 1999, 430, 432; für die Zulässigkeit: Commandeur NZA 1991, 705, 708; ablehnend: Richardi NZA 1991, 289, 292; offen gelassen durch BAG NAZ 1997, 148, 150; AP 34 und 147 zu § 613a BGB

nehmen. Es werden vom Veräußerer keine fremden Vorstellungen verwirklicht, sondern ein eigenes Modell, wofür ihm das Erwerberkonzept lediglich als Vorbild dient. Bringt der Veräußerer auf diese Weise zum Ausdruck, dass er sich die Vorüberlegungen des Erwerbers zu Eigen macht, so unterscheiden sich die daraufhin ausgesprochenen Kündigungen nicht von den sonstigen betriebsbedingten Kündigungen, da nach dem Motiv für eine unternehmerische Entscheidung gerade nicht gefragt wird.[398]

Zu den »Kündigungen aus anderen Gründen« im Sinne des § 613a IV 2 BGB gehören auch die – bereits erwähnten – betriebsbedingten Kündigungen wegen Widerspruchs.

(3) Das Haftungssystem des § 613a BGB

Für die Arbeitnehmerhaftung ist vor allem die Regelung nach § 613a BGB und die Haftung in Fällen der Umwandlung nach dem UmwG relevant.

(aa) Die Haftung des Veräußerers gemäß § 613a II BGB

Nach § 613a II 1 haftet der bisherige Erwerber als Gesamtschuldner neben dem neuen Inhaber für die Erfüllung solcher Ansprüche, die vor dem Betriebsübergang entstanden sind und vor Ablauf von einem Jahr nach diesem Zeitpunkt fällig geworden sind. Der Wortlaut ist missverständlich: Erst recht muss der Veräußerer auch für die Verbindlichkeiten einstehen, die noch vor dem Betriebsübergang fällig geworden sind.[399] Rechtsdogmatisch liegt hier ein gesetzlicher Schuldbeitritt vor; dieser führt im Außenverhältnis zu einer nebeneinander bestehenden gesetzlichen Haftung von bisherigem und jetzigem Inhaber, dem im Innenverhältnis ein gesetzliches Gesamtschuldverhältnis gem. §§ 421 ff. BGB entspricht[400]. Wer im Innenverhältnis die Verpflichtungen gegenüber den übernommenen Arbeitnehmern zu tragen hat, richtet sich nach den im Übertragungsvertrag getroffenen Vereinbarungen; fehlen sie, gilt § 426 BGB.[401]

Mit der Regelung des § 613a II 2 BGB soll sichergestellt werden, dass der alte Arbeitgeber nicht für einen Zeitraum Arbeitsvergütungen zu erbringen hat, in denen er die Arbeitsleistung nicht empfangen hat. Relevant ist dies insbesondere für das 13. Monatsgehalt bzw. die Weihnachtsgratifikation.[402]

(bb) Haftung in Umwandlungsfällen

Treffen Betriebsübergang im Sinne des § 613a BGB und Unternehmensumwandlung zusammen, stellt sich die Frage, welche haftungsrechtlichen Vorschriften Anwendung finden, die des § 613a II BGB oder die des UmwG (§§ 22, 133 ff.

398. Jetzt Richardi/Annuß in: Staudinger § 613a Rn. 251
399. Erman/Hanau § 613a Rn. 107
400. Erman/Hanau § 613a Rn. 106
401. Palandt/Putzo § 613a Rn. 17; Erman/Hanau § 613a Rn. 112
402. Erman/Hanau § 613a Rn. 110

UmwG). § 613a III BGB, wonach § 613a II BGB nicht gilt, wenn ein Unternehmen durch Umwandlung erlischt, regelt das Verhältnis nur unvollkommen.

Zwar scheint § 613a III BGB auf den ersten Blick vorauszusetzen, dass Abs. II in sonstigen Fällen der Umwandlung Anwendung findet, doch ist nach herrschender Auffassung die Haftungsregelung des § 613a II BGB auf Fälle der Unternehmensumwandlung generell nicht anzuwenden. Folgendes spricht dafür: Nach § 324 UmwG bleiben allein die Abs. I und IV des § 613a BGB unberührt, nicht auch dessen Abs. II.[403] § 133 II 2 UmwG lässt allein §§ 25, 26 HGB unberührt, nicht auch § 613a II BGB.[404] Vielmehr enthalten die §§ 22, 133 ff. UmwG günstigere Sonderregelungen zum Schutz der Arbeitnehmer, die § 613a II BGB als *leges specialis* vorgehen.[405] Deshalb erschöpft sich die Bedeutung des § 613a III in der Selbstverständlichkeit, dass eine Nachhaftung des erlöschenden bisherigen Inhabers nicht in Betracht kommt.[406]

(4) Betriebsverfassungsrechtliche Aspekte

Nicht zu unterschätzen sind die betriebsverfassungsrechtlichen Aspekte, wie die Beteiligung des Betriebsrates bei der Betriebsänderung, die Unterrichtung von Wirtschaftsausschüssen, die Auswirkung auf den Betriebsrat und dessen Mitglieder und andere betriebsverfassungsrechtliche Aspekte.

(aa) Beteiligung des Betriebsrates bei Betriebsänderung

Aus betriebsverfassungsrechtlicher Hinsicht interessiert zunächst, ob dem Betriebsrat Beteiligungsrechte zustehen. In Betracht kommt die Beteiligung gemäß §§ 111, 112 BetrVG wegen einer Betriebsänderung. Eine Betriebsänderung setzt greifbare Veränderungen der betrieblichen Organisation voraus; wechselt jedoch nur der Inhaber des Betriebes, ändert sich an der Organisation des Betriebes nichts.[407]

(aaa) Übergang eines Betriebes oder Betriebsteils

Der bloße Übergang eines Betriebes oder Betriebsteils durch Rechtsgeschäft auf einen anderen Inhaber ist daher für sich allein noch keine Betriebsänderung im Sinne des § 111 BetrVG.[408] § 613a und §§ 111, 112 I 2 BetrVG dienen verschiedenen Zwecken: § 613a BGB schützt vor Verlust des Arbeitsplatzes; der Sozialplan gemäß § 112 I 2 BetrVG soll die wirtschaftlichen Nachteile ausgleichen oder mildern, die den Arbeitnehmern infolge der Betriebsänderung entstehen. Beide Regelungen

---

403. Wank in: MHzA § 124 Rn. 222; Richardi/Annuß in Staudinger: § 613a Rn. 216
404. Wlotzke DB 1995, 40, 43
405. Wank in: MHzA § 124 Rn. 222; Richardi/Annuß in: Staudinger § 613a Rn. 217
406. Richardi/Annuß in: Staudinger § 613a Rn. 216; Wlotzke DB 1995, 40, 43
407. Hanau/Kania in: EKzA 210 BetrVG § 111 Rn. 10; Zöllner/Loritz § 49 II 1
408. BAGE 55, 356, 360; Henssler NZA 1994, 294, 297; Richardi/Annuß in: Staudinger § 613a Rn. 234

schließen sich aber dennoch nicht gegenseitig aus.[409] Erschöpft sich nämlich der Betriebsübergang nicht im bloßen Inhaberwechsel, sondern ist er mit Maßnahmen verbunden, die als solche einen der Tatbestände des § 111 BetrVG erfüllen, ist das Beratungsrecht des Betriebsrates nach §§ 111, 112 BetrVG zu beachten.

So gehen mit Betriebsteilübergängen – insbesondere bei Spaltungen – oftmals Betriebsänderungen einher (vgl. § 111 S. 2 Nr. 3, 4 BetrVG).[410]

(bbb) Betriebsaufspaltung

Die Einordnung der so genannten Betriebsaufspaltung (Verpachtung des wesentlichen Anlagevermögens bei gleichzeitiger Übertragung des Umlaufvermögens und des laufenden Geschäfts auf eine Betriebsgesellschaft) als Betriebsänderung im Sinne des § 111 BetrVG wurde vom BAG abgelehnt.[411] Wohl zu Recht, bleibt doch der Betrieb als Organisationseinheit zur Verfolgung arbeitsrechtlicher Zwecke unangetastet. Verändert wird lediglich die sachenrechtliche Zuordnung des Anlagevermögens und der Vertragspartner des Arbeitsverhältnisses. Die Abspaltung der Betriebsgesellschaft liegt als bloßer Wechsel des Unternehmensträgers außerhalb der Unternehmensorganisation und damit auch jenseits der betrieblichen Mitbestimmung.[412]

(ccc) Sozialplan und Interessenausgleich

Ist im Einzelfall eine Betriebsänderung anzunehmen, hat der Betriebsrat Anspruch auf Verhandlungen über Interessenausgleich und Sozialplan, § 112 I BetrVG. In der Aufstellung dieses Sozialplans sind nur solche Nachteile ausgleichspflichtig, die nicht auf dem Wechsel des Unternehmers zurückzuführen sind. Deshalb sind Nachteile, die auf einer Änderung der unternehmensbezogenen Rahmenbedingungen beruhen, wie eine unsicher erscheinende wirtschaftliche Zukunft und eine Verringerung der Haftungsmasse, nicht geeignet, eine Ausgleichspflicht zu begründen.[413] Der Interessenausgleich enthält Vereinbarungen, die sich entweder auf den Ausgleich anderer Nachteile beziehen oder das Ob und das Wie der Betriebsänderung selbst betreffen.[414]

(bb) Unterrichtung des Wirtschaftsausschusses

Abgesehen von den Beteiligungsrechten des Betriebsrates, kann für Veräußerer oder Erwerber die Pflicht bestehen, den Wirtschaftsausschuss über den Betriebsübergang zu unterrichten. Gemäß § 106 II BetrVG hat der Unternehmer den Wirt-

---

409. BAGE 55, 356, 361
410. Weimar/Alfes BB 1993, 783, 786; Hanau/Kania in: EKzA 210 BetrVG § 111 Rn. 10; Richardi/Annuß in: Staudinger § 613a Rn. 237
411. BAG NJW 1981, 2716
412. Henssler NZA 1994, 294, 297; Weimar/Alfes BB 1993, 783, 786
413. Henssler NZA 1994, 294, 297; Richardi/Annuß in: Staudinger § 613a Rn. 237
414. Zöllner/Loritz § 49 II 2

schaftsausschuss rechtzeitig und umfassend über die wirtschaftlichen Angelegenheiten des Unternehmens zu unterrichten. Absatz 3 nennt beispielhaft (*insbesondere*) die wichtigsten wirtschaftlichen Angelegenheiten.

Dabei enthält § 106 III Nr. 10 BetrVG eine Generalklausel, wonach »sonstige Vorgänge und Vorhaben, die das Interesse der Arbeitnehmer des Unternehmens wesentlich berühren können«, ebenfalls wirtschaftliche Angelegenheiten sind. Übergänge von Betrieben oder Betriebsteilen sind in der Regel »sonstige Vorgänge oder Vorhaben« im Sinne des § 106 III Nr. 10 BetrVG.[415]

Der Veräußerer hat daher in solchen Fällen den Wirtschaftssauschuss umfassend und vor allem rechtzeitig, d.h. vor einer Entscheidung über den Betriebsübergang zu unterrichten.

(cc) Auswirkungen auf den Betriebsrat und dessen Mitglieder

Der Betriebsübergang gemäß § 613a BGB hat als solcher grundsätzlich keine Auswirkungen auf den Bestand des Betriebsrates.[416] Werden Betriebe oder Betriebsteile im Sinne des § 4 BetrVG veräußert, so geht der gesamte Betriebsrat über. Nicht allein die Arbeitsverhältnisse gehen über – auch die Mitgliedschaft im Betriebsrat bleibt bestehen, § 24 I Nr. 3 BetrVG greift nicht ein. Wird der Betrieb jedoch in den bestehenden Betrieb des Erwerbers eingegliedert, verliert er die Eigenständigkeit und damit die Betriebsratsfähigkeit.

Besonderheiten ergeben sich auch bei Betriebsteilübergängen: Arbeitnehmer, die vom Erwerber übernommen werden, scheiden aus dem Betriebsrat des Veräußerers gemäß § 24 I Nr. 3 BetrVG aus[417] – Ersatzmitglieder rücken nach, § 25 BetrVG. Der veräußerte Betriebsteil wird in der Regel – mangels bewahrter betriebsverfassungsrechtlicher Identität – betriebsratslos.[418] Nach dem neuen § 21a I BetrVG hat der alte Betriebsrat jedoch in Fällen der Spaltung von Betrieben ein unter Umständen sechsmonatiges Übergangsmandat inne.

(dd) Weitere betriebsverfassungsrechtliche Aspekte

Zu den weiteren betriebsverfassungsrechtlichen Aspekten zählen die außerplanmäßigen Betriebsratswahlen, der Gesamtbetriebsrat und der Sprecherausschuss.

(aaa) Außerplanmäßige Betriebsratswahlen

Der Betriebsübergang kann außerplanmäßige Betriebsratswahlen nach sich ziehen, sollte sich dadurch die Zahl der beschäftigten Arbeitnehmer gemäß § 113 II Nr. 1 BetrVG verändern.

---

415. Weimar/Alfes BB 1993, 783, 786; Richardi/Annuß in: Staudinger § 613a Rn. 235
416. MüKo/Schaub § 613a Rn. 142
417. Wank in: MHzA § 142 Rn. 118
418. Weimar/Alfes BB 1993, 783, 786

(bbb) Gesamtbetriebsrat

Unter Umständen ist auf Erwerberseite ein Gesamtbetriebsrat zu bilden (§ 47 BetrVG).

(ccc) Sprecherausschuss

Der Sprecherausschuss – die Interessenvertretung der leitenden Angestellten[419] – bleibt beim Betriebsübergang ebenso wie der Betriebsrat grundsätzlich unberührt.

(5) Fortgeltung der Kollektivnormen gemäß § 613a I 2-4 BGB

Bei der Fortgeltung der Kollektivnormen gem. § 613a I 2–4 BGB sind folgende Punkte zu berücksichtigen:

(aa) Allgemeines zur Transformation gemäß § 613a I BGB

Gemäß § 613a I 2 BGB werden die Rechte und Pflichten, die sich aus Tarifvertrag oder Betriebsvereinbarung ergeben, individualrechtlicher Inhalt des neuen Arbeitsverhältnisses zwischen dem neuen Inhaber und dem Arbeitnehmer. Nach herrschender Meinung gelten die Kollektivregelungen im Wege der Transformation.[420] Erfasst werden allein kollektivvertragliche Regelungen, die zum Zeitpunkt des Übergangs beim Veräußerer bestanden. Spätere Vereinbarungen oder Änderungen bleiben unberücksichtigt; § 613a I 2 BGB ist keine dynamische Verweisung.[421] Der Transformation gemäß Abs. I S. 2 unterliegen lediglich die so genannten Inhaltsnormen, d.h. die Regelungen, die Rechte und Pflichten im Arbeitsverhältnis betreffen.[422] Vor Ablauf eines Jahres nach dem Übergang dürfen sie nicht zum Nachteil des Arbeitnehmers geändert werden. Veränderungen zu Gunsten erscheinen daher wohl zulässig.

Eine Transformation findet von vornherein nicht statt, wenn beim Veräußerer ein Tarifvertrag nicht kraft normativer Wirkung, sondern durch individualvertragliche Bezugnahme galt. Das Änderungsverbot des § 613a I 2 BGB gilt nicht, wenn Kollektivnormen nicht mehr gelten[423] (§ 613a I 4 Var. 1, Var. 2 BGB) oder wenn bei fehlender beiderseitiger Tarifgebundenheit im Geltungsbereich eines anderen Tarifvertrages dessen Anwendung vereinbart wird (§ 613a I 4 Var. 3 BGB).

---

419. § 1 I SprAuG
420. Düwell AuA 2001, 292, 295; Heinrich JuS 1998, 97, 105; differenzierend Wank, in: MHzA § 124 Rn. 178 f.; a.A. Zöllner/Loritz § 20 III 8, der von einer beschränkten normativen Weitergeltung der tarifvertraglichen Regelung ausgeht.
421. BAG NZA 2000, 154
422. MüKo/Schaub § 613a Rn. 152
423. §§ 4 I TVG, 77 IV, V BetrVG

(bb) Kollektivrechtliche Fortgeltung

Die in § 613a I 2 BGB geregelte Transformation bedeutet nicht den Ausschluss jeglicher kollektivrechtlicher Fortgeltung. Vielmehr handelt es sich bei Abs. I S. 2 um einen Auffangtatbestand[424], d.h., die kollektivrechtliche Weitergeltung ist möglich, soweit der übertragene Betrieb seine betriebsverfassungsrechtliche Identität wahrt.[425]

Denn dann besteht der Betriebsrat nach einem Betriebsübergang fort, wodurch bereits die Kontinuität der Betriebsverfassung zum Ausdruck kommt. Abs. I S. 2–4 finden daher nur Anwendung bei Verlust der Betriebsidentität: Das gilt beim Betriebsteilübergang, aber auch bei der Übertragung des ganzen Betriebes, wenn dieser mit einem anderen Betrieb des Erwerbers zusammengelegt wird.[426]

Abgesehen davon scheidet eine kollektivrechtliche Weitergeltung von Betriebsvereinbarungen aus, wenn als Folge des Betriebsübergangs der Betrieb nicht mehr dem Geltungsbereich des BetrVG unterfällt – z.B. der Wechsel in den Bereich des PersVG.[427]

(cc) Geltung anderer Kollektivverträge beim Erwerber

Die individualvertragliche Fortgeltung scheidet ebenfalls aus, wenn gemäß § 613a I S. 3 BGB entsprechende Arbeitsbedingungen beim Erwerber durch Tarifvertrag oder Betriebsvereinbarung geregelt sind. Diese Regelungsidentität verlangt aber nicht nach einer punktuellen Deckungsgleichheit, sondern es genügt, wenn erkennbar ist, dass für dieselbe Sachgruppe beim Veräußerer und beim Erwerber jeweils ein unterschiedliches Regelungssystem existiert.[428] Das Günstigkeitsprinzip muss dabei nicht beachtet werden.[429] Irrelevant ist ebenso, welche Art von Kollektivnorm beim Erwerber gilt.[430] Daher kann eine Betriebsvereinbarung eine an und für sich individualrechtlich weiter geltende Tarifnorm verdrängen.

Soll die Transformation durch den beim Erwerber einschlägigen Tarifvertrag vermieden werden, ist zu beachten, dass nach überwiegender Ansicht das in § 613a I 3 BGB verankerte Ablösungsprinzip nur bei Tarifgebundenheit sowohl des neuen Inhabers als auch der übernommenen Arbeitnehmer eingreift.[431]

---

424. MüKo/Schaub § 613a Rn. 128
425. BAG NZA 1998, 1346, 1347 f.; Richardi/Annuß in: Staudinger § 613a Rn. 177
426. Erman/Hanau § 613a Rn. 79
427. BAG DB 1982, 1414, 1415
428. Richardi/Annuß in: Staudinger § 613a Rn. 186
429. BAG NZA 1987, 593, 595
430. Erman/Hanau § 613a Rn. 93
431. Richardi/Annuß in: Staudinger § 613a Rn. 192; MüKo/Schaub § 613a Rn. 168; Wank in: MHzA § 124 Rn. 182; a.A. Zöllner/Loritz § 20 III 8

b) Mitarbeiterübernahme durch neuen Arbeitsvertrag

Neben der Übernahme von Mitarbeitern gem. § 613a BGB besteht die Möglichkeit; die Mitarbeiter durch einen neuen (natürlich besseren) Vertrag zu übernehmen.

aa) Ausgangspunkt

Die Rechtsfolgen des § 613a I BGB entsprechen nicht immer den Interessen der an den Outsourcing-Maßnahmen beteiligten Gruppen. Nicht überraschend ist der häufige Wunsch des Erwerbers (Outsourcing-Nehmer), möglichst wenige Arbeitnehmer des Veräußerers (Outsourcing-Geber) überhaupt bzw. zu den bisherigen Bedingungen übernehmen zu müssen.

Doch auch Arbeitnehmer können Interesse an neuen Arbeitsbedingungen, d.h. an neuen Arbeitsverträgen haben. Die Gründe dafür liegen auf der Hand: Einerseits bietet der Outsourcing-Nehmer – aufgrund seiner Kompetenz – oft bessere Aufstiegschancen. Andererseits liegt vielen Arbeitnehmern daran, ihre Arbeitsplätze für länger als ein Jahr zu sichern.

Die rechtlichen Möglichkeiten sind indes beschränkt. Denn trotz der grundsätzlichen Möglichkeit einer Vereinbarung zwischen dem Erwerber und dem Arbeitnehmer ist festzustellen, dass Dispositionen im Zusammenhang mit Betriebsübergängen mit großer Skepsis betrachtet werden.[432]

bb) Lemgoer Modell

Kündigen Arbeitnehmer im Hinblick auf einen neuen Arbeitsvertrag mit dem Erwerber ihr bisheriges Arbeitsverhältnis oder heben sie dieses mittels eines Aufhebungsvertrages auf, so erachtet die Rechtsprechung dies als unwirksam.[433] Derartige Rechtsgeschäfte seien Umgehungen des § 613a IV BGB[434] und daher nichtig im Sinne des § 134 BGB.[435] Liegt doch der Zweck des Kündigungsverbotes darin, den Übergang der Arbeitsverhältnisse bei Betriebsübergängen zu gewährleisten und Umgehungsgeschäfte zu verhindern, durch die dieses Regelungsziel vereitelt werden könnte.[436]

c) Fazit

Es scheint fast unmöglich zu sein, den § 613a BGB auszuschließen. Auch beim Business Process Outsourcing ist es kaum möglich, das Nichtvorhandensein von Betriebsteilen anzunehmen. Daher sollte die Vertragsgestaltung zur Mitarbeiterübernahme die Rechtsfolgen des § 613 a BGB berücksichtigen.[437]

432. Moll NJW 1993, 2016, 2023
433. Sog. Lemgoer Modell
434. BAG NZA 1993, 20, 21; ebenso MüKo/Schaub § 613a Rn. 63
435. Palandt/Heinrichs § 134 Rn. 28
436. BAG NZA 1988, 198, 199
437. Siehe auch Kapitel D., Das Outsourcing-Vertragswerk, II. Nr. 1.

III.2 Übernahme von vertraglichen Verpflichtungen

In der Regel übernimmt der Outsourcing-Anbieter vom Outsourcing-Kunden die vertraglichen Verpflichtungen, die mit dem IT-Outsourcing in Verbindung stehen. Solche vertraglichen Verpflichtungen können zum Beispiel sein:

- Wartungsvertrag zur Pflege von Exoten-Software
- Wartungs- und Lieferverträge für CAD-Systeme
- Wartungs- und Lieferverträge von Apple-Macintosh-Computern

Hierbei ergeben sich keine besonderen juristischen Bedenken, so weit der vorherige Vertragspartner und der Outsourcing-Kunde die Übertragbarkeit der Verträge nicht ausgeschlossen haben oder vorherige Vertragspartner nichts gegen eine Übernahme der Verträge durch den Outsourcing-Anbieter einzuwenden haben.[438] Ansonsten besteht auch noch die Möglichkeit, dass der Outsourcing-Anbieter für die Verträge, die nicht übernommen werden können, die administrative Verantwortung vom Outsourcing-Kunden erhält.

III.3 Übernahme von Software

Neben der Übernahme von Personal kann es in einem IT-Outsourcing-Projekt vorkommen, dass der Outsourcing-Anbieter vom Outsourcing-Kunden auch Software übernimmt.

a) Rechtliche Fragen bei der Software-Übernahme

Beim IT-Outsourcing werden im Allgemeinen Software-Produkte verschiedenster Art – System- und systemnahe sowie Anwender-Software, Eigenentwicklungen des Auftraggebers, so genannte Standard-Software etc. – eingesetzt, übertragen, (unter-) lizenziert, wobei die Gründe hierfür vielfältiger Natur sind.

Zunächst kann – und wird es in der Regel auch – notwendig sein, dass der Auftragnehmer zur Erbringung der IT-Leistung beim Outsourcing-Kunden vorhandene Software übernimmt. Hier kann es unter Umständen zum Konflikt mit den Rechten Dritter kommen, sofern der Outsourcing-Kunde die Software nicht selbst entwickelt hat.

Denkbar ist aber auch, dass der Outsourcing-Anbieter im Rahmen der Leistungserbringung Anwendungen entwickelt: Für diese stellt sich dann die Frage, ob sie allein dem Auftragnehmer gehören sollen oder dem Auftraggeber ein – nicht ausschließliches – Nutzungsrecht einzuräumen ist.

438. Siehe auch Kapitel D., Das Outsourcing-Vertragswerk, II. Nr. 2.

aa) Fragestellung

Rechtlich berühren diese Fragen vor allem zwei Problemkreise: Zum einen ist fraglich, wie sich die Überlassung von Software juristisch einordnen lässt, wobei die denkbare Palette von Kauf über Miete, Rechtspacht und Leasing bis hin zu lizenzvertraglicher Übertragung reicht.

Zum anderen können sich, da an oben genannten Programmen in verschiedener Weise Rechte eingeräumt oder ausgeübt werden, urheberrechtliche Fragen stellen.

Beide Komplexe zu regeln und einer rechtlichen Lösung zugänglich zu machen, die die Risiken für die Parteien so gering wie möglich hält, ist unter anderem Aufgabe eines IT-Vertragswerkes.

Um eine vertragliche Klausel formulieren zu können, sollen daher diese Problemkreise erörtert werden.[439] Auf andere mögliche Fragestellungen – wie z.B. die nach anderen gewerblichen Schutzrechten neben dem Urheberrecht – soll indes aus Gründen der Übersichtlichkeit nicht eingegangen werden.

bb) Rechtliche Einordnung von Software-Überlassungsverträgen

Die rechtliche Einordnung von Software-Überlassungsverträgen ist nach wie zuvor nicht endgültig geklärt.[440] Die Rechtsprechung hält zwar überwiegend die klassischen Typen des BGB für einschlägig,[441] in der Rechtslehre hat sich indes noch keine »herrschende Meinung« herausgebildet. Notwendig ist eine juristische Qualifikation gleichwohl: Zum einen können sich – auch im Rahmen der IT – Leistungsstörungen ergeben, für die ein Gewährleistungsrecht bereitstehen muss.[442] Andererseits ist eine Einordnung auch für die Inhaltskontrolle Allgemeiner Geschäftsbedingungen nach den § 305 ff. BGB relevant,[443] wenn auch dieser Punkt im Bereich des IT-Outsourcings zumeist keine Rolle spielen wird, da es sich in der Regel um zwischen Outsourcing-Kunde und Dienstleister im Einzelnen ausgehandelte Vertragsbedingungen und somit keine AGB im Sinne der § 305 ff. BGB handeln wird.

(1) Software: Sache oder immaterielles Gut

Rechtlich gesehen, stellt sich zunächst die Frage, worum es sich bei Computer-Software überhaupt handelt. Erst hierdurch wird eine entscheidende Weichenstellung

439. Siehe Kapitel D., Das Outsourcing-Vertragswerk, II. Nr. 3.
440. Marly, Rn. 33
441. Vgl. nur OLG Celle, NJW-RR 1993, 432, das – unter Berufung auf BGH-Rspr. – mittels des Kriteriums der Software-Art (Individual-/Standard-Software) zwischen Werk- und Kaufvertrag einerseits sowie des Kriteriums der Überlassungsdauer (endgültig/auf Dauer) zwischen Kauf- und Mietvertrag andererseits abgrenzt.
442. Die Frage stellt sich für die Parteien eines Outsourcing-Vertragswerks auch und gerade dann, wenn sie eine von der einschlägigen gesetzlichen Gewährleistung abweichende Regelung treffen wollen, da sie wissen müssen, *wovon* abgewichen werden soll.
443. Wolf/Horn/Lindacher, § 9 Rn. S141 und S147

vorgenommen, die es erlaubt, in einem zweiten Schritt eine vertragstypologische Einordnung – etwa zugunsten von Kauf-, Miet- oder Werkvertrag – von Software-Überlassungen vorzunehmen.

Hiermit ist aber eines der wichtigsten und rechtlich umstrittensten Probleme angesprochen: nämlich das, ob Software als *Sache* im Sinne des § 90 BGB zu qualifizieren ist.[444] Verdunkelt wird diese Problematik unter anderem auch dadurch, dass sie nicht immer sauber getrennt behandelt wird von anderen Problemstellungen: Beispielsweise wird oftmals als Argument zur Verneinung oben genannter Frage eingeführt, dass der Lauf eines Programms im Computer eine urheberrechtliche Werkverwertung sei.[445] Prinzipiell soll daher zunächst erörtert werden, inwieweit das Urheberrecht überhaupt auf schuldrechtliche Einstufungen durchzuschlagen vermag.[446]

Vertreter der Auffassung, dass die Rechtsnatur von Software-Überlassungen wesentlich durch das Urheberrecht determiniert werde, argumentieren vor allem damit, dass es nicht um – an den §§ 929 ff. BGB orientierten – sachenrechtliche Übereignungsvorgänge, sondern um die Einräumung und Übertragung urheberrechtlicher Nutzungsrechte gem. §§ 31 ff. UrhG ginge.[447] Hieraus einen Schluss auf den Vertragstypus einer Software-Überlassung ziehen zu wollen, hieße aber, das Trennungsprinzip zu missachten. Dieses besagt, dass einer Nutzungsrechteinräumung als Verfügungsgeschäft immer ein schuldrechtliches Verpflichtungsgeschäft zugrunde liegt.[448] Das Urheberrecht gibt den Inhalt von Nutzungsrechten nicht vor, erst das Verpflichtungsgeschäft legt – je nach Zweck der Überlassung – jeweils den Umfang des Nutzungsrechts konstitutiv fest. Ist somit die dingliche Nutzungsrechtseinräumung abhängig vom zugrunde liegenden Verpflichtungsgeschäft und nicht umgekehrt, können urheberrechtliche Fragen für die rechtliche Einordnung der Software-Überlassung auch nicht von konstitutiver Bedeutung sein.[449]

Damit können wir aber wieder zum eigentlichen Problem zurückkehren. Hierbei ist zunächst darauf hinzuweisen, dass nicht selten – unfruchtbar – auch zur Frage der Sachqualität zwischen Standard- und Individual-Software differenziert wird.[450] Indes hilft diese Unterscheidung hier[451] nicht weiter: Für die Sachqualität ist es unerheblich, ob das Computerprogramm für einen oder für viele Anwender entwickelt wurde. Eine Qualifikation muss grundsätzlich *jede* Art von Software erfassen.

---

444. Vgl. zum Streit allgemein Marly, Rn. 88
445. So z.B. Lehmann, CR 1994, 277, 279, der in seiner Urteilsanmerkung allein diesen Umstand zum Anlass nimmt, für eine vertragstypologische Terminologie »in urheberrechtlichen Bahnen« zu plädieren; dagegen Hoeren in seiner Anmerkung, CR 1994, 279, 280
446. Siehe Kapitel D., Das Outsourcing-Vertragswerk, I. Nr. 5.
447. Lehmann, CR 1994, 277, 279, dessen Argumentation am ehesten vor dem Hintergrund des § 29 S. 2 UrhG verständlich wird
448. Lehmann-Köhler/Fritzsche S. 521 Rn. 13
449. Siehe auch Marly, Rn. 111
450. Z.B. Kort, DB 1994, 1505, 1506
451. Zur Brauchbarkeit dieser Differenzierung an anderer Stelle vgl. III. Nr. 2b) cc)

Insoweit rührt nun der Hauptkonflikt daher, dass nicht immer genau zwischen Computer-*Software* und ihrer Verkörperung als *Programm* auf einem Datenträger unterschieden wird.

Für die Software als solche ist es gewiss zutreffend, diese als geistige Schöpfung, somit als immaterielles Gut anzusehen.[452] Indes ist zu berücksichtigen, dass Computerprogramme ihre Funktion, die in der Steuerung einer technischen Anlage in Form eines Computers zu sehen ist, nur erfüllen können, wenn sie in verkörperter Form existieren.[453] Für die Überlassung reicht die Existenz in irgendeiner nichtmateriellen Form, etwa als »Computerprogramm als solches«, nicht aus. Insoweit besteht auch ein Unterschied zu sonstigen geistigen Gütern, denn diese können ihre Funktion auch in nicht materialisierter Form ausüben.[454] Veranschaulichen lässt sich dies am besten am Beispiel des Know-hows: Dieses kann von seinem Empfänger eingesetzt werden, ohne dass er das Wissen zuvor irgendwie festlegen muss. Für Computerprogramme, die auf einer IT-Anlage eingesetzt werden sollen, ist dies nicht der Fall.

Nun ließe sich natürlich noch einwenden, dass Programme heute via Internet o.Ä. auch »unkörperlich« übergeben werden können.[455] Allerdings führt auch die Datenfernübertragung ihrer Zielsetzung nach dazu, dass das zunächst nur auf den Computer übertragene Programm später, um es seiner Funktion zuführen zu können, auf einem Datenträger verkörpert wird.

Daher soll hier letztlich mit der – nunmehr als gefestigt anzusehenden – Rechtsprechung des BGH[456] von der Sachqualität von Computerprogrammen ausgegangen werden.

(2) *Kriterien für die rechtliche Qualifikation*

Indes ist damit über die rechtliche Qualifikation von Software-*Überlassungsverträgen* noch keine abschließende Aussage möglich. Der Begriff *Überlassung* gibt nämlich – für sich betrachtet – für eine rechtliche Einordnung einer Vertragsklausel nichts her: Er beinhaltet weder eine Beschränkung dahingehend, dass lediglich die Überlassung so genannter Standard-Software oder so genannter Individual-Software umfasst wird, noch eine Begrenzung oder Festlegung der zeitlichen Überlassungsdauer.

---

452. Anders jedoch König, NJW 1990, 1584, der nicht zwischen Software und ihrer Verkörperung unterscheidet. Vielmehr sei die Verkörperung das Programm, und dieses existiere als solches ausschließlich körperlich.
453. Hierbei handelt es sich um eine auch längst vom BGH anerkannte Mindestvoraussetzung der Programmnutzung, vgl. NJW-RR 1986, 219
454. Daher unrichtig Köhler/Fritzsche, Rn. 5 ff., wenn sie Computer-Software mit dem Inhalt eines Buches vergleichen wollen; richtig Marly, Rn. 94 f.
455. Redeker, NJW 1992, 1739 f.
456. Exemplarisch: BGH NJW 1993, 1871; BGH NJW 1993, 2436, 2438

(aa) Interessen der beteiligten Personen

Wenn gleichwohl aus oben genannten Gründen eine Qualifikation vorgenommen werden soll, eignen sich als Ansatzpunkt hierfür – allgemein wie auch im Bereich des IT-Outsourcings – vor allem die Interessen der beteiligten Parteien.[457]

Generell wird dabei ein – für Software geradezu typischer – Gegensatz erkennbar, dessen Ursprung und Schärfe vor allem daraus resultieren, dass die Entwicklung und Herstellung von Computer-Software in der Regel mit einem beachtlichen personellen und finanziellen Aufwand verbunden ist, wogegen es für die Anfertigung von Vervielfältigungsstücken lediglich eines geringen Zeit- und Kostenaufwands bedarf.[458] Dementsprechend wird dann allgemein das Hauptinteresse des Software-Herstellers dahingehend beschrieben, in einer vertraglichen Klausel Regelungen zu treffen, um der Software-Piraterie umfassend entgegentreten. Dem (redlichen) Anwender hingegen wird es regelmäßig nur darauf ankommen, ein auf seinem Computer einsatzfähiges und für die Lösung konkreter Aufgabenstellungen geeignetes Programm zu erhalten.[459]

Für den Sektor des IT-Outsourcings ergibt sich daraus zunächst, dass die Beziehung Hersteller – Outsourcing-Kunde in das Verhältnis zwischen diesem und dem Outsourcing-Anbieter hineinwirkt. Weitere Besonderheit ist, dass letzterer für die Erbringung der IT-Leistung bezahlt wird. Entwickelt er hierfür Anwendungssoftware, stellt sich daher die Frage, ob das Eigentum daran schon aus diesem Grunde dem Outsourcing-Kunden zuzuweisen ist.

Dafür könnte sprechen, dass Anbieter von IT-Outsourcing-Leistungen gerade wegen ihres Know-how-Vorsprunges beauftragt werden, diesen aber zum wesentlichen Teil erst durch die Arbeit bei ihren Kunden generieren. Hiergegen ließe sich jedoch einwenden, dass der Auftraggeber oftmals ein – nicht zu leugnendes – Interesse haben kann, kundenspezifische Anwendungsentwicklungen oder zumindest in diesem Zusammenhang gewonnenes Know-how bei weiteren Kunden, insbesondere aus derselben Branche einzusetzen.

Feststellen lässt sich vorläufig somit nur, dass sich eine prinzipielle Aussage über die jeweils gegebenen Interessen nicht treffen lässt. Stattdessen wird regelmäßig eine fallbezogene Einzelbetrachtung vorzunehmen sein, als deren Ergebnis mal das eine, mal das andere Interesse im Vordergrund stehen wird. Damit wird aber bereits an dieser Stelle deutlich, dass eine absolute Zuordnung von Software-Überlassungen nur schwer möglich ist.

---

457. Neben Outsourcing-Anbieter und Outsourcing-Kunde kann dies auch ein Software-Hersteller sein, der einer der Parteien seinerseits Software zur Nutzung überlassen hat.
458. Man spricht in diesem Zusammenhang auch von der besonderen Verletzlichkeit von Computer-Software gegenüber Piraterieakten, vgl. etwa die Beschlussempfehlung des Rechtsausschusses BT-Drucks. 10/2260 vom 17.5.1985 S. 19.
459. Vgl. zu den Interessen allgemein Marly, Rn. 36

(bb) Zweck der Software-Überlassung

Ein anderer Ansatzpunkt für die rechtliche Qualifikation könnte im Zweck von Software-Überlassungen zu sehen sein, wenn dieser einem darauf gerichteten Vertrag eine bestimmte rechtliche Prägung geben würde.

Der Zweck eines Software-Überlassungsvertrages wird gemeinhin darin erblickt, dass dem Anwender die Nutzung eines Computerprogramms ermöglicht werden soll und diese Nutzung ein ganzes oder teilweises Kopieren von maschinenlesbarem Programmcode in den Computer des Anwenders bedeutet, damit die im Programmcode enthaltenen Befehle abgearbeitet oder die enthaltenen Daten verarbeitet werden können.[460] Für das IT-Outsourcing bedeutet dies: Dem Outsourcing-Anbieter soll die vom Kunden überlassene Software die Erbringung seiner vertraglich zugesagten Leistung ermöglichen.

Indes ist damit nur der Kernbestandteil einer *jeden* Software-Überlassung im Sinne eines notwendigen Minimalelementes benannt. Zu diesem treten im Einzelfall weitere Bestandteile hinzu, die dem jeweiligen Vertrag eine besondere – rechtliche – Ausprägung verleihen.

Daher ist zu konstatieren, dass auch der Zweck – für sich betrachtet – keinen Rückschluss auf eine generelle Einordnung von Software-Überlassungen zulässt.

Im Gegenteil muss festgestellt werden, dass eine solche grundsätzliche Qualifikation wegen der Vielfältigkeit der möglichen Ausgestaltungen eines Überlassungsvertrages gar nicht möglich ist, das anwendbare Recht vielmehr – je nach den weiteren Bestandteilen – von Fall zu Fall differiert.

(cc) Einteilung in selbstständige Kategorien

Damit ist jedoch noch nicht gesagt, dass eine rechtliche Erfassung von Software-Überlassungen immer nur eine Frage des Einzelfalles wäre. Denn trotz ihrer denkbaren Vielgestaltigkeit ist es möglich, eine gewisse Systematik aufzustellen: Die zum oben genannten Zweck hinzutretenden weiteren Bestandteile gestatten es nämlich, eine Einteilung in verschiedene vertragstypologische Kategorien vorzunehmen.[461]

Einen ersten Ansatzpunkt für eine solche Einteilung bietet der jeweilige *Anwender- oder Adressatenkreis*, für den die betreffende Computer-Software entwickelt wurde. So hat schon 1987 der BGH[462] unter anderem danach differenziert, ob es sich bei der gelieferten Software um Software handelt, die für einen speziellen Verwendungs- und Aufgabenzweck eines konkreten Anwenders erstellt wurde oder um Software, bei der Anwender wegen ihrer Massenkompatibilität in der Regel keine

460. Haberstumpf, GRUR Int. 1992, 715, 719; Marly, Rn. 40
461. Marly, Rn. 41
462. BGH NJW 1988, 406, 407

Anpassungen des Programms an die jeweilige Hardware und sonstige Einzelbedürfnisse vornehmen müssen.

Im ersteren Falle soll es sich um Individual-Software handeln, im zweiten Falle wird von Standard-Software gesprochen.

Weiterhin ist als Differenzierungskriterium die *zeitliche Dauer* der Software-Überlassung[463] anerkannt. Für eine Vertragstypologie muss insoweit unterschieden werden zwischen einer auf Zeit angelegten und einer auf Dauer angestrebten Überlassung.

Sind somit grundsätzliche Unterscheidungsmerkmale benannt, ist es möglich, je nach ihrer Kombination Software-Überlassungen einem bestimmten Vertragstyp zuzuordnen. Auf eine allgemeine Darstellung dieser Möglichkeiten muss hier jedoch verzichtet werden, da sonst zu befürchten ist, dass man sich zu weit von der eigentlichen Thematik entfernt.[464]

(3) Insbesondere Outsourcing

Stattdessen erscheint es sinnvoller, die genannten Regeln sogleich auf IT-Outsourcing-Verträge anzuwenden und deren Rechtsnatur, soweit es Software-Überlassungen betrifft, zu bestimmen.

Hierbei soll zunächst die Standard-Software in den Blick genommen werden, die der Outsourcing-Kunde regelmäßig von einem Software-Hersteller bezogen haben wird. Da hier die Sachqualität jedenfalls von Computer*programmen* bejaht worden ist, scheiden vertragliche Konstruktionen über Lizenz-[465], Know-how-Lizenz-[466] oder gar Vertrag sui generis[467] aus. Je nach Dauer der Überlassung kann vielmehr auf die gesetzlich geregelten Vertragstypen zurückgegriffen werden.

Beim IT-Outsourcing handelt es sich – wie schon erwähnt – um eine Dauergeschäftsbeziehung, die zwar auf längere Zeit, jedoch regelmäßig nicht »für die Ewigkeit« eingegangen wird. Es kann unter Umständen zwar nicht das genaue Ende benannt werden, es handelt sich gleichwohl im Regelfall nur um eine Überlassung auf Zeit.[468] Maßgeblicher Vertragstyp wird daher grundsätzlich der der Miete sein, so dass für mögliche Leistungsstörungen – nunmehr in etwas veränderter Form[469] – die §§ 535 ff. BGB bereitstehen. Natürlich lässt sich auch argumentieren, dass Software nach Ablauf dieser Zeit zumeist veraltet sein wird, was eher für die Annahme eines Kaufes spräche[470]. Zudem wird es auch Standard-

463. Vgl. Köhler/Fritzsche, Rn. 63 ff.
464. Ausführlich dazu Marly, Rn. 46 ff.
465. Lehmann, CR 1987, 422 f.
466. Moritz, CR 1994, 257, 262, wonach es sich »bei der Gebrauchsüberlassung von Know-how um einen Lizenzvertrag, also einen Vertrag sui generis handele«.
467. Lauer, BB 1982, 1758, 1759
468. Marly, Rn. 44
469. Nach der Mietrechtsreform vom 19. Juni 2001, BGBl. I, 2001, S. 1149 ff.

Software geben, an deren Weiternutzung der Outsourcing-Kunde überhaupt kein Interesse mehr haben wird: Auch dann wird der Kauf der richtige Vertragstyp sein. Indes zeigen diese praktischen Zuordnungsschwierigkeiten nur, dass die Parteien gut beraten sind, in den Outsourcing-Vertrag eine Bestimmung aufzunehmen, die eigenständig die Gewährleistung für alle denkbaren Konstellationen regelt und nur für unvorhergesehene Fälle einen Rückgriff auf die gesetzlichen Vorschriften statuiert.

An selbst entwickelter Individual-Software hat der Kunde in der Regel ein Verwertungsinteresse, mit dem kaum eine auf endgültige Entäußerung gerichtete Überlassung zu vereinbaren ist, die urheberrechtlich mit der Einräumung eines ausschließlichen Nutzungsrechts einhergehen würde, so dass hier der Mietvertrag als Typ einschlägig sein wird. Indes gilt auch hier: Zur Vermeidung von unliebsamen Ergebnissen ist eine Vereinbarung vorzuziehen.

Schließlich ist noch auf die vom Outsourcing-Anbieter entwickelte Software einzugehen. Hier zeigt sich indes am ehesten, dass Fragen, die das Verpflichtungsgeschäft – den Software-Überlassungsvertrag – betreffen, nicht immer völlig isoliert von der urheberrechtlichen Rechtslage erörtert werden können: Aufgrund dieser nämlich (§§ 7, 69b UrhG) ist die Rechtsinhaberschaft prinzipiell dem Outsourcing-Anbieter zugewiesen. Aufgrund der bloßen Bezahlung des Outsourcing-Anbieters wird der Kunde daher nicht ihr Eigentümer. Eine Überlassung zur Nutzung müsste hier nochmals gesondert vereinbart werden, wobei dem Outsourcing-Anbieter hier die Stellung eines »normalen« Software-Herstellers zukommt.

Anders stellt sich die Situation jedoch dann dar, wenn der Outsourcing-Anbieter die Software gerade für den Outsourcing-Kunden anfertigen würde und diese anschließend dauerhaft bei ihm verbleiben sollte. In diesem Falle handelte es sich nach einhelliger Rechtsprechung[471] um einen Werkvertrag, so dass – bei fehlender abweichender Vereinbarung – dessen Gewährleistungsbestimmungen greifen würden.

(4) *Zwischenergebnis*

Letztlich zeigt diese doch ein wenig unübersichtlich anmutende Darstellung möglicher Konstellationen, dass die Parteien gut daran tun, die einzelnen Überlassungsvorgänge zu analysieren und einer Bestimmung zu unterwerfen, die die Interessen berücksichtigt und die gesetzlichen Regeln so weit wie möglich abbedingt. Denn es kann festgestellt werden: So nachvollziehbar es auch ist, dass vor allem die Rechtsprechung bemüht ist, aus Gründen der Rechtssicherheit Software-Überlassungsverträge dem BGB und seinen Vertragstypen zu unterstellen, diese werden

470. Das auch dies nicht zwingend gegen eine mietrechtliche Qualifikation spricht, geht daraus hervor, dass aus § 535 I 2 BGB nF. die Pflicht zum regelmäßigen Updating herausgearbeitet werden könnte.
471. Vgl. Nachweise bei Marly, Rn. 46 in Fn. 88

den praktischen Anforderungen nur schwer und unter Aufbringung großer Kreativität[472] gerecht.

Dies muss in einer Vertragsklausel eines Outsourcing-Vertrages zur Software-Übernahme berücksichtigt werden.[473]

cc) IT-Outsourcing im Spannungsfeld der §§ 31 ff., 69a ff. UrhG

Ein weiterer Problemkreis, der bei Software-Übernahmeverträgen berührt wird, betrifft urheberrechtliche Fragen. Beim IT-Outsourcing lassen sich diese am anschaulichsten an den denkbaren Fallgestaltungen erörtern, in denen sich überhaupt die Frage einer Software-Überlassung stellt.

(1) Fragestellung

Zunächst wird es, wie bereits angedeutet, notwendig sein, dass der Dienstleister Software, die der Outsourcing-Kunde zuvor selbst nutzte, zur Dienstleistungserbringung übernimmt.

Im Einzelnen kann es sich hierbei um vom Kunden selbst entwickelte Software (so genannte *Eigensoftware*) handeln; möglich – und sogar wahrscheinlicher – ist aber auch, dass der Kunde die Software von einem Dritten bezogen hat (so genannte *Fremdsoftware*). Dementsprechend beziehen urheberrechtliche Fragen in diesem Zusammenhang ihre Brisanz vor allem aus dem regelmäßig vorhandenen Interessendreieck Hersteller – Outsourcing-Kunde – Outsourcing-Anbieter.

Weiterhin wird zu untersuchen sein, welche urheberrechtlichen Probleme bzgl. der vom Outsourcing-Anbieter im Rahmen seiner Leistungserbringung entwickelten Anwendungssoftware auftauchen. An dieser Stelle sei nur daran erinnert, dass hier ein Interessengegensatz aufzulösen ist, der in der besonderen Konstellation beim IT-Outsourcing wurzelt. Wie dieser zu überwinden ist, wird unter *(d)* dargelegt.

(2) Schutzfähigkeit von Software

Ausgangspunkt aller urheberrechtlichen Fragestellungen ist jedoch, dass Computer-Software überhaupt urheberrechtlichen Schutz genießt. Ob und inwieweit dies der Fall ist, soll anhand eines knappen Abrisses der Rechtsentwicklung in der Bundesrepublik Deutschland dargestellt werden.

Erstmals gerichtlich entschieden wurde der Urheberrechtsschutz bzgl. Computer-Software im Jahre 1981. Die Landgerichte Kassel[474] und Mannheim[475] beurteilten damals die Schutzfähigkeit gegensätzlich. Indes wurde dadurch ein Stein ins Rol-

---

472. Polemisierend könnte man auch von »Vergewaltigung« der Vorschriften des Kauf-, Miet- oder Werkvertragsrechts sprechen.
473. Siehe Kapitel D., Das Outsourcing-Vertragswerk
474. LG Kassel, BB 1983, 992
475. LG Mannheim, BB 1981, 1543

len gebracht, der letztlich zur Gesetzesnovelle von 1985[476] führte, in der der gesetzliche Katalog der geschützten Werke des § 2 I UrhG in Nr. 1 um *Programme für die Datenverarbeitung* (jetzt *Computerprogramme*) erweitert worden ist. Damit befand sich der Gesetzgeber auch auf einer Linie mit dem weit überwiegenden Schrifttum, in dem die grundsätzliche Schutzfähigkeit von Computerprogrammen anerkannt wurde.[477]

Gleichwohl hatte der BGH die Anforderungen an die Schutzfähigkeit sehr hoch angesetzt. Im Einzelnen verlangte er zunächst, dass neu geschaffene Computerprogramme »im Gesamtvergleich mit dem Vorbekannten schöpferische Eigenheiten« aufwiesen. In einem zweiten Schritt sollten dann diese schöpferischen Eigenheiten dem Schaffen eines Durchschnittsprogrammierers gegenübergestellt werden. Nur wenn dessen Können deutlich überragt werde, sollte eine urheberrechtsschutzfähige Leistung vorliegen.[478]

Folge dieser Rechtsprechung war, dass in der Praxis die Masse der Computerprogramme – als von Durchschnittsprogrammierern hergestellt – nicht dem Schutz des UrhG unterfiel. Zudem war es ausgesprochen schwierig, vorauszusagen, wann ein Programm den oben genannten Anforderungen genügte und wann nicht. Die BGH-Rechtsprechung forderte also auch eine erhebliche Rechtsunsicherheit heraus, worauf heftige Kritik im Schrifttum laut wurde.[479]

Wie so oft erhielt die Rechtsentwicklung aber auch in diesem Bereich einen entscheidenden Anstoß aus Brüssel. Die Richtlinie über den Rechtsschutz von Computerprogrammen[480], die Computerprogramme hauptsächlich durch das Urheberrecht geschützt sehen wollte, veranlasste den deutschen Gesetzgeber dazu, das UrhG um einen gesonderten Abschnitt für Computerprogramme (§§ 69a ff.) zu ergänzen. In diesem Zusammenhang interessiert hier vor allem § 69a III UrhG, wonach maßgeblich für die Schutzfähigkeit allein die Individualität im Sinne einer »eigenen geistigen Schöpfung« (S. 1) ist, qualitative oder ästhetische Kriterien sind hingegen irrelevant (S. 2). Damit ist aber oben genannte BGH-Rechtsprechung gegenstandslos geworden[481], so dass an dieser Stelle konstatiert werden kann, dass in der Praxis eine Umkehrung des Regel/Ausnahme-Verhältnisses zugunsten des Urheberrechtsschutzes von Computerprogrammen stattgefunden hat.[482] Da es sich im Zusammenhang mit IT-Prozessen regelmäßig nicht nur um völlig banale

---

476. Diese ging ausdrücklich auf das Grundsatz-Urteil des BGH, GRUR 1985, 1041 – Inkassoprogramm zurück, das seinerseits Folge des Mannheimer LG-Urteils war (Revision zu OLG Karlsruhe, GRUR 1983, 300).
477. Vgl. Schricker-Loewenheim, Vor §§ 69 ff. Rn. 1 f.
478. BGH GRUR 1985, 1041, 1047 – Inkasso-Programm; bestätigt durch BGH GRUR 1991, 449, 451 – Betriebssystem.
479. Vgl. dazu Junker, NJW 1991, 2117 ff.
480. RL 91/250/EWG des Rates vom 17.5.1991, abgedruckt in GRUR Int. 1991, 545
481. So dann auch ausdrückliche Aufgabe der Anforderungen an die Gestaltungshöhe in BGH GRUR 1994, 39 – Buchhaltungsprogramm

Programme handelt, also das von § 69a III 1 UrhG geforderte Minimum an Individualität vorliegt, kann somit im Folgenden von deren Schutzfähigkeit ausgegangen werden.

Dies vorausgesetzt, können nunmehr die bereits aufgeworfenen Fragen behandelt werden.

(3) Übernahme von Software

Soweit es die Übernahme von Software des Outsourcing-Kunden durch den Dienstleister betrifft, werden diese entsprechend oben genannter Differenzierung getrennt danach behandelt, ob es sich um Eigensoftware des Outsourcing-Kunden oder Fremdsoftware eines Dritten handelt.

(aa) Eigensoftware des Outsourcing-Kunden

Für vom Outsourcing-Kunden hergestellte Software, z.B. ein selbst entwickeltes Tool, stellt sich die Situation nicht sehr kompliziert dar. Der Outsourcing-Kunde als deren Urheber (§§ 7, 69b I UrhG) kann hier allein darüber entscheiden, ob und in welchen Umfang er dem Outsourcing-Anbieter Nutzungsrechte daran einräumt (§ 31 I UrhG)[483], wofür es entscheidend auf die Interessenlage ankommen wird. Nach § 31 I 2, II, III UrhG kann es sich hierbei um ein einfaches oder ein ausschließliches Nutzungsrecht handeln.

(aaa) Einfaches Nutzungsrecht (§ 31 II UrhG)

Die Rechtsnatur des einfachen Nutzungsrechts ist zwar umstritten. Zum Teil wird noch immer der früher herrschende Standpunkt vertreten, es handele sich dabei lediglich um eine schuldrechtliche Benutzungsbefugnis.[484] Gegen eine dingliche Rechtsposition spreche insbesondere, dass der einfache Rechtsinhaber Einwirkungen von außen nicht abwehren könne. Die heute überwiegende Auffassung fasst das einfache Nutzungsrecht indes als gegenständliches Recht auf.[485] Maßgebliches Argument hierfür sei der gemäß § 33 UrhG bestehende Sukzessionsschutz.[486] Da Einigkeit darüber besteht, dass einfache Nutzungsrechte keine Abwehrrechte gegenüber Dritten gewähren, handelt es sich im Wesentlichen nur um einen dogmatischen Streit ohne große praktische Bedeutung.

---

482. Vgl. Schricker/Loewenheim, § 69a Rn. 21, der sogar von einer »tatsächlichen Vermutung« für die urheberrechtliche Schutzfähigkeit von Computerprogrammen spricht; m.w.N.
483. Hier soll nochmals darauf hingewiesen werden, dass jeder Nutzungsrechtseinräumung als Verfügung ein Verpflichtungsgeschäft zugrunde liegt – der Software-Überlassungsvertrag; regelmäßig werden aber beide Rechtsgeschäfte in einem Akt zusammenfallen, vgl. Lehmann/Haberstumpf, II Rn. 152
484. Fromm/Nordemann-Hertin, §§ 31/32 Rn. 2
485. Schricker/Schricker, Vor §§ 28 ff. Rn. 49 mit weiteren Nachweisen
486. Hiergegen ließe sich argumentieren, dass es des § 33 UrhG gerade deshalb bedurfte, weil das einfache Nutzungsrecht nur schuldrechtlicher Natur sei; in diesem Sinne Möhring/Nicolini-Spautz, § 31 Rn. 39

Wichtiger für das IT-Outsourcing ist vielmehr, dass das einfache Nutzungsrecht dem Outsourcing-Anbieter nur die Benutzung *neben* dem Outsourcing-Kunden im gestatteten Umfange erlauben würde. Negativ hätte er keinerlei Verbotsbefugnis und könnte auch nicht gegen Dritte aus eigenem Recht im Klagewege vorgehen.

(bbb) Ausschließliches Nutzungsrecht (§ 31 III UrhG)

Für das ausschließliche Nutzungsrecht ist unstreitig, dass es sich um ein gegenständliches (quasidingliches) Recht handelt, das dem Inhaber sowohl positive als auch negative Befugnisse gewährt. Hier vor allem interessant, würde der Outsourcing-Anbieter in der Regel dazu berechtigt, das Computerprogramm unter Ausschluss aller anderen Personen incl. des Urheberrechtsinhabers zu nutzen, insbesondere auch dazu, weitere Nutzungsrechte daran einzuräumen (volle Ausschließlichkeit). Möglich ist aber auch eine Vereinbarung, wonach der Outsourcing-Anbieter trotz ausschließlichen Nutzungsrechts eine konkurrierende Anwendung der Software durch den Outsourcing-Kunden oder einen Dritten dulden muss (Ausschließlichkeit schwächerer Wirkung).[487]

Komplettiert wird die Vielgestaltigkeit möglicher Nutzungsrechtseinräumungen durch § 32 UrhG, wonach zusätzliche Beschränkungen in räumlicher, zeitlicher oder inhaltlicher Hinsicht gestattet sind.

(ccc) Interessenlage

Für das IT-Outsourcing fragt sich somit, welche der möglichen Gestaltungen den Interessen der Parteien am besten gerecht wird. Ausgangspunkt hierfür bildet das Faktum, dass der Outsourcing-Anbieter die Software des Outsourcing-Kunden zur Erbringung der geschuldeten Dienstleistung benötigt. Hierfür würde es zunächst völlig ausreichen, wenn er ein einfaches Nutzungsrecht daran erhalten würde, insbesondere auch angesichts der Regelungen der §§ 69d f. UrhG.

Denkbar ist aber auch, dass er die Software für andere Outsourcing-Aufträge verwenden könnte und wollte, was für ein zumindest eingeschränkt ausschließliches Nutzungsrecht sprechen könnte. Ein solches würde es dem Outsourcing-Kunden zudem ermöglichen, durch entsprechende Vereinbarung *vor* Überlassung der Software an den Outsourcing-Anbieter, die eigene Nutzung bzw. die durch Dritte sicherzustellen.

Indes erscheint eine solche Lösung angesichts dessen, dass es sich um ein selbst entwickeltes und damit auf das Unternehmen des Outsourcing-Kunden zugeschnittenes Tool handelt, letztlich doch nicht vorzugswürdig. Der Outsourcing-Kunde würde hierdurch zu sehr in der beruflichen oder gewerblichen Nutzung seiner Software behindert. Dem Outsourcing-Anbieter aber ist ausreichend mit einem – im Umfang entsprechend festgelegten – einfachen Nutzungsrecht gedient, da

487. Schricker/Schricker, §§ 31/32 Rn. 4

eine anderweitige Verwertung als für den Outsourcing-Kunden doch eher unwahrscheinlich ist: Besteht gleichwohl Bedarf, kann dieser zum Anlass einer gesonderten Vereinbarung genommen werden.

Für Eigensoftware des Outsourcing-Kunden ist somit als Ergebnis festzuhalten (und in einer Vertragsklausel zu berücksichtigen), dass den Parteiinteressen ein einfaches Nutzungsrecht nach § 31 II UrhG voll entspricht.

(bb) Fremdsoftware des Kunden

Schwieriger gestaltet sich die Lage im Falle, dass dem Outsourcing-Kunden die bisher durch ihn genutzte Software von einem Dritten, in der Regel dem Hersteller überlassen worden ist. In der Praxis betroffen werden hiervon z.B. Microsoft Applications sein.

Urheberrechtlich hat der Outsourcing-Kunde daran nur ein Nutzungsrecht, wobei in der Regel ein einfaches Nutzungsrecht vorliegen wird, da die Software nicht eigens für den Outsourcing-Kunden angefertigt und daher auf eine weite Verbreitung hin konzipiert sein wird. Handelt es sich (ausnahmsweise) doch um für ihn gegen Entgelt entwickelte Individual-Software, wird zwischen ihm und dem Software-Haus regelmäßig ausbedungen sein, dass er ausschließliche Nutzungsrechte zur Vervielfältigung und ggf. auch zur Verbreitung des Programms einschließlich aller Vorstufen erhält.[488] In diesen Fällen kann er dann dem Outsourcing-Anbieter ein einfaches Nutzungsrecht daran nach § 31 III UrhG einräumen, dem der Software-Hersteller lediglich zustimmen müsste (§ 35 I 1 UrhG).

Indes wird dies der Ausnahmefall bleiben. Um dem Outsourcing-Anbieter aber die Nutzung von Programmen zu ermöglichen, an denen der Outsourcing-Kunde nur einfache Nutzungsrechte besitzt, gibt es – je nach der Interessenlage – zwei Möglichkeiten, die im Folgenden auf urheberrechtliche Probleme hin untersucht werden sollen.

(aaa) Fremdsoftware als Beistellung

Zum einen kann der Outsourcing-Kunde dem Outsourcing-Anbieter die Software als Beistellung überlassen. Ein Interesse hieran wird er vor allem dann haben, wenn es sich um Standard-Software handelt, die er auch in der Folgezeit neben dem Dienstleister verwenden möchte.

Urheberrechtlich stellt sich der Fall wie folgt dar: Da der Outsourcing-Kunde nur ein einfaches Nutzungsrecht an der Software im Sinne des § 31 II UrhG innehat, vermag er es nicht, auch dem Outsourcing-Anbieter ein Nutzungsrecht einzuräumen. Denn dazu würde es eines ausschließlichen Nutzungsrechts bedürfen (vgl. §§ 31 III, 35 UrhG). Andererseits möchte er sein Nutzungsrecht auch nicht verlieren, so dass auch der Weg über § 34 UrhG verschlossen ist.

---

488. Schneider, H Rn. 271, G Rn. 224

Der Outsourcing-Anbieter müsste ein (einfaches) Nutzungsrecht also unmittelbar durch den Urheber, hier den Hersteller, eingeräumt erhalten. Dies wird rechtlich zwar prinzipiell unproblematisch möglich sein: Der Hersteller hat ein Interesse daran, seine Herstellungskosten über eine möglichst breite Streuung seines Programms zu amortisieren. Dementsprechend wird er sich die Rechtseinräumung jedoch etwas kosten lassen, so dass sich fragt, wer – schuldrechtlich – diese Last tragen soll. Die Lösung bietet auch hier wieder ein Rückgriff auf die Parteiinteressen: Da es der Outsourcing-Kunde ist, der zum einen seine IT an den Outsourcing-Anbieter vergeben, zum anderen aber die Software weiter nutzen möchte, ist der Umstand, dass der Outsourcing-Anbieter zur Vertragserfüllung ein Nutzungsrecht vom Hersteller erhalten muss, einzig seiner Risikosphäre zuzuordnen. Letztlich trägt er somit die Verantwortung dafür, dass der Lizenzgeber seine Einwilligung zur (Mit-)Nutzung durch den Outsourcing-Anbieter erteilt.

Dies muss in die vertragliche Vereinbarung zwischen den Parteien aufgenommen werden.

(bbb) Fremdsoftware als Übernahme

Eine weitere Möglichkeit, die von den Parteien dann gewählt werden wird, wenn der Outsourcing-Kunde kein Interesse mehr an der Weiternutzung der Fremdsoftware neben dem Outsourcing-Anbieter hat, ist die der vollständigen Übernahme.

Urheberrechtlich würde es sich hier um die Übertragung eines Nutzungsrechts nach § 34 UrhG handeln. In diesem Zusammenhang wird zwar vereinzelt vertreten, dass die Vorschrift auf einfache Nutzungsrechte keine Anwendung finde.[489] Indes geht diese Ansicht auf ein falsches Verständnis der Gesetzesbegründung zu § 34 UrhG zurück.[490] Richtigerweise ergibt sich schon aus dem Wortlaut des § 34 UrhG, der nicht zwischen ausschließlichem und einfachem Nutzungsrecht differenziert, die Anwendbarkeit der Norm auch auf einfache Nutzungsrechte, unabhängig von deren dogmatischem Verständnis.[491]

Als Verbreitungshandlung würde für eine Übertragung auf den Outsourcing-Anbieter aber – ungeachtet des § 34 III UrhG – grundsätzlich die Zustimmung des Software-Herstellers erforderlich sein (§§ 34 I 1, 69c S.1 Nr. 3 UrhG). Indes stellt § 34 IV UrhG klar, dass es sich bei den Abs. I–III um dispositive Regelungen handelt. Maßgeblich ist also in erster Linie die vertragliche Abrede zwischen Software-Hersteller und Outsourcing-Kunde. Aus dieser kann schon – ausdrücklich oder konkludent[492] – eine Erlaubnis zur Übertragung des Nutzungsrechts hervorgehen, so dass es auf die gesetzlichen Regeln nicht mehr ankommt. Für eine solche vertragli-

489. So Fromm/Nordemann/Hertin, § 34 Rn. 1, der dies auf die seiner Meinung nach nur schuldrechtliche Natur des Nutzungsrechts zurückführt
490. Vgl. dazu Möhring/Nicolini/Spautz, § 34 Rn. 3
491. Siehe oben III Nr, 3c) aa) (1)
492. Mittels am Vertragsweck orientierter Auslegung, vgl. Schricker/Schricker, § 34 Rn. 11

che Erlaubnis könnte grundsätzlich sprechen, dass wegen der Art der Software regelmäßig kein besonderes Vertrauensverhältnis zwischen Hersteller und Kunde vorliegen wird, das vor jeder Rechtsübertragung nach einer Zustimmung »schreit«.

Lässt sich dennoch mittels Auslegung keine entsprechende Vereinbarung feststellen, werden die Abs. I–III des § 34 UrhG relevant. Der Outsourcing-Kunde müsste sich also darum bemühen, dass der Software-Hersteller sein Einverständnis[493] mit der Übertragung erklärt. Um auch für derartige Fälle rechtlich abgesichert zu sein, müsste eine Outsourcing-Vertragsklausel eine entsprechende Verpflichtung vorsehen.

(ccc) Generelle Regelung des § 34 III UrhG

Ausnahmsweise könnte eine Zustimmung auch gesetzlich entbehrlich sein, wenn es sich bei der IT-Outsourcing-Maßnahme um die Veräußerung (zumindest) eines Unternehmensteils handelte (§ 34 III UrhG). Grund für diese Ausnahme ist, dass es für die Beteiligten unzumutbar wäre, wenn die Zustimmung aller Urheberrechtsinhaber eingeholt werden müsste.[494]

Maßgebliche Kernfrage ist somit die, ob (zumindest teilweise) die Veräußerung eines Unternehmens vorliegt.

Unternehmen im Sinne der Bestimmung ist jede auf Dauer angelegte Zusammenfassung wirtschaftlicher und finanzieller Mittel, die als wirtschaftliche Einheit am Wirtschaftsleben teilnimmt.[495] Dies trifft indes auf die bloße IT-Abteilung nicht zu: Am Wirtschaftsleben teilnehmende Einheit ist das outsourcende Unternehmen als Ganzes. Daher könnte bezüglich der IT-Abteilung allenfalls die Veräußerung eines Unternehmensteils in Frage kommen. Dies würde voraussetzen, dass es sich zunächst um einen fachlich abgegrenzten Teil handelt, wobei die Abgrenzung nach sachlichen, nicht persönlichen Gesichtspunkten vorgenommen werden muss.[496] Gegenstand der Outsourcing- Maßnahme kann unter Umständen die komplette Informationsverarbeitung sein: Gegenüber anderen Unternehmensteilen handelt es sich hierbei um einen fachlich (und sachlich) abgegrenzten Bereich, so dass ein Unternehmensteil gegeben ist.

Fraglich ist dann jedoch, ob bzw. unter welchen Umständen sich das Outsourcing als *Veräußerung* dieses Teiles begreifen lässt. Verlangt wird dafür, dass der Erwerber nach wirtschaftlicher Betrachtung Inhaber des Unternehmensteils wird, wozu er die organisatorische Einheit mit allen wesentlichen Bestandteilen übernehmen muss.[497] Mit anderen Worten: Entsprechend der neuen Rechtsprechung zu § 613a

493. Zustimmung meint rechtstechnisch diejenige nach § 182 BGB, so dass sie sowohl vorher als Einwilligung (§ 183 BGB) als auch nachher als Genehmigung (§ 184 BGB) erteilt werden kann.
494. Fromm/Nordemann/Hertin, § 34 Rn. 12; Schricker/Schricker, § 34 Rn. 20, jeweils mit Hinweis auf die amtliche Gesetzesbegründung.
495. V. Gamm, § 34 Rn. 14
496. vgl. auch Schricker, § 28 Rn. 6

BGB[498], die hier wegen der wesensmäßig gleichen Tatbestandsvoraussetzungen beider Normen angeführt werden kann und zur Vermeidung von Wertungswidersprüchen auch soll, muss die *Identität der Einheit* gewahrt bleiben, wozu die bloße Fremdvergabe des Auftrages noch nicht genügt.

Festzustellen ist damit vor allem, dass es je nach Intensität der jeweiligen Outsourcing-Maßnahme eine Frage des Einzelfalles sein wird, ob ein Unternehmensteilübergang vorliegt oder nicht.[499] Im Zusammenhang mit § 34 UrhG reicht es aus, konstatieren zu können, dass die Ausnahme des Abs. III nicht grundsätzlich eingreift, eine in die Vertragsklausel aufzunehmende Verpflichtung im oben genannten Sinne also nicht generell überflüssig wird.

Hinzuweisen ist zudem noch auf den Spannungsfall, dass, betrachtet man die Rechtsfolgen, sich ein Unternehmens-/Betriebsübergang für den Outsourcing-Anbieter urheberrechtlich als günstig, arbeitsrechtlich hingegen als ungünstig darstellt. Wegen der im Vergleich zu den rechtlichen Verpflichtungen bei tatbestandlichem Vorliegen des § 613a eher gering zu bewertenden Vorteile im Rahmen des § 34 UrhG wird der Dienstleister prinzipiell kein allzu großes Interesse daran haben, dass eine Unternehmensteilveräußerung vorliegt. Auch dieser Umstand spricht dafür, in jedem Fall den Outsourcing-Anbieter vertraglich zu verpflichten, für die Zustimmung des Software-Herstellers Sorge zu tragen.

(ddd) Vom Outsourcing-Anbieter im Rahmen der Leistungserbringung entwickelte Software

Abschließend soll noch der Fall beschrieben werden, dass der Outsourcing-Anbieter im Rahmen seiner Leistungserbringung Anwendungsprogramme entwickelt.

Zunächst gilt es festzustellen, dass nach § 69b I UrhG[500] die Rechtsinhaberschaft ausschließlich dem Arbeitgeber desjenigen, der die Software programmiert hat, zugewiesen ist: Hier ist dies regelmäßig das Unternehmen des Outsourcing-Anbieters[501], gleich ob er den Outsourcing-Auftrag mit originär eigenen Leuten oder mit im Rahmen eines Betriebsüberganges übernommenen (früheren) Arbeitnehmern des Outsourcing-Kunden ausführt. Er kann somit grundsätzlich über die Verwertung bzw. Verbreitung des Programms entscheiden, insbesondere dieses im Rahmen weiterer Outsourcing-Maßnahmen mit anderen Kunden einsetzen.

497. V. Gamm, § 34 Rn. 14
498. Vgl. zu Problemen, die das Outsourcing im Hinblick auf § 613a BGB aufwirft, v. Westphalen, WM 1999, 1810, unter Bezugnahme v.a. auf die einschlägige EuGH-Rspr.
499. Vgl. hierzu Schiefer, NZA 1998, 1095, 1100
500. Insoweit abweichend vom Urheberschaftsprinzip des § 7 UrhG, wonach Urheber derjenige ist, der die persönliche geistige Schöpfung erbracht hat.
501. Daher stellt Sommerlad, S. 255 die Frage falsch, wenn er erwägt, dem Auftragnehmer (Outsourcing-Anbieter) ein – nicht ausschließliches – Nutzungsrecht einzuräumen.

Indes fragt sich, ob auch dem Outsourcing-Kunden ein Nutzungsrecht an der entwickelten Software zuzugestehen ist. Dafür spricht hier, dass es erst seine Auftragsvergabe war, die es dem Outsourcing-Anbieter ermöglichte, seinen Know-how-Vorsprung in Form der Anwendungsentwicklung zu realisieren. Zudem ist ein weiteres Argument für die Nutzungsgestattung darin zu sehen, dass der Kunde für die Besorgung der Informationsverarbeitung den Outsourcing-Anbieter bezahlt.

Die Parteiinteressen sprechen somit dem Grunde nach eindeutig für eine Nutzungsrechteinräumung. Dass es sich dem Umfange nach hierbei nicht um ein ausschließliches Nutzungsrecht handeln kann, liegt auf der Hand, wenn man oben genanntes Interesse des Outsourcing-Anbieters betrachtet, sein gewonnenes Know-how bei weiteren Kunden derselben Branche einzusetzen. Zudem wird er auch Eigenaufwendungen im Zusammenhang mit der Software-Entwicklung haben, die durch die Vergütung des Outsourcing-Kunden nicht abgegolten sind und daher durch Verwertung amortisiert werden müssen. Ein einfaches Nutzungsrecht genügt aber in der Regel auch den Anforderungen des Outsourcing-Kunden, die Software verwenden zu können.[502]

Regelmäßig wird daher bezüglich der vom Outsourcing-Anbieter im Rahmen seiner Leistungserbringung entwickelten Software ein einfaches Nutzungsrecht zugunsten des Outsourcing-Kunden angemessen sein.

b) Fazit

Auch urheberrechtlich ergibt sich somit ein vielschichtiges Bild. Dies kann nur eine umfassende Interessenanalyse[503] durchdringen, an deren Ende die Parteien auch in diesem Zusammenhang eine vertragliche Vereinbarung aufnehmen sollten, die die angeführten Schwierigkeiten berücksichtigt. Verzichtete man nämlich auf eine solche, würde im Wesentlichen die Zweckübertragungsregel des § 31 V, konkretisiert durch die §§ 69c ff. UrhG, eingreifen. Diese in ihrer Bedeutung weit über eine bloße Auslegungsregel hinausgehende[504] Bestimmung bewirkt eine Spezifizierungslast des Rechtserwerbers und bedeutet daher für diesen tendenziell einen Nachteil.[505] Daher sollten beide Parteien darauf drängen, die Nutzungsrechtseinräumungen rechtlich zu fixieren – auch auf Kosten einer für Verträge eher ungewohnten Kasuistik.

---

502. Will er diese auch noch selbst durch Einräumung weiterer Nutzungsrechte verwerten, muss er eine gesonderte Vereinbarung mit dem Outsourcing-Anbieter treffen, in der er die Einräumung eines ausschließlichen Nutzungsrechts entsprechend vergütet; der Regelfall ist dies nicht.
503. Die vorangehende Darstellung kann insoweit selbstverständlich nur als grober Leitfaden verstanden werden; insbesondere ersetzt sie keineswegs eine Interessenanalyse im Einzelfall.
504. Genthe, S. 47 f.
505. Schricker/Schricker, §§ 31/32 Rn. 34

III.4 Finanzierungsmodelle

Durch besondere Finanzierungsmodelle (insbesondere Leasing) ist es im Rahmen des Outsourcings möglich, mit geringen Aufwand die relativ schnell veraltende Computertechnik auszutauschen (z.B. durch ein Roll-out)[506] und auf den neuesten Stand zu halten und gleichzeitig die gesamte Anlagenbuchhaltung mitauszugliedern, um so Kostenvorteile zu erreichen.

Grundsätzlich bestehen für ein Unternehmen verschiedene Möglichkeiten, das erforderliche Kapital für Investitionen aufzubringen.[507]

Im Rahmen dieser Finanzierungsmaßnahmen ist für das Outsourcing besonders die Finanzierung durch Vermögensumschichtung interessant.

In Betracht kommt hier vor allem die Veräußerung von betriebsnotwendige, Vermögen und gleichzeitiger Wiederanmietung im Rahmen des Sales-and-Lease-back-Verfahrens.

Ein Vorteil dieses Verfahrens ist die Liquiditätsverbesserung des Unternehmens entsprechend des Grundsatzes *pay-as-you-earn*.

Aber auch andere Finanzierungsalternativen und -möglichkeiten bieten sich mit den verschiedenen Varianten des Leasings an.[508]

a) Leasing (Historie)

In den USA erfolgte bereits im vorletzten Jahrhundert die Anmietung von Anlagegegenständen durch Finanzierungsinstitute und andere Unternehmen, die das Vermietungsgeschäft gewerbsmäßig betrieben.[509]

So vermietet bereits 1877 die Bell Telephone Company in Amerika Telefonanlagen statt sie zu verkaufen. In den USA sind spezielle Leasinggesellschaften schon seit den fünfziger Jahren tätig, in Deutschland hat sich Leasing nur zögerlich durchgesetzt. Inzwischen ist aber der Anteil des Leasinggeschäfts an den gesamtwirtschaftlichen Investitionen (Leasingquote) auch in Deutschland auf ca. 10 % angestiegen.[510]

Dabei rangiert das Computerleasing nach dem KFZ-Leasing mit 31 % aller Neuinvestitionen an zweiter Stelle der wichtigsten Leasingobjekte.[511]

Der aus dem Angelsächsischen entlehnte Begriff des Leasing bedeutet Miete oder Pacht. In der wirtschaftlichen Praxis versteht man jedoch als Leasing einen eigen-

506. In einem Roll-out werden in kürzester Zeit die gesamte Hard- und Software eines Kunden ausgetauscht.
507. Nach Wöhe, Unternehmensfinanzierung, S. 20
508. Engel, DStZ 1995, S. 616
509. Vgl. Peridon, Unternehmensfinanzierung, S. 436
510. Stand 1999, Peridon, Unternehmensfinanzierung, S. 436
511. Stand 1993, BuW 1993, S. 86

ständigen Komplex von Geschäften, der im Kern die Gebrauchsüberlassung einer Sache gegen Entgelt darstellt.[512]

In den letzten Jahrzehnten hat sich die Computertechnik derart rasant weiterentwickelt, dass ständig neue Einsatzgebiete erschlossen werden konnten. Demzufolge ist der Anwenderkreis immer größer geworden, so dass heute sowohl in der Wirtschaft als auch in der Verwaltung ohne Einsatz der Computertechnologie ein sinnvolles Arbeiten nicht mehr vorstellbar ist. Da zudem Computerwaren wegen ständiger Fortentwicklung sehr »schnelllebig« sind, d.h. ca. alle drei bis vier Jahre erneuert werden müssen, »boomt« nicht nur die Leasingbranche, sondern noch mehr die Computerbranche.

b) Unterscheidung Finanzierungsleasing und Operating-Leasing

Der Leasingvertrag ist kein im BGB ausdrücklich geregelter Vertragstypus, lediglich in Nebengesetzen wie etwa § 19 I Nr. 9 KWG ist der Begriff *Leasing* erwähnt.

Zu unterscheiden sind bei einer Einordnung dabei grundsätzlich das Finanzierungsleasing und das Operating-Leasing.

Beim Operating-Leasing handelt es sich um von beiden Vertragspartnern jederzeit bei Einhaltung gewisser *Fristen kündbare Mietverträge*. Es sind keine fest vereinbarten Grundmietzeiten vorgesehen und bei Kündigung sind auch keine Konventionalstrafen zu erbringen. Bei vorzeitiger Kündigung durch den Mieter reichen die gezahlten Raten nicht aus, um den Anschaffungspreis des Mietgegenstandes auszugleichen. Die Leasinggesellschaft übernimmt das Investitionsrisiko und muss daher das Objekt mehrfach vermieten, bis sich die Anschaffungskosten amortisiert haben (Second-Hand-Leasing). Auch die Gefahr des zufälligen Untergangs und Entwertung des Objekts durch den technischen Fortschritt, der gerade bei IT enorm ist, trägt der Leasinggeber. Unbestritten handelt es sich bei Operating-Leasingverträgen um normale Mietverträge im Sinne des BGB.[513]

aa) Finanzierungsleasing

Für den Finanzierungsleasingvertrag ist die Vereinbarung einer festen Grundmietzeit, während der Vertrag von beiden Seiten nicht gekündigt werden kann, charakteristisch. Die vereinbarte Grundmietzeit ist dabei in der Regel kürzer als die betriebsgewöhnliche Nutzungsdauer des Leasinggegenstandes. Die während der Grundmietzeit zu entrichtenden Leasingraten sind so berechnet, dass der Leasinggeber[514] die Wertkosten, bestehend aus der Anschaffungsausgabe, Zinsen und Risikokosten sowie die Betriebskosten, d.h. Vertragsanlauf- und Zukunftskosten, ersetzt bekommt und ihm ein Gewinn zufließt (Vollamortisation).

512. Beckmann, Computerleasing, S. 1
513. so auch Wöhe, Unternehmensfinanzierung, S. 193
514. Im Folgenden kann der Leasinggeber der Outsourcing-Anbieter oder eine Leasinggesellschaft sein.

Das Investitionsrisiko trägt hier der Leasing-Nehmer. Neben den Reparatur- und Instandhaltungskosten entfallen auf ihn auch die Risiken des Untergangs oder der Verschlechterung des Leasinggegenstandes. Außerdem besteht häufig eine Pflicht der Versicherung zum Neuwert.

Die Grundmietzeit bewegt sich in der Regel zwischen 50 % und 75 % der betriebsgewöhnlichen Nutzungsdauer des Objekts. Da der Mieter sowohl das Investitionsrisiko trägt als auch eine Amortisation erfolgt, ist das Finanzierungsleasing auch zur Beschaffung spezieller Anlagen für den Mieter, wie maßgeschneiderte IT-Lösungen, geeignet.

bb) Einordnung des Finanzierungsleasingvertrages

Die Einordnung des Finanzierungsleasings ist – im Gegensatz zur Einordnung des Operating-Leasingvertrages – außerordentlich umstritten.

Im Schrifttum finden sich neben kaufrechtlichen Einordnungsversuchen Stimmen, die den Finanzierungsleasingvertrag als Vertrag suis generis qualifizieren.[515] Daneben wird vertreten, dass es sich um einen gemischttypischen Vertrag handele, wobei die vertraglichen Elemente unterschiedlich gewichtet werden, aus denen sich das Finanzierungsleasing zusammensetzen soll. [516] So wird angenommen, [517] dass sich Elemente des Kaufs mit Elementen der Miete verbänden, zu denen Elemente des Darlehens und der Geschäftsbesorgung träten..[518]

Trotz der vielschichtigen Lösungsansätze erscheint es aber nach wie vor angebracht, auf das Finanzierungsleasing als eigenständigen Vertragstyp die Vorschriften der §§ 535 ff. BGB anzuwenden, soweit sich nicht aus den Vereinbarungen der Parteien oder aus der besonderen Interessenlage etwas anderes ergibt.

Zusammenfassend ist der Finanzierungsleasingvertrag ein im BGB nicht geregelter Vertragstyp. Den Leasinggeber trifft gegenüber dem Leasingnehmer die Verpflichtung zur Finanzierung einer Leasingsache durch Abschluss eines Liefervertrages mit einem meist vom Leasingnehmer ausgesuchten Lieferanten sowie die Pflicht zur Verschaffung, Gebrauchsüberlassung und -belassung der Leasing-Sache an den Leasingnehmer für die vereinbarte Leasingzeit. Daneben kann der Leasinggeber sich zu zusätzlichen Diensten verpflichten. Den Leasingnehmer trifft die Pflicht zur Zahlung der vereinbarten Leasingraten als Entgelt für die Leistungen des Leasinggebers sowie zur Absicherung der Vollamortisation.[519]

515. Martinek, Moderne Vertragstypen § IV 9; Lieb DB 1988, 946 (948)
516. Beckmann, Computerleasing, S. 10
517. Staudinger/Mayer/Maly, Einl. zu § 433 ff, Rdnr. 22
518. Canaris sieht Elemente der Geschäftsbesorgung und des Darlehensrechts im Vordergrund; Canaris, Bankvertragsrecht, Rdnr.1718; AcP 190, 419 (447)
519. Vgl. Beckmann, Computerleasing, S. 12

c) Leasingmodelle

Ausgehend vom Leitbild des Finanzierungsleasingvertrages spricht man vom typischen Leasingdreieck.[520] Es handelt sich dabei um drei Parteien:

1. Leasinggeber
2. Lieferanten
3. Leasingnehmer[521]

aa) Leasingmodell I

Bei diesem Leasingmodell (Abbildung C.8) verkauft der Outsourcing-Kunde sein IT-Asset an ein Leasingunternehmen und least dieses Asset zurück (*Sale and lease back*). Die zu erbringende, ausgegliederte Dienstleistung bezieht der Leasinggeber vom Outsourcing-Anbieter. Gleichzeitig verkauft der Outsourcing-Anbieter neue Hardware an das Leasingunternehmen, das wiederum die Hardware an den Outsourcing-Kunde verleast.

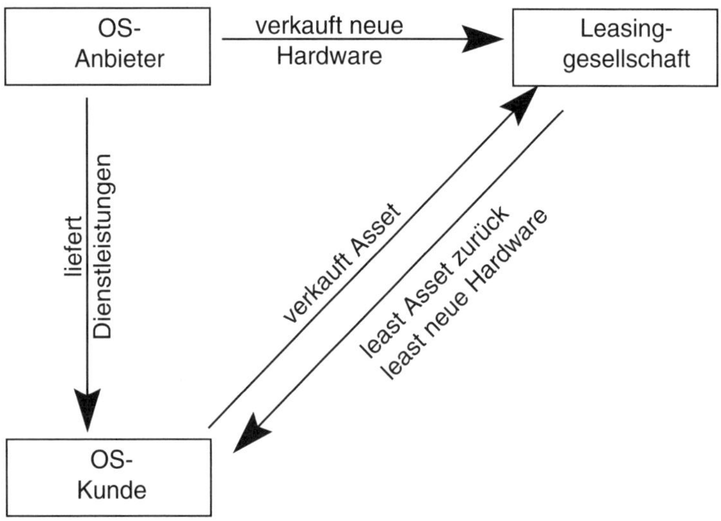

Abbildung C.8

bb) Leasingmodell II (Technologieleasing)

Bei dem zweiten Leasingmodell (Abbildung C.9) wird das bereits vorhandene IT-Asset des Outsourcingebers an den Outsourcingnehmer gemäß §§ 433, 931 veräußert. Der Outsourcingnehmer verkauft seinerseits das vorhandene IT-Asset und neue vom Outsourcinggeber benötigte Hardware an die Leasinggesellschaft.

520. Vgl. Beckmann, Computerleasing, S. 12
521. Leasingnehmer ist nachfolgend auch der Outsourcing-Kunde.

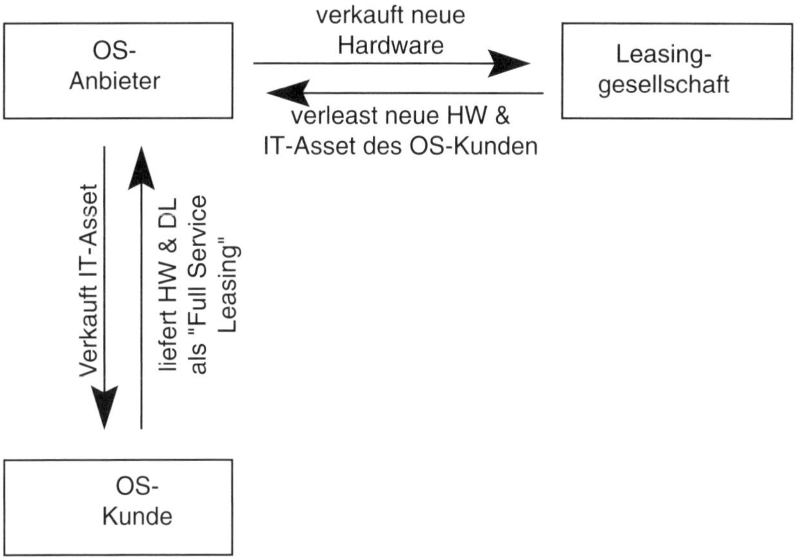

Abbildung C.9

Die Hardware, bestehend aus neuer und neu erworbener Hardware, wird von der Leasinggesellschaft an den Outsourcing-Nehmer verleast. Diese Gesamthardware und die vom Outsourcing-Geber benötigte Dienstleistung werden vom Outsourcing-Nehmer als *Full Service Leasing* erbracht. Dabei muss gewährleistet sein, dass die Funktionalität der Arbeitsplätze erhalten bleibt. Dieses Leasing wird auch als *Technologieleasing* bezeichnet.

cc) Sales-and-lease-back

Beim Sales-and-lease-back handelt es sich um eine Sonderform des Leasings. Der spätere Leasingnehmer verkauft von ihm angeschaffte Güter an den Leasinggeber, um sie sogleich wieder zurückzuleasen.

Die Übereignung erfolgt dabei nach §§ 929, 930 BGB, wobei die Übereignung durch Vereinbarung eines Besitzmittlungsverhältnisses in Form des Leasingvertrages erfolgt. So kann der – betriebsnotwendige – Leasinggegenstand unverändert im Anlagevermögen des Leasingnehmers verbleiben.

Die bürgerlich-rechtliche Einordnung des Sales-and-lease-back-Verfahrens ist unter anderem wichtig, um den dem Geschäft zugrunde liegenden Sachverhalt zu erfassen und seinem wirtschaftlichen Gehalt nach zu erfassen. Entsprechend der Qualifikation des Leasings als atypischer Mietvertrag ist auch die Sonderform des Sales-and-lease-back im Grundsatz als atypischer Mietvertrag einzuordnen.[522] Dem

522. BGH NJW 1990, S. 1785; BGH BB 1990, S. 232

Finanzierungs- und Nutzungsinteresse nach soll die tatsächliche Sachherrschaft nach dem Willen der Parteien unverändert bleiben. Ist dem Leasingnehmer eine Kaufoption eingeräumt worden, zielt der Vertrag darauf ab, das Leasinggut seiner Substanz nach auf Dauer dem Leasingnehmer zu übertragen. In diesem Fall ist das Sales-and-lease-back-Verfahren als Finanzierungsleasing in Form eines Ratenkaufs zu qualifizieren. Ist jedoch die Vertragsgestaltung derart, dass die tatsächliche Sachherrschaft nach objektiven Kriterien auf den Leasinggeber übergeht, so ist das Sales-and-lease-back als echter Mietvertrag einzuordnen.

(1) Gründe für Sales-and-lease-back (Leasinggeber)

Werden Sachgesamtheiten durch Leasingverträge, z.B. Hardware- und Software-Komponenten von verschiedenen Lieferanten, überlassen, dann verlangt der Leasinggeber häufig, dass zunächst der Leasingnehmer die einzelnen Lieferverträge mit den verschiedenen Lieferanten abschließt und dann die Gesamtanlage an den Leasinggeber verkauft.

Der Leasinggeber bezweckt damit, dass ihm der Leasinggeber eine funktionierende Gesamtanlage verschafft, die er dann zurückleasen kann. So soll eine Kongruenz der Gewährleistung für Sach- und Rechtsmängel hergestellt werden. Sonst besteht die Gefahr, dass der Leasinggeber die Überlassung einer funktionsfähigen Gesamtanlage schuldet, während er selber nur partielle Ansprüche gegen die einzelnen Lieferanten hat.

(2) Gründe für Sales-and-lease-back (Leasingnehmer)

Zu den Vorteilen der Sales-and-lease-back-Gestaltung zählt, dass der Leasingnehmer durch den Verkauf des Wirtschaftsguts zusätzliche Finanzmittel erhält und damit seine Liquidität erhöht. Andererseits ist aber auch sichergestellt, dass ihm die Eigennutzung an dem betriebsnotwendigen Vermögen bleibt. Besonders vorteilhaft ist dies, wenn das Eigenkapital des Leasingnehmers sehr gering ist.

Neben der Liquiditätsverbesserung, die zur Tilgung von Schulden oder Finanzierung neuer Investitionen verwandt werden kann, sind weitere Vorteile die Verbesserung der Bilanzrelationen und die Mobilisierung der stillen Reserven.[523]

Die Anlagen werden wegen des Anschaffungskostenprinzips als Teil des Vorsichtsprinzips höchstens mit den Anschaffungs- und Herstellungskosten bilanziert. Besitzen sie jedoch, z.B. als einheitliches System, einen höheren Zeitwert, werden durch die Veräußerung an den zukünftigen Leasinggeber die gebundenen stillen Reserven aufgedeckt und hierdurch gebundenes Kapital für andere Investitionszwecke freigesetzt.

Dabei werden häufig auch mit bestehenden oder neu gegründeten Konzerngesellschaften solche Verträge abgeschlossen. Dies gilt auch für den mittelständischen

523. Vgl. dazu v. Westphalen, Der Leasingvertrag, Rdnr. 1058

Bereich, wenn z.B. zum Zwecke besserer Einkaufsmöglichkeiten, der Gewinnverlagerung und ggf. der Gewerbesteuerersparnis eine BGB-Gesellschaft den Fahrzeugpark der mittelständischen GmbH erwirbt und weiterverleast.

Außerdem verbessert sich die Bilanzrelation des Leasingnehmers, also das Verhältnis zwischen Aktiva und Passiva in der Bilanz.

So kann durch den fremd finanzierten Anlagegegenstand und die dadurch korrespondierende Verbindlichkeit nicht mehr in einem angemessenen Verhältnis zum Eigenkapital stehen.

Als *goldene Bilanzierungsregeln* gelten hier:[524]

$$\frac{\text{Eigenkapital + langfristiges Fremdkapital}}{\text{Anlagevermögen}} \Rightarrow 1$$

bzw.

Verschuldensgrad des Unternehmens:

$$\frac{\text{Fremdkapital (FK)}}{\text{Eigenkapital (EK)}}.$$

Werden die Gegenstände an eine Leasinggesellschaft verkauft, so dass sowohl Aktiva als auch Passiva sich verringern (Bilanzverkürzung), verbessern sich diese Relationen.

(3) Risiken bei Sales-and-lease-back

Das Hauptrisiko besteht hier für den Leasinggeber, da dieser nach § 933 BGB nur bei Übergabe der Sache gutgläubig und lastenfrei Eigentum am Leasinggegenstand erwerben kann. Eine Übergabe erfolgt aber gerade nicht, da der Leasingnehmer ununterbrochen im Besitz des Gegenstandes bleibt.[525] Dies spielt dann eine Rolle, wenn der Leasingnehmer/Verkäufer einen Leasinggegenstand verkauft hat, den er seinerseits unter Eigentumsvorbehalt erworben hat. Zwar erhält der Leasingnehmer vom Leasinggeber den Kaufpreis, leitet er diesen aber nicht an seinen Vorlieferanten weiter, kann dieser vom Kaufvertrag nach § 449 BGB zurücktreten und seinen Herausgabeanspruch gegen den Leasinggeber geltend machen.

Die gleiche Problematik stellt sich, wenn der Leasinggegenstand mit einem Vermieterpfandrecht nach § 559 BGB belastet ist.

524. nach Wöhe, Unternehmensfinanzierung, S. 531
525. Büschgen, Leasing, § 17 Rdnr. 6

d) Gewährleistungsfragen bei Leasing

Nachdem die rechtliche Konstruktion von Leasingverträgen und ihre zivilrechtliche Einordnung dargestellt wurde, sollen in diesem Zusammenhang die Problematik der Gewährleistungsansprüche im Überblick und einige Spezialprobleme im Detail gezeigt werden.

Bei den Gewährleistungsansprüchen im Rahmen von Finanzierungsleasingverträgen sind zwei Anspruchsebenen zu trennen.

Für den Leasinggeber bestehen aus dem kauf- und werkvertraglichen Erwerbsverhältnis Gewährleistungsrechte gegenüber dem Lieferanten. Der Leasingnehmer kann sich dagegen auf die mietvertraglichen Gewährleistungsansprüche gegen den Leasinggeber berufen.[526]

aa) Abtretung und Freizeichnung

Leasingtypisch ist es nun, dass der Leasinggeber seine ihm aus dem Erwerbsvertrag zustehenden Rechte an den Leasingnehmer abtritt.[527] Dabei trägt der Leasinggeber das Risiko der Durchsetzbarkeit dieser Ansprüche im Insolvenzfall.[528]

Zulässig und üblich ist dabei, dass der Leasinggeber sich gleichzeitig von seinen mietvertraglichen Gewährleistungspflichten gegenüber dem Leasingnehmer nach § 536, 536a–d BGB freizeichnet. Ist die Abtretung nicht wirksam geworden, haftet der Leasinggeber voll nach Mietrecht; insbesondere ist er dann verpflichtet, die Leasingsache während der gesamten Vertragslaufzeit funktionsfähig zu halten, und zwar selbst dann, wenn ihm der Lieferant selbst nur eine kürzere Gewährleistung einräumt.[529] Im geschäftlichen Verkehr erfolgt diese Freizeichnung formularmäßig, so dass die Freizeichnungsklausel durchweg an den Vorschriften der § 305 ff. BGB zu messen ist.[530]

Eine Abtretung und Freizeichnung würde bei Nicht-Kaufleuten (Outsourcing untypisch) möglicherweise gegen § 309 Nr. 10 lit.a BGB verstoßen. Für Unternehmer gilt diese Klausel zwar nicht direkt, deren Regelungsinhalt ist aber gemäß § 307 II i.V.m § 310 S. 2 BGB inhaltlich auch für Kaufleute anwendbar.[531]

Dem Wortlaut nach würde das Freizeichnungsverbot bei neu hergestellten Sachen sowohl für Miet- und damit auch für Leasingverträge einschlägig sein. Hierbei handelt es sich aber um ein Redaktionsversehen: Nach der Entstehungsgeschichte ist Nr. 10 auf Gebrauchsüberlassungsverträge nicht anzuwenden.[532] Im Ergebnis sind

---

526. Leasingverträge sind besonders ausgestaltete Mietverträge, so der BGH in Ständiger Rspr. vgl. WM 1975, 1203; BGH NJW 1977, 195, 848ff, 1058ff, BGH ZIP 1985, 1398 ff.
527. Koch Computer-Vertragsrecht, 6. Auflage, Rn. 717
528. Abtretung von Ansprüchen bei Leasing: BGH WM 1985, 602; BGH WM 1987,1338,1340; BGH NJW 1988, 198
529. Koch Computer-Vertragsrecht, 6. Auflage, Rn. 717
530. Vgl. Beckmann, Computerleasing, Rn. 198 ff.
531. Palandt/Heinrichs, § 9 AGBG Rn. 34, 35
532. BGHZ 94, 186; Palandt/Heinrichs, § 11 AGBG Rn. 46 mwN

daher Freizeichnungsklauseln im kaufmännischen aber auch nicht kaufmännischen Verkehr wirksam, falls die Gewährleistungsrechte an den Leasingnehmer ohne Vorbehalt und umfänglich abgetreten worden sind oder zumindest zur Geltendmachung ermächtigt wird.[533] In beiden Fällen ist der Leasingnehmer berechtigt, die Ansprüche im eigenen Namen oder im fremden Namen geltend zu machen. Meist wird dem Leasingnehmer aber nur der Anspruch auf Wandlung, nicht aber der Anspruch auf Rückzahlung des Kaufpreises abgetreten. Meist hat nämlich der Leasinggeber die Kaufpreiszahlung übernommen und selbst finanziert, so dass er den Rückzahlungsanspruch nicht abtritt. Hier kann nur Zahlung an den Leasinggeber verlangt werden.[534] Unzulässig ist dabei aber die formularmäßige Gewährleistungsausschlussklausel, die dem Leasingnehmer zwar das Recht gibt, vom Leasinggeber die Abtretung sämtlicher (kaufrechtlicher) Gewährleistungs-, Nachbesserungs-, Garantie- und Schadensersatzansprüche zu verlangen, dies jedoch nur Zug um Zug gegen Zahlung sämtlicher noch ausstehender Leasingraten und des Restwertes nebst Kosten. Die Risikoabwälzung auf den Leasingnehmer verstößt gegen § 307 bzw. § 309 Nr.10 lit. a BGB.[535]

bb) Mangeldefinition

Der Mangelbegriff im Leasingvertrag entspricht dem des jeweiligen Erwerbsvertrages – also Kauf- oder Werkvertrag. Allerdings darf es sich dabei nicht um Leistungshindernisse handeln, die aus dem Risikobereich des Leasingnehmers stammen.[536]

(1) Vertragsart

Bei der Überlassung von Standard-Software auf Dauer gegen Zahlung eines einmaligen Entgelts handelt es sich um ein dem Sachkauf vergleichbaren Vorgang,[537] so dass dies allgemein als Sachkauf eingeordnet wird.[538] Dies gilt auch dann, wenn für den Kunden lediglich geringe Anpassungsleistungen erforderlich sind.[539]

Bei umfangreichen Anpassungen liegt dann aber eher ein Werkvertrag nach § 631 BGB vor, weil der vom Lieferanten durch Arbeitsleistung herbeizuführende Erfolg im Vordergrund steht.[540]

---

533. So im Ergebnis auch Koch, Computer-Vertragsrecht, 5. Auflage, Rn. 1280
534. BGH; WM 1984, 933
535. OLG Köln, Urteil v. 30.4.1986 – 2 U 169/85, ZIP 1986, 1334
536. Koch, Computer-Vertragsrecht, 5. Auflage, Rn. 1277
537. Die für einen Mietvertrag erforderliche Sacheigenschaft von Software ist im Kaufrecht bejaht orden; Graf v. Westphalen, Leasingvertrag Rn. 1339, 1343
538. Martinek, Moderne Vertragstypen III, S. 11 mwN
539. Büschgen, Leasingvertrag, § 16 Rn. 23
540. BGH NJW 90, 3008; OLG Celle CR 96, 539

Bei Herstellung und Überlassung von Individual-Software liegt nach übereinstimmender Ansicht ebenfalls ein Werkvertrag nach § 631 BGB vor, es sei denn, es wird nur ein Werk geliefert wird, dann gelangt über § 651 BGB Kaufrecht zur Anwendung.[541]

Allerdings dürfte beim IT-Leasing kaum Hardware und Software getrennt geliefert werden. Vielmehr wird so ein komplettes Computersystem mit Anpassungsleistungen einschließlich Erstellung eines Pflichtenheftes als einheitlicher typengemischter Vertrag über ein schlüsselfertiges System erstellt werden.

Schuldet der Lieferant die Erarbeitung einer speziell auf den Betrieb des Kunden abgestellten IT-Systemlösung, hat er einen durch Arbeit oder Dienstleistung zu erbringenden Erfolg im Sinne des § 631 II BGB herbeizuführen, nämlich die Lösung einer kompletten Datenverarbeitungsaufgabe. Der Lieferant schuldet die Betriebsbereitschaft des Systems insgesamt, nicht isoliert die Lieferung der Einzelkomponenten.[542]

(2) Pflichtenheft

Definitionsversuche für das Pflichtenheft enthalten einige DIN-Vorschriften wie DIN 66231 und 69901. Darunter ist die detaillierte Festlegung der Anforderungen, die der Kunde an das System und seine Software stellt, als Anforderungsprofil zu verstehen.

Insoweit hat es eine Ist-Analyse der Verhältnisse des Kunden sowie eine endgültige Konkretisierung der Aufgabenstellung zu enthalten.[543]

Stellt sich bei der Auftragsdurchführung heraus, dass das Pflichtenheft wegen der Komplexität der gestellten Datenverarbeitungsaufgabe oder aus sonstigen Gründen unzureichend ist, so muss es nachträglich fortgeschrieben werden. Dabei ist zu unterscheiden, ob die geschuldete Leistung präzisiert werden soll oder ob es sich um nach § 632 vergütungspflichtige Sonderwünsche des Bestellers handelt.

Wichtig für die Unternehmensberatung ist dabei, dass bei mangelnder vertraglicher Festlegung des Leistungsgegenstandes ein Beratungsverschulden vorliegen kann. Daher ist zur Erstellung ein sachkundiger IT-Berater heranzuziehen.

(3) Einheitliche Rückabwicklung

Ein besonderes Problem stellt die Rückabwicklung solcher einheitlichen Verträge dar. Bei diesem einheitlichen Vertragsgebilde sind dann auch im Rahmen der Gewährleistung diejenigen Vorschriften anzuwenden, die dem Vertragsgegenstand am besten entsprechen. Liegen die Voraussetzungen eines einheitlichen Rechtsgeschäfts vor, so soll auch die Rückabwicklung nach einheitlichen Vorschriften erfolgen.

541. Siehe auch Kapitel D., Das Outsourcing-Vertragswerk, I. Nr. 5
542. BGH WM 93, 561; OLG Düsseldorf NJW 1989, 2627
543. Vgl. dazu Büschgen/Findeisen, Leasing, § 16 Rn. 29

Dabei ist fraglich, ob sich die Wandlung auch auf die sonst mangellose Hardware zu erstrecken hat, wenn nur eine Komponente – etwa die Software – mangelhaft ist. Dies ist abhängig vom Parteilwillen, der aus Indizien wie der äußeren Vertragsgestaltung entnommen wird.

Meist wird im Rahmen von IT-Leasing nur eine Komplett-Lösung gewünscht. Daneben muss das Leasingobjekt auch als einheitlicher Gegenstand verkauft worden sein. Dies richtet sich nach der Verkehrsanschauung und ist anzunehmen, wenn Hardware und Software aufeinander abgestimmt sind.[544] Ergänzend ist § 93 BGB heranzuziehen, ob Hard- und Software ein Gesamtsystem darstellen, das durch Trennung in seinem Wesen verändert oder zerstört werden würde.[545]

Verneint man die Einheitlichkeit des Kaufgegenstandes, ist im letzten Schritt noch ein Gesamtwandlungsrecht zu erwägen.

Als entscheidendes Problem stellt sich dabei die Frage, ob sich die Komplettlösung ohne Nachteil trennen lässt. Der Begriff des Nachteils ist dabei weit auszulegen und berücksichtigt auch die subjektiven Parteiinteressen.[546]

cc) Gewährleistungsrecht

Hat der Leasinggeber seine aus dem Erwerbsvertrag zustehenden Rechte gegenüber einen Lieferanten oder Hersteller an dem Leasingnehmer abgetreten, so stehen dem Leasingnehmer die normalen Gewährleistungsrechte (Rechte des Käufers bei Mängel) aus § 437 ff BGB zu.[547] Der Leasingnehmer kann dann bei Kaufmängeln gegenüber dem Lieferanten oder Hersteller (wenn die Voraussetzungen der folgenden Vorschriften vorliegen und so weit nicht ein anderes bestimmt ist, z.B. in Lieferantenverträgen):

1. nach § 439 **Nacherfüllung** verlangen
2. nach den §§ 440, 323 und 326 V von dem Vertrag **zurücktreten** oder nach § 441 den **Kaufpreis mindern**
3. nach den §§ 440, 280, 281, 283 und 311a Schadensersatz oder nach § 284 Ersatz vergeblicher Aufwendungen verlangen.

dd) Rückvergütung der Leasingraten

Verlangt der Leasingnehmer aus abgetretenem Gewährleistungsrecht vom Lieferanten Wandlung des Kaufvertrages, so führt dies zur Störung der Geschäftsgrundlage gem. § 313 BGB[548] hinsichtlich des Leasingvertrages. Der Leasingnehmer kann

544. BGHZ 102, 135 (149)
545. a.a.O. (150)
546. Palandt/Putzo, § 469 Rn. 4
547. Unterstellt wird hierbei, dass der Leasing-Geber sich gleichzeitig von seinem mietvertraglichen Gewährleistungspflichten gegenüber dem Leasing-Nehmer nach § 536, 536a–d BGB freigezeichnet hat.
548. Vormals (bis 31.12.2001) Wegfall der Geschäftsgrundlage (WGG)

die gezahlten Leasingraten nach erfolgtem Rücktritt gemäß § 812 I S. 1 Alt. 1 BGB i.V.m. den Grundsätzen über den Wegfall der Geschäftsgrundlage zurückverlangen. Sollte der Rücktritt wegen Insolvenz des Lieferanten nicht mehr vollzogen werden können, steht dies dem Rücktritt nicht mehr entgegen. Bei Vermögenslosigkeit des Lieferanten soll der Leasingnehmer im Verhältnis zum Leasinggeber so gestellt werden, wie er stünde, wenn die Wandlung des Kaufvertrages vollzogen worden wäre.[549]

ee) Rügepflicht beim Leasingvertrag

Ein anderes Problem ist es, inwieweit die Rügepflichten beim Handelskauf nach §§ 377, 378 HGB auf den Finanzierungsleasingvertrag anwendbar sind.

Grundsätzlich geht die Rechtsprechung in dem Vertragsverhältnis zwischen Lieferant und Leasinggeber bei Lieferung von Standard-Software und Hardware jedenfalls von einer entsprechenden Anwendung der Sachmängelgewährleistungsvorschriften aus.[550]

Die dafür erforderliche Sachqualität wird damit begründet, dass auch bei Software die Information nicht vom materiellen Träger getrennt werden kann und so der Inhalt verkörpert ist.[551]

Software ist demnach nicht nur ein vergeistigter Gegenstand, sondern auch ein körperlicher Gegenstand im Sinne von § 90 BGB und damit auch eine Ware im Sinne des § 1 II Nr. 1 HGB. Erst damit ist es möglich, den Vertrieb von Standard-Software den Regeln des Handelskaufes – insbesondere der §§ 377, 378 HGB – zu unterwerfen.[552]

Der BGH ist der Auffassung, dass sich die Vertragsbeziehung zwischen Leasinggeber und Lieferant in nichts von einem gewöhnlichen Handelskauf unterscheidet.[553]

Im Rahmen dieser Vertragsbeziehung soll der Leasingnehmer Erfüllungsgehilfe des Leasinggebers im Hinblick auf die Rügepflicht sein und dies auch, wenn der Leasingnehmer kein Kaufmann ist. Begründet wird dies mit einer Parallele zum Streckengeschäft und der Ablehnung einer teleologischen Reduktion der §§ 377, 378 HGB.[554] Als Folge dieser Rechtsprechung ergibt sich, dass bei Vorliegen der Voraussetzungen des § 377 HGB der Gewährleistungsausschluss zwischen Leasingnehmer und Leasinggeber wieder auflebten.[555] In der Literatur ist diese Rechtsprechung teils auf breite Zustimmung, teils auf heftige Kritik gestoßen.[556]

549. BGH WM 1984, 1089 (1092); Graf v. Westphalen, Leasingvertrag, Rn. 586
550. BGH NJW 1992, 1733 (1736) mwN.
551. Knops, JuS 1994, S. 106
552. Beckmann, Computerleasing, Rn. 187 ff.
553. BGHZ 110, 130 (141)
554. BGHZ aaO, 130, 137
555. Soergel-Huber, Vorb. § 433, Rn. 235
556. Martinek, Moderne Vertragstypen, S.124 mwN; Lieb, JZ 1990, 976

Bestritten wird vor allem, dass der Leasingnehmer in Bezug auf die Abnahmepflicht des Leasinggebers nach § 433 II BGB dessen Erfüllungsgehilfe ist.[557] Wegen der unveränderten höchstrichterlichen Rechtsprechung soll diese Frage hier aber nicht vertieft werden.

ff) Rechtskraftwirkung eines Urteils

Im Zusammenhang mit der Abtretung der Gewährleistungsansprüche entsteht im Leasingdreieck eine besondere zivilprozessuale Besonderheit bezüglich der Bindung der Parteien für ein Urteil, das vom Leasingnehmer gegen den Lieferanten erstritten wurde.

Gemäß § 325 I ZPO wirkt das Urteil nur für und gegen die am Prozess beteiligten Parteien und ihre Rechtsnachfolger.

Der Leasinggeber ist aber an dem Prozess zwischen Lieferanten und Leasingnehmer nicht beteiligt. Insoweit kommt eine Erstreckung der Rechtskraft nach dieser Norm nicht in Betracht.

Allerdings folgert die Rechtsprechung aus der Freizeichnung des Leasinggebers eine uneingeschränkte Bindung des Leasinggebers.[558]

Der Leasinggeber ist an das für den Leasingnehmer positive Ergebnis der Mängelauseinandersetzung mit dem Lieferanten gebunden.[559] Dies gilt allerdings auch für den umgekehrten Fall zu Lasten des Leasingnehmers.

e) Bilanzierung der Finanzierungsmodelle

Wegen der gezeigten Unterschiede ist auch hier wieder zwischen den verschiedenen Grundformen Operating- und Finanzierungsleasing, aber auch zwischen den einzelnen Varianten des Finanzierungsleasings zu unterscheiden.

Grundsätzlich geht es dabei um die Entscheidung im Einzelfall, ob der Leasingvertrag wie ein Mietvertrag (*nicht bilanzierungsfähiges schwebendes Dauerschuldverhältnis*) oder wie ein Ratenkaufvertrag (*Aktivierung beim Käufer*), evtl. in Verbindung mit Rückvermietung oder bloße Kreditgewährung mit Sicherungsübereignung, zu behandeln ist.[560]

Entscheidend ist dafür, wer nach der Vertragsgestaltung *wirtschaftlicher Eigentümer* des Leasing-Gegenstandes i.S.v. § 39 II AO ist. Bestimmend ist hierfür der normale Verlauf der Vertragsabwicklung (Erfüllung). Der Begriff des wirtschaftlichen Eigentümers stimmt dabei nicht immer mit dem juristischen Eigentümer überein. Es setzt die tatsächliche Herrschaft über Vermögensgegenstände unter Ausschluss

557. Lieb., DB 1988, S. 2495 (2502)
558. BGH ZIP 93, 130
559. So auch Beckmann, Computerleasing, Rn. 342
560. Schmidt, EStG, Rn. 724

des juristischen Eigentümers voraus. Dies ist der Fall, wenn kein wirklicher Herausgabeanspruch besteht.[561]

Für die Steuerbilanz gilt dies nach § 5 I EStG ebenfalls, da sie sich grundsätzlich nach der Handelsbilanz richtet (Maßgeblichkeitsprinzip der Steuerbilanz).

Nach diesen Grundsätzen ist der Leasinggegenstand jedenfalls bei kurzfristig kündbaren, typischen Mietverhältnissen und gleichartigen Verträgen dem Leasinggeber zuzurechnen.[562]

Hingegen ist der Leasinggegenstand jedenfalls dann dem Leasingnehmer zuzurechnen, wenn er speziell auf die Bedürfnisse des Leasingnehmers zugeschnitten ist (Spezial-Leasing) oder die betriebsgewöhnliche Nutzungsdauer und Grundmietzeit sich annährend decken oder der Anschlusskaufpreis dem Marktpreis zum Ende der Grundmietzeit entspricht.[563]

aa) Bilanzierung von Operating-Leasing

Die Bilanzierung folgt in der Handels- und Steuerbilanz unter folgenden Voraussetzungen der zivilrechtlichen Gestaltung als Mietvertrag:

- kurzfristiges Kündigungsrecht
- Vereinbarung einer von der Laufzeit unabhängigen Miete
- Übernahme des Investitionsrisikos sowie der Reparatur-, Wartungs-, Versicherungskosten etc. durch den Vermieter
- Keine Sonderrechte des Mieters nach Vertragsablauf

Unter diesen Voraussetzungen sind die Leasingobjekte beim Leasinggeber zu aktivieren und über die betriebsgewöhnliche Nutzungsdauer abzuschreiben. Es bestehen keine Besonderheiten. Die gezahlten Leasingraten stellen für den Leasingnehmer Aufwand dar. Steuerlich sind sie als Betriebsausgabe abzugsfähig gemäß § 4 EStG. Gemäß § 285 Nr. 3 HGB sind bei Kapitalgesellschaften mehrjährige Verpflichtungen aus Leasingverträgen im Anhang zum Jahresabschluss anzugeben, sofern diese Angabe für die Beurteilung der Finanzlage von Bedeutung ist.

bb) Bilanzierung von Finanzierungsleasing

Finanzierungsleasingverträge zeichnen sich durch eine Grundmietzeit aus, in der sie unkündbar sind und in der durch die Leasingraten die Anschaffungs- und Herstellungskosten einschließlich aller Nebenkosten, Finanzierungskosten und des Gewinnzuschlages des Leasinggebers gedeckt sind.

Die Grundmietzeit ist vielfach kürzer als die betriebsgewöhnliche Nutzungsdauer des Leasinggegenstandes, meist jedoch länger als die Hälfte der in den AfA-Tabel-

561. Büschgen-Findeisen, § 16 Rn. 25 mwN
562. Büschgen, Leasing, Rn. 345
563. Schmidt, EStG, Rn. 274

len angesetzten Nutzungsdauer. Da die Raten so angesetzt sind, dass sie das Objekt während der Grundmietzeit amortisieren, entstehen höhere Raten.

Wegen der im Schuldrecht vorhandenen Vertragsfreiheit können die Parteien sehr unterschiedliche Möglichkeiten der Vertragsgestaltung beim Finanzierungsleasing wählen. Daher muss bei der Bilanzierung genau unterschieden werden, welche wirtschaftliche Konstruktion vorliegt. Dies richtet sich danach, welche Vereinbarung über das Objekt nach Ablauf der Grundmietzeit getroffen wird.

Mögliche Vereinbarungen sind:

- Leasingverträge ohne Optionsrecht
- Leasingverträge mit Kaufoption
- Mietverträge mit Mietverlängerungsoption.

Für die steuerliche Behandlung des Finanzierungsleasings ist das Urteil des Bundesfinanzhofes vom 26.1.1970 von grundsätzlicher Bedeutung.

Der BFH hat hier sechs Leitsätze formuliert:[564]

1. Maßgeblich für die steuerliche Behandlung von Leasingverträgen über bewegliche Wirtschaftgüter ist die wirtschaftliche Betrachtungsweise.
2. Die Frage der steuerlichen Zurechnung auf den Leasinggeber bzw. Leasingnehmer beurteilt sich nach den Umständen des Einzelfalls.
3. In den Fällen des Finanzierungsleasings sind die Gegenstände in der Regel dem Leasingnehmer zuzurechnen, wenn ihre betriebsgewöhnliche Nutzungsdauer erheblich länger ist als die Grundmietzeit und dem Leasingnehmer ein Recht auf Verlängerungs- oder Kaufoption zusteht, bei dessen Ausübung er nur einen geringeren Betrag zu zahlen hat, als sich bei der Berechnung der Miete oder des Kaufpreises ergeben würde.
4. Das Gleiche gilt ohne Rücksicht auf ein Optionsrecht, wenn Nutzungsdauer und Grundmietzeit sich annähernd decken.
5. Dasselbe gilt ferner, und zwar hier ohne Rücksicht auf das Verhältnis von Grundmietzeit und Nutzungsdauer, falls die Leasinggegenstände speziell für die individuellen Bedürfnisse des Leasingnehmers zugeschnitten sind (Spezial-Leasing) und nach Ablauf der Grundmietzeit nur noch bei diesem eine wirtschaftlich sinnvolle Verwendung finden können.
6. Die Zurechnung beim Leasingnehmer bedeutet, dass nicht der Leasinggeber, sondern nur der Leasingnehmer als wirtschaftlicher Eigentümer (= Investor) die Investitionszulage beanspruchen kann.

Das Urteil wird im Hinblick auf eine praktische Anwendung durch die Finanzverwaltung von der Stellungnahme (= Leasing-Erlass) des BMF vom 19.04.1971 ergänzt. Bezüglich der steuerlichen Zurechnung des Leasinggegenstandes beim Mobilienleasing werden vier Grundvertragstypen unterschieden.

564. BFHE 97, 466; BFHE 191, 125

cc) Leasingvertrag ohne Optionsrecht

Bei den Leasingverträgen ohne Optionsrecht werden keine Vereinbarungen für den Zeitraum nach Ablauf der Grundmietzeit getroffen.

Der Leasingnehmer hat nicht das Recht, für einen Kauf oder eine Verlängerung zu optieren. Die Leasingobjekte sind nach Ablauf der Grundmietzeit noch nicht völlig verbraucht und der Leasinggeber muss sich um eine weitere Vermietung bemühen.

Der Leasingnehmer kann nicht als wirtschaftlicher Eigentümer der Leasingobjekte angesehen werden, da der Leasinggeber nicht auf Dauer von der Einwirkung auf das Leasingobjekt ausgeschlossen ist. Für die ertragssteuerliche Behandlung ist jedoch entscheidend, ob sich die Grundmietzeit mit der betriebsgewöhnlichen Nutzungsdauer des Leasinggegenstandes deckt oder geringer als diese ist. Die Zurechnung erfolgt hier

(1) beim Leasinggeber

wenn die Grundmietzeit mindestens 40 % und höchstens 90 % der betriebsgewöhnlichen Nutzungsdauer des Leasinggegenstandes beträgt.

(2) beim Leasingnehmer

wenn die Grundmietzeit weniger als 40 % oder mehr als 90 % der betriebsgewöhnlichen Nutzungsdauer beträgt.

Der Grund liegt darin, dass bei einer Grundmietzeit von mehr als 90 % der Nutzungsdauer nach AfA-Tabelle der Herausgabeanspruch des Leasinggebers nahezu wertlos ist. Bei einer Grundmietzeit von weniger als 40 % der Nutzungsdauer wird angenommen, dass ein verdeckter Kauf vorliegt.

dd) Leasingvertrag mit Kaufoption

Bei diesen Verträgen steht dem Leasingnehmer das Recht zu, nach Ablauf der Grundmietzeit, die regelmäßig kürzer ist als die betriebsgewöhnliche Nutzungsdauer, den Leasinggegenstand zu erwerben. Der Kaufpreis beträgt dabei dann in der Regel nur noch einen Bruchteil der Anschaffungskosten. Der Leasinggegenstand ist regelmäßig zuzurechnen

(1) dem Leasinggeber

wenn die Grundmietzeit mindestens 40 % und höchstens 90 % der Nutzungsdauer des Leasinggegenstandes beträgt und der für den Fall der Optionsausübung vorgesehene Kaufpreis nicht niedriger ist als der unter Anwendung der linearen AfA ermittelte Buchwert oder der niedrigere gemeine Wert im Zeitpunkt der Veräußerung.

(2) dem Leasingnehmer

wenn die Grundmietzeit weniger als 40 % oder mehr als 90 % der Nutzungsdauer beträgt oder wenn bei einer Grundmietzeit von mindestens 40 % und höchstens 90 % der betriebsgewöhnlichen Nutzungsdauer der für den Fall der Ausübung des Optionsrechts vorgesehene Kaufpreis niedriger ist als der unter Anwendung der linearen AfA nach der amtlichen AfA-Tabelle ermittelte Buchwert oder niedrigere gemeine Wert im Zeitpunkt der Veräußerung.

ee) Leasingvertrag mit Mietverlängerungsoption

Bei diesen Verträgen hat der Leasingnehmer das Recht, nach Ablauf der Grundmietzeit das Vertragsverhältnis zu verlängern. Die während des Verlängerungszeitraums zu zahlende Miete stellt meist nur einen geringen Prozentsatz der Grundmiete dar (ca. 10 % der Grundmiete). Durch einseitige Willenserklärung (Verlängerungsoption) kann der Leasingnehmer den Leasinggeber von der Einwirkung auf die Leasingsache ausschließen.

Der Leasinggegenstand ist zuzurechnen

(1) dem Leasinggeber

wenn die Grundmietzeit mindestens 40 % und höchstens 90 % der betriebsgewöhnlichen Nutzungsdauer des Leasinggegenstandes beträgt und die Anschlussmiete so bemessen ist, dass sie den Wertverzehr für den Leasinggegenstand deckt, der sich auf der Basis des unter Berücksichtigung der linearen Absetzung für Abnutzung nach der amtlichen AfA-Tabelle ermittelten Buchwerte oder des niedrigeren gemeinen Wertes und der Restnutzungsdauer laut AfA-Tabelle ergibt.

(2) dem Leasingnehmer

wenn die Grundmietzeit weniger als 40 % oder mehr als 90 % der betriebsgewöhnlichen Nutzungsdauer des Leasinggegenstandes beträgt oder wenn bei einer Grundmietzeit vom mindestens 40 % und höchstens 90 % der betriebsgewöhnlichen Nutzungsdauer die Anschlussmiete so bemessen ist, dass sie den Wertverzehr für den Leasinggegenstand nicht deckt, der sich auf Basis des unter Berücksichtigung der linearen AfA nach der amtlichen AfA-Tabelle ermittelten Buchwertes oder des niedrigeren gemeinen Wertes und der Restnutzungsdauer laut AfA-Tabelle ergibt. Gleiches gilt, wenn die Höhe der Leasingraten für den Verlängerungszeitraum während oder nach Ablauf der Grundmietzeit festgelegt oder verändert wird.

f) Steuerliche Zurechnung

Wird der Leasinggegenstand dem **Leasinggeber** zugerechnet, so hat ihn dieser mit seinen Anschaffungs-/Herstellungskosten zu aktivieren. Er hat auch die Abschreibung über die betriebsgewöhnliche Nutzungsdauer vorzunehmen. Die Leasingraten stellen für den Leasinggeber Betriebseinnahmen und für den Leasingnehmer Betriebsausgaben i.S.v. § 4 EStG dar.

Erfolgt die Zurechnung des Gegenstandes beim **Leasingnehmer**, so hat ihn dieser mit seinen Anschaffungs-/Herstellungskosten zu aktivieren.

Als Anschaffungskosten gelten dabei die Kosten des Leasinggebers, die der Berechnung der Leasingraten zugrunde gelegt worden sind. Der Leasingnehmer hat dann die AfA nach der Nutzungsdauer des Leasinggegenstandes vorzunehmen. Für die aktivierten Anschaffungskosten hat der Leasingnehmer eine Verbindlichkeit gegenüber dem Leasinggeber zu passivieren.

Die Leasingraten sind in einen Zins- und Kostenanteil einerseits und einen Tilgungsanteil andererseits aufzuteilen. Zins- und Kostenanteil stellen eine sofort abzugsfähige Betriebsausgabe dar, während der andere Teil der Leasingrate als Tilgung der Kaufpreisschuld erfolgsneutral zu verrechnen ist. Der Leasinggeber hat eine Kaufpreisforderung an den Leasingnehmer in Höhe der der Leasingraten zugrunde gelegten Anschaffungs-/Herstellungskosten zu aktivieren. Die vom Leasinggeber aktivierte Forderung ist mit der vom Leasingnehmer ausgewiesenen Verbindlichkeit grundsätzlich identisch. Die Leasingraten in Höhe des Zins- und Kostenanteils hat der Leasinggeber erfolgswirksam zu vereinnahmen, in Höhe des Tilgungsanteils dagegen sind sie erfolgsneutral.

aa) Gewerbeertrags- und Umsatzsteuer

Erfolgt die Aktivierung des Leasinggegenstandes beim Leasingnehmer, so stellen die in den Leasingraten enthaltenen Zinsanteile Dauerschuldzinsen dar. Daraus ergibt sich eine 50%ige Hinzurechnung bei der Ermittlung des Gewerbeertrages gemäß § 8 Ziff. 1 GewStG.

Die ertragssteuerlichen Zurechnungskriterien gelten auch für die Umsatzsteuer. Der wirtschaftliche Eigentümer, dem das Leasingobjekt zugerechnet wird, unterliegt der im Rahmen von konjunkturpolitischen Maßnahmen zeitweise geringeren Investitionssteuer und kann dadurch nur einen verringerten Vorsteuerabzug geltend machen.

bb) Steuerliche Gestaltungshinweise/Teilamortisationsverträge

Die Bilanzierung beim Leasinggeber ist für den Leasingnehmer insgesamt gesehen steuerlich vorteilhafter, weil er bei kurzer Grundmietzeit die Anschaffungskosten des Leasingobjektes in Form der Leasingraten als Betriebsausgaben verrechnen kann.

Negativ wirkt sich vor allem die Hinzurechnungsvorschrift des § 8 Ziff. 1 und § 12 GewStG aus, wenn der Gegenstand beim Leasingnehmer bilanziert wird. Die Leasinggesellschaften waren daher bemüht, Vertragsformen zu finden, die eine Zurechnung beim Leasinggeber ermöglichen. Bei diesen Leasingformen beträgt die unkündbare Grundmietzeit zwischen 40 und 90 % der betriebsgewöhnlichen Nutzungsdauer. Die Anschaffungskosten werden durch die Leasingraten in dieser Zeit nur zum Teil gedeckt (Teilamortisationsverträge = Non-Full-Pay-Out-Verträge).

cc) *Steuerlicher Gestaltungshinweis: Verkauf unter Buchwert*[565]

Interessant ist dabei die Veräußerung unter Buchwert im Rahmen des Sales-and-lease-back-Verfahrens an den Leasinggeber. Zum einem kann der Leasingnehmer den realisierten Verlust mit Gewinnen steuermindernd gegenrechnen. Zum anderen kann der Leasinggeber aufgrund des geringeren Anschaffungspreises auch die Leasingraten niedriger kalkulieren, so dass der Leasingnehmer auch hier einen Kostenvorteil hat. Problematisch ist diese Vorgehensweise aber gegenüber der Finanzverwaltung unter dem Aspekt des § 42 II AO, da ein Gestaltungsmissbrauch vorliegen könnte.

g) Bilanzierung in der Handelsbilanz

Die handelsrechtliche Bilanzierung von Leasingobjekten ist umstritten.

Die Meinungen gehen darüber auseinander, ob und in welcher Weise die Gegenstände beim Leasingnehmer zu bilanzieren sind. Eine Reihe von Autoren befürwortet die Bilanzierung beim Leasingnehmer aus Gründen des Gläubigerschutzes, um einen ausreichend sicheren Einblick in die Ertragslage zu gewährleisten. Ferner soll die Leasingverbindlichkeit gegenüber dem Leasinggeber aus der Bilanz erkennbar sein.[566]

Dieser ergibt sich aus den Grundsätzen der ordnungsgemäßen Geschäftsführung. Dabei soll die Bilanz die Vermögens-, Finanz -und Ertragslage des Unternehmens entsprechend eines ordentlichen Kaufmanns nach dem Prinzip *true and fair view* wiedergeben.[567]

Andere Autoren dagegen treten für eine Behandlung des Leasings entsprechend eines normalen Mietvertrages ein, verlangen jedoch einen Bilanzvermerk oder einen Hinweis auf die Leasingverpflichtung im Geschäftsbericht.[568]

In dem bereits erwähnten, für die steuerliche Behandlung des Leasings grundlegenden Urteil vom 26.1.1970 hat der BFH ausgeführt, dass die aufgestellten Leitsätze auch für die Handelsbilanz Anwendung finden können. Die derzeitige Bilanzierungspraxis in der Handelsbilanz folgt daher weitgehend steuerlichen Vorschriften. Streitig ist dabei, ob und inwieweit Kapitalgesellschaften nach § 285 Nr. 3 HGB ihre Leasingverbindlichkeiten im Anhang angeben müssen.[569]

565. Vgl. dazu Büschgen/Findeisen, § 17 Rn. 21
566. so Büschgen/Thiel/Wöhe
567. vgl. zum True-and-fair-View Wöhe, Betriebswirtschaftslehre, S. 996 ff.
568. Leffson/Flume, S. 7
569. Vgl. dazu Engel, DStZ 1995, S. 619

h) Steuereffekte des Leasings

Folgende Steuereffekte treten im Rahmen von Leasing auf

- Ertragssteuern
- Finanzierungsleasing bewirkt eine zinslose Steuerstundung
  - wenn Grundmietzeit kleiner als die betriebsgewöhnliche Nutzungsdauer ist
  - aber: Leasingraten enthalten nicht nur Abschreibung und Zinsen, sondern auch den Gewinn des Leasinggebers

Verstärkung des Steuereffekts

Eine Verstärkung des Steuereffektes tritt ein:

- wenn der Staat den Steuersatz senkt
- wenn das spätere Einkommen unter dem heutigen Einkommen liegt

Abschwächung des Steuereffekts

Eine Abschwächung des Steuereffektes tritt ein:

- wenn der Staat den Steuersatz erhöht
- wenn das spätere Einkommen über dem heutigen liegt

i) Leasing, Kreditspielraum und Kreditsicherheit

Letztlich schafft Leasing Nutzungsmöglichkeiten, wenn Sicherheiten für einen Kredit nicht vorhanden sind (*Start up*).

Allein auf die Liquiditätsverbesserung des Leasingnehmers abzustellen, wäre aber zu einseitig, da Leasinggesellschaften und Kreditinstitute die Bonität des Leasingnehmers gleich beurteilen, wenn auch die Kreditinstitute ihre Entscheidung nicht nur an Sicherheiten, sondern auch an der Ertragskraft des Unternehmens ausrichten.

j) Finanzierungsleasing vs. Finanzierungskauf

Die Gesamtkosten des Leasings setzen sich in der Regel zusammen aus den laufenden Leasingraten, einer eventuellen Abschlussgebühr sowie gegebenenfalls der Verlängerungsmiete bzw. dem Restkaufpreis bei Ausübung einer Kaufoption. Die Mietraten belaufen sich während der Laufzeit des Leasingvertrages auf 120 bis 150 % des Anschaffungswertes des Leasingobjektes. Hinzu kommt meistens die einmalige Abschlussgebühr, die sich bei ca. 5 % der Anschaffungskosten bewegt. Wird ferner berücksichtigt, dass bei manchen Vertragsformen dem Leasingnehmer ein etwaiger Veräußerungserlös des Objektes nach Ablauf der Mietzeit nicht zufließt, so ergeben sich vielfach relativ hohe Kosten des Leasings im Vergleich zum Kauf. Vergleichsrechnungen zwischen Leasing und Kreditkauf auf der Basis der Kapitalwertmethode kommen daher zu dem Ergebnis, dass eine Kreditfinanzierung häufig vorteilhafter als Leasing ist.

Allerdings sind solche Vergleichsrechnungen von den verwendeten Konditionen und hier besonders vom Kalkulationszinsfuß abhängig.

Leasingalternativen, bei denen das Leasingobjekt beim Leasingnehmer zu bilanzieren ist, scheiden wegen des Verlustes des zinslosen Steuerstundungseffekts und der Mehrbelastung bei der Gewerbesteuer ungünstiger ab als Leasingverträge, die eine Bilanzierung des Objekts beim Leasinggeber ermöglichen. Beim Vorteilsvergleich auf Basis der Kapitalwertmethode ist auch zu berücksichtigen, dass unterstellt wird, dass die freigesetzten Mittel jeweils wieder zum Kalkulationszinsfuß angelegt werden können.

Rein rechnerisch schneidet die Eigenkapitalfinanzierung gegenüber dem Leasing nur bei sehr niedrigen Kalkulationszinsfüßen günstiger ab.

In der Unternehmenspraxis besteht aber die Alternative Eigenkapitalfinanzierung häufig nicht.

Bezieht man die Besteuerung mit in das Kalkül ein, so ergibt sich eine geringfügige Verbesserung der Leasingalternative.

Berücksichtigt man bei der Liquiditätswirkung der beiden Alternativen die Steuer, so ergibt sich für den Fall einer degressiven Abschreibung auf das Investitionsobjekt und der damit verbundenen Abschreibungen eine Steuerverschiebung auf spätere Jahre.

Meist wird die über den Gesamtzeitraum konstante Leasingrate als Vorteil gegenüber dem mit einem Zinsänderungsrisiko verbundenen Kreditkauf genannt. Dieser Vorteil kann sich jedoch in einen Nachteil wandeln, wenn sinkende Zinssätze erwartet werden.

Als nicht quantifizierbare Vorteile des Leasings gegenüber der Kreditaufnahme sind zu sehen: Leasinggesellschaften arbeiten meist unbürokratischer als Banken und nehmen den Unternehmen Verwaltungsarbeit ab (Bilanzierung, Versteuerung, Abschreibung, Verkauf des Leasingobjekts).

Die dem Leasing zugeschriebene höhere Investitionsflexibilität, insbesondere die Möglichkeit, den Anlagebestand schneller und leichter an den technischen Fortschritt anzupassen, ist wegen der fest vereinbarten Grundmietzeiten beim Finanzierungsleasing nicht möglich. Der Leasingnehmer ist so bis zum Ende der Vertragslaufzeit an ein technisch schnell veraltetes Objekt wie IT-Anlagen gebunden.

Als anderer Vorteil wird auch angeführt, dass Leasing eine 100%ige Fremdfinanzierung ohne Belastung zusätzlicher Sicherheiten ermögliche, während Kreditinstitute Objekte nicht mit 100 % beleihen. So sollen dem Unternehmen Finanzierungsspielräume offen gehalten werden, wenn die Kreditlimite bereits ausgeschöpft sind. Dies gilt allerdings nur bei isolierter Betrachtung eines einzelnen Investitionsobjekts, während bei Einbeziehung der Gesamtverschuldung des

Unternehmens Leasing Eigenkapital in gleicher Weise bindet wie Kreditfinanzierung, da Leasingverpflichtungen bei den Kreditvergabeentscheidungen der Gläubiger, insbesondere der Banken, Berücksichtigung finden, zumal diese wegen § 285 Nr. 3 HGB im Jahresabschluss angegeben werden müssen.

Die Frage, ob eines der Leasingmodelle gegenüber dem traditionellen Finanzierungskauf betriebswirtschaftlich vorteilhaft ist, kann daher nicht allgemein, sondern nur unter Berücksichtigung der konkreten Umstände des Einzelfalls beantwortet werden.[570]

Diese Einflussfaktoren sind:

- Vertragsgestaltung und die Konditionen des Leasings, die die steuerliche Zurechnung bestimmen
- die Höhe der Steuersätze
- die Kreditkonditionen (Zins, Laufzeit und Tilgungsmodalitäten)
- das gewählte Abschreibungsverfahren beim Kauf
- die Notwendigkeit, Höhe und Art der Anschlussfinanzierung
- die Höhe des Kalkulationszinssatzes, den das Unternehmen ansetzt

Der eigentliche Grund für das Vordringen des Leasings liegt jedoch darin, dass Kreditinstitute Anlagen nur bis zu 40 % beleihen. Betragen die Anschaffungskosten eines Objektes beispielsweise 125.000,-- €, so müssen bei Abschluss des Leasingvertrages keine weiteren Sicherheiten gestellt werden. Beim Finanzierungskauf müssen dagegen zusätzliche Sicherheiten in Höhe von 75.000,-- € gestellt werden. Der Mangel an banküblichen Sicherheiten wird als Grund dafür gesehen, dass sich das Leasing als Finanzierungsinstrument durchsetzen konnte.[571]

k) Shareholder-Value

Die Aktivierung des Leasinggegenstandes in der Handels- und Steuerbilanz des Leasinggebers kann möglicherweise für den Shareholder-Value des Outsourcing-Gebers interessant sein.

Der Shareholder-Value-Ansatz stellt zunächst eine Absage an jegliche Versuche dar, die unterschiedlichen und zumeist gegenläufigen Gruppeninteressen gleichberechtigt in einem geschlossenen Zielsystem der Unternehmung zusammenbringen zu wollen (so genanntes Stakeholderprinzip). Im Mittelpunkt steht vielmehr allein der Shareholder (Eigentümer, Anteilseigner), für den ausschließliches Interesse an der Verbesserung seiner Einkommens-/Vermögensposition und damit an der Wertentwicklung seines Unternehmens unterstellt wird.

570. so im Ergebnis auch Wöhe »Unternehmensfinzierung« S. 208
571. Vgl. Büschgen, Leasing, S. 79

Alle Maßnahmen der Unternehmung sind also danach zu beurteilen, ob sie den Wert des Unternehmens steigern. Das Konzept zwingt damit auch gerade strategische Überlegungen in ein finanzwirtschaftliches Kalkül.

Im Wesentlichen sind drei Ansätze bekannt:

1. Discounted Cash Flow

   Barwert aller zukünftigen Cash-Flows, diskontiert mit einem risikoadjustierten Zinsfuß

2. Cash Flow ROI (Return on Investment)

   Cash-Flow auf das investierte Kapital

3. Economic Value Added

   Überschuss der Investitionen nach risikoadjustierten Eigenkapitalkosten

Bei all diesen Betrachtungen soll Leasing trotz Berücksichtigung der zukünftigen Leasingraten in der externen und internen Analyse das für die Investition gebundene Kapital verringern können. Leasing senkt deshalb die Schwelle, ab der das Unternehmen oder die Einzelinvestition die erwartete Mindestrendite übersteigt und so zur Bildung eines zusätzlichen Unternehmenswertes beiträgt. Leasinginvestitionen drücken sich nicht unmittelbar in der Bilanz des Leasingnehmers aus und belasten nicht – wie oben gezeigt – die Bilanzrelationen.[572]

Der gestiegene Unternehmenswert erhöht dann den Shareholder-Value.

l) Weitere Überlegungen

Allerdings können die auch hier erwähnten klassischen Methoden der Finanzwirtschaft wie die Kapitalwertmethode oder Ertragsermittlung mittels der Discounted-Cash-Flow-Methode nicht das vollständige Kosteneinsparungspotenzial des Leasingmodells aufzeigen.

Entscheidend ist aber das mittelbare Kosteneinsparungspotenzial. Gerade hier liegt der entscheidende Vorteil des Outsourcings. Die Kosten der kompletten Auslagerung des Auftrages übersteigen nie die Einnahmen des Unternehmens. Insoweit wird das liquiditätsschonende *pay-as-you-earn* verwirklicht. Die Abrechnung kann nach einem zuvor festgelegten Schema erfolgen, das ein optimales Controlling ermöglicht. Darüber hinaus kommt es beim Outsourcing zu einer Vielzahl an Einsparungen langfristiger Kosten. Da es sich beim »Auftragsstau« um ein zeitlich beschränktes Problem handelt, können mit Hilfe von Body-Leasing teurere Neueinstellungen vermieden werden.

572. So im Ergebnis auch Bengsch, Beilage BB 04-2001-023

In der heutigen Wirtschaft ist es für ein Unternehmen von höchster Wichtigkeit, schnellstmöglich und präzise auf Veränderungen der Nachfrage und der Umweltstrukturen zu reagieren. Dabei ist es überlebenswichtig, Marktsegmente und Märkte flexibler zu bearbeiten, Reaktionszeiten zu verkürzen sowie individueller auf voneinander differierende Kundenwünsche einzugehen. Während das Anbieten wettbewerbsfähiger Produkte mit guter Funktionalität und Qualität von den Kunden fast schon als Selbstverständlichkeit vorausgesetzt wird, bringen verkürzte Lieferzeiten sowie besserer Service in der Kundenbetreuung entscheidende Pluspunkte gegenüber der Konkurrenz. Dies stellt extreme Anforderungen an die Flexibilität, Qualität, Reaktionsgeschwindigkeit und Kundenorientierung der Unternehmen.

Da der Auftragseingang in der IT-Branche keineswegs konstant ist, bietet Outsourcing einen kostengünstigen Weg, flexible Kapazitäten zu gewährleisten. Außerdem werden so die versteckten, erheblichen Kosten durch permanente und kurzfristige Modernisierung der Informationstechnologie auf den Outsourcing-Anbieter ausgelagert. Für das Leasing spricht besonders aber auch die Variabilisierung von Fixkosten, durch die die Liquidität des Unternehmens erhöht wird. Gleichzeitig wird dadurch die Kostentransparenz und das Controlling erleichtert. Zusätzlich werden auch die normalerweise knappen Management-Kapazitäten für die Kernprozesse im Unternehmen freigesetzt.

Letztlich ist das Synergie-Management der Schlüssel des Outsourcings im Rahmen einer *economy of scale*.

So können Systemplattformen (Hardware-Bereitstellung, Wartung) und die dazu benötigte Infrastruktur und das notwendige Personal für jeden einzelnen Kunden auf Basis der Grenzkosten seitens des IT-Dienstleisters kalkuliert werden.

Mögliche Kostenreduktionen des Outsourcings können durch beliebige Maßnahmen der Finanzmathematik unter Berücksichtigung eines angemessenen unternehmerischen Risikos umgesetzt werden. Eine Kostenreduktion ist heute in der Größenordnung von ca. 10 % bis 20 % der vorliegenden IT-Kosten gegeben. Diese Größenordnung ist allerdings auch durch ein bewusstes Kostenmanagement zu erreichen.[573]

Mehr als die Obergrenze von 20 % ist aber wirtschaftlich nicht durch den Outsourcing-Nehmer zu realisieren, da auch dieser eine marktgerechte Rendite = Gewinnaufschlag erreichen will.[574]

573. Vgl. Schwerdtner/Zylla in Köhler-Frost »Outsourcing« S. 134
574. a.a.O.

m) Fazit

Leasing kann auch im Rahmen des Outsourcings eine attraktive Alternative im Hinblick auf die Vermögens-, Finanz- und Ertragslage des Unternehmens darstellen. Aufgrund der Tatsache, dass beim Leasing der Vorteil nicht in den direkten, kurzfristigen Kosten, sondern in den mittelbaren und erst längerfristig auftauchenden Kosten entsteht, sind Verträge mit längerer Laufzeit zu empfehlen. Auch muss gerade im Hinblick auf die Feinheiten der steuerlichen Behandlung das Vertragsmodell sorgfältig und auf den konkreten Einzelfall des Kunden zugeschnitten werden.

III.5 Service Level Agreement (SLA)

Die Erfahrung hat gezeigt, dass der Outsourcing-Anbieter in den seltensten Fällen seine vertraglichen Leistungen für den Outsourcing-Kunden immer zu den gleichen Konditionen erfüllen muss. In einigen Fällen wird der Outsourcing-Anbieter seine dem Outsourcing-Kunden geschuldete Leistung schnellstmöglich erbringen müssen (z.B. bei Hochverfügbarkeitssystemen). In anderen Fällen wird dem Outsourcing-Anbieter vom Outsourcing-Kunden ein gewisser Spielraum eingeräumt, um seine Leistung zu erfüllen (z.B. nicht häufig benutztes Clientsystem). Um den Rahmen der zu erbringenden Leistungen zu definieren, werden zwischen dem Outsourcing-Anbieter und dem Outsourcing-Kunden häufig Service Levels vereinbart. In solchen werden dann die qualitativen und quantitativen Ziele des Vertrages für den Outsourcing-Anbieter definiert und in einem Service-Level-Management gemessen. Somit kann das Service-Level-Management eine Grundlage für eine Outsourcing-Beziehung sein.[575] Ferner erhält der Outsourcing-Kunde ein Instrument, um den Outsourcing-Anbieter in seinem Sinne zu steuern.

a) Gründe für SLA

Die verschiedenen Formen der Kombinationen aus Wartungs-, Pflege- und Supportleistungen werden unter dem Begriff *Service Level Agreements* zusammengefasst. Der Begriff des *Service Levels* ergibt sich daraus, dass Störungsmitteilungen auf verschiedenen Kompetenzebenen bearbeitet bzw. auf höhere Ebenen weitergegeben werden. Hierbei müssen die einzelnen, mit unterschiedlichen Vergütungen verknüpften Leistungsebenen (Levels) und die Verweisungsmechanismen zwischen diesen definiert werden. Zu klären ist, welche Leistung auf welchem Level unter welchen Voraussetzungen erbracht wird und in welcher Zeit spätestens auf die nächsthöhere Stufe verwiesen wird. Für den Kunden ist letztlich nicht die Stufenfolge entscheidend, sondern nur, ob und wann er spätestens eine Problemlösung erwarten kann.[576]

575. Martin G. Bernhard in »Service Level Management in der IT« S. 38
576. Koch, Computervertragsrecht, 5. Auflage, Rn. 891

Der Großteil der Leistungen innerhalb eines SLA wird meist aufgrund des geschuldeten Erfolgs dem Werkvertragsrecht zugeordnet.[577] Tatsächlich schuldet der Provider aber nur bei bereits aufgetretenen Problemen den Erfolg in Form der Beseitigung des Problems.[578] Wird die Aufrechterhaltung der Betriebsbereitschaft versprochen, kann insoweit auch ein Garantievertrag vorliegen.[579] Ganz gleich aber, wie Outsourcing-Verträge vertragstypologisch eingeordnet werden, enthalten doch alle gesetzlichen Bestimmungen zu diesen Vertragstypen keine detaillierten Bestimmungen zur Qualität des Leistungsgegenstandes (zu erbringende Dienstleistungen, zu fertigendes Werkstück, Kaufsache). Ein Rückgriff auf § 243 BGB, wonach bei Fehlen spezifischer Regelungen stets Waren mittlerer Art und Güte zu liefern sind, hilft aber nicht weiter.

Dem Unternehmen, das ein anderes mit der Erbringung von IT-Leistungen oder der Abwicklung von im Wesentlichen IT-gestützten Geschäftsprozessen beauftragt, wäre mit einem Verweis auf die in § 243 I BGB enthaltene Qualitätsbestimmung »mittlerer Art und Güte« nicht gedient. Entweder gibt es für derartige IT-Leistungen oder IT-gestützte Leistungen überhaupt keinen mittleren Qualitätsstandard oder für ein solches Unternehmen wären Leistungen lediglich mittlerer Art und Güte gar nicht sachgerecht. Ein Auftraggeber benötigt keine Leistungen irgendeiner mittleren Art und Güte, sondern maßgeschneiderte, genau auf die Bedürfnisse und Begebenheiten im eigenen Unternehmen zugeschnittene Leistungen des Dritten.[580] Tatsächlich werden nur bei größeren Projekten die SLAs tatsächlich einzeln ausgehandelt werden. In den übrigen Fällen werden zumeist vorformulierte Verträge verwendet, die dann der Kontrolle der § 305 ff. BGB[581] unterliegen.[582] [583]

Ein Service Level Agreement dient dazu, das erwartete Ergebnis des zu erbringenden Dienstes, andererseits aber auch Rechte und Pflichten von Dienstgeber und Dienstnehmer sowie Sanktionen bzw. Prämien im Falle von negativen bzw. positiven Abweichungen vom erwarteten Ergebnis zu definieren.[584]

---

577. Röhrborn/Sinhart, ASP – juristische Einordnung und Vertragsgestaltung, CR 2001, 69, 76
578. Heymann »Gesetzliches Leitbild des Wartungsvertrages« CR 1991, 525, 527
579. Welcher voraussichtlich nicht in seiner Haftung begrenzt werden kann, siehe § 444 BGB; Scheja, RIV, Hardware-Vollwartung, Rn. 18, Rn. 27.
580. Schrey »Ein Wegweiser für effektive vertragliche Regelungen«
581. gem. § 310 S. 1 BGB findet die Inhaltskontrolle der §§ 308, 309 BGB nur mittelbar im Rahmen der Inhaltskontrolle des § 307 Anwendung, also im Rahmen einer Überprüfung auf unangemessene Benachteiligung nach Treu und Glauben.
582. Da AGB-mäßig formulierte SLAs aber nicht individuell auf den Kunden eingehen können und kaum anpassungsfähig sind, stehen sie der erfolgreichen Verwirklichung eines Outsourcing-Projektes im Wege. Ein solche Vorgehensweise ist nur beim Outsourcen einfach konstruierter Systeme sinnvoll (z.B. Netzwerk innerhalb eines kleinen Unternehmens).
583. Im Folgenden wird daher nicht näher auf die Vorschriften des AGBG eingegangen.
584. Gray »Negotiating An Effective Service Level Agreement« – II, Meumann »Entwurf eines Dienstmodells als Bestandteil einer integrierten Dienstmanagement-Architektur« S. 15

Der Auftraggeber, der Gläubiger der zu erbringenden Leistungen ist, hat ohne SLA keine tragfähige vertragliche Grundlage zur Verfügung. Das heißt, er kann die ihm schließlich erbrachten Leistungen nicht messen und er hat keine Grundlage, aufgrund derer er gegen den Leistenden vorgehen könnte, wenn er die erbrachten Leistungen als ungenügend empfinden würde[585]. Umgekehrt sieht sich der Leistungsschuldner bei fehlenden Service Level Agreements häufig mit Unzufriedenheitsgefühlen eines Auftraggebers konfrontiert.[586] Mangels vertraglich vereinbarten Maßstabs für die zu erbringenden Leistungen kann er diesem Missstand aber nicht konkret und überzeugend argumentativ entgegentreten.[587] Insbesondere aber ist der Auftragnehmer nicht in der Lage, seine eigenen Leistungsanstrengungen an einem klar definierten Leistungsziel auszurichten, bei dessen Erreichen er sich aus eigener Erkenntnis heraus sicher sein kann, alles ihm vertraglich Obliegende getan zu haben. Letztlich fehlt ihm damit auch jegliche Grundlage für seine wirtschaftliche Kalkulation. [588]

Zur Definition des SLA muss Klarheit darüber herrschen, welche Dienste für das Unternehmen kritisch sind. Kann der Kunde wirtschaftlich überleben, wenn die entsprechenden Dienste für eine Stunde, einen Tag, eine Woche oder etwa einen Monat ausfallen?[589] Je kritischer der Dienst, desto höher muss der vom Kunden eingeforderte Service Level liegen, desto höher wird aber auch der Preis für diesen Service Level liegen.

Der Kunde muss spezifizieren können, welche Dienstgüte er vom Dienstleister erwartet. Dazu muss aber auch geklärt werden, wie diese Dienstgüte zu messen ist. [590]

Schließlich sind noch Mechanismen nötig (ein so genanntes Service-Level-Management – SLM),[591] das dafür Sorge trägt, dass sich der Dienstleister auch an den Vertrag hält, also durch die Vereinbarung von Vertragsstrafen, aber gegebenenfalls auch durch Boni. [592]

b) Definition der SLA

Die Festlegung der Service Levels erfolgt in mehreren Schritten. Neben der Definition grundlegender Begriffe sind die einzelnen Diensteigenschaften zu bestimmen, ihre Kennzahlen sowie deren Messung festzulegen und die Grenzwerte und deren Auswirkungen auf Vertragsstrafen zu vereinbaren. Eine Überschneidung einzelner Schritte ist dabei nicht auszuschließen.

585. Merkmale und Inhalte professioneller Service Level Agreements, EVEREST White Paper, S. 2
586. Outsourcing – Top oder Flop?, EVERST White Paper, S. 8
587. Merkmale und Inhalte professioneller Service Level Agreements, EVEREST White Paper, S. 3
588. Schrey »Ein Wegweiser für effektive vertragliche Regelungen«, Hofmann/Dülfer »Sicherheit in Outsourcing-Partnerschaften«, Management effektiver Service Level Agreements
589. Caine »Negotiating An Effective Service Level Agreement«
590. Kulas/Schulz »Dienstgüte und Dienstgütevereinbarungen (SLAs)« S. 4
591. Siehe Kapitel D., Das Outsourcing-Vertragswerk, IV. Nr. 3.
592. Kulas/Schulz »Dienstgüte und Dienstgütevereinbarungen (SLAs)« S. 4

c) SLA-Bestandteile

Da Ziel eines SLA die klare Bestimmung des Leistungsinhalts und -umfangs ist, muss zunächst ein Katalog von grundlegenden Definitionen erstellt werden, damit beide Vertragsparteien ein einheitliches Verständnis der Begriffe bekommen[593] und eine etwaige Unwirksamkeit des Vertrages wegen eines versteckten Einigungsmangels nach § 155 BGB[594] von vornherein vermieden wird.

Dies ist insbesondere vor dem Hintergrund der Komplexität der Materie und der unterschiedlichen Wissensstände von Provider und Kunde[595] wichtig.

aa) Diensteigenschaften

Kernbestandteil des SLA ist die Festlegung der Diensteigenschaften. Wichtige Beispiele für die Leistungsparameter bei IT-Diensten sind:

- **Verfügbarkeit**. Diese wird berechnet als der Quotient der Ist-Betriebsdauer (I) und der Soll-Betriebsdauer (S) und wird in Prozent angegeben.
- **Mean-Time-to-Repair**. Durchschnittliche Ausfallzeit
- **Mean-Time-between-Failure**. Durchschnittliche Zeit zwischen dem Auftreten desselben Fehlers (im Sinne von Mangel). Hierdurch wird das häufige Auftreten eines Fehlers (im Sinne von Mangel) besonders plastisch.
- **Reaktionszeit** bzw. **Antwortzeit**. Dies ist die Zeitspanne zwischen dem Anstoß einer Operation (durch den Kunden) und dem für den Kunden sichtbaren Abschluss dieser Operation.
- die **Betriebszeiten**, sowie **Batchzeiten** (Zeiten eingeschränkter Systemverfügbarkeit) und **Wartungszeiten**
- **Problemlösungszeiten**
- **Notfallprozeduren**

Weiterer Bestandteil kann die Einrichtung eines *User-Help-Desks* (z.B. Call-Center) oder eines nach dem ITIL definierten Service Desks sein.

Diese knappen Definitionen sind jedoch bei weitem noch nicht ausreichend, um die einzelnen Leistungen genau spezifizieren zu können.

Innerhalb der Verfügbarkeit lässt sich beispielsweise zwischen der Gesamtverfügbarkeit des gesamten Systems und der Verfügbarkeit der einzelnen Komponenten, z.B. der einzelnen Terminals, unterscheiden.

Dabei muss auch beachtet werden, welche Auswirkungen in komplexeren Client/ Server-Strukturen die Ausfälle von Teilsystemen auf die Bestimmung der Verfügbarkeitsquote des Gesamtsystems haben sollen.

593. The Service-Level Agreement, S. 1
594. Palandt/Heinrichs, § 155, Rn. 5
595. Köppel/Abeck/Müller »Unterstützung von SLAs für verteilte Anwendungen« S. 2

Es muss also im Vertrag exakt definiert werden, was die Parteien unter Verfügbarkeit verstehen und unter welchen Bedingungen die Parteien ein bestimmtes System als verfügbar ansehen wollen.

Hier muss nicht nur das System bestehend aus Hardware, Betriebssystem und systemnaher Software, sondern auch ggf. die konkrete Anwendung, deren Verfügbarkeit für den Auftraggeber vertraglich sichergestellt werden soll[596], Berücksichtigung finden.

Für den Bereich des SB-Banking an Kundenterminals oder via Online-Banking bedeutet dies beispielsweise:[597]

Beipiel

Der Benutzer möchte SB-Banking an sieben Tagen pro Woche rund um die Uhr nutzen können, so dass eine sehr hohe (zeitliche) Verfügbarkeit gewährleistet werden muss. Verfügbarkeit bezieht sich dabei auf das gesamte SB-Banking-System selbst (bestehend aus Rechnern, Server-Software und der Banking-Software zur Durchführung der Transaktionen). Entsprechend gering müssen die Wartungszeiten gehalten werden.

Da die einzelnen Komponenten »in Reihe« geschaltet sind, ist die Anwendung ausschließlich dann für den Endbenutzer verfügbar, wenn alle beteiligten Komponenten verfügbar sind. Jede einzelne Komponente bildet einen *Single Point of Failure*, an dem das Auftreten eines Mangels zum Erliegen des Gesamtsystems führt. Hierbei muss geklärt werden, welche Auswirkungen dies auf die Kennzahl *Verfügbarkeit* und etwaige damit verbundene Vertragsstrafen hat bzw. welcher Single Point of Failure in wessen Verantwortlichkeit fällt.

Zur vollständigen und wirtschaftlich sinnvollen Definition der Verfügbarkeit gehört aber auch, dass neben der bloßen Prozentsatzangabe auch noch die maximal zulässige Dauer eines einzelnen Systemausfalls und die maximal zulässige Anzahl von Systemausfällen pro Zeiteinheit (Tag, Woche, Monat, Quartal oder Jahr) definiert wird. Eine Verfügbarkeit von 98,5 % beispielsweise bezogen auf eine Woche bedeutet, dass ein System während 2,52 Stunden pro Woche ununterbrochen stillstehen und damit nicht verfügbar sein kann und der Auftragnehmer trotzdem seine Leistungspflichten voll erfüllt hat; der gleiche Prozentsatz bezogen auf ein Jahr, also auf 365 Tage, bedeutet, dass das betreffende System während 5,47 aufeinander folgenden Tagen, also während 131,4 aufeinander folgender Stunden stillstehen und damit nicht verfügbar sein kann und der Auftragnehmer dennoch seine Leistungspflichten voll erfüllt hat.[598]

---

596. Schrey in Service Level Management in der IT»Ein Wegweiser für effektive vertragliche Regelungen« Seite. 154
597. Meumann »Entwurf eines Dienstmodells als Bestandteil einer integrierten Dienstmanagement-Architektur« S. 16

- Der Bezugszeitraum der Verfügbarkeitsquote muss also ebenfalls festgelegt werden.
- Nachdem die Begrifflichkeiten geklärt sind, sind dann die einzuhaltenden Grenzwerte zu vereinbaren.[599]

Bei der Definition der Begriffe ist jedoch auch die Messung/Messbarkeit zu berücksichtigen, da ein zufrieden stellender Projektablauf nur bei Nachvollziehbarkeit der geleisteten Dienste gewährleistet ist.

bb) Festlegung/Messung von Kennwerten

Die Messung der einzelnen Diensteigenschaften im Sinne eines Service-Level-Managements ist ebenfalls zentraler Bestandteil von Service Level Agreements (SLA).

Problematisch ist hierbei, dass für den Kunden die entscheidende Dienstgüte die »Anwenderzufriedenheit« bzw. »Störungslosigkeit« des Gesamtsystems ist. Die internen Abläufe beim Outsourcing-Unternehmer sind für ihn ebenso wenig von grundliegendem Interesse, wie beispielsweise, an welcher Stelle ein Single Point of Failure das gesamte System lahm legt.[600] Da umgekehrt der Dienstleister nur grundlegend die internen Geschäftsabläufe des Kunden kennen kann, besteht hier ein weit reichendes Konfliktpotenzial.

Für die meisten Messgrößen, die im Rahmen von Service Level Agreements definiert werden, gibt es zwar entsprechende Protokolle oder Messtools,[601] mit deren Hilfe die Einhaltung dieser Service Levels gemessen werden kann.[602] Diese vom Dienstleister leicht zu messenden technischen Kennwerte müssen jedoch aus den oben genannten Gründen in für den Kunden verständliche Daten umgewandelt werden. Hierfür bestehen mehrere Möglichkeiten: Zum einen kann der Dienstleister mittels entsprechender Werkzeuge versuchen, die für den Kunden relevanten Kennwerte zu messen. Es kann aber auch versucht werden, auf gemeinsamer Basis Dienstparameter zu finden, die für den Dienstleister leicht messbar und zugleich für den Kunden bedeutsam sind. Andererseits kann aber auch der Dienstleister versuchen, dem Kunden mittels entsprechender Werkzeuge zu verdeutlichen, wie sich einfache Kennwerte in höherwertige, für den Geschäftsprozess des Kunden entscheidende, Kennwerte übersetzen lassen.[603]

Gleichgültig, welcher Weg gewählt wird, wird bereits durch das Erkennen des Problems und die Kommunikation hierüber Konfliktpotenzial ausgeräumt und die Zusammenarbeit verbessert.

---

598. Schrey in Service Level Management in der IT »Ein Wegweiser für effektive vertragliche Regelungen«, S. 155
599. Kulas/Schulz »Dienstgüte und Dienstgütevereinbarungen (SLAs)« S. 11
600. Kulas/Schulz »Dienstgüte und Dienstgütevereinbarungen (SLAs)« S. 9
601. Z.B. »Patrol for SLM« von BMC www.bmc.com
602. McBride »Successful Deployment of IT Service Management in the Distributed Enterprise« S. 17, Hofmann/Dülfer »Sicherheit in Outsourcing-Partnerschaften«, Management effektiver Service Level Agreements
603. Kulas/Schulz »Dienstgüte und Dienstgütevereinbarungen (SLAs)« S. 12

Bei der Definition von Leistungsdaten und -bemessungsgrundlagen sollten Werte aufgeführt werden, die nicht auslegbar, messbar und kontrollierbar sind.[604]

Im SLA muss ebenfalls festgelegt werden, ob (soweit möglich) ein ständiges Messprotokoll installiert wird oder zu welchen Zeiten Messungen vorgenommen werden.[605] Auch hier muss wiederum berücksichtigt werden, dass das System zu unterschiedlichen Zeitpunkten unterschiedlich hohen Anforderungen unterliegt. Wird während einer »Volllastnutzung« gemessen, ist die Wahrscheinlichkeit des Auftretens von Fehlern (im Sinne eines Mangels) entsprechend höher, als wenn das System nur geringen Anforderungen unterliegt.

cc) Service-Level-Management

Neben der Beschreibung der Leistung in einer Leistungsbeschreibung und der Definition der Ziele der Leistungserbringung ist es ebenso wichtig, diese Ziele der Leistungserbringung zu messen.[606] Gehandhabt werden die gesamten SLAs und deren Messung in einem Service-Level-Management (SLM).[607]

Auch das gesamte SLM bedarf einer vertraglichen Grundlage und muss somit Bestandteil der Leistungsverträge sein.

(1) End-to-End-Messung

Eine *End-to-End-Messung* gestaltet sich sehr einfach. Gemessen wird lediglich, wann die Entstörung oder die Beschaffung beauftragt wurde und wann (anhand des SLA) diese Leistung erbracht wurde.

Das führt dazu, dass kein Malus/Bonus fällig wird.

SLA Beschaffung	**Monat Mai 200x**		
Art	**Beauftragung**	**Erreicht**	**SLA gehalten**
PC	8. Mai 10 Uhr	14. Mai, 14 Uhr	ja
Notebook	9. Mai 11 Uhr	21. Mai 17 Uhr	nein
PDA	11. Mai 16 Uhr	15. Mai 9 Uhr	ja
etc.	etc.	etc.	etc.
Gesamtzahl für	Monat Mai		98 %

604. Hofmann/Dülfer »Sicherheit in Outsourcing-Partnerschaften«, Management effektiver Service Level Agreements
605. Caine »Negotiating An Effective Service Level Agreement«
606. von Below in »Service Level Management in der IT »Service Level Management beim debis Systemhaus (heute Markenbezeichnung T-System)« S. 79 ff. Bernhard/Lewandowski/Mann
607. Martin G. Bernhard in »Service Level Management in der IT« S. 27 ff. Bernhard/Lewandowski/Mann

Leider bleiben die Faktoren, die zu einer Leistungsstörung führen, dabei in Dunkeln.[608] Weder der Outsourcing-Kunde noch der Outsourcing-Anbieter können in einer End-to-End-Messung feststellen, warum der SLA nicht eingehalten wurde bzw. warum eine Leistungsstörung vorliegt.

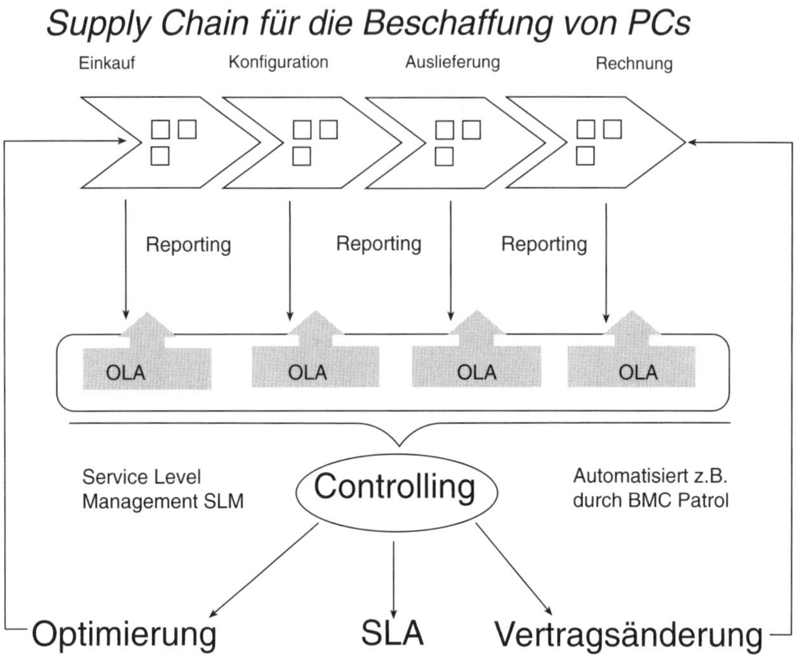

Abbildung C.10

(2) OLA-Messung

An Stelle einer Black Box bei der End-to-End-Messung wird bei der OLA[609]-Messung (siehe Abbildung C.10) anhand der Wertschöpfungskette[610] die Supply Chain in entsprechende Kettenglieder unterteilt. Bei dem folgenden stark vereinfachten Bespiel wird die Supply Chain in vier Teilbereiche unterteilt:

- Einkauf
- Konfiguration
- Auslieferung
- Rechnungsstellung

608. Sog. Black Box

609. OLA = Operating Level Agreement siehe auch »Service Level Management als neue Herausforderung für die Informationsverarbeitung« IT-Management, Januar 2000

610. Die Differenz zwischen der Absatzleistung und dem Faktoreinsatz kennzeichnet den Wert der betrieblichen Wertschöpfung. W. Hopfenbeck Allg. Betriebswirtschaftslehre 9. Auflage S. 95

Jeder dieser Teilbereiche bekommt ein »internes« SLA, sprich ein Operation Level Agreement (OLA) [611] zugewiesen. Die Leistungserbringung für den einzelnen Teilbereich wird anhand des entsprechenden OLA (Reporting) gemessen. Die Definition der Zeiten für die Erfüllung eines OLA kann durch eine simple mathematische Formel erfolgen:

$$\text{OLA/time} = \frac{\text{(SLA/time)}}{\text{Teilbereiche}}$$

Beispiel

Das SLA zwischen dem Outsourcing-Kunden und dem Outsourcing-Anbieter besagt, dass für die Lieferung eines PC zwölf Tage veranschlagt worden sind. Das bedeutet, dass jeder Teilbereich drei Tage für die Erfüllung des ihm zugewiesen OLA hat.

$$\text{3 Tage pro OLA} = \frac{\text{12 Tage für die Erfüllung des SLA}}{\text{4 Kettenglieder}}$$

Die oben aufgeführte simple Formel zur Berechnung von Zeiten zur Einhaltung von Operation Levels Agreements kann aber nur aufgehen, wenn jedem Kettenglied der Supply Chain die gleiche Zeitgröße zugeteilt wird. Werden den einzelnen Kettenglieder und OLAs unterschiedliche Zeitgrößen zugewiesen, so ist die aufgeführte Formel hinfällig.

Die in den OLAs gesammelten Informationen werden im einem Controlling ausgewertet. Das Controlling und die Messung der OLAs kann durchaus durch ein elektronisches Tool erfolgen.[612] Die Verwaltung, Organisierung und Auswertung der Service Level/Operation Level wird auch als Service-Level-Management bezeichnet.[613]

- Durch die Addition der OLA-Zeit kann gemessen werden, ob das SLA eingehalten worden ist.
- Durch die Auswertung der OLA-Information kann festgestellt werden, wie lange die einzelnen Teilbereiche für die Erfüllung ihrer Tätigkeit benötigt haben.

611. Horchler in in Service Level Management in der IT, S. 69
612. Z.B. Patrol for SLM von BMC www.bmc.com/patrolforslm
613. Schoepp/Horchler »IT Standards und IT-Standardisierung aus Sicht eines Outsourcing-Dienstleisters in Service Level Management in der IT« S. 69 ff. Bernhard/Lewandowski/Mann

- Wenn nötig, kann somit dann festgestellt werden, ob der Prozess zur Erfüllung des entsprechenden OLA optimiert werden muss.
- Und wenn dies nicht möglich ist, muss der Prozess zur Erfüllung des entsprechenden OLA mit Auswirkung auf den SLA im Vertrag angepasst werden

d) Rechtsfolge der Nichteinhaltung der Service Levels

Wird ein vereinbarter Service Level nicht eingehalten, wird dem Kunden meist in Form der *Vertragsstrafe* ein Druckmittel gegenüber dem Dienstleister eingeräumt. Zwar muss der Kunde im Fall der Nicht- oder Schlechtleistung nur die tatsächlich erhaltene Leistung bezahlen, mit der *Vertragsstrafe* erhält der Kunde aber ein für beide Seiten gegenüber der schwer wiegenden Kündigung abgestuftes Druckmittel.[614]

Für die Konstruktion einer »Vertragsstrafe« bestehen zwei Möglichkeiten:

aa) Vertragsstrafen gem. § 339 ff. BGB[615]

Die §§ 339 ff. BGB definieren die Vertragsstrafe als unselbstständiges, an eine bestehende Hauptverbindlichkeit angelehntes Versprechen des Schuldners, im Falle der Nichterfüllung oder nicht gehörigen Erfüllung einer vertraglichen Verpflichtung an den Gläubiger eine Geldleistung zu erbringen. Die Vertragsstrafe erfüllt damit einen doppelten Zweck, nämlich die Sicherung der Vertragserfüllung durch Ausübung entsprechenden finanziellen Drucks einerseits und die Durchsetzung von Schadenersatzansprüchen ohne Nachweis eines konkreten Schadens andererseits.

Gemäß §§ 341 II, 340 II BGB bleibt dem Gläubiger der Vertragsstrafe die Geltendmachung von über die Höhe der Vertragsstrafe hinausgehenden Schadenersatzansprüchen vorbehalten; hieraus ergibt sich, dass die Vertragsstrafe mithin bis zu ihrer vereinbarten Höhe in jedem Fall auch die dem Gläubiger entstandenen Schäden abdecken soll. Nur dann, wenn der Gläubiger in der Lage ist, durch die Pflichtverletzung des Leistungsschuldners ihm entstandene Schäden auch über die Höhe der Vertragsstrafe hinaus darzulegen und unter Beweis zu stellen, wäre der Leistungsschuldner verpflichtet, auch einen über den Betrag der Vertragsstrafe hinausgehenden Schadenersatz zu zahlen.

Die Vereinbarung einer Vertragsstrafe bewirkt also, dass der Dienstleister für den Fall der Schlechterfüllung der ihm obliegenden Leistungspflichten nur erkennen kann, welche Beträge konkret er dadurch zunächst einbüßt. Das der Vertragsstrafe gesetzlich innewohnende Moment der Geltendmachung darüber hinausgehender Schäden bewirkt jedoch zusätzlich für den Fall, dass dem Kunden der Nachweis weiterer Schäden gelingt, eine im Betrag nach oben hin völlig offene Schadener-

---

614. Lux/Schön, Outsourcing der Datenverarbeitung, S. 90
615. Schrey in Service Level Management in der IT »Ein Wegweiser für effektive vertragliche Regelungen«, S. 156

satzverpflichtung des Dienstleisters. Der festgeschriebene Vertragsstrafensatz bildet lediglich die mindestens zu zahlende Sanktion. Gemäß § 343 BGB besteht die Möglichkeit, eine unverhältnismäßig hohe Vertragsstrafe durch ein angerufenes Gericht herabsetzen zu lassen. Der in § 348 HGB vorgesehene Ausschluss des § 343 BGB für Kaufleute kann abgedungen werden. Für die Angemessenheit der Strafe sind Schwere und Ausmaß der Zuwiderhandlung und das Verschulden des Verletzers[616], aber auch die Funktion der Vertragsstrafe als Druck- und Sicherungsmittel[617] maßgeblich.

bb) Schadensersatzpauschale[618]

Den Gegensatz dazu bilden Schadenersatzpauschalen, die häufig auch als *pauschalierte Schadenersatzbeträge* bezeichnet werden. Dabei handelt es sich um vertraglich vereinbarte Pauschalbeträge, die immer dann zu zahlen sind, wenn ein bestimmter Service Level unterschritten wird, gleich in welcher Höhe dadurch ein tatsächlicher Schaden entstanden ist oder vom Leistungsgläubiger nachgewiesen werden kann. Solche Vereinbarungen sind aufgrund der Vertragsfreiheit zulässig.[619]

Liegt ausnahmsweise einmal der konkret entstandene und auch nachweisbare Schaden über der Höhe der Schadenersatzpauschale, kann der geschädigte Kunde trotzdem nicht verlangen, den über die Schadenersatzpauschale hinausgehenden Schaden vom Dienstleister erstattet zu bekommen, sondern er muss diesen Schaden selbst tragen. Für den Dienstleister bieten Schadenersatzpauschalen den Vorteil, dass die Höhe der Sanktion jeweils exakt und abschließend vorher bestimmbar ist.

cc) Vertragsstrafetatbestand

Nicht jeder Service Level, der vertraglich vereinbart wurde, muss automatisch auch mit einer entsprechenden Sanktion belegt sein. Da sie als Druckmittel dienen und mit relativ hohen finanziellen Einbußen verbunden sind, kann nicht jede SLA-Verletzung eine Vertragsstrafe nach sich ziehen. Daher sollten auch nur solche Service Levels mit Sanktionen belegt werden, die für die Geschäftsprozesse des Leistungsgläubigers relevant oder sogar kritisch sind.[620]

Hierdurch erhält die Vertragsstrafe bzw. die mit ihr belegten SLAs eine eindeutige Signalwirkung für den Dienstleister.

---

616. BGH NJW 1994, 45
617. BGH NJW 1983, 942
618. Caine »Negotiating An Effective Service Level Agreement«, Schrey »Ein Wegweiser für effektive vertragliche Regelungen«
619. BGH NJW 1970, 32; 1970, 2017
620. Schrey in Service Level Management in der IT »Ein Wegweiser für effektive vertragliche Regelungen«, S. 156

dd) Bonusregelung

Eine weitere Anreizmöglichkeit besteht darin, für den Fall einer besseren als der vertraglich vereinbarten Erfüllung bzw. die Überschreitung bestimmter Grenzwerte Boni/Gutschriften/höhere Preise für den Dienstleister zu vereinbaren. Dies ist insbesondere dann sinnvoll, wenn der Kunde die Erreichung eines bestimmten Service Levels wünscht, der Dienstleister die Einhaltung dieses Service Levels aber nicht vertraglich garantieren möchte.

e) Reporting/Review

Um die Einhaltung der Service Levels zu überwachen bzw. zu dokumentieren, sind regelmäßig Betriebsberichte abzufassen. In den SLAs sind die Berichtzeiträume und -zeitpunkte, Inhalt bzw. die Aufschlüsselung und Übermittlung der Berichte festzulegen. Da der Kunde durch das Outsourcing Geschäftsprozesse aus seinem direktem Einfluss- und Kontrollbereich herausgibt und die Einhaltung von Service Levels zugleich eng mit den Zahlungen des Kunden an den Dienstleister verknüpft ist (Leistungsnachweis),[621] kommt den Berichten eine hohe Bedeutung zu. Daher müssen auch Regelungen getroffen werden, unter welchen Umständen der Kunde diese anzweifeln kann bzw. wie in einem solchem Konfliktfall zu verfahren ist. Dies steht wiederum in engem Zusammenhang mit der Vereinbarung über die Art und Weise der Messung der Kennzahlen.

Gleichzeitig sollten regelmäßige Treffen anberaumt werden (z.B. Lenkungsausschuss), um eine Überprüfung des SLA (Review) durchzuführen.[622] Diese können neben der Überprüfung des Serviceumfangs auch der Kontrolle bzw. Diskussion über die Einhaltung von Service Levels andererseits dienen.[623] Regelmäßige Treffen stärken die Vertrauensbasis zwischen Kunde und Provider, da auftretende Probleme hier ausdiskutiert werden können und beide Parteien zu Fragen Stellung nehmen müssen. Werden diese Treffen als Bestandteil in das SLA aufgenommen, so können sie später nur sehr schwer ignoriert werden.

Bei der Anzahl der Treffen bzw. dem Abstand zwischen den Treffen sind einerseits zu seltene Treffen und andererseits zu häufige zu vermeiden. Beides kann dazu führen, dass auftretende Probleme nicht ausreichend diskutiert werden, was sich langfristig negativ auswirkt.[624]

---

621. Outsourcing, Top oder Flop?, S. 8
622. McBride »Successful Deployment of IT Service Management in the Distributed Enterprise«, S. 17
623. Hofmann/Dülfer »Sicherheit in Outsourcing-Partnerschaften«, Management effektiver Service Level Agreements, Kulas/Schulz »Dienstgüte und Dienstgütevereinbarungen (SLAs)« S. 5
624. Böning »SLA Verhandlungsunterstützung am Beispiel SAP R/3« S. 97

f) Change-Management

Während der Nutzung eines SLA können sich die Anforderungen an die erbrachten Services oder an den Umfang des Serviceangebots ändern.[625]

Für den Kunden ist die Möglichkeit zur Erweiterung sehr wichtig, da er sichergehen muss, dass er bei Änderungen seiner Anforderungen immer noch mit dem Provider zusammenarbeiten kann. Der Provider kann durch eine solche Option sein Angebot attraktiver machen. Auch für ihn sollte eine langfristige Bindung des Kunden von Interesse sein.

Daher sollte eine Möglichkeit vereinbart werden, mit der eine Partei den Umfang des SLA erweitern oder reduzieren kann.[626] Wichtig sind hierbei Fragen wie:

- Wer darf ändern (verantwortliche und zeichnungsberechtigte Personen)?
- Welche Änderungen bedürfen welcher Zeichnungsbefugnisse?
- Welche Entscheidungswege sind einzuhalten?[627]

Neben dem genauen Ablauf im Falle eines Änderungswunsches von einem Vertragspartner sind auch die Konsequenzen dieser Änderung zu beachten. Wichtig werden hierbei die Abhängigkeiten der SLA-Elemente. So kann z.B. eine Änderung der Datenbankgröße eine Änderung der Backup-Strategie erzwingen, da nun die vorher benutzen Speichermedien nicht mehr ausreichen oder die Downzeit des Systems sich nicht akzeptabel verlängern würde.

Leistungsanforderungen	Auswirkung auf andere Bestandteile
Anzahl Mandanten/Mandantenstrategie	User-/Berechtigungsmanagement Datenbankgröße
Anzahl User	Backup und Recovery Archivierung User-/Berechtigungsmanagement Antwortzeiten Datenbankgröße

In diesem Zusammenhang spielen auch wieder die Kosten eine große Rolle. Eine Änderung der SLA-Elemente wird auch Einfluss auf die Kosten für den Service haben.

625. Böning »SLA Verhandlungsunterstützung am Beispiel SAPR/3« S. 98 f.
626. Kulas/Schulz »Dienstgüte und Dienstgütevereinbarungen (SLAs)« S. 7
627. Karten, Excerpt from How To Establish Service Level Agreements

SLAs dürfen daher nicht »in Beton gegossen sein«[628], sondern müssen von Anfang an darauf ausgelegt werden, dass es sich um »lebende«, »atmende« Verträge handelt.[629] Hauptursache für die »second wave of outsourcing« auf dem US-amerikanischen Markt waren fehlende Änderungsmöglichkeiten der ursprünglichen SLAs, die aufgrund des technischen Fortschritts schlicht nicht mehr adäquat waren.[630]

g) Preise

Bei der Preisgestaltung sind ebenfalls mehrere Varianten denkbar.

Zum einen kann für sämtliche im SLA enthaltenen Services ein Paketpreis gebildet werden, der bei Ergänzungen/Änderungen mit Aufschlägen versehen wird. Diese zusätzlichen Optionen werden jedoch unter anderem wegen des bestehenden Abhängigkeitsverhältnisses relativ teurer sein.

Ist bereits absehbar, dass der Vertrag einer Vielzahl von Änderungen unterliegen wird, ist ein aufgeschlüsseltes Preisverzeichnis vorzuziehen.[631] Mit ihm kann der Preis den jeweiligen Änderungen angepasst werden. Dies bietet gleichzeitig den Vorteil, dass die Anpassung der Preise bei schwankenden Kosten der einzelnen Komponenten einfacher möglich ist, und ermöglicht zudem aufgrund eindeutiger Kostenstrukturen ein effektives Controlling.[632]

Ferner ist zu beachten, dass es einerseits für den Dienstleister wichtig ist, dass er bei steigenden Kosten z.B. für die Hardware die Preise im SLA angleichen kann, andererseits beim Kunden jedoch die Planungssicherheit eine große Rolle spielt. Dieser will sicher sein, dass die Kosten in einem gewissen Zeitraum konstant bleiben.[633] Da die Preise im SLA fortlaufenden Änderungen unterliegen, wie z.B. Hardware- und Personalkosten, sollte für die Serviceleistungen und die zugehörigen Kosten ein Geltungszeitraum definiert werden. Nach Ablauf dieser Zeitspanne muss neu verhandelt werden. Durch solche Vereinbarungen wird verhindert, dass die Vertragspartner an unrealistische bzw. nicht zeitgemäße Kosten gebunden werden.[634]

h) Verhandlung/Einführung von SLAs[635]

Bei der Verhandlung der SLAs ist problematisch, dass diese zu einem Zeitpunkt stattfinden, zu dem das System, über dessen Service Levels verhandelt wird, zumeist noch nicht existiert (Implementierungsphase). Zwar haben die Kunden-

628. Schrey in Service Level Management in der IT »Ein Wegweiser für effektive vertragliche Regelungen«, S. 157
629. Radcliff »Building a better service-level agreement«
630. Gray »Negotiating An Effective Service Level Agreement« – II
631. Gray »Negotiating An Effective Service Level Agreement« – II
632. Radcliff »Building a better service-level agreement«
633. Böning »SLA Verhandlungsunterstützung am Beispiel SAP R/3« S. 98
634. Böning »SLA Verhandlungsunterstützung am Beispiel SAP R/3« S. 98
635. Böning »SLA Verhandlungsunterstützung am Beispiel SAP R/3« S. 31 ff.

Anforderungen hinsichtlich der Service Levels Auswirkungen darauf, wie das System konzipiert wird. Bevor das System aber noch nicht implementiert ist, sehen sich sowohl Dienstleister als auch Kunde relativ hohen Unsicherheiten ausgesetzt.

In der **Vorbereitung**, die meist schon in der Planungsphase beginnt, geht es daher vor allen Dingen darum, die Ziele und die daraus resultierenden groben Anforderungen des Kunden und die Angebote des Providers festzuhalten. Dabei sollten Alternativen ausgearbeitet werden, auf denen in späteren Phasen aufgebaut werden kann. Die Granularität (also der Grad der Untergliederung) der Vereinbarungen ist zu diesem Zeitpunkt sehr grob, da beide Parteien aufgrund eines zu geringen Wissensstandes unmöglich genaue Vereinbarungen treffen können.

Beispiel

In der Vorbereitung ist beispielsweise die Backup-Strategie noch nicht am laufenden System getestet worden. Beide Parteien befinden sich in einem Verhandlungsstadium, in dem sie sich noch nicht auf bestehende Systeme beziehen können. Der Kunde äußert seine Wünsche und Bedürfnisse für das zukünftige Backup. Die Genauigkeit der Anforderungen kann stark variieren, z.B. von »soll vom Dienstleister übernommen werden« bis zu »wöchentlich auf einem speziellen Speichermedium«. Der Dienstleister steht vor dem Problem, dass er den tatsächlichen Aufwand und die Kosten zu diesem Zeitpunkt nur ungenau abschätzen kann. Erst nach Tests mit dem realisierten System wird der eigentliche Aufwand klar. Demnach sollte der Provider zunächst Alternativen anbieten, z.B. eine Kostenobergrenze oder eine Art Kostenkatalog. Das SLA-Element »Backup-Strategie« bedarf nach dieser Phase allerdings noch weiterer Verfeinerungen.

Während der **Spezifikation**, hier befindet man sich meist schon in der Implementierungsphase, wird nun die Granularität der Vereinbarungen verfeinert. Durch das Testen oder die Verwirklichung der Anforderungen im System sammeln sowohl der Kunde als auch der Dienstleister wichtige Erfahrungen, wodurch sie ihren Wissensstand erweitern. Idealerweise lernen nun beide Parteien die genauen Anforderungen und den sich daraus ergebenden Aufwand kennen. In dieser Phase kann es durchaus zu mehreren Verfeinerungen der Vereinbarungen im SLA-Element kommen.

Für das Beispiel des SLA-Elements »Backup-Strategie« steht in dieser Phase die Umsetzung der Backup-Strategie im realen System an. Der Kunde verfeinert seine Anforderungen, indem er genau angibt, wie das Backup durchgeführt werden soll. Dabei spielen Parameter wie Häufigkeit, Umfang, Zeitpunkt, Speichermedien, Aufbewahrungsort etc. eine große Rolle. Der Provider erkennt den Aufwand, der zur Erfüllung dieser Anforderungen nötig wird. Dieser Aufwand kann durch Faktoren, wie z.B. Komplexität der Backups bei diesem speziellen System, Bedarf an spezieller Backup-Software etc. beeinflusst werden. Allerdings kann der Provider nun die Preise für diese Serviceleistungen genau mitteilen.

Am Ende der **Spezifikation** kann das Element nun in den Betrieb überführt werden. Häufig liegt das Ende der Spezifikation in der Phase des »laufenden Betriebs« und bei Scharfstellen der SLAs schon am Ende der Transition.[636] Somit wird es fester Bestandteil des SLA und kann von beiden Seiten eingefordert werden. Kleinere Änderungen können durch gegenseitiges Einvernehmen vorgenommen werden. Das Beispiel-SLA-Element »Backup-Strategie« wurde in der Spezifikationsphase so definiert, dass Anforderungen und Aufwand sehr genau festgestellt werden konnten. Somit kann dieses Element von beiden Seiten als feste Vereinbarung angesehen werden, d.h., der Kunde kann davon ausgehen, dass das Backup vom Dienstleister anforderungsgerecht durchgeführt wird und der Dienstleister kann vom Kunden die ausgehandelte Vergütung seiner Leistungen erwarten. Kleine Änderungen, wie z.B., dass das Backup nun häufiger durchgeführt werden soll, können bei gegenseitigem Einverständnis durchgeführt werden.

i) Fazit

Neben der Aufgabe der Leistungsbeschreibung und der Sanktionen übernimmt der Prozess um die Entstehung und Einhaltung eines SLA wichtige Aufgaben für das Funktionieren eines Outsourcing-Projekts, die jeweils zur Vermeidung von Konflikten führen: [637]

- Kommunikationsmittel

  Da eine Dienstleistung als immaterielles Produkt vor dem Kauf seitens des Kunden und der Durchführung nicht vorhanden ist, muss ein Kommunikationsmittel zwischen Dienstanbieter und Dienstnehmer existieren, um den Gegenstand des Handels festzulegen und zu definieren. [638] Bereits durch den Prozess des Aushandelns des SLA wird die Kommunikation zwischen den Vertragsparteien verstärkt, so dass die jeweiligen Prioritäten, Bedürfnisse und Anforderungen erkannt und verstanden werden können.
- Klärung der unterschiedlichen Erwartungshaltungen

  Gleichzeitig führt eine Dienstleistungsvereinbarung Kunde und Dienstanbieter zu kalkulierbarem Verhalten: Der Kunde weiß, was er vom Dienst zu erwarten hat, und der Dienstgeber hat klar vor Augen, welche Erwartungshaltung der Kunde hat.[639]

---

636. Transition siehe Kapitel C., Das Outsourcing-Projekt, I.
637. Karten, Excerpt from How To Establish Service Level Agreements, S. 6 ff.
638. Meumann »Entwurf eines Dienstmodells als Bestandteil einer integrierten Dienstmanagement-Architektur« S. 15
639. Meumann »Entwurf eines Dienstmodells als Bestandteil einer integrierten Dienstmanagement-Architektur« S. 25

- Qualitätssicherung

  Durch die Festlegung von Leistungszielen und Messwerten werden objektive Kriterien zur Beurteilung der vom Provider erbrachten Leistung etabliert. Hiermit wird ein weiterer potenzieller Konfliktherd zwischen Provider und Kunde ausgeräumt.

- Konfliktvermeidung

  Insgesamt werden die Anzahl und die Schwere möglicher Konflikte zwischen den Vertragsparteien minimiert. Gleichzeitig sollte die Konfliktlösung auf Grundlage der SLAs einfacher möglich sein.

- Vertragsanpassung

  Schließlich wird durch Vertragsanpassungsklauseln innerhalb eines SLA sichergestellt, dass das gesamte Outsourcing-Projekt die notwendige Flexibilität erhält.

Darüber hinaus wird mit einem SLA beiden Seiten ein wirkungsvolles Controllinginstrument zur Verfügung gestellt, mit dem die kontinuierliche Messung und Bewertung des Informationssystems eines Unternehmens in seiner Gesamtheit (Applikationen, Infrastrukturen und Anwender) in Bezug auf einzelne Geschäftsprozesse möglich wird. Über die Bereitstellung von Indikatoren und Management-Informationen werden Verfügbarkeit und Leistung des Informationssystems regelmäßig analysiert und bewertet.[640]

III.6 Kartellrechtliche Fragen

Die kartellrechtlichen Fragen, die sich im Rahmen eines IT-Outsourcing-Projekts ergeben können, wurden bereits in Kapitel B., *Formen des Outsourcings* unter Nr. 1 b), *Gründung eines Joint Venture* erläutert.

IV. Laufender Betrieb

Nachdem Bereiche der IT erfolgreich outgesourct worden sind und der entsprechende Outsourcing-Vertrag unterschrieben worden ist, werden ca. ein halbes Jahr nach Übernahme des Ist-Zustandes die entsprechenden Service Level Agreements aktiviert. Dies hat zur Folge, dass die vereinbarten Vertragsstrafen auch tatsächlich zu zahlen sind, während sie in der Implementierungsphase noch als Testlauf fungierten.[641]

Gleichzeitig sollten im laufenden Betrieb auch der Soll-Zustand der Standardisierung und Optimierung des IT-Betriebes und die damit verbundene Kostenreduzierung erreicht worden sein (Beendigung der Transition).

640. Meurisse, Servicequalität (QoS): Die Bewertung der Leistung des Informationssystems
641. Siehe auch Kapitel C., Das Outsourcing-Projekt, III. Nr. 5.

Häufig wird in einem Zeitraum von sechs Monaten nach Abschluss des Outsourcing-Vertrages vereinbart, dass Outsourcing-Kunde und Outsourcing-Anbieter das Recht haben, sämtliche Informationen zu inventarisieren und zu validieren, die im Vertrag aufgezeichnet oder vergessen worden sind, so genannte *Joint Verification* (»Phase der gemeinsamen Überprüfung«). Durch die hohe Komplexität eines Outsourcing-Vertrages soll so den Vertragsparteien die Möglichkeit gegeben werden, die vertraglichen Indikatoren (die auch Grundlage der Kalkulation des Outsourcing-Projekts sind) endgültig festzulegen.

Daneben ergeben sich im laufenden Betrieb rechtliche Fragen bei der Mitarbeiterüberlassung, Datenschutz, Change-Management, Benchmarking und Internationalisierung.

IV.1 Arbeitnehmerüberlassung

Im laufenden Betrieb eines Outsourcing-Projekts ist es üblich, dass Mitarbeiter des Outsourcing-Anbieters beim Outsourcing-Kunden eingesetzt werden, um dort ihr unternehmensspezifisches IT-Know-how einzusetzen, ohne dass ein Übergang der Arbeitsverhältnisse erfolgt.

Hierbei muss der Outsourcing-Anbieter wie auch der Outsourcing-Kunde darauf bedacht sein, dass das Einsetzen der Mitarbeiter nicht zur einer Arbeitnehmerüberlassung im Sinne der §§ 1 ff. AÜG führt.[642]

a) Begriff der Arbeitnehmerüberlassung

Durch die Arbeitnehmerüberlassung[643] (ANÜ) werden betriebliche Aufgaben nicht durch betriebseigene, sondern durch Leiharbeitnehmer eines Fremdbetriebes verrichtet.

Nicht nur im Rahmen von Outsourcing-Projekten in der IT werden heute Arbeitnehmer überlassen, auch lässt sich so der Spitzenbedarf innerhalb eines Konzerns ausgleichen, ohne dass es zu einem Betriebsübergang kommt.[644] Doch ist die gewerbsmäßige Überlassung von Arbeitnehmern heute nur ein personalpolitisches Instrument der Betriebe, um unter Vermeidung der Begründung eigener Arbeitsverhältnisse den erforderlichen Personalbedarf abzudecken.[645]

Durch die ANÜ erhält ein Entleiherbetrieb eine Reihe von Möglichkeiten, Beschäftigungsrisiken aus dem eigenen Betrieb auszulagern.

642. Vorausgesetzt, das IT-Outsourcing-Unternehmen hat keine Erlaubnis nach § 1 AÜG. Stand 01.01.2002 hat keins der bekanten Outsourcing-Unternehmen eine solche Erlaubnis.
643. im Folgenden ANÜ
644. Schaub, BB 1998 S. 2110
645. Ulmer, AÜG S. 85 Rdn. 1

Durch die Entscheidung des BVerfG[646] vom 4.4.1967 wurde die Rechtslage im Bereich der ANÜ grundlegend geändert. In dem dieser Entscheidung zugrunde liegendem Rechtsstreit ging es um die Frage der Reichweite des Arbeitsvermittlungsmonopols der BfA und um die Zulässigkeit der gewerblichen ANÜ. Bis zum genannten Zeitpunkt war diese unzulässig. Die Entscheidung des BVerfG hob dies mit der Begründung auf, ein Arbeitsvermittlungsmonopol sei mit dem Grundrecht der freien Berufswahl (Art.12 GG) nicht vereinbar.[647]

Im Jahre 1972 wurde das Gesetz zur Regelung der gewerbsmäßigen ANÜ, das AÜG, verabschiedet[648] und hat bis 1998 einige Novellierungen erfahren. Ziel war es, Beschäftigungshemmnisse zu beseitigen,[649] die Nutzung der gewerblichen ANÜ zur Schaffung zusätzlicher Arbeitsplätze[650] und die Bedürfnisse der Wirtschaft nach flexiblem Personaleinsatz zu erfüllen.[651] Weiterhin soll das AÜG einen Beitrag zur Vermeidung von Arbeitslosigkeit und Verbesserung der Erwerbschancen von Arbeitslosen und somit einen wirtschaftlichen Aufschwung leisten.[652]

Der Begriff der ANÜ ergibt sich aus § 1 I AÜG. Danach muss ein Arbeitgeber (Verleiher) einem Drittem (Entleiher) Arbeitnehmer (Leiharbeiter) gewerbsmäßig zur Arbeit überlassen, damit dieser den Nutzen der Arbeitsleistung erhält. ANÜ liegt also nur vor, wenn mindestens drei Personen beteiligt sind.[653] Vertragliche Beziehungen bestehen zwischen dem Leiharbeitnehmer und dem Verleiher und zwischen dem Verleiher und dem Entleiher.[654]

Insofern spricht man auch von einem *Leiharbeitsverhältnis.*

aa) Echtes Leiharbeiterverhältnis

Ein echtes Leiharbeitsverhältnis ist gegeben, wenn der Verleiher den Arbeitnehmer nur vorübergehend ausleiht, d.h., der Leiharbeitnehmer wird überwiegend im Unternehmen des Verleihers tätig und nur gelegentlich bei Ausfall von Arbeitskräften oder bei vorübergehendem Bedarf im Betrieb des Entleihers arbeiten.[655] Die Arbeitgeberstellung und das Direktionsrecht werden zwischen dem Entleiher und dem Verleiher aufgespalten. Der Verleiher bleibt Arbeitgeber und haftet somit für die Vergütung und Lohnfortzahlung, gegen den Entleiher erwachsen somit dahingehend keine Ansprüche.[656] Den Verleiher trifft eine Überwachungspflicht,

646. BVerfGE 21 S. 261
647. vgl. Pieroth, S. 9, BVerfGE 21 S. 261 ff.
648. Kaufmann, S. 3 Rn. 4
649. Schaub, BB 1998 S. 2110
650. Groeger DB 1998 S. 470, Düwell, BB 1997 S. 47
651. Kaufmann, S.2 Rn. 2
652. ebenda
653. Kaufmann, S. 7 Rn. 7
654. vgl. Gebhardt/Umnuß S. 106
655. Gebhardt/Umnuß S. 106, Schaub S. 1044
656. Schaub S. 1044

dass der Leiharbeitnehmer auch vertragsgemäß eingesetzt wird und dass der Entleiher die Arbeitnehmerschutzvorschriften einhält.

Der Leiharbeitnehmer hat vertragliche Nebenpflichten gegenüber Ver- und Entleiher, wie die Verschwiegenheitspflicht und Wettbewerbsverbote einzuhalten.[657] Seine Haftung ist eingeschränkt[658] und er kann im Falle einer Drittschädigung Verrichtungsgehilfe des Verleihers sein.[659]

Obwohl das echte Leiharbeitsverhältnis grundsätzlich nicht in das AÜG einbezogen ist, wendet die Rechtsprechung einige Bestimmungen des AÜG darauf an.

bb) Unechtes Leiharbeiterverhältnis

Ein unechtes Leiharbeitsverhältnis (ANÜ) liegt vor, wenn der Verleiher den Arbeitnehmer zum Zwecke der Ausleihe einstellt und ihn gewerbsmäßig an Dritte überlässt.[660]

Vom echten Leiharbeitsverhältnis unterscheidet sich die ANÜ dadurch, dass bei einem echten Leiharbeitsverhältnis der Arbeitnehmer nicht auf Dauer und gewerbsmäßig zur Verfügung gestellt wird.

Gewerbsmäßiges Handeln ist also neben der Überlassung des Arbeitnehmers das Hauptmerkmal. Ein solches erfüllt, wer aus einer fortgesetzt ausgeübten Tätigkeit beabsichtigt, Gewinn zu erzielen.[661]

Nicht zwingend notwendig für die Anwendbarkeit des AÜG bei der ANÜ ist, dass der Hauptzweck eines Unternehmens auf die ANÜ gerichtet ist. Auch wenn der Verleiher ein Mischbetrieb ist, der nicht vorwiegend den Verleih, sondern andere Tätigkeiten ausübt, sind die Regelungen des AÜG anwendbar.[662]

Die Vorschriften des AÜG gelten jedoch nur für die Leiharbeitnehmer, nicht aber für die Stammarbeitnehmer, die ihre Leistungen ausschließlich bei ihrem Arbeitgeber erbringen.

Gemäß § 1 III AÜG findet das Gesetz weiterhin keine Anwendung auf die ANÜ zwischen Arbeitgebern desselben Wirtschaftszweiges zur Vermeidung von Kurzarbeit oder Entlassung

1. wenn ein für den Entleiher und Verleiher geltender Tarifvertrag dies vorsieht
2. zwischen Konzernunternehmen im Sinne von. § 18 AktG, wenn der Arbeitnehmer seine Arbeit vorübergehend nicht bei seinem Arbeitgeber leistet

---

657. ebenda
658. BAG NJW 1988 S. 2816
659. ebenda
660. Gebhardt/Umnuß S. 106
661. BVerwG NJW 1977 S. 772, BayOblG BB 1991 S. 2018
662. Marschall in Richardi/Wlotzke § 175 Rn. 1

3. oder im Ausland, wenn der Leiharbeitnehmer in ein auf der Grundlage zwischenstaatlicher Vereinbarungen begründetes deutsch-ausländisches Gemeinschaftsunternehmen verliehen wird, an dem der Verleiher beteiligt ist.

Grundsätzlich setzt die gewerbliche ANÜ gem. § 1 I AÜG das Bestehen einer Erlaubnis zur ANÜ voraus. Diese hat sich der Verleiher bei dem für ihn zuständigen Landesarbeitsamt ausstellen zu lassen.

(1) Konzerninterne ANÜ

Dem Begriff der Arbeitnehmerüberlassung im Konzern liegt derselbe Überlassungsbegriff wie in § 1 I AÜG[663] zugrunde.[664] Die erlaubte konzerninterne ANÜ setzt nicht voraus, dass der Konzern, dem Ver- und Entleiher angehören, unter das AktG fällt, dem Konzern mithin eine AG oder eine KGaA angehörig sein muss.[665]

(2) Grenzüberschreitende ANÜ an deutsch-ausländische Gemeinschaftsunternehmen

Überlässt ein in Deutschland ansässiger Verleiher einen Leiharbeitnehmer an einen Entleiher im Ausland, gelten wegen des Territorialprinzips sowohl die gewerberechtlichen Bestimmungen des AÜG als auch diejenigen des Einsatzstaates.[666] Bei einem vorübergehenden Auslandseinsatz bleibt grundsätzlich das deutsche Recht auf den Leiharbeitsvertrag anzuwenden und der Leiharbeitnehmer unterliegt dem deutschen Sozialversicherungsrecht.[667]

Nach § 1 II Nr. 3 AÜG werden solche ANÜ ins Ausland aus dem Anwendungsbereich des AÜG herausgenommen, die sich an deutsch-ausländischen Gemeinschaftsunternehmen vollziehen. Vorausgesetzt wird hier lediglich, dass das Gemeinschaftsunternehmen auf der Grundlage zwischenstaatlicher Vereinbarungen begründet und der Verleiher daran beteiligt ist.[668] Hierbei kommt es weder auf die Staatsangehörigkeit des Leiharbeitnehmers noch auf die Dauer der Überlassung und den Umfang der Beteiligung am Unternehmen an.[669] Zwingend notwendig ist jedoch eine begrenzte Dauer des Auslandsaufenthalts, da ansonsten weder die Voraussetzungen des Art. 30 EGBGB für die Anwendung deutschen Vertragsrechts, noch die des § 4 I SGB IV für die Anwendung des deutschen Sozialversicherungsrechts vorliegen.[670]

663. vgl. oben
664. Schaub, BB 1998 S. 2110
665. BAG BB 1988 S. 2111
666. Feuerborn/Hamann, BB 1997 S. 2533
667. ebenda
668. ebenda
669. BT-Druck 13/4941 S. 248
670. Feuerborn/Hamann, BB 1997 S. 2533

(3) ANÜ zur Vermeidung von Kurzarbeit

Durch das BeschFG 1990 wurde eine Sonderregelung[671] für den wirtschaftszweiginternen Personalaustausch im Handwerksbereich geschaffen[672]. Ein Arbeitgeber mit weniger als 50 Beschäftigten bedarf keiner Erlaubnis zur ANÜ, wenn er zur Vermeidung von Kurzarbeit oder Entlassung einen Arbeitnehmer für bis zu zwölf Monaten überlässt. Insofern spricht man auch von der *erweiterten Kollegenhilfe.*[673] Diese muss der Arbeitgeber rechtzeitig beim zuständigen Landesarbeitsamt anzeigen.

b) Fehlen der Verleiherlaubnis

Die ANÜ unterliegt nach § 1 I AÜG einer Erlaubnispflicht. Liegt eine solche Erlaubnis nicht vor, betreibt der Arbeitgeber dennoch gewerbmäßig ANÜ, so ist der Tatbestand der illegalen ANÜ erfüllt.

Als Rechtsfolgen der illegalen ANÜ treten ein:

- Nach § 9 Nr. 1 AÜG ist der Arbeitsvertrag zwischen Leiharbeitnehmer und Leiharbeitgeber unwirksam. Dies hat zur Folge, dass gem. § 10 I (1) AÜG ein Arbeitsverhältnis zwischen Entleiher und dem Leiharbeitnehmer begründet wird. Es wird sozusagen fingiert. Hierdurch ist sichergestellt, dass der Arbeitnehmer ausreichend sozial abgesichert ist.
- Der Arbeitnehmer kann überdies gem. § 10 III AÜG einen Schadensersatzanspruch gegenüber dem Verleiher geltend machen.
- Nach § 16 I Nr. 1 AÜG begeht der Verleiher eine Ordnungswidrigkeit und kann mit einem Bußgeld belegt werden. Gleiches gilt für den Entleiher gem. § 16 I Nr. 1a AÜG.

aa) Zeitlich wirksame Erlaubnis

Bei Vorliegen einer Erlaubnis der zuständigen Behörde ist der Tatbestand der illegalen ANÜ ausgeschlossen, auch wenn die Verleiherlaubnis rücknehmbar[674] oder widerrufbar[675] ist. Es muss sich hierbei um eine zum Zeitpunkt der Vornahme der gewerbsmäßigen ANÜ gültige Erlaubnis handeln.[676]

Demzufolge ist eine früher oder später geltende Erlaubnis nicht ausreichend, ebenso wie die Erlaubnis einer unzuständigen Behörde.

---

671. vgl. § 1a AÜG
672. Schaub, S. 1046
673. vgl. Feuerborn/Hamann, BB 1997 S. 2533
674. vgl. § 4 AÜG
675. vgl. § 5 AÜG
676. Marschall in Richardi/Wlotzke § 176 Rn. 4

bb) Branchenmäßige Erlaubnis

Eine Verleiherlaubnis berechtigt ihren Inhaber nicht zur gewerbsmäßigen ANÜ in Betrieben des Baugewerbes zu Arbeiten, die üblicherweise von Arbeitern verrichtet werden. Insofern besteht ein ausdrückliches gesetzliches Verbot.[677] Dennoch führt ein solcher Verstoß nicht die vielen negativen Rechtsfolgen des AÜG (s.o.) und des SGB IV herbei, was sich bereits aus dem Wortlaut des § 9 Nr. 1 AÜG ergibt, dessen Tatbestand voraussetzt, dass der Verleiher nicht die erforderliche Erlaubnis besitzt.[678]

Gemäß § 16 I Nr. 1b AÜG begeht derjenige Verleiher eine Ordnungswidrigkeit, der dem Verleihverbot im Handwerksbereich zuwiderhandelt. Das zeigt, dass der Gesetzgeber und die Gesetzessystematik davon ausgehen, dass der Verleih in Betrieben des Baugewerbes zwar verboten, aber trotzdem kein Verleih ohne Erlaubnis ist, da es sonst der gesonderten Bußgeldvorschrift des § 16 I Nr. 1b AÜG nicht bedürfte.[679]

c) Überlassungsdauer

Die zulässige Dauer der Überlassung von Leiharbeitnehmern an den Entleiher beträgt gem. §§ 1 II, 3 I Nr. 6 AÜG 24 Monate. Mit der Novellierung des AÜG im Jahre 1998 wurde die Dauer von neun auf zwölf zusammenhängende Monate verlängert.[680] Durch das Inkrafttreten des *Job-AQTIV-Gesetzes* zum 1.1.2002 wurde die Dauer noch einmal auf 24 Monate ausgedehnt.[681] Überschreitet die Dauer der Überlassung den zwölften Monat, so wird nach § 1 II AÜG vermutet, dass der überlassende Arbeitgeber Arbeitsvermittlung betreibt. Die Vermutung führt aber nach Streichung der Vorschrift des § 13 AÜG nicht mehr zu der Fiktion eines Arbeitsverhältnis[682] zwischen dem Leiharbeitnehmer und dem Entleiher.[683]

Die Zwölf-Monatsgrenze gilt auch im Rahmen des § 1 II AÜG. Danach wird vermutet, dass der Verleiher dann eine Arbeitsvermittlung und keine gewerbliche ANÜ betreibt, wenn die Dauer der Überlassung zwölf Monate übersteigt. Solange das Arbeitsvermittlungsmonopol der BfA existierte, war die (vermutete) Arbeitsvermittlung generell unzulässig und nicht genehmigungsfähig.

677. vgl. § 12a AFG
678. Marschall in Richardi/Wlotzke § 176 Rn. 5/6
679. vgl. auch Marschall in Richardi/Wlotzke § 176 Rn. 7
680. Groeger, DB 1998 S. 470
681. Boemke/Lembke DB 2002, 893 Nr. I.
682. Nach der alten Rspr. des BAG wurde bei der Überschreitung der zulässigen Überlassungsdauer ein Arbeitsverhältnis des Leiharbeitnehmers zum Verleihbetrieb fingiert. Siehe auch Schaub, BB 1998 S. 2111 sowie BAG BB 1989 S. 1623.
683. BAG, Urteil vom 28.06.2000 NZA 2000, 1160

Mit dem Beschäftigungsförderungsgesetz von 1994 wurde das Monopol aufgehoben, so dass ab dem Zeitpunkt die private Arbeitsvermittlung mit entsprechender Genehmigung (§ 23 III AFG) gestattet ist.

Die über zwölf Monate hinausgehende ANÜ ist daher gewerberechtlich erlaubt, sofern der Entleiher neben der Erlaubnis nach § 1 I AÜG zusätzlich eine nach § 23 I AFG vorweisen kann.[684]

Mit dem Job-AQTIV-Gesetz zum 1.1.2002 wurde auch der neue Abs. V in § 10 AÜG eingefügt, wonach Leiharbeitnehmern bei einer langfristigen Überlassung an denselben Entleiher ab dem 13. Überlassungsmonat die Arbeitsbedingungen des Entleiherbetriebs zu gewähren sind.[685] Gemäß § 16 I Nr. 7a AÜG begeht ein Verleiher eine Ordnungswidrigkeit, wenn er entgegen § 10 V AÜG ab dem 13. Überlassungsmonat dem Leiharbeiter eine Arbeitsbedingung, die für vergleichbare Arbeitnehmer des Entleihers gilt, vorsätzlich oder fahrlässig nicht gewährt. Sie kann mit einer Geldbuße bis € 2.500,-- geahndet werden. Laut der Gesetzesbegründung richtet sich die Bußgeldforderung gegen den Verleiher, weil dieser auch bei der zulässigen Überlassung eines Arbeitnehmers zwischen zwölf und 24 Monaten alleiniger Arbeitgeber des Leiharbeitnehmers bleibt.[686]

d) Arbeitgeberisches Direktionsrecht bei der Arbeitnehmerüberlassung

Die ANÜ weist in direktionsrechtlicher Hinsicht ein überaus interessantes Phänomen insoweit auf, als die ansonsten so untrennbar mit der Arbeitgebereigenschaft verschmolzene Direktionsbefugnis abgespalten ist und delegiert wird.[687] Das Leiharbeitsverhältnis ist nämlich so konzipiert, dass der Verleiher die Position des Arbeitgebers innehat, während der Entleiher das arbeitgeberische Direktionsrecht explizit ausübt, d.h., er ist u.a. weisungsbefugt gegenüber dem Leiharbeitnehmer.

Die im Arbeitnehmerüberlassungsvertrag festgelegte Befugnis begründet also nur eine zeitlich angelegte vertragliche Situation, die zudem noch unter dem Vorbehalt des § 11 I (2) Nr. 3 AÜG steht.[688] Danach ist das Direktionsrecht abschließend auf die Aufgaben beschränkt, die Gegenstand des ANÜ-Vertrages geworden sind.[689] Dennoch bleibt jedoch festzustellen, dass das grundsätzliche Direktionsrecht doch dem Verleiher verbleibt.

684. Groeger, DB 1998 S. 470
685. Mit kritischen Anmerkungen siehe Boemke/Lembke DB 2002, 896 Nr. III
686. BT-Drucks. 4/6944 S. 54.
687. Popp, BB 1997 S. 1792
688. ebenda
689. vgl. auch Niebler/Biebl/Ulrich, AÜG 1996 S. 120

e) Befristung

Nach § 9 I Nr. 2 AÜG sind nur wiederholte Befristungen des Arbeitsverhältnisses zwischen Leiharbeiter und Verleiher unwirksam, und dies auch nur dann, wenn sich für die Befristung aus der Person des Leiharbeitnehmers ein sachlicher Grund ergibt oder die Befristung für einen Arbeitsvertrag vorgesehen ist, der unmittelbar an einen mit demselben Verleiher geschlossenen Vertrag anschließt.

Demnach ist die Befristung eines solchen Vertrages durchaus möglich. Eine wiederholte Befristung ist dann möglich, wenn sich das befristete Arbeitsverhältnis an das erste befristete Arbeitsverhältnis anschließt, ohne dass dabei eine Belastung der Versichertengemeinschaft eintritt.[690]

aa) Erstmalige Befristung

Der erste Arbeitsvertrag zwischen Leiharbeitnehmer und Entleiher darf gem. § 9 Nr. 2 AÜG stets befristet abgeschlossen werden.

Eine Höchstdauer der Befristung sieht das Gesetz nicht vor, so dass ein Vertrag ohne weiteres auch über sechs Monate hinaus befristet abgeschlossen werden kann, ohne dass ein sachlicher Grund vorliegen muss.[691]

bb) Kettenbefristung

Eine Kettenbefristung liegt vor, wenn ein Arbeitsverhältnis mehrfach ununterbrochen befristet wird. Der Wortlaut § 9 Nr. 2 AÜG vermag keinen Aufschluss darüber zu geben, ob der Gesetzgeber eine Kettenbefristung für unzulässig erachtet, da sich hieraus weder hinsichtlich der Dauer der Befristung noch der Anzahl der Befristungen eine Beschränkung ergibt. § 1 I BeschFG[692] findet nach den allgemeinen Grundsätzen keine Anwendung.[693] Demnach ist festzustellen, dass eine Kettenbefristung mit Leiharbeitnehmern wohl zulässig ist.

cc) Wiederholte erstmalige Befristung

Sofern der Leiharbeitnehmer keine Leistungen aus der Versichertengemeinschaft während des Zeitraumes zwischen den Befristungen bezogen hat, steht dem Abschluss wiederholter befristeter Verträge nichts entgegen, da der Wille des Gesetzgebers, die Versichertengemeinschaft nicht zu belasten, nicht umgangen wird. Der befristete Arbeitsvertrag muss sich allerdings nahtlos an den vorherigen anschließen.[694] Der Gesetzgeber wollte jedoch das Arbeitgeberrisiko grundsätzlich bei dem Verleihunternehmen belassen.[695] Demnach ist der Abschluss befristeter

690. Groeger, DB 1998 S. 472
691. ebenda
692. lässt eine dreimalige Verlängerung eines befristeten Arbeitsverhältnisses zu
693. Groeger, DB 1998 S. 472
694. Schaub, BB 1998 S. 2111
695. Groeger, DB 1998 S. 472

Verträge jedenfalls dann unzulässig, wenn die Unterbrechung des Arbeitsverhältnisses von der Seite des Verleihers ausging.

dd) Nachträgliche Befristung

Die nachträgliche Befristung eines bisher unbefristeten Arbeitsvertrages bedarf grundsätzlich eines sachlichen Grundes und kann weder als erstmalige Befristung noch als unmittelbare Anschlussbefristung gelten.[696] Durch eine solche Möglichkeit wäre das KSchG für Arbeitnehmerverleihunternehmen faktisch außer Kraft gesetzt.[697] Dies würde eine ungerechtfertigte Bevorteilung gegenüber anderen Unternehmern (Arbeitgebern) bedeuten. Zudem würde die Intention des Gesetzgebers, den Aufbau von Arbeitsplätzen zu fördern (s.o. B 2) in sein genaues Gegenteil verkehrt.

f) Kündigungsschutz

Für die ordentliche und außerordentliche Kündigung des Leiharbeitsverhältnisses gelten sowohl die allgemeinen arbeitsrechtlichen Grundsätze, als auch der allgemeine und besondere Kündigungsschutz.[698]

aa) Abkürzung der Kündigungsfrist durch Vertrag

Der Verleiher kann mit dem Leiharbeitnehmer nicht eine kürzere als die gesetzliche Kündigungsfrist im Wege der einzelvertraglichen Absprache vereinbaren, denn nach der Bestimmung des § 11 IV (1) AÜG findet der § 622 IV BGB, der eine Verkürzung der Kündigungsfrist bei Aushilfskräften zulässt, keine Anwendung. Dem Verleiher ist es damit nicht möglich, das Arbeitgeberrisiko dadurch zu umgehen, dass er mit Hilfe kürzerer Kündigungsfristen den Leiharbeitnehmer entlassen kann, wenn er für ihn keine Überlassungsbeschäftigung findet.[699]

Jedoch gilt auch bei einem Leiharbeitsverhältnis § 622 I (1) BGB, wonach tarifvertraglich kürzere als die im Gesetz vorgeschriebenen Kündigungsfristen vereinbart werden können. Hiernach können die verkürzten tarifvertraglich vorgeschriebenen Kündigungsfristen aber nur dann einzelvertraglich zwischen Verleiher und Leiharbeitnehmer übernommen werden, wenn sie beide dem Geltungsbereich des Tarifvertrages unterfallen.

Für Betriebe, die ihre Arbeitnehmer sowohl verleihen als auch im eigenen Betrieb tätig lassen werden, so genannte Mischbetriebe, gelten für die Zulässigkeit der einzelvertraglichen Verkürzung der Kündigungsfristen auf einen Tarifvertrag die allgemeinen Vorschriften der Tarifkonkurrenz.[700] Ist danach auf den Verleihbe-

696. Groeger, DB 1998 S. 473
697. ebenda
698. Schaub, S. 1056
699. Marschall in Richardi/Wlotzke § 175 Rn. 33
700. BAG DB 1989 S. 1980

trieb ein Tarifvertrag anwendbar, der kürzere als die gesetzlichen Kündigungsfristen vorsieht, kann im Arbeitsvertrag zwischen Verleiher und Leiharbeitnehmer durch Bezugnahme auf den Tarifvertrag eine kürzere Kündigungsfrist vereinbart werden.

bb) Unwirksame Kündigung bei Wiedereinstellung

Nach § 9 Nr. 3 AÜG sind Kündigungen des Arbeitsverhältnisses zwischen Verleiher und Leiharbeitnehmer durch den Verleiher unwirksam, wenn er den Leiharbeitnehmer wiederholt innerhalb von drei Monaten nach Beendigung des Arbeitsverhältnisses erneut einstellt. Eine erneute Einstellung liegt dann vor, wenn der Verleiher wieder ein Arbeitsverhältnis mit dem entlassenen Leiharbeitnehmer begründet[701]. Hieraus folgt, dass die erste Neueinstellung wirksam ist.[702] Jede wiederholte dagegen ist unwirksam. Eine andere Ansicht[703] will alle Kündigungen im Falle der wiederholten Einstellung rückwirkend unwirksam werden lassen. Dies würde jedoch dem gesetzgeberischen Ziel, Beschäftigungshemmnisse zu beseitigen, und dem Bedürfnis der Wirtschaft nach flexiblen Personaleinsatz (s.o. *B Nr. 2*) widersprechen. Auch das Arbeitgeberrisiko verbleibt bei diesem, da nur die erste Neueinstellung wirksam ist.

Festzuhalten ist aber, dass der Verleiher bei Unwirksamkeit der zweiten Kündigung ohne Arbeitsangebot gem. § 10 IV AÜG in Verzug gerät.[704] Allerdings gilt für die Zeit zwischen unwirksamer Kündigung und Wiedereinstellung der § 10 IV (1 (2. HS) AÜG.

g) Tarifrecht

Tarifverträge zur Regelung der Leiharbeit haben die DAG und der Bundesverband Zeitarbeit Dienstleistungen e.V. Hamburg abgeschlossen. Im Bundesverband Zeitarbeit Dienstleistungen auf Zeit e.V. Bonn findet sich der Arbeitgeberverband.

Der Leiharbeitnehmer unterliegt den tarifrechtlichen Bestimmungen des Verleihers, und nicht denen des Entleihers,[705] da nur zwischen dem Verleiher und dem Leiharbeiter, nicht aber zwischen dem Entleiher und dem Leiharbeiter vertragsrechtliche Beziehungen bestehen. Etwas anderes gilt jedoch, wenn ein gesetzliches Arbeitsverhältnis zwischen Leiharbeitnehmer und Entleiher nach § 1 II AÜG und §10 I fingiert wird.

Rechtsbeziehungen zwischen Verleiher und Entleiher können wegen fehlender arbeitsvertraglicher Beziehungen nicht tarifrechtlich geregelt werden[706].

---

701. Marschall in Richardi/Wlotzke § 175 Rn. 39
702. Schaub, BB 1998 S. 2111
703. Groeger, DB 1998 S. 473
704. Schaub, BB 1998 S. 2111
705. ebenda
706. ebenda

h) Betriebsverfassung

Während der Zeit der Überlassung an einen Entleiher bleiben die Leiharbeitnehmer gem. § 14 I AÜG betriebsverfassungsrechtlich Angehörige des Verleihbetriebes.

Sie sind daher bei der Wahl der betriebsverfassungsrechtlichen Arbeitnehmervertretung im Entleiherbetrieb weder aktiv noch passiv wahlberechtigt (§ 14 II (1)) AÜG. Es gibt keine doppelte betriebsverfassungsrechtliche Zugehörigkeit der Leiharbeitnehmer.[707] Auch während der Zeit der Überlassung in einen Entleihbetrieb hat der Leiharbeitnehmer noch das volle aktive und passive Wahlrecht im Verleihbetrieb.[708] Der Leiharbeitnehmer wird deshalb auch bei der Berechnung der Zahl der Arbeitnehmer im Entleiherbetrieb zur Ermittlung der Zahl der Betriebsratsmitglieder nicht mitgezählt.[709]

Dennoch verbleiben dem Leiharbeitnehmer im Entleihbetrieb gem. § 14 II (2) AÜG die Rechte der §§ 81, 82 I, 84–86 BetrVG, d.h. die Teilnahme an Sprechstunden und Versammlungen, Unterrichtungsansprüche über seine Tätigkeit und Einordnung im Leihbetrieb sowie Anhörungs- und Beschwerderechte. Die Aufzählung des § 14 II (2) AÜG ist nicht abschließend.[710]

Die Einräumung dieser Rechte für den Leiharbeitnehmer ist vor dem Hintergrund, dass er im Entleihbetrieb seine Arbeitsleistung erbringen, somit den dortigen arbeitsklimatischen Bedingungen unterliegt, sehr sinnvoll. Da der Betriebsrat des Entleiherbetriebes auf die Zusammensetzung der Belegschaft Einfluss haben soll, ist er gem. § 14 III AÜG bei der Eingliederung der Leiharbeitnehmers in den Betrieb nach §§ 99 ff. BetrVG zu beteiligen.[711] Die Eingliederung setzt voraus, dass der Arbeitgeber des Betriebes auch gegenüber dem Fremdpersonal wenigstens einen Teil der Arbeitnehmerstellung übernimmt.[712] Sie ist zu verneinen, wenn nur das betriebsfremde Unternehmen die für das Arbeitsverhältnis typischen Entscheidungen trifft.[713]

Der Betriebsrat des Verleihers hat Überwachungsrechte nach § 80 BetrVG.[714] Er kann die Vorlage der Verträge verlangen, aufgrund derer die Leiharbeitnehmer im Entleihbetrieb beschäftigt werden[715]. Er hat sowohl ein Zustimmungsverweigerungsrecht bei der Übernahme eines Leiharbeitnehmers in den Entleih-

---

707. Richardi in Richardi/Wlotzke § 5 Rdn. 84
708. Bulla, DB 1975 S. 1799
709. BAG BB 1993 S. 649
710. Marschall in Richardi/Wlotzke § 175 Rn. 89
711. BGH NZA 1995 S. 281
712. Schaub, S. 1061
713. BAG NZA 1995 S. 281
714. Schaub, S. 1061
715. ebenda

betrieb[716] als auch ein Mitbestimmungsrecht bezüglich der Arbeitszeit des Entleihers.

Bei einem fingierten Arbeitsverhältnis zwischen Entleiher und Leiharbeitnehmer gilt das BetrVG im Ganzen.

i) Rechtsbeziehung zwischen Anbieter und Kunden

Zwischen Entleiher und Leiharbeitnehmer bestehen keine vertraglichen Beziehungen. Dennoch ist das Verhältnis nicht rein faktischer Art.[717] Dem Entleiher steht gegenüber dem Leiharbeitnehmer das arbeitgeberische Direktionsrecht zu.[718] Er kann daher Art und Ausführung der Arbeit bestimmen. Der Leiharbeiter unterliegt der Betriebsordnung im Betrieb des Entleihers.

Dem Leiharbeiter obliegen aus den Grundsätzen des Vertrages mit Schutzwirkung zugunsten Dritter Verschwiegenheits-, Treue- und Sorgfaltspflichten, wobei seine Haftung genauso eingeschränkt ist[719] wie gegenüber dem Verleiher.

Den Entleiher trifft die arbeitgeberische Fürsorgepflicht. Er hat nach § 11 VI AÜG die für seinen Betrieb geltenden öffentlich-rechtlichen Arbeitsschutzbestimmungen auch gegenüber dem Leiharbeitnehmer zu beachten.[720] Zudem muss der Entleiher für die eingebrachten Sachen des Leiharbeitnehmers Sorge tragen.[721]

Im Falle einer Pflichtverletzung macht der Entleiher sich schadensersatzpflichtig.

Bei Schlechtleistung hat mangels vertraglicher Beziehungen (s.o. *B Nr. 3*) nur der Verleiher Ansprüche aus § 280 BGB, nach den Grundsätzen der Drittschadens-Liqiduation (DSL) kann der Verleiher aber auch Schäden des Entleihers geltend machen.[722]

j) Abgrenzung des ANÜ-Vertrages zu anderen Vertragstypen

Wie eingangs schon definiert (s.o. *B Nr. 3*) liegt ANÜ vor, wenn ein selbstständiger Unternehmer seine Arbeitnehmer einem Dritten gewerblich überlässt, damit dieser Nutzen aus der Arbeitsleistung ziehen kann.

aa) Abgrenzung zur Arbeitsvermittlung

Arbeitsvermittlung ist gem. § 13 AFG eine Tätigkeit, die darauf gerichtet ist, Arbeitssuchende mit Arbeitgebern zur Begründung eines Arbeitsverhältnisses zusammenzuführen.[723] Nach der Schwerpunkttheorie des BSG kommt es darauf an, ob

716. BAG 1989 S. 433
717. Schaub, S. 1056
718. Marschall in Richardi/Wlotzke § 175 Rn. 69
719. Schaub, S. 1057
720. Marschall in Richardi/Wlotzke § 175 Rn. 71
721. Schaub, S. 1057
722. ebenda

der Schwerpunkt der arbeitsrechtlichen Beziehungen des Arbeitnehmers in seinem Verhältnis zum Verleiher oder zum Entleiher liegt.[724] Liegt der Schwerpunkt der arbeitsrechtlichen Beziehung beim Entleiher, d.h. wird dieser Arbeitgeber, so ist Arbeitsvermittlung anzunehmen.

Nach § 1 II AÜG wird widerleglich vermutet, dass eine private Arbeitsvermittlung dann gegeben sein wird, wenn der Überlassende weder die üblichen arbeitgeberischen Pflichten noch das Arbeitgeberrisiko übernimmt oder die Überlassungsdauer zwölf Monate übersteigt.

Da der Verleiher im Falle einer tatsächlichen Arbeitvermittlung anstelle von ANÜ eine Ordnungswidrigkeit begeht, die mit Geldbuße geahndet wird (vgl. § 405 II (3) SGB III), empfiehlt sich für ihn die Einholung der Erlaubnis zur privaten Arbeitsvermittlung und die der ANÜ.

bb) Mittelbares Arbeitsverhältnis

Vom mittelbaren Arbeitsverhältnis unterscheidet sich das Leiharbeitsverhältnis dadurch, dass der Mittelsmann selbst Arbeitnehmer ist, während er im Leiharbeitsverhältnis selbstständiger Unternehmer sein muss[725]. Dies lässt sich aus dem Hauptmerkmal der ANÜ – gewerbliche Überlassung – schließen.

cc) Abgrenzung zum Werkvertrag

Der Abgrenzung der ANÜ zum Werkvertrag kommt große praktische Bedeutung zu, denn am häufigsten wird auf den *Scheinwerkvertrag* zur Umgehung der Rechtsfolgen und des Erlaubnisverfahrens des AÜG zurückgegriffen.[726] Der Verleiher schuldet dem Entleiher Überlassung von Arbeitnehmern zum Zwecke der Arbeitsleistung, der Werkunternehmer jedoch schuldet dem Besteller dagegen die Herstellung eines bestimmten Arbeitsergebnisses,[727] wobei der Arbeitnehmer als Erfüllungsgehilfe des Werkunternehmers tätig wird.[728] Maßgebend ist die praktische Durchführung des Vertrages. Folgende Kriterien sprechen für einen Werkvertrag:

- Unternehmerische Eigenverantwortlichkeit und Dispositionsmöglichkeit des Werkunternehmers gegenüber dem Besteller
    - auschließliches Weisungsrecht des Werkunternehmers gegenüber den Arbeitnehmern
    - herstellungsbezogene Vergütungsregelung
    - Tragung des Unternehmerrisikos, insbesondere der Gewährleistung[729]

723. Kaufmann, S. 8 Rn. 12
724. Kaufmann, S. 9 Rn.13
725. Schaub, S. 1049
726. Kaufmann, S. 10 Rn. 18
727. Schaub, S. 1047
728. vgl. Kaufmann, S. 10 Rn. 18

- Indizien für einen ANÜ-Vertrag hingegen sind:
  - Arbeitnehmer werden einem Dritten zur Arbeitsleistung zur Verfügung gestellt
  - der Entleiher kann die Arbeitskräfte nach seinen betrieblichen Bedürfnissen einsetzen
  - Vergütung erfolgt nach Zeiteinheiten
  - es wird kein konkreter Arbeitserfolg geschuldet[730]

dd) Abgrenzung zum Dienstvertrag

Bei einem Dienstvertrag wird eine bestimmte Tätigkeit geschuldet. Hauptunterscheidungskriterium zur ANÜ ist die persönliche Unabhängigkeit des Dienstverpflichteten.[731] Der Dienstverpflichtete kann auch einen Erfüllungsgehilfen zur Erbringung der Dienstleistung heranziehen. Sobald der Dienstberechtigte ein Weisungsrecht gegenüber dem Erfüllungsgehilfen hat, liegt kein Dienstvertrag vor,[732] sondern ein Fall der ANÜ.

ee) Abgrenzung zum Maschinenüberlassungsvertrag

Bei der Überlassung von Maschinen mit dem dazugehörigen Personal handelt es sich regelmäßig um gemischte Verträge.[733] Dem Maschinenüberlassungsvertrag kann ein Miet- oder Leasingvertrag zugrunde liegen. Hierzu kann ein Werkvertrag, ein echtes Leiharbeitsverhältnis (s.o. *B Nr. 3a*) oder eine ANÜ (s.o. *B Nr. 3b*) gegeben sein. Maßgebend wird zur Unterscheidung auf das Direktionsrecht abzustellen sein.[734]

Kein Maschinenüberlassungsvertrag ist gegeben, wenn nicht nur die zur Verfügung gestellten Maschinen von geringem Wert sind, sondern das Schwergewicht auf der Überlassung des Personals liegt.[735]

Bei der Überlassung von Maschinen mit Bedienungspersonal kann sich die Frage ergeben, ob hierin nicht eine *Betriebsnachfolge* im Sinne des § 613a BGB gegeben ist.

Dies ist wohl zu verneinen. Denn nach dem Schutzzweck des § 613a BGB soll dem Arbeitnehmer der Arbeitsplatz erhalten bleiben, wenn auch die Arbeitsorganisation auf einen anderen übergeht.[736] Beim Maschinenüberlassungsvertrag kehrt jedoch der Arbeitnehmer nach Beendigung seiner Überlassung in den überlassenden Betrieb zurück.

---

729. vgl. Schaub, S. 1047
730. vgl. Kaufmann, S. 10 Rn. 19
731. Kaufmann, S. 12 Rn.20
732. ebenda
733. Schaub, S. 1048
734. BGH NJW 1959, S. 433
735. Schaub, S. 1049
736. ebenda

ff) *Gestellungsverträge*

Die Gestellungsverträge zwischen einer karitativen Einrichtung und einem Entleiher unterscheiden sich von der ANÜ dadurch, dass dem Bediensteten die Arbeitnehmereigenschaft fehlt und es dem Gestellten an der Erwerbswirtschaft mangelt.[737]

Werden von einem Wirtschaftsunternehmen Mitarbeiter bei einem dritten Unternehmen eingesetzt, so können die eingesetzten Mitarbeiter Subunternehmer oder Erfüllungsgehilfen sein. Dies richtet sich nach den maßgeblichen Gesamtumständen.[738] Es kann sich aber auch um ANÜ oder die Überlassung von selbstständig unternehmerisch tätigen Mitarbeitern handeln.[739] Maßgebend ist die Ausgestaltung im Einzelfall.[740]

k) ANÜ als Instrument betrieblicher Beschäftigungspolitik

Eines der klassischen Ziele des Einsatzes von Leiharbeitnehmern aus Sicht des Entleihbetriebes ist, Lohn- und Lohnnebenkosten einzusparen.[741]

Da solche Kosten grundsätzlich den Verleihbetrieb als Arbeitgeber treffen, kann der Entleiher durch den Einsatz von Leiharbeitern auf die Einstellung eigener Arbeitnehmer verzichten. Dadurch spart er die anfallenden Personalkosten ein.

Lohnkostenüberlegungen bilden also insofern, vor allem in den arbeits- und wenig kapitalintensiven Bereichen der Wirtschaft (z.B. im Baugewerbe), den maßgeblichen Grund, auf Fremdfirmenarbeit (Leiharbeitnehmer) auszuweichen.[742] Der Verleiher legt die beabsichtigten Einsparungen der Entleiher auf die Leiharbeitnehmer um.

Statistisch betrachtet beträgt das monatliche Einkommen eines Leiharbeitnehmers gegenüber der Gesamtwirtschaft lediglich 63,4 %, mit sinkender Tendenz.[743]

Ein weiterer entscheidender Grund für die Entscheidung eines Betriebes, Leiharbeitnehmer zu beschäftigen, ist die Strategie der Auslagerung von Beschäftigungsrisiken aus dem eigenen Betrieb. Schwankungen des Produktionsvolumens lassen sich hierdurch viel besser kompensieren, ohne dabei der Einhaltung von gesetzlichen oder tarifrechtlichen Bestimmungen zum Kündigungsschutz zu unterliegen.[744] Über ein Heuern und Feuern der Fremdfirmenarbeitnehmer lässt sich jederzeit ein erhöhter Personalbedarf abdecken und während eines verringerten Personalbedarfs entledigen.[745]

737. BAG NJW 1986, S. 2906
738. vgl. Schaub, S. 1049
739. BFH NZA 1993, S. 357
740. Schaub, S. 1049
741. Ulber, AÜG S. 86 Rn. 2
742. ebenda
743. ebenda
744. Ulber AÜG S. 87 Rn. 3

l) Tarifpolitische Aspekte

Durch die Beschäftigung von Leiharbeitnehmern wird die Belegschaft eines Entleihbetriebes in Arbeitnehmer mit und ohne Betriebszugehörigkeit gespalten. Dies hat zur Folge, dass Teile der Belegschaft, namentlich die Leiharbeitnehmer nicht den gesetzlichen und tariflichen Regelungen des Entleihbetriebes unterliegen (vgl. o. *B Nr. 10*).

Das Prinzip der Tarifeinheit im Betrieb ist zerstört.[746] Daher wird vom Geltungsbereich tarifrechtlicher Normen nur noch ein kleiner Teil der Stammbelegschaft erfasst. Dem Arbeitgeber wird somit die so genannte Flucht aus den Tarifverträgen ermöglicht.[747]

Die Zerstörung des Prinzips der Tarifeinheit wirkt sich auch auf die Durchsetzungsfähigkeit der Gewerkschaften in Tarifauseinandersetzungen aus. Leiharbeitnehmer sind betriebsfremd und daher nicht betroffen. Sie können folglich auch nur schwer für Arbeitskämpfe gewonnen werden. Außerdem würde sich der ökonomische Druck einer Arbeitsniederlegung eines Leiharbeiters nicht auf den Entleihbetrieb auswirken, sondern auf den Verleihbetrieb.[748] Sie unterliegen einem anderen Tarifvertrag und sind daher an die Friedenspflicht gebunden. So schwächen sie die Handlungsfähigkeit der Gewerkschaften mit dem Entleihbetrieb und dienen eher noch als Streikbrecherreserve[749] des Entleihbetriebarbeitgebers.

m) Auswirkungen auf die Mitbestimmung

Die Zahl der regelmäßig im Betrieb beschäftigten Arbeitnehmer ist in vielerlei Hinsicht für die Sicherung der Arbeitnehmerinteressen von Bedeutung.

So sind z.B. das KSchG, die Aufstellung eines Sozialplanes beim Personalabbau, die Bestellung eines Betriebsrates sowie die Anzahl seiner Mitglieder und die Installation eines Wirtschaftsausschusses im Betrieb von der Zahl der betriebszugehörigen Arbeitnehmer abhängig.

Beschäftigt der Entleihbetrieb nun eine bestimmte Zahl von Leiharbeitnehmern anstelle betriebseigener Arbeitnehmer und zählen die Leiharbeitnehmer bei der Zahl der regelmäßig beschäftigten nicht mit, kann es der Arbeitgeber erreichen, über den Aufbau einer betriebexternen Randbelegschaft die jeweiligen Schwellenwerte zu unterschreiten und damit den sozialen Schutz und die Mitbestimmung der Arbeitnehmer im Betrieb zu beschneiden oder gar außer Kraft zu setzen.[750]

---

745. vgl. Bericht der BfA v. 08.04.1988
746. Ulber AÜG S. 87 Rn. 11
747. ebenda
748. vgl. auch Ulmer AÜG S. 87 Rn. 13
749. ebenda
750. so auch Ulmer AÜG S. 94 Rn. 17

n) Fazit

Wie oben bereits dargestellt, hatte sich der Gesetzgeber bei der Schaffung bzw. der Novellierung des AÜG zum Ziel gesetzt, Beschäftigungshindernisse abzubauen, zusätzliche Arbeitsplätze zu schaffen, einen Beitrag zur Verbesserung der Erwerbschancen von Arbeitslosen zu leisten und das Bedürfnis der Wirtschaft nach einem flexiblem Personaleinsatz zu erfüllen.

Fraglich ist jedoch, ob er diese Ziele auch erreichen konnte.

Die Leiharbeitnehmer werden von den Entleihbetrieben zum Zwecke eigener Personalkosteneinsparung und somit auch zur Reduzierung des eigenen Personals eingesetzt. Das bedeutet wiederum, dass die ANÜ wohl eher ein Mittel der Unternehmen darstellt, Arbeitsplätze abzubauen, als zusätzliche Arbeitsplätze zu schaffen. Zusätzliche Arbeitsplätze bestehen insoweit nur als solche der Leiharbeitnehmer in den Verleihbetrieben. Doch angesichts des weit unter dem durchschnittlichen Markteinkommen liegenden Einkommens der Leiharbeitnehmer (vgl. o. C), ist dies wohl auch kein wirklich positiver Aspekt für den Arbeitsmarkt.

Jedoch ist durch das AÜG die Grundlage für eine bessere und flexiblere Möglichkeit des Personaleinsatzes in Entleihbetrieben geschaffen worden. Diese können sich schneller ihrer personalpolitischen Bedürfnislage anpassen. Insofern kann das AÜG einen positiven Einfluss auf die Wirtschaft nehmen.

Doch betrachtet man die tarifpolitischen Aspekte (s.o. *D*) und auch die Auswirkungen auf die Mitbestimmung im Betrieb (s.o. *E*), so führt die Möglichkeit der Bedienung von Leiharbeitern in einem Betrieb doch zu erheblichen Bedenken, die oben schon darstellt sind.

Es lässt sich der Schluss ziehen, dass der Gesetzgeber nur teilweise seine durch das AÜG verfolgten Ziele erreicht, andere jedoch in ihr genaues Gegenteil verkehrt hat.

IV.2 Datenschutz

Ein möglicher Nachteil, der Outsourcing zu einer psychologischen Hürde für das Management des Outsourcing-Kunden macht, ist die Tatsache, dass vitale Funktionen des Unternehmens auf Außenstehende übertragen werden, die damit durch Schlechtleistung entscheidend auf das Unternehmen einwirken können.[751] Beim IT-Outsourcing kann der Outsourcing-Anbieter zudem unter Umständen strategische Daten, die über Lage des Unternehmens Auskunft geben, oder auch persönliche Daten von Kunden oder Unternehmensangehörigen einsehen.[752] Bei personenbezogenen Daten regelt das Bundesdatenschutzgesetz[753] (BDSG) für Unternehmen und für die Bundesverwaltung (mit deren Unterbau auch an pri-

751. Bruch, S. 35.
752. Lamers, S. 107
753. In der Fassung vom 18.05.2001 (BGBl. I S. 904)

vatrechtlichen Unternehmen) den Umgang mit diesen Daten. Für die Verwaltungen der einzelnen Bundesländer regeln die entsprechenden Datenschutzgesetze der Länder[754] den Umgang mit diesen Daten.

a) Recht auf informationelle Selbstbestimmung

Der Schutz personenbezogener Daten, also von Einzelangaben über persönliche oder sachliche Verhältnisse einer bestimmten oder bestimmbaren Person,[755] durch die Datenschutzgesetze des Bundes und der Länder stellt eine Ausgestaltung des durch Art. 2 I GG i.V.m. Art. 1 GG geschützten allgemeinen Persönlichkeitsrechts dar. Dieses so genannte Recht auf informationelle Selbstbestimmung wurde maßgeblich durch das Volkszählungsurteil des BVerfGs geprägt.

Danach soll jeder Einzelne grundsätzlich selbst über die Preisgabe und Verwendung seiner persönlichen Daten bestimmen.[756] Diesem Grundsatz entspricht die Regelung in § 4 I BDSG, dass die Erhebung, Verarbeitung und Nutzung personenbezogener Daten – also die Möglichkeiten mit personenbezogenen Daten umzugehen – nur dann zulässig ist, wenn der Betroffene zugestimmt hat oder eine gesetzliche Erlaubnis oder Anordnung vorhanden ist. Dabei hat die Erhebung von personenbezogenen Daten grundsätzlich beim Betroffenen zu erfolgen (vgl. § 4 II BDSG).

In diesem Sinne hat das BVerfG im angesprochenen Urteil Einschränkungen dieses Grundrechts nur dann für zulässig erachtet, wenn sie auf einer gesetzlichen Grundlage beruhen und das Allgemeininteresse das Interesse des Betroffenen überwiegt.[757]

Des Weiteren betont das Gericht, dass bei jeder für personenbezogene Daten relevanten Maßnahme zu prüfen ist, ob der gleiche Zweck nicht erreicht werden kann, indem durch Anonymisierung oder Pseudonymisierung der personenbezogenen Daten geringer in das Recht auf informationelle Selbstbestimmung eingegriffen wird. [758] Dieser Grundsatz der Datenvermeidung und Datensparsamkeit wurde im BDSG in § 3a umgesetzt. Durch eine solche Anonymisierung können beispielsweise hoch sensible Patientendaten einer Tumorstation an Spezialisten weitergeleitet werden, die ihre Erkenntnisse dann den behandelnden Ärzten zur Verfügung stellen.[759]

754. vgl. § 1 II Nr. 2 BDSG
755. § 3 I BDSG; in Verbindung mit dem entsprechenden Landesgesetz
756. BVerfGE 65, 1 (LS 1)
757. BVerfGE 65, 1 (LS 2)
758. BVerfGE 65, 1 (S. 48 f.)
759. Marten Rolff, – Das Krankenhaus der kurzen Wege, SZ 22.09.2001

b) Schutz aller personenbezogener Daten

Das BSDG schützt personenbezogene Daten vor allem dadurch, dass es demjenigen, der mit den Daten umgeht, einen Katalog von technischen und organisatorischen Maßnahmen zur Erfüllung auferlegt, die gemäß § 9 i.V.m. BDSG Anlage zu § 9 BDSG geeignet sein müssen, einen entsprechenden Schutz der personenbezogenen Daten zu gewährleisten. Dieser Katalog umfasst zum einen den Trennungsgrundsatz, wonach zu unterschiedlichen Zwecken erhobene Daten auch getrennt verarbeitet werden müssen, und zum anderen verschiedene Kontrollmechanismen gelten (Zutritts-, Zugangs-, Zugriffs-, Weitergabe-, Eingabe-, Auftrags- und Verfügbarkeitskontrolle).[760]

Diese Maßnahmen werden von einer durch die Meldepflicht gemäß § 4d ausgelösten Aufsicht über den Datenschutz oder alternativ durch die Selbstkontrolle durch die Bestellung eines Datenschutzbeauftragten unterstützt. Außerdem werden Verstöße gegen das BDSG gemäß §§ 43, 44 BDSG als Ordnungswidrigkeiten und Straftaten behandelt und entsprechend sanktioniert.

c) Datenschutzanforderung bei Outsourcing

Privatwirtschaftliche Unternehmen und alle anderen natürlichen und juristischen Personen, Gesellschaften und Personenvereinigungen gelten als nicht-öffentliche Stellen im Sinne des BDSGes, soweit an ihnen die öffentliche Hand nicht beteiligt ist.[761]

Nicht-öffentliche Stellen im Sinne des BDSGes sowie öffentlich-rechtliche Wettbewerbsunternehmen haben beim Umgang mit personenbezogenen Daten neben den allgemeinen Regeln (Erster, Vierter bis Sechster Abschnitt) die Vorschriften des Dritten Abschnitts (§§ 27–38a) zu beachten. Dabei gewährleisten vor allem die Regeln über den Schutz der Betroffenen (§§ 33–35 BDSG)[762] und die Aufsicht über den Datenschutz (§§ 36–38a BDSG) einen wirksamen Schutz vor Beeinträchtigungen des Rechts auf informationelle Selbstbestimmung·[763]

---

760. Siehe Abdruck der Anlage zu § 9 in Anlage 9
761. vgl. § 2 IV BDSG
762. Siehe unten
763. Die Aufsicht in Hessen liegt bei den Regierungspräsidenten in Kassel/Darmstadt, in Baden-Württemberg beim Innenministerium. In Bayern bei den Regierungen von Oberbayern, Niederbayern, Oberpfalz, Oberfranken, Mittelfranken, Unterfranken und Schwaben; in Berlin beim Senator für Inneres; in Bremen beim Landesbeauftragen für den Datenschutz (Aufsichtsbehörde); in Hamburg in der Behörde für Wirtschaft, Verkehr und Landwirtschaft; in Niedersachsen in den Bezirkregierungen von Braunschweig, Hannover, Lüneburg, Weser-Ems (Oldenburg), in NRW bei der Bezirksregierung in Arnsberg (mit für Detmold und Münster) und Köln (mit für Düsseldorf); in Rheinland-Pfalz bei den Bezirksregierungen Koblenz, Rheinhessen-Pfalz (Neustadt) und Trier; in Schleswig-Holstein beim Landesbeauftragten für den Datenschutz –Aufsichtsbehörde.

aa) Erlaubnistatbestände

Die §§ 27–31 BDSG dagegen enthalten drei verschiedene Erlaubnistatbestände, bei deren Vorliegen ein entsprechender Umgang mit personenbezogenen Daten im Sinne von § 4 I zulässig ist.

So ist die Erhebung, Verarbeitung und Nutzung personenbezogener Daten gemäß § 28 BDSG für die Erfüllung eigener Geschäftszwecke zulässig.

Dagegen ist nur die Erhebung, Speicherung und Veränderung, als Unterformen der Datenverarbeitung,[764] gemäß § 29 BDSG zum Zwecke der Übermittlung, also für fremde Zwecke, zulässig. Ein klassisches Beispiel für einen solchen Umgang mit personenbezogenen Daten bildet die SCHUFA, die qualifizierte Meldungen der in ihr zusammengeschlossenen Finanzdienstleister speichert und diese Daten an andere Unternehmen bei einer Anfrage weiterleitet, also übermittelt. Dabei deckt dieser Tatbestand jedoch nicht die Übermittlung von Daten an die SCHUFA. Diese werden in der Regel erst durch eine Einwilligung des Betroffenen zulässig (§ 4 I). Außerdem fallen Tätigkeiten von Adresshändlern, Markt- und Meinungsforschungsinstituten,[765] aber auch so genannte *letter-shops*, die Werbesendungen unter Nutzung eigener Adressdaten selbst versenden, unter diese Erlaubnisnorm.[766]

Gemäß § 30 BDSG können schließlich personenbezogene Daten zum Zwecke der Übermittlung in anonymisierter Form erhoben und gespeichert werden. Falls die Übermittlung gemäß § 10 BDSG durch ein automatisiertes Abrufverfahren durchgeführt wird, muss zur Zulässigkeit dieser Methode überdies eine Abwägung zwischen den schutzwürdigen Interessen der Betroffenen und den Interessen der Stellen durchgeführt werden.

Zur Zulässigkeit dieser Handlungen nach §§ 28 ff. BDSG müssen jedoch zudem die weiteren Anforderungen der jeweiligen Erlaubnisnorm gegeben sein, wobei es insbesondere auf eine Interessenabwägung mit den berechtigten Interessen des Betroffenen, der Person, auf den die Daten bezogen sind,[767] sowie in der Regel auf eine Bindung an den Zweck der Datenerhebung oder Übermittlung zum Schutz des Betroffenen hinausläuft.

Diese Vorschriften gelten für den Umgang mit personenbezogenen Daten innerhalb eines Unternehmens, also einer Stelle im Sinne des BDSGes und demnach auch für den Fall des internen Outsourcings,[768] wenn bestimmte Aufgaben oder Funktionen in einer Abteilung eines Unternehmens konzentriert werden.

764. Vgl. § 3 IV Nr. 1
765. Auernhammer, § 29 Rn. 3
766. Gola/Schomerus, § 29 Tz. 2.3
767. vgl. § 3 I
768. Müthlein/Heck, S. 20

bb) Datenschutzrechtliche Formen

Im Fall des klassischen, also des externen Outsourcings, bei der eine Aufgabe oder Funktion im Unternehmen auf eine selbstständige Einheit übertragen wird, ist die Gefahr einer Verletzung berechtigter Interessen des Betroffenen durch die größere Zahl der mit den Daten befassten Personen ungleich größer und muss somit unter besondere Regelungen fallen.[769]

Zunächst stellt sich dabei datenschutzrechtlich die Frage der Zulässigkeit der Übermittlung personenbezogener Daten an den Outsourcing-Anbieter (und eventuell auch wieder zurück) und im Anschluss daran die Frage der Zulässigkeit der Aufgabenerfüllung des Outsourcing-Anbieters anhand der personenbezogenen Daten. Diese Fragen werden in den Formen der Auftragsdatenverarbeitung und der Funktionsübertragung verschieden gelöst, wobei sich beide grundsätzlich dahingehend unterscheiden, welche Stelle die Verantwortung für Datensicherheit trägt.

cc) Auftragsdatenverarbeitung

Im Fall der Auftragsdatenverarbeitung gemäß § 11 übernimmt der Outsourcing-Anbieter die Verantwortung für den Umgang mit den personenbezogenen Daten nicht.

(1) Datenübertragung und zulässiger Umgang

Die Verantwortung für den Umgang mit den personenbezogenen Daten verbleibt beim Outsourcing-Kunden, womit diese datenschutzrechtliche Form des Outsourcings eine Privilegierung des Outsourcing-Anbieter darstellt. Mithin stellt aber die Auftragsdatenverarbeitung wegen der Entbehrlichkeit der Verantwortungsübertragung auch für den Outsourcing-Prozess selbst und damit auch für den Outsourcing-Kunden eine Privilegierung dar. Diese Privilegierung findet ihre Begründung in der Situation, die der Gesetzgeber 1976 bei Erlass des BDSGes vorfand. Damals waren die Kosten für eine firmeneigene IT so groß und der Unterhalt einer solchen Anlage so teuer, dass viele Unternehmen sich eine eigene IT nicht leisten konnten oder wollten und für ihre IT-Aufgaben unabhängige Rechenzentren nutzten.[770]

Im Rahmen der Auftragsdatenverarbeitung gemäß § 11 BDSG ist die Erhebung, Verarbeitung und Nutzung, also alle drei Arten des Umgangs mit personenbezogenen Daten unter der Voraussetzung zulässig, dass diese Handlungen im Auftrag und auf Weisung des Outsourcing-Kunden vorgenommen werden (§ 11 III BDSG). Der Outsourcing-Kunde bedient sich also eines Dienstleistungsunternehmens, das in vollständiger Abhängigkeit von seinen Art und Umfang der Datenverarbeitung betreffenden Vorgaben die Verarbeitung personenbezogener Daten betreibt.[771]

---

769. Fasbender, RDV 1994, 12 (13)
770. Müthlein/Heck, S. 13
771. Gola/Schomerus § 11 Tz. 1.2

Somit wird der Externe bei der Auftragsdatenverarbeitung so gestellt, als ob es sich bei ihm um eine interne Abteilung des Outsourcing-Kunden handeln würde. Aus diesem Grund werden sie als rechtliche Einheit betrachtet, womit der Datenverkehr zwischen Outsourcing-Kunde und Outsourcing-Anbieter keine Übermittlung im Sinne des § 3 IV Nr. 3 BDSG darstellt[772] und ein Erlaubnistatbestand für diese Bekanntgabe von Daten nicht vorliegen muss. Dies begründet sich daraus, dass eine Übermittlung im Sinne des BDSGes gemäß § 3 IV Nr. 3 BDSG – das Bekanntgeben gespeicherter oder durch Datenverarbeitung gewonnener personenbezogener Daten an einen Dritten und ein Dritter gemäß § 3 VIII – jede Person oder Stelle außerhalb der verantwortlichen Stelle ist, jedoch nicht der Betroffene sowie Personen und Stellen, die [...] personenbezogene Daten im Auftrag erheben, verarbeiten oder nutzen. Damit ist eine Erlaubnisnorm für die Übermittlung von Daten an den Auftragsdatenverarbeiter und eventuell auch wieder zurück aufgrund der dargestellten Privilegierung nicht erforderlich.

Die Datenverarbeitung beim Auftragsdatenverarbeiter selbst muss im Rahmen des § 11 BDSG überdies den allgemeinen Anforderungen des BDSGes genügen, für deren Einhaltung allerdings der Outsourcing-Kunde verantwortlich ist. Der Outsourcing-Kunde bleibt also Verantwortlicher für den Datenschutz – also Herr der Daten.[773] Diese Verantwortung korrespondiert mit dem Weisungsrecht des Outsourcing-Kunden, das in der strikten Bindung an die Weisungen durch § 11 III BDSG zum Ausdruck kommt, wonach selbst bei vermuteten Verstößen dieser Weisungen gegen Daten schützende Vorschriften der Outsourcing-Anbieter lediglich ein Recht bzw. die Pflicht hat, den Outsourcing-Kunden auf diese Tatsache hinzuweisen.

(2) Pflichten des Outsourcing-Anbieters

Somit hat der Outsourcing-Anbieter generell nur wenige Möglichkeiten, auf den Datenschutz bei der Datenverarbeitung einzuwirken. Mithin werden ihm durch § 11 IV BDSG auch nur wenige der allgemeinen Pflichten auferlegt.

Danach muss das *Datengeheimnis* gemäß § 5 BDSG beachtet werden, wonach seine mit der Datenverarbeitung beauftragten Mitarbeiter nicht selbst unbefugt mit den personenbezogenen Daten umgehen dürfen. Dazu hat er seine Mitarbeiter zu verpflichten.

Außerdem hat er gemäß § 9 BDSG die *technischen und organisatorischen Maßnahmen* zu treffen, die erforderlich, d.h. nicht unverhältnismäßig, zum angestrebten Zweck des Datenschutzes sind, um personenbezogene Daten zu schützen. Dabei hat er insbesondere die in der Anlage zu § 9 aufgeführten Grundsätze ordnungsgemäßer Datenverarbeitung einzuhalten. Die Einhaltung der Vorschriften über den Datenschutz wird durch eine Sanktionierung von Verstößen durch Straf- und Buß-

772. Auernhammer, § 11 Rn. 8; Bergmann/Möhrle/Herb, § 3 Rn. 89
773. Steding/Meyer, BB 2001, 1693 (1698)

geldvorschriften in den §§ 43 und 44 BDSG gesichert, die auch für den Outsourcing-Anbieter als Auftragsdatenverarbeiter im Sinne des § 11 BDSG gelten (vgl. § 11 IV).

Die vor dem 23. Mai 2001 vorgesehene *Meldepflicht* gemäß § 32 BDSG bei der Aufnahme der Datenverarbeitungstätigkeit durch den Outsourcing-Anbieter ist zugunsten einer allgemeinen Meldepflicht in § 4d I BDSG entfallen. Diese obliegt nun allerdings der verantwortlichen Stelle, also dem Auftragsgeber gemäß § 3 VII BDSG, soweit dieser nicht einen Datenschutzbeauftragten bestellt hat (§ 4d II BDSG) oder nicht mehr als vier Personen mit der Datenverarbeitung beschäftigt (§ 4d III BDSG). Nichtsdestotrotz hat der Auftragsdatenverarbeiter kraft ausdrücklicher Verweisung in § 11 IV Nr. 2 BDSG, soweit er die Datenverarbeitung durch eine entsprechende Anlage durchführt, wovon ausgegangen werden muss, als nicht öffentliche Stelle gemäß § 4 f I BDSG einen Datenschutzbeauftragten zu bestellen. Dieser muss auf die Einhaltung von datenschutzrechtlichen Vorschriften achten (§ 4g I BDSG) und ein Register führen, das die Daten enthält, die sonst meldepflichtig wären (Abs. II). Er ist jedoch nicht verantwortlich für die Erstellung von schriftlichen Festlegungen zu den Verarbeitungsbedingungen.[774]

(3) Pflichten des Outsourcing-Kunden

Der Auftraggeber hat als Verantwortlicher für die Einhaltung der datenschutzrechtlichen Vorschriften neben der soeben erwähnten Meldepflicht aus § 4d BDSG vor allem die Rechte der Betroffenen zu wahren (§§ 6, 33-35 BDSG), sowie für entstandene Schäden gemäß § 7 BDSG aufzukommen. Im Übrigen hat er nicht nur die Ausführung seiner Weisungen zu kontrollieren, sondern schon bei der Auswahl des Auftragsdatenverarbeiters hinsichtlich dessen Eignung und dessen vorgeschlagenen Datenschutzkonzeptes, bezüglich technischer und organisatorischer Fragen, z.B. einer möglichen Unterbeauftragung eines weiteren Auftragsdatenverarbeiters, für den Datenschutz Sorge zu tragen (§ 11 II BDSG).

Der Auftrag an den Outsourcing-Anbieter hat dabei vor allem den Zweck, die Art der Datenverarbeitung und die Maßnahmen möglichst exakt und schriftlich[775] festzulegen, die den Schutz der personenbezogenen Daten betreffen.[776] Der Begriff des Auftrags ist dabei allerdings nicht im Sinne von § 662 BGB zu interpretieren, vielmehr kommen vor allem Geschäftsbesorgungsverträge sowie Werk- oder Dienstverträge in Betracht.[777]

774. Breinlinger, RDV 1995, S. 211 (213)
775. § 11 II Satz 2
776. Mühlein/Heck, S. 79
777. Auernhammer, § 11 Rn. 13; Gola/Schomerus § 11 Tz. 2.1

dd) Funktionsübertragung

Die andere Form des Outsourcings, die Funktionsübertragung, zeichnet sich dadurch aus, dass die vom Outsourcing-Kunden übertragenen Aufgaben und Funktionen nicht weisungsgebunden durch den Outsourcing-Anbieter ausgeführt werden, sondern selbstständig. Damit übernimmt der Outsourcing-Anbieter neben der Funktion gleichzeitig die Verantwortung für den Datenschutz, so dass der Outsourcing-Anbieter dem Outsourcing-Kunden als verantwortlicher Stelle auch nicht mehr, wie bei der Auftragsdatenverarbeitung, zugerechnet werden kann. Damit ist der Outsourcing-Anbieter Dritter im Sinne des § 3 VIII BDSG und eine Übertragung von Daten vom Outsourcing-Kunden zum -Anbieter eine Übermittlung im Sinne des § 3 IV BDSG, die nur bei Vorliegen eines Erlaubnistatbestandes oder einer Einwilligung des Betroffenen (vgl. § 4 I BDSG) zulässig ist.[778]

(1) *Übermittlung*

Ein solcher Erlaubnistatbestand könnte in dem schon angesprochenen § 28 BDSG vorliegen. Danach sind Erhebung, Speicherung, Veränderung, Übermittlung und Nutzung personenbezogener Daten als Mittel für die Erfüllung eigener Geschäftszwecke zulässig, wenn eine von drei Tatbestandsalternativen vorliegt.

Doch zunächst müsste der Umgang mit den personenbezogenen Daten ein Mittel zur *Erfüllung eigener Geschäftszwecke* sein. Der Umgang mit personenbezogenen Daten ist dann ein Mittel zur Erfüllung eigener Geschäftszwecke, wenn in unserem Fall die Übermittlung von Daten nicht Selbstzweck des Unternehmens ist, sondern anderen Geschäftszwecken des Unternehmens dient, wie der Abwicklung von Verträgen, und somit nur ein Mittel zur Erreichung dieser Geschäftszwecke ist.[779] Im Fall der Datenübermittlung zum Outsourcing-Nehmer erfolgt diese, um einen Geschäftszweck des Outsourcing-Gebers zu verfolgen, z.B. um die Löhne und Gehälter zu berechnen und auszuzahlen, und damit eine wesentliche Funktion bei der Abwicklung von Arbeitsverträgen zu erfüllen.[780]

Zusätzlich müsste eine von drei Tatbestandsvarianten des § 28 BDSG vorliegen. Die **erste** Tatbestandsalternative erklärt einen Umgang mit personenbezogenen Daten als Mittel für die Erfüllung eigener Geschäftszwecke dann für zulässig, wenn es der Zweckbestimmung eines Vertragsverhältnisses oder vertraglichen Vertrauensverhältnisses dient. Ein solches Vertragsverhältnis wäre im angeführten Beispiel der Arbeitsvertrag des Mitarbeiters mit dem Unternehmen. Das vertragliche Vertrauensverhältnis kommt dagegen vor allem im Vorfeld eines Vertrages in Betracht, ähnlich wie aus einer vorvertraglichen Pflichtverletzung aus § 311 II, § 311 III BGB i.V.m. § 280 BGB.[781] Die Zweckbestimmung eines solchen Vertrages, dem

778. vgl. Hinweis Nr. 32 Staatsanzeiger für Baden-Württemberg vom 12.01.1994, S. 8 ff.
779. BT-DRS. 7/1027, S. 27; Auernhammer, § 28 Rn. 2; Gola/Schomerus, § 28 Tz. 1.2; Tinnefeld/Ehrmann, S. 350
780. Müthlein/Heck, S.23

die Übermittlung dienen soll, ergibt sich aus dem Vertrag durch entsprechende Auslegung und muss im Einzelfall ermittelt werden. So ist es jedenfalls nicht unproblematisch, ob es der Zweckbestimmung eines Arbeitsvertrages dient, dass die Daten, die für das Arbeitsverhältnis zulässigerweise erhoben wurden, an einen Externen übermittelt werden dürfen. Allerdings würde die Organisationshoheit des Outsourcing- und Arbeitgebers wohl unverhältnismäßig durch ein Übermittlungsverbot eingeschränkt. Aus diesem Grunde wird man diese Form der Funktionsauslagerung unter die erste Tatbestandsalternative fassen können.

Zweitens ist nach § 28 I Nr. 2 BDSG ein Umgang zulässig, soweit eine Erforderlichkeit zur Wahrung berechtigter Interessen der verantwortlichen Stelle vorliegt und kein schutzwürdiges Interesse des Betroffenen überwiegt. Diese Zulässigkeitsregelung stellt eine Ausnahme gegenüber dem Regelfall der Nr. 1 dar und ist deshalb eng auszulegen.[782]

Ein solches berechtigtes Interesse ist ein nach vernünftiger Erwägung durch die Sachlage gerechtfertigtes, also ein tatsächliches Interesse, das wirtschaftlicher oder ideeller Natur und damit weniger als ein Rechtsinteresse sein kann.[783] Dieses Interesse läge wohl darin, das Unternehmen nach Kostengesichtspunkten umzustrukturieren und einzelne Funktionen auch auszulagern. Zudem müsste die Übermittlung an den Outsourcing-Anbieter zur Wahrung dieses Interesses erforderlich und kein überwiegendes schutzwürdiges Interesse des Betroffenen vorhanden sein.

Die **dritte** Tatbestandsalternative beinhaltet eine Zulässigkeitsnorm für Daten, die allgemein zugänglich sind oder die die verantwortliche Stelle veröffentlichen kann, wenn ein schutzwürdiges Interesse nicht offensichtlich überwiegt.

Dabei sind in die Interessenabwägungen der Nr. 2 und 3 vor allem die Datenart, der Verwendungs- und Geschäftszweck sowie die Datenmenge pro Betroffenen einzustellen und somit zu ermitteln, ob sich ein Persönlichkeitsbild aus der Zusammenstellung ermitteln lässt.[784] Also müsste eine der Tatbestandsalternativen des § 28 BDSG oder der schon oben erläuterten §§ 29 f. vorliegen, um die Übermittlung der Daten als zulässig zu erachten, ohne jeden Betroffenen um dessen Einwilligung gemäß § 4 I BDSG bitten zu müssen. In der Regel wird wegen der Interessenabwägungen, wenn überhaupt, nur die erste Tatbestandsalternative beim Outsourcing vorliegen.

781. Auernhammer, § 28 Rn. 11
782. Auernhammer, § 28 Rn. 17; Gola/Schomerus, § 28 Tz. 2.2
783. BGHZ 91, 233 (240); Auernhammer, § 28 Rn. 18; Gola/Schomerus, § 28 Tz. 7.1
784. Gola/Schomerus, § 28 Tz. 7.3

(2) Datenverarbeitung beim Outsourcing-Anbieter

Die an die Übermittlung anschließende Datenverarbeitung und -nutzung beim Outsourcing-Anbieter ist durch § 28 V gedeckt.[785] Allerdings nur unter der Voraussetzung, dass der Umgang mit den personenbezogenen Daten nur für die Zwecke erfolgt, zu der sie übermittelt wurden. Wollte der Outsourcing-Anbieter die Daten weiter übermitteln oder außerhalb des Zweckes verarbeiten, müsste dazu erst eine Erlaubnisnorm einschlägig sein, was in Hinblick auf die Interessenabwägung mit den Interessen des Betroffenen wohl kaum ohne dessen Einverständnis möglich wäre.

(3) Rückübermittlung

In diesem Sinne muss allerdings auch die mögliche Übermittlung der verarbeiteten Daten an den Outsourcing-Kunde zurück gemäß eines Erlaubnistatbestandes zulässig sein. Hier kommt wegen des Fehlens einer vertraglichen Beziehung zwischen dem Outsourcing-Anbieter und dem Betroffenen die zweite Tatbestandsalternative mit den Interessenabwägungen zwischen dem berechtigten Interesse des Outsourcing-Anbieters und des Betroffenen in Betracht, da ein schutzwürdiges Interesse des Betroffenen gegen eine Rückübermittlung nicht erkennbar ist und der Outsourcing-Anbieter seinen vertraglichen Pflichten entsprechen will. Damit zeigt sich, dass die Zulässigkeit der Funktionsübertragung in Hinblick auf datenschutzrechtliche Belange von der Zulässigkeit der Übermittlung der Daten an den Outsourcing-Anbieter entscheidend abhängt.

(4) Pflichten von Outsourcing-Anbieter und Outsourcing-Kunde

Die Pflichten von Outsourcing-Anbieter und Outsourcing-Kunde sind dagegen bei der Funktionsübertragung relativ gleich. Beide sind eigenverantwortliche Stellen für den Umgang mit personenbezogenen Daten in ihrem Unternehmen und haben damit die allgemeinen Pflichten, wie die Verpflichtung der Mitarbeiter auf das Datengeheimnis[786], die Meldepflicht,[787] die Bestellung eines Datenschutzbeauftragten[788] und vor allem die Grundsätze ordnungsgemäßer Datenverarbeitung[789] zu beachten.

Der Outsourcing-Kunde braucht zwar, wie bei der Auftragsdatenverarbeitung, kein schriftliches Datensicherungskonzept mit dem Outsourcing-Anbieter zu vereinbaren, dennoch ist es wohl in seiner Interessenlage, seine Daten, um die es sich ja schließlich handelt, zu sichern und sich auch vertraglich Kontrollbefugnisse einräumen zu lassen.[790]

785. Müthlein/Heck, S. 29
786. § 5 Satz 2
787. § 4d i.V.m. § 4e
788. § 4 f.
789. § 9 i.V.m. Anlage zu § 9
790. Müthlein/Heck, S. 29

ee) *Abgrenzung von Auftragsdatenverarbeitung und Funktionsübertragung*

Nach der Darstellung der beiden Formen des Outsourcings aus datenschutzrechtlicher Sicht muss nun geklärt werden, wie beide voneinander abzugrenzen sind. Die beiden Formen unterscheiden sich nicht nur hinsichtlich der Verteilung der Verantwortung auf die beiden Outsourcing-Partner, sondern vor allem auch dahingehend, dass es sich bei der Auftragsdatenverarbeitung nur um die Auslagerung einer Hilfsfunktion im Rahmen der Datenverarbeitung handelt.

Im Fall der Funktionsübertragung dagegen wird neben der Aufgabe der Datenverarbeitung meist auch die zugrunde liegende Funktion mit übertragen. So wird beispielsweise nicht nur die Erstellung der Lohn- und Gehaltsabrechnung, sondern zusätzlich die Errechnung der Löhne, die Erstellung der Steuererklärungen und die Auszahlung der Gehälter übertragen.[791] Die übermittelten Daten dienen damit nicht nur dem Geschäftszweck, diese im Auftrag des Outsourcing-Kunden zu verarbeiten, sondern dazu, eine durch den Outsourcing-Anbieter geschuldete Leistung in eigener Verantwortung zu erbringen, zu dessen Erfüllung er die Daten benötigt.[792]

Für das Vorliegen einer Auftragsdatenverarbeitung gemäß § 11 BDSG spricht zum einen eine fehlende Entscheidungsbefugnis des Auftragnehmers über die Daten, sowie der Umstand, dass nur die Daten verwendet werden dürfen, die der Outsourcing-Kunde zur Verfügung stellt. Zum anderen kann ein Hinweis auf eine Auftragsdatenverarbeitung darin liegen, dass der Schwerpunkt des Auftrags in der technischen Durchführung der Datenverarbeitung liegt und der Outsourcing-Anbieter gar nicht nach außen tritt und somit auch keine vertragliche Beziehung zu den Betroffenen hat.[793]

Dagegen sprechen für eine Funktionsübertragung das Vorliegen einer Überlassung von Nutzungsrechten an den Daten, der fehlende Einfluss des Outsourcing-Kunden auf die Datenverarbeitung in den einzelnen Phasen sowie eine mögliche Kontaktaufnahme zwischen dem Outsourcing-Anbieter und dem Betroffenen, um beispielsweise das Nichtvorliegen eines Erlaubnistatbestandes gemäß §§ 28 ff. BDSG für die Übertragung durch eine Einwilligung des Betroffenen zu überbrücken.

Für eine Auftragsdatenverarbeitung kommen so beispielsweise die *Datenerhebung* in Form der Erfassung von Aufträgen, Belegen, Dokumenten zur Archivierung (Verfilmung, Digitalisierung) oder die Beauftragung eines Schreibbüros in Betracht. Typische Beispiele für die *Datenverarbeitung* sind die Vernichtung von Akten und Datenträgern oder die Datenverarbeitung durch entsprechende Anwendungen zur Auftragsbearbeitung und Lohn- und Gehaltsabrechnung, die in einem externen Rechenzentrum betrieben werden.[794]

---

791. Hinweise des Innenministeriums Baden-Württemberg Nr. 26 Staatsanzeiger vom 10.01.1987 Nr. 1/2, S. 7
792. Müthlein/Heck, S. 25
793. Müthlein/Heck, S. 26

Dagegen liegt keine Auftragsdatenverarbeitung vor, wenn in einem externen Rechenzentrum lediglich die Rechenleistung über Online-Verbindungen genutzt wird und die Rechenkapazitäten damit nur gemietet werden, sofern keine Kenntnisnahme- oder Einwirkungsmöglichkeit auf personenbezogene Daten besteht. In diesem Fall müssten entsprechend § 11 V BDSG die Vorschriften über die Auftragsdatenverarbeitung analog angewendet werden. Dies betrifft vor allem die in Abs. V auch aufgeführten Fälle der Prüfung und Wartung von automatisierten Datenverarbeitungsverfahren und -anlagen. Für den Fall, dass keine Einsicht- und Einwirkungsmöglichkeiten bestehen, besteht auch im Sinne des Gesetzeszwecks keine Notwendigkeit für einen Schutz personenbezogener Daten.[795]

Somit muss im Einzelfall festgestellt werden, ob überhaupt ein datenschutzrechtlich relevantes Outsourcing vorliegt und ob dieses sodann als Auftragsdatenverarbeitung oder als Funktionsübertragung zu qualifizieren ist.

ff) International

Outsourcing-Partnerschaften, die über Ländergrenzen hinweg reichen und zu deren Zwecken Daten fließen, sind bis zur Änderung des BDSGes im Jahr 2001 insofern problematisch gewesen, als dass die Privilegierung der Auftragsdatenverarbeitung nur bis zu den Landesgrenzen reichte, so dass bei der Datenübertragung ins Ausland stets eine Übermittlung vorlag, da der Auftragsdatenverarbeiter als Dritter angesehen wurde. Damit war es für die Anforderungen des BDSGes gleichgültig, ob eine Funktionsübertragung oder eine Auftragsdatenverarbeitung vorlag.[796]

Durch die Datenschutzrichtlinie 95/46/EG vom 24.10.1995, umgesetzt durch Änderungsgesetz vom 22.05.2001, wurde § 3 VIII dahingehend geändert, dass Auftragsdatenverarbeiter in einem EU-Mitgliedstaat oder in einem anderen Staat des Europäischen Wirtschaftsraumes, wie die inländischen Auftragsdatenverarbeiter, keine Ditten im Sinne des § 3 IV Nr. 3 sind und der Datenverkehr zwischen Outsourcing-Kunde und - Anbieter damit keine erlaubnispflichtige Übermittlung darstellt.

Die Zulässigkeit einer Übermittlung, also für die Fälle der Funktionsübertragung, regelt der ebenfalls neu geschaffene § 4b erstmals auch für nicht-öffentliche Stellen. Danach ist die Übermittlung ins Ausland unter den Voraussetzungen einer Inlandsübermittlung zulässig,[797] soweit nicht der Betroffene ein schutzwürdiges Interesse an einem Ausschluss der Übermittlung hat und zwar insbesondere dann, wenn im Zielstaat kein angemessenes Datenschutzniveau herrscht.[798] Für die Mitgliedstaaten der EU wird ein solcher Einwand wohl deshalb nicht greifen, da durch die Datenschutzrichtlinie ein angemessenes Niveau in allen Mitgliedstaaten geschaffen wurde.[799]

---

794. Müthlein/Heck, S. 17
795. Müthlein/Heck, S. 33
796. Müthlein/Heck, S. 58
797. Däubler, NZA 2001, S. 874 (879)
798. Vlg. dazu die Entscheidung 2001/497/EG vom 15.06.2001

Für die Stellen in den Staaten des Europäischen Wirtschaftsraumes und der EU gibt es im Bereich des EG-Rechts gemäß § 4b I keinerlei Interessenabwägungen mehr, wohl vor allem aufgrund einer möglichen Gefährdung von Grundfreiheiten. Insofern sind die Regeln für die Datenübertragung ins Ausland den inländischen Vorschriften weit gehend angepasst, womit das Outsourcing vor allem auch von international agierenden Konzernen erleichtert wurde.

gg) Ausgestaltung

Aufgrund der dargestellten großen Unterschiede zwischen den datenschutzrechtlichen Anforderungen an die Auftragsdatenverarbeitung und an die der Funktionsübertragung ist es entscheidend, schon im Vertrag ausdrücklich zu vereinbaren, welche der beiden Formen des Outsourcings angestrebt ist.

Nach der so genannten *Vertragstheorie* muss es der wirtschaftlichen Handlungsfreiheit der Beteiligten überlassen bleiben, auch Fälle, in denen die Datenverarbeitung nicht im Vordergrund steht, wie Auftragsdatenverarbeitung zu behandeln, also Grenzbereiche auch nach der privilegierten Form des Outsourcings zu regeln. Auf der anderen Seite soll es sich jedoch um einen Gestaltungsmissbrauch handeln, wenn aufgrund nicht vorliegender Voraussetzungen für eine Übermittlung eine Funktionsübertragung unzulässig ist, diese Outsourcing-Maßnahme als Auftragsdatenverarbeitung zu deklarieren.[800]

Es vermag jedoch nicht zu überzeugen, aus einer Funktionsübertragung aufgrund vertraglicher Deklaration eine Auftragsdatenverarbeitung zu machen, denn im entscheidenden Fall einer solchen Um-Klassifizierung wird gerade der Grund darin zu suchen sein, dass eine Funktionsübertragung aufgrund der unzulässigen Übermittlung nicht in Frage kommt. In diesem Fall kommt die Vertragstheorie wegen des Umgehungsverbots zu dem Ergebnis, dass die Um-Deklaration unzulässig ist.[801]

Aus diesem Grunde ist an der *Funktionstheorie* festzuhalten, die die beiden Formen des Outsourcings aufgrund ihrer unterschiedlichen Merkmale voneinander abgrenzt. Trotz alledem ist eine vertragliche Deklaration des Outsourcing-Verhältnisses zur Klarstellung geboten.

Im Übrigen sind bei der *Auftragsdatenverarbeitung* der Umfang der Datenverarbeitung und -nutzung, die technischen und organisatorischen Maßnahmen sowie mögliche Unterauftragsverhältnisse zwingend im Vertrag zu regeln.

Bei der *Funktionsübertragung* gibt es dagegen keinerlei Verpflichtungen, schriftliche Vereinbarungen zu treffen. Allerdings wird es im Interesse des Outsourcing-Kunden sein, auf seine Daten auch entsprechend einwirken zu können und das Kon-

799. Vgl. BT-Drs. 14/4329 S. 29
800. Fasbender, RDV 1994, 12 (14)
801. Vlg. Müthlein/Heck, S. 30

zept zu deren Schutz festzulegen und auch zu überprüfen. Damit sollte der Vertrag dem Outsourcing-Kunden entsprechende Rechte einräumen und auch die Pflichten des Outsourcing-Anbieters bestimmen. Schließlich darf eine Regelung über die Beendigung des Vertragsverhältnisses nicht fehlen, in der die Rückübermittlung der Daten geregelt ist.

ii) Rechte der Betroffenen

Die Betroffenen können ihre in den §§ 6, 33–35 BDSG niedergelegten Rechte im Fall der Funktionsübertragung direkt gegen den Outsourcing-Anbieter, im Fall der Auftragsdatenverarbeitung nur gegenüber dem Outsourcing-Kunden geltend machen.

Für den Fall, dass personenbezogene Daten zum ersten Mal oder ohne Kenntnis des Betroffenen gespeichert werden, ist dieser darüber gemäß § 33 BDSG zu informieren, wenn sie nicht aus allgemein zugänglichen Quellen stammen, ein Gesetz dies so vorgesehen hat oder ein anderer Ausnahmetatbestand vorliegt.

Des Weiteren kann der Betroffene gemäß § 34 BDSG über seine Daten und deren Herkunft, den Empfänger, an den sie weitergegeben wurden, und über den Zweck der Speicherung Auskunft verlangen.

Schließlich hat er die Möglichkeit, die Daten, sofern sie unrichtig sind, berichtigen (§ 35 I BDSG) und löschen zu lassen, soweit unter anderem die Speicherung unzulässig ist (§ 35 II BDSG). Die Daten werden nicht gelöscht, sondern nur gesperrt, wenn beispielsweise die Richtigkeit der Daten bestritten und nicht feststellbar ist (§ 35 IV BDSG).

Die Besonderheit der Rechte auf Berichtigung, Sperrung, Löschung und Auskunft besteht allerdings darin, dass sie gemäß § 6 BDSG nicht durch Rechtsgeschäft beschränkt oder ausgeschlossen werden können.

jj) Branchen-Besonderheiten

Die Vorschriften des BDSGes werden in einigen Bereichen, in denen eigene Vorschriften über den Datenschutz bestehen, von diesen spezielleren Regelungen gemäß § 1 III BDSG verdrängt.

(1) Sozialbereich

So regeln beispielsweise die §§ 67–85a SGB X fast unabhängig vom BDSG das Sozialgeheimnis. Danach ist eine Datenübermittlung als Grundlage für eine Funktionsübertragung zu Outsourcing-Zwecken nicht ersichtlich. Selbst eine Auftragsdatenverarbeitung durch nicht-öffentliche Stellen ist nur zulässig, soweit beim Outsourcing-Kunden sonst Störungen im Betriebsablauf auftreten würden oder die Aufgaben erheblich kostengünstiger ausgeführt werden könnten und der überwiegende Teil der Daten beim Outsourcing-Kunden, einer öffentlichen Stelle, verbleibt (§ 80 V SGB X).

(2) Kreditwirtschaft

Bei Ausgliederungen von Bereichen von Finanzinstituten[802] hat das übertragende Institut gemäß § 25a II KWG die Ordnungsmäßigkeit der Abwicklung der Geschäfte, sein Weisungsrecht sowie die Kontrollrechte des Bundesaufsichtsamtes vertraglich abzusichern.[803] Damit handelt es sich um eine Einschränkung der vertraglichen Gestaltungsfreiheit im Fall der Funktionsübertragung, die aufgrund des massiven Kundeninteressen an der Nicht-Weitergabe der Daten ohne deren Zustimmung ohnehin kaum zulässig sein wird.[804]

(3) Berufsgeheimnisse

Des Weiteren sind Verletzungen von Berufsgeheimnissen durch § 203 StGB strafbewehrt und betreffen damit Outsourcing-Möglichkeiten insbesondere von Ärzten und Rechtsanwälten[805] im Bereich der Auftragsdatenverarbeitung, aber für private Krankenversicherer vor allem auch die Möglichkeiten der Funktionsübertragung. Solche Daten dürfen gemäß § 39 nämlich ausschließlich zu den Zwecken der Übertragung verwendet werden und schließen somit in der Regel Weiterübermittlungen bei Vorliegen eines Erlaubnistatbestandes aus.

Überdies hat der Betriebsrat gemäß § 80 I Nr. 1 BetrVG darauf zu achten, dass zugunsten von Arbeitnehmern geltende Rechte eingehalten werden, wobei das BDSG als ein zum Schutz von Arbeitnehmern geltendes Gesetz gilt.[806]

d) Fazit

Das Outsourcing im privaten Bereich findet in den Daten schützenden Regelungen des BDSGes und sonstiger Gesetze zum Teil enge Grenzen und wird wohl aufgrund der Privilegierung der Auftragsdatenverarbeitung und der Übermittlungsproblematik bei der Funktionsübertragung hauptsächlich in dieser Form stattfinden.

IV.3 Change-Management

Natürlich muss das Vertragswerk, das für ein Outsourcing-Projekt zugrunde gelegt wird, von Zeit zu Zeit den Anforderungen des operativen Geschäftes neu angepasst werden.[807] Der Outsourcing-Kunde oder Outsourcing-Anbieter tritt mit seinem Änderungsgesuch (Change Request) an die andere Vertragspartei heran. In einem speziell geregelten Verfahren[808] haben die Vertragsparteien nun festgelegt, wie eine Vertragsänderung (Change-Management) sich vollziehen soll. Dabei kann es

---

802. Siehe auch Kapitel H., Outsourcing in der Kreditwirtschaft
803. vgl. zur Auslegung Rundschreiben des BAKred siehe Kapitel J., Mustertexte, XII.
804. Steding/Meyer, BB 2001, S. 1693 (1700); Westphalen, WM 1999, S. 1811 (1814ff), vlg. auch zu dieser Problematik: Eyles, WM 2000, S. 1217; Hennrichs, WM 2000, S. 1561
805. vgl. Lapp, NJW-CoR 1998, S. 107 (108f), der für eine Einwilligung des Mandanten plädiert
806. Ehmann, RDV 1999, S. 12 (22)
807. Lewandowski/Mann in Service Level Management in der IT S. 227
808. Siehe Kapitel D., Das Outsourcing-Vertragswerk, I. Nr. 13.

passieren, dass der Outsourcing-Kunde und der Outsourcing-Anbieter der Meinung sind, dass beide die gleichen Vorstellungen und Ziele mit der Anpassung des Vertragswerks haben, dies aber nicht der Realität entspricht, d.h., ihre Willenserklärungen stimmen aus der Sicht eines objektiven Dritten (= offener oder versteckter Dissens gem. §§ 154, 155 BGB) nicht überein.

Bei einem *offenen Dissens* wissen der Outsourcing-Anbieter und Outsourcing-Kunde, dass sie sich nicht geeinigt haben. Dagegen beim *versteckten Dissens* meint der Outsourcing-Kunde und Outsourcing-Anbieter, dass sie sich geeinigt haben, während in Wirklichkeit ein Dissens vorliegt. Können sich der Outsourcing-Anbieter und Outsourcing-Kunde nicht über die wesentlichen Vertragsbestandteile (= essentialia negotii) des von ihnen angestrebten Change-Managements sowohl beim offenen als auch beim versteckten Dissens nicht einigen, ist kein Vertrag zustande gekommen, da ohne diese Einigung ein Vertrag sinnlos wäre. Erfolgt dagegen keine Einigung über vertragliche Nebenabreden (= accidentalia negotii), so muss sowohl beim offenen als auch beim versteckten Dissens durch eine erläuternde Auslegung festgestellt werden, ob der Vertrag trotz der fehlenden Einigung über den Nebenpunkt geschlossen sein soll. Erst wenn kein klares Ergebnis (positiv oder negativ) gefunden werden kann, ist der Vertrag beim offenen Dissens nach der gesetzlichen Auslegungsregel des § 154 BGB »im Zweifel« nicht geschlossen und beim versteckten Dissens nach der gesetzlichen Auslegungsregel des § 155 BGB »im Zweifel« geschlossen.

IV.4 Benchmarking

Ein Ziel des Outsourcings der IT durch den Outsourcing-Anbieter ist eine kontinuierliche Kosteneinsparung. Um eine solche kontinuierliche Kosteneinsparung durch den Outsourcing-Anbieter vertraglich zu gewährleisten, findet in der Regel eine Überprüfung der Leistungsfähigkeit des Outsourcing-Anbieters für den Outsourcing-Kunden (Benchmarking) statt.

Das Wort *Benchmark* entstammt dem Bereich der Landvermessung. Es bedeutet so viel wie Festpunkt und ist damit der Ausgangs- und Bezugspunkt für die Messungen[809]. Davon ausgehend erklärt sich auch die Übersetzung von *Benchmarking* mit *Maßstäbe setzen*.

a) Benchmarking – Wettbewerbsanalyse

Benchmarking ist nicht gleichbedeutend mit der Wettbewerbsanalyse, die das herkömmliche Management-Tool der Konkurrenzbeobachtung ist. Letztere beinhaltet drei Schwerpunkte: So erfolgt eine Analyse der Produkte und Dienstleistungen des Konkurrenten in Bezug auf Kosten und Qualität[810]. Hinzu kommt eine Wirtschaftlichkeitsanalyse bezüglich des Gesamterfolgs des Konkurrenten.[811]

809. Lamla, S. 16
810. Karlöf, S. 25

Außerdem wird oftmals eine Analyse der Einstellungen von Kunden, Lieferanten etc. gegenüber dem Konkurrenten gemacht, um auf diese Art ergänzende Hintergrundinformationen zu gewinnen[812]. Die Wettbewerbsanalyse erfolgt damit zu einem Großteil aufgrund von Sekundärinformationen und somit also Informationen, die jedem zugänglich sind.[813]

Erfolgreiches Benchmarking erfordert dagegen gezielte und detaillierte Informationen, weswegen es ausschließlich auf der Grundlage von Primärinfos erfolgt.[814]

Dieser Unterschied erklärt sich aus den verschiedenen Einsatzgebieten dieser beiden Management-Tools. Die Konkurrentenanalyse wird angewandt, wenn die Stellung unter den anderen Wettbewerbern herausgefunden werden soll oder wenn Akquisitionen und Unternehmensverkäufe geplant werden.[815] Die Ergebnisse sind jedoch nur selten als Ausgangspunkt für Verbesserungsprogramme gedacht.[816]

Demzufolge steht bei der Konkurrentenanalyse die Betrachtung von Produkten oder Leistungsketten im Vordergrund.[817] Beim Benchmarking dagegen werden Prozesse oder unterstützende Aktivitäten der Wertkette untersucht und in Flussdiagrammen festgehalten, die sowohl den Idealprozess als auch Abweichungen abbilden.[818] Darüber hinaus werden grundlegende betriebliche Tätigkeiten und Führungsfähigkeiten betrachtet.[819] Anhand dieser Ergebnisse soll die eigene Arbeit effizienter gestaltet werden können.

Wettbewerbsanalyse stellt sich somit als passiver Prozess dar, bei dem Daten gesammelt und analysiert werden, jedoch auf Basis der eigenen Erfahrungsstrukturen bewertet werden.[820] Sie beantwortet jedoch nicht die Frage, auf welche Weise der Erfolg herbeigeführt wurde.

b) Zielsetzung des Benchmarkings

Benchmarking dagegen zieht einen aktiven Prozess nach sich, indem es sich der Strategieumsetzung widmet.[821] Damit versteht es sich als Brücke zwischen der gewonnenen Basis an Fakten hin zu einem Lernprozess und den daraus resultierenden Taten.[822] Der Benchmarking-Prozesses zeigt, welche Performance ein Pro-

---

811. Karlöf, S. 25
812. Karlöf, S. 25
813. Lamla, S. 30; Meyer-Kleinfeld, S. 37
814. Lamla, S. 30
815. Karlöf, S. 25
816. Karlöf, S. 25
817. Lamla, S. 30
818. Lamla, S. 30
819. Karlöf, S. 27
820. Meyer-Sänger, S. 56
821. Lamla, S. 29

zess aufweist und durch welche Praktiken diese Performance erreicht wird.[823] Damit ist es ein Hilfsmittel, um Veränderungen zu managen, die eine objektive Verbesserung der gegenwärtigen Leistung zur Folge haben.[824]

Wirtschaftliche Zielsetzung dabei ist, Nutzen zu schaffen, der größer ist als die Kosten zur Herstellung des Nutzens[825]. Qualität gilt als das Mittel zum Aufbau des Systems, das in der Lage ist, eine solche Wertschöpfung zu realisieren.[826]

Bei der Qualitätsbetrachtung kommt es auf die Kundensicht an. Die Kundenorientierung ist Ausgangs- und Endpunkt sowie Kriterium für die Einschätzung des Erfolges von Benchmarking-Aktivitäten.[827] Schließlich entscheiden die Kunden über die Annahme des Produktes und das Verbleiben im Markt.[828] Kundenbefragung und Kostenanalyse (z.B. einer TCO-Anaylse) sind damit ein wichtiges Tool für die Ermittlung des Benchmarking-Objekts.[829]

Um grundlegenden Anforderungen und Standards zu genügen, sind Bemühungen in allen Bereichen anzustellen, die darauf hinarbeiten, hochwertige Qualität entstehen zu lassen.[830] Als solche kommen etwa Forschung und Entwicklung, Produktion und Vertrieb, unterstützende Funktionen in Finanzierung und Rechnungswesen, Personalverwaltung, Öffentlichkeitsarbeit oder Organisationsentwicklung in Betracht.[831]

c) Benchmarking-Prozess

Benchmarking ist ein mehrstufiger Prozess. Bezüglich der Unterscheidung der einzelnen verschiedenen Phasen besteht keine Einigkeit, was sich aus den unterschiedlichen Differenzierungen innerhalb der einzelnen Prozessstufen ergibt. Bei Betrachtung der einzelnen Arbeitsschritte innerhalb der Prozessstufen dagegen ist eine einheitliche Grundstruktur zu erkennen. Im Nachfolgenden erfolgt eine Unterteilung in fünf Phasen.

aa) Phase 1: Planungsphase

Jedes Benchmarking-Projekt beginnt damit, dass anhand des übergeordneten Ziels das *Benchmarking-Objekt* bestimmt wird.[832] Als Untersuchungsobjekte kommen zum einen Produkte und Dienstleistungen in Betracht. Produkte werden etwa auf

822. Karlöf, S. 26
823. Schäfer, S. 365 (373)
824. Leibfried, S. 34
825. Karlöf, S. 42
826. Karlöf, S. 42
827. Mertins, S. XVI; Mertins-Pieske, S. 53
828. Pässler, S. 56
829. Mertins-Pieske, S. 53
830. Karlöf, S. 44
831. Karlöf, S. 44
832. Lamla, S. 24; Meyer, S. 13; Rehäuser, S. 81 (82)

physische Eigenschaften wie Lebensdauer, Fehlerrate, Ausfallhäufigkeit oder Benutzerfreundlichkeit analysiert. Bei Dienstleistungen kommt eine Untersuchung nach Eigenschaften wie Erfolgsquote, Kundenzufriedenheit oder Reaktions- und Bearbeitungszeit in Betracht.

Als Untersuchungsobjekte kommen ebenso Prozessabläufe in Betracht, so etwa Produktions- und Verwaltungsprozesse. Im Rahmen der Betrachtung der Produktionsprozesse kann eine Orientierung am ständigen Bemühen nach Qualitäts- und Produktivitätsverbesserungen erfolgen. So können die Prüfung der Kreditwürdigkeit in Verbindung mit einer Kreditvergabe oder die Bearbeitung von Kundenreklamationen untersucht werden. Möglich ist auch eine Betrachtung unter dem Aspekt, welche technologischen Entwicklungsstufen im Unternehmen verwirklicht wurden und welche Maßnahmen nötig sind, um auf dem neuesten Stand zu sein.

Bei Betrachtung der momentanen Herausforderungen in der Wirtschaft ist die Entwicklung von Human Resources ebenfalls ein nicht zu unterschätzendes Benchmarking-Objekt.[833] Das beginnt mit den Richtlinien für die Personalwahl und der Einführung neuer Mitarbeiter, arbeitet sich fort über die Abgrenzung von Verantwortlichkeiten bis hin zur Verbesserung von Fähigkeiten und arbeitsbegleitender Fortbildung durch Anreizsysteme und Zielvereinbarungen.[834]

Bei der Auswahl des Benchmarking-Objekts sollte sich an den Punkten (Auswahlkriterien), die die Erfolgsfaktoren eines Unternehmens ausmachen, orientiert werden. Als solche kommen Leistung, Kostenbewusstsein, enger Kunden- und Lieferantenkontakt in Betracht. Bezüglich der Benchmarking-Objekte sind geeignete und aussagekräftige Bewertungskriterien festzulegen.[835] Ebenfalls hilfreich ist die Konzentration auf Bereiche mit bekannten Schwachstellen oder regelmäßig auftretenden Problemen.

Nach der Festlegung des Benchmarking-Objekts muss innerhalb des eigenen Unternehmens das Benchmarking-Team zusammengesetzt werden.[836] Außerdem sind mögliche Benchmarking-Partner zu identifizieren (Arten des Benchmarking).[837]

bb) Phase 2: Untersuchung des Benchmarking-Objekts

Zunächst müssen die ausgewählten Produkte, Dienstleistungen oder Prozesse im eigenen Unternehmen anhand der gewählten Leistungskennzahlen beschrieben und untersucht werden.[838] Notwendig sind exakte Basisdaten wie Durchlaufzeit, Prozesskosten, Anzahl der Prozessschritte, Art der Schritte und Beschreibung des Prozessablaufs als Maßgrößen für die nachfolgenden Benchmarking-Vergleiche.[839]

---

833. Karlöf, S. 45
834. Karlöf, S. 45
835. Meyer, S. 13; Meyer/Kleinfeld, S. 36; Meyer/Sänger, S. 61; Rehäuser, S. 81 (82)
836. Meyer, S. 13; Meyer/Kleinfeld, S. 36; Meyer/Sänger, S. 61; Rehäuser, S. 81 (82)
837. Lamla, S. 24
838. Lamla, S. 119; Meyer/Kleinfeld, S. 36

Dies muss in mindestens der Tiefe geschehen, wie man dies vom Benchmarking-Partner erfahren will.[840] Ohne Kenntnis der eigenen Daten sind Lernmöglichkeiten aus der Leistungsermittlung nur sehr begrenzt, da das erforderliche Detail-Verständnis fehlt.[841]

Der Detaillierungsgrad der Prozessanalyse ermöglicht dann die Auswahl des geeigneten Benchmarking-Partners.[842] Für diesen sollte ein Fragenkatalog mit Bezug auf das Gesamtobjekt formuliert werden.[843] Außerdem sollte über Auswahl und Durchführung weiterer Methoden der Informationsbeschaffung nachgedacht werden.[844]

cc) Phase 3: Analyse

Nach der Zusammenstellung und Auswertung der eigenen Maßgrößen beginnt die Sammlung der Benchmarking-Daten bei den Benchmarking-Partnern. Durch Auswertung und Vergleich mit den eigenen Basisdaten wird die Größe des Unterschieds festgestellt. Gleichzeitig sind die zugrunde liegenden Ursachen herauszufinden.

Im Anschluss daran erfolgt eine Make-or-Buy-Analyse, anhand der geklärt wird, ob es wirtschaftlich sinnvoll ist, den Prozess weiterhin innerhalb des Unternehmens durchzuführen, oder ob nicht ein Einkauf dieser Leistung von außen sinnvoller wäre.

dd) Phase 4: Umsetzung (Adapting und Improving)

Sofern die Make-or-Buy-Analyse das Ergebnis bringt, die Produktion, Dienstleistung oder den Prozess nicht »outzusourcen«, ist die Entwicklung eines Maßnahmekatalogs zur Erreichung der gesetzten Ziele zu erstellen. Problemzonen sind über Abweichungen der eigenen Kosten oder Verfahren von Best-Practices-Kosten bzw. -Verfahren herauszufinden und einzugrenzen. Bei der Übernahme und Umsetzung der Best Practices ist zu beachten, dass die Lösung nicht einfach kopiert wird. Wichtig ist es, diese an die eigenen Verhältnisse anzupassen mit dem Bemühen, besser zu werden als das Original[845]. Eigener kultureller Hintergrund sowie wirtschaftliche Aspekte müssen dabei beachtet werden[846].

---

839. Karlöf, S. 87; Meyer/Kleinfeld, S. 49; Meyer/Sänger, S. 60
840. Lamla, S. 119; Meyer/Kleinfeld, S. 36
841. Mertins, S. XVII; Meyer/Bauer, S. 89; Meyer/Kleinfeld, S. 36 f.
842. Lamla, S. 119
843. Leibfried, S. 370; Mertins, S. XVII
844. Lamla, S. 24
845. Karlöf, S. 88; Mertins-Pieske, S. 56 f.
846. Karlöf, S. 88; Mertins/Pieske, S. 56 f.

ee) Phase 5: Nachbereitung

Aus dem Grundgedanken von Benchmarking ergibt sich auch die Notwendigkeit einer Nachbereitungsphase. So ist der Stand der Umsetzung der Maßnahmen zu verfolgen, wobei den Mitarbeitern die sich mit der Umsetzung ergebenden qualitativen Unterschiede aufgezeigt werden sollten.[847] Zum einen können so die gewonnenen Leistungssteigerungen gemessen werden und Vergleiche mit der ursprünglichen Zielsetzung angestellt werden.[848] Zum anderen soll durch diesen innerbetrieblich erkennbaren Fortschritt die Motivation der Mitarbeiter erhöht und Akzeptanz für zukünftige Benchmarking-Projekte geschaffen werden.[849]

Außerdem sollten Zielsetzungen regelmäßig kontrolliert und die Benchmarks in sinnvollen Abständen aktualisiert werden, um den Erfordernissen des zeitlichen und räumlichen Wandels gewachsen zu bleiben.[850]

d) Fehler beim Benchmarking

Sollte die Entscheidung für Benchmarking gefallen sein, so ist – um den Erfolg zu sichern – auf einige typische Fehlerquellen zu achten.

aa) Datenanalyse

So muss die Analyse der Schlüsselfaktoren auch nachfolgende massive Konsequenzen haben, um überhaupt das Wichtigste am Benchmarking-Prozess durchzuführen.[851] Dabei muss beachtet werden, dass der Wendepunkt nicht verpasst wird, weil das Sammeln und Auswerten der Daten so faszinierend ist.

Um Ressourcenverschwendungen zu vermeiden, ist oberflächliches oder zu begrenztes Herangehen zu vermeiden.[852]

So ist Benchmarking – bei aller aktuellen Begeisterung – als langfristig zu lösende Aufgabe zu verstehen, die nur mit umfassender Vorbereitung zu erfüllen ist.

Außerdem ist das zu untersuchende Benchmarking-Objekt in seine kleinsten Einzelbestandteile zu zerlegen, um die Informationen in der gewünschten Genauigkeit zu bekommen. Allerdings sollte eine Analyse nicht zu viele Objekte auf einmal betrachten. Aufgrund der komplexen Abläufe innerhalb eines Unternehmens sind die Auswirkungen auf die verschiedenen ineinander greifenden Faktoren oft nicht absehbar und daher nicht auf einmal zu lösen.

---

847. Lamla, S. 27; Meyer/Bauer, S. 95; Meyer/Kleinfeld, S. 37
848. Mertins, S. XVIII
849. Lamla, S. 27; Meyer/Bauer, S. 95; Meyer/Kleinfeld, S. 37
850. Lamla, S. 27; Mertins, S. XVIII; Meyer, S. 13; Meyer/Kleinfeld, S. 37
851. Schäfer, S. 365 (371)
852. Schäfer, S. 365 (371)

bb) Mitarbeiterbeteiligung

Die Mitarbeiter des Unternehmens allgemein und vor allem die der vom Benchmarking betroffenen Abteilungen müssen in den Benchmarking-Prozess eingebunden werden. Bei starken Abweichungen der zu vergleichenden Parameter müssen die am Prozess beteiligten Arbeiter interviewt werden, da nur durch die Einbringung von eigenem Fachwissen die Ursachen hinreichend geklärt werden können. Ohne ihre Einbindung bei der Ursachenforschung besteht die Gefahr, dass aus den vorliegenden Ergebnissen falsche Schlüsse gezogen werden[853]. Zudem führt die Nichteinbeziehung der Mitarbeiter zu einer schlechten Akzeptanz der Benchmarking-Ergebnisse. Regelmäßige Informationen über die Ergebnisse können Abhilfe schaffen und zusätzliches Interesse wecken.[854]

Eine weitere Gefahr besteht in der Lahmlegung des Benchmarking-Prozesses durch das drängende Tagesgeschäft oder innerbetriebliche Querelen.[855] Dazu ist aktives Engagement der Geschäftsleitung erforderlich, die dafür Sorge zu tragen hat, dass genügend Zeit und Ressourcen zur Verfügung stehen[856].

Die Austragung innerbetrieblicher Konflikte einzelner Abteilungen muss vermieden werden, um den Benchmarking-Erfolg zu gewährleisten. So kommt es nach Auswertung der Untersuchungsergebnisse oftmals zu Strategien der Terrainverteidigung.[857] Bis in die obersten Managementetagen besteht Angst vor Bloßstellungen, Imageverlusten oder der Enthüllung politisch heikler Unternehmensthemen.[858] Ein anstehender Wandel muss daher unbedingt gewollt sein und in seinen Ergebnissen akzeptiert werden.[859]

cc) Skepsis

Trotz aller Begeisterung für das Vergleichsunternehmen ist immer auch eine skeptische Distanz zu wahren. Denn oftmals werden aufgrund der herausragenden Erfolge auf einem bestimmten Gebiet alle anderen Aspekte ebenfalls unkritisch übernommen.[860] Doch die Konzentration auf ein Gebiet, um »Klassenbester« zu werden, bedeutet zwangsläufig auch, dass andere Gebiete vernachlässigt werden.[861]

Prozesse beim Benchmarking-Partner sollten daher nie als Optimal-Lösung, sondern nur als Maßnahmen für die eigene Entwicklung betrachtet werden.[862]

853. Mertins/Faßhauer, S. 35
854. Karlöf, S. 85; Lamla, S. 27
855. Karlöf, S. 34; Mertins, S. XVI; Meyer/Bauer, S. 89
856. Karlöf, S. 34; Mertins, S. XVI; Meyer/Bauer, S. 89
857. Karlöf, S. 64
858. Karlöf, S. 34, 84; Mertins, S. XVI; Meyer/Bauer, S. 89
859. Karlöf, S. 34, 84; Mertins, S. XVI; Meyer/Bauer, S. 89
860. Karlöf, S. 130
861. Karlöf, S. 130
862. Schäfer, S. 365 (371)

Dabei muss immer von den Bedürfnissen der Kunden ausgegangen werden. Ihre Wünsche sind entsprechend umzusetzen, da sie mit ihren Entscheidungen die Marktstellung bestimmen.[863] Benchmarking muss als integriertes Element der Geschäftsplanung betrachtet werden.[864]

e) Arten des Benchmarkings

Beim Benchmarking werden verschiedene Arten unterschieden, die auch als qualitative Niveaustufen verstanden werden können.

aa) Internes Benchmarking

Internes Benchmarking ist sowohl ein separater Vorgang zur Verbesserung der gegenwärtigen Leistung als auch der erste, entscheidende Schritt aller externen Benchmarking-Projekte,[865] der als solcher zu einem externen Vergleich mit der intern besten Praxis führen kann. Dabei werden Kennzahlen und gleichartige Prozesse innerhalb der eigenen Organisation verglichen, so z.B. von Unternehmen einer Unternehmensgruppe, von Standorten, Abteilungen, Geschäftsbereichen, Sparten oder Verkaufsgruppen[866].

Unterschiede können etwa auf die geografische Lage und auf die organisatorische und lokale Entwicklungsgeschichte zurückzuführen sein.[867]

Aufgrund der gemeinsamen Unternehmenskultur ist oftmals die Übernahme der besten Ergebnisse als Optimal-Lösung möglich, da gleiche oder ähnliche Politiken und Ethiken das Verständnis und die Übertragbarkeit der Lösungen vereinfachen.[868] Eine einfache Prozessanalyse und die interne Datensammlung führen zu einem leichten Einstieg und schnellen Lernerfolgen.[869] Verbesserungen sind unter minimalem Ressourceneinsatz möglich.[870]

Die Durchführung eines internen Benchmarking-Prozesses ist aufgrund der Einfachheit und Erfolgswahrscheinlichkeit gut geeignet, Mitarbeiter mit Benchmarking vertraut zu machen, positive Resonanz zu ernten und einen Wandel in ihrem Denken einzuleiten. Fast immer besteht die Möglichkeit, durch ein vergleichendes Studium der Tätigkeiten Verbesserungsmöglichkeiten auszumachen. Dabei wird das Auge der Mitarbeiter für die eigentlichen betrieblichen Aufgabeninhalte geschärft. Ein weiterer Effekt liegt in der Angleichung unterschiedlicher Leistungen der einzelnen Geschäftsbereiche.

---

863. Karlöf, S. 33; Pässler, S. 56
864. Mertins, S. XVI
865. Leibfried, S. 73
866. Karlöf, S. 38; Mertins/Pieske, S. 51; Meyer/Sänger, S. 59; Schäfer, S. 365 (375); Watson, S. 111
867. Meyer/Sänger, S. 59
868. Schäfer, S. 365 (375)
869. Lamla, S. 26; Meyer/Sänger, S. 59; Schäfer, S. 365 (375); Watson, S. 111
870. Schäfer, S. 365 (375); Watson, S. 111

Gleichzeitig wird auch die vorhandene Firmenkultur gefestigt.[871] Im Sinne der Corporate Identity ist dies sicherlich ein Vorteil.

Ein Nachteil der Fixierung auf die eigene Firmenkultur besteht darin, dass das Vorfinden von Best Practices aufgrund der Nichtberücksichtigung externer Alternativen eher unwahrscheinlich ist.[872] Hinzu kommt die Gefahr, technologische Neuentwicklungen zu übersehen und den Anschluss an den Marktführer zu verlieren.[873]

bb) *Wettbewerbsorientiertes Benchmarking*

Konkurrenzbezogenes Benchmarking ist die Analyse der Produkte, Leistungen, Abläufe sowie der Wirkung auf den Kunden in Bezug auf direkte Wettbewerber.[874] Sie zeichnet sich durch die hohe Vergleichbarkeit aller Untersuchungsobjekte aus.[875] Diese ergibt sich aus der zugrunde liegenden Markt-, Kunden- und Auftragsstruktur, da aufgrund der gleichen Anforderungen die gleichen Funktionen erfüllt werden müssen.[876]

Die Vergleichbarkeit ermöglicht eine einfache Datenbeschaffungs- und -analyse-Phase.[877] Wegen der direkten Konkurrenz zum Benchmarking-Partner sind die Teammitglieder besonders zur Mitarbeit motiviert.[878] Auch das höchste Management verfolgt den Benchmarking-Prozess mit größter Aufmerksamkeit, was eine erleichterte Umsetzung der Verbesserungsmaßnahmen garantiert.[879]

Gerade aufgrund des Konkurrenzdrucks und der Vertraulichkeit der Informationen erfolgt allerdings nur selten ein Gesamteinblick in die Arbeitsweise des Wettbewerbers; Informationen sind nur eingeschränkt verfügbar.[880]

Die erforderliche Offenheit des Datentauschs und die Überprüfbarkeit der Datenqualität sind daher ein kritischer Punkt.[881] Für funktionierendes Benchmarking ist ein Spiel mit offenen Karten unbedingt erforderlich. Wettbewerbsorientiertem Benchmarking in obligopolischen Märkten[882] ist damit in besonderer Weise von der Kooperationsbereitschaft abhängig.[883]

Ein weiterer Grund für den restriktiven Datenaustausch zwischen direkten Wettbewerbern sind kartellrechtliche Bedenken sowie das Bestehen des Datengeheimnisses.[884] Damit stellt sich die Frage, ob konkurrenzbezogenes Benchmarking aufgrund oftmals fehlender Primärinformationen überhaupt mehr sein kann als eine Wettbewerbsanalyse.

871. Meyer/Sänger, S. 59
872. Watson, S. 111
873. Watson, S. 38
874. Mertins/Pieske, S. 51; Mertins/Wild, S. 89
875. Lamla, S. 26; Schäfer, S. 365 (375)
876. Lamla, S. 26; Schäfer, S. 365 (375)
877. Mertins/Wild, S. 89
878. Mertins/Wild, S. 89
879. Mertins/Wild, S. 89
880. Lamla, S. 26; Schäfer, S. 365 (376)
881. Mertins/Wild, S. 89

Bedenkt man jedoch, dass kaum ein Unternehmen in allen Prozessketten optimal arbeiten wird, so eröffnet sich für alle Beteiligten die Möglichkeit für einen Lernprozess.[885] Der Konkurrent sollte daher bei Durchführung eines Benchmarking-Prozesses als Partner angesehen werden.[886]

Bei Prozessen, die sich am Rande des eigentlichen Kerngeschäfts der Unternehmen befinden (z.B. Materialeinkauf), kann daher oftmals ein Interesse der konkurrierenden Unternehmen am Benchmarking bestehen, da sie hier nicht gezwungen sind, wettbewerbserhebliche und Kosten unterbindende Informationen weiterzugeben.[887] Wichtig ist nur eine Einigung über die wechselseitige Zur-Verfügung-Stellung von Informationen, die Festlegung gemeinsamer Zielsetzungen sowie die Verteilung der Aufgaben.[888]

cc) Funktionales Benchmarking

Beim funktionalen Benchmarking wird die Leistungsfähigkeit eigener Produkte, Dienstleistungen oder funktional gleicher Prozesse in branchenweiter Anwendung untersucht.[889] Dabei werden insbesondere solche Benchmarking-Objekte identifiziert, die jedes Unternehmen durchführen muss z.B. Lagerhaltung, Auftragsbearbeitung, Rechnungserstellung, Bearbeitung von Kundenreklamationen, Personalwesen, Produktion, Logistik, Marketing.[890] Dabei wird nach Spitzenleistungen in verschiedenen Industriezweigen und Branchen Ausschau gehalten.[891]

Aufgrund des fehlenden Konkurrenzverhältnisses ist durch die geringeren Interessenkonflikte und Vertraulichkeitsanforderungen ein objektiver, offener Datentausch möglich.[892] Damit verbunden ist das Kennenlernen anderer Branchen, so dass über den Horizont des eigenen Unternehmens geschaut wird[893]. Das ermög-

882. Oligopol ist eine Marktform, bei der nur wenige Marktteilnehmer ein Gut anbieten oder nachfragen; jeder verfügt also über einen beachtlichen Anteil am Gesamtmarkt, sein Marktverhalten hat unmittelbare Rückwirkungen auf die wirtschaftliche Lage der übrigen (oligopolistische Interdependenz). Typische Merkmale des Oligopols sind: 1. Verdrängungspolitik (Kampf um die Alleinherrschaft), 2. Preisstarrheit (man scheut den Kampf und stabilisiert die gegebenen Preise), 3. Preisführerschaft (alle übrigen akzeptieren den Preis des Preisführers), 4. Übergang zu gemeinsamem Handeln (Kollusion). Der Wettbewerb verlagert sich meist in den Bereich der Qualität, des Kundendienstes, der Werbung u.a. (Nicht-Preis-Wettbewerb); siehe Lexikon der Wirtschaftsbegriffe.
883. Lamla, S. 26; Mertins/Wild, S. 90; Schäfer, S. 365 (376)
884. Lamla, S. 26; Mertins/Wild, S. 89 f.
885. Meyer/Sänger, S. 59
886. Meyer/Sänger, S. 59
887. Karlöf, S. 65
888. Mertins/Faßhauer, S. 32
889. Watson, S. 147
890. Karlöf, S. 47; Meyer/Sänger, S. 59; Schäfer, S. 365 (376)
891. Karlöf, S. 38, 66 f.; Meyer/Sänger, S. 59; Schäfer, S. 365 (376)
892. Mertins/Wild. S. 90; Schäfer, S. 365 (376)
893. Karlöf, S. 47

licht es, bahnbrechende Neuerungen zu finden, die den Standard der eigenen Branche beeinflussen oder verändern.[894] Innovation und Flexibilität im Denken werden gefördert.[895]

dd) *Generisches Benchmarking*

Beim generischen Benchmarking ist der Vergleich nicht an Wettbewerbs- oder Branchengrenzen gebunden.[896] Die Untersuchung der Geschäftsprozesse erfolgt gerade ohne Blick auf die eigene Warengattung.

Als Folge davon kommt es oft zur Anwendung von Praktiken, die in der eigenen Branche noch nicht angewandt und durch die Entwicklung analoger Abläufe über die verschiedenen Branchen hinweg am ehesten einen Durchbruch für Innovationen im eigenen Unternehmen bringen können.[897] Die Integration solch neuer Konzepte führt zum Re-Design von Geschäftsprozessen.[898] Ein solcher Ansatz führt oftmals zu einem Paradigmenwechsel und der Neugestaltung innerbetrieblicher Abläufe.[899]

Damit ist diese Art des Benchmarkings die niveaumäßig schwierigste Variante. Sie wird dem Bereich der Kreativitäts- und Innovationsförderung zugeordnet und ermöglicht so genannte *First-Mover-Vorteile* in einer Branche.[900]

f) Stellung des Benchmarkings im Outsourcing

Benchmarking und Outsourcing können in verschiedenen Variationen miteinander in Verbindung kommen.

aa) *Outsourcing als Folge des Benchmarkings*

Beim Benchmarking wird die wertschöpfungsbezogene Produktivität analysiert, um unproduktive Tätigkeiten schnell und präzise aufzuspüren.[901] Im Anschluss daran steht die Frage, ob verschiedene interne Prozesse noch selbst durchgeführt werden sollen oder entsprechende Funktionen von außen zu beziehen sind.[902] Sie muss im Rahmen der Make-or-Buy-Analyse beantwortet werden, die sich an die Auswertung und den Vergleich der eigenen Basisdaten mit denen des Benchmarking-Partners anschließt.[903] Mögliche Entscheidungsparameter einer Make-or-Buy-Analyse sind etwa die Produktivität (Kostenvergleich bei Fremdbezug und Eigenfertigung), der Kundennutzen, die Verfügbarkeit oder der Bezug zum Kerngeschäft.[904]

---

894. Karlöf, S. 67; Lamla, S. 26
895. Mertins/Wild, S. 90
896. Schäfer, S. 365 (376); Watson, S. 165
897. Lamla, S. 26; Schäfer, S. 365 (376)
898. Schäfer, S. 365 (377)
899. Watson, S. 165
900. Schäfer, S. 365 (378)
901. Karlöf, S. 50
902. Karlöf, S. 162
903. Karlöf, S. 162.

Als Folgen kommen die Ausgliederung von Geschäftsbereichen (Herauslösen einer Funktion aus der Organisation und deren Umwandlung in eigenständiges Unternehmen) oder der Verkauf von Unternehmensteilen in Betracht.[905] Sofern die der Make-or-Buy-Analyse zugrunde liegenden Entscheidungsparameter durch den Einkauf der Serviceleistung von außen gesteigert werden können, ist Outsourcing die wirtschaftlich sinnvolle Reaktion.[906]

Als Kandidaten für einen Fremdbezug kommen etwa die Prozesse in Betracht, die nicht zum Kerngeschäft des Unternehmens gehören und nur eine untergeordnete Rolle spielen.[907] Ziel des Outsourcing-Kunden ist es, auf diesem Weg Ressourcenknappheiten oder -verschwendungen vorzubeugen, mangelndes Know-how auszugleichen, höhere Flexibilität zu erreichen und Kosten einzusparen.[908]

bb) Benchmarking als Folge des Outsourcings

Jedoch kommt nicht nur Outsourcing als Folge von Benchmarking in Betracht, sondern auch umgekehrt Benchmarking als Folge von Outsourcing.

Der Outsourcing-Kunde stellt eine Aufgabe für einen externen Dienstleister, den Outsourcing-Anbieter, bereit, der diese dann für den Outsourcing-Kunden erledigt. Eine Hinterfragung der Aufgabenausführung durch den Outsourcing-Anbieter mündet für den Outsourcing-Kunden in folgenden Fragen:[909]

- Wie gut werden die Dinge erledigt, die wir gerade erledigen lassen?
- Lassen wir die richtigen Dinge erledigen? Ist unser Outsourcing-Anbieter der für uns geeignetste?

So besteht sowohl auf Seite des Outsourcing-Kunden als auch des Outsourcing-Anbieters ein gegenseitiges Interesse an niedrigen Kosten, hoher Produktivität oder dem Einsatz technisch modernster Mittel[910]. Durch Benchmarking kann überprüft werden, ob diese Ziele auch bestmöglich verwirklicht werden.

(1) Benchmarking wird vom Outsourcing-Kunden selbst durchgeführt

Möglich ist zum einen eine Überprüfung der eigenen Leistungsfähigkeit durch den Outsourcing-Kunden. Auf diese Weise kann er eigene Unternehmensprozesse optimieren oder revolutionieren und durch Einbeziehung des Outsourcing-Anbieters diesem zeigen, dass er der zu ihm passende Outsourcing-Anbieter ist.

---

904. Karlöf, S. 182 f.
905. Karlöf, S. 182
906. Karlöf, S. 50
907. Karlöf, S. 178
908. Karlöf, S. 179
909. Vgl. Rehäuser, S. 81
910. Karlöf, S. 47

(2) Benchmarking wird vom Outsourcing-Anbieter durchgeführt

Möglich ist auch eine Benchmarking-Analyse durch den Outsourcing-Kunden, durch eine Unternehmensberatung oder Forschungseinrichtung.[911] Auf diese Weise kann er überprüfen, ob der Outsourcing-Anbieter effektiv arbeitet oder ob es nicht bessere Partner auf dem Markt gibt.

g) Vorteile des Benchmarkings

Durch Zielorientierung am Marktgeschehen und Übernahme bester Praktiken können Wettbewerbsvorteile erarbeitet werden, da der Einsatz optimaler Prozesse die Kundenanforderungen besser erfüllt; hinzu kommt ein Vergleich der Leistungsfähigkeit, neben dem Lern- und Verbesserungsprozesse innerhalb des Unternehmens in Gang gesetzt werden. Durch die Übernahme extern geprüfter Prozesse und Praktiken werden kostenintensive Trial-and-Error-Prozesse vermieden.[912]

Zudem führt die erfolgreiche Einführung von Benchmarking zur Vermeidung von Widerstand gegen extern initiierte Veränderungen (Not-invented-here-Syndrom).[913] Daher empfiehlt es sich, dem ersten Benchmarking-Projekt besondere Aufmerksamkeit zu widmen, damit ihm Erfolg beschienen ist. Aus diesem Grund ist eine Gruppe zu wählen, die offen für neue Ideen ist, so dass deren Mitarbeit garantiert ist. Um den Erfolg zu garantieren, ist eine leichter zu bewältigende Aufgabe zu wählen.[914]

Benchmarking verkürzt Lern- und Innovationszyklen und erhöht die Kreativität der Mitarbeiter durch externe Ideen.[915]

h) Kartellrechtliche Fragen

Die Durchführung von Benchmarking-Projekten stellt verschiedene Anforderungen an die Beteiligten, die – nach Empfehlung – in einem Verhaltenskatalog festzulegen sind. Ein Aspekt des Benchmarking-Verhaltenskataloges ist das Prinzip der Rechtmäßigkeit, wonach alle Aktivitäten, an deren Rechtmäßigkeit Zweifel bestehen, zu unterlassen sind.[916]

Bedeutung erlangt hierbei vor allem die Frage nach eventuellen Kartellverstößen.

In § 1 GWB heißt es dazu: »Vereinbarungen zwischen miteinander im Wettbewerb stehenden Unternehmen, Beschlüsse von Unternehmensvereinigungen und aufeinander abgestimmte Verhaltensweisen, die eine Verhinderung, Einschränkung oder Verfälschung des Wettbewerbs bezwecken oder bewirken, sind verboten.«

---

911. Rehäuser, S. 81 (82)
912. Lamla, S. 17, 24; Schäfer, S. 365 (368)
913. Meyer, S. 24
914. Karlöf, S. 77; Schäfer, S. 365 (368)
915. Schäfer, S. 365 (368, 371)
916. Watson, S. 215

aa) *Allgemeine Bedeutung der Regelung*

Der Gesetzgeber hat sich mit seiner Regelung für ein generelles Kartellverbot entschieden, das auch zahlreiche erwünschte Formen der unternehmerischen Gemeinschaftsarbeit erfasst.[917] Abgemildert wird dies durch eine kooperationsfreundliche Auslegung des geltenden Kartellrechts durch die Kartellbehörden und eine gleichzeitige Ausweitung der Ausnahmen vom Kartellverbot.[918]

Auf gleiche Weise wird im europäischen Kartellrecht verfahren: Es erfolgt eine Abgrenzung von Unternehmenskooperationen, die die Integration fördern und die Funktionsfähigkeit des Wettbewerbs nicht gegenüber dem Verbot des Art. 81 I EGV beeinträchtigen. Ebenso gibt es Gruppenausnahmen nach Art. 81 III EGV.[919]

bb) *Möglichkeit der gleichförmigen Verhaltens*

Die Möglichkeit der gleichförmigen Verhaltens kann durch Vereinbarungen, durch Beschlüsse, durch ein aufeinander abgestimmtes Verhalten oder ein Parallelverhalten erfolgen.

(1) *Vereinbarungen*

Vereinbarungen als vertragliche Abstimmungen nach § 1 GWB setzen einen Vertrag mit mindestens faktischem Bindungswillen wirtschaftlicher, gesellschaftlicher oder moralischer Art voraus.[920] Eine weite Auslegung des Vertragsbegriffs erfolgt nicht, um die Abgrenzung zu abgestimmten Verhaltensweisen (die keinen Vertrag voraussetzen, § 1 GWB) und zu Parallelverhalten (soweit es nicht als *abgestimmte Verhaltensweise* unter § 1 GWB fällt, § 19 I GWB) nicht zu verwischen.[921]

Im Gegensatz zu Verträgen stehen die Gentlemen's Agreements, die zwar keine rechtliche Wirkung begründen, jedoch wegen der moralischen Verbindlichkeit als Vereinbarung im Sinne des Kartellverbots gelten.[922]

(2) *Beschlüsse*

Beschlüsse sind mehrseitige, unselbstständige Rechtsgeschäfte.[923] Im Unterschied zum Vertrag kommen sie auf Grundlage einer verbandsmäßigen Organisation zustande, so dass auch die Möglichkeit von Mehrheitsbeschlüssen besteht.[924] Die Aufnahme der Beschlüsse in § 1 GWB soll eine Umgehung des Verbots der Vereinbarungen durch Wirtschaftsverbände verhindern, indem parallele Willenserklä-

---

917. Triantafillakis, S. 3
918. Triantafillakis, S. 5
919. Triantafillakis, S. 7
920. Rittner, § 7 Rn. 18; Wiedemann/Stockmann, § 7 Rn. 49; Witter, S. 28
921. Rittner, § 7 Rn. 21
922. Rittner, § 7 Rn. 20; Sandrock, WuW 71, 858; Wiedemann, § 3 Rn. 2; Wiedemann-Stockmann, § 7 Rn. 49
923. Immenga/Zimmer, § 1 Rn. 127
924. Immenga/Zimmer, § 1 Rn. 127; Wiedemann/Stockmann, § 7 Rn. 8

rungen an einen Verbandleiter im Rahmen seiner verbandsmäßigen Organisation abgegeben werden.[925]

(3) Aufeinander abgestimmte Verhaltensweisen

Im europäischen Recht versteht man unter aufeinander abgestimmtem Verhalten eine Form der Koordinierung zwischen Unternehmen (...), die zwar noch nicht bis zum Abschluss eines Vertrages im eigentlichen Sinne gediehen ist, jedoch bewusst eine praktische Zusammenarbeit an die Stelle des mit Risiken verbundenen Wettbewerbs treten lässt.[926]

Der europäische Ansatz erfüllt nicht das Bestimmtheitserfordernis des deutschen Rechts; im deutschen Recht ist daher eine Verhaltensabstimmung als solche noch nicht sanktionswürdig.[927] Die Verhaltensabstimmung muss ein wettbewerbsbeschränkendes Marktverhalten der Abstimmungsbeteiligten zur Folge haben, das die mit dem Wettbewerb verbundenen Risiken ausschließt oder verringert.[928] Eine solche Koordinierung wird angenommen, wenn das künftige Marktverhalten nicht mehr nur die Folge von Erkenntnissen ist, die sich aus Marktlage und -entwicklung ergeben, sondern als Folge der Fühlungnahme der beteiligten Unternehmen beeinflusst wird.[929]

(4) Parallelverhalten

Neben Vereinbarungen, Beschlüssen und abgestimmten Verhaltensweisen gibt es gleichförmige Verhaltensweisen, die in bewusstes und unbewusstes Parallelverhalten untergliedert werden.

(aa) Unbewusstes Parallelverhalten

Unbewusstes Parallelverhalten zeichnet sich durch die Zufälligkeit des gleichförmigen Verhaltens aus. Allerdings zielt es nicht auf eine kollektive Beschränkung des Wettbewerbs; wegen der Zufälligkeit ist den Parteien das Parallelverhalten nicht zuzurechnen.[930] Wegen des fehlenden Willens unterfällt unbewusstes Parallelverhalten damit nicht dem Anwendungsbereich des Abstimmungsverbots.[931]

925. Wiedemann, § 3 Rn. 2; Wiedemann/Stockmann, § 7 Rn. 8
926. Rittner, § 7 Rn. 58; Witter, S. 36, EuGH Urt. v. 14.07.72, WuW 72, 593 (596)
927. Witter, S. 39
928. Rittner, § 7 Rn. 10; Witter, S. 39 f.; EuGH Urt. v. 14.07.72, Slg 72, 619 (658); EuGH Urt. v. 16.12.75, Slg 75, 1663 (1984); EuGH Urt. v. 14.07.81, Slg 81, 2021 (2031); WuW 71, 858; WuW 72, 69
929. Kersten, WuW 72, 69 (77); Rittner, § 7 Rn. 10
930. Immenga/Zimmer, § 1 Rn. 82; Witter, S. 48
931. Immenga/Zimmer, § 1 Rn. 82, 99; Witter, S. 48

(bb) Bewusstes Parallelverhalten

Gleichförmiges Verhalten ist auch in Form des bewussten Parallelverhaltens aufgrund des Marktzwangs oder auf freiwilliger Basis möglich.[932]

Freiwilliges Parallelverhalten liegt vor, wenn sich Wettbewerber aufgrund ähnlicher Ausgangssituation gleich verhalten, ohne Marktzwängen zu unterliegen.

Parallelverhalten erzeugender Marktzwang ergibt sich vor allem in obligopolischen Märkten, in denen die ökonomische Vernunft zur Befolgung der Gesetze des Marktes zwingt.[933] So ist bei obligopolischen Marktverhältnissen der faktische Entscheidungsspielraum, auf Reaktionen der Wettbewerber zu reagieren, oftmals gering oder gleich null.[934] So muss der Unternehmer im Oligopol Preissenkungen seiner Konkurrenten folgen, um nicht einen Teil seiner Kunden zu verlieren. Diese ständige Anpassung nach unten führt zu einem ruinösen Wettbewerb, der letztlich auf andere Ebenen verlagert wird, um im Rahmen heimlicher Preisnachlässe oder besonderer Serviceleistungen von den Konkurrenten möglichst unbemerkt zu bleiben.

Letztlich leiden alle Wettbewerber unter diesem versteckten Preiskampf, was dazu führt, dass einer von ihnen seinen Preis anhebt. Die Konkurrenten haben dann die Möglichkeit, die Preise ebenfalls zu erhöhen, um so ihre Gewinnmargen zu steigern.

Oder aber sie folgen der Preiserhöhung nicht, um somit Kunden zu gewinnen. Allerdings können die Wettbewerber auch davon ausgehen, dass die Anhebung des Preises dann zurückgenommen wird, um keine Kunden zu verlieren. Wegen dieser Gewissheit ist von einem Nachziehen bei der Preissteigerung auszugehen. Ein solches Verhalten ergibt sich aus der Reaktion der Unternehmer in Erkenntnis und Befolgung der Gesetze des Oligopols.[935]

Dieses Verhalten dem kartellrechtlichem Verbotsbereich zuzuordnen, hieße dem Oligopol als Marktform entgegenzuwirken. Das hätte eine Sanktionierung der Wettbewerber zur Folge, die für ihre Situation nicht verantwortlich gemacht werden können. Zudem würde der geschützte Wettbewerb beschränkt werden, was vom Kartellrecht nicht beabsichtigt sein kann.

Aufgrund fehlender Kommunikation fehlt es an einer Gegenseitigkeit des bewussten Parallelverhaltens, so dass das Abstimmungsverbot keine Anwendung findet.[936]

932. Sandrock, WuW 71, 858 (859); Witter, S. 48
933. Witter, S. 49
934. Sandrock, WuW 71, 858 (859)
935. Witter, S. 49
936. Witter, S. 38, 49

cc) *Abgrenzung von Parallelverhalten und abgestimmten Verhalten*

(1) *Verhältnis Parallelverhalten und abgestimmtes Verhalten*

Da bewusstes (und unbewusstes) Parallelverhalten kartellrechtlich nicht tatbestandsmäßig ist, erfährt die Abgrenzung zu den abgestimmten Verhaltensweisen erhebliche Bedeutung.[937]

So ist bei praktischen Fällen des gleichen Preisverhaltens ein Schließen auf eine Abstimmung oder Vereinbarung nicht unbedingt gerechtfertigt; ebenso kann hier auch nur eine Anpassung an den Marktführer vorliegen[938]. Ebenso wenig muss der Austausch von Informationen über gegenseitiges zukünftiges Marktverhalten zwangsläufig wettbewerbsrechtlich erheblich sein.[939]

Allerdings gilt gleichförmiges Verhalten als Indiz für eine Verhaltensabstimmung, wenn dieses unter Berücksichtigung von Struktur und Besonderheiten des betreffenden Marktes nicht mehr mit den normalen Marktbedingungen zu erklären ist, etwa dem obligopolischen Marktzwang.[940] Erhebliche indizielle Wirkung kommt Informationsaustauschsystemen zwischen Wettbewerbern über marktnahe Daten zu[941]. Abgestimmtes Verhalten wird daher bei identischen Preislisten oder bei öffentlicher Vorabankündigung von beabsichtigten Preisänderungen angenommen.[942]

Die »Abstimmung« bewegt sich in einem Bereich zwischen den Gentlemen's Agreements und dem Parallelverhalten.[943] Im Unterschied zum Gentlemen's Agreement setzt sie keinerlei Bindung – auch nicht gesellschaftlicher Natur – voraus.[944] Vom gleichförmigen Verhalten unterscheidet sich die Abstimmung dadurch, dass sich die Unternehmen vor dem Handeln am Markt verständigen und sich somit über das inkriminierte Verhalten willenseinig sind und nicht jeder für sich handelt.[945]

(2) *Abgrenzungskriterien*

Die Auslegung des Abstimmungsbegriffs erfolgt sowohl nach dem EuGH als auch dem deutschem Recht durch die Reduzierung auf zwei grundsätzliche Elemente: den subjektiven Willen und das objektive Handlungselement.[946]

---

937. Immenga/Zimmer, § 1 Rn. 99; Rittner, § 7 Rn. 58; Wiedemann, § 2 Rn. 2; Witter, S. 47
938. Rittner, § 7 Rn. 21
939. Witter, S. 41
940. Immenga/Zimmer, § 1 Rn. 103, 122; Rittner, § 7 Rn. 11; Wiedemann, § 2 Rn. 2
941. Rittner, § 7 Rn. 11; EuGH Urt. v. 16.12. 75, Slg 75, 1663 (1993, 2034 f.)
942. Rittner, § 7 Rn. 11
943. Rittner, § 7 Rn. 59; Sandrock, WuW 71, 858 (861)
944. Immenga-Dannecker/Biermann, § 81 Rn. 29; Rittner, § 7 Rn. 59; Sandrock, WuW 71, 858
945. Kersten, WuW 72, 69 (76); Rittner, § 7 Rn. 59; Witter, S. 47
946. Immenga-Dannecker/Biermann, § 81 Rn. 29; Rittner, § 7 Rn. 10, 59; Witter, S. 40 f.

Das mit der Abstimmung beabsichtigte kooperative Verhalten stellt sich nur ein, wenn der Unternehmer überzeugt ist, dass sich die beteiligten Konkurrenten ebenfalls kooperativ verhalten.[947] Dieser Wille zur bewussten praktischen Zusammenarbeit stellt das subjektive Willenselement der Abstimmung dar.[948]

Wegen der fehlenden Erkennbarkeit des subjektiven Willenselements können Dritte erst aus einem bestimmten Verhalten oder besonderen Umständen Rückschlüsse ziehen, so dass ein objektives Handlungselement hinzutreten muss.[949] Dieses objektive Element der praktischen Zusammenarbeit äußert sich in einer Verständigungshandlung oder einem Kommunikationsakt, durch den die Bereitschaft geäußert wird.[950]

Wann die dabei notwendige Willensübereinstimmung vorliegt, ist umstritten. Die stärkste Ausformung findet sich in der Ansicht, die die niedrigsten Anforderungen an die Abstimmung stellt: Danach liegt eine Abstimmung in subjektiver Hinsicht schon beim »Austausch wechselseitiger Informationen« in einer Koordinationserwartung vor.[951] Ausreichend ist das Wissen des Unternehmers, mit seiner Aktion nicht allein zu bleiben, sondern mit dem Nachziehen der Wettbewerber rechnen zu können.[952]

Die geringsten Anforderungen an die objektiv erkennbare Verständigungshandlung stellt die »Signalthese« dar. Nach ihr ist keine direkte Kommunikation nötig; die mittelbare Kontaktaufnahme durch eine öffentliche Bekanntgabe der Handlung, auf die eine entsprechende Reaktion eines anderen Unternehmens erfolgt, genügt.[953]

i) Kartellrechtliche Konsequenzen für das Benchmarking

Anschließend ist die Frage zu klären, ob die kartellrechtliche Regelung in § 1 GWB Auswirkungen auf die Methode des Benchmarkings hat.

aa) Kartellrechtlich zu beachtende Arten des Benchmarkings

Internes Benchmarking hat aufgrund fehlenden Wettbewerbes zwischen dem durchführendem Unternehmen und dem Benchmarking-Partner keine Konsequenzen.

Bei funktionalem und generischem Benchmarking erfolgt eine Analyse von nicht konkurrierenden Unternehmen, die allerhöchstens branchengleich tätig sind. Dabei werden Dienstleistungen oder funktional gleiche Prozesse von Benchmar-

947. Witter, S. 41
948. Witter, S. 41
949. Witter, S. 41
950. Immenga/Dannecker/Biermann, § 81 Rn. 29; Rittner, § 7 Rn. 10; Witter, S. 37, 41 f.
951. Kersten, WuW 72, 69 (77); Witter, S. 43
952. Sandrock, WuW 71, 858 (868)
953. Immenga/Zimmer, § 1 Rn. 107; Witter, S. 46

king-Partnern untersucht, die aufgrund der unterschiedlichen Kunden nicht zueinander in Wettbewerb stehen.

Beim wettbewerbsorientierten Benchmarking dagegen ist der Benchmarking-Partner gleichzeitig auch direkter Wettbewerber. Aufgrund dieses Wettbewerbsverhältnisses besteht immer auch die Möglichkeit wettbewerbsbeschränkender oder -ausschaltender Maßnahmen. Bei dieser Art des Benchmarkings ist daher auf die Einhaltung der kartellrechtlichen Vorschriften zu achten.

bb) Einordnung des Benchmarking-Prozesses unter kartellrechtliche Sicht

Damit stellt sich die Frage, wie der Prozess des internen Benchmarkings mit Blick auf § 1 GWB zu bewerten ist. Dies hängt entscheidend von einer Einordnung in die Arten des gleichförmigen Verhaltens ab, wobei auf die Abgrenzungsproblematik von abgestimmtem Verhalten und Parallelverhalten zu achten ist.

(1) Auseinandersetzung mit objektivem Unterscheidungskriterium

Bezüglich der objektiv erkennbaren Verständigungshandlung muss dazu eine Auseinandersetzung mit der *Signalthese* erfolgen. Da nach dieser Theorie schon die mittelbare Kontaktaufnahme zwischen den Beteiligten für eine Abstimmung des Verhaltens ausreicht, könnte auch eine von Forschungsinstituten oder Unternehmensberatungen durchgeführte Benchmarking-Studie erfasst sein.

Allerdings müsste auch eine entsprechende Reaktion des Benchmarking betreibenden Unternehmers auf die Pläne des Benchmarking-Partners folgen.

Bei einem richtig durchgeführten Benchmarking-Projekt werden jedoch keine Informationen über zukünftiges Handeln oder Strategien ausgetauscht. Es erfolgt lediglich eine Ist-Analyse im eigenen Unternehmen und beim Benchmarking-Partner. Dabei werden nur Produkte, Dienstleistungen und Prozesse untersucht und in einzelne Bewertungskriterien aufgegliedert. Das Benchmarking durchführende Unternehmen informiert sich damit nicht über zukünftiges Handeln des Benchmarking-Partners.

Der Benchmarking-Partner dagegen kann eventuell seinerseits durch gezielte Informationsabgabe versuchen, das Benchmarking betreibende Unternehmen in seinem zukünftigen Handeln zu beeinflussen. Aufgrund der internen Auswertung und Analyse der Daten hat er jedoch keine Kenntnis darüber, wie die gewonnenen Informationen verwendet werden.

Sofern das Benchmarking durchführende Unternehmen diese zugespielten Daten nicht verwertet (reell eher fern liegend?), ist kartellrechtlich nichts zu befürchten, da kein abgestimmtes Verhalten vorliegt.

(2) Auseinandersetzung mit subjektivem Unterscheidungskriterium

In subjektiver Hinsicht liegt nach dem geringsten Anforderungsprofil schon dann eine Abstimmung vor, wenn in einer Koordinationserwartung wechselseitig Informationen ausgetauscht werden.

Unstreitig werden beim Benchmarking Informationen ausgetauscht.

Fraglich ist jedoch das Vorliegen einer Koordinationserwartung. Mit Sicherheit wissen beide Unternehmen, dass eine Produkt-, Dienstleistungs- oder Prozessanalyse angestellt wird mit dem Ziel, innerbetriebliche Abläufe qualitätssteigernd zu gestalten. Damit verbunden ist bei wettbewerbsbezogenem Benchmarking auch das Wissen, dass der Konkurrenzdruck verstärkt wird, was natürlich jedes Unternehmen vermeiden will.

Beim Benchmarking zweier Marktführer ergibt sich damit fast zwangsläufig der Verdacht, dass eigentlich eine Verhaltensabstimmung vorliegt, um den Wettbewerb einzuschränken. Schließlich ist es wenig nachvollziehbar, dass ein Marktführer einem direkten Konkurrenten Einblick in das eigene Unternehmen gewährt, damit dieser aufgrund dessen die Qualität seiner Betriebsabläufe steigern kann und somit ein gefährlicherer Konkurrent wird.

Beim Benchmarking zweier Nichtmarktführer sieht diese Betrachtung schon wieder anders aus. Denn wenn diese aufgrund von Benchmarking ihre Qualität steigern, besteht immer noch der Wettbewerbsdruck von Seiten des Marktführers. Sie können daher keine so wirksame Wettbewerbsbeeinträchtigung herbeiführen wie zwei Marktführer. Lediglich der Konkurrenzdruck auf den Marktführer wird erhöht.

Ausgeschlossen ist eine Beeinträchtigung des Wettbewerbs allerdings nicht.

j) Fazit

Aufgrund des subjektiv schnell vorliegenden Verdachts einer Verhaltensabstimmung sollten Benchmarking-Projekte im Hinblick auf kartellrechtliche Ermittlungen immer umfassend und nachvollziehbar durchgeführt und dokumentiert werden. Auf diese Weise könnte das Indiz einer Verhaltensabstimmung nach § 1 GWB widerlegt werden. Gespräche oder Aktionen, die Interesse an einer Beschränkung des Wettbewerbs, des Marktes, der Marktaufteilung oder an Preis-, Handels- oder Anbieterabsprachen zur Folge haben oder andeuten könnten, sind daher unbedingt zu unterlassen.[954] Sollten die Kosten ein Element der Preisbildung sein, so ist auch darüber Stillschweigen zu wahren.[955]

954. Watson, S. 215
955. Watson, S. 215

Damit stellt sich beim wettbewerbsorientierten Benchmarking das Problem, die Balance zwischen Informationsaustausch und Kartellrecht zu finden. Richtig angewandt, stellt sich Benchmarking als erwünschtes Management-Tool dar, das hilft, Kosten zu senken und durch Innovation den Wettbewerb zu fördern. Damit bezweckt Benchmarking – statt einer Beschränkung des Wettbewerbs – gerade die Steigerung desselben.

IV.5 Internationalisierung

Die rechtlichen Fragen die sich bei einer internationalen Ausweitung des Outsourcing-Projekts ergeben können, werden in:

- Kapitel D., *Das Outsourcing-Vertragswerk,* VI., *Internationalisierung der Outsourcing-Verträge* erläutert.

Die steuerlichrechtlichen Fragen, die sich bei einer internationalen Ausweitung des Outsourcing-Projekts ergeben können, werden in

- Kapitel E., *Steuerliche Aspekte des IT-Outsourcings* II. Nr. 6., *Grenzüberschreitendes Outsourcing* erläutert.

Das Outsourcing-Vertragswerk

Wie bereits in Kapitel C. erläutert, tauchen im Laufe eines Outsourcing-Projekts die verschiedensten rechtlichen Fragen auf. Die Antworten auf diese rechtlichen Fragen sollte zum einen die vorher definierte Outsourcing-Strategie und zum anderen ein Outsourcing-Vertrag oder besser ein Outsourcing-Vertragswerk geben können.

Der Outsourcing-Vertrag stellt keine eigene Kategorie innerhalb der gesetzlichen Vertragstypen dar.[956] Es handelt sich meist um eine typengemischte Vertragsform,[957] die in der Regel als Rahmenvertrag mit Langzeitwirkung abgeschlossen wird. Der Begriff Outsourcing impliziert geradezu eine langfristige Kooperation von Outsourcing-Anbieter und Outsourcing-Kunde.[958] Denn typischerweise werden wegen der Komplexität und des besonderen Charakters Outsourcing-Verträge mit einer durchschnittlichen Laufzeit von fünf bis zehn Jahren geschlossen.[959] Wegen der hohen Komplexität des Outsourcings[960] erscheint die Idee, ein großes Outsourcing-Projekt in einem einzelnen Vertrag abzubilden, als wenig flexibel und als sehr unübersichtlich.[961]

Für den Aufbau und die Vertragshierarchie eines Outsourcing-Vertragswerks gibt es keine verbindlichen Regelungen. Häufig wird ein Rahmenvertrag, der Dinge wie Verzug, Haftung, Gewährleistung, Gerichtsstand usw. regelt um gewisse Outsourcing-Klauseln, wie Personalübernahme, erweitert. Der Gestalter eines Outsourcing-Vertrages oder eines Outsourcing-Vertragswerks sollte sich aber von dem Gedanken verabschieden, mit einem Vertragsmuster[962] und ein paar Anpassungen ein Outsourcing-Projekt rechtlich abzusichern.[963] Die Komplexität eines Outsourcing-Projekts und dessen rechtliche Absicherung verlangt deutlich mehr Aufwand.[964]

---

956. Niebling »Outsourcing« S. 23
957. Jobs/Horchler, RDV 1992, 105
958. Cunningham »Outsourcing« S. 32
959. Cunningham »Outsourcing« S. 39
960. Das Outsourcing-Vertragswerk zwischen Akzo Nobel und Origin hat ca. 1.000 Seiten siehe Informationsweek Ausgabe 5 vom 10. Februar 2000
961. Andere Ansicht Weimer in Heidelberger Musterverträge »Subunternehmerverträge / Outsourcingvertrag«. Flexible bzw. dynamische Vertragswerke werden aber immer mehr von der Praxis gefordert, siehe Informationsweek Ausgabe 5 vom 10. Februar 2000.
962. Zur Frage, ob die einzelnen Verträge des Outsourcing-Vertragswerkes Allgemeine Geschäftsbedingungen i.S.d. § 305 ff BGB darstellen siehe Kapitel D., Das Outsourcing-Vertragswerk, V. Nr. 1
963. Siehe auch Horchler in »Service Level Management in der IT« 64

Entscheidet sich der Kunde im negativen Fall, gewisse Leistungen des Outsourcing-Projekts nicht mehr vom Anbieter erbringen zu lassen, so muss der gesamte Vertrag geändert werden. Bei einem modularen Aufbau kann einfach dieser Teil (in der Regel ein Einzelvertrag) gekündigt werden. Entscheidet sich der Kunde im positiven Fall dafür, dass der Anbieter noch mehr Leistungen für den Kunden erbringen soll, so muss das modulare Vertragswerk nur um einen weiteren Einzelvertrag erweitert werden. Es empfiehlt sich daher, den modularen Aufbau eines Outsourcing-Vertragswerkes gegenüber dem starren System eines einzelnen Outsourcing-Vertrages zu wählen.[965] Im Folgenden wird daher auch nur noch die Rede von einem Outsourcing-Vertragswerk sein. Um die unterschiedlichen Bereiche eines Outsourcing-Projekts in einem Vertragswerk zu behandeln, wird ein interessengerechter Aufbau gewählt (siehe Abbildung D.1).

Hierbei werden die verschiedenen Vertragstypen in vier nicht gesetzlich normierte Kategorien unterteilt:

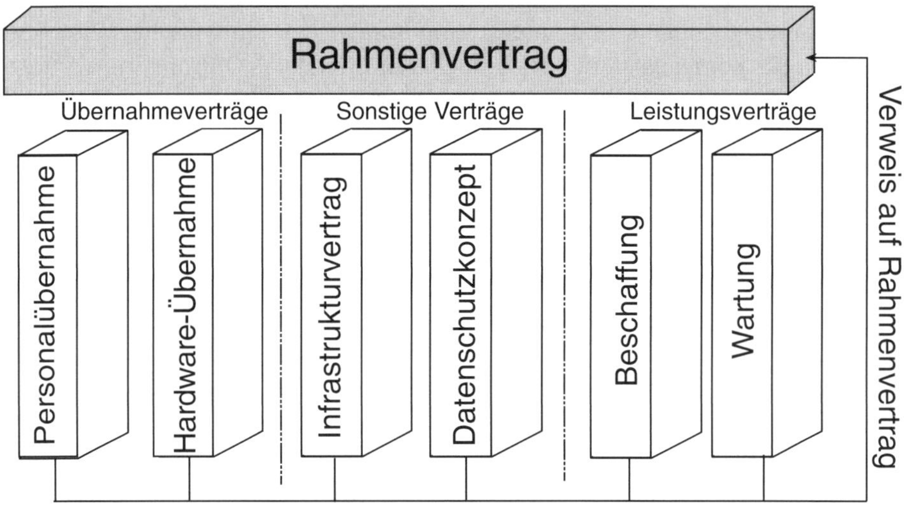

Abbildung D.1

- Rahmenvertrag
- Leistungsverträge

964. Koch Computer-Vertragsrecht Rn. 1010; sowie Lux/Schön, Outsourcing der Datenverarbeitung, 1997; Heinrich CW 39, 1992, 55 und 32, 1997, 33
965. Als Beispiel eines flexiblen Vertragsmodells ist das Vertragsmodell »Ouvertüre« von Origin zu ehen. Wesentlicher Bestandteil ist hierbei ein dynamischer Vertragsaufbau und ein unabhängiger Experte, der im Streitfall als Schlichter fungieren soll. Dieser agiert freilich nicht nach Gutdünken, sondern urteilt anhand von Kennzahlen zur gesamtwirtschaftlichen Beurteilung Informationsweek Ausgabe 5 vom 10. Februar 2000.

- Übernahmeverträge
- Sonstige Verträge

Der Rahmenvertrag beinhaltet nur allgemein (jur.) gültige Rahmenbedingungen.[966] In der Kategorie der Leistungsverträge wird das Erbringen der IT-Service-Leistungen, z.B. Client/Serverumfeld, SAP-R/3-Betrieb, Betreiben des Hosts usw. normiert. Die Kategorie der Übernahmeverträge regelt die Übernahme von Asset-Werten und die Personalübernahme[967] und in der Kategorie »Sonstige Verträge« finden sich Mietverträge für Lokationen und Datenschutzkonzepte wieder.

Bei Widersprüchen zwischen den einzelnen Verträgen gegenüber dem Rahmenvertrag gelten die Regelungen, die in einer gewählten Vertragshierarchie vereinbart worden sind, vorrangig.[968] Der zeitliche Ablauf eines Outsourcing-Vertragswerks ist in der Anlage »Projektplan« beschrieben.[969] Der Projektplan zeigt deutlich die Aufteilung nach Rahmenvertrag/LoI, Übernahmeverträge, Leistungsverträgen und sonstigen Verträgen.

Die Aufteilung der Vertragstypen wurde hier aus organisatorischen Gründen vorgenommen. Der Rahmenvertrag und der LoI sind klassische Themen einer Rechtsabteilung oder einer extern eingeschalteten Rechtsanwaltskanzlei. Die Übernahmeverträge und sonstigen Verträge bedürfen der Unterstützung aus dem Bereich des Controllings (Übernahme Asset), der Personalabteilung (Übernahme Personal) und der Rechtsabteilung (Datenschutz). Bei den Leistungsverträgen sind vor allem die IT-Service-Einheiten gefragt. Diese sollten in Zusammenarbeit mit der Rechtsabteilung die entsprechenden Leistungsbeschreibungen[970] mit den Juristen rechtssicher in den Leistungsverträgen gestalten.

Die Fragen, die die Gründung einer eigenen Servicegesellschaft betreffen (z.B. in Form eines Joint Venture zwischen Kunde und Anbieter[971]), zählen nicht zum Outsourcing-Vertragswerk und werden deshalb auch nicht besprochen. Sie stehen außerhalb der Regelung des zwischen dem Outsourcing-Kunden und dem Outsourcing-Anbieter geschlossenen Rahmenvertrages. Der Vollständigkeit halber werden sie an dieser Stelle nur aufgeführt.

- Nach Abschluss des LoI sollte die Möglichkeit betrachtet werden, einen Kooperationsvertrag als Vorvertrag zwischen Outsourcing-Kunde und Outsourcing-Anbieter abzuschließen[972] – Joint-Venture-Vertrag für gemeinsame Serviegesellschaft[973]

---

966. Siehe auch v. Below in »Service Level Management in der IT« S. 79
967. Fraglich ist, ob Personal auch als Asset-Wert anzusehen ist.
968. Siehe Nr. 16.
969. Siehe Kapitel J., Mustertexte, XII.
970. Leistungsbeschreibung siehe III. Nr. 1
971. Siehe auch Kapitel B., Formen des Outsourcings, II Nr. 1b
972. Hierbei könnte auch schon der Wille zum Abschluss des Outsourcing-Vertragswerks bekundet werden.

- Gesellschaftsvertrag (z.B. für eine GmbH)
- Geschäftsordnung für den Aufsichtsrat
- Geschäftsordnung für die Geschäftsführung

I. Rahmenvertrag

In einem Rahmenvertrag[974] werden die Vertragsregelungen zusammengefasst, die für eine Mehrzahl von einzelnen Vertragsabschlüssen (z.B. Übernahme-, Leistungs-, und sonstige Verträge usw.) gelten.[975] Er gilt *in der Regel* subsidiär gegenüber den anderen Vertragstypen und stellt allgemein gültige Regelungen auf, die nur dann gelten, wenn in den entsprechenden Leistungs- oder Outsourcing-Verträgen keine speziellere Regelung getroffen wurde.[976]

Der Rahmenvertrag eines Outsourcing-Vertragswerks muss nicht speziell auf das Outsourcing-Projekt abgestimmt sein. Häufig wird hier eine standardisierte Version eines juristischen IT-Rahmenvertrages verwendet. Die Besonderheiten des Outsourcing-Projekts werden dagegen in den Einzelverträgen (Übernahme-, Leistungs- und sonstige Verträge usw.) behandelt.

Im Anhang eines Rahmenvertrages könnten aber auch Kontingente über Volumen der Leistungserbringung und über die Vergütung als Planungssicherheit für das Outsourcing-Projekt vereinbart werden.

I.1 Präambel

Um dem Leser, vor allem wenn er kein Jurist ist, den Einstieg in ein komplexes Outsourcing-Vertragswerk zu erleichtern, gehen die Vertragsgestalter immer mehr dazu über, dem eigentlichen Vertragswerk eine Präambel voranzusetzen. [977] Die Präambel stellt, zuweilen recht ausführlich, die Entstehungsgeschichte, die Vertragsparteien und die Motivation der Vertragsparteien dar, [978] ohne ausdrücklich Verpflichtungsformulierungen zu benutzen.[979]

---

973. Hinweise auf Inhalte von Joint-Venture-Verträgen siehe Rechtsfragen des internationalen Gemeinschaftsunternehmens – Joint Venture – RIW 1990, 1 ff.; Kapitel B., Formen des Outsourcings, II Nr. 1b
974. Ein Muster eines Rahmenvertrages befindet sich in Kapitel J., Mustertexte, Nr. 3
975. Koch, Computer-Vertragsrecht, 5. Auflage, Rn. 89; 546
976. Näher siehe Nr. 15, Vertragshierarchie
977. Sicherlich ist es ausreichend, wenn nur der Rahmenvertrag eines Outsourcing-Vertragswerkes eine Präambel erhält, da alle anderen abgeschlossenen Verträge eines Outsourcing-Projekts sich auf den Rahmenvertrag und die darin manifestierte Präambel beziehen können.
978. Robert Weimar in Heidelberger Musterverträge »Subunternehmervertrag/Outsourcingvertrag« S. 29
979. Wulf H. Döser in JuS 2000, 456

So kann der Outsourcing-Kunde bereits in der Präambel dokumentieren, dass ein wesentlicher Aspekt für die Auslagerung seiner IT der Faktor der Kosteneinsparung ist.

In der Regel beträgt der Umfang einer Präambel ca. eine Seite. Da es wenig zweckmäßig ist,[980] die Leistungskompetenz oder gegebenenfalls bestimmte Eckdaten schon in der Präambel näher darzustellen,[981] sind die Parteien daher darauf bedacht, dass die in der Präambel aufgeführten Inhalte keinen Rechtsbindungswillen dokumentieren, um somit keine unmittelbare rechtliche Verbindlichkeit zu begründen (im vorliegenden Fall könnte sonst das Erwähnen der Kosteneinsparung zu einer rechtlichen Verpflichtung führen).

Gleichzeitig wird die Präambel genutzt, um den Leser des Vertrages erkennen zu lassen, wer Auftraggeber (Outsourcing-Kunde) und wer Auftragnehmer (Outsourcing-Anbieter) ist.[982]

Auch wenn eine Präambel keinen Rechtsbindungswillen dokumentiert, sollte ihr Einfluss im Streitfall nicht unterschätzt werden.[983] Sie kann oder muss sogar im gerichtlichen Streitverfahren zur Auslegung des Outsourcing-Vertragswerks herangezogen werden. Daher verdient die Formulierung der Präambel den gleichen Stellenwert wie die Formulierung des materiellen Vertragsinhalts.[984] Folgendes kurzes Muster einer Präambel soll dies verdeutlichen:

Formulierungsbeispiel:

Ziel dieses Rahmenvertrages (RV) ist es, für die Geschäftsbeziehungen zwischen Auftraggeber (AG) und Auftragnehmer (AN) einen Rahmen zu schaffen und einheitliche, vertragliche Regelungen auf dem Gebiet der Informationsverarbeitung zu definieren.

Die hierdurch näher geordnete Zusammenarbeit zwischen den Parteien setzt in besonderem Maße offene Kommunikation und Mitwirkungsbereitschaft aller Beteiligten voraus, um langfristig erfolgreich zu sein. Dies vorausgeschickt schließen AG und AN folgenden Vertrag ...

---

980. Dies könnte in einer Präambel, die nur den Umfang einer Seite haben soll, nur sehr ungenau erfolgen.
981. Robert Weimar in Heidelberger Musterverträge »Subunternehmervertrag/Outsourcingvertrag« S. 29
982. Der Auftraggeber wird nachfolgend mit AG und der Auftragnehmer mit AN abgekürzt.
983. Wulf H. Döser in JuS 2000, 457
984. Siehe auch Döser Vertragsgestaltung im Internationalen Wirtschaftsrecht Rn. 61.

I.2 Vertragspartner

Ist die Präambel noch in der Art ausgestaltet, dass sie keinen Rechtsbindungswillen beinhaltet, so wird bereits im Punkt *Vertragspartner* schriftlich deutlich normiert, wer mit wem einen Vertrag mit dem entsprechenden Rechtsbindungswillen für ein Outsourcing-Projekt eingehen will. Sicherlich wird dieses bereits auf dem Deckblatt des Vertrages festgelegt, dennoch kann es in der Praxis zuweilen vorkommen, dass ein Outsourcing-Vertragswerk vom Outsourcing-Anbieter mit einer Konzern-Holding abgeschlossen wird und die Leistungserbringung des Outsourcing-Anbieters bei einer Tochter der Konzern-Holding erbracht wird. Diese Form der Vertragsgestaltung ist bereits als Institut *Vertrag zugunsten eines Dritten*" in § 328 I BGB geregelt. Bei einem Vertrag zugunsten eines Dritten erwirbt der Dritte aus diesem Vertrag einen Anspruch (z.B. Garantieleistungen) gegen den Schuldner (hier den Outsourcing-Anbieter).[985] Folgendes Muster einer Klausel sollte ausreichend sein:

Formulierungsbeispiel:

Die Vertragsparteien dieses Vertrages sind die Firma A als Auftraggeber (AG) oder nachfolgend auch als Outsourcing-Kunde bezeichnet und Firma B als Auftragnehmer (AN) oder nachfolgend auch als Outsourcing-Anbieter bezeichnet. Die Leistungen des AN werden bei Firma X erbracht, eine Tochter des AG. Die Firma X und deren Mitarbeiter werden in dem Vertrag als Anwender oder User bezeichnet und sind berechtigt, den AG in allen Punkten, die die Leistungserbringung des AN betrifft, zu vertreten.

Die Person des Dritten braucht zum Zeitpunkt des Vertragsabschlusses noch nicht genau bestimmt zu sein; es reicht aus, dass sie bestimmbar ist.[986] Da die Bestimmbarkeit des Empfängers von Outsourcing-Leistungen durchaus im Eskalationsfall als streitbar anzusehen ist, kann der Punkt »Vertragspartner« dazu genutzt werden, die Rechte und Pflichten eines Dritten gegenüber den Vertragsparteien genau zu definieren. Folgendes Beispiel soll verdeutlichen, warum der Leistungsempfänger die gleichen Rechte und Pflichten wie der Outsourcing-Partner haben soll:

Es wurde zwischen einem Outsourcing-Kunden und einem Outsourcing-Anbieter ein Vertrag über die Erstellung eines individuellen Softwaretools mit werksvertraglichen Charakter nach § 631 ff. BGB geschlossen. Leistungsempfänger dieses Tools ist nicht der Outsourcing-Kunde, sondern ein Tochterunternehmen. Das Tochterunternehmen ist aber nicht Vertragspartner des Outsourcing-Anbieters. Folglich kann das Tochterunternehmen keine Abnahme des Software-Tools gem. § 640

985. Brox Schuldrecht AT Rn. 364
986. Beispiel Vereinbarung einer Garantie zwischen Hersteller und Großhändler zugunsten des noch nicht bestimmten Endabnehmers vgl. BGHZ 75, 75

BGB vornehmen, berechtigt zur Abnahme ist nur der Outsourcing-Kunde. Folglich kann der Leistungsempfänger das Software-Tool nicht nutzen und der Outsourcing-Anbieter erhält seine Vergütung erst nach erfolgreicher Abnahme, die meist nur auf umständlichem Weg vom Outsourcing-Kunden erfolgen kann.

Des Weiteren sollten die Vertragspartner einen Lenkungsausschuss bilden. Dieser Lenkungsausschuss sollte sich im Sinne eines Vertrags-Management regelmäßig treffen und *ausschließlich* die Belange des Vertragsverhältnisses diskutieren und somit auch ein *Single Point of Contact*" (SPOC)[987] für alle Streitigkeiten sein, die sich aus dem Vertrag ergeben.

Formulierungsbeispiel:

Zur zielgerichteten, reibungslosen Abwicklung dieses Rahmenvertrages sowie des dazugehörigen Servicevertrages wird ein Lenkungsausschuss gebildet, dem jeweils maßgebliche Entscheidungsträger des AG und AN angehören.

Der Lenkungssauschuss hat als Aufgaben:

- Qualitätssicherung Gesamtprozess
- Change-Management bei Gesamtprozessen
- Beschaffung/Service
- Koordination der Aktivitäten der Gremien Beschaffung und Service
- Eskalationsstufe für die Gremien Beschaffung und Service
- Bewertung von Geschäftsvorfällen
- Einhaltung von SLA (Bonus/Malus-Regelungen)

Der vorgenannte Lenkungsausschuss ist ein übergeordnetes Gremium für die in den Standortvereinbarungen zu definierenden Regelgremien Beschaffung und Service.

I.3 Vertragsgegenstand und Geltungsbereich

Zentrum jeglicher Vertragsgestaltung und dessen Vertragsgegenstand ist die Leistungserbringung.[988] Die Leistungserbringung ist somit wesentliches Element des Vertragsgegenstandes. Trotz ihrer erheblichen Bedeutung wird die Leistungserbringung in einem Rahmenvertrag nur sehr grob dargestellt (siehe Klausel-Beispiel). Der Rahmenvertrag dient in der Praxis lediglich dazu, *rechtliche* Auffangregelungen gegenüber den Einzelverträgen zu schaffen. Durch die Wahl des

987. Abweichend von ITIL ist hier mit einem SPOC der Lenkungsausschuss für den Vertrag gemeint. Nach ITIL ist der SPOC immer ein einziger Service-Desk; siehe Siehe Macfarlane/Rudd »The IT Infrastructure Library (ITIL)« S. 11

988. Koch Computer-Vertragsrecht Einleitung, 5. Auflage, Rn. 1

modularen Vertragsaufbaus und dessen Vorteile[989] ist der Raum für die Beschreibung der Leistungserbringung in den separaten Leistungsverträgen zu finden.[990]

Formulierungsbeispiel:

Der AN erbringt die Leistung für den AG jeweils auf gesonderte Anforderung durch den AG im Rahmen von Einzelverträgen auf dem Gebiet der Informationsverarbeitung im Bereich des Outsourcings.

Aus den gleichen Gründen wie beim Vertragsgegenstand wird im Rahmenvertrag der Ort der Leistungserbringung oft nur grob dargestellt (siehe Klausel-Beispiel). Eine konkretere Bestimmung des Ortes der Leistungserbringung wird ebenfalls in den Einzelverträgen erfolgen, da nur an diesen Stellen eine vielfältige und interessengerechtere Lösung möglich ist.

Formulierungsbeispiel:

Die Rahmenvereinbarung gilt für die Bundesrepublik Deutschland. Erweiterungen der Geltungsbereiche auf Gebiete außerhalb der Bundesrepublik Deutschland sind nach Absprache möglich.

Die oben aufgeführte Klausel hat zudem das Ziel, die Leistungserbringung auf Deutschland zu beschränken. Werden Leistungen außerhalb der Bundesrepublik Deutschland erbracht, sollte hierzu in der Regel auch ein getrennter Vertrag erstellt werden.

I.4 Juristische Besonderheiten

Einige regelungsbedürftige Punkte, die auch in Gesetzesnormen geregelt worden sind, bedürfen entweder einer Erwähnung, einer Erläuterung oder einer abweichenden Regelung vom Gesetz. Dies wird nachfolgend in den so genannten *juristischen Besonderheiten* zusammengefasst.

a) Lieferzeiten

Ist gem. § 271 I BGB die Zeit für die Leistung weder bestimmt noch aus den Umständen zu entnehmen, so kann der Gläubiger die Leistung sofort verlangen, der Schuldner muss sie sofort bewirken.

989. Siehe Kapitel D., Das Outsourcing-Vertragswerk
990. Siehe Kapitel D., Das Outsourcing-Vertragswerk, IV.

Die Regelung des § 271 I BGB hätte danach zu Folge, dass der Gläubiger (hier der Outsourcing-Kunde) vom Schuldner (hier der Outsourcing-Anbieter) jederzeit die Lieferung von Leistungen (z.B. Sa. 19 Uhr) verlangen kann. Andererseits müsste der Outsourcing-Kunde bereit sein, Leistungen des Outsourcing-Anbieters auch außerhalb der normalen Arbeitzeiten entgegen- oder abzunehmen. Dies würde für beide Parteien zu erheblichen Mehrkosten für abgestelltes Personal führen. Um eine interessengerechtere Lösung für beide Parteien zu finden, kann z.B. im Rahmenvertrag geregelt werden, dass generell Lieferungen nur in der Zeit von Montag bis Freitag, 8.00 Uhr bis 17.00 Uhr erfolgen dürfen.[991]

An dieser generellen Regelung zu Lieferzeiten im Rahmenvertrag lässt sich ableiten, warum in der Praxis die Regelungen des Rahmenvertrages meist subsidiär gegenüber den anderen Vertragstypen sind.[992] Nach dem Rahmenvertrag erfolgt die generelle Lieferung von Leistungen im Zeitraum von Montag bis Freitag, 8.00 Uhr bis 17.00 Uhr. Sollte in Abweichung davon eine speziellere Regelung benötigt werden, z.B. bei der Lieferung von Hochverfügbarkeitssystemen, so kann dies an entsprechender Stelle im Leistungsvertrag abweichend vom Rahmenvertrag vereinbart werden. Die Regelung des Leistungsvertrages würde entsprechend der gewählten Vertragshierarchie in diesem speziellen Fall vor den Regelungen des Rahmenvertrags vorgehen.

Wird bei der Gestaltung eines Leistungsvertrages die Lieferzeit vergessen, so gilt zumindest durch den Verweis im Leistungsvertrag die generelle Lieferzeit des Rahmenvertrages und es kann somit keine Regelungslücke in diesem Falle entstehen.

b) Abnahme

Grundsätzlich ist bei Werkleistungen die Abnahme in § 640 BGB geregelt. Danach ist der Besteller verpflichtet, das vertragsmäßig hergestellte, d.h. mangelfreie und mit den zugesicherten Eigenschaften versehene Werk (§ 633 I BGB) abzunehmen. Die Abnahme ist eine Vertragspflicht und keine Gläubigerobliegenheit. Sie entfällt, wenn eine Abnahme nach der Beschaffenheit des Werkes (z.B. mangelhaftes Werk) ausgeschlossen ist.[993]

Streitig ist, was unter *Abnahme* zu verstehen ist.[994] In der Praxis wird der Begriff der Abnahme häufig auch mit der körperlichen Entgegennahme (ähnlich wie beim Kauf nach § 433 II BGB) des Werkes gleichgesetzt. Die Rechtsprechung verlangt für die Abnahme in aller Regel die reale Entgegennahme des Werkes als auch eine ausdrückliche oder stillschweigende Erklärung des Bestellers, dass er das Werk als in der Hauptsache vertragsgemäß anerkenne.[995] Diese juristische Definition der Abnahme sollte entsprechend den Anforderungen der IT im Vertrag konkretisiert werden.

991. Entspricht den üblichen Bürozeiten
992. Siehe Nr. 16
993. Brox Schuldrecht BT Rn. 263
994. Brox Schuldrecht BT Rn. 263
995. BGHZ 48, 257, 263

Formulierungsbeispiel:

Die vom AN an den AG auszuliefernden Geräte und Programme werden vom AN oder durch eine vom AN beauftragte Firma geliefert und, sofern im Einzelvertrag vereinbart, aufgestellt und in Betrieb genommen.

Bei bestimmten Leistungen lässt sich das Werk nicht ohne die Mitwirkung des Bestellers (Outsourcing-Kunde) herstellen (vgl. § 642 BGB). Der Hersteller des Werkes hat grundsätzlich keinen Anspruch auf die Mitwirkung des Bestellers (Kunde).[996] Daher sollten die Mitwirkungspflichten des Kunden fest im Vertrag definiert werden.

Formulierungsbeispiel:

Voraussetzung für die Aufstellung und Inbetriebnahme ist, dass der AG die Aufstellungsräume einschließlich der Betriebsumgebung (Raum, Energie, Klima etc.) und der Verkabelung (komplette Infrastruktur) spätestens bis zum vereinbarten Liefertermin entsprechend den Installations- und Betriebsbedingungen bereitstellt und ausrüstet. Eine nähere Regelung über die Bereitstellung der Infrastruktur durch den AG für den AN findet sich in einem gesondert abzuschließenden Infrastrukturvertrag wieder.

Damit der Kunde wegen eines unwesentlichen Mangels die Abnahme nicht verweigern kann, wurde vom Gesetzgeber eine entsprechende Regelung in § 640 I S. 2 BGB entwickelt. Um bei der Auslegung des Vertrages nicht gleich mit dem BGB arbeiten zu müssen, empfiehlt es sich, eine entsprechende Regelung zu § 640 I S. 2 BGB auch in den Vertrag aufzunehmen.

Formulierungsbeispiel:

Geringfügige Mängel berechtigen den AG nicht zur Verweigerung der Abnahme.

Zuweilen kommt es in der Praxis vor, dass der Besteller (Kunde) das Werk nicht innerhalb einer ihm vom Unternehmer (Anbieter) bestimmten angemessenen Frist abnimmt, obwohl er dazu verpflichtet ist. In § 640 I S. 3 BGB wird geregelt, dass ein Werk als abgenommen gilt (Abnahmefiktion), wenn der Besteller (Kunde) das Werk nicht innerhalb einer ihm vom Unternehmer (Anbieter) bestimmten

996. Brox Schuldrecht BT Rn. 264

angemessenen Frist abnimmt, obwohl er dazu verpflichtet ist. Zielsetzung der nächsten Klausel muss daher sein, die angemessene Frist zu definieren und den Inhalt des § 640 I S. 3 BGB darzustellen.

Formulierungsbeispiel:

Die vom AN an den AG ausgelieferten Geräte und Programme sind betriebsfähig. Erfolgt keine Aufstellung und/oder Installation der Geräte/Programme durch den AN, so erfolgt weder ein Nachweis des Betriebs noch der Funktionsfähigkeit. Das System (Geräte und Programme gemäß vorstehendem Satz 1) gilt mit Auslieferung als übergeben und steht zur Abnahme bereit. Verweigert der AG die Abnahme ohne Angabe eines wichtigen Grundes, so gilt das System spätestens **14 Tage** nach Auslieferung als abgenommen.

Für die Ablieferung nach dem Kaufrecht genügt es, dass die Kaufsache in den Machtbereich des Käufers gelangt.[997] Das bedeutet aber nicht, dass der Anbieter dem Kunden das System nur im Karton vor die Tür zu stellen braucht. Der Anbieter muss das System bzw. die Software vielmehr so weit vorbereiten, dass der Käufer in die Lage versetzt ist, die Kaufsache zu prüfen.[998] Eine entsprechende Konkretisierung der Ablieferung sollte sich somit im Vertrag wiederfinden. Inhalte der Ablieferung im Sinne des Kaufrechtes können sein:

- Aufstellen
- Montieren
- Installieren
- Lauffähigmachen
- Gegebenenfalls eine Einweisung[999]

Häufig wird für die Abnahme die Schriftform im Rahmenvertrag vereinbart. Auf diese Schriftform kann natürlich in den entsprechenden Einzelverträgen verzichtet werden. War die Schriftform der Abnahme vereinbart, so ist doch eine stillschweigende Abnahme möglich, wenn Tatsachen feststellbar sind, aus denen sich eindeutig ergibt, dass die Vertragsparteien auf die vereinbarte förmliche Abnahme durch entsprechendes schlüssiges Verhalten verzichtet haben.[1000]

997. BGHZ 60, 5, 6 f.; BGHZ 93, 338, 345
998. Koch Computer-Vertragsrecht, 6. Auflage, Rn. 180
999. CR 1992, 355 (unter Bezugnahme auf OLG Düsseldorf, CR 1989, 689) macht die Ablieferung zwar von der Einweisung abhängig, doch kann dies nur dann gelten, wenn diese überhaupt vereinbart ist. Gegen eine grundsätzliche Verpflichtung des Anbieters zur Einweisung des Kunden in die Systemnutzung s. CR 1993, 367.
1000. BGH-Urteil vom 3.11.1992. Koch Computervertragsrecht Rn. 181

Gemäß § 641 BGB ist die Vergütung bei der Abnahme des Werkes zu entrichten. Ist das Werk in Teilen abzunehmen und die Vergütung für die einzelnen Teile bestimmt, so ist die Vergütung für jeden Teil bei dessen Abnahme zu entrichten.

Ob und in welchem Umfang die Herstellung dem Kauf- oder dem Werkvertragsrecht zuzuordnen ist, wenn der Hersteller mit eigenem Material arbeitet, wird in § 651 BGB geregelt. Dabei gilt seit dem 01.01.2002 der neue § 651 BGB ohne Rücksicht darauf, ob die Parteien Verbraucher sind oder nicht.[1001] Entscheidend für die Anwendung des Kaufrechts ist nicht mehr die Vertretbarkeit, sondern die Beweglichkeit der herzustellenden oder zu erzeugenden Sache.[1002]

c) Verzug

Eine Pflichtverletzung im Sinne des § 280 I S. 1 BGB liegt auch dann vor, wenn der Schuldner in zeitlicher Hinsicht hinter seinem Pflichten aus dem Schuldverhältnis zurückbleibt (Verzug). Allerdings soll nicht bei jeder schuldhaften Nichtleistung trotz Fälligkeit dem Gläubiger ohne weiteres ein Anspruch auf Schadensersatz gegen den Schuldner zustehen. Schadensersatz wegen Verzögerung der Leistung ist viel mehr gem. § 280 II BGB nur unter den zusätzlichen Voraussetzungen des Schuldnerverzuges nach § 286 BGB möglich. Der Verzug ist neuerdings in § 286 I S. 1 BGB normiert:[1003] »*Leistet der Schuldner auf eine Mahnung des Gläubigers nicht, die nach dem Eintritt der Fälligkeit erfolgt, so kommt er durch die Mahnung in Verzug.*«

Beispiel

Der PC wird nicht ausgeliefert, die bestellte Software wird nicht installiert oder der Kunde zahlt die vereinbarte Vergütung nicht.

Damit der Schuldner in Verzug ist, bedarf es gem. § 286 II keiner Mahnung, wenn

- für die Leistung eine Zeit nach dem Kalender bestimmt ist.
- der Leistung ein Ereignis vorauszugehen hat und eine angemessene Zeit für die Leistung in der Weise bestimmt ist, dass sie sich von dem Ereignis an nach dem Kalender berechnen lässt.
- der Schuldner die Leistung ernsthaft und endgültig verweigert.

1001. Vgl. Roth JZ 2001, 543 (546); Hoene in DGRI-Stellungnahme zu § 640 BGB, CR 2001 Beilage zu Heft 9, 7
1002. Ausführlicher siehe Thewalt Software-Erstellung als Kaufrecht mit werkvertraglichem Einschlag CR 2002, 1 ff.
1003. Die Voraussetzungen des Verzuges ergaben sich nach dem früheren Recht (bis 31.12.2001) aus § 284 BGB und § 285 BGB. § 286 I S. 1 BGB nF. Entspricht dem bisherigen § 284 I S. 1 und § 286 I S. 2 BGB nF übernimmt den § 284 I S. 2 BGB.

- aus besonderen Gründen unter Abwägung der beiderseitigen Interessen der sofortige Eintritt des Verzuges gerechtfertigt ist.

Gemäß § 286 III kommt der Schuldner einer Entgeltforderung spätestens in Verzug, wenn er nicht innerhalb von 30 Tagen nach Fälligkeit und Zugang einer Rechnung oder gleichwertigen Zahlungsaufstellung (...) leistet. Im Rahmenvertrag sollten die Regelung des § 286 I–III BGB konkretisiert werden und die entsprechenden Rechtsfolgen festgelegt werden:

Formulierungsbeispiel:

Sofern die Nichteinhaltung eines Termins oder einer Frist vom AN zu vertreten ist, wird der AG dem AN eine angemessene Nachfrist setzen. Nach Ablauf dieser Nachfrist kann der AG, sofern ihm nachweislich ein Schaden entstanden ist, eine Verzugsentschädigung für den unmittelbaren Schaden verlangen.

Ob wegen der verspäteten Erbringung der Leistung (nicht nur Verzug) des Schuldners tatsächlich ein Schaden entstanden ist und der Schuldner tatsächlich einen Schadenersatzanspruch gegen sich geltend lassen muss, bemisst sich an den Voraussetzungen des § 280 I BGB.[1004]

d) Gefahrübergang

Im Kaufrecht geht gem. § 446 BGB die Gefahr des zufälligen Untergangs oder der zufälligen Verschlechterung der Sache auf den Käufer über, wenn dieser von der Sache Besitz erhält.

Im Werkvertragsrecht sieht die Regelung in § 644 BGB vor, dass die Gefahr des zufälligen Untergangs oder der Verschlechterung des Werkes mit der Abnahme auf den Kunden übergeht. Damit wird neben den weiteren Folgen der Abnahme die Gegenleistungsgefahr geregelt.[1005] Eine entsprechende Klausel sollte im Vertrag aufgenommen werden.

Formulierungsbeispiel:

Die Gefahr des zufälligen Untergangs des Werkes geht mit der Abnahme auf den AG über. Der AG sorgt jedoch vor diesem Zeitpunkt für technische und organisatorische Maßnahmen für eine Sicherung der abzunehmenden Sache.

1004. Palm in Luther »Die Schuldrechtsreform« S. 41

1005. Bei Software betrifft dies nur die Datenträger, da ein gutgläubiger Erwerb von Rechten, etwa infolge eines vorausgegangenen Diebstahls, nicht möglich ist. Schricker, vor §§ 28 ff. UrhG Rz. 44, 53.

Danach muss der Kunde die Gegenstände in seinen Geschäftsräumen sorgfältig verwahren und für eine Verletzung dieser Pflicht haften.

e) Qualität der Leistungen

Die gesetzliche Regelung sieht in § 243 BGB vor, dass, wenn eine Sache nach ihrer Gattung geschuldet ist, diese Sache dann von mittlerer Art und Güte zu leisten ist. Nach dieser Definition ist aber nur eine grobe Skizzierung der Leistungserbringung zu definieren, die für die IT-Branche nicht ausreichend wäre. Aus diesem Grund wird die Leistungserbringung in den Leistungsverträgen bestimmt. Ferner werden in Service Level Agreements (SLA) die qualitativen und quantitativen Ziele der Leistungserbringung definiert.[1006] Für den Rahmenvertrag ist daher ein Verweis auf die Einzelverträge und SLAs ausreichend.

Formulierungsbeispiel:

Der AN und der AG werden die Qualität der vom AN zu erbringenden Dienstleistungen einzelvertraglich regeln und in diesem Zusammenhang Leistungsqualitäten (nachfolgend *Service Level*) vereinbaren. Eine Haftung des AN bei Unterschreitung bzw. Nichteinhaltung solcher Service Levels ist nur dann gegeben, wenn der AN die Unterschreitung bzw. Nichteinhaltung ausschließlich zu vertreten hat.

Gegebenenfalls sollte im Rahmenvertrag noch eine Regelung aufgenommen werden, in der der Outsourcing-Anbieter (AN) sich verpflichtet, die erforderlichen Maßnahmen vorzunehmen, um die SLA einzuhalten, sofern sich dies nicht bereits aus den im Einzelfall vereinbarten SLAs ergibt.

Formulierungsbeispiel:

Werden die Service Levels vom AN nicht eingehalten, wird jede Vertragspartei, soweit erforderlich, die entsprechend ihrem Verantwortungsbereich erforderlichen Maßnahmen unverzüglich einleiten, um die Service Levels zu erreichen.

I.5 Verjährung von Mängelansprüchen (Gewährleistung)

Durch die Schuldrechtsreform hat sich das Gewährleistungsrecht erheblich verändert. Die Vertragsgestaltung muss dem Rechnung tragen.

1006. Service-Level-Regelungen siehe in Kapitel D., Outsourcing-Vertragswerk, III. Nr. 2. und 3.

a) Verjährung bei Kaufverträgen

Ab dem 01.01.2002 ist die gesetzliche Verjährungsfrist für kaufrechtliche Mängelgewährleistungsansprüche von sechs Monaten auf zwei Jahre ab Ablieferung (§ 438 I Nr. 3 BGB) angehoben worden.[1007] Diese Verjährungsfrist ist gem. § 475 I, II BGB in Formularverträgen mit Verbrauchern nicht abdingbar, in Verträgen mit sonstigen Kunden (z.B. Outsourcing-Kunden) aber bis zu einer Untergrenze von einem Jahr (§ 309 Nr. 8 b ff BGB).[1008]

Die Verlängerung der Gewährleistungsdauer beseitigt gerade für Systeme und Software die Probleme der kurzen Verjährung aus erst in längerer Benutzung erkennbar werdenden Mängeln, bedeutet aber im Ergebnis, dass in vielen Fällen die Gewährleistung als Wartungsersatz auf die gesamte wirtschaftliche Nutzungsdauer ausgedehnt wird. Neben dem verschuldensabhängigen Schadensersatzanspruch im Kaufrecht erscheint diese Verjährungsfristverlängerung als eine wichtige Änderung für alle IT-Verträge.[1009]

Formulierungsbeispiel:

Die Gewährleistungsfrist für Hardware beträgt zwölf Monate. Die Gewährleistungsfrist im Falle, dass der AN die Systeme nicht installiert, beginnt mit der Ablieferung der Produkte beim AG. Werden die Systeme vom AN installiert, beginnt die Gewährleistungsfrist mit der Abnahme.

Folgendes Beispiel für eine Gewährleistungsklausel ist bei kaufrechtlichen Regelungen denkbar, wenn der Kunde (Outsourcing-untpyisch) nicht Verbraucher im Sinne des § 475 BGB ist.[1010]

b) Verjährung bei Werkleistungen

Das neue Gewährleistungsrecht bei Werkleistungen sieht neuerdings in § 634a BGB drei verschiedene Verjährungsfristen für die in § 634 BGB aufgelisteten Ansprüche auf Nacherfüllung, Selbstvornahme und Schadensersatz vor. Da es sich bei Rücktritt und Minderung nicht um Ansprüche, sondern um Gestaltungsrechte handelt, unterliegen diese nicht den Verjährungsfristen aus § 634a BGB (vgl. insoweit §§ 218 I, 634a V BGB).[1011]

1007. Umsetzung von Art. 5 I S. 1 Verbrauchsgüterrichtlinie
1008. Kritisch Eidenmüller, JZ 2001, 285
1009. Koch Schuldrechtsmodernisierung – Auswirkungen auf das Gewährleistungsrecht bei IT-Verträgen CR 2001, 574
1010. Mit sehr großer Wahrscheinlichkeit ist davon auszugehen, dass ein Outsourcing-Kunde kein Verbraucher i.S.d. § 475 I BGB ist, sondern Kaufmann i.S.d. § 1 ff. HGB ist.
1011. Bonnmann/Erberich in Luther »Die Schuldrechtsreform« S. 106

Nach § 634a I Nr. 1 BGB verjähren Ansprüche bei einem Werk, dessen Erfolg in der Herstellung, Wartung oder Veränderung einer Sache oder in der Erbringung von Planungs- oder Überwachsungsleistungen hierfür bestehen, in zwei Jahren.[1012]

Nach § 634a Nr. 2 BGB verjähren für ein Outsourcing-Projekt untypische Ansprüche aus Bauleistungen (etc.) nach fünf Jahren.

Nach § 634a Nr. 3 BGB verjähren Ansprüche im Übrigen, d.h. für »unkörperliche« Werkleistungen, soweit sie nicht aus Planungs- oder Überwachungsleistungen unter § 634a Nr. 1 oder Nr. 2 fallen, nach der regelmäßigen Verjährungsfrist des § 195 BGB in drei Jahren. Hierunter fallen z.B. die Erstellung eines Rechtsgutachten, einer Steuerklärung, einer Risikoanalyse.[1013] Ob dabei die Erstellung von Software als unkörperliche Werkleistung gem. § 634a Nr. 3 BGB einzustufen ist, ist eine vom BGH noch nicht ausdrücklich entschiedene Frage.[1014] Der BGH wendet die Regeln über die Sachmängel an, ohne jedoch zu sagen, dass Software eine Sache ist, geschweige denn ob körperlich oder nicht.[1015] Sollte zu einem späteren Zeitpunkt die Rechtsprechung eindeutig der Meinung sein, dass Software keine Sache ist, so würde sich insoweit die Verjährungsfrist auf drei Jahre belaufen.[1016]

Folgendes Beispiel für eine Gewährleistungsklausel ist bei werkrechtlichen Regelungen denkbar, wenn der Kunde nicht Verbraucher im Sinne des § 475 BGB (untypisch bei Outsourcing) ist. Da der BGH Software auch als Sache behandelt, wird hierbei unterstellt, dass für die Software-Erstellung die zweijährige Gewährleistungsfrist nach § 634a I BGB gilt.[1017]

Formulierungsbeispiel:

Die Gewährleistungsfrist nach der Abnahme einer Werkleistung (z.B. Software-Erstellung) beträgt **24 Monate**. Die Gewährleistungsfrist im Falle, dass der AN die Systeme nicht installiert, beginnt mit der Ablieferung der Produkte beim AG. Werden die Systeme vom AN installiert, beginnt die Gewährleistungsfrist mit der Abnahme.

1012. Kritisch in der Abgrenzung Zimmermann/Leenen/Mansell/Ernst, JZ 2001, 684, 690 f.
1013. Bonnmann/Erberich in Luther »Die Schuldrechtsreform« S. 106
1014. Die Rspr. beginnt mit BHG v. 11.2.1971, WM 1971, 615 (616) und setzt sich fort u.s. BGH v. 5.5.1992, CR 1993, 85 (86); BGH v. 24.11.1998, NJW-RR 1999, 347 (348); Siehe auch Kapitel C., Das Outsourcing-Projekt, II.I Nr. 3 a) bb).
1015. Marly, Softwareüberlassungsverträge 3. Aufl. 2000 Rn. 101
1016. Koch Schuldrechtsmodernisierung CR 2001, 574
1017. Die Frage, wie die Erstellung von Software behandelt wird: siehe Thewalt Softwareerstellung als Kaufvertrag mit werkvertraglichem Einschlag CR 2002, 1, (4) ff.

Somit ist die Software-Erstellung vorerst als Werkleistung im Sinne des § 634a I Nr. 1 BGB zu betrachten, für die eine zweijährige Gewährleistungsfrist gilt. Sollte die Rechtsprechung zu einer anderen Ansicht gelangen, muss eine Ergänzung für die Erstellung von Software als unkörperliche Werkleistungen in diese Klausel eingeführt werden. Grundsätzlich ist aber zulässig, in Formularverträgen[1018] die Verjährungsfrist gem. § 309 Nr. 8b ff. BGB auf ein Jahr zu verkürzen,[1019] so dass in den Formulierungsbeispielen auch eine Verjährungsfrist von zwölf Monaten vereinbart werden könnte. Wird ein Werk lediglich geliefert, findet durch § 651 BGB Kaufrecht und somit wieder § 475 BGB Anwendung.[1020]

c) Grundsätzliche Regelungen

Neben den unterschiedlichen gesetzlichen Regelungen zu Gewährleistungsfristen bei Kauf- und Werkverträgen sollten im Rahmenvertrag auch allgemein gültige Regelungen zur Gewährleistung zu finden sein.

aa) Hemmung der Verjährung

Durch die innerhalb der Gewährleistungsfrist erfolgte Anzeige des Mangels wird die Verjährung aller hieraus resultierenden Mangelansprüche bis zur Beseitigung des Mangels oder der Erklärung des Outsourcing-Kunden, des Mangels sei beseitigt oder es liegt kein Mangel vor, mit der Folge gehemmt, dass die Hemmungswirkung auch die Gewährleistungsfrist unbeschadet überdauern kann.[1021]

Daher sollte bereits im Vertrag aufgenommen werden, dass die Frist für Gewährleistungsmängel sich um die Zeit verlängert, die zur Mängelbeseitigung benötigt wurde.

Formulierungsbeispiel:

Treten während der vorgenannten Frist Gewährleistungsmängel auf, so verlängert sich die Gewährleistungsfrist um die zur Mängelbeseitigung benötigte Zeit.

bb) Wahlrecht bei mangelhaften Geräten

Gemäß § 439 I BGB kann der Käufer (Outsourcing-Kunde) als Nacherfüllung nach seiner Wahl die Beseitigung des Mangels oder die Lieferung einer mangelfreien Sache verlangen. Dieser Nacherfüllungsanspruch kann bei einem Nichtverbrau-

---

1018. Zu der Frage, ob ein Rahmenvertrag ein Formularvertrag i.S.d. § 305 ff. BGB darstellt, siehe Kapitel D., Das Outsourcing-Vertragswerk, V.
1019. Koch Computer-Vertragsrecht 6. Auflage Rn. 1166
1020. Siehe Thewalt CR 2002, 1, 8; sowie Diedrich CR 2002, 473
1021. LG Frankfurt/Main, Urteil vom 28.8.1993, – 2/8 S. 379/90, CR 1991, 733; Koch Computer-Vertragsrecht, 5. Auflage, Rn. 1197

cherkauf vertraglich ausgeschlossen oder beschränkt werden (z.B. bei Vorliegen besonderer Umstände). Grundsätzlich kann der Nacherfüllungsanspruch auch an eine von vornherein festgelegte Frist gebunden sein.[1022]

In der Regel wird der Outsourcing-Anbieter den Outsourcing-Kunden nicht davon überzeugen können, ein Recht auf Nacherfüllung vertraglich beschränken zu lassen. Aus diesem Grund wird in den meisten Fällen der gesetzliche Nacherfüllungsanspruch aus § 439 I BGB mit in den Rahmenvertrag aufgenommen.

Während im Kaufrecht der Käufer gem. § 439 I BGB ein Wahlrecht zwischen Nachlieferung einer mangelfreien Sache und einer Nachbesserung hat, steht das Wahlrecht zwischen Nach*herstellung* und Nach*besserung* im Werkvertragsrecht dem Unternehmer (sprich dem Outsourcing-Anbieter) zu, § 636 I BGB. Hierzu zählen gem. § 651 BGB[1023] aber nicht Verträge, die die Lieferung herzustellender oder zu erzeugender beweglicher Sachen zum Gegenstand haben.

Formulierungsbeispiel:

Bei Lieferung von Geräten verpflichtet sich der AN, mangelhafte Geräte nach der Wahl des AG zu reparieren oder auszutauschen; Verbrauch bzw. Abnutzung sind hiervon ausgenommen. Weitergehend haftet der AN nur, sofern und soweit der jeweilige Hersteller bzw. Lieferant Gewährleistungsverpflichtungen gegenüber dem AN übernommen hat.

cc) Verantwortlichkeit bei Mängel

Sollte der Outsourcing-Anbieter im Sinne des § 276 BGB für einen Mangel nicht verantwortlich sein, so kann in den Rahmenvertrag eine Klausel aufgenommen werden, die den Anbieter von seiner Gewährleistungspflicht entbindet.

Formulierungsbeispiel:

Jegliche Gewährleistung entfällt, sofern ein etwaiger Mangel darauf beruht, dass der AG oder ein Dritter Geräte oder Programme ohne Zustimmung des AN verändert, unsachgemäß benutzt oder repariert hat oder Systeme nicht den Richtlinien des Herstellers oder des AN gemäß installiert, betrieben und gepflegt worden sind.

1022. Palandt Putzo § 439 Rn. 3
1023. Diese Vorschrift dient der Umsetzung der Richtlinie 1999/44/EG des Europäischen Parlaments und des Rates vom 25. Mai 1999 zu bestimmten Aspekten des Verbrauchsgüterkaufs und der Garantien für Verbrauchsgüter (ABl. EG Nr. L 171 S. 12).

Sollte sich bei der näheren Untersuchung herausstellen, dass ein Mangel nicht vom Auftragnehmer zu vertreten ist und somit kein Gewährleistungsfall vorliegt, so muss der Auftraggeber die Aufwände für die Mängelsuche dem Auftragnehmer vergüten. Verlangt der Auftraggeber, dass der Auftragnehmer die Mängel behebt, obwohl er die Behebung des Mangels nicht zu vertreten hat, so schließen die Parteien über die Behebung des Mangels einen Werkvertrag gem. § 631 ff. BGB ab, der entsprechend dem Auftraggeber zu vergüten ist.

Formulierungsbeispiel:

Wird bei einem vom AG gemeldeten Fehler (Mangel) vom AN nachgewiesen, dass kein Gewährleistungsfall vorliegt, so gehen die Aufwendungen des AN für die Fehlersuche und ggf. Fehlerbehebung zu Lasten des AG.

dd) Weiter gehende Gewährleistungshaftung

Weiter sollte besonders der Anbieter darauf achten, dass eine weitergehende Haftung bzgl. der Gewährleistung vertraglich begrenzt wird:[1024]

Formulierungsbeispiel:

Weiter gehende Ansprüche gegen den AN, insbesondere solche auf Ersatz von indirekten und Folgeschäden wie z.B. entgangener Gewinn, Produktionsausfall etc., sind nur im Rahmen der Haftung nach Nr. 9 möglich.

ee) Rechtsfolge eines Gewährleistungsanspruchs

Der Outsourcing-Kunde kann dann bei einem berechtigen Kaufmangel vom Outsourcing-Anbieter innerhalb der Verjährung (wenn die Voraussetzungen der folgenden Vorschriften vorliegen und soweit nicht ein anderes bestimmt ist z.B. in Lieferantenverträgen)

- nach § 439 **Nacherfüllung** verlangen
- nach den §§ 440, 323 und 326 V von dem Vertrag **zurücktreten** oder nach § 441 den **Kaufpreis mindern** und
- nach den §§ 440, 280, 281, 283 und 311a **Schadensersatz** oder nach § 284 **Ersatz vergeblicher Aufwendungen** verlangen

Ist ein Werk mangelhaft, so kann der Outsourcing-Kunde (wenn die Voraussetzungen der folgenden Vorschriften vorliegen und soweit nicht ein anderes bestimmt ist):

1024. Zur Möglichkeit der Begrenzung der Haftung siehe Kapitel D., Das Outsourcing-Vertragswerk, I. Nr. 9.

- nach § 635 **Nacherfüllung** verlangen
- nach § 637 den Mangel selbst beseitigen und **Ersatz der erforderlichen Aufwendungen** verlangen
- nach den §§ 636, 323 und 326 V von dem **Vertrag zurücktreten** oder nach § 638 die **Vergütung mindern**
- nach den §§ 636, 280, 281, 283 und 311a **Schadensersatz** oder nach § 284 **Ersatz vergeblicher Aufwendungen** verlangen

I.6 Nutzungsrechte

Wie bereits bei der Übernahme von Software erläutert,[1025] unterscheidet man gem. §§ 31 ff. UrhG i.V.m. §§ 69a ff. UrhG bei den Nutzungsrechten zwischen einem einfachen und einem ausschließlichen Nutzungsrecht.

Grundsätzlich sollte der Rahmenvertrag regeln, dass der Outsourcing-Anbieter dem Outsourcing-Kunden nur ein einfaches bzw. nicht auschließliches Nutzungsrecht im Sinne des § 31 II UrhG einräumt. Hierbei werden nur die geringstmöglichen Rechte übertragen. Wünscht der Kunde weitere Nutzungsrechte oder das ausschließliche Nutzungsrecht nach § 31 III UrhG, so kann dies abweichend vom Rahmenvertrag in einem Leistungsvertrag vereinbart werden.

Formulierungsbeispiel:

Der AN räumt dem AG für die im Rahmen von Einzelverträgen überlassene Standard-Software einschließlich der dazugehörigen Dokumentation nach vollständiger Bezahlung der jeweils vereinbarten Vergütung ein nicht ausschließliches, nicht übertragbares Recht zur Nutzung auf den in dem jeweiligen Einzelvertrag beschriebenen Rechnersystemen und Betriebssystemen ein. Alle sonstigen Rechte an den Programmen und den Dokumentationen einschließlich der Kopien und nachträglichen Ergänzungen verbleiben beim AN bzw. bei dem originären Software-Lieferanten.

Zumindest für Standard-Software sieht der BGH den immateriellen Charakter einer Software (Computerprogramm) nicht als Hindernis an, Sachkaufrecht anzuwenden.[1026] Folglich kann der Outsourcing-Anbieter sich wie bei einer beweglichen Sache,[1027] für die Übertragung der Nutzungsrechte einen Eigentumsvorbehalt nach § 449 BGB einräumen lassen. Das heißt, der Auftraggeber wird erst

1025. Siehe Kapitel C., Das Outsourcing-Projekt, III. Nr. 3.
1026. BGH-Urteil vom 4.11.1987; Koch Computer-Vertragsrecht, 5. Auflage, »Kaufrechtlicher Erwerb eines Immaterialgutes« Rn. 748; siehe auch Kapitel C., Das Outsourcing-Projekt, III. Nr. 3 a) bb).
1027. Palandt/Putzo § 455 Rn. 4

Inhaber des entsprechenden Nutzungsrechts (egal ob ausschließliches oder nicht ausschließliches Nutzungsrecht), wenn er die Vergütung vollständig entrichtet hat.

Formulierungsbeispiel:

Dem AG steht nach vollständiger Bezahlung der auf den jeweiligen Einzelvertrag bzw. einzelnen Ergebnisse bezogenen, vereinbarten Vergütung, das nicht ausschließliche, unentgeltliche, übertragbare, unbeschränkte und unwiderrufliche Nutzungsrecht an den entsprechenden, speziell für den AN erbrachten Auftragsergebnissen zu.

Weiter muss von den Vertragsparteien im Vertrag definiert und konkretisiert werden, was mit dem Begriff *Auftragsergebnisse* gemeint ist, wenn diese unter die Schutzrechte der §§ 31 ff. UrhG fallen sollen.

Formulierungsbeispiel:

Unter den vorgenannten Auftragsergebnissen sind Studien, Konzepte, Individualsoftware-Dokumentationen und -programme sowie durchgeführte Software-Anpassungen zu verstehen, die unter die Schutzrechte im Sinne des Urheberrechtsgesetzes fallen. Nicht hierzu zählen die nicht speziell für den AG entwickelten Werke, insbesondere Standard-Software und dazugehörige Dokumentation sowie das beim AN vorhandene und während der Durchführung des jeweiligen Auftrages vom AN und dessen Mitarbeitern, Erfüllungs- und Verrichtungsgehilfen erworbene Know-how.

Darüber hinaus sollte der Outsourcing-Anbieter auch im Vertrag noch einmal klarstellen, dass bei ihm ein einfaches Nutzungsrecht verbleibt,[1028] auch wenn er dem Outsourcing-Kunden ein ausschließliches Nutzungsrecht erteilt hat.

Formulierungsbeispiel:

Dem AN verbleibt an den für den AG gelieferten Studien, Konzepten, Dokumentationen und Software-Programmen ein unwiderrufliches, einfaches, zeitlich, räumlich und inhaltlich uneingeschränktes, unentgeltliches Nutzungsrecht.

1028. Im Rahmen von Gewährleistungspflichten und Wartungstätigkeiten erleichtert dies erheblich die Arbeit des Outsourcing-Anbieters.

Ferner bedarf es einer Klarstellung, dass die Rechte an den vom Outsourcing-Kunden erstellten Daten, auch wenn sie auf dem System des Outsourcing-Anbieters gespeichert werden, im vollen Umfang beim Kunden verbleiben.

Formulierungsbeispiel:

Die Rechte an allen Programmen, Dokumentationen und Daten des AG, die durch den AG auf den IT-Systemen vom Anbieter gesichert bzw. an den AN übergeben werden, verbleiben in vollem Umfang beim AG.

I.7 Personaleinsatz

Um die Folgen einer nicht zulässigen Arbeitnehmerüberlassung[1029] gem. § 16 AÜG (Ordnungswidrigkeitsstrafen) zu entgehen, müssen in einem Rahmenvertrag eindeutige Klauseln für den Personaleinsatz des Outsourcing-Anbieters beim Outsourcing-Kunden definiert werden.

Vorausgesetzt, dass der Outsourcing-Anbieter über keine Erlaubnis zur Arbeitnehmerüberlassung nach § 2 AÜG verfügt, müssen die Vertragsparteien deutlich festschreiben, dass *kein* Arbeitsverhältnis zwischen dem Kunden und dem Anbieter-Personal zustande kommt. Der Kunde ist daher hinsichtlich des Anbieter-Personals nicht weisungsbefugt, insbesondere nicht hinsichtlich irgendeiner personellen Entscheidung über:

- Anzahl, Qualifizierung und Auswahl
- Entlohnung und Sozialleistungen
- Ausbildung und Einarbeitung
- Arbeitszeit und Überstunden
- Urlaub, Freizeit und Anwesenheitskontrolle
- Bestimmung und Überwachung der Arbeitsabläufe

Auch muss vertraglich fixiert werden, dass der Kunde das Anbieter-Personal in keiner Weise wie eigenes Personal behandeln wird.

Weiter dürfen die Mitarbeiter des Kunden nicht berechtigt sein, dem Anbieter-Personal für dessen Arbeit personenbezogene Weisungen zu erteilen. Ein etwaiges Verlangen von Kunden-Mitarbeitern – sofern Vertretungsberechtigung oder die Eigenschaft als Ansprechpartner vorliegen (Legitimation) – muss als eine Forderung oder Bitte vom Kunden an den Anbieter gewertet werden.

Ferner müssen weitere Rahmenbedingungen definiert werden, die das Personal des Outsourcing-Anbieters deutlich vom Personal des Outsourcing-Kunden unterscheidet.

1029. Siehe Kapitel C., Das Outsourcing-Projekt, IV. Nr. 1.

Wird z.B. im Laufe der Vertragsdurchführung Anbieter-Personal namentlich zusammen mit Kunden-Personal in Personengruppen (Team, Gruppe, Ausschuss etc.) genannt, so muss im Vertrag aufgeklärt werden, dass es sich bei einer solchen Darstellung lediglich um den beim Kunden üblichen Sprachgebrauch handelt.

Formulierungsbeispiel:

Das Personal des AN ist nicht Mitglied einer solchen Personengruppe, sondern nur vom AN dem dort genannten Kunden-Personal als Berater im Rahmen der vom AN bestimmten Gestaltung der eigenen Vertragsdurchführung zugeordnet. Der AN ist an diese Zuordnung nicht gebunden, sondern gestaltet im Rahmen dieses Vertrages frei die Zuordnung.

Insbesondere ist der AN nicht weisungsbefugt hinsichtlich irgendeiner personellen Entscheidung über:

- Anzahl, Qualifizierung und Auswahl
- Entlohnung und Sozialleistungen
- Ausbildung und Einarbeitung
- Arbeitszeit und Überstunden
- Urlaub, Freizeit und Anwesenheitskontrolle
- Bestimmung und Überwachung der Arbeitsabläufe

Damit die Mitarbeiter des Anbieters vom Personal des Kunden eindeutig zu unterscheiden sind, ist es sinnvoll, dass das Personal des Anbieters vom Kunden einen Geschäftspartner-Ausweis erhält, den er nach Abschluss des Einsatzes der jeweiligen Person unverzüglich an den Kunden zurückgeben muss. Ähnliche Regelungen sollten für die Erkennung des Personal bei E-Mail, bei Nutzung der Büros (Türschilder) usw. mit in den Rahmenvertrag aufgenommen werden.

I.8 Regelungen für den Datenschutz

Siehe Kapitel D., *Das Outsourcing-Vertragswerk*, III Nr. 2 *Datenschutzkonzept*.

I.9 Haftung

Die Haftung ist sicherlich einer der wichtigsten Punkte in einem juristisch geprägten Rahmenvertrag zwischen dem Outsourcing-Kunden und dem Outsourcing-Anbieter. In der Praxis ist dies auch der Punkt, über den sich die Vertragsjuristen am zahlreichsten streiten.

a) Grundlagen

Gemäß § 276 I BGB haften der Outsourcing-Anbieter wie der Outsourcing-Kunde einander für Vorsatz und Fahrlässigkeit unbegrenzt.

Neben der Haftung für eigenes Verschulden haften die Vertragsparteien gem. § 278 BGB darüber hinaus im gleichen Umfang für ein Verschulden ihres Erfüllungsgehilfen. *Erfüllungsgehilfen* sind die Personen, die die Vertragsparteien zur Erfüllung ihrer vertraglichen Pflicht einsetzen.[1030]

Die Haftung für Vorsatz kann gem. § 276 II BGB nicht vertraglich ausgeschlossen werden. Die Haftungsbeschränkungen können lediglich für fahrlässige Handlungen beschränkt werden. Im Gegensatz zu Allgemeinen Geschäftsbedingungen[1031] kann die Haftung für grobe Fahrlässigkeit und Handlungen von gesetzlichen Vertretern wirksam ausgeschlossen bzw. begrenzt werden.

Folgende Klausel entspricht den üblichen Geschäftsgebaren in der IT-Branche und kann so auch in einem Rahmenvertrag übernommen werden.

Formulierungsbeispiel:

Für die Haftung des AN sowie für die Eigenhaftung seiner Mitarbeiter, Erfüllungs- und Verrichtungsgehilfen – gleich aus welchem Rechtsgrund – gelten folgende Haftungsbeschränkungen ...

b) Haftungsbegrenzung

Die Haftungsbegrenzung für gesetzliche Ansprüche steht dabei immer unter dem Vorbehalt des § 14 Produkthaftungsgesetz, der einen Haftungsausschluss für Ansprüche aus dem Produkthaftungsgesetz ausschließt. Für eine Haftung nach dem Produkthaftungsgesetz ist allerdings ein Verschulden des Haftenden ohnehin nicht erforderlich, da es sich um einen reinen Gefährdungshaftungstatbestand handelt.[1032]

Eine Begrenzung der Haftungssumme von Personenschäden (Verletzung des Lebens, des Körpers oder der Gesundheit) selbst für leichte Fahrlässigkeit ist nicht möglich.[1033]

1030. Insb. gesetzliche Vertreter wie Mitarbeiter, Erfüllungsgehilfen, aber auch Subunternehmer Palandt/Heinrichs § 278 Rn. 4
1031. Ein Haftungsausschluss für grobes Verschulden ist bei Allgemeinen Geschäftsbedingungen gem. § 309 Nr. 7 BGB unzulässig. Redeker Handbuch der IT Verträge 1.5 Rn. 230.
1032. Redeker Handbuch der IT Verträge 1.5 Rn. 27
1033. Amann/Brambring/Hertel Die Schuldrechtsreform in der Vertragspraxis S. 64 bb) Kein Haftungsausschluss für Körperschäden

Im Bereich der verschuldensabhängigen Haftung für Sachschäden ist ausschließlich die Sittenwidrigkeitsprüfung gem. § 138 I BGB Maßstab für die Zulässigkeit von Haftungsbegrenzungen für fahrlässige Handlungsweisen.[1034] Eine Sittenwidrigkeit könnte sich z.B. unter dem Gesichtpunkt der eklatanten Risikoverschiebung zu Lasten des Kunden ergeben, die im Ergebnis zu einer nicht tolerierbaren Äquivalenzstörung von Leistung und Gegenleistung führen würde. Nach diesem Maßstab kann eine Sittenwidrigkeit jedoch mindestens dann ausgeschlossen werden, wenn die Haftung nicht vollständig ausgeschlossen, sondern nur beschränkt wird.

Die Höhe der Haftungsbeschränkung ist dabei an den möglichen Schäden zu orientieren, mit deren Eintritt die Vertragsparteien bei verständiger Würdigung im Zeitpunkt des Vertragsabschlusses rechnen können. Ein Anhaltspunkt hierfür kann immer das Vertragsvolumen sein, da wesentliche Schadenersatzansprüche[1035] auf das positive Interesse, d.h. das Erfüllungsinteresse des Kunden, gerichtet sind. Dieses wird in der Regel mit dem Vertragswert anzunehmen sein.

Ein weiterer Baustein für die Umgehung der Sittenwidrigkeit ist die Vereinbarung, dass bei versicherten Risiken über die summenmäßige Haftungsbeschränkung hinaus auf die Versicherungsleistungen gehaftet wird. Damit werden beide Parteien in den Schutzbereich der Versicherungen der jeweils anderen Vertragsseite einbezogen.

Neben der Höhe der Haftungsbegrenzung sollte die Haftungsklausel auch eine Bezugsgröße haben, sprich ob mit der Haftungssumme alle Schadensfälle während der Vertragsdauer, während eines Jahres oder pro Vorfall gemeint sind. Somit kann sich insgesamt folgende Haftungsklausel ergeben:

Formulierungsbeispiel:

Der AG haftet für einen von ihm zu vertretenden Personenschaden (Verletzung des Lebens, des Körpers oder der Gesundheit) unbeschränkt und ersetzt bei einem von ihm zu vertretenden Sachschaden den Aufwand für die Wiederherstellung der Sachen bis zu einem Betrag von xxx.000,-- € je Schadenereignis.

c) Folgeschäden

Mit den allgemeinen Vorschriften der §§ 280, 281, 283, 311a BGB steht für alle Arten von Schäden eine einheitliche Anspruchsgrundlage zur Verfügung. Der Gläubiger kann unter den Voraussetzungen des § 280 BGB »nahe« oder entfernte Mangelfolgeschäden ersetzt verlangen. Voraussetzung ist allein, dass eine Pflichtverletzung des

1034. Palandt/Heinrichs § 376 Rn. 62
1035. Zum Beispiel bei Verzug oder Nichterfüllung

Unternehmers vorliegt und dass er sie zu vertreten hat. Der Outsourcing-Anbieter haftet somit, da er Mangelfreiheit als Teil der Erfüllungspflichten schuldet, für Mangelschäden in gleicher Weise wie für Mangelfolgeschäden.[1036] Deren Verletzung macht ihn bezüglich beider Schadenstypen ersatzpflichtig.[1037] Dies bedeutet, dass der Outsourcing-Anbieter bereits dann in Schadenersatzhaftung geraten kann, wenn er fahrlässig mangelhafte Produkte liefert, wobei nunmehr auch Mängel des Produktes selbst (Mängelschäden) Haftung begründen (§ 281 i.V.m. § 280 I BGB aus Pflichtverletzung), ebenso Mangelfolgeschäden (unmittelbar aus § 280 I BGB), und zwar auch bei Rücktritt des Kunden.[1038] Schadensersatz statt Leistung (bisher: Schadensersatz wegen Nichterfüllung) geht auf das positive Interesse, weshalb der Outsourcing-Kunde so zu stellen ist, wie er stünde, wenn der Vertrag ordnungsgemäß erfüllt worden wäre.[1039] Haftung für Mangelschäden folgt den §§ 281, 283 BGB[1040] und umfasst (begrifflich unverändert) etwa Reparaturkosten[1041], mangelfeststellungsbezogene Gutachterkosten[1042], verbleibenden Minderwert[1043], Nutzungsausfall während der Reparatur[1044] und Gewinnentgang[1045], Betriebsausfallschaden durch verzögerte Inbetriebnahme[1046](!). Die Haftung für Mangelfolgeschäden ergibt sich aus § 280 I BGB[1047] und umfasst Schäden an anderen Rechtsgütern des Käufers. Hierzu können nunmehr etwa auch Vermögensschäden gehören, die durch ein falsch rechnendes Buchhaltungsprogramm verursacht werden.[1048] Wie bereits erläutert, können die Gewährleistungsrechte bei Verträgen unter Kaufleuten grundsätzlich eingeschränkt werden.[1049] Gemäß § 475 III BGB können auch Schadensersatzansprüche gegenüber Verbrauchern (somit erst recht unter Kaufleuten) beschränkt oder teilweise ausgeschlossen werden (siehe oben).[1050] Hierbei ist nur das strenge Klauselverbot des § 309 Nr. 7 BGB (Verletzung des Lebens, des Körpers etc.) zu beachten. Alle weitergehenden Ansprüche aus der Sicht des Outsourcing-Anbieters können ausgeschlossen werden, sofern nicht nach dem Produkthaftungsgesetz oder in Fällen des Vorsatzes, der groben Fahrlässigkeit oder wegen Verletzung wesentlicher Vertragspflichten zwingend gehaftet werden muss. [1051]

1036. Begründung zum Schuldrechtsmodernisierungsgesetz, BTDr 14/6040, 224
1037. Siehe Graf v. Westphalen, DB 2001, 799, 802
1038. Koch Computer-Vertragsrecht, 6. Auflage, Rn. 1346
1039. Boerner, ZIP 2001, 2264, 2272
1040. Begründung zum Schuldrechtsmodernisierungsgesetz, BTDr 14/6040, 224
1041. BGHZ 77, 218
1042. BGH, NJW 1978, 2241 f.
1043. BGH, a.a.O.; Palandt/Heinrichs, 61. Aufl., § 276 Rn. 110
1044. BGH, NJW 1978, 2242
1045. BGHZ 77, 218
1046. Begründung zum Schuldrechtsmodernisierungsgesetz, a.a.O., 224: Anspruch bereits aus § 280 I BGB nF, unabhängig von Verzugsvoraussetzungen des § 281 I BGB nF einschließlich Anspruch auf Ersatz von Rechtsverfolgungskosten(!).
1047. Begründung zum Schuldrechtsmodernisierungsgesetz, a.a.O., 224
1048. Koch Computer-Vertragsrecht 6. Auflage Rn. 1347
1049. Siehe Kapitel D., DasOutsourcing-Vertragswerk, I. Nr. 5.
1050. Siehe auch Palandt/Putzo § 457 Rn. 5

Wie bereits erläutert, können die Gewährleistungsrechte bei Verträgen unter Kaufleuten grundsätzlich eingeschränkt werden.[1052] Gemäß § 475 III BGB können auch Schadensersatzansprüche gegenüber Verbrauchern (somit erst recht unter Kaufleuten) beschränkt oder teilweise ausgeschlossen werden (siehe oben).[1053] Hierbei ist nur das strenge Klauselverbot des § 309 Nr. 7 BGB (Verletzung des Lebens, des Körpers etc.) zu beachten.

Formulierungsbeispiel:

Weitergehende als die in diesem Vertrag ausdrücklich genannten Mängelansprüche, Schadens- oder Aufwendungsersatzansprüche des Auftraggebers, gleich aus welchem Rechtsgrund, insbesondere Ansprüche wegen Betriebsunterbrechung, entgangenem Gewinn, Verlust von Informationen und Daten oder Mangelfolgeschäden sind ausgeschlossen, soweit nicht z.B. nach dem Produkthaftungsgesetz oder in Fällen des Vorsatzes, der groben Fahrlässigkeit oder wegen Verletzung wesentlicher Vertragspflichten zwingend gehaftet wird. Der Schadens- oder Aufwendungsersatz wegen Verletzung wesentlicher Vertragspflichten ist jedoch begrenzt auf den vertragstypischen, vorhersehbaren Schaden, soweit nicht Vorsatz oder grobe Fahrlässigkeit vorliegt.

Alle weitergehenden Ansprüche aus der Sicht des Outsourcing-Anbieters können ausgeschlossen werden, sofern nicht nach dem Produkthaftungsgesetz oder in Fällen des Vorsatzes, der groben Fahrlässigkeit oder wegen Verletzung wesentlicher Vertragspflichten zwingend gehaftet werden muss. [1054]

d) Verantwortung für Datensicherheit

In der IT-Praxis ist es üblich, dass der Kunde (Outsourcing-Kunde) für seine Datensicherung verantwortlich ist.[1055] Ausgenommen ist natürlich hierbei der Fall, dass der Outsourcing-Kunde die Vernichtung von Datenmaterial fahrlässig oder vorsätzlich verursacht hat, dann hat er dies im Sinne des § 276 BGB zu vertreten. Damit es nicht nachträglich zu Streitigkeiten über die Haftungsfragen bei verloren gegangenen Daten kommt, sollte eine entsprechende Regelung mit in den Rahmenvertrag aufgenommen werden:

1051. Gewährleistungsrechte bei Verträgen unter Kaufleuten können eingeschränkt werden (siehe Haftung) Koch Computer-Vertragsrecht 6. Auflage Rn. 1348
1052. Siehe Kapitel D., Das Outsourcing-Vertragswerk, I. Nr. 5.
1053. Siehe auch Palandt-Putzo § 457 Rn. 5
1054. Gewährleistungsrechte bei Verträgen unter Kaufleuten können eingeschränkt werden (siehe Haftung) Koch Computer-Vertragsrecht 6. Auflage Rn. 1348
1055. Als Mitwirkungspflicht des AG wird eine »ausreichende Datensicherung« vorausgesetzt. OLG Karlsruhe, Urt. v. 20.12.1995 – 10 U 123/95, CR 1996, 348

Formulierungsbeispiel:

Ist der AN nicht für die Datensicherung verantwortlich, haftet er nicht für die Wiederbeschaffung von Daten, es sei denn, dass er deren Vernichtung grob fahrlässig oder vorsätzlich verursacht und der AG sichergestellt hat, dass diese Daten aus Datenmaterial, das in maschinenlesbarer Form bereitgehalten wird, mit vertretbarem Aufwand rekonstruiert werden können.

e) Anzeigen von Haftungsfällen

Damit der Anbieter auf Haftungstatbestände entsprechend reagieren kann, empfiehlt es sich, im Rahmenvertrag eine Regelung aufzunehmen, wie Haftungstatbestände von den Vertragsparteien angezeigt werden sollen.

Formulierungsbeispiel:

Der AG ist verpflichtet, Schäden und Verluste, für die der AN aufzukommen hat, dem AN unverzüglich schriftlich anzuzeigen oder von ihm aufnehmen zu lassen.

Zwar kann die Verjährung rechtsgeschäftlich nicht ausgeschlossen oder erschwert werden, umgekehrt ist eine Erleichterung, insbesondere die Verkürzung der Verjährungsfrist, jedoch zulässig.[1056] Im Falle der nicht wesentlichen Vertragspflichten handelt es sich überwiegend um Nebenpflichten, die im Falle ihrer Verletzung eine Forderung nach § 280 I BGB nach sich ziehen. Die Verjährungsfrist für solche Verletzungen nach § 280 I BGB sehen gem. § 195 BGB eine regelmäßige Verjährungsfrist von drei Jahren vor. Eine entsprechende Regelung zur Verjährung von Schadensersatzansprüchen für fahrlässige Vertragsverletzungen sollte somit im Vertrag getroffen werden (hier auf zwei Jahre).

Formulierungsbeispiel:

Evtl. Schadenersatzansprüche, die gegen den AN, seine Mitarbeiter, Erfüllungs- oder Verrichtungsgehilfen aufgrund leichter oder grober Fahrlässigkeit beruhen, verjähren binnen zwei Jahren ab Kenntniserlangung des Schadens durch den AG.

1056. Redeker Handbuch der IT Verträge 1.5 Rn. 29

f) Haftungsausschluss

Gemäß § 444 BGB (vgl. im Werkrecht § 639 BGB) *kann sich der Verkäufer auf eine Vereinbarung, durch welche die Rechte des Käufers wegen eines Mangels ausgeschlossen oder beschränkt werden, nicht berufen, wenn er den Mangel arglistig verschwiegen oder eine Garantie für die Beschaffenheit der Sache übernommen hat.* Dabei muss das Wort »Garantie« nicht unbedingt verwendet werden. Gleichbedeutete Begriffe sind möglich, so z.B. »voll einstehen«, »uneingeschränkte Gewährleistung«, auch »zusichern«[1057] wird in der Regel genügen.[1058] Die Garantie kann auf die volle Mängelfreiheit (vgl. § 434 BGB) oder auf einzelne Beschaffenheitsmerkmale bezogen werden, auch auf eine bestimme Beschaffenheit der Sache innerhalb eine Zeitraums (Haltbarkeitsgarantie). Bei den neuen §§ 443, 444 BGB handelt es sich grundsätzlich um kein abdingbares Recht, das vertraglich ausgeschlossen werden könnte.[1059] Der Outsourcing-Anbieter kann aber die Haftung über §§ 443, 444 BGB hinaus dadurch ausschließen oder beschränken, dass er den Outsourcing-Kunden über die mangelbegründenden Tatsachen vollständig aufklärt und somit die Wirkung des § 442 BGB (Kenntnis des Käufers) herbeiführt.[1060] Ein Haftungsausschluss oder eine Beschränkung ist somit nur möglich, wenn die §§ 443, 444 BGB dieser nicht entgegenstehen.[1061]

Übernimmt der Outsourcing-Anbieter gegenüber dem Outsourcing-Kunden eine ausdrückliche Garantie, eine garantieähnliche Erklärung, eine Eigenschaftszusicherung (z.B. sichert er zu, dass der Server zu 100 % läuft), so kann diese nicht begrenzt werden, d.h., ein Haftungsausschluss wäre unwirksam und es würden die gesetzlichen Regelungen gelten.[1062]

Möchte der Outsourcing-Anbieter zwar für einige *Leistungsmerkmale* einstehen, dies aber nicht unbegrenzt im Sinne der §§ 443, 444 BGB, so sollten Eigenschaften als *besondere Leistungsmerkmale* bezeichnet werden und die Rechtsfolgen für das Nicht-Erreichen der Eigenschaften abschließend geregelt werden. Beispiel hierfür sind die Kaufpreisminderung, die Vereinbarung eines pauschalierten Schadensersatz (jeweils unter ausdrücklichem Ausschluss weiter gehender und anderer Ansprüche). Zudem sollte der Outsourcing-Anbieter ausdrücklich im Vertrag klarstellen, dass es sich bei den oben genannten *Leistungsmerkmalen* nicht um Beschaffenheitsgarantien im Sinne der §§ 443, 444, 639 BGB handelt.

1057. vgl. Palandt/Putzo § 276 Rn. 29
1058. Palandt/Putzo § 443 Rn. 11
1059. Amann/Brambring/Hertel Die Schuldrechtsreform in der Vertragspraxis S. 70
1060. Palandt/Putzo § 444 Rn. 3, 4
1061. Vgl. Gronstedt/Jörgens Zip 02, 52; Daumer-Lieb/Thiessen ZIP 02, 108 für Unternehmenskauf
1062. Fraglich ist, ob mit dem § 444 BGB nicht ein erheblicher Eingriff in die Vertragsfreiheit vorgenommen wird. Es gilt abzuwarten, wie die Rechtsprechung darüber entscheiden wird.

Übernimmt der Outsourcing-Anbieter irgendwie geartete Garantien, sollte er dies auch im Vertrag expliziert definieren.[1063]

Formulierungsbeispiel:

Garantien i.S.d. §§ 443, 444, 649 BGB werden nach Maßgabe dieser Vereinbarung (unbeschadet sonstiger Ansprüche des AG) vom AN nur dann abgegeben, soweit diese ausdrücklich als »Garantien« oder »Garantieerklärungen« gekennzeichnet sind.

g) Regelung für Service Levels

In der IT-Praxis ist häufig umstritten, wie Zahlungen von Pönalen (Vertragsstrafen) bei Verletzungen von Service Levels und die Haftungsbeschränkung eines Rahmenvertrages zueinander stehen. Gerade bei diesen Sanktionen aus Service Level einerseits und allgemeinen Haftungsregelungen andererseits wird häufig eine eindeutige Regelung versäumt, was bei der späteren Geltendmachung von Vertragsstrafen/pauschalierten Schadensersatzbeträgen oftmals zu Streitigkeiten über die Auslegung des Vertrages führt.[1064]

Aus diesem Grund müssen die Sanktionsregelungen (Pönale) von Service Level Agreements in den zum Outsourcing-Vertragswerk gehörenden Leistungsverträgen mit den Haftungsregelungen im Rahmenvertrag harmonisiert werden. Hierbei gilt es insbesondere, eine Einigung darüber zu finden, ob Vertragsstrafen oder pauschalierte Schadensersatzbeträge nach den entsprechenden SLAs unabhängig von eventuellen Haftungsbegrenzungen im Rahmenvertrag gezahlt werden müssen oder ob Vertragsstrafen/pauschalierte Schadenersatzbeträge auf die für das gesamte Outsourcing-Vertragswerk möglicherweise vereinbarten Haftungshöchstgrenzen anzurechnen sind bzw. dies auch für im Fall der Verletzung mehrerer Service-Levels sich aufsummierende Vertragsstrafen/pauschalierte Schadensersatzbeträge gelten soll.[1065]

Formulierungsbeispiel:

Muss der AN dem AG aus Verletzung eines Service Levels eine Pönale in Geld zahlen, so wird diese nicht auf die im Rahmenvertrag vereinbarte Haftungsbegrenzung summiert.

1063. Siehe auch Kapitel D., Das Outsourcing-Vertragswerk IV. Nr. 1a
1064. Schrey in »Service Level Management in der IT« S. 168
1065. Schrey in »Service Level Management in der IT« S. 168

I.10 Zahlungsbedingungen und Vergütung

Im Rahmenvertrag sind grundsätzliche Regelungen über die Zahlungsbedingungen und die Vergütungen zu treffen.

a) Art und Höhe der Vergütung

Schwerpunktmäßig sollten Zahlungsbedingungen und Vergütungen in den entsprechenden Leistungsverträgen geregelt werden.

Formulierungsbeispiel:

Die Art und Höhe der Vergütungen sind in den entsprechenden Einzelverträgen zu vereinbaren. Je nach Vereinbarung werden die erbrachten Leistungen nach Aufwand oder nach Festpreis, gegebenenfalls mit zusätzlichen Leistungen nach Aufwand, vergütet.

b) Umsatzsteuervermerk

Zur Klarstellung, dass sich die vom Anbieter gemachten Preise zzgl. der gesetzlichen Umsatzsteuer verstehen, sollte ein entsprechender Hinweis auf die gesetzliche Umsatzsteuer nicht fehlen:

Formulierungsbeispiel:

Die Vergütungssätze, Sach- und Nebenkosten gelten zuzüglich der jeweils gültigen gesetzlichen Umsatzsteuer.

c) Grundsätzliche Regelungen

Durch die häufige Änderung der Preisgestaltung werden Preise nur in den entsprechenden Anlagen dargestellt. In einem so genannten Preisblatt können Preise für Personal, Sach-, Miet- oder Werkleistungen definiert werden. Aber auch grundsätzliche Vergütungsregelungen wie:

Formulierungsbeispiel:

Reisezeiten werden mit 75 % der vorgenannten Vergütungen je Stunde berechnet. Wenn Mitarbeiter des AN zur Erbringung der beauftragten Leistungen außerhalb ihrer regelmäßigen Betriebsstätte tätig werden, wird der AG die entstehenden Reisekosten, Reisezeiten und Spesen nach Aufwand vergüten.

d) Zahlungsbedingungen

Für einen entsprechenden Zahlungsfluss ist es wichtig, in den Zahlungsbedingungen zu definieren, wann eine Rechnungsstellung erfolgt und bis zu welchem Zeitpunkt (wichtig für den Verzug)[1066] diese beglichen werden muss.

Formulierungsbeispiel:

Die Rechnungsstellung erfolgt über kalendermonatliche Abschlagsbeträge und am 1. Werktag eines jeden Kalendermonats für den laufenden Monat oder zu den im Einzelvertrag festgelegten Zahlungsterminen. Die Rechnungsbeträge sind innerhalb von 14 Tagen nach Erhalt ohne Abzug zuzüglich der am Tage der Rechnungsstellung gültigen gesetzlichen Umsatzsteuer zur Zahlung fällig.

Wurde bis zu dem fest definierten Zeitpunkt die Zahlung vom Kunden an den Anbieter nicht bewirkt, so befindet sich der Kunde im Verzug.[1067] Gemäß § 288 I S. 1 BGB *ist eine Geldschuld während des Verzuges zu verzinsen*. Gemäß § 288 I S. 2 BGB *beträgt der Verzugszinssatz für das Jahr fünf (Prozentpunkte) über dem Basiszins*. Da bei Outsourcing-Projekten keine Verbraucher an den Rechtsgeschäften beteiligt sind, gilt die Regelung in § 288 II BGB; *bei Rechtsgeschäften, an denen ein Verbraucher nicht beteiligt ist, beträgt der Zinssatz für Entgeltforderungen acht Prozentpunkte über dem Basiszinssatz*. Eine entsprechende Klausel sollte auch mit in den Rahmenvertrag aufgenommen werden.

Formulierungsbeispiel:

Bei Zahlungsverzug seitens des AG kann der AN Zinsen in Höhe von 8 % über dem anwendbaren Basiszinssatz (siehe § 247 BGB) verlangen.

Bei Vertragsstrafen oder einer deliktischen Schadensersatzforderung handelt es sich nicht um vertragliche Entgeltforderungen, sie unterliegen daher auch zwischen Unternehmern nur dem niedrigeren Zinssatz.[1068]

Der Basiszins ist ab dem 01.01.2002 in § 247 BGB geregelt.[1069] Der Basiszinssatz beträgt danach 3,62 Prozent. Er verändert sich zum 1. Januar und 1. Juli eines jeden Jahres um die Prozentpunkte, um die die Bezugsgröße seit der letzten Verände-

1066. Verzug siehe Kapitel D., Der Outsourcing-Vertrag, I. Nr. 4c
1067. Verzug siehe Nr. 4c
1068. Hertel in »Die Schuldrechtsreform in der Vertragspraxis« S. 35
1069. Bei einem Verzug des Outsourcing-Kunden würden die Verzugszinsen (zurzeit) 11,62 % (8 % + 3,62 %) betragen.

rung des Basiszinssatzes gestiegen oder gefallen ist. Bezugsgröße ist der Zinssatz für die jüngste Hauptrefinanzierungsoperation der Europäischen Zentralbank vor dem ersten Kalendertag des betreffenden Halbjahres.

Die Verzugszinsen erhält der Anbieter vom Kunden bei Verzug in jedem Fall – selbst wenn kein Verzögerungsschaden vorliegt.[1070]

e) Eigentumsvorbehalt

Möchte der Outsourcing-Anbieter, dass der Outsourcing-Kunde erst nach der vollständigen Zahlung Eigentümer des gelieferten Gegenstandes wird, muss er im Vertrag vereinbaren, dass die Ware bis zur vollständigen Zahlung im Eigentum des Anbieters bleibt. Hierdurch wird ein Eigentumsvorbehalt nach § 449 BGB begründet. Kommt der Kunde mit der Zahlung in Verzug oder kann er die ausstehende Summe nicht mehr gänzlich aufbringen, so kann der Anbieter die Sache weiterhin nach § 985 BGB herausverlangen.[1071]

Formulierungsbeispiel:

Sofern im Rahmen von Einzelverträgen der AN Geräte oder Programme an den AG liefert, behält sich der AN das Eigentum an den gelieferten Geräten/Programmen bis zur vollständigen Zahlung des Kaufpreises vor. Der AG kann an den gelieferten Systemen durch Einbau in andere Geräte oder Anlagen kein Eigentum erwerben. Jede Verarbeitung der vom AN gelieferten Systeme erfolgt für den AN. Verpfändungen oder Sicherungsübereignungen sind unzulässig.

Das Eigentum wird nur bedingt übertragen. Das Erfüllungsgeschäft besteht aus Übergabe und aufschiebend bedingter Einigung. Der Kunde erhält nicht Eigenbesitz an der Ware, sondern vermittelt dem Anbieter den Besitz als unmittelbarer Fremdbesitzer. Da der Kunde eine Anwartschaft erwirbt, indem er unter Eigentumsvorbehalt kauft, unterliegt der Anbieter der Pflicht zur Verschaffung uneingeschränkten Volleigentums, sobald der Kunde den Kaufpreis vollständig entrichtet hat.

f) Automatische Preisanpassung

Wie bereits mehrfach erwähnt, werden Outsourcing-Vertragswerke meist auf eine sehr lange Dauer geschlossen. Durch die schnelle Entwicklung im IT-Bereich kann es daher zu Preisänderungen kommen. Um nicht bei jeder Preisänderung gleich den Vertrag ändern zu müssen, könnte den Vertragsgestaltern in den Sinn kommen, eine automatische Anpassung der Vergütung in den Vertrag aufzunehmen.

1070. Hertel in »Die Schuldrechtsreform in der Vertragspraxis« S. 35
1071. Siehe auch Redeker Handbuch der IT Verträge 1.1 Rn. 117

Eine automatische Anpassung der Vergütung ist aufgrund des Indexierungsverbotes des § 2 I 1 Preisangaben- und Preisklauselgesetz problematisch. Demgemäß unterliegen Gleitklauseln einem Genehmigungsvorbehalt durch das Bundeswirtschaftsministerium. Eine Gleitklausel liegt vor, wenn sich die Höhe der Geldschuld nach einer außerhalb des Einflussbereiches der Parteien liegenden Bezugsgröße richtet und eine selbstständige Anpassung der Vertragsvergütung vorgesehen ist.[1072]

Rechtlich zulässig sind aber Leistungsvorbehaltsklauseln, bei denen zwar ebenfalls die Preisanpassung nicht automatisch erfolgen darf, jedoch die Einräumung eines Ermessensspielraums bezüglich der Anpassung ausreicht. Dementsprechend könnte z.B. der Provider die Höhe der Vergütung bei Änderung der Bezugsgröße einseitig verändern (vgl. auch § 315 BGB). Eine solche Vereinbarung dürfte jedoch an den berechtigten Interessen des Kunden scheitern.

Eine denkbare Klausel wäre, dass sich die Parteien darauf einigen würden, dass die Vertragsparteien die Preise neu verhandeln, wenn der Outsourcing-Anbieter nachweist, dass seine Kosten um xx % gestiegen sind. Sollte es dabei zu keiner Einigung kommen, so wäre der Weg frei für eine Kündigung, auch außerhalb der Mindestvertragslaufzeit.

Formulierungsbeispiel:

Kann der AN nachweisen, dass seine Kosten durch Steuern, Personalkosten und sonstige nicht von ihm vertretene Gründe um mehr als 15 % gestiegen sind, so verpflichten sich die Parteien die Preise des Vertrages neu zu verhandeln. Sollten die Parteien innerhalb von drei Monaten und nach Anruf eines Schlichters dabei nicht zu einem zufrieden stellenden Ergebnis kommen, steht den Parteien ein Kündigungsrecht von sechs Monaten auch innerhalb der Mindestvertragsdauer zu.

Selbstverständlich sollte der Outsourcing-Kunde das gleiche Recht haben, wenn er nachweist, dass die Kosten des Outsourcing-Anbieters um xx % gefallen sind.

Formulierungsbeispiel

Kann der AG nachweisen (z.B. durch ein Benchmarking), dass die Kosten des AN um mehr als 15 % gefallen sind, so verpflichten sich die Parteien, die Preise des Vertrages neu zu verhandeln. Sollten die Parteien innerhalb von drei Monaten und nach Anruf eines Schlichters dabei nicht zu einem zufrieden stellenden Ergebnis kommen, steht den Parteien ein Kündigungsrecht von sechs Monaten auch innerhalb der Mindestvertragsdauer zu.

1072. Palandt/Heinrichs, § 245 Rn. 28

I.11 Kündigungsregelung und Beendigungsunterstützung

Wie bei jeder langjährigen Partnerschaft sollte der »Ehevertrag« gerade die notwendigen Vorkehrungen für den Scheidungsfall enthalten[1073] – gleiches gilt auch für ein Outsourcing-Vertragswerk. Daher sollte der Rahmenvertrag bereits entsprechende Regelungen für die Kündigung und eine Beendigungsunterstützung des Outsourcing-Anbieters beinhalten, die für alle anderen Verträge des Outsourcing-Vertragswerkes gleichermaßen gelten.

a) Kündigungsregelung

Die Kündigung von Dauerschuldverhältnissen ist nunmehr geregelt in § 314 BGB.[1074] Zuvor war die Kündigung von Dauerschuldverhältnissen nur in Miet- und Werkverträgen gesetzlich normiert. [1075] So kann der Mieter gem. § 542 BGB ein Mietverhältnis kündigen, wenn keine bestimmte Vertragslaufzeit bei Abschluss des Vertrages vereinbart worden ist.

Angelehnt an die Regelung des § 542 BGB kann auch eine entsprechende Kündigungsregelung für den Rahmenvertrag getroffen werden.

Formulierungsbeispiel:

Dieser Rahmenvertrag ist für eine Zeit vom tt.mm.jjjj bis tt.mm.jjjj geschlossen (Mindestvertragsdauer) und tritt nach Unterzeichnung durch beide Vertragspartner in Kraft. Der Vertrag kann vor Ablauf der Vertragsdauer mit einer Frist von sechs Monaten gekündigt werden. Sollte die Kündigung nicht innerhalb dieser Frist erfolgen, verlängert sich der Vertrag automatisch um ein Jahr.

Wie bereits in der Vorphase erläutert, ist ein Outsourcing-Projekt mit erheblichen Anfangsinvestitionen für den Outsourcing-Anbieter verbunden.[1076] Diese entstehen durch den hohen Aufwand, der mit der Planung und der Implementierung des Outsourcings (Transition) verbunden ist. Soweit diese Kosten nicht gesondert abgerechnet werden können, wird es eine bestimmte Zeit dauern, bis sich diese Investitionen für den Outsourcing-Anbieter lohnen. Daher ist der Outsourcing-Anbieter bei Abschluss eines Outsourcing-Vertrages an einer möglichst langen Vertragsdauer interessiert, um somit Anfangsverluste durch die Transition zu kompensieren und später in die Gewinnzone zu gelangen. [1077] Sollte der Kunde

---

1073. Spies in »Service Level Management in der IT« S. 101
1074. Mit der Einführung der Schuldrechtsreform ab dem 01.01.2002 wurde auch eine Kündigungsregelung für Dauerschuldverhältnisse in § 314 BGB eingeführt, siehe auch Palm in Luther »Die Schuldrechtsreform« S. 54.
1075. Ähnlich auch Redeker Handbuch der IT Verträge 7.1 Rn. 80
1076. Siehe Kapitel C., Das Outsourcing-Projekt, II. Nr. 1., 2.

jedoch eine kurze Vertragsdauer vorziehen, so wird der Dienstleister auch hier ein Angebot machen, allerdings mit weniger Preisvorteilen für den Outsourcing-Kunden als bei einer langfristigen Bindung. Der Outsourcing-Anbieter kann diese Investitionen durch die lange Laufzeit des Vertrages amortisieren.

Der Outsourcing-Anbieter sollte daher darauf bestehen, dass im Vertrag eine Mindestvertragsdauer (wie oben im Beispiel dargestellt) fixiert und eine entsprechende Verlängerungsoption in den Vertrag implementiert wird.[1078]

Erweist sich die Zusammenarbeit zwischen Kunde und Dienstleister als erfolgreich, so wird einer späteren Verlängerung des Vertrages nach Ablauf der Laufzeit normalerweise nichts entgegenstehen.

Häufig wird ein Rahmenvertrag gekündigt, obwohl noch gültige Einzelverträge zwischen den Outsourcing-Partnern gelten. Aus diesem Grund sollte in einer entsprechenden Klausel geregelt sein, inwieweit sich eine Kündigung des Rahmenvertrages auf entsprechende Übernahme-, Leistungs- und sonstige Verträge auswirkt.

Formulierungsbeispiel:

Die Kündigung des Rahmenvertrages erstreckt sich nicht auf noch nicht erfüllte Einzelaufträge. Bis zu deren vollständiger Abwicklung gelten alle Regelungen dieses Rahmenvertrages weiter. Die Regelungen zu Laufzeit und Kündigungsfristen der Einzelverträge sind in den jeweiligen Einzelverträgen enthalten.

b) Kündigung aus wichtigem Grund

Nach der neuen Regelung des § 314 I. S.1 BGB ist die Kündigung von Dauerschuldverhältnissen aus wichtigem Grund ohne Einhaltung einer Kündigungsfrist möglich. Gemäß § 314 I. S. 2 BGB liegt ein wichtiger Grund dann vor, wenn dem kündigenden Teil unter Berücksichtigung aller Umstände des Einzelfalls und unter Abwägung der beiderseitigen Interessen die Fortsetzung des Vertragsverhältnisses bis zur vereinbarten Beendigung oder bis zum Ablauf einer Kündigungsfrist nicht zugemutet werden kann (Legaldefinition des § 314 I. S. 2 BGB).

Besteht jedoch der wichtige Grund speziell in der Verletzung einer Vertragspflicht, ist die Kündigung erst nach erfolglosem Ablauf einer zur Abhilfe bestimmten Frist oder nach erfolgloser Abmahnung zulässig, vgl. § 314 II. S. 1 BGB. § 323 II BGB findet dabei entsprechende Anwendung, d.h., die Fristsetzung bzw. Abmahnung ist in denselben Fällen entbehrlich, in denen sie auch beim Rücktritt wegen nicht oder nicht vertragsgemäß erbrachter Leistung entbehrlich ist.[1079]

1077. Böning, SLA Verhandlungsunterstützung am Beispiel SAP R/3, S. 95
1078. Böning, SLA Verhandlungsunterstützung am Beispiel SAP R/3, S. 95
1079. Palm in Luther »Die Schuldrechtsreform« S. 54

Ferner sieht die Regelung in § 314 IV BGB vor, dass die Berechtigung, Schadensersatz zu verlangen, nicht durch die Kündigung ausgeschlossen wird. Sie entspricht damit der in § 325 BGB vorgenommenen Wertung, wonach das Recht, bei einem gegenseitigen Vertrag Schadensersatz verlangen zu können, durch den Rücktritt nicht ausgeschlossen wird.[1080]

Die ausreichende gesetzlich definierte Regelung der Kündigung von Dauerschuldverhältnissen aus wichtigen Grund gem. § 314 BGB sollte im Rahmenvertrag unberührt übernommen werden. Daher ist für die Vertragsgestaltung folgende Klausel ausreichend:

Formulierungsbeispiel:

Das Recht zur fristlosen Kündigung aus wichtigem Grund bleibt für beide Vertragspartner unberührt.

c) Beendigungsunterstützung

Sollte eine Kündigung aus wichtigem Grund nach § 314 I. BGB erfolgen, könnte der Outsourcing-Anbieter den IT-Betrieb des Outsourcing-Kunden in kürzester Zeit einstellen.

Da der Outsourcing-Kunde auf die Zurverfügungstellung von IT-Leistungen angewiesen ist, muss er daher für den Trennungsfall darauf achten, dass im Rahmenvertrag entsprechende Sicherungsklauseln enthalten sind.[1081]

Formulierungsbeispiel:

Im Falle der Beendigung des Outsourcing-Projektes (Kündigung aller Verträge) erstellt der AN auf Anforderung des AG im Rahmen eines gesonderten Projektvertrages kostenlos eine Konzeption für die geordnete Übergabe der Betriebsführung. Gegenstand dieser Konzeption sind u.a. folgende Punkte:

- Projektplan
- Installationsplanung (Installation Hard- und Software)
- Angebot der Übernahme vorhandener Hard- und Software
- Parallelbetrieb

Die Konzeption bedarf der Zustimmung des AG. Der AG darf die Zustimmung nicht unbillig verweigern. Für einen Zeitraum von max. sechs Monaten nach Zustimmung durch den AG verpflichtet sich der AN auf Wunsch des AG, den

1080. Palm in Luther »Die Schuldrechtsreform« S. 55
1081. Siehe auch Spies in »Service Level Management in der IT« S. 101

Parallelbetrieb durchzuführen; den Parallelbetrieb wird der AG dem AN nach den in Kapitel 3 dieses Vertrages beschriebenen Grundsätzen vergüten. Gleiches gilt für Sonderanforderungen des AG, die den beschriebenen Umfang überschreiten.

Bei der Übergabe der Betriebsführung wird der AN den AG aktiv unterstützen.

Ferner sollte der Outsourcing-Kunde sich vertraglich das Recht einräumen lassen, dass er für die ausschließlich für ihn genutzte Hard- und Software des Outsourcing-Anbieters ein Vorkaufsrecht besitzt. Die Preisbasis sollte sich am entsprechenden Restbuchwert orientieren.

Sicherlich ist die Vereinbarung dieser Klausel kein Garant für eine reibungslose Übergabe des IT-Betriebs, insbesondere weil das Interesse des Outsourcing-Anbieters an einer Beendigungsunterstützung nicht als besonders hoch einzuschätzen ist. Dennoch sollte in Outsourcing-Rahmenverträgen ein Mindestmaß an Beendigungsunterstützung vereinbart werden.

I.12 Change-Management und Eskalationsweg

In einem Change-Management für das Vertragswerk werden die Regelungen (Prozesse) zur Änderung von Verträgen festgehalten. Beim Outsourcing-Vertragswerk können diese Änderungen den Rahmenvertrag, die Übernahmeverträge, die Leistungsverträge und die sonstigen Verträge betreffen. In der Regel wird in der entsprechenden Klausel die Schriftform, die Fristen der Änderungen und das entsprechende Gremium bestehend aus Vertretern des AG und des AN festgehalten.

Formulierungsbeispiel:

Die Änderungsvereinbarung bedarf der Schriftform und ist rechtsverbindlich von beiden Vertragspartnern zu unterzeichnen, der Änderungsnachweis ist zu dokumentieren. Änderungsverfahren müssen innerhalb von sechs Wochen nach Antragstellung bearbeitet und von dem Review-Gremium (Lenkungsausschuss) entschieden werden.

Grundsätzlich sollten auch beide Parteien in der Lage sein, Änderungen von Verträgen zu beantragen. Dies wird dann in einer entsprechenden Klausel festgehalten.

Formulierungsbeispiel

Änderungen und/oder Ergänzungen in Bezug auf die unter dem entsprechenden Einzelvertrag zu erbringenden Leistungen können sowohl vom AG als auch vom AN gegenüber der jeweils anderen Vertragspartei beantragt werden.

Eine Änderung des Vertrags bedarf grundsätzlich auch der Zustimmung der jeweils anderen Vertragspartei. Eine positive klingende Formulierung könnte so lauten:

Formulierungsbeispiel

Die Vertragsparteien werden den Änderungsvorschlägen zustimmen, wenn für sie weder für den gegenwärtigen Zeitpunkt noch für die Zukunft wirtschaftliche, technische oder andere Auswirkungen zu ihren Lasten aus der Änderung ersichtlich sind. Die Ablehnung bedarf grundsätzlich der schriftlichen Begründung.

Während der langen Vertragsdauer eines Outsourcing-Vertragswerks kommt es meist zu sehr vielen Änderungen. Häufig kann es dabei zu Verwechslungen kommen, welche Änderung tatsächlich wirksam ist und welche Änderung nicht wirksam ist.

Die Vertragsparteien sollten daher darauf bedacht sein, die Änderungen des jeweiligen Vertrages zu dokumentieren (Änderungsnachweis).

Formulierungsbeispiel:

Datum	Vertragsteil	Punkt	Autor	Änderungsgrund	Status
01.01.02	RV	5	TS	Änderung der Gewährleistung	OK
18.01.02	Beschaffung	Anlage 1	TS	Änderung der Ansprechpartner	OK
...	...	...	...	...	...

Damit die Parteien nicht gleich mit jeder Streitigkeit vor das entsprechende Amts- oder Landgericht gehen, wird im Rahmenvertrag häufig ein Eskalationsweg beschrieben. Im Vertrag werden daher die Eskalationsstufen mit entsprechenden Ansprechpartnern auf der Anbieter- wie Kundenseite zugeordnet.

Formulierungsbeispiel:

Funktion Anbieter	**Eskalationsstufe**	**in Persona**	**Telefon mit Vorwahl**	**Fax**
Senior-Manager	3	NN		
Regional-Manager	2	NN		
Leiter Servicemanagement	1	NN		
Servicemanager	1	NN		
Vertriebsleiter	1	NN		
Vertriebsassistenz		NN		
Vertriebsassistenz		NN		
Funktion Kunde	**Eskalationsstufe**	**in Persona**	**Telefon mit Vorwahl**	**Fax**
Vorstand IT	3	NN		
IT-Direktor	2	NN		
Leiter Datenverarbeitung	1	NN		
Assistenz Datenverarbeitung		NN		

I.13 Internationale Geltung

Wie bereits in Kapitel C., *Das Outsourcing-Projekt* erläutert,[1082] kommen auf die Outsourcing-Parteien die Herausforderungen der internationalen Geltung zu. Grundsätzlich sollten die Regelungen des Rahmenvertrages nur für die Bundesrepublik Deutschland gelten. Erweiterungen der Geltungsbereiche auf Gebiete außerhalb der Bundesrepublik Deutschland sollten nach Absprache zwischen Outsourcing-Kunden und Outsourcing-Anbieter vertraglich möglich sein.

Formulierungsbeispiel:

Sollten die gesetzlichen Regelungen in Gebieten außerhalb der Bundesrepublik Deutschland erheblich von den gesetzlichen Regelungen der Bundesrepublik Deutschland abweichen, so verpflichten sich die Vertragsparteien, für diese Gebiete eigenständige Verträge abzuschließen.

1082. Siehe Kapitel C., Das Outsourcing-Projekt, III. Nr. 5.

I.14 Vertragliche Besonderheiten

Als *vertragliche Besonderheiten* werden solche Klauseln bezeichnet, die typische juristische Klauseln enthalten, die zur Handhabung des Vertrages wichtig sind.

a) Salvatorische Klausel

In fast allen individuell ausgehandelten Wirtschaftsverträgen findet sich eine Klausel, die den Bestand des Vertrages trotz unwirksamer oder gar fehlender Bestimmungen sichern soll, daher die Bezeichnung *salvatorische Klausel*."[1083] Zielsetzung dieser Klausel ist, dass, wenn einzelne Bestimmungen des Rahmenvertrages oder von Einzelverträgen ganz oder teilweise nicht rechtswirksam oder nicht durchführbar sind oder sein werden, hierdurch die Gültigkeit der übrigen Bestimmungen des jeweiligen Vertrages nicht berührt werden.

Das Gleiche gilt für den Fall, dass der jeweilige Vertrag eine Regelungslücke enthält. Anstelle der unwirksamen oder undurchführbaren Bestimmungen oder zur Ausfüllung der Lücke soll eine angemessene Regelung gelten, die, soweit rechtlich möglich, dem am nächsten kommt, was die Vertragsparteien gewollt haben würden, sofern sie bei Abschluss des Vertrages diesen Punkt bedacht hätten.

Die salvatorische Klausel manifestiert somit das Misstrauen der Vertragsparteien gegenüber der Effizienz deutschen allgemeinen Vertragsrechts, also der §§ 139, 154 und 155 BGB, in diesen Fällen eine vernünftige und den Interessen der Parteien angemessene Lösung zu finden.[1084]

Formulierungsbeispiel:

Sollten einzelne Bestimmungen dieses Rahmenvertrages oder von Einzelverträgen ganz oder teilweise nicht rechtswirksam oder nicht durchführbar sein oder werden, so soll hierdurch die Gültigkeit der übrigen Bestimmungen des jeweiligen Vertrages nicht berührt werden. Das Gleiche gilt für den Fall, dass der jeweilige Vertrag eine Regelungslücke enthält. Anstelle der unwirksamen oder undurchführbaren Bestimmungen oder zur Ausfüllung der Lücke soll eine angemessene Regelung gelten, die, soweit rechtlich möglich, dem am nächsten kommt, was die Vertragsparteien gewollt haben würden, sofern sie bei Abschluss des Vertrages diesen Punkt bedacht hätten.

1083. Wulf Döser JuS 2000, 664
1084. Wulf Döser JuS 2000, 664

b) Gerichtsstand

Entsprechend den Voraussetzungen des § 38 ZPO können die Parteien einen Gerichtsstand abweichend der gesetzlichen Regelungen vereinbaren.

Formulierungsbeispiel:

Das zuständige Gericht für Streitigkeiten aus diesem Vertrag ist das Land- bzw. Amtsgericht Düsseldorf.

Falls die Vertragsparteien die rechtliche Auseinandersetzung nicht vor einem ordentlichen Gericht austragen wollen, können sie sich gem. § 1025 ZPO für das schiedsgerichtliche Verfahren entscheiden.[1085] Dies ist bei einem Rechtstreit, der ein Outsourcing-Projekt betrifft, besonders ratsam, da hierbei ein Schiedsgericht gewählt werden kann, das die Sachkompetenz hat, ein interessengerechtes Urteil über ein Outsourcing-Projekt zu fällen.

c) Beitrittsklausel

Möglicherweise wünscht der Outsourcing-Kunde, dass auch andere Unternehmen eines Konzerns den Regelungen des Rahmenvertrages beitreten können. Auch wenn der Rahmenvertrag keine unmittelbaren IT-Leistungen beschreibt, erspart der Beitritt zu einem Rahmenvertrag eine Neuverhandlung zwischen den Vertragsparteien.

Um den Kreis der beitrittsfähigen Unternehmen zu begrenzen und um bei Überforderung der Kapazitäten des Outsourcing-Anbieters entsprechend reagieren zu können, könnte eine Abgrenzung durch die §§ 15 ff. AktG erfolgen. Nach § 15 AktG sind verbundene Unternehmen rechtlich selbstständige Unternehmen, die im Verhältnis zueinander in Mehrheitsbesitz stehende Unternehmen und mit Mehrheit beteiligte Unternehmen (§ 16 AktG), abhängige und herrschende Unternehmen (§ 17 AktG), Konzernunternehmen (§ 18 AktG), wechselseitig beteiligte Unternehmen (§ 19 AktG) oder Vertragsteile eines Unternehmensvertrags (§§ 291, 292 AktG) sind. Dies grenzt den Kreis der beitrittsbefähigten Firmen doch erheblich ein, daher könnte eine entsprechende Klausel folgendermaßen lauten:

Formulierungsbeispiel:

Zum Beitritt dieses Vertrages sind nur verbundene Unternehmen im Sinne der § 15 ff. AktG des Kunden berechtigt.

1085. siehe I. 14 f)

d) Schriftform

Um ein Outsourcing-Vertragswerk weitestgehend übersichtlich zu halten, ist es von Vorteil, mündliche Vereinbarungen zwischen den Vertragsparteien auszuschließen. Änderungen und zusätzliche Vereinbarungen des Outsourcing-Vertrages bedürfen somit der Schriftform. Die Schriftform hat somit nicht nur Beweissicherungsfunktionen, sondern ist Voraussetzung der Gültigkeit von Vereinbarungen.[1086] Die Aufhebung des Formerfordernisses ist jederzeit durch die Vertragsparteien möglich. Die Aufhebung kann auch durch eine stillschweigende Einigung der Parteien erfolgen.[1087]

e) Vertragssprache

Wird das Outsourcing-Vertragswerk mit einem ausländischen Partner geschlossen und in zwei Sprachen ausgefertigt, so empfiehlt es sich, im Interesse der Rechtsklarheit und zur Vermeidung von Streitigkeiten festzulegen, welcher Vertragstext im Zweifel maßgebend ist[1088] (z.B. »Die Vertragssprache ist Deutsch«).

f) Schiedsgericht

Wenn die langen Wege des (De-)Eskalationsweges[1089] nicht ausreichen, um die Streitigkeiten zwischen Outsourcing-Kunde und Outsourcing-Anbieter zu beenden, sollte nicht immer der Weg zu den ordentlichen Gerichten gewählt werden. Nachteile ergeben sich hierbei, da Amts- und Landgerichte meist nicht über das entsprechende Know-how für ein Outsourcing-Projekt verfügen. Ferner kann bei den ordentlichen Gerichten die Öffentlichkeit[1090] nicht ausgeschlossen werden. Zudem entstehen durch die Zuständigkeit der BRAGO (**B**undes**R**echts**A**nwalts**G**ebühren**O**rdnung) meist hohe Gerichts- und Anwaltskosten.

Gemäß § 1025 ZPO können die Vertragsparteien sich auch für das schiedsgerichtliche Verfahren entscheiden

Formulierungsbeispiel:

Streitigkeiten, Meinungsverschiedenheiten und/oder Ansprüche, die sich aus diesem Vertrag zwischen den Parteien ergeben und zwischen den Parteien nicht einvernehmlich geregelt werden können, werden jeweils auf Antrag einer Partei unter Ausschluss des ordentlichen Rechtsweges durch ein Schiedsgericht entschieden. Entsprechendes gilt für die Rechtswirksamkeit dieses Vertrages.

1086. Robert Weimar in Heidelberger Musterverträge »Subunternehmervertrag/Outsourcingvertrag« S. 44
1087. Redeker Handbuch der IT Verträge 1.1 Rn. 130
1088. Robert Weimar in Heidelberger Musterverträge »Subunternehmervertrag/Outsourcingvertrag« S. 44
1089. Siehe I. Nr. 12.
1090. Soweit nicht das Persönlichkeitsrecht einer natürlichen Person betroffen ist.

Ferner sollte bereits im Rahmenvertrag auf die Verfahrensvorschriften des Schlichtungs- und Schiedsgerichtes verwiesen werden. Darüber hinaus sollte auch im Rahmenvertrag die Rechtsfolge des Schiedsspruchs und die Aufrechnung möglicher Forderungen und Gegenforderungen erläutert werden.

Formulierungsbeispiel:

Dieses Schiedsgericht soll nach den Schlichtungs- und Schiedsgerichtvorschriften der Handelskammer Hamburg gemäß dem »Regulativ des Schiedsgerichts der Handelskammer Hamburg« vom 09.12.1948 und 04.09.1958 bzw. in der aktuellsten Fassung besetzt werden.

Der Schiedsspruch wird entsprechend dieser Vorschriften endgültig gefällt. Wird eine Gegenforderung, für die eine Schiedsgerichtsvereinbarung getroffen worden ist, zur Aufrechnung gestellt, so entscheidet das Schiedsgericht zugleich über die Forderung und Gegenforderung.

Es bietet sich daher an, vor dem Weg zu den ordentlichen Gerichten ein entsprechendes mit Know-how im IT-Umfeld ausgestattetes Schiedsgericht zu wählen. Hier ist z.B. das Schiedsgericht der **D**eutschen **G**esellschaft für **R**echt und **I**nformatik (DGRI) zu empfehlen.

Formulierungsbeispiel:

Der Sitz des Schiedsgerichtes ist xxx.

Das für das Schiedsgerichtsverfahren und die Hinterlegung des Schiedsspruches zuständige Gericht ist das Landgericht xxx.

I.15 Vertragshierarchie

Wie bereits erläutert, kann ein Outsourcing-Vertragswerk aus einer Vielzahl von Leistungs- und Übernahme- und sonstigen Verträgen bestehen. Mitunter kann es vorkommen, dass einige Regelungen in Leistungs- und Übernahme- oder in den sonstigen Verträgen dem Rahmenvertrag widersprechen. Fraglich wäre dann, welcher Vertrag bzw. welche Klausel vorrangig gilt. Um eine solche (mögliche) Diskrepanz zwischen Rahmenvertrag und den Einzelverträgen rechtlich einzuordnen, wird in einer Vertragshierarchie festgelegt, welcher Vertrag vorrangig gilt.

Formulierungsbeispiel:

Stehen die Regelungen des Rahmenvertrages im Widerspruch zu den Regelungen eines Leistungs- bzw. Übernahmevertrages oder sonstigen Vertrages, der sich auf diesen Rahmenvertrag bezieht, so gelten die Regelungen der entsprechenden Einzelverträge vor den Regelungen des Rahmenvertrages.

Die Regelung macht unter dem Aspekt Sinn, dass der Rahmenvertrag lediglich Auffangregelungen enthalten soll. Sprich, wird im speziellen Einzelfall nichts Entsprechendes in einem Einzelvertrag vereinbart, gelten die generellen Regelungen des Rahmenvertrags.

I.16 Definitionen

In der IT-Praxis kann es durchaus vorkommen, dass die Vertragsparteien sich bei Vertragsverhandlungen über den gleichen Begriff unterhalten, aber dennoch etwas völlig anderes unter diesem Begriff verstehen. Aus der amerikanischen Vertragspraxis übernommen, wird daher in deutschem Rechtsgebiet auch immer mehr eine Definition der wichtigsten Vertragsbegriffe vorangestellt oder angehängt.[1091] Auch die öffentliche Hand ist bereits dieser Praxis gefolgt und hat mit der Anpassung der EVB-IT[1092] an die Schuldrechtsreform zum 01.05.2002 an die EVB-IT entsprechende erklärende Definitionen angehängt.

Formulierungsbeispiel:

- **Anwendersoftware** bezeichnet allgemein die Programme, einschließlich Dokumentation, Quellcode und Datenträger, die für die Ausführung bestimmter Verarbeitungs- und Datenfernübertragungsvorgänge eingesetzt werden.
- **Bearbeitung** bezeichnet die Änderungen und Umgestaltungen von vorhandenen Materialen (wie Zusammenfassung/Verdichtung, Modifikation, Erweiterung oder Anpassung), die eine entsprechende Einwilligung des Rechtsinhabers des vorhandenen Materials voraussetzt, um nicht gegen das jeweils geltende Urheberrecht zu verstoßen.
- **Beginndatum des Vertrages** ist der 01.01.200x.

1091. Hier wurde die Definition in die Anlage verbannt, da es mühsam ist, sich gleich zu Beginn eines Vertrages mit den Definitionen auseinander zu setzen. In der amerikanischen Vertrags-praxis werden die Definitionen immer vorangestellt. Siehe auch Redeker Handbuch der IT Verträge 1.5 Rn. 20.

1092. Die Ergänzenden Vertragsbedingungen für die Beschaffung von IT-Leistungen (EVB-IT) der öffentlichen Hand können per Download von www.kbst.bund.de bezogen werden. Siehe auch Feil/Leitzen CR 2002, 407 ff.

Formulierungsbeispiel:

- **Betriebshandbuch** bezeichnet das Handbuch oder die entsprechende Online-Dokumentation zur Beschreibung der Betriebsprozesse und -prozeduren für die Erbringung der Leistungen.
- **Datenverarbeitung im Auftrag** bezeichnet die Übertragung von Hilfsaufgaben im Rahmen der Verarbeitung personenbezogener Daten durch öffentliche Stellen als Kunde an öffentliche oder nicht öffentliche Stellen als Auftragnehmer. Der Auftragnehmer wird als Erfüllungsgehilfe des Kunden tätig. Er hat sich als Helfer des Kunden bei der Erfüllung seiner Aufgaben stets im Rahmen der Anforderungen zu bewegen, die für den Kunden gelten. Auftragsdatenverarbeitung liegt nur dann vor, wenn der Kunde lediglich technische Hilfe im Rahmen der Datenverarbeitung leistet. Der Auftraggeber bleibt stets »Herr der Daten«.
- **Einwilligungserklärung** bezeichnet Zustimmungen oder Genehmigungen, die notwendig sind, um dem Kunden sowie verbundenen Unternehmen und Unterauftragnehmern des Anbieters das Recht bzw. die entsprechenden Lizenzen für die Ausführung, Reproduktion, Darstellung, Durchführung, Verteilung entsprechender Kopien sowie die Modifikation (einschließlich der Erstellung von Bearbeitungen) von Leistungen, Produkten, Verträgen, Materialien, Informationen oder Kundenstandorten zu übertragen, die der Anbieter im Zusammenhang mit der Bereitstellung der Leistungen verwenden kann oder auf die der Anbieter Zugriff hat.
- **Kundenmaschinen** bezeichnet (i) Maschinen, die sich am oder nach dem Beginndatum des Vertrages im Besitz des Kunden befinden (als Eigentum, durch Leasing oder Miete), (ii) von dem Anbieter zur Erbringung der Leistungen eingesetzt werden, und (iii) als Kundenmaschinen in Anlage G (Maschinen) aufgeführt sind.
- **Kundenstandorte** bezeichnet Standorte, die im Eigentum des Kunden stehen oder von ihr gemietet oder genutzt werden und die für den Anbieter zur Erbringung der vertragsgegenständlichen Leistungen zugänglich sind. Kundenstandorte sind in Anlage I (Standorte) aufgeführt.
- **Maschinen** bezeichnet gemeinsam alle Kundenmaschinen und Servicemaschinen.
- **Materialien** bezeichnet Schriftwerke oder andere einem Autor zuzuordnende Werke (wie z. B. Programme, Programmlisten, Programmier-Tools, Dokumentationen, Berichte, Zeichnungen und ähnliche Werke), die nicht unter einer Software-Lizenzvereinbarung eines Lieferanten verfügbar sind, die für den Anbieter, für den Kunden oder für beide im Rahmen des Vertrages entwickelt wurden und Bestandteil der Leistungen sind, die der Anbieter für den Kunden bringt.

Formulierungsbeispiel:

- **Leistungen** bezeichnet die in Anlage X (Leistungen) beschriebenen IT-Serviceleistungen.
- **Leistungsempfänger** bezeichnet die juristischen oder natürlichen Personen, für die auf Anforderung des Kunden Leistungen unter diesem Vertrag erbracht werden und die in Anlage X (Leistungsempfänger) aufgeführt sind.
- **Service Levels** sind die für bestimmte Leistungen festgelegten und messbaren Kriterien für die Leistungserbringung gemäß Anlage X (Service Levels).
- **Service-Maschinen** bezeichnet Maschinen, die (i) Eigentum des Anbieters sind oder von dem Anbieter gemietet wurden und (ii) die von dem Anbieter zur Erbringung der Leistungen verwendet werden. Die Service-Maschinen sind in Anlage X (Maschinen) als »Service-Maschinen« aufgeführt.
- **Übernahmegeräte** bezeichnet diejenigen Maschinen, Geräte sowie andere Gegenstände, einschließlich Anschlussgeräten und Zubehör, die der Anbieter vom Kunden erwirbt und die in der Anlage X (Übernahmegeräte) aufgelistet sind.
- **Übernahmedatum** ist der Zeitpunkt, in dem der Anbieter in die Rechtsstellung des Kunden eintritt.
- **Übernommene Mitarbeiter** bezeichnet die Mitarbeiter, die in der Anlage zum Personalübernahmevertrag aufgelistet sind und die gemäß § 613a BGB auf den Anbieter übergehen.
- **Software** umfasst Anwendungssoftware, Systemsoftware sowie systemnahe Software.
- **Systemsoftware** bezeichnet die Programme, ggf. einschließlich des Quellcodes, der zugehörigen Dokumentation und Datenträger, die für die Durchführung grundlegender Funktionen für die Datenverarbeitung und Datenfernübertragung und für die Ausführung der Anwendungssoftware erforderlich sind oder auf andere Weise die Erbringung der Leistungen unterstützen. Die Systemsoftware ist in Anlage X (Software) unter Systemsoftware aufgelistet.
- **Verbundene Unternehmen** liegen vor, wenn Unternehmen direkt oder indirekt, finanziell oder personell auf Entscheidungen beteiligter Unternehmen durch Weisung an die Geschäftsführung oder Stimmrechtsausübung einen wesentlichen Einfluss ausüben können.
- **Verträge** bezieht sich auf die in Anlage J »Verträge« aufgeführten schriftlichen Verträge, unter denen der Kunde Leistungen von Dritten erhält.
- **Warenkorb** bezeichnet die Summe von Hardware, Software und Dienstleistungen für Endbenutzer-Arbeitsplätze, die der Anbieter als vertragsgegenständliche festgelegte Leistungen des Kunden bereitstellt.

Selbstverständlich ist die oben aufgeführte Aufzählung nicht abschließend. Sie soll lediglich als Muster oder Orientierungshilfe dienen.

II. Übernahmeverträge

Die Outsourcing-Nebenleistungen, die sich speziell mit der Übernahme von Asset und Personal eines Outsourcing-Projekts beschäftigen, werden in der Kategorie der Übernahmeverträge dokumentiert. Ergänzend wird entsprechend der festgelegten Vertragshierarchie auf den Rahmenvertrag Bezug genommen (siehe Abbildung D.2). Im Einzelnen zählen zu der Gruppe der Outsourcing-Verträge folgende nicht gesetzlich normierte Vertragsarten:

- Vertrag zur Übernahme von Personal des Kunden
- Vertrag zur Übernahme von Hardware des Kunden
- Vertrag zur Übernahme von Software des Kunden
- Vertrag zur Übernahme von sonstigen vertraglichen Verpflichtungen des Kunden

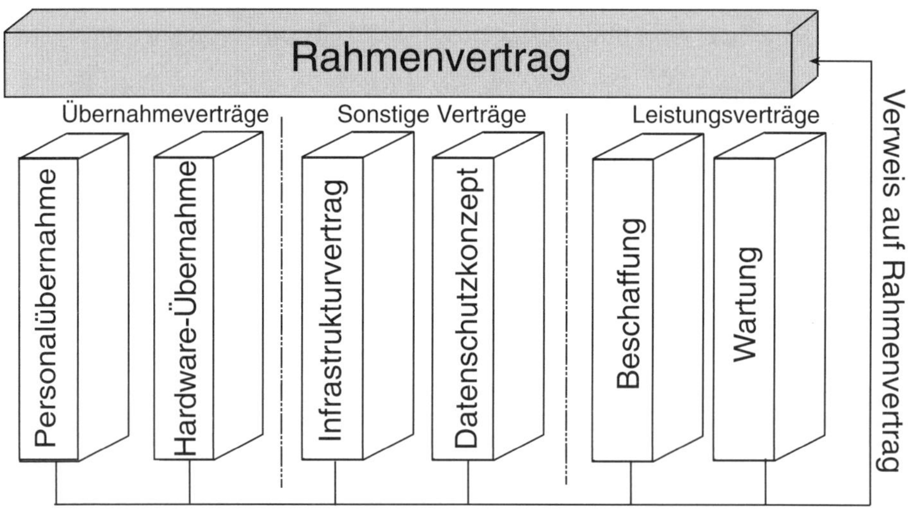

Abbildung D.2

Für den Outsourcing-Anbieter sollte bei der Gestaltung der Übernahmeverträge bereits im Vorfeld geklärt sein, welches Personal und welchen Asset er übernehmen muss. Dabei orientiert sich der Outsourcing-Anbieter einerseits an den gesetzlichen Vorschriften wie z.B. des § 613a BGB, aber auch an den Überlegungen des Outsourcing-Projekts und den benötigten Leistungsverträgen.

Stellt sich bei der Erstellung des Outsourcing-Vertragswerks heraus, dass keine Software (oder Hardware, Personal oder sonstige Verträge) vom Outsourcing-Kunden übernommen wird, so kann dank des modularen Aufbaus des Outsourcing-Vertragswerks der Vertrag zur Übernahme von Software im Outsourcing-Vertragswerk weggelassen werden. Dies hat keinen Einfluss auf die übrigen Verträge und ist daher auch unproblematisch.

II.1 Personalübernahmevertrag

Im Vertrag zur Übernahme von Personal[1093] bedarf es Regelungen zur Übernahme von bestehenden Arbeitsverhältnissen, zu den herrschenden Arbeits- und Tarifbedingungen, zu Versorgungsverpflichtungen und Beschäftigungszeit. Unterstellt wird hierbei eine Übernahme des Personals des Outsourcing-Kunden durch den Outsourcing-Anbieter gem. § 613a BGB.

Bei der Erstellung des Personalübernahmvertrages sollten die Vertragsparteien folgenden Fragenkatalog berücksichtigen:[1094]

- Wie viel Personal wird in dem betroffenen Bereich eingesetzt?
- Mit welchen Aufgaben ist dieses Personal betreut?
- Welches Alter haben die Mitarbeiter und Mitarbeiterinnen?
- In welchen Fällen ist § 613a BGB auf diese Mitarbeiter anwendbar?
- Welche Personen bzw. Tätigkeiten sollen beim Kunden verbleiben?
- Welche einschlägigen Betriebsvereinbarungen sind abgeschlossen worden?
- Welche Laufzeiten bestehen für die Betriebsvereinbarungen?
- Müssen vor Vertragsabschluss Änderungen dieser Vereinbarungen verhandelt werden?
- Welche Zahlungen an Mitarbeiter werden geleistet (Gehalt, Zulagen, 13. Monatsgehalt, Weihnachtsgeld- und Urlaubsgeld, Betriebsrente, Versicherungen, Sonderprämien, Tantiemen, Überstunden)?
- Welche Mitarbeiter befinden sich in der Probezeit, wann läuft diese aus?

a) Vertragsgegenstand

Bereits beim Vertragsgegenstand (also an 1. Stelle) sollte aufgezeigt werden, dass die Übernahme des Personals nach § 613a BGB erfolgt und der Vertrag somit auch die Rechtsfolgen dieser Norm berücksichtigen muss.

Formulierungsbeispiel:

Die mit dem AG[1093] bestehenden Arbeitsverhältnisse der Beschäftigten des Bereiches der IT gehen zum 1. Januar 200x (Betriebsübergang) gemäß § 613a BGB auf den AN[1094] über.

Dieser Vertrag regelt in Konkretisierung und Ergänzung des § 613a BGB die arbeitsrechtlichen Fragen des Übergangs der Beschäftigten des Outsourcing-AN.

1093. Ein Muster eines Personalübernahmevertrages befindet sich in Kapitel J., Mustertexte, IV.
1094. Teilweise nach: Lux/Schön, Outsourcing der Datenverarbeitungen, 1997; Heinrich, CW 39, 1992, 55 und 32, 1997, 33. Koch Computer Vertragsrecht 5. Auflage Rn. 1011.
1095. Gemeint ist hier der Outsourcing-Kunde.
1096. Gemeint ist hier der Outsourcing-Anbieter.

b) Eintritt in bestehende Arbeitsverhältnisse

Einer der wichtigsten Bereiche des Personalübernahmevertrages sind die Klauseln, in denen der Outsourcing-Anbieter in die bestehenden Arbeitverhältnisse an Stelle des Outsourcing-Kunden eintritt.

aa) Eintritt in Rechte und Pflichten

Die Rechtsfolge des § 613a I. S. 1 BGB[1097] sieht vor, dass der Outsourcing-Anbieter bei Übernahme in die Rechte und Pflichten aus den im Zeitpunkt des Übergangs bestehenden Arbeitsverhältnissen eintritt. Die Rechtsfolge des § 613a BGB bezogen auf das entsprechende Outsourcing-Projekt muss daher in einer Klausel des Personalübernahmevertrages konkretisiert werden.

Formulierungsbeispiel:

Der AN tritt in alle Rechte und Pflichten aus den im Zeitpunkt des Übergangs bestehenden Arbeitsverhältnissen ein und verpflichtet sich, die in der Anlage aufgeführten Beschäftigten am 1. Januar 200x zu übernehmen und deren Arbeitsverhältnisse entsprechend § 613a BGB fortzusetzen.

Der Outsourcing-Anbieter muss im Personalübernahmevertrag erklären, dass er gem. § 613a I BGB auch in alle Rechte und Pflichten der Ausbildungsverhältnisse eingeht.

Formulierungsbeispiel:

Der AN tritt in alle Rechte und Pflichten aus den im Zeitpunkt des Übergangs bestehenden Ausbildungsverhältnissen ein und setzt diese fort.

bb) Informationspflicht

Mit der Neufassung des § 613a BGB[1098] zum 1. April 2002 ist der Arbeitgeber (Outsourcing-Kunde) oder der Erwerber (Outsourcing-Anbieter) gem. § 613a V BGB verpflichtet, dem Arbeitnehmer detaillierte Informationen über den Betriebsübergang zur Verfügung zu stellen. Die betroffenen Arbeitnehmer können dem Übergang des Arbeitsverhältnisses gem. § 613a VI BGB innerhalb eines Monats widersprechen. Sind die Informationen zum Betriebsübergang unvollständig oder ist der Mitarbeiter nicht informiert worden, beginnt die Widerrufsfrist erst mit der vollständigen Informierung des Mitarbeiters. Faktisch besteht die Widerrufsmöglichkeit solange zeitlich unbegrenzt.

1097. Siehe auch Kapitel C., Das Outsourcing-Projekt, III. Nr. 2. ff.
1098. Der neue § 613a BGB ist am 1. April 2002 in Kraft getreten, BGBi Teil I, Seite 1159.

Dieser Neufassung des § 613a VI BGB sollte der Personalübernahmevertrag entsprechend Rechnung tragen. Zum einem sollte vertraglich geklärt sein, wer die Arbeitnehmer des Outsourcing-Kunden unterrichtet. Da die Übernahme von Personal meist mehrfach vom Outsourcing-Anbieter bei anderen Kunden vorgenommen worden ist und somit die Personalübernahme voraussichtlich zu den Kernkompetenzen des Outsourcing-Anbieters gehört, sollte dies vom Outsourcing-Anbieter übernommen werden. Zumindest sollte der Outsourcing-Anbieter hierfür die Verantwortung tragen, da er auch weiß, welche Informationen die Arbeitnehmer erhalten sollen. Dennoch ist es ratsam, dass der Outsourcing-Kunde bei der Unterrichtung der Arbeitnehmer anwesend ist.

Formulierungsbeispiel:

Der AN unterrichtet die zu übernehmenden Mitarbeiter des AG rechtzeitig über den Betriebsübergang und die Personalübernahme durch den AN.[1097]

Zum anderen sollten sich die Vertragsparteien einig sein, in welchem Umfang die Arbeitnehmer zu informieren sind. Sind die Informationen zum Betriebsübergang nämlich unvollständig oder ist der Mitarbeiter nicht informiert worden, besteht die Widerrufsmöglichkeit für den Arbeitnehmer zeitlich unbegrenzt. Für den Vertrag ausreichend erscheint die im Formulierungsbeispiel aufgeführte Klausel.

Formulierungsbeispiel:

Der AN unterrichtet die zu übernehmenden Mitarbeiter des AG über den Betriebsübergang im gesetzlich geforderten Rahmen.

Um keine Missverständnisse bezüglich der Informationspflicht des § 613 a V BGB aufkommen zu lassen, ist es aber sinnvoll, die einzelnen Punkte, über die die Arbeitnehmer zu informieren sind, detailliert im Vertrag aufzuführen.

Formulierungsbeispiel:

Der AN unterrichtet die zu übernehmenden Mitarbeiter des AG rechtzeitig über:

1. Den Zeitpunkt oder den geplanten Zeitpunkt des Übergangs
2. Den Grund für den Übergang

1099. Als rechtzeitig erscheint ein Zeitpunkt vor dem Betriebsübergang. Der Zeitpunkt sollte so gewählt werden, dass der Arbeitnehmer die Möglichkeit hat, sich umfassend über das Outsourcing und den Betriebsübergang zu informieren, so dass er sein Widerspruchsrecht ungehindert und innerhalb der Widerspruchfrist von § 613a VI BGB von einem Monat ausüben kann. Willemsen/Lembke schlagen als konkrete Zahl mindestens einen Monat vor: Willemsen/Lembke NJW 2002, 1159, 1163.

3. Die rechtlichen, wirtschaftlichen und sozialen Folgen des Übergangs für die Mitarbeiter
4. Die hinsichtlich der Arbeitnehmer in Aussicht genommenen Maßnahmen

Eine Erläuterung im Personalübernahmevertrag, dass die Arbeitnehmer bei ausreichenden Informationen immer noch ein Widerrufsrecht gem. § 613a VI BGB von einem Monat haben, ist nicht zweckmäßig, da der Personalübernahmevertrag lediglich Rechte und Pflichten zwischen Outsourcing-Kunde und Outsourcing-Anbieter regelt.

cc) Übergangsanzeige

Für diesen Übergang müssen dennoch gem. § 613a BGB keine neuen Arbeitsverhältnisse geschlossen werden. Vielmehr ist eine Übergangsanzeige an die Mitarbeiter ausreichend.

Formulierungsbeispiel:

Die übergehenden Beschäftigten erhalten keine neuen Arbeitsverträge, sondern eine Übergangsanzeige vom AN.

Der AG zeigt den Übergang der Beschäftigten des AN mit einer Übergangsanzeige an.

dd) Sonstige Regelungen

Ferner sollten der Outsourcing-Kunde und der Outsourcing-Anbieter regeln, wie die übernommenen Resturlaubstage, die Über- und Mehrarbeitsstunden zum Zeitpunkt des Betriebsübergangs zu ermitteln sind. Darüber hinaus sollten diese dann finanziell bewertet werden und der entsprechende Geldbetrag mit dem Outsourcing-Anbieter ausgeglichen werden.

Formulierungsbeispiel:

Die Personalabteilung des AG wird die Resturlaubstage aus 200x und die nicht ausgeglichenen Über- und Mehrarbeitsstunden zum Zeitpunkt des Betriebsübergangs ermitteln, finanziell bewerten und den entsprechenden Geldbetrag mit dem AN ausgleichen.

Für zukünftige Jubiläumszahlungen ermittelt der AG einen betriebswirtschaftlichen Rückstellungsbetrag für die betroffenen Mitarbeiter und überträgt ihn auf den AN.

Wie bereits erläutert, stellt die Regelung des § 613a IV 1 BGB nach der Rechtsprechung des BAG ein eigenständiges Kündigungsverbot dar.[1100] Sie ist eine spezialgesetzliche Regelung des Umgehungsverbotes und soll verhindern, dass der in § 613a I 1 BGB angeordnete Bestandsschutz durch Kündigungen unterlaufen wird.[1101] Zur Konkretisierung empfiehlt es sich, im Personalübernahmevertrag eine entsprechend lautende Klausel aufzunehmen.

Formulierungsbeispiel:

Bis 31. Dezember 200x +1 werden vom AN keine betriebsbedingten Kündigungen an die übernommenen Mitarbeiter ausgesprochen.

c) Arbeitsbedingungen, Tarifbedingungen

Der Betriebsübergang hat gem. § 613a I S. 1 BGB zur Folge, dass der Erwerber in die Rechte und Pflichten aus den im Zeitpunkt des Übergangs bestehenden Arbeitsverhältnissen eintritt. Dazu gehören auch die Arbeits- und Tarifbedingungen, die im Personalübernahmevertrag dokumentiert werden sollten.

Formulierungsbeispiel:

Bis zum Abschluss von neuen Betriebsvereinbarungen werden bestehende Dienstvereinbarungen übernommen und gelten individualrechtlich fort.

Dies sind: Vereinbarungen für das Nichtrauchen oder für Nutzung der Kantine.

Formulierungsbeispiel:

Der AN verpflichtet sich im Rahmen des § 613a BGB zur Weiterführung des geltenden Tarifvertrages und aller diesen ergänzenden, ändernden oder ersetzenden Tarifverträge in der jeweils gültigen Fassung bis zum Abschluss eines Haustarifvertrages.

Eventuell sollte an dieser Stelle schon über den Abschluss eines neuen Haustarifvertrages oder die Integration in den Tarifvertrag des Outsourcing-Anbieters nachgedacht werden.

1100. BAG NZA 1985, 593, 594; BAG NZA 1986, 522, 523; BAG NZA 1997, 148, 149; Richardi/Annuß, in: Staudinger § 613a Rn. 244; nach a.A. stellt § 613a IV nur klar, dass der Betriebsübergang kein dringendes betriebliches Erfordernis ist, so Schaub ZIP 1984, 272, 275.
1101. Richardi/Annuß, in: Staudinger § 613a Rn. 243

d) Versorgungsverpflichtungen

Zu den Rechten und Pflichten, in die der Outsourcing-Anbieter gem. § 613a I 1 BGB im Zeitpunkt des Übergangs eintritt, gehören auch die entsprechenden Versorgungsverpflichtungen für die Arbeitnehmer. Eine entsprechende Klausel könnte wie folgt lauten:

Formulierungsbeispiel:

Der AG wird die Pensionsverpflichtungen der in Anlage »Personalübergang« zum Übertragungsvertrag aufgeführten Mitarbeiter auf den AN übertragen.

Der Gegenwert der bewerteten Pensionsverpflichtungen[1100] gegenüber den in Anlage »Personalübergang« zum Übertragungsvertrag genannten Mitarbeitern des AG wird zum Beginndatum an den AN übertragen.

Sofern die Pensionsverpflichtungen über Unterstützungskassen bzw. Versorgungskassen durchgeführt werden, sollen diese nach Möglichkeit beibehalten werden. Sollte dies nicht möglich sein, werden die Vertragsparteien eine andere angemessene Regelung schnellstmöglich treffen.

f) Schriftform und salvatorische Klausel

Ein Verweis auf die im Rahmenvertrag getroffenen Regelungen zur Schriftform und die salvatorische Klausel sollte an dieser Stelle ausreichend sein. Beim Verweis auf den Rahmenvertrag ist es wichtig, entsprechend der Vertragshierarchie[1103] zu handeln, d.h., dass zunächst die Regelungen des Übernahmevertrags anzuwenden sind und darüber hinaus die Regelungen des Rahmenvertrags gelten.

Formulierungsbeispiel:

Die Regelungen des zwischen AG und dem AN abgeschlossenen Rahmenvertrags vom xx.xx.200x gelten ergänzend zu diesem Leistungsvertrag. Widersprechen sich einzelne Regelungen des Leistungsvertrags mit Regelungen des Rahmenvertrages, so gelten die Regelungen des Leistungsvertrages vor den Regelungen des Rahmenvertrages.

1102. Die Bewertung der übernommenen Pensionsverpflichtungen kann nach US-GAAP FAS 87 der PBO erfolgen.

1103. Siehe auch Kapitel D., Das Outsourcing-Vertragswerk, I. Nr. 15.

g) Anlage »Auflistung der Arbeitsverträge«

An dieser Stelle ist eine detaillierte Auflistung der Arbeitsverhältnisse notwendig, die beim Outsourcing mit übergehen. Eine Eingrenzung nach dem Betriebsteil ist mangels Eindeutigkeit nicht von Vorteil. Gleichzeitig sollten folgende Details mit aufgeführt werden:

- Name, Vorname
- Personal-Nr.
- Dauerarbeitsverhältnis, Teilzeitkraft
- Vorübergehende Arbeitsverhältnisse
- Im Ausbildungsverhältnis (ja/nein)

II.2 Hardware-Übernahmevertrag/Leasingvertrag

Der Vertrag zur Übernahme von Hardware[1104] enthält im Wesentlichen die Regelungen für den Kauf und ggf. für das Zurückleasen, das so genannte *Sales-and-Lease-back-Verfahren.*[1105]

Bei der Erstellung des Hardware-Übernahmevertrages sollten die Vertragsparteien folgenden Fragenkatalog berücksichtigen:[1106]

- Welche IT-Hardware soll übernommen werden?
- Welche sonstige Hardware soll übernommen werden (Inventar)?
- Wie hoch ist der Buchwert der Hardware?
- Wie hoch ist der gemeine Wert (Verkehrswert) der Hardware?
- Sind mit der Hardware, die übernommen wird, rechtliche Verpflichtungen verbunden?

a) Kauf der Hardware/Zurverfügungstellung

In der Regel handelt es sich beim Vertrag zur Übernahme von Hardware um einen Kaufvertrag zwischen dem Outsourcing-Kunden als Verkäufer und dem Outsourcing-Anbieter als Käufer nach §§ 433 ff. BGB. Die Parteien sollten im *Übernahmevertrag von Hardware*“ die Regelungen für den Verkauf der Hardware und die Eigentumsverschaffung der Hardware nach §§ 929 ff. BGB regeln. Gleichzeitig sollten Garantieansprüche von Kunden auf den Anbieter mit abgetreten werden.

Soll die Hardware nur dem Anbieter vom Kunden beigestellt werden, so erfolgt dies bei entgeltlicher Beistellung nach den Regelungen des Mietvertrages gem. § 535 BGB. Erfolgt die Beistellung der Hardware unentgeltlich, so liegt ein Leihvertrag

1104. Ein Muster eines Hardware-Übernahmevertrages befindet sich in Kapitel J., Mustertexte,V.
1105. Siehe Kapitel C., Das Outsourcing-Projekt, III. Nr. 4.
1106. Teilweise nach: Lux/Schön, Outsourcing der Datenverarbeitungen, 1997; Heinrich, CW 39, 1992, 55 und 32, 1997, 33. Koch Computer Vertragsrecht Rn. 1011

gem. §§ 516 ff. BGB vor. Hier sollten die Vertragsparteien entsprechende Regelungen zur Miete oder Leihe im Vertrag regeln.

b) Leasen der Hardware

Wird mit dem gleichen Vertrag die entsprechende Hardware vom Outsourcing-Anbieter an den Outsourcing-Kunden zurückverleast, muss dieser Vertrag entsprechende Regelungen für die Bilanzierung und ggf. für die Gewährleistung (sofern diese abweichend vom Rahmenvertrag ist) beinhalten.[1107]

(1) Bilanzierungsklauseln

Will der Leasinggeber (Anbieter) den Leasinggegenstand in seiner Handels- und Steuerbilanz[1108] mit dem Anschaffungswert vermindert um die AfA[1109] und etwaige Teilwertabschreibungen aktivieren und die Kosten der Re-Finanzierung sowie die laufenden Kosten des Objektes, soweit sie nicht vom Leasingnehmer getragen werden, als Betriebsausgabe absetzen, so müssen folgende Regelungen im Vertrag aufgenommen werden:

Formulierungsbeispiel:

- kein automatischer Eigentumserwerb der Hardware durch den Leasingnehmer nach Vertragsende
- Feste Laufzeit des Leasingvertrages
- Eine mehrjährige Grundmietzeit zwischen 40 % und 90 % der gewöhnlichen Nutzungsdauer
- Kündigung durch den Leasingnehmer frühestens nach Ablauf von 40 % der Laufzeit
- Abdeckung aller Kosten des Leasinggebers, auch bei Teilamortisation, durch Abschlusszahlungen etc. mit Anrechnung des Verwertungserlöses auf die Schlusszahlung, allerdings mit Verwertungsrisiko beim Leasingnehmer[1108]

Die laufenden Leasingraten werden dann beim Outsourcing-Anbieter oder bei der Leasinggesellschaft (Leasinggeber) als Betriebseinnahmen und beim Outsourcing-Kunden (Leasingnehmer) als Betriebsausgaben erfasst.[1111] Dies ist nur anders,

1107. Siehe Kapitel C., Das Outsourcing-Projekt, III. Nr. 4.
1108. Wegen fehlender handelsrechtlicher Regelungen zum Leasing werden in der Praxis häufig die steuerlichen Zurechnungskriterien einfach auf die Handelsbilanz übertragen. In der Literatur ist ein solches Verfahren streitig. Saarbrücker Handbuch der Betriebswirtschaftlichen Beratung – Bieg/Hossfeld – Rn. 273
1109. AfA = Absetzung für Abnutzung
1110. Beckmann »Computerleasing« Rn. 22
1111. Leasingverträge in Handels- und Steuerbilanz Bordewin NWB Nr. 22, 28.5.1996

wenn der Leasinggegenstand nicht dem Leasinggeber, sondern dem Leasingnehmer zuzurechnen ist, weil er nach den getroffenen Vereinbarungen wirtschaftlicher Eigentümer des Leasinggegenstandes ist. [1112]

(2) Gewährleistungsregelungen bei Leasing

Ferner ist im Leasingteil des Hardware-Übernahmevertrages eine Regelung für die Gewährleistungen zu treffen, sofern diese von den Regelungen des Rahmenvertrages abweichen. [1113]

c) Anhang »Auflistung der einzelnen Hardware-Gegenstände«

Im Anhang des Vertrages ist die entsprechende Hardware nach Art (Kauf, Miete oder Leihe) der Übernahme aufzuführen.

d) Schriftform und salvatorische Klausel

An dieser Stelle sollte ein Verweis auf die im Rahmenvertrag getroffenen Regelungen zu finden sein.[1114] Insbesondere für die Schriftform und die salvatorische Klausel sollte dies ausreichend sein.

Entsprechend der Vertragshierarchie sind die Regelungen des Rahmenvertrages als Ergänzung zu den in diesem Vertrag getroffenen Regelungen zu verstehen.

e) Anhang »Preisblatt«

Des Weiteren ist im Anhang ein Preisblatt für die Vergütung der »Sales-and-Lease-Back«-Gegenstände anzuhängen.

II.3 Software-Übernahmevertrag

Im Vertrag zur Übernahme von Software[1115] und anderen urheberrechtlich geschützten Gütern sind die Regelungen des UrhG zu berücksichtigen. Gemäß § 31 IV S. 1 UrhG kann der Outsourcing-Kunde sein Nutzungsrecht (z.B. an einer Software) nur mit Zustimmung des Urhebers übertragen. [1116] Der Urheber darf gem. § 31 IV S. 2 UrhG die Zustimmung nicht wider Treu und Glauben verweigern. Die Übernahme erfolgt also nur mit der Zustimmung des Rechteinhabers.

Bei der Erstellung des Software-Übernahmevertrages sollten die Vertragsparteien zusätzlich noch folgenden Fragenkatalog berücksichtigen:[1117]

1112. Budde/Karig in Beck'scher Bilanzkommentar § 246 Rn. 4–6
1113. Zur Dauer der Gewährleistung bei Leasing siehe Kapitel C., Das Outsourcing-Projekt, III Nr. 4d) und Kapitel D., Der Outsourcing-Vertrag, I. Nr. 5
1114. Ein Muster dieser Klausel siehe Kapitel D., Das Outsourcing-Vertragswerk, II Nr. 1 f.
1115. Ein Muster eines Software-Übernahmevertrages befindet sich in Kapitel J., Mustertexte, VI.
1116. Vgl. dazu Möhring/Nicolini-Spautz, § 34 Rn 3. Siehe auch Kapitel C., Das Outsourcing-Projekt, III. Nr. 3

- Auf welchem System wird welche Software eingesetzt (genaue Bezeichnung)?
- Welche Software wird für den späteren Betrieb zwingend vorausgesetzt?
- Welche PC-Software wird genutzt?
- Bestehen Software-Pflegeverträge?
- Welche zukünftigen Anwendungen sind geplant?
- Werden eingeräumte Lizenzrechte verwaltet?

a) Eigensoftware des Kunden

Bei der Eigensoftware liegt das ausschließliche Nutzungsrecht beim Outsourcing-Kunden. Der Outsourcing-Kunde kann im Vertrag das ausschließliche Nutzungsrecht auf den Outsourcing-Anbieter übertragen.

Formulierungsbeispiel:

Der AG räumt dem AN ab dem Beginndatum an selbst entwickelter Software oder an Software, die speziell für sie entwickelt wurde und an der sie das Recht besitzt, Lizenzen zu vergeben (Eigensoftware), ein nicht ausschließliches Nutzungsrecht ein. Als solche Eigensoftware gilt all jene Software, die der AG unter diesem Vertrag dem AN zur Verfügung stellt.

Der Outsourcing-Anbieter hat die Möglichkeit, das eingeräumte Nutzungsrecht zu begrenzen und zu verlangen, dass das eingeräumte Nutzungsrecht nur für das Outsourcing-Projekt beim Outsourcing-Kunden zu verwenden ist. Fraglich ist dann, ob hier noch ein ausschließliches Nutzungsrecht vorliegt.

Formulierungsbeispiel

Das dem AN eingeräumte Nutzungsrecht gilt nur für die Verwendung im Rahmen der Leistungserbringung unter diesem Vertrag und berechtigt zum Vervielfältigen, Bearbeiten und Verbinden mit anderem Material. Dem AN werden an Daten keine Rechte übertragen. Die Eigensoftware ist in Anlage X »Software« aufgeführt.

Des Weiteren ist im Software-Übernahmevertrag zu regeln, dass der Outsourcing-Kunde den Outsourcing-Anbieter von Rechten Dritter (z.B. noch ausstehende Lizenzkosten) freistellt, wenn der Outsourcing-Anbieter die entsprechende Software übernimmt.

1117. Teilweise nach Lux/Schön, Outsourcing der Datenverarbeitungen, 1997; Heinrich, CW 39, 1992, 55 und 32, 1997, 33. Koch Computer Vertragsrecht 5. Auflage Rn. 1011

Formulierungsbeispiel

Für den Fall, dass Dritte an dieser Software eigene Rechte gegenüber dem AN geltend machen, wird der AN durch den AG von den Ansprüchen Dritter freigestellt. Der AG wird alle ihm als angemessen erscheinenden Maßnahmen ergreifen, um die Ansprüche Dritter abzuwehren. Die Vertragsparteien werden derartige Fälle jedoch vorrangig dadurch lösen, dass der AN die Nutzung der betroffenen Software einstellt. Die AN wird sodann versuchen, Ersatzsoftware zu beschaffen und mit dem AG eine entsprechende Vereinbarung treffen, um den Einsatz dieser Software oder der angegriffenen Eigensoftware zu ermöglichen.

Daneben werden sich die Vertragsparteien über solche Eigensoftware verständigen, für die der AG dem AN das ausschließliche Nutzungsrecht einräumt und die der AN in eigenem Namen gegen Provisionszahlung an den AG in Höhe von xx % der Lizenz vermarktet.

b) Fremdsoftware als Beistellung

Bei der Fremdsoftware als Beistellung erhält der Outsourcing-Kunde ein einfaches Nutzungsrecht an der Software (z.B. bei Microsoft-Applikationen). Bei der Beistellung behält der Outsourcing-Kunde sein einfaches Nutzungsrecht. Der Hersteller muss gem. § 31 I UrhG dem Outsourcing-Anbieter ein einfaches Nutzungsrecht erteilen.

Formulierungsbeispiel:

Der AG stellt dem AN Fremdsoftware ab dem Beginndatum entsprechend Anlage X bei und klärt mit dem Eigentümer der Software, dass der AN ein nicht ausschließliches Nutzungsrecht erhält. Das dem AN eingeräumte Nutzungsrecht gilt nur für die Verwendung im Rahmen der Leistungserbringung unter diesem Vertrag und berechtigt zum Vervielfältigen, Bearbeiten und Verbinden mit anderem Material.

c) Fremdsoftware als Übernahme

Bei der Fremdsoftware als Übernahme hat der Outsourcing-Kunde ein einfaches Nutzungsrecht an der Software und überträgt dieses Nutzungsrecht an den Outsourcing-Anbieter.

Formulierungsbeispiel:

Der AG wird, unter Voraussetzung der Beibringung der erforderlichen Einwilligungserklärung, bei Fremdsoftware und bei Software, an der der Kunde das Nutzungsrecht besitzt und die zur Erbringung der Betriebsleistungen eingesetzt und benötigt wird, direkt als Vertragspartnerin in die Verträge mit Dritten eintreten. Diese Fremdsoftware einschließlich der Dokumentation und soweit vorhanden der Quellcode wird zu dem in Anlage X (Software) genannten Übergabedatum an den AN übergeben.

d) Software des Outsourcing-Anbieters

Nutzt der Kunde bereits Software, an der der Outsourcing-Anbieter gem. § 31 II UrhG das ausschließliche Nutzungsrecht besitzt, so stellt sich die Frage, ob die Software-Lizenzen nicht wieder an den Outsourcing-Anbieter zurückgehen sollen. Der Outsourcing-Anbieter erbringt nun die outgesourcten Leistungen und der Outsourcing-Kunde benötigt daher diese Software nicht mehr.

Formulierungsbeispiel:

Der AG wird die Lizenzverträge für die in Anlage X (Software des Outsourcing-Anbieters) aufgeführte Software unverzüglich nach Zustandekommen dieses Vertrages kündigen. Der AN wird diese Software im Rahmen des Vertrages dem AG zur Nutzung zur Verfügung stellen. Die in Anlage X aufgeführte Software des AN wird für die Leistungserbringung vom AN beigestellt.

e) Übergang eines Betriebsteils gem. § 34 III UrhG

Gemäß § 34 III UrhG bedarf es einer Einwilligung des Urhebers der Fremdsoftware nicht, wenn die Übertragung im Rahmen der Gesamtveräußerung eines Unternehmens oder der Veräußerung von Teilen eines Unternehmens geschieht.

f) Leasing

Sollte die übernommene Software im Wege des Sales-and-lease-back-Verfahrens dem Outsourcing-Kunden zur Verfügung gestellt werden, so müssen entsprechende Klauseln für die Bilanzierung[1118] und ggf. für die Gewährleistung (sofern diese vom Rahmenvertrag abweichend ist) im Software-Übernahmevertrag

1118. Siehe Abschnitt II. Nr. 2b); Für die Bilanzierung der Software gelten ähnliche Regelungen wie für die Bilanzierung von Hardware.

vorhanden sein.[1119] Des Weiteren ist dann im Anhang ein Preisblatt für die Vergütung der »Sales-and-lease-back«-Software anzuhängen.

g) Schriftform und salvatorische Klausel

An dieser Stelle sollte ein Verweis auf die im Rahmenvertrag getroffenen Regelungen zu finden sein.[1120] Insbesondere für die Schriftform und die salvatorische Klausel sollte dies ausreichend sein.

Entsprechend der Vertragshierachie sind die Regelungen des Rahmenvertrages als Ergänzung zu den in diesen Vertrag getroffenen Regelungen zu sehen.

h) Anlage »Auflistung und Einverständnis des Urhebers zur Übertragung«

Abschließend sollte in der Anlage eine Auflistung der Softwarenach ihren Nutzungsrechten erfolgen:

- Eigensoftware des Kunden
- Fremdsoftware als Beistellung
- Fremdsoftware als Übernahme
- Software des Outsourcing-Anbieters

II.4 Übernahme von vertraglichen Verpflichtungen

Wie bereits in Kapitel C., *Das Outsourcing-Projekt,* III. Nr. 2. erläutert, kann es im Rahmen eines Outsourcing-Projekts dazu kommen, dass der Outsourcing-Anbieter vom Outsourcing-Kunden vertragliche Verpflichtungen[1121] übernimmt.

a) Grundsätzliches

Bei der Erstellung des Vertrages zur Übernahme von vertraglichen Verpflichtungen sollten die Vertragsparteien folgenden Fragenkatalog berücksichtigen:[1122]

- Welche Personalverträge bestehen mit Fremdfirmen?
- Welche Software-Mietverträge bestehen?
- Welche Software-Pflegeverträge bestehen?
- Welche Mietverträge für Immobilien müssen ggf. übernommen werden?

b) Einwilligung des Dritten

Der Outsourcing-Anbieter kann Vertragsverhältnisse, die zwischen dem Outsourcing-Kunden und Dritten bestehen, übernehmen, wenn er eine entsprechende Einwilligung vom Dritten erhält. Für die Einwilligung sollte der

---

1119. Siehe Abschnitt I. Nr. 5, Verjährung von Mängelansprüchen (Gewährleistung)
1120. Ein Muster dieser Klausel siehe Kapitel D., Das Outsourcing-Vertragswerk, II Nr. 1 f.
1121. Ein Muster eines Übernahmevertrages befindet sich in Kapitel J., Mustertexte, VII.
1122. Teilweise nach Lux/Schön, Outsourcing der Datenverarbeitungen, 1997; Heinrich, CW 39, 1992, 55 und 32, 1997, 33. Koch Computer Vertragsrecht Rn. 1011

Outsourcing-Kunde sorgen, da er über die Vertragsnähe zum Dritten verfügt. Eine entsprechende Klausel könnte wie folgt lauten:

Formulierungsbeispiel:

Der AN wird – unter Voraussetzung der Beibringung der erforderlichen Einwilligungserklärung – für sonstige Verträge des AG mit Dritten (Drittverträge), deren Leistungsumfang zur Erbringung der Betriebsleistungen erforderlich und notwendig ist, direkt als Vertragspartner in die Drittverträge eintreten. Diese Drittverträge sind in Anhang X, »Übernahmeverträge« aufgeführt.

Der AG gewährleistet, dass alle ihre Verpflichtungen aus den bestehenden Drittverträgen bis zum Beginndatum erfüllt sind. Der AG stellt den AN bei Nichterfüllung dieser Gewährleistung von allen Verpflichtungen aus diesen Drittverträgen frei, die ab dem Beginndatum für den vorhergehenden Zeitraum geltend gemacht werden.

c) Keine Einwilligung durch den Dritten

Willigt der Dritte nicht in die Übernahme der Verträge durch den Outsourcing-Anbieter ein, kann der Outsourcing-Anbieter vom Outsourcing-Kunden zumindest die administrative Verantwortung für diese Verträge übernehmen, bis diese ausgelaufen sind.

Formulierungsbeispiel:

Soweit dies nicht möglich sein sollte, wird der AN im Verhältnis zum AG die administrative Verantwortung übernehmen. Diese Drittverträge sind in Anlage X Anhang »Administrierte Verträge« aufgeführt. Die finanzielle Verantwortung verbleibt beim AG.

Die administrative Verantwortung ist in ihrem Umfang abhängig von den jeweiligen Vollmachten, die der Kunde dem Anbieter einräumt. Im Umfang der vom AN übernommenen finanziellen Verantwortung stellt der AG den AN von Ansprüchen Dritter frei.

Ist die Übernahme von Verträgen mit Dritten mit erheblichen Risiken belegt, so ist es dem Outsourcing-Anbieter nicht zuzumuten, diese zu übernehmen. Im Vertrag könnte daher folgende Regelung interessengerecht formuliert sein:

Formulierungsbeispiel:

Der AG hat das Recht, den Eintritt in Verträge oder die Übernahme der finanziellen Verantwortung für solche Verträge abzulehnen, deren Preis-/Leistungsverhältnis zum Zeitpunkt des Vertragsabschlusses unter verständiger Würdigung eines ordentlichen Kaufmanns unbillig ist oder die unangemessene und nicht marktübliche Bedingungen aufweisen.

In der Anlage des Vertrages über die Übernahme von sonstigen vertraglichen Verpflichtungen sollten die vertraglichen Verpflichtungen nach Übernahmeverträgen und administrierten Verträgen unterteilt werden. Im Übrigen sollten die typischen juristischen Klauseln folgen und ein Verweis auf den Rahmenvertrag.

d) Preisgestaltung

Des Weiteren sollten die Vertragsparteien die Frage der Vergütung regeln. Sprich, ob mit einer grundsätzlichen Outsourcing-Pauschale auch die Kosten für die Übernahme der Verträge geregelt sind oder ob diese gesondert vergütet werden.

e) Schriftform und salvatorische Klausel

An dieser Stelle sollte ein Verweis auf die im Rahmenvertrag getroffenen Regelungen zu finden sein.[1123] Insbesondere für die Schriftform und die salvatorische Klausel sollte dies ausreichend sein.

Entsprechend der Vertragshierachie sind die Regelung des Rahmenvertrages als Ergänzung zu den in diesem Vertrag getroffenen Regelungen zu sehen.

III. Sonstige Verträge

In die Kategorie der *sonstigen Verträgen* fallen vor allem die Infrastrukturverträge (meist ein Vertrag pro Lokation) und das Datenschutzkonzept.

III.1 Infrastrukturvertrag

In der Regel nutzt der Outsourcing-Anbieter die Infrastruktur des Outsourcing-Kunden zur Erbringung seiner Leistungen. In der Praxis wird die Nutzung der Infrastruktur durch den Outsourcing-Kunden durch ein *good will* dem Outsourcing-Anbieter bereitgestellt. Dies führt häufig zu nicht eindeutigen Verhältnissen von Leistungen und Gegenleistungen.[1124]

1123. Ein Muster dieser Klausel siehe Kapitel D., Das Outsourcing-Vertragswerk, II Nr. 1 f.
1124. Ein Muster eines Infrastrukturvertrages befindet sich in Kapitel J., Mustertexte, VIII.

Beispiel

Dem Outsourcing-Anbieter wurden durch den Outsourcing-Kunden Räumlichkeiten in dessen Hauptverwaltung zur Verfügung gestellt. Der Anbieter definiert für seine Service Levels und kalkuliert für seine Preisgestaltung einen Anfahrtsweg von max. 15 Minuten.

Nach ca. einem halben Jahr stellt der Outsourcing-Kunde fest, dass er die Räumlichkeiten selbst benötigt, die er dem Outsourcing-Anbieter zur Verfügung gestellt hat. Er weist dem Anbieter, ohne rechtliche Bedenken, neue Räumlichkeiten zu. Diese liegen aber nicht in der Hauptverwaltung, sondern ca. 30 Minuten von dieser entfernt. Folglich kann der Anbieter weder seine SLAs noch seine Preise halten.

Sicherlich besteht im Rahmen des § 313 BGB[1125] die Möglichkeit, die Preiskalkulation im Vertrag zu ändern und den veränderten Umständen (siehe Beispiel) Rechnung zu tragen. Um sich aber den leidigen Weg über § 313 BGB zu ersparen und den Unsicherheitsfaktor der Nutzung der Infrastruktur (des Outsourcing-Kunden) zu minimieren, sollte der Anbieter die Nutzung der Infrastruktur in einem separaten Einzelvertrag regeln.

Wichtig ist hierbei, dass sich der Outsourcing-Kunde mit einem Rechtbindungswillen verpflichtet, eine Infrastruktur bereitzustellen, die der Outsourcing-Anbieter benötigt, um seine Pflichten zu erfüllen. So z.B. das gesamte Facility-Management[1126] für die angemieteten Gebäude. Diese auch als *globale Mitwirkungspflichten*" für das gesamte Outsourcing bezeichneten Leistungen umfassen im Einzelnen:

- Einen Mietvertrag im Sinne der §§ 535 ff. BGB für Räume, Infrastruktur etc.
- Zugänge zu Räumlichkeiten, Parkplätze
- Verantwortlichkeiten Sicherheitsvorschriften
- Instandhaltung, Instandsetzung, Schönheitsreparaturen
- Erlaubnis für die Vornahme von baulichen Maßnahmen
- Untervermietung
- Betreten der Gebäude/Räume auf den vermieteten Flächen
- Netzwerkinfrastruktur
- Übertragbarkeit
- Allgemeine Bestimmungen

1125. Vormals Wegfall der Geschäftsgrundlage (WGG).
1126. Facility-Management: »die gezielte Kostensenkung auf dem Gebiet der betrieblich genutzten Grundstücke und Gebäude durch wirksame Flächenoptimierung« Fremdwörterbuch Wirtschaft S. 71.

Des Weiteren sollten im Infrastrukturvertrag[1127] auch die Regeln der Vergütung für die entsprechende Infrastruktur geregelt werden.

Auch im Infrastrukturvertrag sollte ein Verweis auf die im Rahmenvertrag getroffenen Regelungen zu finden sein.[1128] Insbesondere für die Schriftform und die salvatorische Klausel sollte dies ausreichend sein.

Entsprechend der Vertragshierarchie sind die Regelungen des Rahmenvertrages als Ergänzung zu den in diesem Vertrag getroffenen Regelungen zu sehen.

III.2 Datenschutzkonzept

Die Grundlagen des Datenschutzes und der Schutz der Persönlichkeit nach Art. 3 wurden bereits in Kapitel C., *Das Outsourcing-Projekt,* IV Nr. 2 ausführlich erörtert. Damit die Inhalte eines Datenschutzkonzeptes[1129] verpflichtend für beide Vertragspartner sind, sollten diese vertraglich manifestiert werden. Hierbei wird unterschieden, ob das Datenschutzkonzept für die private Wirtschaft gedacht ist oder ob das Datenschutzkonzept für ein Outsourcing in der Öffentlichen Verwaltung dient.[1130] Das vorliegende Datenschutzkonzept ist für die Privatwirtschaft gedacht.

a) Geheimhaltungspflicht

Es empfiehlt sich, zunächst einmal zu definieren, was eigentlich unter die Geheimhaltungspflicht zwischen dem Outsourcing-Kunden und Outsourcing-Anbieter fallen soll.

Formulierungsbeispiel:

Der AN ist zur Geheimhaltung aller vom AG zur Verfügung gestellten Informationen und Unterlagen verpflichtet. Diese Pflicht zur Geheimhaltung bezieht sich insbesondere auf geschützte personenbezogene Daten gemäß Bundesdatenschutzgesetz (BDSG), auf Daten, die dem Bankgeheimnis unterliegen, sowie auf alle dem AN bekannt gewordenen Daten, Betriebs- und Geschäftsgeheimnisse oder sonstige Umstände und Tatsachen, die als vertraulich bezeichnet werden oder an deren Vertraulichkeit der AG ersichtlich ein Interesse hat. Von der Geheimhaltungspflicht umfasst ist ebenfalls der Gegenstand und Inhalt der Einzelaufträge, nicht jedoch die Tatsache der Auftragserteilung an sich (Referenznachweis).

1127. Ein Muster eines Infrastrukturvertrages mit entsprechendem Regelungsgehalt befindet sich in Kapitel J., Mustertexte, VII.
1128. Ein Muster dieser Klausel siehe Abschnitt II. Nr. 1 f.
1129. Ein Muster eines Datenschutzkonzeptes befindet sich in Kapitel J., Mustertexte, IX.
1130. Siehe Kapitel G., Outsourcing in der Öffentlichen Verwaltung

b) Erfüllungsgehilfen

Die Geheimhaltung der Daten umfasst nicht nur das Unternehmen des Outsourcing-Anbieters, sondern auch dessen Mitarbeiter und dessen Erfüllungsgehilfen.[1131]

Formulierungsbeispiel:

Dem AN und seinen Mitarbeitern bzw. Erfüllungsgehilfen ist es untersagt, personenbezogene Daten zu einem anderen als dem zur jeweiligen Aufgabenerfüllung gehörenden Zweck zu verarbeiten oder sonst zu nutzen; dem Anbieter ist nicht gestattet, solche Daten Dritten bekannt zu geben oder zugänglich zu machen. Im Übrigen gelten die Bestimmungen des BDSG.

Der AN darf ausschließlich solche Unternehmen oder Personen zur Erfüllung des Einzelauftrages einschalten, die die Gewähr für die Einhaltung der Geheimhaltungspflichten bieten. Sie haben die ihr im Hinblick auf Geheimhaltung auferlegten Verpflichtungen allen Personen, die mit dem Vertragsgegenstand in Berührung kommen, aufzuerlegen. Auf Verlangen des AG sind die Erfüllungsgehilfen des AN verpflichtet, eine die Geheimhaltung betreffende Verpflichtungserklärung zu unterzeichnen.

c) Verpflichtung gem. § 5 BDSG

Gemäß § 5 S. 1 BDSG ist es den bei der Datenverarbeitung beschäftigten Personen untersagt, personenbezogene Daten unbefugt zu erheben, zu verarbeiten oder zu nutzen (Datengeheimnis). Gemäß § 5 S. 2 BDSG sind diese Personen, soweit sie bei nicht öffentlichen Stellen beschäftigt werden, bei der Aufnahme ihrer Tätigkeit auf das Datengeheimnis zu verpflichten. Das Datengeheimnis besteht auch nach Beendigung ihrer Tätigkeit fort. Da der § 5 BDSG einen ausführlichen Regelungsgehalt hat, ist folgende Klausel ausreichend.

Formulierungsbeispiel:

Der AN bestätigt, dass seine Mitarbeiter und Erfüllungsgehilfen auf das Datengeheimnis nach § 5 BDSG verpflichtet und mit den Vorschriften dieses Gesetzes vertraut gemacht wurden.

1131. In § 278 BGB sind die Erfüllungsgehilfen gesetzlich definiert.

Formulierungsbeispiel:

Der AG kann die weitere Mitarbeit derjenigen durch den AN eingeschalteten Personen untersagen, denen gegenüber ein begründeter Verdacht der Verletzung der sich aus allgemeinen Grundsätzen sowie im Besonderen aus diesem Vertrag ergebenden Pflichten besteht.

d) Organisatorische Maßnahmen nach § 9 BDSG

Gemäß § 9 BDSG haben öffentliche und nicht öffentliche Stellen, die selbst oder im Auftrag personenbezogene Daten erheben, verarbeiten oder nutzen, die technischen und organisatorischen Maßnahmen zu treffen, die erforderlich sind, um die Ausführung der Vorschriften dieses Gesetzes,[1132] insbesondere die in der Anlage zu diesem Gesetz genannten Anforderungen, zu gewährleisten. Erforderlich sind Maßnahmen nur, wenn ihr Aufwand in einem angemessenen Verhältnis zu dem angestrebten Schutzzweck steht. Um den Ausführungen des § 9 BDSG zu genügen, ist folgende Klausel notwendig:

Formulierungsbeispiel:

Soweit der AN die ihm übertragenen Einzelaufträge außerhalb der Geschäftsräume des AG ausführt, wird der AN ihm zur Verfügung gestellte Informationen, Unterlagen, Arbeitsmittel und Testdaten sowie die von ihm eingebrachten, erstellten oder bearbeiteten Aufzeichnungen und Arbeitsmittel in seinen Geschäftsräumen so aufbewahren, dass die Einhaltung der Geheimhaltungspflichten gewährleistet ist; insbesondere ist § 9 BDSG zu beachten. Der AG ist berechtigt, zur Kontrolle der Einhaltung der Geheimhaltungspflichten die Geschäftsräume des AN innerhalb der üblichen Geschäftszeiten zu betreten und – soweit dies zur Kontrolle der Einhaltung der Geheimhaltungspflichten erforderlich und angemessen ist – Einsicht in Geschäftsunterlagen zu nehmen. Für die Mitarbeiter des AG, die diese Kontrollen durchführen, gelten die Geheimhaltungsvorschriften dieses Vertrages analog, im Übrigen gilt das BDSG.

Soweit der AN den ihm übertragenen Einzelauftrag innerhalb der Geschäftsräume des AG ausführt, wird der AG den AN mit der Betriebsordnung und den beim AG geltenden Sicherheitsregelungen vertraut machen. Die Mitarbeiter des AN und dessen sonstige Erfüllungsgehilfen haben im Hinblick auf Sicherheitsvorschriften den Anweisungen des AG und der mit der Kontrolle und Überwachung von Sicherheitsvorschriften und Regelungen befassten Einrichtungen und Mitarbeitern Folge zu leisten; ihre Aufgaben erledigen sie im Übrigen eigenverantwortlich nach den Weisungen des AN.

1132. Gemeint ist das Bundesdatenschutzgesetz BDSG.

Formulierungsbeispiel:

Die dem AN zur Verfügung gestellten Informationen, Unterlagen, Arbeitsmittel und Testdaten sowie die vom AN eingebrachten, erstellten oder bearbeiteten Aufzeichnungen oder Arbeitsmittel dürfen nur mit Genehmigung des AG unter Wahrung der Datensicherungsbestimmungen des BDSG aus dessen Geschäftsräumen entfernt werden.

e) Auftragsdatenverarbeitung

Je nachdem, ob der Outsourcing-Anbieter als weisungsgebundener Auftragsdatenverarbeiter oder als Weiterverarbeiter in eigener Regie (Funktionsübertragung) tätig wird, sind unterschiedliche Restriktionen aus dem BDSG zu beachten.[1133] In der Regel wird der Outsourcing-Anbieter als ein weisungsgebundener Auftragsdatenverarbeiter tätig sein, der somit nur die technische Verarbeitung der Daten des ausgelagerten Unternehmens durchführt, jedoch keine inhaltlichen Änderungen an den Daten vornimmt.[1134] In solch einem Fall greift § 11 BDSG, d.h., der Outsourcing-Kunde bleibt als »Herr der Daten« verantwortlich für die Einhaltung der Vorschriften des BDSG und anderer Vorschriften über den Datenschutz.[1135] Damit der Outsourcing-Anbieter auch deutlich als Auftragsdatenverarbeiter tätig ist, muss dies eindeutig im Datenschutzkonzept festgeschrieben werden.

Formulierungsbeispiel:

Der AN wird beim AN nur weisungsgebundene Auftragsdatenverarbeitung durchführen. Die Weiterverarbeitung von Daten in Sinne einer Funktionsübertragung ist ausdrücklich ausgeschlossen.

Nach Abschluss der einzelnen Auftragsarbeiten wird der AN die ihm zur Verfügung gestellten Informationen, Unterlagen, Arbeitsmittel und Testdaten etc. unverzüglich dem AG zurückgeben. Eventuell beim AN verbleibende Daten werden nach Abschluss der Arbeiten von diesem unverzüglich gelöscht oder vernichtet. Der AN wird dem AG die vollständige Rückgabe bzw. Vernichtung der genannten Daten, Informationen oder Unterlagen auf Anforderung schriftlich bestätigen. Ein Zurückbehaltungsrecht an Daten, Unterlagen oder Arbeitsmitteln ist ausgeschlossen.

Sämtliche Geheimhaltungspflichten gelten auch nach Beendigung des jeweiligen Einzelvertrages oder dieses Rahmenvertrages.

1133. Siehe auch Kapitel C., Das Outsourcing-Projekt, IV. Nr. 2
1134. Lamers S. 142; vgl. zu den Pflichten des Outsourcing-Nehmers und -Gebers Niebling S. 25
1135. Müthlein/Heck »Outsourcing u. Datenschutz« 1997, S. 77

Formulierungsbeispiel:

Der AN stellt den AG von sämtlichen gegen ihn gerichteten Schadenersatzansprüchen frei, soweit diese auf einer von ihm, einem seiner Mitarbeiter oder einem seiner Erfüllungsgehilfen zu vertretenden Verletzung der Geheimhaltungspflichten beruhen.

f) Schriftform und Salvatorische Klausel

An dieser Stelle sollte ein Verweis auf die im Rahmenvertrag getroffenen Regelungen zu finden sein.[1136] Insbesondere für die Schriftform und die salvatorische Klausel sollte dies ausreichend sein.

Entsprechend der Vertragshierarchie sind die Regelungen des Rahmenvertrages als Ergänzung zu den in diesem Vertrag getroffenen Regelungen zu sehen.

IV. Leistungsverträge

Wie bereits erläutert,[1137] werden die Service Needs des Kunden beschrieben und im Service Offering Portfolio (SOP) des Outsourcing-Anbieters abgebildet (siehe Abbildung D.3). Der Outsourcing-Anbieter erbringt nun an Stelle des Outsourcing-Kunden die entsprechenden Leistungen in der Wertschöpfungskette des Outsourcing-Kunden. Hierbei müssen die Leistungen aus dem SOP des Outsourcing-Anbieters rechtssicher vom Outsourcing-Kunden abgerufen werden können. Dies erfolgt durch die entsprechend definierten Leistungsverträge.[1138] In den ausformulierten Verträgen[1139] können z.B. folgende IT-Leistungen für ein Outsourcing-Projekt beschrieben sein:[1140]

- IT-Service-Management Service-Desk (First Level Support)
  - Incident-Management
  - Problem-Management
  - Configuration-Management
  - Change-Management
  - Security-Management
  - Capacity-Management
  - Availability-Management

1136. Ein Muster dieser Klausel siehe Kapitel D., Das Outsourcing-Vertragswerk, II. Nr. 1 f.
1137. Siehe Kapitel C., Das Outsourcing-Projekt, I. Nr. 2b
1138. Der Leistungsabruf kann rechtssicher nur durch die Definition von Verträgen erfolgen, Koch Computer Vertragsrecht 5. Auflage Rn. 1 ff.
1139. Ein Muster eines Leistungsvertrages befindet sich in Kapitel J., Mustertexte, X.
1140. Nach Maßgabe von ITIL siehe Macfarlane/Rudd IT Service Management Pocket Guide S. 6.

- Services für IT-Infrastruktur und Applikationen
  - Client/Server-Applikationen
  - Desktop-Services
  - Netzwerk (WAN/LAN)
  - ERP-Betrieb
  - Hosting
- Services für IT-Anwender
  - User-Help-Desk (UHD)
  - Client-Server/Desktop Services
  - ERP-Betrieb
  - Hosting
  - User-Help-Desk (First Level Support)
  - Entstörung (Second Level Support)

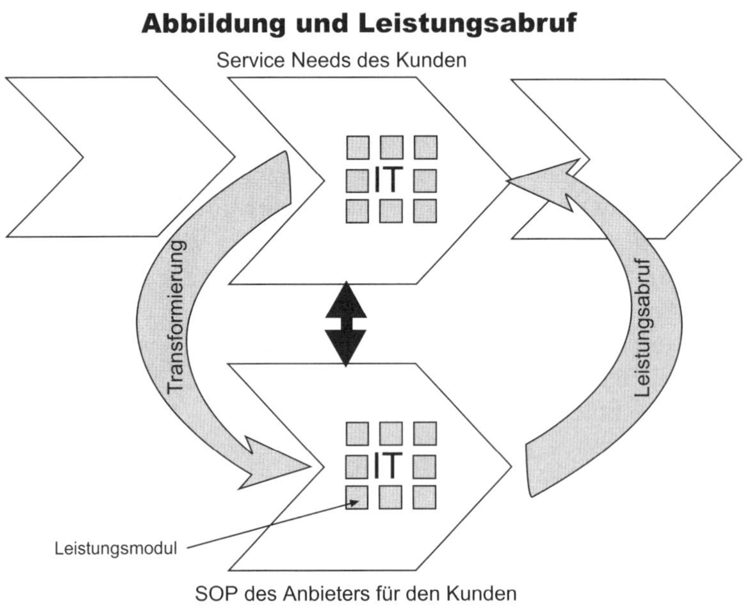

Abbildung D.3

Ein Outsourcing beinhaltet immer eine gewisse Abhängigkeit des Outsourcing-Kunden vom Outsourcing-Anbieter. Aus diesem Grund hat der Outsourcing-Kunde ein erhebliches Interesse daran, zu wissen, welche Leistungen er zu welchem Preis vom Outsourcing-Anbieter verlangen kann. Diese Abhängigkeit legt nahe, nicht nur eine eindeutige Beschreibung der zu fordernden Leistungen zu erstellen, sondern auch Sanktionen festzulegen, wenn die zugesagten Leistungen nicht vom Outsourcing-Anbieter erbracht werden. Dies kann z.B. durch die Malus-Regelungen für einzelne Service Levels oder über alle Service Levels erfolgen.

Auch dem Outsourcing-Anbieter ist daran gelegen, die Erbringung seiner Leistungen eindeutig zu definieren. Für ihn stellt sich meist die Frage, wo die Grenzen seiner Leistungserbringung gegenüber dem Outsourcing-Kunden liegen. Das heißt, wann ist eine Leistung durch den Leistungsvertrag gedeckt (und entsprechend vergütet) und wann ist eine Leistung nicht mehr vom Leistungsvertrag gedeckt.[1141] Das Bedürfnis des Outsourcing-Anbieters nach Leistungsabgrenzungen und Leistungsausschlüssen wird von der Art der Leistungsverrechnung abhängen. Eine Leistungsverrechnung nach Zeit und Aufwand wird kaum Konsequenzen hinsichtlich der Leistungsausschlüsse mit sich bringen. Bei einer festen vorgangsbezogenen Vergütung werden hinsichtlich der Anzahl und des Aufwandes der notwendigen Arbeitsschritte je Vorgang Regelungen zu Abgrenzungen und Ausschlüssen in den Service Levels enthalten sein. Bei einer pauschalen monatlichen Vergütung wird der Outsourcing-Anbieter bestrebt sein, auch die Anzahl der Vorgänge gering zu halten.

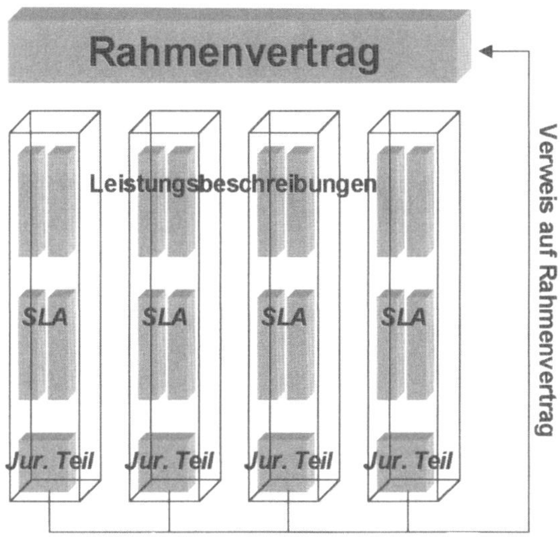

Abbildung D.4

Leistungsverträge sollten auch über die entsprechenden juristischen Grundregeln eines Vertrages (salvatorische Klausel, Gerichtsstand etc.) verfügen. Im Wesentlichen kann aber auf den Rahmenvertrag verwiesen werden (siehe Abbildung D.4), der entsprechend der Vertragshierarchie[1142] sekundär oder ergänzend zum einzelnen Leistungsvertrag Anwendung findet. Schwerpunkt der Leistungsverträge sind somit die Leistungsbeschreibungen und die Service Level Agreements.

1141. Diese Leistungen sind dann »out of Scope« des Leistungsvertrages.
1142. Siehe Kapitel D., Das Outsourcing-Vertragswerk, I. Nr. 15.

Der Unterschied zwischen Leistungsverträgen in Outsourcing-Projekten und anderen IT-Projekten liegt bereits in der Ausgangsposition. Der herkömmliche IT-Projektvertrag geht von einem Anfang (Beginn der Leistungserbringung) und einem mehr oder weniger definierten Ende der Leistungserbringung aus. Sprich, es gibt zu Beginn einen so genannten *Ist*-Zustand (der auch vertraglich beschrieben sein sollte) und gegen Ende des Vertrages einen so genannten *Soll*-Zustand.

Beispiel

Ein Projektvertrag, in dem die Migration von 3.000 Clients mit Windows NT (Ist-Zustand) auf Windows XP (Soll-Zustand) vertraglich vereinbart wird.

Bei Leistungsverträgen eines Outsourcing-Projekts werden in der Regel vorhandene Prozesse übernommen. Zwar werden diese Prozesse durch den Outsourcing-Anbieter optimiert,[1143] im Wesentlichen sind die Leistungsverträge darauf ausgerichtet, eine permanente Leistung zu erbringen, ohne dass ein Vertragsende erreicht wird.[1144]

Beispiel

Die Beschaffung von IT-Systemen: Zu Beginn wird der Outsourcing-Anbieter den Beschaffungsweg zwar anpassen und gegebenenfalls optimieren, danach wird es aber kein endgültiges Ziel im Sinne eines Erreichens des Soll-Zustands geben.

Der Outsourcing-Anbieter sollte gerade in Leistungsverträgen darauf achten, für welche Arten der Leistungserbringung er Garantien oder Eigenschaften zusichert. Gemäß §§ 443, 444 BGB (bei Kauf) und § 639 BGB (bei Werkleistungen) haftet er hierfür dann unbeschränkt. Möchte er in den Leistungsverträgen für einige *Leistungsmerkmale* einstehen, dies aber nicht unbegrenzt im Sinne der §§ 443, 444, 639 BGB, so sollten Eigenschaften als *besondere Leistungsmerkmale* bezeichnet werden und die Rechtsfolgen für das Nicht-Erreichen der Eigenschaften abschließend geregelt werden. Beispiel hierfür sind die Kaufpreisminderung, die Vereinbarung eines pauschalierten Schadensersatzes (jeweils unter ausdrücklichem Ausschluss weiter gehender und anderer Ansprüche). Zudem sollte der Outsourcing-Anbieter ausdrücklich im Vertrag klarstellen, dass es sich bei den oben genannten »Leistungsmerkmalen« nicht um Beschaffenheitsgarantien im Sinne der §§ 443, 444, 639 BGB handelt.[1145]

1143. Siehe Kapitel C., Das Outsourcing-Projekt, I. Nr. 2b
1144. Abgesehen davon, dass der Vertrag ausläuft oder gekündigt wird.
1145. Siehe Kapitel D., Das Outsourcing-Vertragswerk, I. Nr. 9d

IV.1 Leistungsbeschreibung

Für das gute Gelingen der Zusammenarbeit ist eine ausreichend konkrete Leistungsbeschreibung unverzichtbar. Keineswegs sollte einer übertriebenen Detailfreude das Wort gegeben werden. Es macht sicher keinen Sinn, dem Outsourcing-Anbieter über einen Zeitraum von fünf oder mehr Jahren vorschreiben zu wollen, welche Geräte er etwa für den Bereich Desktop-Services oder in WAN einzusetzen hat. Im Vordergrund muss immer die Erbringung der Leistung für den User stehen.[1146] Dennoch ist die Erstellung der Leistungsbeschreibung die umfangreichste und zeitaufwendigste Aufgabe bei der Erstellung des Outsourcing-Vertragswerks. Dieser Teil ist jedoch eher unter der Rubrik Fleißarbeit unter Verwendung möglicherweise vorhandener Vertragsmuster (keine AGB) einzuordnen.[1147]

Der Aufbau und die Inhalte der Serviceleistungen sollten zur Erleichterung der Nachvollziehbarkeit der Vertragsvereinbarungen für die Vertragsparteien einer festen Struktur folgen.[1148] Im Wesentlichen gliedern sich Leistungsbeschreibungen in folgende Punkte:

- Leistungsdefinition
- Gefahrenübergabepunkt
- Prämissen und Ausschlüsse
- Mitwirkungspflicht
- Service Level Agreement[1149]
- Sonstige Vereinbarungen (z.B. Verweis auf Rahmenvertrag)

Leistungsbeschreibungen werden zumeist von Serviceverantwortlichen mit technischer oder organisatorischer Zuständigkeit erstellt, gelesen und vor allem von diesen Personen gelebt.[1150] Eine Formulierung, die geradezu im juristischen Deutsch erstickt, ist daher völlig unzweckmäßig. Der Vertragsjurist/Contract Manager muss vor allem auf die rechtssichere Gestaltung und die Eindeutigkeit der Leistungsbeschreibung achten. Als Muster wird eine Leistungsbeschreibung für die Entstörung von PC und Peripherie innerhalb eines Outsourcing-Projekts erläutert.

a) Leistungsdefinition

Wichtig für die Leistungsdefinition ist ein eindeutiger Rechtsbindungswille. Insbesondere ist hier der § 434 I BGB zu beachten, danach ist eine Kaufsache frei von Sachmängeln, wenn sie bei Gefahrübergang die vereinbarte Beschaffenheit hat.

1146. Sommerlad in Köhler-Frost S. 294
1147. Spies in »Service Level Management in der IT« S. 94
1148. Horchler in »Service Level Management in der IT « S. 69
1149. Häufig wird der gesamte Leistungsvertrag auch als SLA gesehen (auch bei ITIL). Hier wird in einem SLA lediglich ein Qualitätsniveau für den in der Leistungsbeschreibung festgelegten Service gesehen.
1150. Häufig fließt die Leistungsdefinition auch in ein Betriebsbuch ein, das ausschließlich der operativen Ebene dient.

Über § 651 BGB[1151] zählen hierzu auch Verträge, die die Lieferung herzustellender oder zu erzeugender beweglicher Sachen zum Gegenstand haben.[1152] Zu der Beschaffenheit nach § 434 I Satz 2 Nr. 2 BGB gehören gem. § 434 I S. 3 BGB auch Eigenschaften, die der Käufer nach den öffentlichen Äußerungen des Verkäufers, des Herstellers (§ 4 I und II des Produkthaftungsgesetzes) oder seines Gehilfen insbesondere in der Werbung oder bei der Kennzeichnung über bestimmte Eigenschaften der Sache erwarten kann (...). Hierbei könnte die Gefahr bestehen, dass im Vorfeld zur Leistungsdefinition Versprechen gemacht worden sind, die »out of Scope«" der späteren Leistungsdefinition sind. Der § 434 I S. 3 2. Hs. BGB ergänzt aber, dass, wenn der Verkäufer die Äußerung (die im Vorfeld getätigt worden ist) im Zeitpunkt des Vertragsschlusses in gleichwertiger Weise berichtigt, dies keine Beschaffenheit darstellt. Aus diesem Grund sollte der Outsourcing-Anbieter darauf bedacht sein, dass lediglich die *Leistungsdefinition Bestandteil einer Beschaffenheitsbeschreibung (besondere Leistungsmerkmale)* ist.[1153] Gleichzeitig sollte der Outsourcing-Anbieter darauf achten, dass er für Beschaffenheitsbeschreibung keine Garantien oder Eigenschaftszusicherung[1154] im Sinne der §§ 443, 444, 649 BGB abgibt.[1155]

Formulierungsbeispiel:

Gegenstand der Leistungserbringung sind ausschließlich die in der Leistungsdefinition dieses Vertrages gemachten Leistungsmerkmale. Mündliche Nebenabreden oder im Vorfeld getätigte Äußerungen im Sinne des § 434 BGB werden nicht Bestandteil des Vertrags. Die Vertragsparteien sind sich darüber einig, dass Beschaffenheitsbeschreibungen und Leistungsmerkmale keine Garantien oder Eigenschaftszusicherungen im Sinne der §§ 443, 444, 649 BGB darstellen.

Der Outsourcing-Anbieter muss somit in der Leistungsdefinition darauf bedacht sein, nur die Leistung zu beschreiben, die er tatsächlich für den Outsourcing-

1151. Diese Vorschrift dient der Umsetzung der Richtlinie 1999/44/EG des Europäischen Parlaments und des Rates vom 25. Mai 1999 zu bestimmten Aspekten des Verbrauchsgüterkaufs und der Garantien für Verbrauchsgüter (ABl. EG Nr. L 171 S. 12).

1152. Bei Herstellung und Überlassung von Individualsoftware liegt nach übereinstimmender Ansicht ebenfalls ein Werkvertrag nach § 631 BGB vor, es sei denn, es wird nur ein Werk geliefert, dann gelangt über § 651 BGB Kaufrecht zur Anwendung; siehe Thewalt CR 2002, 1, 8; sowie Diedrich CR 2002, 473; Siehe auch Kapitel D., Das Outsourcing-Vertragswerk, I. Nr.5.

1153. Die Vertragsparteien können grundsätzlich die Haftung des Verkäufers für alle oder bestehende Sachmängel ausschließen, beschränken oder erweitern. Damit wird nicht ein vorhandener Sachmangel verneint, sondern die Vertragswidrigkeit ausgeschlossen. Der Haftungsausschluss kann nach Maßgabe des § 444 BGB aber unwirksam sein, beim Verbrauchsgüterkauf des § 475 BGB und bei AGB i.S.d. § 305 ff. BGB nach den §§ 305c, 309 Nr. 8b Palandt/Putzo § 434 Rn. 4.

1154. Dabei muss nicht unbedingt das Wort Garantie verwendet werden. Gleichbedeutete Begriffe sind mögl. Z.B. »voll einstehen«, »uneingeschränkte Gewährleistung« auch »zusichern« wird i.d.R. genügen, vgl. Palandt/Putzo § 276 Rn. 29; Palandt/Putzo § 443 Rn. 11.

1155. Siehe oben: Punkt 1., Leistungsbeschreibung

Kunden erbringen will.[1156] Auf der anderen Seite muss der Outsourcing-Kunde sein durch die Service Needs dargelegtes Interesse in der Leistungsdefinition wohlverstanden wiederfinden.

Zu Beginn sollte daher eine Kurzbeschreibung der Leistungsdefinition erfolgen, wonach Outsourcing-Kunde wie Outsourcing-Anbieter erkennen, worum es überhaupt in der folgenden Leistungsdefinition geht.[1157] Ein Auszug aller Kurzbeschreibungen aus den Leistungsbeschreibungen kann auch dazu genutzt werden, auf schnelle und einfache Weise eine aussagefähige *Management-Summary* über die vereinbarten Services zusammenzustellen.

Formulierungsbeispiel:

Kurzbeschreibung der Leistungsdefinition:
Wiederherstellung der Betriebsfähigkeit und Verfügbarkeit von PC-Systemen, Druckern und Peripheriegeräten im Rahmen des Warenkorbs

aa) Second Level Service (Call Dispatching)

In einem weiteren Punkt wird nun die eigentliche Erbringung der Leistung beschrieben. Hierbei ist eine Untergliederung sinnvoll, die sich am *Prozess der Entstörung* ausrichtet. Vorliegend wäre der erste Schritt oder das erste Glied des Prozesses die Entstörungsannahmen (Call Dispatching).

Zu den wichtigsten Punkten beim Entstörungsprozess gehört die Annahme der Störungsmeldung. An dieser Stelle sollte gleich geklärt werden,[1158] dass Störungsmeldungen nur über einen so genannten *Single Point of Contact* (SPOC)[1159] oder durch ein besonders entwickeltes Störungstool erfolgen. Gleichzeitig sollte der *Entstörungsprozess* beschrieben werden.

Formulierungsbeispiel:

Die Annahme der Störungsmeldungen (Ticket)[1158] erfolgt ausschließlich über das Problemmanagement-Tool (PMT).[1159]

1156. Siehe auch Koch Computer-Vertragsrecht, 5. Auflage, Einleitung
1157. Sofern sich dies noch nicht aus der Überschrift des Leistungsvertrages ergibt.
1158. Siehe auch Schrey in »Service Level Management in der IT « S. 159
1159. Nach ITIL ist der SPOC immer ein einziger Service-Desk; siehe IT Service Management nach ITIL S. 11
1160. Mit Ticket ist hier eine elektronisch generierte Fehlermeldung gemeint (z.B. via E-Mail), die vom User direkt an den Help- oder Service Desk gesendet wird.
1161. Hier umfasst ein Problemmanagement-Tool, abweichend von ITIL, ein Incident-Management und ein Problem-Management.

Die Störungsmeldung erfolgt schriftlich in einem Problemmanagement-Tool (PMT) an den Second Level Service Desk des AN. Der User (Anwender) hat das Problem der Störungsmeldung umfangreich zu analysieren, diagnostizieren und die bis dato bekannten Ergebnisse deutlich im Ticket zu dokumentieren. Die Störungsmeldung umfasst die Informationen zur eindeutigen Identifikation des Kunden (Name, Standort, Telefonnummer, Inventarnummer), die eindeutige Störcallnummer, die Problembeschreibung, die Meldeklasse und die Übergabezeit.

Als nächster Punkt erfolgt eine Kontaktaufnahme mit dem Anwender (oft auch als User bezeichnet).

Formulierungsbeispiel:

Die Kontaktaufnahme mit dem Anwender erfolgt durch die Mitarbeiter des AN.

In einem nächsten Schritt sollte der Mitarbeiter des Kunden versuchen, mit dem Anwender (Anwender oder User des Outsourcing-Kunden) bereits im Vorfeld zu klären, was die Fehlerursache der Hardware-Störung (im Sinne eines Mangels) sein könnte, so dass der Mitarbeiter oder Techniker des Outsourcing-Anbieters gleich das entsprechende Ersatzteil mitbringen kann.

Formulierungsbeispiel:

Gegebenenfalls sollte durch den AN eine telefonische Problemverifikation vorgenommen werden.

Darüber hinaus sollte der Outsourcing-Anbieter die Planung und die Steuerung des Technikereinsatzes koordinieren und die Pflege des Problemmanagement-Tools (PMT) übernehmen, um somit eine kostengünstige Lösung für den Outsourcing-Kunden zu generieren.

Formulierungsbeispiel:

Zu den Aufgaben des AN zählen die Planung und Steuerung des Technikereinsatzes und die Pflege des PMT.

Damit bei einer Störung eine weiter gehende Planung vorgenommen werden kann (z.B. Beschaffung eines Ersatzgerätes), muss der Outsourcing-Anbieter den Outsourcing-Kunden über den Status der Entstörung informieren. Ausreichend ist dabei, dass ein entsprechender Eintrag im Problemmanagement-Tool (PMT) vorgenommen wird.

Formulierungsbeispiel:

Der AN gibt eine Rückmeldung der Störungsbehebung bzw. des Zwischenstatus an den gemeinsamen Kunden. Dieser erfolgt durch einen Eintrag im Ticket des PMT.

Des Weiteren muss der Outsourcing-Anbieter während des gesamten Prozesses der Entstörung für Rückfragen einen entsprechend ausgebildeten Mitarbeiter zur Verfügung stellen. Dabei erscheint es ausreichend zu sein, wenn der Mitarbeiter des Outsourcing-Anbieters innerhalb der im Rahmenvertrag definierten Service-/ Lieferzeiten anwesend ist.[1162]

Formulierungsbeispiel:

Der AN stellt einen kompetenten Ansprechpartner für Rückfragen innerhalb der im Rahmenvertrag definierten Liefer- und Servicezeiten bereit.

Zur Selbstverständlichkeit bei der Betreuung des Entstörungsprozesses gehören auch die Statusverfolgung und die Überwachung einer möglichen Eskalation. Sollte die Entstörung zu einer Eskalation werden, so muss der im Rahmenvertrag beschriebene Prozess eingehalten werden.[1163]

Formulierungsbeispiel:

Der AN übernimmt die Statusverfolgung der Entstörung und ggf. sorgt er für eine Deeskalation der Entstörung (siehe Rahmenvertrag).[1162]

1162. Siehe Kapitel D., Das Outsourcing-Vertragswerk, I. Nr. 4a; Lieferzeiten: Montag bis Freitag von 8.00–17.00 Uhr.

1163. Siehe Kapitel D., Das Outsourcing-Vertragswerk, I. Nr. 12.

1164. Üblicherweise macht dies der Service Desk im 1st Level, natürlich muss der Outsourcing-Anbieter alles tun, um einer Deeskalation gerecht zu werden.

bb) Behebung von Störungen

Der nächste Schritt des Prozesses der Entstörung liegt in der eigentlichen Behebung der Störung. Hierzu zählen z.B. die Problemverifikation, der Austausch von Baugruppen, die Funktionsprüfung usw.

Der Unterschied zwischen dem First Level Support und dem Second Level Support liegt in den unterschiedlichen Orten der Tätigkeiten. Versucht der Mitarbeiter eines Call-Centers beim First Level Support den Fehler (Fehler i.s. von Mangel) extern mit dem User zu beheben,[1165] so versucht der Techniker im Second Level Support, den Fehler/Mangel vor Ort beim User zu beheben. Entsprechendes muss auch in Vertrag fixiert werden.

Formulierungsbeispiel:

Die Problemverifikation erfolgt durch den Techniker des AN beim Anwender vor Ort.

Die eigentliche Tätigkeit des Technikers des Outsourcing-Anbieters liegt in der Instandsetzung der Geräte. Entsprechend sollte dies auch im Vertrag erläutert werden.

Formulierungsbeispiel:

Die Durchführung der Instandsetzung des AN erfolgt durch Tausch von HW-Teilen (Baugruppenaustausch), Justage oder Reinigung von HW-Elementen.

In einen vertraglich definieren Warenkorb[1166] werden die standardisierten Produkte festgelegt, die der Outsourcing-Anbieter für den Outsourcing-Kunden beschafft.[1167] Ein solches standardisiertes Produkt könnte z.B. ein kompletter PC 1,5 GHZ, 256 MB RAM, 20 GB Festplatte mit Windows XP und einer entsprechenden Software-Ausstattung (SAPGUI, MS Office usw.) sein. Der Rechner befindet sich hierbei in einwandfreiem Zustand und kann von einem User ohne weiteres sofort genutzt werden.

1165. Beim 1st-Level-Support kann die Entstörung via Telefon, Remote-Zugriff usw. behoben werden.
1166. Siehe auch Kapitel D., Das Outsourcing-Vertragswerk, I. Nr. 16.
1167. Zumeist findet sich der Warenkorb als Anlage des Leistungsvertrages »Beschaffung von Hard- und Software« wieder.

Beim Beschaffungsprozess werden die zu beschaffenden Produkte meist in verschiedenen Klassen im Warenkorb definiert.

Beispiel

Gruppe A: Standard-Produkte (enger Standard)

- Im Rahmen der gemeinsamen kaufmännischen und technischen Produktfindung definierte Standardprodukte und -leistungen
- Die Anzahl der Produkte ist auf <*Anzahl*> beschränkt.
- Die Produkte sind vom AG in seiner Systemumgebung mangel- und schadensfrei getestet und freigegeben.
- Der AG stellt dem AN ein automatisiertes Installationsverfahren inklusive Installationsanweisungen zur Verfügung.
- Bei Abkündigungen seitens des AG oder durch Marktgegebenheiten können diese Produkte über die einvernehmliche Festlegung eines Gültigkeitsdatums berücksichtigt werden.
- Die Produkte werden vom AN entsprechend dem vom AG angemeldeten quartalsweisen Bedarf bevorratet.

Gruppe B: Nicht-Standard-Produkte (erweiterter Standard)

- Im Rahmen der gemeinsamen kaufmännischen und technischen Produktfindung definierte Standardprodukte und -leistungen
- Die Anzahl der Produkte ist nicht beschränkt.
- Die Produkte sind vom AG in seiner Systemumgebung mangel- und schadensfrei getestet und freigegeben.
- Die Produkte werden vom AN nicht bevorratet.

Gruppe C: Non-Standard (Unbekannte Produkte)

- Alle Produkte, die nicht zur Kategorie A oder B gehören
- Die Anzahl der Produkte ist nicht beschränkt.
- Die Produkte werden vom AN nicht bevorratet.
- Alle Serviceleistungen erfolgen nach Zeit und Aufwand.

Die Kategorisierung von Aufträgen, die aus mehreren Produkten zusammengesetzt sind, folgt dem Prinzip, dass das vom »engen Standard« am weitesten entfernte Produkt die Klassifizierung des Auftrages vorgibt:

B schlägt A – C schlägt B – C schlägt A

Da der Outsourcing-Kunde mit dem Outsourcing-Anbieter im Warenkorb bereits definiert hat, wie ein System ohne Mängel auszusehen hat, kann auch der Leistungsvertrag »Entstörung« auf den Warenkorb verweisen. Dies erspart natürlich einen erheblichen Aufwand, da ansonsten einzeln definiert werden müsste, wann ein System wieder voll funktionstüchtig ist.[1168]

Formulierungsbeispiel:

Eine Störung ist beendet, wenn das entstörte Gerät in der bisherigen Gesamtfunktionalität des aktuellen Warenkorbes A und B an den Anwender übergeben worden ist und der Anwender den Erhalt schriftlich bestätigt.

Gleichzeitig erfolgt auch eine Funktionsprüfung, in der der AN die Funktionalität der Systeme oder des Systems bestätigt.

Sollte der Outsourcing-Anbieter innerhalb der festgelegten Service-Level-Zeiten ein System nicht vor Ort entstören können, so ist es üblich, dass der Outsourcing-Anbieter dem User ein definiertes Ersatzgerät bereitstellt.

Formulierungsbeispiel:

Der AN stellt dem Anwender (User) ein Standardersatzgerät aus dem Warenkorb A zur Verfügung, sofern die Störung beim Kunden innerhalb der festgelegten Fristen nicht vor Ort behoben werden kann. Gegebenenfalls wird das Ersatzgerät gegen das Originalgerät vom AN zurückgetauscht.

cc) Garantieabwicklung/Ersatzteilversorgung

In Rahmen der Entstörung kann es durchaus vorkommen, dass der Outsourcing-Anbieter Geräte und Systeme des Outsourcing-Kunden entstört, die sich noch in der Herstellergewährleistung befinden. Der Outsourcing-Kunde sollte darauf achten, dass der Outsourcing-Anbieter auch solche Entstörungen mit übernimmt. Die Kosten für die Entstörung sollte dann der Outsourcing-Anbieter entsprechend mit dem Hersteller verrechen.

1168. Sollte der Leistungsvertrag für die Beschaffung gekündigt werden, so kommen die Vertragsgestalter nicht darum, im Leistungsvertrag »Entstörung« doch zu definieren, wann ein System wieder voll betriebsfähig ist.

Formulierungsbeispiel:

Der AN übernimmt die Wiederherstellung aller von AN gelieferten Systeme innerhalb der vereinbarten Garantiezeiten. Sollten die Geräten des AG noch innerhalb der Herstellergarantie liegen, so verrechnet der AN die Kosten der Entstörung mit dem Hersteller.

Ferner sollte der Outsourcing-Anbieter auch für die Bereitstellung entsprechender Ersatzteile sorgen oder diese ggf. schnellstmöglich beschaffen können.

Formulierungsbeispiel:

Der AN verpflichtet sich, für die Bereitstellung bzw. Beschaffung von Ersatzteilen für die Geräte im Warenkorb A und B zu sorgen.

dd) Sonstiges

In die Rubrik »Sonstiges« werden die Punkte eingeordnet, die zu Serviceverbesserungen gehören oder ansonsten keiner Rubrik zuzuweisen sind. Ein Punkt wäre z.B., dass der Outsourcing-Kunde dem Outsourcing-Anbieter Informationen zur Vermeidung weiterer Störungen gibt.

Formulierungsbeispiel:

Der AN gibt dem AG ggf. Information über die Vermeidung weiterer Störungen.

b) Gefahrenübergabepunkt

Bei der Entstörung schuldet der Outsourcing-Anbieter dem Outsourcing-Kunden die Wiederherstellung des Systems, was klassisch dem Werkrecht zuzuordnen ist.[1169] Wie bereits bei der generellen Regelung im Rahmenvertrag erläutert, [1170] sieht im Werksvertragsrecht die Regelung in § 644 BGB vor, dass die Gefahr des zufälligen Untergangs oder der Verschlechterung des Werkes mit der Abnahme auf den Kunden übergeht. Damit wird neben den weiteren Folgen der Abnahme die Gegenleistungsgefahr geregelt.[1171] Für den konkreten Fall im Leistungsvertrag »Entstörung« sollten die Vertragsparteien einen konkreten Punkt definieren

1169. OLG Stuttgart v. 10.12.1976 – 2 U 90/76; BB 1997, 118; NJW RR 1991, 252; CR 1989, 1102 mit Anm. Schweyer; Koch Computer-Vertragsrecht, 5. Auflage, Rn. 911 ff.; Scheja in »Redeker Handbuch der IT Verträge« 1.10 Rn. 18

1170. Rechtliche Bedeutung des Gefahrenübergangspunktes siehe Abschnitt I Nr. 4d

(Gefahrenübergabepunkt),an dem die Gefahr des zufälligen Untergangs oder der zufälligen Verschlechterung vom Outsourcing-Anbieter auf den Outsourcing-Kunden übergeht.

Formulierungsbeispiel:

Der Leistungsübergabepunkt zwischen dem AG und dem AN ist der vorgesehene Entstörungsort gemäß dem entsprechenden Entstörungsticket.[1170]

Grundsätzlich sollte den Gefahrenübergabepunkten bzw. Schnittstellen eine erhebliche Aufmerksamkeit geschenkt werden, da diese in der Praxis immer wieder zu Streitigkeiten führen. Es sollten daher die Verantwortlichkeiten und Aufgaben eindeutig definiert werden (z.B. in einer RAEW-Matrix).[1173]. Weitere Schnittstellenproblematiken können sich ergeben bei:

- Anwendungssoftware
- Prozessschnittstellen
- Datenschnittstellen

c) Prämissen und Ausschlüsse

Als Voraussetzung der Leistungserbringung müssen für den Outsourcing-Anbieter notwendige Rahmenbedingungen gegeben sein (*Prämissen*).[1174] Sind diese Rahmenbedingungen nicht gegeben, so kann der Outsourcing-Anbieter seine Leistung nicht erbringen und die entsprechende Beauftragung darf dann auch nicht in die SLA-Bewertung eingehen.

Die Entstörung von Geräten, die nicht im Warenkorb gelistet sind oder waren, ist für den Outsourcing-Anbieter meist erheblich aufwendiger als bei standardisierten Produkten. Meist hat der Outsourcing-Anbieter für »nicht standardisierte Produkte« keine Ersatzteile vorrätig, was eine Entstörung solcher Geräte erheblich verlängert. Da der Outsourcing-Kunde aber für alle »nicht standardisierte Produkte« Ersatzteile vorrätig halten kann, ist zu überprüfen, ob die Entstörung solcher Geräte nicht in die Bewertung der Service Levels eingehen sollte.

1171. Bei Software betrifft dies nur die Datenträger, da ein gutgläubiger Erwerb von Rechten, etwa infolge eines vorausgegangenen Diebstahls, nicht möglich ist. Schricker, vor §§ 28 ff. UrhG Rz. 44, 53.
1172. Hierbei ist gemeint, dass eine Entstörung beauftragt ist, wenn ein elektronisches Entstörungsticket beim Outsourcing-Anbieter eingeht.
1173. Lewandowski/Mann in »Service Level Management in der IT « S. 225
1174. Schoepp, Horchler »IT-Standards und IT-Standardisierung aus Sicht eines Outsourcing-Dienstleisters in Service Level Management in der IT«, S. 69 ff. Bernhard, Lewandowski, Mann

aa) SLA-relevante Störungsbehebung

Wird die Entstörung nicht pro Geschäftsvorfall (d.h. pro einzelne Entstörung) vergütet, sondern mit einer jährlichen oder monatlichen Pauschale, so ist es ratsam, die Zahl der zu wartenden Systeme als Kalkulationsgröße zu beschränken.

Formulierungsbeispiel:

Die SLA relevante Störungsbehebung bezieht sich nur auf Geräte, die im Warenkorb definiert sind oder waren und sich im Service des AN befinden.

bb) Zugang zu den Verwendungsstellen

Damit die Techniker des Outsourcing-Kunden auch die Entstörung vor Ort beim User des Outsourcing-Anbieters erbringen können, benötigen die Mitarbeiter des Outsourcing-Kunden Zugang zu den entsprechenden Verwendungsstellen.

Formulierungsbeispiel:

Die Mitarbeiter des AN haben freien Zutritt zu den Verwendungsstellen des AG.

cc) Störungsbehebung im Beisein des Kunden

Auch wenn im Rahmenvertrag entsprechende Vertraulichkeiten zwischen den Outsourcing-Partner vereinbart worden sind, sollte der Outsourcing-Kunde darauf bedacht sein, dass die Entstörung nur im Beisein eines Vertreters des Outsourcing-Kunden erfolgt.

Formulierungsbeispiel:

Die Störungsbehebung erfolgt nur im Beisein des Anwenders oder seines Vertreters.

dd) Bereitstellung von Verbrauchsmaterialien

Gehört zur Entstörung auch der Austausch von Verbrauchsmaterialien (wie z.B. Druckertoner), sollte im Leistungsvertrag geregelt werden, wer die entsprechenden Verbrauchsmaterialien stellt.

Formulierungsbeispiel:

Benötigt der AN Verbrauchsmaterialien, so werden diese vom AG gestellt oder ausgetauscht.

ee) Ausschluss von Störungsarten

Wichtig ist, dass der Outsourcing-Kunde und der Outsourcing-Anbieter definieren, in welchen Grenzen der Outsourcing-Anbieter die Entstörung durchführt.[1175] Dabei sollten die Vertragsparteien definieren, welche Störungen außerhalb des Leistungsvertrages liegen (Out of Scope).

Eine wichtige Klausel, die in keinem Leistungsvertrag zur Entstörung fehlen darf, ist die Klausel über die Veränderung an Systemen durch den Outsourcing-Kunden oder durch Dritte. Wie bereits auch im Rahmenvertrag geregelt,[1176] übernimmt der Outsourcing-Anbieter hierfür keine Verantwortung.

Formulierungsbeispiel:

Nimmt der Anwender oder ein nicht vom AN autorisierter Dritter Veränderungen an einem System vor, stellt dies keine Störung im Sinne dieses Leistungsvertrages dar.

Eine Entstörung kann durch den AN durch gesonderten Auftrag des AG erfolgen.

Weitere Ausschlüsse, die nicht vom Leistungsvertrag Entstörung erfasst sind, sollten auch im Vertrag definiert werden.

Formulierungsbeispiel:

Papierstau, mangelhafte Installationen von Remote-Updates, mangelhafte Selbstinstallationen, automatische Installationen und mangelhafte Softwarepatches stellen keine Störung im Sinne dieser Leistungsvertrages dar.

ff) Sonstige Prämissen

Um einen schnellen und reibungslosen Ablauf der Entstörung zu gewährleisten, sollte der Outsourcing-Anbieter sich bemühen, bei wiederholten Störungen den-

---

1175. Besonders wichtig, wenn der Outsourcing-Kunde eine jährliche Pauschale für die Entstörung erhält.

1176. Siehe Abschnitt I Nr. 5c

selben Techniker einzusetzen. Sicherlich ist dies nicht immer möglich, aus diesem Grunde sollte sich der Outsourcing-Anbieter dazu auch nicht endgültig verpflichten.

Formulierungsbeispiel:

Der AN bemüht sich, bei wiederholten Störungen immer denselben Techniker einzusetzen.

Es ist von einem heutigen IT-Service-Provider nicht zu verlangen, dass dieser für die Entstörung nur Neuteile verwendet, aus diesem Grund sollte der Outsourcing-Anbieter darauf bedacht sein, folgende Klausel in den Leistungsvertrag aufzunehmen.

Formulierungsbeispiel:

Grundsätzlich kann der AN beim Austausch von Systemkomponenten auch auf gebrauchte Teile zurückgreifen.

Die ausgetauschten Systemkomponenten außerhalb der Gewährleistung verbleiben im Eigentum des AG.

Wie bereits definiert,[1177] sind Produkte der Gruppe C des Warenkorbes solche Produkte, für die der Outsourcing-Anbieter keine Verpflichtungen übernimmt. Daher kann eine Entstörung eines solchen Produktes nur als gesonderter Auftrag erfolgen.

Formulierungsbeispiel:

Eine Entstörung der Geräte durch den AN, die dem Warenkorb Gruppe C entsprechen, ist nur nach Zeit und Aufwand möglich.

d) Mitwirkungspflichten

Ähnlich wie bei den Prämissen und Ausschlüssen müssen gewisse Mitwirkungspflichten durch den Outsourcing-Kunden gegeben sein, damit der Outsourcing-Anbieter seine Leistung erbringen kann.

1177. Siehe Abschnitt IV. Nr. 1 a) bb)

aa) Eindeutigkeit der Störungsmeldung

Hierzu zählt vor allem die Eindeutigkeit der Störungsmeldung, nach der der Outsourcing-Anbieter den Einsatz seines Service-Technikers und der entsprechenden Materialien planen kann.

Formulierungsbeispiel:

Die Störungsmeldung des AG muss so deutlich sein, dass aufgrund der erkannten Informationen ein gezielter Einsatz des Technikers des AN vor Ort möglich ist.

bb) Abgrenzung zum First Level Support

Darüber hinaus sollte eine Abgrenzung zum First Level Support erfolgen. Das heißt, nur wenn der Fehler (Mangel) nicht durch einen User Help Desk zu beheben ist, wird eine Entstörung durch einen Service-Techniker des Outsourcing-Anbieters vorgenommen.

Formulierungsbeispiel:

Die Störungsmeldung des AG muss so deutlich sein, dass aufgrund der erkannten Informationen ein Einsatz des AN vor Ort notwendig ist.

cc) Zugangsberechtigungen

Damit der Techniker des Outsourcing-Anbieters auch Störungen am Arbeitsplatz des Users des Outsourcing-Kunden beheben kann, benötigt er meist Kennwörter, Zugangsberechtigungen und Schlüssel. Auch wenn dies als selbstverständlich gilt, sollte die zur Verfügungstellung von Kennwörtern, Zugangsberechtigungen und Schlüssel im Leistungsvertrag geregelt sein.

Formulierungsbeispiel:

Der AG wird dem AN die notwendigen Kennwörter der Anwender (User) für die Entstörung bekannt geben. Ferner wird der AG den AN auch notwendige Schlüssel für die Entstörung des Systems des Anwenders aushändigen.

dd) Abnahmeerklärung

Als Abnahmeerklärung[1178] im Sinne des § 640 BGB benötigt der Outsourcing-Anbieter vom User des Outsourcing-Kunden eine Erklärung bzw. ein Abnahmeprotokoll.

Formulierungsbeispiel:

Der gemeinsame Kunde unterzeichnet nach Abschluss der Störungsbehebung durch den AN ein Abnahmeprotokoll.[1179]

ee) Berechtigung zur Beauftragung

In der Praxis kommt es häufig vor, dass Mitarbeiter des Outsourcing-Kunden den Entstörungsservice des Outsourcing-Anbieters auch für Kleinigkeiten in Anspruch nehmen. Sollte der Outsourcing-Kunde daher wünschen, dass der Kreis der Personen beschränkt wird, die Aufträge an den Outsourcing-Anbieter erteilen dürfen, so sollte dies in den Vertrag aufgenommen werden.

Formulierungsbeispiel:

Der AG benennt schriftlich Personen, die allein berechtigt sind, Aufträge zur Entstörung an den AN zu erteilen.

ff) Datensicherung

Beim Austausch von Hardware-Produkten wie Festplatten und anderen Datensicherungssystemen kann es häufig zum Verlust von Daten kommen. Aus diesem Grund sollte der Outsourcing-Kunde auch regelmäßig eine Datensicherung durchführen. Im Rahmen eines normalen Leistungsvertrages für die Entstörung kann es dem Outsourcing-Anbieter nicht zugemutet werden, für den Outsourcing-Kunden eine regelmäßige Datensicherung durchzuführen.

Formulierungsbeispiel:

Der AG verpflichtet sich, regelmäßig eine Datensicherung durchzuführen und ist auch für diese verantwortlich.

1178. Siehe auch Abschnitt I Nr. 4b
1179. Diese Klausel wird in der Praxis immer kontrovers diskutiert. Ggf. sollte man sie weglassen.

IV.2 Service Level im Leistungsvertrag

Service Level Agreements sind unverzichtbarer[1180] und notwendiger[1181] Bestandteil jedes Outsourcing-Vertrages und Voraussetzung für das Gelingen einer vor allem für den Outsourcing-Kunden strategisch wichtigen Partnerschaft.

Ist die zu erbringende Leistung in der Leistungsbeschreibung möglichst eindeutig definiert worden, so muss ihre Erbringung an dem Service Level Agreement gemessen werden.[1182] Dazu wird der folgende SLA[1183] kurz musterartig beschrieben.

a) Qualitative und quantitative Ziele des Service Level

An dieser Stelle werden qualitative und quantitative Parameter definiert, um die Erfüllung der Leistungsbeschreibungen in den Leistungsverträgen zu messen. Demgegenüber ist im Rahmenvertrag die rechtliche IT-Partnerschaft zu vereinbaren.[1184]

Wichtig für die Vereinbarung von Service Levels ist der Berichtszeitraum.[1185] Mögliche Zeiteinheiten könnten hier Tag, Woche, Monat oder Jahr sein. Es empfiehlt sich aber, die kleinstmögliche Einheit zu wählen. Darüber hinaus ist der Zeitraum darauf abzustimmen, wie wichtig die Information über den Grad der Service-Level-Einhaltung ist.

Formulierungsbeispiel:

Der Berichtszeitraum für die Service-Level-Auswertung wird auf Basis eines Kalendermonates festgelegt. Als Grundlage für die Messung gilt die Zuweisung eines Tickets im Problemmanagement-Tool (PMT) an den AN. Das Verfahren zur Messung des SLA wird gemeinsam vereinbart, s. Anlage.

Als Service-Level-Muster kann für die Entstörung folgende Tabelle fungieren. Wichtige Punkte sind hierbei die Service Levels »Zeiten«, »Realisierungszeiten« und »Erfüllungsgrad«. Wobei ein Erfüllungsgrad von xx % als Erfüllung der vertraglich vereinbarten Leistung gilt.

1180. Erben/Müller in Köhler-Frost Seite 203.
1181. Lewandowski/Mann in »Service Level Management in der IT « S. 45
1182. Siehe auch Kapitel C., Das Outsourcing-Projekt, III. Nr. 5.
1183. Ein Muster eines SLA befindet sich in Kapitel J., Mustertexte, Nr. 11
1184. Horchler »Outsourcing – Eine Möglichkeit zur wirtschaftlichen Optimierung der Unternehmensfunktion (...)« 1996
1185. Warum die Größe des Berichtszeitraum so wichtig ist, siehe auch Kapitel C., Das Outsourcing-Projekt, II. Nr. 5 c) aa)

Service Level	
Service-Zeiten	Mo-Fr 07:00 bis 18:00[1186]
Realisierungszeit	
Priorität	Wiederherstellungszeit[1187]
Hoch	1 Stunde
Mittel (Eingang bis 12:00)	Am gleichen AT
Mittel (Eingang nach 12:00)	Bis zum nächsten AT 12:00 Uhr
Niedrig	Bis zum nächsten AT
VIP (optional)	Nach Terminabsprache, Reaktionszeit 30 Minuten
Erfüllungsgrad	
Erfüllungsgrad (Hoch, Mittel, Niedrig)	Bei 90 % aller Fälle ist das System innerhalb der Wiederherstellungszeit im Sinne des Warenkorbs funktionstüchtig.
Erfüllungsgrad (Ohne)	90 % (gültig nach einer Frist von 6 Monaten)

b) Service Level »Qualität«

Neben der quantitativen Leistungserbringung sollte gerade bei der Entstörung der Punkt der wahrgenommenen Qualität nicht unterschätzt werden. Was nutzt es dem Outsourcing-Kunden, wenn der Servicetechniker des Outsourcing-Anbieters zwar innerhalb der SLA-Zeiten die Störung behebt, sich aber dabei so unmöglich verhält, dass sich der User nicht traut, ein weiteres Mal den Servicetechniker zu kontaktieren.

Auch beim Service Level »Qualität« sollte festgelegt werden, wann der Outsourcing-Anbieter seine Leistung in Sinne des Vertrages vollständig erbracht hat.

1186. Abweichend vom Rahmenvertrag dort nur 8.00–17.00 Uhr
1187. Wiederherstellzeit ist eine Kennzahl, auf deren Basis ein Service Level definiert werden kann.

Formulierungsbeispiel:

Der Service Level »Qualität« gilt zu 100 % erfüllt, wenn 95 % der im Beschaffungsmanagement-Tool beauftragten Installationen und der im Problemmanagement-Tool beauftragten Entstörungen im Messzeitraum von jeweils einem Kalendermonat ohne Reklamationen durchgeführt worden sind. Diese Regelung gilt nur am Standort des Kunden in Musterstadt.

Des Weiteren sollte im SLA festgelegt werden, wann eine Beschwerde des Users des Outsourcing-Kunden als Reklamation gewertet werden kann und in die SLA-Messung aufgenommcn wird.

Formulierungsbeispiel:

Als Reklamation im Sinne der SLA-Bewertung gelten gemeinsam anerkannte Beschwerden, die schriftlich beim AN oder AG eingegangen sind, die der AN im Rahmen eines Auftrages bzw. einer Entstörung ausschließlich zu verantworten hat. Dazu zählen grobe Terminverletzungen, Nichteinhaltung von Zusagen, mangelhafte Informationsflüsse und das Auftreten des Mitarbeiters des AN. Diese Beschwerden werden in einer Datenbank dokumentiert und im jeweiligen Messzeitraum gemeinsam ausgewertet.

c) Service Level »Customer-Satisfaction-Index«

In einem so genannten Service Level »Customer-Satisfaction-Index« wird ein Messverfahren festgelegt, wonach die generelle Kundenzufriedenheit der User mit dem Outsourcing-Anbieter festgestellt wird.

Formulierungsbeispiel:

Durch den Lenkungsausschuss werden 500 Anwender (User) nach einem Zufallsprinzip ausgewählt. Im Rahmen einer gemeinsamen Kundenzufriedenheitsbefragung des AN und des AG werden diese 500 Anwender des AG auf ihre Zufriedenheit mit dem AN von einer qualifizierten Person, die durch den Kunden und AN bestimmt wird, befragt. Die Zufriedenheit mit dem AN ergibt sich aus den Punkten:

- Zufriedenheit mit dem Auftragsmanagement durch den AN
- Zufriedenheit mit der Installation und der Entstörung durch den AN

Für die Auswertung werden nur jene Fragen bewertet, die auf den Verantwortungsbereich des AN zurückzuführen sind.

d) Bonus/Malus-Regelung

Als ein Ergebnis der Messung von SLAs gehören die Informationen zur Verbesserung des Service oder einer möglichen Vertragsanpassung. Daneben kann in einer Bonus/Malus-Regelung vereinbart werden, ab wann der Outsourcing-Anbieter an den Outsourcing-Kunden eine Vertragsstrafe (Pönale) zu zahlen hat. An gleicher Stelle kann aber auch vereinbart werden, wann der Outsourcing-Anbieter an den Outsourcing-Kunden (z.B. bei deutlicher Übererfüllung seiner vertraglichen Pflichten) einen Bonus zu zahlen hat.

aa) SLA-Bewertung

Zunächst sollte aber festgelegt werden, welche Punkte des Service Level in die Bewertung für die Bonus/Malus-Regelung eingehen.

Formulierungsbeispiel:

Für die Bonus/Malus-Regelung gehen die Bewertungen der Service Levels »Performance« und »Qualität« ein.

bb) Gewichtung

Ist festgelegt, welche Service Levels in die Bewertung für die Bonus/Malus-Regelung eingehen, so ist in einem nächsten Schritt eine Gewichtung vorzunehmen, inwieweit die Service Levels Einfluss auf die Bonus/Malus-Regelung haben. Dabei sollten keine festen Werte vereinbart werden, sondern ein Personenkreis bestimmt werden, der dies tut.

Formulierungsbeispiel:

Eine prozentuale Gewichtung der SLAs, bezogen auf die Auswertung für die Bonus/Malus-Regelung, wird durch den Lenkungssausschuss festgelegt.

cc) Erfüllung

Wichtig bei der Vereinbarung von SLAs ist die Festlegung, wann ein SLA erfüllt ist und wann ein SLA nicht erfüllt bzw. verletzt worden ist. Erfüllt der Outsourcing-Anbieter seinen Service oberhalb des Schwellenwertes von 90 % der geforderten Leistung, so gilt ein SLA als erfüllt.[1188] Bleibt der Outsourcing-Anbieter unterhalb dieses Wertes, gilt der SLA als nicht erfüllt bzw. der SLA ist verletzt worden.

1188. Siehe auch Service Level Tabelle.

Nicht jede Verletzung eines SLA sollte gleich zur Zahlung eines Malus führen. Hierbei sollte eine Grauzone bestehen, so dass z.B. ein Malus erst dann fällig wird, wenn der Outsourcing-Anbieter mit mehr als 2 % seiner SLA-Erfüllung (< 88 %) im Verzug ist.

Gleiches sollte auch für den Bonus des Outsourcing-Anbieters gelten. Erfüllt der Outsourcing-Anbieter seine Leistung um mehr als 2 % über dem Schwellenwert (> 92 %), so muss der Outsourcing-Kunde erst dann einen Bonus an den Outsourcing-Anbieter zahlen.

Formulierungsbeispiel:

Die vereinbarten SLAs gelten als erfüllt, wenn die vereinbarten Schwellenwerte dieser Leistungsvereinbarung im Messzeitraum erreicht werden.

Die Bonus/Malus-Regelung wird wirksam, wenn der erreichte Wert um mehr als 2 % vom Schwellenwert abweicht.

Wie bereits im Outsourcing-Projekt erläutert,[1189] ist es wichtig, die Bezugsgröße des SLA bzw. den Messzeitraum festzulegen. Dabei lohnt es sich, die kleinstmögliche Größe zu wählen, wobei sich der Messzeitraum an den Informationsbedürfnissen orientieren sollte. Bei der Entstörung ist es dennoch ausreichend, einen Messzeitraum von einem Monat zu vereinbaren.[1190]

Formulierungsbeispiel:

Der SLA-Messzeitraum für die Bonus/Malus-Regelung ist ein Monat.

In einem nächsten Schritt der Bonus/Malus-Regelung sollte klar definiert werden, was eine Verletzung oder Übererfüllung eines SLA in realen Werten, sprich in Geld, bedeutet.

Formulierungsbeispiel:

Bei einer Über-/Untererfüllung erfolgt eine Bonusberechnung an den Auftragnehmer/Malusberechnung an den Kunden in Höhe von xxxx,- € pro Prozentpunkt. Die Zahlung erfolgt quartalsweise und orientiert sich an dem gemessenen Quartalsdurchschnitt.

Die Höhe der Zahlungen wird durch das Review-Gremium bestätigt und protokolliert. Die Verrechnung erfolgt über den Kunden-Jahresumsatz-Bonus.

1189. Siehe auch Kapitel C., Das Outsourcing-Projekt, III. Nr. 5c
1190. Anders beim Transaktionsgeschäft in Banken oder in E-Business-Portalen (Hochverfügbarkeitssystem), wo der Einsatz von IT zu erheblichen Wettbewerbsnachteilen führt, wenn diese nur wenige Minuten ausfallen

Sollte der Outsourcing-Anbieter seine SLAs um mehr als einen gewissen Prozentsatz verletzen, so sollte ein Anstieg der Pönale in der Bonus/Malus-Regelung erfolgen.

Formulierungsbeispiel:

Bei Unterschreitung der SLAs um mehr als 5 % im Messzeitraum wird eine additive Malus-Regelung durch das Review-Gremium festgelegt, die Sonderzahlung beträgt mindestens xxxx,-- €.

SLA	SLA-Wert	Gewichtung	Gewichtung Soll-SLA	Ist-Werte pro Monat	Gewichtung Ist-SLA
Performance A-Kompetenz	98 %	10 %	9,8 %	95 %	9,5 %
Performance B-Kompetenz	95 %	10 %	9,5 %	90 %	9 %
Performance Entstörung	90 %	20 %	18 %	85 %	17 %
Qualität BM/ Installation	95 %	30 %	28,5 %	96 %	28,8 %
Qualität Entstörung	95 %	30 %	28,5%	92 %	27,6 %
		Gesamt-SLA-Soll	94,3 %	Gesamt-SLA-Ist	91,9 %

Soll-SLA pro Quartal 94,3 % Ist-SLA pro Quartal 91,9 % => Differenz von 2,4 %
Ab einer Differenz > 2 % erfolgt die Bonus/Malus-Zahlung.
Daraus folgt eine Malus-Zahlung von 2,4 * xxxx € = x.xxx,-- €

Sollte in einem Extremfall[1191] die Leistungserbringung weit unter dem im SLA geforderten Schwellenwert (hier z.B. 95 %) liegen, so kann es nach der SLA-Regelung sein, dass der Outsourcing-Anbieter erhebliche Vertragsstrafen zahlen muss. Diese Vertragsstrafen könnten im Extremfall dann sogar in den Bereich der Sittenwidrigkeit nach § 138 BGB fallen. Da dies nicht im Sinne des Outsourcing-Anbieters ist, sollte gerade der Outsourcing-Anbieter darauf bedacht sein, eine Regelung für die Untergrenze der Bonus/Malus-Regelung zu finden.

1191. Zum Beispiel Ausfall des gesamten Entstörungsteams durch Lebensmittelvergiftung

Formulierungsbeispiel:

Bei Nichteinhaltung der SLA um mehr als 20 % durch den AN entscheidet der Lenkungsausschuss über die weitere Zahlung von Pönalen durch den AN.

IV.3 Sonstiges

Des Weiteren sollten im Leistungsvertrag für die Entstörung noch folgende Punkte unter »Sonstiges« aufgenommen werden.

a) Preise

Eine Regelung für die Vergütung der Entstörung. Hier bieten sich zwei Möglichkeiten an. Einerseits eine Vergütung pro Geschäftsvorfall, sprich pro einzelner Entstörung, oder andererseits eine pauschale Vergütung z.B. pro Monat, Halbjahr, Jahr. Da Vergütungen häufig geändert werden, empfiehlt es sich, die Vergütungsregelung in einer Anlage zu regeln.

Formulierungsbeispiel:

Die Vergütung ist in Anlage x geregelt.

Für die xxxx-Systeme des AG, die sich im Service des A befinden, zahlt der AG an den AN die Summe von x.xxx.xxx € jährlich.

oder

Der AG zahlt an den AN pro Geschäftsvorfall eine Vergütung von xxx €.

b) Vertragsdauer und Kündigung

Sollte die Vertragsdauer des Leistungsvertrages von der Vertragsdauer des Rahmenvertrages abweichen, so kann die Klausel aus dem Rahmenvertrag an dieser Stelle mit einer anderen Geltungsdauer verwendet werden.[1192]

Im Übrigen kann die Kündigungsregel des Rahmenvertrages vom Wortlaut her im Leistungsvertrag übernommen werden und an gleicher Stelle verwendet werden.

1192. Kündigungsregelungen im Rahmenvertrag siehe Abschnitt I. Nr. 11.

c) Abweichungen vom Rahmenvertrag

Sofern im Leistungsvertrag weitere Regelungen von den Regelungen des Rahmenvertrages abweichen, sollten diese an dieser Stelle geregelt werden. Mögliche Abweichungen können:

- im Geltungsbereich des Leistungsvertrages (Geltung nur für eine Lokation)
- in der Gewährleistung
- in den Zahlungsbedingungen
- im Change-Management
- in den Definitionen[1193] (Abweichungen sollten vermieden werden, Ergänzungen)
- im Gerichtsstand
- in der Beitrittsklausel
- in der Schriftform (z.B erweitert durch PMT)

liegen. Wenn diese Abweichungen nicht schon in der Leistungsdefinition beschrieben worden sind, können darüber hinaus auch folgende Abweichungen an dieser Stelle beschrieben werden:

- Lieferzeiten
- Abnahmeverfahren konkretisiert
- Verzug
- Gefahrenübergabepunkt

d) Verweis auf Rahmenvertrag

Des Weiteren sollten auch hier die Regelungen des Rahmenvertrages mit in den Leistungsvertrag einbezogen werden. Hierbei ist es wichtig, entsprechend der Vertragshierarchie[1194] zu handeln, d.h. hier, dass zunächst die Regelungen des Leistungsvertrages anzuwenden sind und darüber hinaus die Regelungen des Rahmenvertrages gelten.

Formulierungsbeispiel:

Die Regelungen des zwischen AG und AN abgeschlossenen Rahmenvertrages vom xx.xx.200x gelten ergänzend zu diesem Leistungsvertrag. Widersprechen sich einzelne Regelungen des Leistungsvertrags mit Regelungen des Rahmenvertrages, so gelten die Regelungen des Leistungsvertrages vor den Regelungen des Rahmenvertrages.

1193. Abweichungen bei den Definitionen sollten vermieden werden. An dieser Stelle sollten vielleicht Ergänzungen gemacht werden, die später auch im Rahmenvertrag vorgenommen werden.

1194. Siehe auch Abschnitt I. Nr. 15.

IV.4 Fazit

Leistungsverträge sollten über den üblichen juristischen Rahmen hinaus über eine Leistungsbeschreibung, entsprechende Service Level Agreements und ein Verfahren zur Messung der SLAs verfügen. Bei letzterem könnte man ggf. die Überlegung anstrengen, ob ein solches Messverfahren oder das gesamte Service-Level-Management nicht zentral geregelt werden sollte.

V. Juristisches Vertrags-Management

In der heutigen IT-Vertragspraxis ist es nicht mehr ausreichend, nur einmalig einen Vertrag zu gestalten, immer wichtiger wird auch ein juristisches Vertrags-Management. Hierzu zählen allgemeine Fragen, wie das Handling der Vertragsmuster (engl. Template), die Verhandlung von Verträgen, der Prozess zur Änderung von Verträgen und das Zusammenwirken der Verträge untereinander.

V.1 Formularvertrag

Selbstverständlich wird der Outsourcing-Kunde für ein Outsourcing-Projekt nicht immer wieder neue Vertragswerke entwickeln, vielmehr wird er vorhandene Vertragsmuster an das entsprechende Outsourcing-Projekt anpassen und dem Outsourcing-Kunden zur Verfügung stellen. Somit könnte die Verträge des Outsourcing-Vertragswerks unter die Regelung der §§ 305 ff. BGB (Einbeziehung Allgemeiner Geschäftsbedingungen in den Vertrag) fallen. Gemäß § 305 I. S. 1 BGB sind Allgemeine Geschäftsbedingungen *eine Vielzahl von Verträgen mit vorformulierten Vertragsbedingungen, die eine Vertragspartei (Verwender) der anderen Vertragspartei bei Abschluss eines Vertrags stellt.* Gleichgültig ist hierbei, *ob die Bestimmungen einen äußerlich gesonderten Bestandteil des Vertrags bilden oder in die Vertragsurkunde selbst aufgenommen werden, welchen Umfang sie haben, in welcher Schriftart sie verfasst sind und welche Form der Vertrag hat.* Eine »Vielzahl« von Verträgen liegt bei mindestens zwei bis drei Vertragsabschlüssen vor.[1195]

Die Abgrenzung zu Allgemeinen Geschäftsbedingungen ist in § 305 I S. 2 BGB geregelt: *Allgemeine Geschäftsbedingungen liegen nicht vor, soweit die Vertragsbedingungen zwischen den Vertragsparteien im Einzelnen ausgehandelt sind.* Da der Outsourcing-Kunde keine Änderung in den Verträgen wünscht und der Outsourcing-Anbieter die Verträge möglicherweise auch bei anderen Outsourcing-Kunden verwendet hat, würde dies auch für das Vorhandensein von allgemeinen Geschäftsbedingungen sprechen. Die einzelnen Verträge des Outsourcing-Vertragswerks würden dann der Inhaltskontrolle des § 307 BGB unterliegen, was die Gestaltung der Verträge einschränken würde. Dies wäre aber keine interessenge-

1195. Wolf/Horn/Lindacher § 1 Rn. 14; Ulmer/Brandner/Hensen § 1 Rn. 25; Koch Computer-Vertragsrecht, 5. Auflage, Rn. 298

rechte Lösung, da der Outsourcing-Kunde die Möglichkeit hatte, Änderungswünsche (Change-Request) an den Outsourcing-Anbieter zu richten. Daher liegt ein individuelles Aushandeln im Sinne von § 305 I S. 2 BGB nur vor, wenn der Outsourcing-Kunde zumindest die tatsächliche (nicht notwendig ausgeschöpfte) Möglichkeit hatte, auf die zur Disposition gestellten Vertragsbedingungen inhaltlich Einfluss zu nehmen,[1196] wobei sich das Aushandeln auf einzelne Klauseln, z.B. Gewährleistungsfristverlängerungen, Preisstaffeln,[1197] Vergütungsherabsetzung, Haftungsbeschränkungen oder Rücktrittsvorbehalte,[1198] Sach- und Preisgefahrtragung oder die Aufhebung der (Gewillkürten) Schriftform,[1199] beziehen kann.[1200]

Ein »Aushandeln« im Sinne von § 305 I S. 2 BGB setzt aber nicht zwingend voraus, dass die vom Verwender (Outsourcing-Anbieter) vorformulierte Bestimmung tatsächlich abgeändert oder (mit weiteren Regelungsinhalt) ergänzt worden ist.[1201] Auch bei unveränderten Text kann § 305 I S. 2 BGB eingreifen, wenn der andere Teil nach *gründlicher Erörterung sich ausdrücklich einverstanden erklärt hat*[1202] *oder die Vertragsparteien gemeinsam das Formular mit den zu regelnden Punkten durchgesprochen haben*. Der Outsourcing-Anbieter muss, damit ein Aushandeln angenommen haben werden kann, *tatsächlich und erkennbar zur Verhandlung über Klauseln bereit sein*.[1203] Die Verhandlungsbereitschaft wird in der Regel an individuellen inhaltlichen Textänderungen erkennbar.[1204] Kein Aushandeln liegt vor, wenn nur einzelne Klauseln gestrichen werden[1205] oder der Kunde aus vorformulierten Klauseln eine bestimmt auswählt.[1206]

Sind die Hinzufügungen also unselbstständig (z.B. Eintragung von Namen und Personen), so bleibt die derart ergänzte Klausel Teil der AGB.[1207]

Nur die jeweilige einzelne Klausel, über die die Vertragsparteien verhandelten oder die zumindest für die Verhandlung zur Disposition gestellt wurde, gilt als ausge-

---

1196. BGB, BB 1982, 1750; Wolf/Horn/Lindacher § 1 Rn. 35
1197. KG, Urteil von 30.01.1995 – 20 U 6573/93; CR 1995, 734
1198. Ulmer/Brandner/Hensen, § 1 Rn. 51, 55 (für Haftungsbeschränkungen und Rücktrittsvorhalte)
1199. Wolf/Horn/Lindacher, § 4 Rn. 33 m.w.N.; Ulmer/Brandner/Hensen, § 4 Rn. 32 Die mit der Schriftformklausel nicht identische Klausel, derzufolge keine mündlichen Zusagen gemacht sind, verstößt zwar nicht gegen § 309 Nr. 12 BGB, kann aber nach §307 BGB unangemessen sein, wenn die zu weit gefasste Klausel bewirkt, dass Kunden zu Unrecht vom Nachweis mündlicher Abreden unter Ausräumung der Vollständigkeitvermutung abgehalten werden (OLG Frankfurt/Main, ZIP 1983, 1213, 1215; Ulmer/Brandner/Hensen, § 2 Rn. 39 m.w.N.
1200. Koch Computer-Vertragsrecht 5. Auflage Rn. 302
1201. BGHZ 84, 109, 111 = WM 1982, 871; NJW 1992, 2283, 2285
1202. BGH WM 1992, 1160, 11162 und BGHZ 84, 109, 111
1203. BGH, NJW RR 1986, 54; NJW 1979, 307; OLG München, DB 1982, 1003
1204. BGH; WM 1987, 42; OLG Köln, BB 1984, 1388
1205. BGH; NJW 1987, 2011; Ulmer/Brandner/Hensen, § 1 Rn. 53
1206. BGH, WM 1985, 1208 ff; NJW 1992, 503 f.
1207. BGH NJW 1982, 1023; 1983, 1603; 1988, 588 und 1991, 2768

handelt und damit aus dem Bereich der AGB-Kontrolle nach § 305 ff. BGB ausgeklammert, keineswegs aber die Gesamtheit der Klauseln von AGB, wenn nur über einen Teil verhandelt wurde.[1208]

Durch eine Vielzahl der Verhandlungsformen (mündlich, schriftlich, telefonisch, per E-Mail und Fax), gestaltet sich eine Dokumentierung der Vertragsverhandlung inkl. des ausdrücklichen Einverständnis der anderen Partei, äußerst schwierig. Insbesondere wenn es zur späteren Beweisbarkeit vor Gericht kommt, daher ist im Zweifel die Inhaltskontrolle nach § 307 BGB bei den Outsourcing-Vertragswerken anzuwenden. Ferner ist zu berücksichtigen, dass wenn eine Klausel die Inhaltskontrolle standhält, diese Klausel auch gegen § 242 BGB verstoßen kann.[1209]

V.2 Verhandlung von Verträgen

Für die Verhandlung von Verträgen gibt es sicherlich kein Allheilmittel, dennoch sollten sich die Vertragsparteien vor jeder Verhandlung Gedanken über die Zielsetzung des Vertrages machen. Hierbei kann das *Harvard-Konzept* eine wesentliche Hilfestellung bieten.[1210]

Dabei sollten sich die Parteien im Klaren sein, dass sie nicht immer auf ihren Positionen verharren. Ein guter Vertragsjurist, Contract Manager oder Negotiator ist nicht der, der knallhart auf seine Klauseln beharrt, sondern der, der gute Alternativen erarbeiten kann.

Beispiel

Ein Outsourcing-Kunde wünscht die Haftungssumme von 2 Millionen € für fahrlässig verursachte Schäden auf 5 Millionen € anzuheben. Der Outsourcing-Anbieter ist hierzu nicht bereit, weil dies ausdrücklich vom Vorstand des Outsourcing-Anbieters verweigert wird.

Wenn beide Seiten fest auf ihrem Standpunkt verharren, wird es zu keinem Vertragsschluss kommen. Der gute Negotiator wird versuchen, Alternativen zu erarbeiten. Hierzu sollte der Negotiator herausfinden, warum der Kunde auf eine höhere Haftungssumme besteht. Sind es nur Prestige-Gründe, so lässt sich die Eitelkeit des Kunden sicherlich auf anderem Wege befriedigen. Hat der Kunde ein berechtigtes Interesse (z.B. unternehmenskritisches Hochverfügbarkeitssystem) an der höheren Haftungssumme, so wäre eine Alternative, dieses unternehmenskritische Hochverfügbarkeitssystem gesondert zu versichern und die Versicherungsprämie in den Geschäftsvorfall einfließen zu lassen.

1208. Koch Computer-Vertragsrecht, 5. Auflage, Rn. 303
1209. BGHZ 93, 391, 399 ff.; BGHZ 105, 71,88 siehe etwa NJW 1986, 2824 und NJW 1989, 2534
1210. Fisher/Ury Das Harvard-Konzept S. 9

Vertritt der Negotiator den Kunden, so sollte er herausfinden, warum der Vorstand des Anbieters auf eine Haftungsbegrenzung von 2 Millionen € besteht. Häufig verbergen sich dahinter ganz handfeste Interessen. Spricht sich herum, dass der Anbieter einem Kunden 5 Millionen € Haftungsbegrenzung gewährt, wollen selbstverständlich alle anderen Kunden des Anbieters die gleiche Haftungsbegrenzung. Der Anbieter muss sich selbstverständlich rückversichern, was automatisch zu höheren Kosten für den Anbieter führt.

Zumindest sollten bei Vertragsverhandlungen folgende Punkte von einem guten Negotiator berücksichtigt werden:

- Interessen verhandeln, nicht Positionen
- Sachbezogenes Verhandeln: Was sind die Ziele der Vertragsparteien?
- Entwickeln von Alternativen, mehrere Lösungsvorschläge anbieten
- Interessen der Vertragsparteien ergründen
- Hart in der Sache bleiben, aber immer freundlich zum Gegenüber
- Win/Win-Beziehungen aufbauen, mit dem beide Parteien gut leben und gemeinsam einen Mehrwert generieren können.

V.3 Änderungsprozess

Etwa die Hälfte aller Outsourcing-Verträge erreicht nicht die ursprünglichen Ziele.[1211] Häufig müssen sich Kunde und Dienstleister in Kernpunkten, vor allem beim Reduzieren der Kosten, mühsam zusammenraufen. Wichtiger Bestandteil eines guten Outsourcing-Vertragswerks ist dessen Möglichkeit, auf Veränderungen zu reagieren. Sicherlich gehört hierzu die Flexibilität des Vertragswerks,[1212] andererseits sollten die Verantwortlichen auch einen entsprechenden Prozess zur reibungslosen Änderung des Outsourcing-Vertragswerks aufsetzen.

In der Regel beziehen sich Outsourcing-Verträge bei Übernahme- und sonstigen Vertragstypen auf festgelegte Vorgaben bezüglich Personal, Technologien, wirtschaftliche Verhältnisse und andere wichtige Punkte. Es liegt jedoch in der Natur der Leistungsverträge, dass sich bei diesen bereits bei der Unterzeichnung die äußeren Rahmenbedingungen[1213] schon geändert haben.

Es gestaltet sich in der Praxis äußerst schwierig, die Änderung der Leistungsverträge, die sich im täglichen Leben eines Outsourcing-Projekts ergeben, immer wieder neu im Vertrag festzuschreiben. Diesen Umstand müssen sich beide Vertragsparteien bewusst machen, damit nicht die Ernüchterung und Enttäuschung über die nicht eingetroffenen Erwartungen der Beziehung das Lebenselixier entziehen.

1211. Studie von Meta Group siehe www.metagroup.com
1212. Siehe Einleitung zu diesem Kapitel
1213. Vgl. Bierce, W. B., Flexibility in service Contracts: How to build it and keep it. In: Outsourcing-Journal, o. Jahrg., Ausgabe 3/1999, o. S., http://www.outsourcing-journal.com/issues/march1999

Der Mangel[1214] an Flexibilität in einer langfristigen Beziehung ist aller Wahrscheinlichkeit nach der Grund für steigende Unzufriedenheit mit dem Outsourcing-Partner.

Umso wichtiger ist es, dass die Vertragspartei bereits bei Abschluss des Outsourcing-Vertragswerks einen Prozess inkl. der Verantwortlichkeiten (z.B. in einer RAEW-Matrix)[1215] unter Einbeziehung aller wichtigen Abteilungen oder Bereiche (operatives Geschäft, Controlling, Recht usw.) zur ständigen Änderung des Vertrages aufsetzen (siehe Abbildung D.5).[1216]

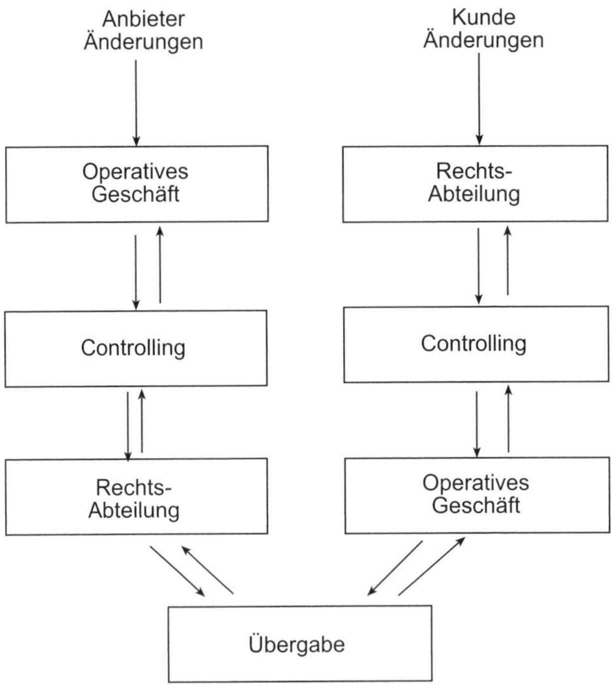

Abbildung D.5

Zuweilen kann es in der Praxis vorkommen, dass zur Überprüfung und zum Management externe Berater wie Anwälte oder Unternehmensberatungen als *Contract Manager* eingeschaltet werden. Zu nennen wäre hier das Outsourcing-Projekt von Akzo Nobel (als Outsourcing-Kunde) und Origin (als Outsourcing-Anbieter).[1217]

Die rechtlichen Fragen, die sich bei Änderungen von Verträgen ergeben, wurden bereits im Outsourcing-Projekt beschrieben.[1218]

1214. Semlinger, K.: Small firms and outsourcing as flexibility reservoirs of large firms. In: The embedded Firm, Gernot Grabher (Hrsg.), Routeledge, London 1993, S. 161 ff.
1215. Lewandowski/Mann in »Service Level Management in der IT « S. 225
1216. Siehe auch Horchler in »Service Level Management in der IT « S. 71
1217. InformationWeek Ausgabe 5 von Februar 2000
1218. Siehe Kapitel C., Das Outsourcing-Projekt, I. Nr. 3.

VI. Internationalisierung der Outsourcing-Verträge

In Zeiten der Globalisierung der Wirtschaft muss der Outsourcing-Anbieter auch bereit sein, die IT-Struktur des Outsourcing-Kunden im Ausland zu übernehmen und für den Outsourcing-Kunden zu betreiben. Den Vertragsparteien stehen dabei verstehende Möglichkeiten offen. Einerseits können die Vertragspartner versuchen, einen Vertrag nach deutschem Recht zu schließen, der grundsätzlich Wirkung für die Erfüllung der Vertragspflichten auch im Ausland haben soll. Anderseits können die Parteien auch ein global (bzw. international) ausgerichtetes modulares Vertragswerk vereinbaren, das spezielle Regelungen für die einzelnen Länder beinhaltet.

VI.1 Outsourcing-Vertrag mit internationaler Geltung

Grundsätzlich gelten in Deutschland geschlossene Verträge auch im Ausland, es sei denn, sie verstoßen gegen lokales Landesrecht. Es ist aber sehr schwer, Verträge zu schließen, die in unterschiedlichen Rechtsgebieten gelten sollen. Dies lässt sich z.B. an der Vereinbarung eines Eigentumsvorbehalts[1219] dokumentieren. Der im deutschen Rechtsgebiet als einfachste und kostengünstigste Kaufpreissicherheit überall fast schon automatisch benutzte Eigentumsvorbehalt ist in anderen Rechtssystemen teilweise unbekannt.[1220] In England ließ er sich bis in neuere Zeit nur mühsam als vermutete Trust-Konstruktion durch die so genannte *Romalpa-Klausel* näherungsweise verwirklichen.[1221] Im moderneren UCC wird er nur als allgemeines Sicherungsrecht, nicht als echtes absolut wirkendes Eigentum, und auch das nur für eine kurze Zeitspanne, anerkannt (Sec. 2–401 (1)), nach deren Ablauf er behördlich einzutragen ist. In der Schweiz wirkt er von vornherein nur durch Eintragung in ein öffentliches Register (Art. 715 ZGB), ebenso über den einfachen Eigentumsvorbehalt hinausgehende Formen gegenüber einer englischen Kapitalgesellschaft (Sec. 395 Companies Act 1985). Hingegen kennen angloamerikanische Rechte das bei uns dogmatisch undenkbare besitzlose Pfandrecht (*chattel mortgage*") sogar über wechselnde Sachgesamtheiten wie das gesamte Betriebsvermögen (*floating charge*").[1222] Das jedenfalls im Bereich der Sicherheiten wohl modernste Recht, der Uniform Commercial Code, hat die Unterscheidung der verschiedenen Sicherheitsrechte nach ihrer historischen Herleitung ganz aufgegeben und kennt nur noch ein allgemeines Sicherungsrecht, den *security interest*, das lediglich abgesonderte Befriedigung gewährt und auch das nur dann, wenn es

1219. Siehe Kapitel D., Das Outsourcing-Vertragswerk, I., Nr. 10e)

1220. Döser Vertragsgestaltung im Internationalen Wirtschaftsrecht Rn. 42

1221. Sec. 19 Sale of Goods Act für den einfachen, der »Romalpa«-Fall (1976) für den verlängerten Eigentumsvorbehalt, vgl. Graf von Bernstorff, S. 125 ff. und Triebel/Hodgson/Kellenter/Müller, 5.98, Rdnrn. 216 f., und 143, Rdnrn. 353 ff. sowie Kessel, RIW 1991, 812

1222. Siehe Triebel/Hodgson/Kellenter/Müller S. 125 Rn. 306 zur chattel mortage S. 135 Rn. 331 ff. zur floating charge

innerhalb einer kurzen Frist in dem zuständigen öffentlichen Register eingetragen wird (Sec. 9 UCC, Secured Transactions).[1223] Anhand dieses kleinen Beispiels des Eigentumsvorbehalts lässt sich schon erkennen, wie schwer es ist, einen Outsourcing-Vertrag zu gestalten, der internationale Geltung haben soll.

Eine weitere Frage ist in der Form eines Outsourcing-Vertrages zu sehen. Nach dem Verständnis im deutschen Recht bedürfen Verträge grundsätzlich zu ihrer Wirksamkeit oder Durchführbarkeit keiner besonderen Form, es sei denn, bestimmte gesetzliche Formvorschriften (z.B. §§ 311a, 873, 925 BGB, 15 GmbHG, 29 GBO) griffen ein oder die Parteien vereinbarten eine bestimmte Form für Beweiszwecke (§ 127 BGB). Im angloamerikanischen Recht dagegen sind im Allgemeinen Verträge mit einem über einen Mindestgegenstandswert hinausgehenden Vertragswert nur schriftlich beweisbar (*statute of frauds*");[1224] auch das französische Recht fordert zum Nachweis des Bestehens jedenfalls eines Verbrauchervertrages über mehr als 767 € (FRF 5.000) mindestens Schriftform (Art. 1341 CC). Dazu kennt das angloamerikanische Recht die Institution des öffentlichen Notars als rechtskundiges, zur unparteiischen Beratung aller Parteien verpflichtetes Organ der Rechtspflege nicht. Deshalb ist dort auch die Form der notariellen Beurkundung allgemein und ihre bei uns häufige konstitutive Bedeutung für die Wirksamkeit bestimmter Rechtsgeschäfte unbekannt. Angloamerikanische *notaries* üben zwar ebenso ein öffentliches Amt aus. Dieses beschränkt sich aber auf die Beglaubigung von Unterschriften und Abschriften.[1225] Aus dieser Verschiedenheit entwickeln sich wegen der erheblichen Unterschiede im Maß der Förmlichkeiten und der Gebühren häufig kollisionsrechtliche Fragen beim Vertragsschluss, namentlich über die Maßgeblichkeit der Ortsform, der Form nach dem Vertragsstatut.[1226] Allein die Betrachtung dieser beiden Aspekte (Eigentumsvorbehalt und Vertragsform) zeigt, wie schwer es ist, Verträge zu schließen, die in unterschiedlichen Rechtsgebieten gelten sollen.

Anderseits sind die Vertragspartner in Deutschland nach Art. 27 I S. 1 EGBGB in ihrer Rechtswahl grundsätzlich frei. Sie können den Vertrag somit auch wirksam einem anderen Recht unterstellen, zu dem er sonst keine Beziehung aufweist, z.B. einem neutralen Recht.[1227] Die Rechtswahl wird jedoch bei Verbraucherverträgen, Art. 29 Abs. 1 EGBGB, und Arbeitsverträgen, Art. 30 Abs. 1 EGBGB, eingeschränkt.

1223. Döser Vertragsgestaltung im Internationalen Wirtschaftsrecht Rn. 42
1224. Vgl. dazu Heß, Frankfurter Allgemeine Zeitung v. 17.05.2001, Nr. 114, S. 19
1225. Vgl. zu den USA Reimann, 5.143 mit Fn. 23; zur bedeutenderen Rolle in England vgl. Heinz, Das englische Notariat, Mitteilungsblatt Nr. 1/2000 der Arbeitsgemeinschaft Anwaltsnotariat im Deutschen Anwaltsverein, 5. 11 ff.; Spellenberg in: Rebmann/Säcker/Rixecker (Hrsg.), Münchener Kommentar zum BGB, Bd. 10, 3. Aufl., München 1998, Art. 11 EGBGB, Rn. 48, hält die englischen Notare sogar für den deutschen Notaren gleichwertig, wenngleich ohne Beleg aus der Rechtsprechung.
1226. Z.B. dem Personalstatut juristischer Personen; dabei spielen der Zweck und damit die Gleichwertigkeit der Beurkundung durch Notare verschiedener Rechtsordnungen eine Rolle, siehe Art. 11, 28 EGBGB.
1227. Palandt Art. 27 EGBGB Rn. 3

Praktisch könnte die Outsourcing-Partner in den USA dort einen Outsourcing-Vertrag schließen und diesen in Deutschland dem deutschen Recht unterstellen. Dabei ist aber zu berücksichtigen, dass unabhängig von der von den Parteien getroffenen Rechtswahl kraft Sonderanknüpfung nach Art. 34 EGBGB in jedem Fall die zwingenden Vorschriften des deutschen Rechts gelten, die den Sachverhalt ohne Rücksicht auf das Vertragsstatut regeln. Nach Art. 27 Abs. 3 EGBGB gelten zusätzlich auch die zwingenden Vorschriften einer anderen Rechtsordnung, wenn der Sachverhalt, abgesehen von der Rechtswahl, nur zu dieser Rechtsordnung Beziehungen aufweist.[1228] Bei einem Konflikt zwischen den verschiedenen auf einen Vertrag zur Anwendung kommenden zwingenden Vorschriften gehen die des deutschen Rechts nach Art. 34 EGBGB allen übrigen vor.

Im Zweifel lohnt es daher immer, einen Vertrag nur für diesen ausländischen Bereich auf Grundlage des dort geltenden Rechts abzuschließen. In diesem Sinne ist auch das folgende globale Outsourcing-Vertragswerk zu sehen.

VI.2 Globales Outsourcing-Vertragswerk

Möchten der Outsourcing-Kunde und der Outsourcing-Anbieter ein globales Outsourcing-Projekt (z.B. weltweites Outsourcing der IT des Outsourcing-Kunden) realisieren, so sollte von Anfang an ein *Globales Outsourcing-Vertragswerk* wie in Abbildung D.6 gestaltet werden.

Dem Grunde nach ist das hier beschriebene globale Outsourcing-Vertragswerk nichts anderes als die internationale Potenzierung des in Kapitel D., *Das Outsourcing-Vertragswerk* beschriebenen Vertragswerkes (lokales Outsourcing-Vertragswerk) zzgl. einer globalen Vereinbarung (Global-Agreement) für die *kommerziellen* und *organisatorischen* Bedingungen eines weltweiten Outsourcing-Projekts.

Die Local-Country-Agreements (Lokales Outsourcing-Vertragswerk)[1229] bestehen aus Single-Agreements (Einzelverträgen)[1230], die entsprechend der Vertragshierarchie auf ein Master-Agreement (Rahmenvertrag) verweisen. Diese Verträge sind den entsprechenden Landesrechten (hier für Germany (Ger), USA, Großbritannien (UK) und Österreich (Aut)) angepasst. Das Local-Master-Agreement (Lokaler Rahmenvertrag) verweist auf ein Global-Agreement (Globaler Rahmenvertrag), der die weltweiten Rahmenbedingungen (meist *kommerzieller* und *organisatorischer* Art) und die Schnittstellen zwischen den einzelnen Ländern regelt. Durch den modularen Aufbau des Vertragswerks können auch weitere Länder durch lokale Outsourcing-Verträge mit in das globale Outsourcing-Projekt aufgenommen werden.

1228. vgl. BGH 123, 384

1229. Zum Aufbau eines lokalen Outsourcing-Vertragswerks siehe Kapitel D.; Das Outsourcing-Vertragswerk

1230. Einzelverträge bzw. Single-Agreements können aus Vertragsgruppen wie Übernahmeverträge, Leistungsverträge und sonstige Verträge bestehen.

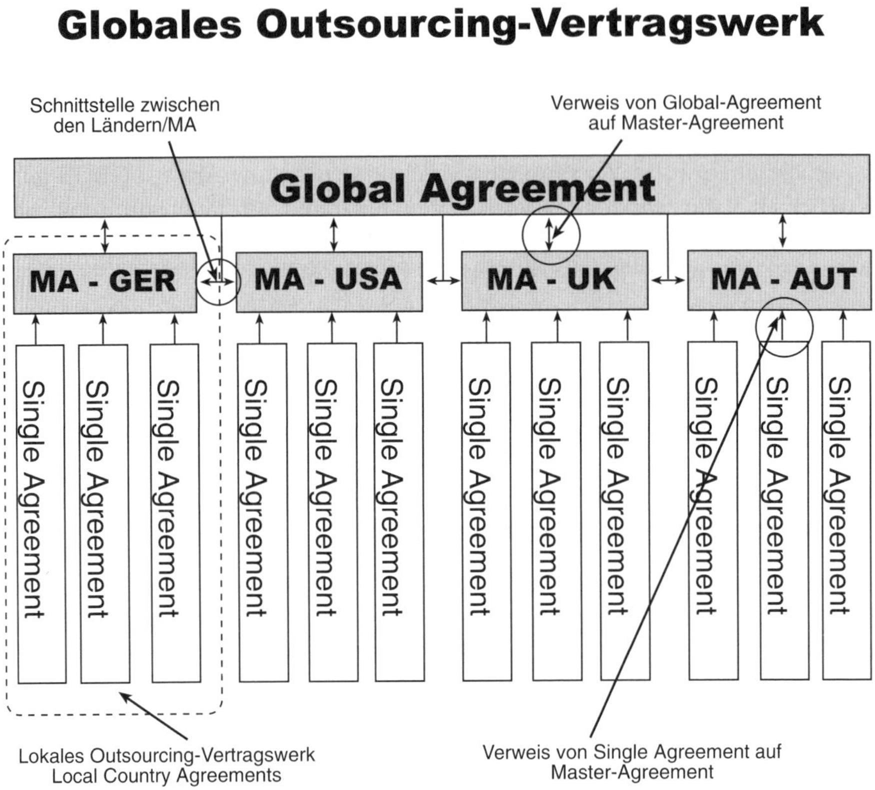

Abbildung D.6

Als Vertragssprache für das globale Outsourcing-Vertragswerk können sich die Vertragsparteien einerseits auf eine einheitliche Sprache (z.B. Englisch) einigen, was den Vorteil hätte, dass alle Dokumente für alle Beteiligten lesbar und verständlich wären. Viele juristische Fachausdrücke sind von ihrer rechtlichen Bedeutung her nur schwer in eine andere Sprache übertragbar.[1231] Daher ist es eher ratsam, ein *Globales Outsourcing-Vertragswerk* in unterschiedlichen Sprachen zu gestalten.[1232]

Die Local-Country-Agreements sollten in der Landessprache verfasst werden, in dem sie auch ihre Geltung entfalten. Beim Global-Agreement sollte die Vertragssprache die Sprache sein, die auch die Projektleitung *überwiegend*[1233] *verwendet.* Auch sollte das Global-Agreement (Globaler Rahmenvertrag) dem Landesrecht

1231. Siehe unter Nr.1 Outsourcing-Vertrag mit internationaler Geltung
1232. Für die Rechtssätze der EU ist eine Mehrsprachigkeit der Verträge sogar vorgeschrieben Art. 314 EG (früher Art. 248 EGV).
1233. Meist ist das Projekt-Team für ein globales Outsourcing mehrsprachig. Bei amerikanisch geprägtem Outsourcing-Anbieter wird häufig bei der Anwesenheit eines englischsprachigen Mitarbeiters die englische Sprache verwendet.

unterstellt werden, in dem sich der Hauptsitz und die Hauptverantwortlichen des Outsourcing-Projekts befinden, um aus der Sicht der Projektverantwortlichen über das Global-Agreement auch das weltweite Outsourcing-Projekt steuern zu können und im Streitfall auch einen Gerichtsstand und ein vertrautes Recht anwenden zu können.[1234] Darüber hinaus sind im Global-Agreement die Regulierung von grenzübergreifenden Transaktionen wie Zölle, Abgaben und außenwirtschaftliche Bestimmungen usw. zu berücksichtigen (siehe unten *Gliederung eines Global-Agreements*).[1235]

Gliederung eines Global-Agreements:[1236]

Preamble[1237]	Präambel
Definitions	Definitionen[1238]
Contracting Party	Vertragspartner[1239]
Subject of the Agreements	Leistungsgegenstand[1240]
Project-Plan & Milestones	Projekt-Plan und Meilensteine für das globale Outsourcing
Steering Comittee	Lenkungsausschuss für globales Outsourcing
Project-Reports	Reporting aus den Ländern
Change-Requests	Änderungswunsch
Interfaces	Schnittstellen[1241]
Commercial Outline Conditions	Kommerzielle Rahmen-Vereinbarungen
Tax[1242]	Steuerliche Gestaltung des globalen Outsourcings
Blocking Statutes[1243]	Handelsbeschränkungen
Covenant[1244]	Besondere Verpflichtungen
Contract-Rights	übliche juristische Regelung bezogen auf das vereinbarte Landesrecht[1245]

1234. Hierbei sollte das gesamte globale Outsourcing-Vertragswerk dann einmal für alle Beteiligen in Englisch übersetzt wird.

1235. Siehe auch Döser, Vertragsgestaltung im Internationalen Wirtschaftsrecht Zölle und Abgaben Rn. 79.

1236. Ohne die Berücksichtigung *eines* spezifischen Landesrechts

1237. Grundsätzlich hat hier die Präambel die gleiche Bedeutung wie die bereits in Kapitel D., Das Outsourcing-Vertragswerk, I. Nr.1. beschriebene Präambel. Die Präambel in der angloamerikanischen Vertragspraxis fangen fast stereotyp mit Konjunktiven, die den Motivationscharakter bezeichnen, wie »considering that« oder »whereas« an, weshalb sie im Fachjargon auch als whereas clauses oder recitals bezeichnet werden. Siehe auch Döser Vertragsgestaltung im Internationalen Wirtschaftsrecht Rn. 61.

1238. Siehe auch Kapitel D., Das Outsourcing-Vertragswerk, I. Nr. 16.
1239. Inkl. Subunternehmer und verbundene Unternehmen
1240. Inkl. dem Verweis a.d. sich im Anhang befindl. Auflistung der lokalen Outsourcing-Vertragswerke.
1241. Zwischen den lokalen Delivery-Units und Outsourcing-Vertragswerken
1242. Bei internationalen Transaktionen gewinnt die steuerliche Gestaltung besondere Bedeutung (siehe Kapitel E., Steuerliche Aspekte des Outsourcings II., Nr. 6.). Gerade bei Kredit- und Leasingverträgen (nicht unüblich bei Outsourcing siehe Kapitel C., Das Outsourcing-Projekt, IV. Nr. 4.) können Quellensteuer auf Zinsen die Kalkulation der Transaktion völlig verändern. Dem wird meist mit einer Mehrsteuer-Übernahmeklausel (gross up clause) begegnet, wonach der Schuldner seine vertraglichen Zahlungen in der Weise zu erhöhen hat, dass der Gläubiger den ursprünglichen vorgesehenen Betrag weiterhin netto erhält; vgl. Sontheimer, Vertragsgestaltung und Steuerrecht S. 15.
1243. In der BRD sind außenwirtschaftliche Beschränkungen eher als gering anzusehen, dagegen ist in anderen Ländern mit erheblichen außenwirtschaftlichen Beschränkungen zu rechnen (z.B. USA-Boykott von Kuba, die Arabischen Staaten und der Israel-Boykott). Im Falle der von den USA aus verhängten Boykotte kann es zu erheblichen Sanktionen des Lieferanten (Ausschluss aus öffentlichen Aufträgen, Bußgelder und Strafen und Steuernachteilen) in den USA führen; Siehe Handbuch des US-Amerikanischen Handels-, Gesellschafts- und Wirtschaftsrechts S. 788 ff.
1244. Ein ursprünglich in der Finanzpraxis der Wall Street entstandener, über London auch auf den Kontinent drängender Bestandteil internationaler Wirtschaftsverträge ist die Verpflichtung, in der Form eines coverant oder sogar einer condition of closing zur Übergabe einer Opinion of Counsel, genauer Third Party Legal Opinion; siehe auch Döser Vertragsgestaltung im Internationalen Wirtschaftsrecht Rn. 74.
1245. Z.B. Regelungen für Vertragsverletzungen breach of contract. Mit der Folge von Vertragsstrafen (Penalty) oder Schadensersatz.

Steuerliche Aspekte des IT-Outsourcings

Wie bereits in Kapitel C.[1246] erläutert, tragen auch die steuerlichen Aspekte wesentlich zum Gelingen eines Outsourcing-Projekts bei.

I. Unterschiedliche Betrachtung

Anders als bei der rechtlichen Outsourcing-Strategie[1247] wird die steuerlich-rechtliche Betrachtung von Outsourcing-Projekten in zwei Phasen aufgeteilt. Zunächst einmal der Outsourcing-Vorgang selbst und dann die steuerrechtliche Betrachtung nach dem Outsourcing der IT.

I.1 Phase 1 – Der Outsourcing-Vorgang

Steuerliche Fragen und Probleme treten zunächst in der Durchführung des Outsourcing-Vorgangs selbst auf. In dieser **1. Phase** erwirbt der Outsourcing-Anbieter zunächst Gegenstände/Vermögenswerte (Asset) des Outsourcing-Kunden. Dabei kann es sich sowohl um materielle, wie Sachgegenstände, als auch immaterielle Gegenstände, wie Software und Patente, handeln. Weiterhin tritt der Outsourcing-Anbieter in die Rechtsverhältnisse des Outsourcing-Kunden ein, übernimmt er dessen Arbeitnehmer, so tritt er in die Arbeitsverhältnisse ein. Werden Gegenstände vom Vermögen des Outsourcing-Kunden auf den Outsourcing-Anbieter übertragen, so hat dies insbesondere beim Kunden bilanzsteuerrechtliche Auswirkungen. Es kann zu einer Aufdeckung stiller Reserven kommen. Diese stillen Reserven bzw. der aufgedeckte Gewinn würden nun der Besteuerung unterliegen. Dies versuchen die beteiligten Unternehmen zu vermeiden. Es gibt dabei verschiedene Gestaltungsmöglichkeiten, die Aufdeckung stiller Reserven zu verhindern bzw. stille Reserven steuerneutral zu übertragen. Der Gesetzgeber bietet selbst einige solcher steuerneutraler Übertragungsmöglichkeiten, bei denen auf eine ansonsten durchzuführende Besteuerung stiller Reserven verzichtet wird. Auch die Rechtsprechung lässt in bestimmten Fällen eine Übertragung zu und verzichtet

---

1246. Siehe Kapitel C., Das Outsourcing-Projekt, I. Nr. 1d

1247. In der rechtlichen Betrachtung von Outsourcing-Projekten wurde eine Dreiteilung vorgenommen.

(zunächst) auf die Besteuerung eigentlich realisierter Gewinne. Andererseits dienen die Regelungen immer einem bestimmten Zweck, die Unternehmen dürfen entsprechende Regelungen nicht missbrauchen (§ 42 AO), eine endgültige Steuerverkürzung bzw. -umgehung ist in jedem Falle zu vermeiden. Solche Gestaltungen werden dann auch von den Gerichten und der Finanzverwaltung überprüft und gegebenenfalls umqualifiziert.

Die genaue Besteuerung des Outsourcing-Vorgangs selbst ist abhängig von der Art der Ausgliederung. Es gibt hierbei vielfältige Möglichkeiten. Die intensivste Form des Outsourcings ist die Verlagerung der vorher ausgeübten Tätigkeit auf einen fremden Dritten, den Outsourcing-Anbieter, mit dem keine gesellschaftsrechtliche Verknüpfung besteht.[1248] Eine weniger starke Trennung ist beim **totalen Outsourcing** gegeben, wenn die betreffende Unternehmenstätigkeit gemeinsam mit einem Partner im Rahmen eines Joint Ventures durchgeführt wird und Outsourcing-Anbieter und -kunde an einem dritten Dienstleistungsunternehmen (Service-Gesellschaft) beteiligt sind. Die schwächste Form ist die Übertragung auf ein verbundenes Unternehmen, was zwar rechtlich selbstständig ist, aber als konzerninternes Unternehmen wirtschaftlich dem Mutterunternehmen zuzurechnen ist **(konzerninternes Outsourcing)**.[1249]

Des Weiteren ist für steuerliche Fragen relevant, ob der Outsourcing-Vorgang nur im Inland stattfindet oder möglicherweise grenzüberschreitend durchgeführt wird. Beim grenzüberschreitenden Outsourcing treten neben die nationalen steuerrechtlichen Regelungen zusätzlich nationale auslandsbezogene als auch internationale Regelungen und Sondervorschriften. Diese sollen zum einen die Steuerflucht in so genannte Niedrigsteuerländer unterbinden, andererseits aber auch die Unternehmen entlasten, indem Doppelbesteuerungen vermieden werden.

I.2 Phase 2 – Laufende Besteuerung der Leistungen nach Ausgliederung

Weitere steuerrechtliche Fragen des Outsourcings ergeben sich nach dem Outsourcing-Vorgang selbst. Hier ist zu prüfen, wie die wiederkehrenden gegenseitigen Leistungen zwischen dem Outsourcing-Kunden und dem Outsourcing-Anbieter zu qualifizieren sind und welche steuerlichen Auswirkungen damit verbunden sind. Auch hier ist es wieder von entscheidender Bedeutung, welche Form des Outsourcings gewählt wird.

So sind insbesondere Leistungen zwischen Konzerngesellschaften genau zu untersuchen und gegebenenfalls Fremdvergleiche anzustellen. Keine Schwierigkeiten ergeben sich bei einem fremden externen Outsourcing-Anbieter, hier sind die

1248. Ein Totales Outsourcing ohne die Gründung einer gemeinsamen Service-Gesellschaft. Siehe Kapitel B., Formen des Outsourcings, II.
1249. Siehe Kapitel B., Formen des Outsourcings, I.

jeweiligen Beziehungen zwischen den Unternehmen schuldrechtlicher Natur. Die steuerrechtlichen Folgen des Outsourcings sind schon vor dem eigentlichen Vorgang selbst zu prüfen, um aufgrund der Steuerlast bzw. der Steuerersparnis überhaupt über das **Ob** des Outsourcings zu entscheiden bzw. um zu analysieren, in welcher Form der Outsourcing-Vorgang durchgeführt werden soll.

II. Der Outsourcing-Vorgang

Der Outsourcing-Vorgang im steuerlichen Sinne erfasst den Bereich bis zur Übertragung der Asset-Werte. Von der rechtlichen Betrachtungsweise gesehen, sollte dieser Vorgang bis zum Ende der Implementierungsphase des Outsourcing-Projekts und der Unterzeichnung des Outsourcing-Vertrages erreicht sein.

II.1 Aufdeckung stiller Reserven

Das steuerrechtlich bedeutsamste Problem des Outsourcing-Vorgangs ist die Aufdeckung und damit verbundene Besteuerung der stillen Reserven beim Outsourcing-Kunden. Wie es dazu kommt, ist zunächst zu untersuchen.

Stille Reserven ist der Unterschiedsbetrag zwischen dem in der Bilanz erfassten Buchwert des Wirtschaftsguts und gemeinem Wert oder Teilwert (Verkehrswert) des Wirtschaftsguts[1250]. Zu diesen Differenzen kommt es aufgrund der handelsrechtlichen Bewertungsvorschriften, die nach dem Maßgeblichkeitsprinzip gemäß § 5 I S. 1 EStG auch im Steuerrecht gelten. Zu unterscheiden sind hierbei materielle und immaterielle[1251] Vermögensgegenstände.

a) Materielle Vermögensgegenstände

Für materielle Vermögensgegenstände gilt ein Aktivierungsgebot, sie sind in der Bilanz anzugeben. Im Bilanzsteuerrecht gilt das so genannte **Vorsichtsprinzip**, danach sind Vermögensgegenstände maximal mit ihren Anschaffungs- oder Herstellungskosten vermindert um Abschreibungen[1252] zu aktivieren. Oft haben die Gegenstände aber einen viel höheren Wert, z.T. schon von Anfang an, wie bei selbst hergestellten Gütern, z.T. erst durch Wertsteigerungen im Laufe der Zeit. Aufgrund des Vorsichtsprinzips dürfen diese Wertzuwächse nicht in der Bilanz berücksichtigt werden. Hier ist die stille Reserve der Unterschiedsbetrag zwischen dem in der Bilanz angegebenen Buchwert und dem tatsächlichen Verkehrswert. Durch die Übertragung gehen die Gegenstände in das Vermögen des Outsourcing-Anbieters über, aus Sicht des Outsourcing-Kunden findet hier eine Gewinnrealisierung statt,

1250. Tipke/Lang Steuerrecht § 9 Rn. 410
1251. Immaterielle Wirtschaftsgüter sind alle unkörperlichen Wirtschaftsgüter, insbesondere Rechte und tatsächliche Positionen von wirtschaftlichem Wert; Schmidt EStG § 5 Rn. 171
1252. Siehe § 253 I S. 1 HGB

die stillen Reserven werden offen gelegt. Im IT-Bereich werden als materielle Vermögensgegenstände meist PCs, Inventar der Abteilung und Server übertragen. In der Praxis tritt allerdings bei materiellen Wirtschaftsgütern selten eine Wertsteigerung ein, diese ist allenfalls bei Servern denkbar.

b) Immaterielle Vermögensgegenstände

Diese Fallgruppe ist aufgrund des geltenden Bilanzrechts sehr schwierig und in der Praxis bestehen hier oft Meinungsverschiedenheiten zwischen der Finanzverwaltung und den Steuerpflichtigen. Gemäß § 5 II EStG besteht eine Aktivierungspflicht nur für entgeltlich erworbene (derivative) immaterielle Wirtschaftsgüter. Hierbei ergeben sich keine Besonderheiten. Sie sind in der Bilanz aufgeführt und können bei Übertragung auf den Outsourcing-Anbieter zu einer Gewinnrealisierung und somit zur Aufdeckung stiller Reserven führen, wenn die Gegenleistung über den Anschaffungskosten liegt.

Selbst geschaffene (originäre) immaterielle Wirtschaftsgüter dürfen gemäß § 5 II EStG und § 248 II HGB als Ausfluss des Vorsichtsprinzips nicht aktiviert werden, sie tauchen somit nicht in der Bilanz auf. Die Gegenstände werden zunächst überhaupt nicht erfasst, werden sie dann übertragen und das Unternehmen erhält dafür eine Gegenleistung, erfolgt eine Aufdeckung der stillen Reserve. Hier ist die stille Reserve der gesamte tatsächliche Verkehrswert. Dies setzt aber voraus, dass es sich um Wirtschaftsgüter handelt. Die Qualifizierung als Wirtschaftsgut bei Gütern, deren Wert zunächst nicht messbar ist und die, da sie nicht entgeltlich erworben wurden, auch nicht bilanziert sind, ist sehr schwierig. Die Finanzverwaltung versucht diese immateriellen Werte als Wirtschaftsgüter zu qualifizieren, um bei der Übertragung den realisierten Gewinn besteuern zu können. Der Steuerpflichtige hingegen bestreitet, dass ein Wirtschaftsgut vorliegt. Nach Ansicht des BFH[1253] ist ein Wirtschaftsgut durch folgende Eigenschaften definiert:

- alle Sachen und Rechte und sonstige vermögenswerte Vorteile
  - deren Erlangung der Kaufmann sich etwas kosten lässt
  - die nach der Verkehrsauffassung einer besonderen Bewertung zugänglich sind
  - die einzeln oder im Zusammenhang mit dem Betrieb übertragbar sind

Die Finanzverwaltung bejaht dies bei Patenten und anderen besonderen Rechten sowie IT-Programmen, die Rechtsprechung lässt dies auch zu. Im IT-Bereich betrifft diese Fallgruppe vor allem selbst erstellte Software und selbst erstellte Betriebssysteme. Werden diese dann auf den Outsourcing-Anbieter übertragen, so liegt die Aufdeckung einer stillen Reserve in Höhe des Verkehrswerts vor.

1253. BFH BStBl II 1987, 14

Keine Gewinnrealisierung ist darin zu sehen, dass der Outsourcing-Anbieter durch den Outsourcing-Vorgang das Outsourcing-Unternehmen als Kunden mit dem Auftragsvolumen aus dem neu abgeschlossen Service-Provider-Vertrag erhält. Diese Geschäftschance wird nicht vom Outsourcing-Kunden übertragen, sondern entsteht erst originär mit dem Outsourcing-Vorgang. Nur wenn das outsourcende Unternehmen auch für Dritte IT-Leistungen erbracht hat und diese Kunden bzw. Auftragsbestände mit übertragen werden, gehen immaterielle Wirtschaftsgüter mit über.

Die Übertragung der Arbeitsverhältnisse der Arbeitnehmer, die zukünftig beim Outsourcing-Anbieter beschäftigt werden, sind ebenfalls keine Wirtschaftsgüter. Es handelt sich bei Arbeitsverhältnissen um ein schwebendes Geschäft, das grundsätzlich keinen Ausweis in der Bilanz erfährt. Fraglich ist, ob es sich insofern aber um eine tatsächliche Position von wirtschaftlichem Wert (z.B. das durch die Arbeitnehmer gebündelte Know-how oder ein besonders gutes Zusammenwirken der Arbeitnehmer) handeln könnte. Die Arbeitsleistungen der im Unternehmen tätigen Arbeitnehmer sind im Regelfall nicht als abnutzbare immaterielle Einzelwirtschaftsgüter, sondern als typische geschäftswertbildende Faktoren zu beurteilen. Das Vorhandensein eines »eingespielten Teams erfahrener Fachleute« entzieht sich ebenso wie etwa der Standort, die Organisation oder der gute Ruf eines Unternehmens regelmäßig einer selbstständigen Bewertung und bestimmt lediglich den Wert des Unternehmens als Ganzes[1254]. Der Ansatz eines immateriellen Wirtschaftsguts und damit der Übergang eines solchen kommt daher durch den Übergang von Arbeitsverhältnissen nicht in Betracht.

Besondere Schwierigkeiten bei der Besteuerung immaterieller Wirtschaftsgüter bereitet der so genannte Firmenwert (Goodwill). Dabei handelt es sich um den Mehrwert, der einem gewerblichen Unternehmen über den Substanzwert der einzelnen materiellen und immateriellen Wirtschaftsgüter abzüglich der Schulden innewohnt[1255]. Dieser Unterschiedsbetrag ergibt sich aus den erhöhten Ertragsaussichten eines Unternehmens aufgrund des Rufs der Firma, des Kundenstamms, der Organisationsstruktur, der Produktions- und Absatzverfahren bzw. des qualifizierten und eingearbeiteten Personals. Ob dieser steuerbar ist, ist umstritten. Die Literatur verneint dies mit der Begründung der fehlenden Bewertungsfähigkeit.[1256] Die Rechtsprechung sieht den Goodwill hingegen als Vermögensgegenstand und besteuert ihn.[1257] Dies setzt aber voraus, dass der Betrieb oder zumindest ein Teilbetrieb übertragen wird, denn der Firmenwert ist an den Betrieb gebunden.[1258] Bei Übertragung einer Summe einzelner Wirtschaftsgüter geht kein Firmenwert mit über bzw. ist kein Firmenwert aufzudecken. Unter einem Teilbetrieb ist ein selbst-

1254. BFH-Urteil v. 7.11.1985 IV R 7/83, BStBl II 1986, 176 178 (Rohling, DB 1985, 1609, 1612)
1255. Schmidt EStG § 5 Rn. 221
1256. Knobbe-Keuk, Bilanz- und Unternehmenssteuerrecht, § 4 IV 3.b)
1257. BFH BStBl II 1982, 189
1258. BFH BStBl II 1994, 906

ständiger organisatorisch geschlossener Teil des Gesamtbetriebes zu verstehen, der für sich allein lebensfähig ist.[1259] Die IT-Abteilungen erfüllen in der Regel nicht die Voraussetzungen eines Teilbetriebs. Allerdings in Fällen, in denen die IT-Abteilungen auch für Dritte IT-Leistungen erbringen, ist die Annahme eines vorliegenden Teilbetriebs durchaus möglich. Es müssen die Umstände des Einzelfalls betrachtet werden.

Die grundsätzliche steuerrechtliche Problematik beim Outsourcing ist die Aufdeckung und damit verbundene Besteuerung stiller Reserven. Wie dies vermieden werden kann und welche Möglichkeiten einer steuerneutralen Übertragung der Wirtschaftsgüter der Gesetzgeber vorgesehen hat, ist abhängig von der jeweiligen Art der Ausgliederung. Dabei ist zunächst das Outsourcing an einen fremden dritten Outsourcing-Anbieter und konzerninternes Outsourcing voneinander getrennt zu betrachten.

II.2 Outsourcing an einen fremden Dritten

Die intensivste Form des Outsourcings ist die Übertragung der bisherigen Tätigkeit und des Asset auf ein fremdes unabhängiges Dienstleistungsunternehmen (Outsourcing-Anbieter). Hier bestehen zwischen den beteiligten Unternehmen keine gesellschaftsrechtlichen Verknüpfungen, sondern nur schuldrechtliche Beziehungen aufgrund des vereinbarten Outsourcing-Vertragswerks.

a) Angemessene Gegenleistung

Es liegt ein normales Zwei-Parteienverhältnis vor, beide Partner sind voneinander unabhängig. Im Gegensatz zum konzerninternen Outsourcing ist steuerrechtlich die Behandlung der Vermögensübertragung relativ einfach, da aufgrund der Unabhängigkeit der Vertragspartner regelmäßig von einem angemessenen Leistungs- und Gegenleistungsverhältnis ausgegangen wird. So wird sich der Outsourcing-Kunde die Übertragung der Wirtschaftsgüter voll vom Outsourcing-Anbieter vergüten lassen. Das bedeutet, dass das übertragende Unternehmen für die Wirtschaftsgüter, die auf den Outsourcing-Anbieter übergehen sollen, mindestens den Verkehrswert (gemeiner Wert bzw. Teilwert) als Entgelt erhält. Es entsteht beim übertragenden Unternehmen durch die Aufdeckung der stillen Reserven ein steuerbarer Gewinn. Ein Teil des erhaltenen Entgelts muss daher für die Bezahlung der entstehenden Steuerbelastung verwandt werden.

b) Keine angemessene Gegenleistung

Steuerrechtliche Probleme treten erst dann auf, wenn das Übertragungsunternehmen seine Wirtschaftsgüter auf den Outsourcing-Anbieter überträgt, dies aber unentgeltlich erfolgt bzw. das Entgelt weit unter einem angemessenen Verkehrs-

1259. BFH BStBl II 1977, 595 (596)

wert liegt. In einem solchen Fall würde beim Outsourcing-Kunden kein bzw. nur ein niedriger Gewinn anfallen, so dass gar keine bzw. geringere Steuern anfallen. Bewusst wird der Outsourcing-Kunde diese unentgeltliche oder verbilligte Übertragung nur dann vornehmen, wenn er dafür einen meist verdeckten geldwerten Vorteil erhält, um den eigentlichen Übertragungsverlust zu kompensieren.

In der Praxis erfolgt dies meist dadurch, dass der Outsourcing-Kunde Wirtschaftsgüter verbilligt abgibt und dafür in den folgenden Jahren eine geringere Dienstleistungsvergütung an den Outsourcing-Anbieter zahlt, als dies angemessen wäre. Die Finanzverwaltung prüft in solchen Fällen die jeweiligen Verträge, es werden sowohl die Entgelte für die Übertragung als auch die laufenden Dienstleistungsvergütungen auf ihre Angemessenheit überprüft. Dabei finden so genannte **interne Vergleiche** statt, d.h. Vergleiche mit Verträgen, die das Unternehmen mit anderen Unternehmen schließt, sowie auch externe, so genannte **Fremdvergleiche**, wo ähnliche Verträge von Unternehmen der gleichen Branche herangezogen werden. Grundsätzlich dürfte es für die Finanzverwaltung schwer sein, die tatsächliche Angemessenheit hinsichtlich des Kaufpreises für die übertragenen Wirtschaftsgüter und der Dienstleistungsvergütungen ganz genau zu beurteilen. Die Unternehmen haben deshalb einen nicht unerheblichen Beurteilungs- und Ermessensspielraum, der jedoch nicht überschritten werden sollte.

Liegt allerdings eine nicht angemessene Vergütung vor, so würde dies dazu führen, dass im Übertragungsjahr beim Outsourcing-Kunden ein geringerer Gewinn ausgewiesen wird, als eigentlich realisiert wurde, es werden zu wenig Steuern gezahlt. In den nachfolgenden Jahren zahlt der Outsourcing-Kunde geringere Dienstleistungsvergütungen, die Gewinn mindernd als Betriebsausgaben berücksichtigt werden. Daher ist der Gewinn in den Folgejahren höher, als wenn an den Outsourcing-Anbieter angemessene Entgelte gezahlt werden müssten, hier fallen höhere Steuern an. Die Gesamtsumme der Steuern im gesamten Zeitraum bleibt somit gleich, allerdings zahlt das Outsourcing-Unternehmen seine Steuern später, als es aufgrund des Realisationsprinzips gesetzlich verpflichtet wäre.

Dies nennt man **Steuerstundungseffekt**, die Steuern von »heute« werden erst »morgen« gezahlt. Dies führt zu einem Vorteil für die Unternehmen, sie können länger über die liquiden Mittel verfügen und erhalten eine zinsfreie Steuerstundung. Es kann sogar zu einer Steuerreduzierung führen, wenn der Steuertarif in den späteren Jahren gesenkt wird, wie dies aktuell durch das Steuerentlastungsgesetz geschehen ist.

Die Gestaltung des Outsourcing-Vorgangs mit nicht angemessenen Vergütungen würde somit zu einer Ungleichbehandlung gegenüber anderen Steuerpflichtigen führen und eine Missbrauchsmöglichkeit darstellen. Die Finanzverwaltung korrigiert in solchen Fällen deshalb die jeweiligen Vorgänge. So wird fingiert, dass das Outsourcing-Unternehmen die Wirtschaftsgüter zum Verkehrswert übertragen hat und es findet eine Besteuerung der stillen Reserven in voller Höhe statt. Die Differenz zwischen dem Verkehrswert und dem tatsächlich erhaltenen Wert wird als Kaufpreisstundung bzw. Ratenzahlung qualifiziert und mit den verbilligten Dienstleistungsvergütungen verrechnet. Dies führt dann dazu, dass der Outsourcing-Kunde so gestellt wird, als wenn er das Wirtschaftsgut zu einem angemessenen Preis verkauft hat, die Steuern von »heute« müssen somit auch »heute« bezahlt werden. Auch auf Seiten des Outsourcing-Anbieters erfolgt eine Umqualifizierung. Die erhaltenen Dienstleistungsvergütungen werden auf ein angemessenes Maß erhöht und somit erhöht sich auch der Gewinn des Unternehmens. Im Gegenzug dafür werden auch die Anschaffungskosten der erworbenen Wirtschaftsgüter höher bewertet, so dass in den Folgejahren höhere Gewinn mindernde Abschreibungen möglich sind.

II.3 Konzerninternes Outsourcing[1260]

Erfolgt der Outsourcing-Vorgang konzernintern, so ergeben sich besondere steuerrechtliche Probleme. Zunächst sind die Vorgänge aus Sicht der Finanzverwaltung und der beteiligten Unternehmen zu betrachten.

Bei verbundenen Unternehmen bestehen zwischen den verschiedenen Rechtsträgern nicht nur schuldrechtliche Vereinbarungen, sondern auch gesellschaftsrechtliche Verflechtungen, es gibt Mutter- und Tochtergesellschaften, beherrschende und untergeordnete Rechtsträger. Dies führt dazu, dass die Parteien in der Aushandlung des Outsourcing-Vertrags nicht frei sind, sondern es werden Weisungen erteilt und die beherrschten Unternehmen sind an diese Weisungen gebunden. Das Handeln im Konzern ist auf das Konzerninteresse ausgerichtet, nicht auf das Interesse einer einzelnen Gesellschaft. Die jeweiligen Leistungsbeziehungen zwischen verbundenen Unternehmen sind nicht durch das kaufmännische Prinzip der Angemessenheit von Leistung und Gegenleistung geprägt, je nach Ziel der Konzernspitze erfolgen verbilligte oder überhöhte Entgelte. Dies ermöglicht es den Unternehmen, Gewinne hin- und herzutransferieren.

Dies hat aus Sicht der Finanzverwaltung negative Auswirkungen. So bestehen unterschiedliche Steuertarife (Progression), teilweise Steuerbefreiungen bzw. -ermäßigungen und die Möglichkeit von Verlustausgleichen. Durch unangemessene Leistungsentgelte kann der Konzern in den einzelnen Gesellschaften den Gewinn oder Verlust erreichen, den er für steuerlich günstig hält, so können steuerbefreite Unternehmen durch erhöhte Leistungsentgelte hohe Gewinne machen und eigentlich Gewinn bringenden Unternehmen werden Verluste zugeschoben, um der Steuerbelastung zu entgehen. Aus Sicht der Steuerverwaltung stellen konzerninterne Unternehmen somit eine hohe Missbrauchsmöglichkeit dar. Der Gesetzgeber hat deshalb eine Vielzahl von Regelungen ins Steuerrecht aufgenommen, die es der Finanzverwaltung ermöglichen, Leistungsbeziehungen zu überprüfen und Gewinnkorrekturen vorzunehmen.

1260. Siehe Kapitel B., Formen des Outsourcings, I.

Die wichtigsten Regelungen sind:

- **§ 8 III S. 2 KStG:** verdeckte Gewinnausschüttung[1261] bei Kapitalgesellschaften
- **§ 8 I KStG:** verdeckte Einlage bei Kapitalgesellschaften
- **§ 6 I Nr. 4 EStG:** verdeckte Entnahme bei Personengesellschaften
- **§ 6 I Nr. 5 EStG:** verdeckte Einlage bei Personengesellschaften

Überhöhte Entgelte stellen verdeckte Gewinnausschüttungen bzw. Entnahmen dar und werden Gewinn erhöhend berücksichtigt, verbilligte Entgelte stellen Einlagen dar und werden Gewinn mindernd berücksichtigt. Beim Outsourcing-Vorgang bedeutet dies, dass bei einer unentgeltlichen Übertragung der Wirtschaftsgüter eine Gewinnkorrektur durchgeführt wird und beim Kunden eine Besteuerung in Höhe der Differenz zwischen Buchwert und Verkehrswert des Asset stattfindet.

Aus Sicht des Konzerns liegt aber kein steuerbarer Vorgang vor. Transfers zwischen verbundenen Unternehmen berühren die Liquidität des Konzerns nicht, es findet nur ein interner Austausch statt, dem Konzern werden selbst bei entgeltlichen Transfers keine neuen liquiden Mittel zugeführt. Aus Konzernsicht findet somit keine Gewinnrealisierung statt, es wird am Markt kein Gewinn realisiert. Die stillen Reserven werden durch den Vorgang zwar aufgedeckt, sie verbleiben aber weiterhin im Konzern. Durch die gesetzlichen Regelungen der Gewinnkorrektur könnten aber stille Reserven im Konzern nicht steuerneutral übertragen werden. Der Gesetzgeber hat dieses Problem gesehen und wollte die Transfermöglichkeiten im Konzern nicht übermäßig einschränken. Er hat deshalb Regelungen geschaffen, die eine steuerneutrale Übertragung der stillen Reserven ermöglichen. Der Verzicht auf die Besteuerung erfolgt allerdings nicht endgültig, alle Regelungen setzen voraus, dass eine spätere Besteuerung erfolgt.

II.4 Steuerneutrale Übertragungsmöglichkeiten beim totalen Outsourcing

Wie bereits in Kapitel B., **Formen des Outsourcings**, II erläutert, werden beim totalen Outsourcing[1262] der Großteil der IT-Service-Aktivitäten eines Konzerns oder eines Unternehmens von einem Service Provider (Outsourcing-Anbieter) erbracht.[1263]. Dies bedeutet regelmäßig, dass Wirtschaftsgüter vom Outsourcing-

1261. Eine verdeckte Gewinnausschüttung i.S.d. § 8 III S. 2 KStG ist eine Vermögensminderung oder verhinderte Vermögensmehrung, die durch das Gesellschaftsverhältnis veranlasst ist, sich auf die Höhe des Einkommens auswirkt und nicht auf einem den gesellschaftsrechtlichen Vorschriften entsprechenden Gewinnverteilungsbeschluss beruht. Eine Veranlassung durch das Gesellschaftsverhältnis liegt dann vor, wenn ein ordentlicher und gewissenhafter Geschäftsführer die Vermögensminderung oder verhinderte Vermögensmehrung gegenüber einer Person, die nicht Gesellschafter ist, unter sonst gleichen Umständen nicht hingenommen hätte; R 31 Abs. 3 S. 1 u. 2 KStR
1262. Siehe Kapitel B., Formen des Outsourcings, II.
1263. Müthlein »Outsourcing und Datenschutz« S. 8

Kunden auf den zukünftigen Service Provider (Outsourcing-Anbieter) übertragen werden. Unter bestimmten Voraussetzungen ist eine steuerneutrale Übertragung der Wirtschaftsgüter nach dem Umwandlungssteuergesetz (UmwStG) oder nach § 6 V EStG möglich.

a) Steuerneutrales Outsourcing nach dem Umwandlungssteuergesetz

Eine steuerneutrale Übertragung ist nach §§ 20, 24 UmwStG möglich. Hier erfolgt die Ausgliederung durch Übertragung auf ein Unternehmen, an dem der Übertragende beteiligt wird. Das neue Unternehmen kann sowohl eine Kapitalgesellschaft (§ 20) als auch eine Personengesellschaft (§ 24) sein. Voraussetzung ist aber in jedem Falle, dass die ausgegliederte IT-Abteilung einen Teilbetrieb im Sinne des Umwandlungssteuergesetzes darstellt. Darunter ist jeder mit einer gewissen Selbstständigkeit ausgestatteter, organisatorisch geschlossener Teil des Gesamtbetriebes zu verstehen, der für sich allein existieren kann. Diese Voraussetzungen werden von IT-Abteilungen meist nicht erfüllt, den Unternehmen ist anzuraten, die Ausgliederung in solchem Umfang vorzunehmen, dass möglicherweise doch ein Teilbetrieb vorliegt, ansonsten sind die §§ 20, 24 UmwStG nicht anwendbar.

aa) Einbringung in eine Kapitalgesellschaft – § 20 UmwStG

Die Einbringung in eine Kapitalgesellschaft nach § 20 UmwStG setzt voraus, dass der Teilbetrieb in eine unbeschränkt steuerpflichtige Kapitalgesellschaft eingebracht wird, d.h., die Gesellschaft muss ihren Sitz oder ihre Geschäftsleitung im Inland haben. Der Einbringungsvorgang selbst setzt voraus, dass dem Einbringenden neue Anteile an dem übernehmenden Unternehmen gewährt werden, es liegt dann eine so genannte Sachgründung bzw. Sachkapitalerhöhung vor[1264].

Dies kann auf zwei Wegen erreicht werden. So kann eine neue Gesellschaft gegründet werden, an der der Outsourcing-Kunde Anteile erhält und dafür die IT-Abteilung als Teilbetrieb einbringt. Möglich ist aber auch die Einbringung in eine schon bestehende Kapitalgesellschaft. Dies setzt voraus, dass der einbringenden Gesellschaft neue Anteile an der Übernahmegesellschaft gewährt werden, es muss also vorher eine Kapitalerhöhung stattfinden. In der Praxis erfolgt eine Übertragung nach § 20 UmwStG durch Gründung eines Joint-Venture-Unternehmens vom Outsourcing-Anbieter und dem Outsourcing-Kunden. Es handelt sich dabei um eine Mischform von externer und interner Ausgliederung. Der Outsourcing-Anbieter gründet eine Gesellschaft. Der Outsourcing-Kunde bringt seine IT-Abteilung ein und erhält dafür neue Anteile. Auf die Höhe der Beteiligung kommt es steuerlich nicht an, diese ist abhängig vom eingebrachten Asset. Da der Anbieter das Joint-Venture-Unternehmen in aller Regel leiten soll, hat er meist die Mehrheit von über 50 % der Anteile. Der Outsourcing-Kunde möchte aber trotzdem noch Einfluss haben, er hat deshalb meist mindestens 25 % der Anteile, um eine Sperrminorität zu haben.

1264. Dötsch, Rn. 181

bb) Einbringung in eine Personengesellschaft – § 24 UmwStG

Die Übertragung eines Teilbetriebes kann auch steuerneutral durch Einbringung in eine Personengesellschaft erfolgen. Dies setzt gemäß § 24 UmwStG voraus, dass der Outsourcing-Kunde Mitunternehmer der Personengesellschaft wird. Aus haftungsrechtlichen und gesellschaftsrechtlichen Gründen ist diese Gestaltungsmöglichkeit in der Praxis eher bedeutungslos.

Rechtsfolge einer Einbringung nach §§ 20, 24 UmwStG ist ein Bewertungswahlrecht der Unternehmen. Das eingebrachte Betriebsvermögen kann sowohl mit seinem Buchwert als auch mit einem höheren Wert, höchstens jedoch dem Teilwert[1265] angesetzt werden. Die Absätze 3, 4 und 5 enthalten Ausnahmen vom Ansatzwahlrecht, um Missbräuche zu vermeiden. Erfolgt ein Ansatz zum Buchwert (so genannte **Buchwertfortführung**), so liegt eine steuerneutrale Übertragung vor. Die Unternehmen können die stillen Reserven aber auch aufdecken, dies wäre günstig, wenn das übertragende Unternehmen die entstehenden Gewinne mit Verlusten verrechnen kann. Die Wirtschaftsgüter sind dann im Joint-Venture-Unternehmen zum Verkehrswert zu aktivieren, was dem Unternehmen Abschreibungspotenzial schafft.

b) Übertragung nach § 6 V EStG

Beim Outtasking (partielles Outsourcing)[1266] und möglicherweise beim totalen Outsourcing erfüllen die auszugliedernden IT-Abteilungen nicht die Voraussetzungen eines Teilbetriebes. Dann wird nur eine Anzahl von Einzelwirtschaftsgütern übertragen.

Hier kommt eine steuerneutrale Übertragung gemäß § 6 V EStG in Betracht. Durch das Unternehmenssteuerfortentwicklungsgesetz (UntStFG) wurde der § 6 V EStG in der Fassung des Steuersenkungsgesetzes (StSenkG) nach zahlreicher Kritik in der Literatur erneut überarbeitet und noch stärker an den bis 1998 geltenden Mitunternehmererlass bezüglich der Buchwertübertragung von Wirtschaftsgütern angelehnt. Es erfolgte die gesetzgeberische Klarstellung, dass mit Hilfe des § 6 V S. 3 EStG die Verschiebung stiller Reserven auf andere natürliche Personen erfolgen kann. Allerdings wird diese Gestaltungsmöglichkeit durch § 6 V S. 4 EStG eingeschränkt, wonach das übertragene Wirtschaftsgut nicht innerhalb einer Sperrfrist[1267] entnommen oder veräußert werden darf. Andernfalls ist die Übertragung rückwirkend zum Teilwert vorzunehmen, es sei denn, die stillen Reserven sind durch eine Ergänzungsbilanz dem übertragenden Gesellschafter

1265. Teilwert ist der Betrag, den ein Erwerber des ganzen Unternehmens im Rahmen des Gesamtkaufpreises für das einzelne Wirtschaftsgut ansetzen würde. Dabei ist davon auszugehen, dass der Erwerber das Unternehmen fortführt; § 10 BewG
1266. Siehe Kapitel B., Formen des Outsourcings
1267. Diese Sperrfrist endet drei Jahre nach Abgabe der Steuererklärungen des Übertragenden für den Veranlagungszeitraum, in dem die Übertragung erfolgt ist, § 6 V S. 4, 2. Halbsatz.

zugeordnet worden. Hierdurch soll erreicht werden, dass diese Übertragungsvorgänge nur dann begünstigt werden, wenn diese der Fortführung des unternehmerischen Engagements in anderer Form dienen. Werden die Wirtschaftsgüter innerhalb der Sperrfrist veräußert oder entnommen, vermutet der Gesetzgeber, dass die Übertragung lediglich der Vorbereitung der Entnahme oder Veräußerung diente. Im Rahmen eines Outsourcing-Projekts dürfte diese Sperrfrist keine besondere Bedeutung haben, da die Laufzeit von Outsourcing-Verträgen meist auf fünf bis zehn Jahre ausgelegt ist.[1268]

Die steuerneutrale Übertragung von Einzelwirtschaftsgütern zu Buchwerten ist möglich, soweit ein Wirtschaftsgut

- unentgeltlich oder gegen Gewährung oder Minderung von Gesellschaftsrechten aus einem Betriebsvermögen des Mitunternehmers in das Gesamthandsvermögen einer Mitunternehmerschaft und umgekehrt
- unentgeltlich oder gegen Gewährung oder Minderung von Gesellschaftsrechten aus dem Sonderbetriebsvermögen eines Mitunternehmers in das Gesamthandsvermögen derselben Mitunternehmerschaft oder einer anderen Mitunternehmerschaft, an der er beteiligt ist, und umgekehrt
- unentgeltlich zwischen den jeweiligen Sonderbetriebsvermögen verschiedener Mitunternehmer derselben Mitunternehmerschaft

übertragen wird.

Für das Outsourcing-Projekt bedeutet dies, dass der Outsorcing-Kunde die Wirtschaftsgüter aus seinem Betriebsvermögen auf eine Personengesellschaft überträgt, an der er als Mitunternehmer beteiligt ist oder durch den Übertragungsvorgang beteiligt wird. Mitunternehmerschaft ist zu bejahen, wenn der Beteiligte bei gewerblichem Handeln sowohl Unternehmerinitiative (Mitwirkungsrechte) als auch Unternehmerrisiko (Gewinn- und Verlustbeteiligung) hat.

Eine Besonderheit besteht darin, dass § 6 V EStG nicht anwendbar ist, wenn an der neuen Gesellschaft noch andere Kapitalgesellschaften beteiligt sind. Damit sollten Missbrauchsgestaltungen vermieden werden. Allerdings verhindert die Norm die steuerneutrale Übertragung beim Outsourcing in Form eines Joint Venture, sofern es sich beim Joint-Venture-Partner um eine Kapitalgesellschaft handelt, unabhängig davon, ob diese nur steuerrechtlich motiviert war oder möglicherweise aus anderen Gründen erfolgen sollte. In diesem Bereich ist die Rechtsprechung des BFH abzuwarten. Liegen die Voraussetzungen des § 6 V EStG nicht vor, so erfolgt die Übertragung in Höhe des Teilwerts und somit eine Aufdeckung der stillen Reserve.

1268. Cunningham »Outsourcing« S. 39

II.5 Phasing Out

Eine weitere Möglichkeit des steuerneutralen Outsourcings außerhalb der gesetzlichen Regelungen ist das so genannte **Phasing Out**.

Dabei handelt es sich nicht um eine steuerneutrale Übertragungsmöglichkeit der Wirtschaftsgüter, sondern um ein Verfahren, das durch lang gestreckte Vorgänge einen Übertragungsvorgang als steuerpflichtigen Vorgang überhaupt verhindern soll. Der Outsourcing-Kunde baut seine IT-Abteilung langsam ab, indem er die Wirtschaftsgüter verbraucht (komplett abschreibt) und keine neuen mehr anschafft. Der Outsourcing-Anbieter kauft die von ihm benötigten neuen Wirtschaftsgüter selbst und unmittelbar ein. Um das lang gestreckte Verfahren abzukürzen, vermietet der Outsourcing-Kunde seine Wirtschaftsgüter oft an den Outsourcing-Anbieter. Dies birgt allerdings die Gefahr, dass dieser Vorgang als verdeckte Übertragung qualifiziert wird. Im Steuerrecht gilt die wirtschaftliche Betrachtungsweise, Ausformungen davon finden sich in §§ 39 ff. AO. Entscheidend sind nicht die zivilrechtlichen Gestaltungen, sondern die tatsächlichen wirtschaftlichen Verhältnisse. Eine Übertragung im Sinne des Steuerrechts setzt deshalb keinen zivilrechtlichen Eigentumsübergang voraus. Die Unternehmen laufen deshalb bei etwaigen Vermietungen Gefahr, dass diese Vorgänge als Übertragung qualifiziert werden und eine Realisation der stillen Reserven darstellen, somit eine Besteuerung auslösen.

Andererseits bietet sich das Phasing Out gerade im IT-Bereich an, da es sich meist um technische bewegliche Wirtschaftsgüter handelt, die einen hohen Wertverlust haben und deshalb sehr kurze Abschreibungsfristen.

Bei immateriellen Wirtschaftsgütern erfolgt das Phasing-Out-Verfahren, indem die User nicht mehr durch den Outsourcing-Kunden, sondern durch die neue IT-Abteilung betreut werden, also die immateriellen Wirtschaftsgüter erst wieder neu beim Outsourcing-Anbieter entstehen. Auch hier ist die Abgrenzung allerdings schwierig und es besteht immer die Gefahr, dass die Finanzverwaltung hier eine Übertragung der immateriellen Wirtschaftsgüter annimmt, insbesondere beim Geschäfts- oder Firmenwert kann dies für die Unternehmen sehr misslich sein. Das Phasing-Out-Verfahren ist deshalb nur dann durchzuführen, wenn gesetzliche Übertragungsmöglichkeiten nicht möglich sind. Die Gestaltung des Outsourcing-Vorgangs erfordert beim Phasing Out viel juristische Feinarbeit, um das Verfahren wasserdicht zu machen. Ein weiterer Nachteil des Phasing Out ist die lange Verfahrensdauer.

II.6 Grenzüberschreitendes Outsourcing

Keine besonderen Schwierigkeiten bereitet das grenzüberschreitende Outsourcing an einen fremden dritten Outsourcing-Anbieter. Die Übertragung des Asset zu einem Preis, der über dem Buchwert liegt, stellt eine Gewinnrealisation nach deutschem Einkommenssteuerrecht beim Outsourcing-Kunden dar, unabhängig davon, ob die Wirtschaftsgüter ins Ausland verbracht werden. Problematisch sind allerdings Outsourcing-Vorgänge im Konzernverbund, die grenzüberschreitend stattfinden. Aufgrund der gesellschaftsrechtlichen Einflussmöglichkeiten können hier Transferströme zwischen den beteiligten Unternehmen stattfinden, die in keinem angemessenen Gegenseitigkeitsverhältnis stehen. Aufgrund der verschiedenen Steuerrechtssysteme der einzelnen Länder kann es hier zu missbräuchlichen Gestaltungen kommen. Die Finanzverwaltung nimmt hier wieder eine Angemessenheitsprüfung durch Vergleiche vor und führt gegebenenfalls Gewinnkorrekturen durch. Zunächst sind die oben genannten Regelungen anwendbar, wenn an den durchgeführten Transfers eine inländische Betriebsstätte beteiligt ist. Bei Vorgängen mit Auslandsbezug greifen dazu noch die Vorschriften des § 1 AStG und des Art. 9 I OECD Musterabkommen ein.[1269] Die Möglichkeiten der steuerneutralen Übertragung bei grenzüberschreitenden Sachverhalten sind allerdings begrenzt. Zu unterscheiden sind Sachverhalte, bei denen die IT-Abteilung zwar im Inland verbleibt, aber von einem ausländischen Unternehmen übernommen wird, und Fälle, in denen neben der rechtlichen Verlagerung auf ein ausländisches Unternehmen auch ein räumlicher Übergang der Abteilung ins Ausland erfolgt.

Nur im ersten Fall kommt überhaupt eine Anwendung des UmwStG in Betracht, da dieser nur bei inländischen Betriebsstätten Anwendung findet, bei einer räumlichen Verlagerung fehlt diese Voraussetzung allerdings. Selbst bei Anwendbarkeit des UmwStG ist allerdings erforderlich, dass es sich bei der IT-Abteilung um einen Teilbetrieb handelt. Dieser muss dann in eine inländische Betriebsstätte einer ausländischen Gesellschaft eingebracht werden. Allerdings ist die steuerneutrale Übertragung nicht in jede ausländische Gesellschaft möglich. Die EG-Richtlinie 90/434/EWG des Rates vom 23. Juli 1990 hat zum neuen § 23 UmwStG geführt. Danach ist eine steuerneutrale Übertragung auf eine ausländische Kapitalgesellschaft der Europäischen Union möglich. Welche Gesellschaften dies im Einzelnen sind, ist in der Anlage zu § 23 UmwStG geregelt.

Grundsätzlich ist bei Einbringung in eine europäische Kapitalgesellschaft also eine steuerneutrale Übertragung möglich, neben dem deutschen Steuerrecht ist aber auch das ausländische Steuerrecht zu beachten, aufgrund des Welteinkommensprinzips ist der Vorgang meist auch im Ausland als Realisationsakt steuerpflichtig. Die eintretende Doppelbesteuerung soll durch Doppelbesteuerungsabkommen bzw. nationale Regeln verhindert werden, ob ausländische Staaten auf eine nationale steuerneutrale Übertragung Rücksicht nehmen, erscheint fraglich. Der Outsourcing-Anbieter sollte diese Fragen vorher klären und gegebenenfalls etwaige zukünftige Steuerbelastungen des Outsourcing-Kunden bei der Übertragung mitfinanzieren.

1269. Jakobs, Internationale Unternehmensbesteuerung, S. 404 ff.

Auch eine steuerneutrale Übertragung nach § 6 V EStG ist grundsätzlich möglich, wenn nur einzelne Wirtschaftsgüter übergehen sollen, aber auch dies gilt nur dann, wenn die Vermögenswerte im Inland bleiben, also auf eine inländische Betriebsstätte einer ausländischen Gesellschaft übergehen.

Liegen die Voraussetzungen nicht vor, wird also auf eine nichteuropäische Gesellschaft übertragen bzw. findet sogar eine räumliche Verlagerung statt, so ist eine steuerneutrale Übertragung nicht möglich. Es kommt beim räumlichen Outsourcing über die Grenze sogar zu einer Verschärfung. Werden Vermögensgegenstände über die Grenze gebracht, so verlassen sie den steuerrechtlichen Hoheitsbereich. Zwar gilt das Welteinkommensprinzip, so dass ausländische Gewinne von in Deutschland unbeschränkt steuerpflichtigen Unternehmen (Sitz oder Geschäftsleitung im Inland) auch in Deutschland steuerpflichtig sind, zur Vermeidung der Doppelbesteuerung gibt es in der Regel Doppelbesteuerungsabkommen bzw. nationale Regelungen, dass die Besteuerung entfällt, wenn der Belegenheitsstaat den Vorgang schon versteuert. Aufgrund dieses Verzichts auf die laufende Besteuerung im Ausland will die Finanzverwaltung wenigstens die stillen Reserven beim Übertragungsvorgang selbst besteuern. Dies geschieht durch die Fiktion einer Gewinnrealisierung bei Übertragung über die Grenze. Die Wirtschaftsgüter werden beim Grenzübergang mit ihrem Verkehrswert bewertet und so stille Reserven aufgedeckt, unabhängig davon, ob überhaupt ein Rechtsträgerwechsel stattfindet oder nicht. Den beteiligten Unternehmen kann deshalb nur empfohlen werden, eine räumliche Verlagerung der Wirtschaftsgüter zu vermeiden.

III. Laufende Besteuerung nach dem Outsourcing

Die zweite Phase betrifft die Besteuerung der laufenden Leistungen und Gegenleistungen aus dem Outsourcing-Vertrag, der zwischen Outsourcing-Kunde und Outsourcing-Anbieter geschlossen wurde.

Aus Sicht des Outsourcing-Kunden ergeben sich keine Probleme. Er hat regelmäßige Vergütungen an den Outsourcing-Anbieter zu zahlen, diese stellen Betriebsausgaben dar und mindern den Gewinn. Da neben der Nutzung der Wirtschaftsgüter des Outsourcing-Anbieters auch dessen Tätigkeit und dessen Gewinn zu vergüten sind, sind die Ausgaben beim Outsourcing stets höher als die mögliche Abschreibung der Wirtschaftsgüter ohne Outsourcing. Ist das Outsourcing aus betriebswirtschaftlichen Gründen sinnvoll, so ist das Gewinnminderungspotenzial ein günstiger Nebeneffekt. Ob das Outsourcing als solches steuerlich günstiger ist, ist fraglich, da durch die Einschaltung eines weiteren Unternehmens auch dessen Profit mitbezahlt wird, insofern sei auf das vergleichbare Problem von Kauf und Leasing verwiesen, wo je nach Zielrichtung der Parteien (Liquidität oder Rentabilität) das eine oder das andere günstiger sein kann.

Der Outsourcing-Anbieter erhält aufgrund des Vertrages regelmäßige Entgelte für die Erbringung seiner Dienstleistungen. Beim Outsourcing-Anbieter wird es sich in aller Regel um ein gewerblich tätiges Unternehmen handeln, die Entgelte stellen dann Betriebseinnahmen dar, die den Gewinn erhöhen, und sind somit steuerpflichtig. Handelt es sich um einen fremden dritten Outsourcing-Anbieter, der die Wirtschaftsgüter zum Verkehrswert erworben hat, so sind die Vermögensgegenstände auch mit diesen Anschaffungskosten in der Bilanz anzugeben, unabhängig davon, in welcher Höhe die Gegenstände beim Outsourcing-Kunden bilanziert waren. Dies bringt dem Outsourcing-Kunden ein hohes Abschreibungspotenzial. Dies gilt insbesondere bei immateriellen Wirtschaftsgütern. Im Gegensatz zum Outsourcing-Kunden hat der Outsourcing-Anbieter diese entgeltlich erworben, sie müssen dann aktiviert und abgeschrieben werden. Im IT-Bereich ist dieser Effekt noch verstärkt, da sowohl bei IT-Anlagen als auch bei Software sehr kurze Abschreibungsfristen gelten und die jährlichen Abschreibungsraten sehr hoch sind, normale Software ist zum Beispiel mit einer Nutzungsdauer von drei Jahren abzuschreiben. Selbst der Geschäfts- oder Firmenwert, der übertragen wurde, ist gemäß § 7 I S. 3 EStG abzuschreiben, allerdings beträgt die Abschreibungsdauer 15 Jahre. Die Abschreibungsmöglichkeiten sind für den Outsourcing-Anbieter deshalb willkommen, weil sie nicht liquiditätswirksam, aber trotzdem abzugsfähig sind, sie wirken Gewinn mindernd und mindern somit auch die Steuerbelastung.

Probleme in der zweiten Phase treten dann auf, wenn die gegenseitigen Leistungen nicht angemessen sind. Dies kann dann der Fall sein, wenn die Übertragung zu einem niedrigen Preis erfolgte und dafür die laufende Vergütung höher ist, als dies angemessen wäre. Auch beim Phasing Out, bei dem die Wirtschaftsgüter an den Outsourcing-Anbieter vermietet werden, können die Entgelte unangemessen sein. Wie oben bereits beschrieben wurde, tritt dieses Problem häufig bei verbundenen Unternehmen auf, da hier keine unabhängigen Vertragspartner vorliegen, sondern durch die gesellschaftsrechtliche Gestaltung beliebige Transfers möglich sind. Wie auch bei der Übertragung des Asset selbst stellt die Finanzverwaltung auch hier Vergleiche (intern und extern) an und prüft die Angemessenheit. Allerdings wird den Unternehmen in der laufenden Besteuerung nicht ein so weiter Einschätzungsspielraum zugebilligt wie bei der Bewertung der übertragenden Wirtschaftsgüter. Wegen der gesetzlichen Normen der Angemessenheitsprüfung mit der Möglichkeit von Gewinnkorrekturen sei auf oben verwiesen. Bei grenzüberschreitenden Transfers treten neben die oben genannten Regelungen noch die § 1 AstG sowie Art. 9 Abs. I OECD MA, die eine grenzüberschreitende Gewinnkorrektur ermöglichen.

III.1 Umsatzsteuerliche Aspekte

Die umsatzsteuerlichen Aspekte müssen sich daran orientieren, ob der Outsourcing-Anbieter im Inland oder im Ausland sitzt.

III.2 Outsourcing-Kunde im Inland – Outsourcing Anbieter im Inland

Befinden sich sowohl der Outsourcing-Kunde als auch der Outsourcing-Anbieter im Inland, so ergeben sich umsatzsteuerrechtlich keine besonderen Probleme. Die Übertragung des Asset auf den Outsourcing-Anbieter stellt grundsätzlich einen umsatzsteuerpflichtigen Vorgang gemäß § 1 I Nr. 1 S. 1 UStG dar. Die Übertragung der Wirtschaftsgüter führt zu einer Verschaffung der Verfügungsmacht von Gegenständen, es liegt somit eine Lieferung gemäß § 3 I UStG vor. Bemessungsgrundlage ist gem. § 10 I UStG das erhaltene Entgelt. Auch hier können die Unternehmen wieder verbilligte bzw. unangemessene Preise vereinbart haben.

Beim Outsourcing-Kunden hat dies keine Auswirkungen, er zieht die Steuer ein und führt sie an das Finanzamt ab, er trägt die Steuer somit nicht. Der Outsourcing-Anbieter ist hingegen der wirtschaftliche Träger der Umsatzsteuer, hier kann eine unangemessene Vergütung zur Steuerverkürzung führen. Hier führt das Finanzamt eine Korrektur aus und geht von dem angemessenen Entgelt aus. Diese fiktive Erhöhung wird dadurch kompensiert, dass auch die gegebenenfalls anrechenbare Vorsteuer erhöht wird und so zu einem erhöhten Erstattungsvolumen[1270] führt. Der Outsourcing-Anbieter, der selbst Unternehmer im Sinne des Umsatzsteuerrechts ist und nicht umsatzsteuerbefreit ist, kann die selbst gezahlte Umsatzsteuer als Vorsteuer verrechnen, so dass die Umqualifizierung beim selbst umsatzsteuerpflichtigen Unternehmer, der die Steuer weiterreicht, keine Auswirkung hat. Bedeutsam wird dies aber dann, wenn das Dienstleistungsunternehmen selbst nicht vorsteuerabzugsberechtigt ist. Dies ist zum Beispiel bei Nicht-Unternehmern im Sinne des UStG (z.B. hoheitliche Tätigkeit) und häufig bei Kreditinstituten[1271] der Fall. Hier erfolgt kein oder nur ein prozentualer Vorsteuerabzug, eine verbilligte Vergütung würde hier auch im Ergebnis zu einer Steuerverkürzung führen. Die von der Finanzverwaltung durchgeführte Korrektur auf ein angemessenes Entgelt hat hier ihre praktische Bedeutung.

Zu beachten ist weiterhin eine umsatzsteuerrechtliche Besonderheit. Zwar ist die Übertragung des Asset grundsätzlich steuerpflichtig, allerdings normiert § 1 Ia UStG eine Steuerbefreiung, wenn eine Geschäftsveräußerung[1272] vorliegt. Dies erfordert die Übertragung des Unternehmens oder eines im Unternehmen gesondert geführten Betriebes. Im IT-Bereich kommt allenfalls die zweite Alternative in Betracht. Die Voraussetzung ist eng verwandt mit dem Teilbetrieb im Sinne des

1270. Voraussetzung dafür ist, dass der Outsourcing-Anbieter über den höheren Betrag eine neue Rechnung i.S.v. § 14 UstG ausstellt.

1271. Die in § 4 Nr. 8 UStG aufgeführten Leistungen von Kreditinstituten sind von der Umsatzsteuer befreit. Allerdings kann gem. § 9 I UStG auf die Steuerbefreiung verzichtet werden, wenn die Leistungen an einen anderen Unternehmer für dessen Unternehmen ausgeführt werden (Option zur Umsatzsteuerpflicht).

1272. Gem. § 1 Ia S. 2 UStG liegt eine Geschäftsveräußerung vor, wenn ein Unternehmen oder ein in der Gliederung des Unternehmens gesondert geführter Betrieb im Ganzen entgeltlich oder unentgeltlich übereignet oder in eine Gesellschaft eingebracht wird.

UmwStG. Wie oben bereits ausgeführt wurde, liegen beim IT-Outsourcing selten die Voraussetzungen eines Teilbetriebs bzw. gesondert geführten Betriebes vor. Aus umsatzsteuerrechtlicher Sicht wäre die Qualifikation als Teilbetrieb sinnvoll, allerdings würde dies negative ertragssteuerrechtliche Folgen auslösen, wenn die Übertragung nach §§ 20, 24 UmwStG nicht möglich ist. Ist der Outsourcing-Anbieter vorsteuerabzugsberechtigt, kann er die Steuer anrechnen bzw. bekommt sie erstattet, hier sollte auf eine Einordnung als Teilbetrieb verzichtet werden.

Die laufenden Dienstleistungen, die der Outsourcing-Anbieter erbringt, stellen sonstige Leistungen im Sinne des § 3 IX UStG dar. Diese sind regelmäßig umsatzsteuerpflichtig, der Outsourcing-Anbieter stellt dem Outsourcing-Kunden die Umsatzsteuer in Rechnung. Dieser kann, wenn er vorsteuerabzugsberechtigt ist, die in Rechnung gestellte Steuer als Vorsteuer auf die selbst abzuführende Umsatzsteuer anrechnen, hier ergeben sich keine Besonderheiten. Bei nicht vorsteuerabzugsberechtigten Unternehmen kann sich wieder das Problem der zu niedrigen Vergütung stellen, was aber, wie oben beschrieben, von der Finanzverwaltung durch Korrektur gelöst wird.

III.3 Outsourcing-Kunde im Inland – Outsourcing-Anbieter im Ausland

Anknüpfungspunkt des deutschen Umsatzsteuergesetz (UStG) ist gemäß § 1 I Nr. 1 ein steuerbarer Vorgang im Inland. Zu prüfen ist, ob eine Dienstleistung eines ausländischen Outsourcing-Anbieters ein inländischer steuerbarer Vorgang ist. Wie bereits ausgeführt wurde, werden die vom Outsourcing-Anbieter erbrachten Dienstleistungen als sonstige Leistungen im Sinne des § 3 IX UStG qualifiziert. Leistungsort ist gem. § 3a III, IV UStG der Ort, an dem der Leistungsempfänger sein Unternehmen betreibt, unerheblich ist, von wo die Leistung ausgeht.[1273] Der Outsourcing-Kunde als Leistungsempfänger sitzt im Inland, ein inländischer steuerbarer Vorgang liegt somit vor, auch in solchen Fällen ist das deutsche Umsatzsteuerrecht anwendbar. Dies hat Bedeutung für den Steuersatz, da dieser in den verschiedenen Ländern unterschiedlich hoch ist. Der Outsourcing-Kunde kann sich somit durch einen Outsourcing-Anbieter in einem Niedrigsteuerland nicht vom deutschen Umsatzsteuerrecht lösen.

Gemäß § 13b UStG ist der Outsourcing-Kunde als Leistungsempfänger der Steuerschuldner, wenn er sonstige Leistungen eines im Ausland ansässigen Unternehmers bezieht. Das bedeutet, dass er in seiner Umsatzsteuer-Voranmeldung auf die Leistungen, die er von dem ausländischen Outsourcing-Anbieter bezieht, die darauf entfallende Umsatzsteuer abführen muss. Die Bemessungsgrundlage ist gem. § 10 I UStG das Entgelt. Soweit er vorsteuerabzugsberechtigt ist, kann er die abgeführte Umsatzsteuer jedoch als Vorsteuer wieder in Abzug bringen. Die so

1273. Birk, Rn. 1299

genannte Nullregelung gem. § 52 II UstDV ist zum 01.01.2002 ersatzlos entfallen. Danach konnte die Einbehaltung und Abführung der Umsatzsteuer unterbleiben, wenn der Empfänger der Leistung die Vorsteuer voll abziehen konnte.

IV. Umsatzsteuerbefreiung von Bankdienstleistungen

Bankdienstleistungen sind gem. § 4 Nr. 8 UStG grundsätzlich von der Umsatzsteuer befreit. Fraglich ist, inwieweit die Befreiung Auswirkungen auf ein Outsourcing-Projekt bzw. auf den Outsourcing-Anbieter hat, wenn dabei externe Bankdienstleistungen erbracht werden.

In der jüngsten Vergangenheit hat der EuGH insbesondere zur Anwendung und zum Umfang der Steuerbefreiungsvorschriften auf Dienstleistungen, die von Banken und Versicherungen auf andere Unternehmen ausgelagert werden, Stellung genommen. In der Entscheidung Commissioners of Customs and Excise vs. CSC Financial Services Limited (im Folgenden **CSC-Entscheidung**) hat der EuGH die Rechtsentwicklung zusammengefasst und die einzelnen Anforderungen an die Umsatzsteuerbefreiung von ausgelagerten Dienstleistungen weiter präzisiert.[1274]

IV.1 Entwicklung

Von grundlegender Bedeutung für die Auslegung der Umsatzsteuerbefreiungsvorschriften ist die EuGH-Entscheidung vom 5.6.1997, Sparekassernes Datacenter (SDC) vs. Skatteministeriet. Gegenstand dieser Entscheidung war die Frage, ob Dienstleistungen eines Rechenzentrums im Rahmen des Zahlungsverkehrs umsatzsteuerbefreit sind.[1275] Dabei hat der EuGH festgestellt, dass auch Dienstleistungen im Wege der elektronischen Datenverarbeitung als umsatzsteuerbefreite Umsätze im Zahlungs- und Überweisungsverkehr qualifiziert werden können.[1276] Dass der IT-Dienstleister (Outsourcing-Anbieter) für seine Tätigkeit keiner bankaufsichtsrechtlichen Erlaubnis bedarf,[1277] hält der EuGH für die Umsatzsteuerbefreiung nicht für entscheidend.[1278] Nach dem EuGH ist für die Umsatzsteuerbefreiung von IT-Dienstleistungen im Zahlungsverkehr vielmehr erforderlich, dass[1279]der IT-Dienstleister (Outsourcing-Anbieter) für wesentliche Schritte des Gesamtprozesses des Zahlungs- und Überweisungsverkehrs verantwortlich ist

1274. Menner/Herrmann UR 2002, 112 ff.
1275. EuGH, Urt. v. 5.6.1997 – Rs. C.2/95 – SDC, EuGHE 1997, I-3017 = UR 1998, 64 – Rz. 37
1276. EuGH, Urt. v. 5.6.1997 – Rs. C.2/95 – SDC, EuGHE 1997, I-3017 = UR 1998, 64 – Rz.37; zustimmend Philipowski in Rau/Dürrwächter, UStG, § 4 Nr. 8 UStC Anm. 237 I
1277. Inwieweit der Dienstleister/Outsourcing-Anbieter einer bankaufsichtsrechtlichen Erlaubnis bedarf, siehe Kapitel H., Outsourcing in der Kreditwirtschaft
1278. EuGH, Urt. v. 5.6.1997 – Rs. C-2/95 – SDC, EuGHE 1997, I-3017 = UR 1998, 64 – Rz. 56
1279. Die genannten Kriterien sind jedoch losgelöst vom anwendbaren Zivilrecht auszulegen.

- der IT-Dienstleister (Outsourcing-Anbieter) die Übertragung von Geldern mit der Folge rechtlicher und finanzieller Änderungen im Verhältnis Bank – Kunde bewirkt.[1280]

Die Umsatzsteuerrichtlinien werden vom EuGH in gemeinschaftsautonomer Auslegung interpretiert. Da die Überweisung nur ein Mittel zur Übertragung von Geldern sei, so führt der EuGH aus, seien die funktionalen Aspekte für die Frage entscheidend, ob ein Vorgang eine Überweisung im Sinne der 6. EG-Richtlinie darstelle.[1281] Aufgrund der funktionalen Sichtweise konzentriert sich die Betrachtung des EuGH auf den Prozessablauf im Zahlungs- und Überweisungsverkehr.[1282]

Das BMF hat mit dem Schreiben vom 30.5.2000 zur Umsatzsteuerbefreiung von Leistungen eines Rechenzentrums im Zahlungs- und Überweisungsverkehr Stellung genommen.[1283] Im Unterschied zur EuGH-Entscheidung SDC argumentiert das BMF, die in Rechenzentren erbrachten Dienstleistungen beschränkten sich regelmäßig auf die technische und elektronische Abwicklung des Zahlungsverkehrs und IT-Dienstleister (Outsourcing-Anbieter) führten keine Überweisung im Sinne des § 676 a BGB (neu) aus. Deshalb verneint das BMF im Schreiben vom 30.5.2000 für IT-Dienstleistungen, die in Rechenzentren erbracht werden, die Umsatzsteuerbefreiung des § 4 Nr. 8 Buchst. d UStG. Da das BMF sich bei der Auslegung des deutschen Umsatzsteuerrechts erheblich an das deutsche Zivilrecht angelehnt und die funktionale prozessbezogene Betrachtungsweise nicht hinreichend berücksichtigt hat, wird dieses BMF-Schreiben im Schrifttum kritisiert.[1284] Nach Presseberichten soll es inzwischen Dienstleistungsunternehmen im Bereich des Zahlungsverkehrs in Harnburg und Dresden auf der Grundlage der EuGH-Entscheidung SDC gelungen sein, Leistungen an Banken anerkanntermaßen ohne Umsatzsteuer zu erbringen.[1285]

IV.2 Wesentliche Rechtsprechung

Entscheidend für die Befreiung von Wertpapierumsätzen ist nach dem EuGH, dass der Dienstleister (Outsourcing-Anbieter)[1286]

- die Verantwortung für die wesentlichen Schritte des Prozesses der Wertpapierübertragung trägt und

1280. EuGH, Urt. v. 5.6.1997 – Rs. C-2/95 – SDC, EuGHE 1997, I-3017 = UR 1998, 64 – Rz. 66
1281. EuGH. Urt. v. 5.6.1997 – Rs. C-2/95 – SDC, EuGHE 1997, I-3017 = UR 1998, 64 – Rz. 53; zustimmend Philipowski in 1; Rau/Dürrwächter, UStG, § 4 Nr. 8 UStG Anm. 244
1282. Mennerl/Herrmann, UStB 2001, 61 (62, 64}. I. 7 BMF, Schr. v. 30.5.2000 – IV D 2 – S 7160d – 5/00, UR 2000, 297 = UStB 2000, 136. 11
1283. BMF, Schreiben v. 30.5.2000 – IV D2 – S 7160d – 5/00, UR 2000, 297 = UstB 2000, 136
1284. Menner/Herrmann, UStB 2001, 61; Philipowski in Raut Dürrwächter, UStG, § 4 NI. 8 UStG Anm. 243
1285. FAZ v. 5.12.2001, Wirtschaftsteil: »Spekulationen über Transaction-Banking leben wieder auf«

- die Dienstleistung geeignet ist, Rechte und Pflichten der Parteien in Bezug auf Wertpapiere zu begründen, zu ändern oder zum Erlöschen zu bringen.

Diesem Leitgedanken lassen sich im Verhältnis zur Entscheidung SDC zwei Klarstellungen entnehmen:

Zum einen genügt es für die Umsatzsteuerbefreiung nicht, wenn ein Outsourcing-Anbieter lediglich für ein Element verantwortlich ist, das für den Prozess eines befreiten Umsatzes unerlässlich ist.[1287] Zum anderen schließt die Teilung eines umsatzsteuerbefreiten Wertpapierumsatzes in verschiedene Einzelleistungen, die sich auf Wertpapiere beziehen, nicht aus, dass die einzelnen Dienstleistungen umsatzsteuerbefreit behandelt werden können.[1288] Entscheidend ist, dass der Outsourcing-Anbieter nicht nur für technische Teilaspekte des Wertpapierumsatzes verantwortlich ist, sondern Verantwortung für einen wesentlichen Teil des Gesamtprozesses trägt.[1289] Der EuGH spricht dies in der Entscheidung CSC deutlicher aus als in der Entscheidung SDC.

Die EuGH-Entscheidung CSC ist auch insofern aufschlussreich, als sie zur umsatzsteuerlichen Behandlung von Leistungen Stellung nimmt, die über Call-Center erbracht werden. Bisher hat die deutsche Finanzverwaltung die Auffassung vertreten, dass Leistungen, die über Call-Center angeboten werden, in der Regel Telekommunikationsleistungen sind (§ 3 a IV Nr. 12 UStG).[1290] Diese Auffassung hat die Finanzverwaltung 1999 aufgegeben.[1291] Nach dem Sachverhalt der Entscheidung CSC wurde ein Teil der Dienstleistungen über eine Hotline angeboten. Für den EuGH ist die Form, in der eine Dienstleistung erbracht wird, kein Anknüpfungspunkt für die umsatzsteuerrechtliche Beurteilung. Vielmehr wird die Leistung nach ihrem Inhalt beurteilt. Das heißt, dass für die umsatzsteuerliche Einordnung irrelevant ist, ob zur Leistungserbringung ein Call-Center eingesetzt wird oder nicht.

IV.3 Bedeutung für die Kreditwirtschaft

Die Auslegung der Umsatzsteuerbefreiungsvorschriften für Bankdienstleistungen durch den EuGH gibt Gestaltungsspielräume beim Outsourcing. Für die Umsatzsteuerbefreiung von Dienstleistungen im Bereich des Zahlungs- und Überweisungsverkehrs sowie im Wertpapierhandel ist die Verantwortung des Outsour-

1286. Die EuGH-Entscheidung CSC befasst sich mit dem Umfang der Umsatzsteuerbefreiung nach Art. 13 Teil B Buchst. d Gedankenstrich 5 der 6. EG-Richtlinie, auf der § 4 Nr. 8 Buchst. b UStG beruht. Im Unterschied zur Entscheidung SDC geht es in der Entscheidung CSC um die Umsatzsteuerbefreiung für Wertpapierumsätze. Der EuGH führt eingangs aus, dass die Grundsätze der SDC-Entscheidung auch für Wertpapierumsätze gelten. Siehe auch EuCH, Urt. v. 13.12.2001 – Rs. C-235/00 – C SC Financial Services Ltd., Ul˜ 2002, 84 – Rz. 27
1287. EuGH, Urt. v. 13.12.2001 – Rs. C-235/00 – CSC Financial Services Ltd., UR 2002. 84 – Rz. 32
1288. EuGH, Urt. v. 13.12.2001 – Rs. C.235/00 – CSC Financial Services Ltd., UR 2002, 84 – Rz. 23
1289. EuGH, Urt. v. 13.12.2001 – Rs. C-235/00 – CSC Financial Services Ltd., UR 2002, 84 – Rz. 26
1290. BMF, Schr. v. 18.11.1997– fV C 4 – S. 7117 f. 88/97, BStBI. l 1997, 960 = UR 1997, 485
1291. Vgl. auch Abschn. 39a UStR

cing-Anbieters für wesentliche Elemente des Gesamtprozesses sowie die Verantwortung für die Rechtsänderung erforderlich. Bei Outsourcing-Projekten in der Kreditwirtschaft ist dementsprechend zunächst der Ablauf des Gesamtprozesses der auszulagernden Dienstleistung zu analysieren.[1292] Des Weiteren sind die Rechtsänderungen zu identifizieren, die sich im Gesamtprozess vollziehen. Insbesondere sind die Prozessschritte festzustellen, die wesentlich für den Übergang der tatsächlichen Verfügungsgewalt über Gelder oder Wertpapiere sind.

Nachdem die Betriebsabläufe unter diesen Aspekten aufbereitet worden sind, müssen die Dienstleistungen, die nach ihrer Auslagerung umsatzsteuerbefreit behandelt werden sollen, wesentliche Elemente des Gesamtprozesses und wesentliche Schritte zur Übertragung der tatsächlichen Verfügungsmacht an Geldern und Wertpapieren mit umfassen. Es ist empfehlenswert, den Umfang des ausgelagerten Prozesses zu dokumentieren.

Der EuGH hat in den Entscheidungen SDC und CSC herausgestellt, dass die Zurverfügungstellung von Informationen über Finanzprodukte gegen Entgelt nicht in den Anwendungsbereich der Umsatzsteuerbefreiungsvorschrift fällt.[1293] Des Weiteren mögen einige Outsourcing-Anbieter auch Beratungsleistungen anbieten. Auch die Wertpapierberatung ist jedoch nicht von der Umsatzsteuer befreit.[1294] Informationsdienste sowie Beratungsleistungen können dazu führen, dass die gesamte Dienstleistung als einheitliche Leistung nicht von der Umsatzsteuer befreit ist. Dies kann jedoch verhindert werden, wenn die Beratungs- bzw. Informationselemente umsatzsteuerlich als eigenständige Leistung oder als Nebenleistung zu einer umsatzsteuerbefreiten Hauptleistung qualifiziert werden können. Nach neuerer EuGH-Rechtsprechung ist der Leistungsbegriff aus der Sicht des Leistungsempfängers zu beurteilen.[1295] Die Vertragsgestaltung sowie die Entgeltbestimmung können hilfreich für die Leistungsbestimmung sein. Entscheidend ist, wie sich der Funktionszusammenhang zwischen den Leistungselementen aus Sicht des Verbrauchers darstellt.[1296]

V. Fazit

Ein Outsourcing-Projekt sollte niemals ohne vorherige Prüfung der steuerlichen Auswirkungen durchgeführt werden. Die Kostenreduzierungen, die durch ein Outsourcing-Projekt möglicherweise erreicht werden, könnten durch negative steuerliche Gestaltung schnell wieder aufgezehrt werden.

1292. Vgl. schon Menner/Herrmann, UStB 2001, 61 (64)
1293. EuGH, Urt. v. 13.12.2001 – Rs. C-235/00 – CSC Financial Services Ltd., UR 2002, 84 – Rz. 31; EuGH, Urt. v. 8.3.2001 – Rs. C.240/99 – Försäkringsaktieboldg Skandia, UR 2001, 157 – 11.z.70
1294. Philipowski in Rau/Dürrwächter, UStG, § 4 Nr. 8 UStG Anm. 340
1295. EuGH. Urt. v. 25.2.1999 – Rs. C.349/96 – Card Protection ial Plan. EuGHE 1999, 1.973 = UR 1999, 254; hierzu Lange – StuW 1999, 264 (265)
1296. Lange, StuW 1999, 264 (265, 268)

Application Service Providing

Wie bereits in Kapitel B., **Formen des Outsourcings** beschrieben, handelt sich es beim Application Service Providing (ASP) um kein Outsourcing im eigentlichen Sinne (siehe Abbildung B.9), dennoch ist ASP dem Outsourcing in gewisser Weise verwandt.

I. Vertrag zwischen Urheber und ASP

In den meisten Fällen ist der Application Service Provider nicht der Hersteller der Software, sondern erwirbt sie käuflich vom Hersteller und vermietet sie entgeltlich weiter an den jeweiligen Servicenehmer. Gemäß § 2 I Nr. 1 UrhG ist Software urheberrechtlich geschützt und bedarf zur Überlassung an Dritte gemäß § 15 UrhG einer Lizenz. Die geplante Weitervermietung an Dritte muss bereits im Kaufvertrag besonders berücksichtigt werden, denn sie ist nur im Falle der ausdrücklichen Zustimmung des Herstellers zulässig. Auch sollte ein gegebenenfalls notwendiges Recht zur Unterlizenzierung sowie eine erlaubte Mehrplatznutzung beachtet werden.

ASP könnte eine eigene Nutzungsart gemäß § 31 UrhG sein, so dass eine spezielle Lizenz notwendig ist. Eine eigenständige Nutzungsart liegt vor, wenn eine nach Verkehrsauffassung als solche hinreichend bestimmte und klar abgrenzbare, wirtschaftlich-technisch als einheitlich und selbstständig sich abzeichnende konkrete Art und Weise der Nutzung vorliegt[1297]. Dies ist bei ASP wohl gegeben.

Nach § 31 IV UrhG können Nutzungsrechte für unbekannte Nutzungsarten nicht eingeräumt werden. Die Bekanntheit einer Nutzungsart ist aus Urhebersicht zu beurteilen. Bei ASP taucht dabei das Problem auf, dass ASP bis vor einiger Zeit unbekannt war und somit gemäß § 31 IV UrhG nicht in einem Lizenzvertrag vereinbart werden konnte, mit der Folge, dass für alte Verträge eigentlich eine Nachlizenzierung nötig wäre.

Auf den Umfang dieser Lizenz muss somit besonders geachtet werden, da die Lizenzierung von Nutzungsrechten gem. § 34 UrhG jeweils an eine Nutzungsart gebunden ist und die Weiterlizenzierung nur in dem Umfang erfolgen kann, in dem der Anbieter selbst Rechte innehat.

1297. Schricker/Schricker, Vor §§ 28 ff. Rn_. 52

Bei Verletzung der eingeräumten Rechte, z.B. Überschreitung der Zugriffe auf die Software haftet der Application Software Provider auf Unterlassung, Beseitigung, Auskunft und Schadenersatz gemäß §§ 97 ff. UrhG. Der Verletzte/Hersteller hat die Wahl des Haftungsumfangs. Entweder kann er Ersatz des entgangenen Gewinns, Lizenzanalogie oder Ersatz des entstandenen Schadens geltend machen. Der Provider haftet auch gem. §§ 812 ff. BGB für ungerechtfertigte Bereicherung in der Regel in Höhe der Lizenzgebühr. Weiterhin sehen §§ 106 ff. UrhG bis zu fünf Jahren Freiheitsstrafe oder Geldstrafe vor.

II. Vertragstypologische Einordnung – Vertrag zwischen Application Service Provider und Nutzer

Mit der sprunghaft ansteigenden Zahl von ASP-Projekten wächst das Bedürfnis nach einer rechtlich fundierten und zukunftssicheren Vertragsgestaltung.

Enthält ein Vertrag zu einem bestimmten Punkt keine eindeutige Abrede, so wird diese Lücke durch das Recht (wie Miet-, Dienst-, Werk-, Kaufvertragsrecht) des Vertragstyps geschlossen, dem der Vertrag durch die vertragstypologische Einordnung unterstellt wird. Darüber hinaus gibt es zwingende Vorschriften (Normen), von denen die Parteien durch vertragliche Vereinbarungen nicht abweichen können. Die gesetzlichen Leitbilder regeln umfangreich die Rechte und Pflichten der Vertragsparteien sowie die möglichen Ansprüche im Falle der Schlechtleistung. ASP ist ein Massengeschäft, so dass der Anbieter nicht umher kann, seinen Kunden vorformulierte Verträge zu präsentieren. Aus diesen Gründen im Zusammenhang mit der genauen Betrachtung der beiderseitigen Vertragsinteressen ergibt sich die wichtige Funktion der Einstufung neuer Vertragstypen, wie der ASP-Vertrag für die Vertragsgestaltung. Hierbei stellt sich insbesondere das Problem, dass sich die gerichtliche Praxis bisher mit ASP-Projekten nahezu nicht beschäftigt hat.

Die Einordnung eines Vertrages richtet sich nach den charakteristischen zentralen Elementen des Vertrages und den Parteiinteressen. Beim ASP-Vertrag ist das die Bereitstellung/Gestattung von Nutzungsmöglichkeiten an Software.

Die juristische Einordnung ist aber schwierig und die Meinungen gehen weit auseinander. Im Folgenden werden mögliche Vertragstypen in Hinblick auf den ASP-Vertrag ohne Zusatzleistungen näher erläutert.

II.1 Miet-/Pachtvertrag

Eine weit verbreitete Ansicht ordnet den ASP-Vertrag dem Miet- bzw. Pachtvertrag zu.[1298]

1298. Röhrborn/Sinhart, CR 2001, 69, 71; Henssler, MDR 1993, 489, 491; Koch, ITRB 2001, 39 40

a) Mietvertrag

Die **Miete** zeichnet sich dadurch aus, dass der Vermieter dem Mieter eine Sache, d.h. einen körperlichen Gegenstand, gegen Entgelt überlässt (§ 535 BGB i.V.m. § 90 BGB) und für die Dauer der Nutzung die Sache im vertragsgemäßen Zustand erhält.

Software müsste also eine Sache im Sinne von § 90 BGB sein. Seit der Grundsatzentscheidung vom 04.11.1987[1299] kann dem BGH zufolge ein Programm auf einem Datenträger als Sache im Sinne des BGB verkauft werden. Demzufolge muss es auch vermietet werden können.

Fraglich ist, wie es zu bewerten ist, dass die zu nutzende Software dem Kunden nicht übergeben wird, sondern auf dem Anbieterrechner vom Kunden genutzt wird und damit im unmittelbaren Besitz des Anbieters verbleibt.

Dies führt zu heftiger Kritik und Zweifel an dem Merkmal der Überlassung der Mietsache.[1300] Beim Software-Überlassungsvertrag besteht die Nutzung in dem ganzen oder teilweisen Kopieren von maschinenlesbarem Programmcode in den Computer des Anwenders zum Zwecke der Abarbeitung der im Programmcode enthaltenen Befehle oder der Verarbeitung der enthaltenen Daten.[1301]

Beim ASP wird dem Kunden keine Software im Sinne eines Software-Überlassungsvertrages überlassen, ihm wird die Software nur derart zur Verfügung gestellt, dass er die Programme aufrufen und für sich arbeiten lassen kann, ohne den eigentlichen Programmtext in irgendeiner Form auf seinen Rechner zu kopieren.[1302] Es wird also nicht der Besitz an der Software verschafft.

Wird der Besitz nicht direkt verschafft, dann muss aber nach herrschender Meinung der ungestörte, die vorgesehene Benutzung ermöglichende Zutritt zur Sache gewährt werden.[1303] Er muss dem Mieter also die Mietsache in der Art und in dem Umfang, wie es der Vertrag vorsieht, zugänglich machen.

Eine Ansicht verneint den ungestörten Zutritt zur Sache (Software), da der Programmablauf ausschließlich von der Betriebssoftware des ASP-Anbieters gesteuert wird und dem Kunden nie vollständig zur Verfügung steht.[1304]

Eine andere Meinung bejaht den ungestörten Zutritt, da der Kunde die Software in der vereinbarten Weise nutzen kann, auch wenn er sie nicht auf seinen Rechner transferiert bekommt[1305]. Die letzte Ansicht überzeugt, da § 535 BGB nur Gebrauchs-

1299. BGH, NJW 1988, 406, 407
1300. König, c't 2001/19, S. 220; Klimek http://www.provider-vertragsrecht.de/asp/einordnung.htm
1301. Marly, S. 17 m.w.N.
1302. Redeker, S. 329; Klimek http://www.applicationserviceproviding.de/ASPForum
1303. BGH, NJW-RR 1989, 589
1304. König, c't 2001/19, S. 220; Klimek http://www.provider-vertragsrecht.de/asp/einordnung.htm
1305. Koch, ITRB 2001, 39, 40

gewährung verlangt, d.h. der Vermieter muss die Mietsache so bereitstellen, dass der Mieter in der Lage ist, den üblichen oder vertraglich bestimmten Gebrauch davon zu machen[1306]. Es spricht nichts dagegen, dass der Zugang auch online verschafft werden kann. Mithin steht der Überlassung der Mietsache nichts entgegen.

Der ASP-Kunde benutzt ein Programm häufig mit anderen Anwendern gemeinsam. Der gemeinsamen Nutzung steht nichts entgegen, wenn kein ausschließlicher Gebrauch im Vertrag vereinbart wurde und der Nutzer nicht beeinträchtigt wird[1307]. Somit ist trotz einiger Bedenken die Einordnung unter den Mietvertrag möglich.

b) Pachtvertrag

Bei der **Pacht** kann der Verpächter dem Pächter nicht nur körperliche Gegenstände, sondern auch Rechte überlassen. Der Pächter ist berechtigt, die verpachteten Gegenstände zu nutzen und die Früchte (§ 99 BGB) daraus zu ziehen (§ 581 I BGB).

Bei einer Pacht an Rechten kommt es auf den Besitz nicht an, deshalb wird auch von Rechtspacht ausgegangen.

Argumente gegen einen rechtspachtähnlichen Vertrag sind, dass bei bloßer Benutzung der ASP-Software die Fruchtziehung fehlen soll[1308]. Die Ansichten über den Inhalt der Fruchtziehung bei Software sind unterschiedlich. Eine Ansicht sieht darin die Verwertung der Daten, eine andere die Vervielfältigung des benutzten Programms, die natürlich nicht gewollt und urheberrechtlich bedenklich ist.[1309] Auch wird die Weitervermietung der Software wohl regelmäßig unzulässig sein. Gemäß § 99 BGB sind **Früchte** Erzeugnisse einer Sache, die aus dem bestimmungsgemäßen Gebrauch der Sache gewonnen werden. Der bestimmungsgemäße Gebrauch einer Software aus dem ASP-Vertrag ist aber nicht deren Vervielfältigung oder Untervermietung. Als Fruchtziehung bei einem ASP-Vertrag kommt somit nur die Verwertung der Daten in Betracht. Abzuwarten bleibt aber, wie hierzu die Rechtsprechung entscheiden wird.

Außer der Fruchtziehung ist noch ein Recht Gegenstand des Pachtvertrages. Die Benutzung einer Software soll nach einer Ansicht kein eigenes Recht sein, das gesondert Gegenstand eines Vertrages sein könnte. Dies wird damit begründet, dass der Anwender Eigentümer oder Besitzer – sei es aufgrund eines Miet-, Pacht- oder Leasingvertrages – der Software geworden ist[1310]. Dies ist nicht nachvollziehbar, da der Nutzer von ASP weder Eigentümer noch Besitzer (siehe oben) wird.

1306. Palandt/Putzo, § 535, Rn. 8
1307. RG 108, 204
1308. König, c´t 2001/19, S. 220
1309. Klimek http://www.applicationserviceproviding.de/ASPForum/
1310. König, c´t 2001/19, S. 220

Weiterhin wird eingewandt, dass es systemwidrig wäre, bei der Software-Überlassung auf Dauer Computerprogramme zum Gegenstand eines Sachkaufs zu machen, sie aber andererseits dem Recht der Rechtspacht zu unterstellen.[1311]

Man kann aber auch von einer Pacht der Software als Sache ausgehen, wenn eine Fruchtziehung (siehe oben) vorliegt. Dann stellt sich aber genau wie beim Mietvertrag wieder das Problem der Überlassung.

Bei einer Pacht kommt es also auf die Einordnung der Software als Recht oder Sache an und auf die Definition der Fruchtziehung.

Gemäß § 581 II BGB ist bei der Pacht das mietrechtliche Gewährleistungs- und Haftungssystem anzuwenden, so dass eine Entscheidung für Pacht- oder Mietvertragsrecht offen bleiben kann.

Zu erwähnen ist auch die Entscheidung des OLG München vom 30.09.1987[1312], wonach »die befristete Nutzungsüberlassung gegen laufendes Entgelt (...) eher für die Einordnung unter den Vertragtypus des Miet- oder Pachtvertrags (spricht)«.

Hat der ASP-Kunde lediglich ein einfaches Nutzungsrecht an der Software des Providers, ist der ASP-Vertrag wohl ein Mietvertrag.[1313]

Gewährt der ASP-Anbieter dem Nutzer die wirtschaftliche Nutzung der erarbeiteten Daten und Ergebnisse der Programme, liegt wohl ein Pachtvertrag gemäß § 581 BGB vor.[1314]

Die wohl im Moment herrschende Meinung ordnet den ASP-Vertrag unter das Mietrecht, wenn auch nicht unumstritten.

II.2 Werkvertrag

Der ASP-Vertrag könnte auch ein Werkvertrag gemäß § 631 BGB sein.[1315] Die Herstellung eines bestimmten Programms (Individualsoftware)[1316], die Reparatur und Wartung[1317] sind häufig Gegenstand eines Werkvertrages. Beim Werkvertrag wird aber Erfolg geschuldet und die Vergütung ist erst fällig, wenn der Besteller das Werk gem. §§ 631, 641 I BGB abnimmt. Dies liegt aber keineswegs im Interesse des ASP-Anbieters, so dass der ASP-Vertrag wohl kaum ein Werkvertrag ist.

1311. Klimek http://www.applicationserviceproviding.de/ASPForum/
1312. OLG München, CR 1988, 130, 131
1313. Röhrborn/ Sinhart, CR 2001, 69, 71
1314. Röhrborn/ Sinhart, CR 2001, 69, 71; siehe auch Feil http://www.recht-freundlich.de/edv30.htm
1315. Klimek http://www.applicationserviceproviding.de/ASPForum/
1316. OLG Hamm, NJW 1989, 1041; OLG Köln, NJW-RR 1992, 1328
1317. OLG Düsseldorf, CR 1988, 31

II.3 Leasingvertrag

Bereits seit 1985 ist in der Rechtsprechung und Literatur weitgehend unstreitig, dass Software ein leasingfähiges Rechtsgut darstellt.[1318] Ein Leasingvertrag liegt vor, wenn der Leasinggeber eine Sache oder Sachgesamtheit dem Leasingnehmer gegen ein in Raten gezahltes Entgelt zum Gebrauch überlässt.[1319] Grundsätzlich sind beim Leasing von Software zwei Arten denkbar.

Verträge, bei dem der Leasingnehmer für die Vollamortisation der vom Leasinggeber für die Anschaffung der Leasingsache gemachten Aufwendungen und Kosten einzustehen hat, sind Finanzierungsleasingverträge.[1320] Beim ASP-Vertrag erfolgt die Nutzung der Software lediglich auf Anforderung des Kunden kurzfristig und bedarfsorientiert und somit ist eine Vollamortisation in der Regel nicht sichergestellt. Finanzierungsleasing scheidet somit für ASP-Verträge aus.

Beim Operatingleasing ist die Vertragsdauer unbestimmt oder sehr kurz und die Kündigung erleichtert oder sehr leicht möglich.[1321] Operatingleasing eignet sich vor allem für solche Gegenstände, bei denen für Leasingnehmer ungewiss ist, wie lange sie den Gegenstand brauchen und ob sie ihn erwerben wollen. Dies trifft auf die zeitweise Software-Überlassung im besonderen Maße zu. Somit kann der ASP-Vertrag als Operatingleasing ausgestaltet werden.[1322] Auf das Operatingleasing ist in der Regel Mietrecht anwendbar.[1323]

II.4 Dienstvertrag

Aus den oben genannten, gegen den Mietvertrag sprechenden, Gründen wird der ASP-Vertrag auch dem Dienstvertrag zugeordnet.[1324] Beim **Dienstvertrag** schuldet der Dienstleister eine Tätigkeit und angemessene Bemühung gemäß § 611 BGB und muss nicht garantieähnlich für die Bereitstellung der Benutzungsmöglichkeit der Software eintreten. Nach dieser Ansicht überlässt der ASP-Anbieter seinem Kunden keine Software, sondern schuldet ihm die Dienste eines bestimmten Programms, z.B. eines Telekommunikationssystems.[1325] Dagegen spricht, dass beim Dienstvertrag der Anbieter nur das bloße Tätigwerden schuldet und dies wohl den Interessen des Nutzers entgegensteht, der die Software zu den Zeiten nutzen möchte, zu denen er sie benötigt.[1326] Der Dienstvertrag eignet sich somit nicht für den ASP-Vertrag.

1318. BGH, NJW 1988, 406, 407; BGH, NJW 1985, 129
1319. Palandt/Putzo, Einf. v. § 535, Rn. 27
1320. BT-Drs. 11/8274, S. 21
1321. BGH, NJW 1998, 1637, 1639
1322. Röhrborn/Sinhart, CR 2001, 69, 71; siehe auch Sedlmeier http://www.asp-magazin.de/texte/2905.asp
1323. Palandt/Putzo, Einf. v. § 535, Rn. 29
1324. König, c't 2001/19, S. 220; siehe auch Schellenberg http://www.legamedia.net/legapractice/andersen-luther/2001/01-03/0103_schellenberg-martin_asp-haftung.php
1325. Klimek http://www.provider-vertragsrecht.de/asp/einordnung.htm

II.5 Zusammenfassung

Eine zweifelsfreie Einordnung des ASP-Vertrags ist wie gezeigt nicht möglich. Im Vordergrund des Streits um die Einordnung unter einen Vertragstyp stehen die damit verbundenen unterschiedlichen Pflichten aus dem Leistungsverhältnis und die daraus resultierende Haftung des Providers.

Die Pflichten, die sich aus dem Dienstvertrag ergeben, entsprechen nicht dem Interesse der Vertragsparteien, so dass diese wohl keinen Dienstvertrag vereinbaren werden. Ein Mietvertrag (siehe oben Nr. 4., **Dienstvertrag**) kommt eher in Betracht. Fraglich ist weiterhin, ob sich die Interessengegensätze bei Mängeln besser nach den Regeln des allgemeinen Schuldrechts oder besser nach den Regeln der Sachmängelhaftung im Mietrecht entscheiden lassen. Durch die Möglichkeit der Abbedingung der strengen Haftung im Mietrecht ist der Unterschied der Haftung nicht mehr so groß.

Die im Moment herrschende Ansicht ordnet den ASP-Vertrag – durch Mietvertrag direkt oder über Pacht und Operatingleasing – dem Mietrecht zu. Obwohl die Ansicht, den ASP-Vertrag dem Dienstvertrag zuzuordnen, weder in der Anzahl ihrer Vertreter noch in ihren Argumenten zu ignorieren ist, wird im Folgenden von einer Zuordnung zum Mietrecht ausgegangen.

III. Umfang des Pflichtenverhältnisses Provider und Nutzer

Die Rechte und Pflichten der Vertragsparteien richten sich nach Mietrecht und den Vereinbarungen im Vertrag.

III.1 Mietrechtliche Hauptleistungspflichten

Gemäß § 535/§ 581 BGB schuldet der Vermieter dem Mieter den Gebrauch der Mietsache während der Mietzeit. Im Rahmen eines ASP-Vertrages bedeutet das: Der ASP-Anbieter muss die vertragsgegenständliche Nutzung ermöglichen.

Gemäß § 536 BGB ist der Vermieter zudem verpflichtet, die Mietsache im vertragsgemäßen Zustand zu erhalten. Der ASP-Anbieter muss also jegliche Nutzungsbeeinträchtigung beseitigen, die Software funktionsfähig und den Serverrechner instand halten. Er muss die tatsächliche Nutzung sicherstellen.

Außerdem gehört die Dokumentation der Software, d.h. das Zurverfügungstellen eines Handbuchs, das der Nutzer zumindest ausdrucken können muss, zu der Hauptleistungspflicht[1327] des ASP-Anbieters.

Der Nutzer ist gem. § 535/§ 581 BGB verpflichtet, das vereinbarte Entgelt zu bezahlen.

1326. Sedlmeier http://www.aplicationserviceproviding.de/ASPForum/
1327. BGH, NJW 1998, 2132, 2133; OLG Stuttgart, CR 1999, 74 (LS); LG Mannheim, BB 1985, 144

III.2 Mietrechtliche Gewährleistungsregeln

Ist die vertragsgegenständliche Nutzung nicht nur unerheblich beeinträchtigt, so mindert sich gem. § 537 BGB der zu zahlende Mietzins. Das Gleiche gilt beim Fehlen von zugesicherten Eigenschaften. Eine Schadensersatzpflicht des ASP-Anbieters besteht gem. § 538 BGB für unverschuldete Mängel, die bereits beim Vertragsschluss vorhanden waren, und für verschuldete Mängel, die erst im Laufe der Vertragszeit entstehen. Der Anbieter muss den gesamten durch die Rechtsverletzung entstandenen Schaden ersetzen. Des Weiteren besteht ein Schadensersatzanspruch des Nutzers, wenn der Vermieter mit der Mängelbeseitigung in Verzug ist.

Der Nutzer kann gem. § 545 BGB seine Gewährleistungsrechte nicht geltend machen, wenn er die rechtzeitige Anzeige eines Mangels unterlassen hat und der Provider infolgedessen nicht in der Lage ist, den Mangel zu beseitigen.

Gemäß § 539 BGB bestehen auch dann keine Schadensersatz- und Gewährleistungsansprüche des Mieters, wenn der Kunde bei Vertragsabschluss den Mangel kannte. Die Kenntnis bzw. grobfahrlässige Unkenntnis wird vermutet.[1328] Diese strengen Haftungsvoraussetzungen für den ASP-Anbieter können aber teilweise abbedungen werden.[1329]

III.3 Lizenzverhältnis zwischen Provider und Nutzer

Fraglich ist, ob durch das Aufrufen der benötigten Software durch den Nutzer eine Vervielfältigung im Sinne des UrhG vorliegt. Gemäß § 69c Nr. 1 UrhG nimmt der Nutzer nach herrschender Meinung. beim Speichern von Computerprogrammen im Arbeitsspeicher und auf Speichermedien Vervielfältigungshandlungen vor.[1330] Auf dem Rechner des Kunden finden beim ASP Vervielfältigungsvorgänge grundsätzlich nur bei der Thin-Client- oder Browser-Software statt, die sowohl auf die Speichermedien als auch in den Arbeitsspeicher der Rechner des Kunden kopiert wird.[1331] Der Kunde muss also zur Nutzung der Client- bzw. der Browser-Software, die auf seinem Rechner läuft, berechtigt sein. Gegebenenfalls kann es nötig sein (z.B. bei JAVA-Applets) dem Kunden auch für die im Rahmen von ASP genutzte Software ein Vervielfältigungsrecht einzuräumen. Nach der so genannten Zweckübertragungslehre gemäß § 31 V UrhG werden Rechte auch ohne explizite Benennung so weit eingeräumt, wie dies nach dem Zweck des jeweiligen Vertrages erforderlich ist. In der Regel müsste eine Klausel, wie »ASP-Anbieter räumt Kunden die zur Nutzung der ASP-Leistungen notwendigen einfachen Nutzungsrechte ein«[1332] genügen.

1328. Palandt/Putzo, § 539, Rn. 1b
1329. Siehe Kapitel D., Das Outsourcing-Vertragswerk, I. Nr. 9.
1330. OLG Celle, CR 1995, 16; LG Mannheim, CR 1999, 360 (S. 361), Marly, Rn. 132 ff.
1331. Grützmacher, ITRB 2001, 59, 60
1332. Grützmacher, ITBR 2001, 59, 61

IV. Betrachtung der Zusatzleistungen

Die reine Nutzung der Software dürfte in Zukunft der kleinste Teil der Leistung der ASP-Anbieter sein. Je höher sie die Wertschöpfungskette (Value Chain) hochklettern, um sich von Mitbewerbern zu unterscheiden, werden die Provider immer mehr Zusatzleistungen (Services) anbieten. Die rechtliche Einordnung der Zusatzleistungen richtet sich nach dem Leistungsgegenstand.

Im Folgenden wird besonders auf Datahosting- und -warehousing-Leistungen des Providers eingegangen.

IV.1 Datawarehousing

Datawarehousing liegt vor, wenn eine größere Datensammlung, die unterschiedliche Datentypen und Verwaltungsprozesse enthält, dergestalt strukturiert wird, dass dem Anwender die Auswertung der Information nach vorgegebenen Kriterien möglich ist.[1333] Der ASP-Anbieter ordnet und verwaltet also die Daten des Kunden nach den Wünschen des Nutzers.

Die rechtliche Einordnung hängt vom vertraglich festgelegten Ziel des Datawarehousing ab. Da die konkrete Struktur des Datawarehousing bei Vertragsschluss zumeist noch nicht bekannt ist, ist kein Erfolg definiert, so dass nur Dienstvertragsrecht gemäß §§ 611 ff. BGB in Betracht kommt. Ist ein Erfolg doch schon bei Vertragsschluss definiert, so liegt ein Werkvertrag gemäß §§ 631 ff. BGB vor.

Die Gewährleistungsfolgen und die Haftung richten sich nach dem jeweiligen Vertragsrecht. Liegt ein Dienstvertrag vor, kommen Schadensersatzansprüche aus § 280 I BGB in Betracht, die jedoch vertraglich eingeschränkt werden können. Beim Werkvertrag hat der Nutzer primär Anspruch auf Mängelbeseitigung gem. §§ 633 ff. BGB, den der Anbieter nicht formularvertraglich abbedingen kann.

Datawarehousing hat urheberrechtliche Konsequenzen.

Eine Sammlung von Werken, Daten oder anderen unabhängigen Elementen, die systematisch oder methodisch angeordnet und einzeln mit Hilfe elektronischer Mittel oder auf andere Weise zugänglich sind und deren Beschaffung, Überprüfung oder Darstellung eine nach Art und Umfang wesentliche Investition erfordern, ist eine Datenbank im Sinne des § 87a UrhG. Darunter fällt auch Datawarehousing und unterliegt somit gemäß § 4 UrhG dem Urheberrecht. Der Provider als Hersteller der Datenbank besitzt somit ein Urheberrecht daran. Der ASP-Vertrag gibt dem ASP-Nutzer jedoch ein Recht auf Verwendung der Datenbank.[1334] Fraglich ist, wie die Lage nach Beendigung des Vertrages aussieht. Die Schutzrechte verbleiben bei Fehlen von vertraglichen Regelungen beim Provider.

1333. Koch Computer-Vertragsrecht, 5. Auflage, Rn. 1000
1334. Röhrborn/Sinhart, CR 2001, 69, 75

Dies ist aber nicht interessengerecht[1335] und würde auch zu erheblichen Vertriebsproblemen von ASPs führen, so dass wohl auch über die Vertragsbeendigung hinaus die Berechtigung zur Verwendung der Daten besteht. Es empfiehlt sich aber, eine Herausgabepflicht des ASP-Anbieters zu vereinbaren, die unabhängig von etwaigen Gegenforderungen besteht (z.B. bei Zahlungsverzug). Auch sollten Form und Art der Übergabe (bestimmtes Dateiformat) geregelt sein.

Der Servicenehmer selbst – und nicht der ASP-Anbieter – steht im Bereich des Datenschutzes gegenüber seinen Kunden in der Verantwortung, da in der Regel eine Datenverarbeitung im Auftrag unter völliger Weisungsabhängigkeit des Providers gegeben ist. In diesem Fall besteht nach §§ 37, 38 BDSG eine Meldepflicht für den ASP-Anbieter als Auftragsdatenverarbeiter bei der zuständigen Aufsichtsbehörde. Für den ASP-Anbieter ergeben sich noch weitere umfangreiche datenschutzrechtliche Erfordernisse, auf die aber hier nicht näher eingegangen wird. Im Vertrag sollte dies aber genau geregelt werden.

IV.2 Datahosting

Datahosting ist die Überlassung von Speicherplatz an den Nutzer, den dieser zur Speicherung von Daten nutzen kann.[1336] Die Leistungspflicht sollte im Vertrag genau vereinbart werden, da meistens auch die Datensicherung, die Überprüfung auf Viren und der Datenschutz erwünscht bzw. erforderlich sind. Die zeitweise Überlassung des Speicherplatzes – auf einer Festplatte, also eine Gebrauchs-Überlassung auf Zeit stellt eine Miete dar, so dass Mietrecht anwendbar ist.

Für die Gewährleistung und Haftung trifft also das Gleiche wie auf den ASP-Vertrag zu. Auch hier ist es zu empfehlen, die Haftung zu beschränken.

Das Abspeichern der Daten und deren Sicherung auf dem ASP-Rechner kann aber auch eine Verwahrung gemäß § 688 BGB darstellen.[1337] Auch bei der Verwahrung werden nur bewegliche Gegenstände erfasst, so dass sich hier das gleiche Problem wie bei der Miete stellt. Vorteil dieses Vertragstyps ist es, dass der ASP-Anbieter weder die Daten selbst nutzen[1338] noch bei Dritten gemäß § 691 BGB hinterlegen, also etwa bei anderen Providern speichern darf.

Beide Vertragstypen sind also denkbar. Für den Datenschutz gilt dasselbe wie bei Datawarehousing. Urheberrechtliche Fragen treten hier nicht auf.

1335. Berger, GRUR 1997, 169
1336. OLG Karlsruhe, CR 1998, 361
1337. Koch, ITBR 2001, 39 , 42
1338. Palandt/Sprau, Einf. v. § 688, Rn. 2

V. ASP-Vertrag

Die Einordnung des ASP-Vertrages unter einen Grundtyp des BGB wurde im ersten Teil untersucht. Für den Aufbau und die Vertragshierarchie ergeben sich beim ASP zwei Möglichkeiten. Einerseits kann der ASP-Vertrag Bestandteil des in Kapitel D. beschriebenen Outsourcing-Vertragswerkes sein, andererseits kann der ASP-Vertrag ein völlig eigenständiger Vertrag sein.

V.1 ASP-Vertrag als Teil des Outsourcing-Vertragswerkes

Ist der ASP-Vertrag Bestandteil des in Kapitel D. beschriebenen Outsourcing-Vertragswerkes, so sieht der Aufbau und Inhalt des ASP-Vertrags lediglich die Beschreibung von Leistungen im Sinne einer Leistungsbeschreibung vor. Der ASP-Vertrag kann dann in die Kategorie der Leistungsverträge[1339] eingeordnet werden. Für die wesentlichen juristischen Rahmenbedingungen ist dann im Wesentlichen ein Verweis auf den Rahmenvertrag ausreichend.

a) ASP-Leistungsbeschreibung

Der Aufbau einer ASP-Leistungsbeschreibung ist im Wesentlichen genauso aufgebaut wie ein Standard-Leistungsvertrag. Die Leistungsbeschreibung besteht daher aus:

- Leistungsdefinition
- Gefahrenübergabepunkt
- Prämissen und Ausschlüsse
- Mitwirkungspflicht
- Service Level Agreement
- Sonstige (z.B. Verweis auf Rahmenvertrag)

Leistungsdefinition

In der Leistungsdefinition eines ASP-Vertrages sollte im Wesentlichen die Zurverfügungstellung der vereinbarten Applikationen geregelt sein:

- Dabei sollte der konkrete **Umfang** des/der Programms/Programme, die **Features**, **Updates** und **Upgrades** vertraglich geregelt werden.
- Ferner sollte die Art und Weise der **Dokumentation** der Applikation geregelt sein.
- Das Verhalten beider Seiten bei **Leistungsstörungen**, wie das Festlegen von Melde- und Reaktionszeiten, sollten festgelegt werden.
- Auf eine Regelung zu der **Lizenzsicherung** der zu nutzenden Programme durch den ASP-Anbieter sollte der Nutzer Wert legen.

1339. Die Beschreibung von Leistungsverträgen siehe Kapitel D., Das Outsourcing-Vertragswerk, IV.

- Die **Zugangsmöglichkeiten** und die **Qualitätssicherung** der zu nutzenden Software sollten in den Vertrag aufgenommen werden sowie die **Anpassung** der ASP-Software an die Bedürfnisse des Kunden und Software-/Hardware-Voraussetzungen.
- **Unterbrechungszeiten** für Wartungsmaßnahmen müssen geregelt werden.
- Die **Laufzeit** des Vertrages und die Möglichkeit des **Wechsels** des Netzbetreibers während der Vertragslaufzeit sind Vertragsinhalte.
- Ein weiterer Regelungspunkt ist die **gesicherte Leistungsbereitschaft** des Anbieters sowie Vereinbarung von **Vertragsstrafen**.
- **Urheber- und Nutzungsrechte** an der Software sind zu regeln.
- Regelungen zur **Vertragsbeendigung**, vor allem die Herausgabe der Daten sollte genau geregelt sein. Wird der Mietvertrag auf unbestimmte Zeit geschlossen, hat jede Partei ein ordentliches Kündigungsrecht.
- Regelungen über die **Datensicherheit** z.B. Verpflichtung zur Einrichtung von Firewalls und Virenscan sollten in den Vertrag aufgenommen werden.
- **Sicherheitsvorkehrungen**, die Verschlüsselungen und Authentifizierungsmechanismen sollten vereinbart werden.

Um spätere Streitigkeiten zu vermeiden, empfiehlt es sich, die Annahme des Vertragsgegenstandes im Wege einer Funktionsprüfung festzulegen.

Gefahrenübergabepunkt

Der Gefahrenübergabepunkt sollte beim ASP sehr genau definiert werden. Dabei sollte der Gefahrenübergabepunkt bei der Nutzbarkeit des Users der Applikationen (Ausnahme siehe Prämissen) liegen. Erhält der User nicht die Möglichkeit die entsprechende Applikationen zu nutzen, so kann nicht von einer Leistungserfüllung des ASP-Anbieters und gesprochen werden. Fraglich ist hierbei, ob der ASP-Anbieter die Nicht-Nutzung der Applikation zu vertreten hat (siehe nächster Punkt).

Prämissen und Ausschlüsse

Eine sehr wichtige Bedeutung haben die Prämissen und Ausschlüsse in einem ASP-Vertrag. Häufig werden die Applikationen über eine WAN-Leitung eines Dritten (Anbieter von WAN-Leitungen) zur Verfügung gestellt. Dies kann im Störungsfall bedeuten, dass dem ASP-Kunden die Leistungen vom ASP-Anbieter zur Verfügung gestellt werden können, diese aber möglicherweise nicht ankommen, da die WAN-Leitungen des WAN-Anbieters zusammengebrochen sind. Aus diesem Grund sollten in den Prämissen und Ausschlüssen geregelt werden, dass für die ordnungsgemäße Leistungserfüllung des ASP-Anbieters das Vorhandensein einer WAN-Leitung Voraussetzung ist. Andernfalls befreit dies den ASP-Anbieter von der Haftung im Sinne des Rahmenvertrages. Ferner fließt dieser Umstand nicht in die Messung der SLA und einer möglichen Bonus/Malus-Regelung ein.

Mitwirkungspflichten

In den Mitwirkungspflichten für den ASP-Kunden sollte geregelt sein, dass der ASP-Kunde für den ASP-Anbieter die Möglichkeiten schafft, dem User des ASP-Kunden seine Leistungen zur Verfügung zu stellen. Dies kann im Einzelnen folgende Punkte umfassen:

- Zurverfügungstellung einer WAN-Leitung mit ausreichender Bandbreite
- Bereitstellung von LAN-Verbindungen mit aktiven und passiven Komponenten
- Das Vorhandensein einer Firewall und entsprechender IT-Security
- Die Client-Systeme müssen eine entsprechende Hardware-Voraussetzung haben
- Möglicherweise das Vorhandensein von Internet-Browsern,[1340]
  (wenn die Applikationen über das WWW gestartet werden sollen)
- Gegebenenfalls Schulung der User des ASP-Kunden für die Nutzung der Applikationen

Service Level Agreement (SLA) für ASP

Im Folgenden werden typische und wichtige Inhalte der Service Level Agreements bei ASP-Verträgen dargestellt.

Verfügbarkeitsklausel

Es muss der Leistungsumfang geklärt werden, in welchem Maße die Software verfügbar ist. Die mietrechtliche Gewährleistung stellt bei der Minderung nicht auf das Verschulden des Mangels ab, so dass es bei fehlender Verfügbarkeit grundsätzlich zur Verminderung des Vergütungsanspruchs kommt. In der Praxis der IT-Verträge ist es üblich geworden, sich erst gar nicht für eine 100%-Leistung zu verpflichten.[1341] Der Provider verpflichtet sich z.B. nur dazu, das System für 98 % des Jahres abrufbar zu halten. Fällt das System also in 2 % der Zeit aus, so kann ihn der Kunde wegen einer Vertragsverletzung nicht in Anspruch nehmen. Eine Überprüfung der Regelung könnte nach § 9 KundeBG erfolgen. Die Beschränkung muss daher angemessen sein. Eine Beschränkung bis 5 % gilt als angemessen.[1342] Die Rechtmäßigkeit der Verfügbarkeitsbeschränkung wird aber auch mit dem Argument bezweifelt, der Provider mogele sich um die Beschränkung bei Gewährleistungs- und Haftungsausschluss herum, indem er den Leistungsumfang reduziert.[1343]

1340. Z.B. Netcape Navigator oder Microsoft Internet Explorer
1341. Schrey in »Service Level Management in der IT« S. 168.
1342. Röhrborn/Sinhart, CR 2001, 69, 72
1343. Siehe bei Schellenberg http://www.legamedia.net/legapractice/andersen-luther/2001/01-03/0103_schellenberg-martin_asp-haftung.php; siehe auch Schrey in »Service Level Management in der IT« S. 168.

Ausfallzeiten aufgrund Wartungen, die in den SLAs geregelt wurden, sind Mängel, die dem Nutzer vor Vertragsschluss bekannt waren, so dass hier gemäß § 539 BGB die Gewährleistungsrechte ausgeschlossen sind. Es ist abzuwarten, wie die Rechtsprechung über Verfügbarkeitsklauseln entscheiden wird.

Schadenspauschalen

Mit der Regelung der Schadenspauschalen z.B. für die Verfügbarkeit unter der Mindestverfügbarkeitsrate, für Schadensersatzansprüche gemäß § 538 BGB aufgrund Datenverlusten soll der Schadensbeweis erspart werden.[1344] Hierbei darf aber keine unangemessene Beteiligung eines Vertragspartners vorliegen. Die Geltendmachung eines weiteren Schadens ist durch die Schadenspauschale nicht ausgeschlossen. Gemäß § 254 BGB kann eine Schadensminderungspflicht z.B. durch Mitwirkungs- und Anzeigepflichten des Kunden vereinbart werden.

Eskalationsstufenmodell

Für die Frage, ob und in welchem Umfang der Provider bei Störungen in Verantwortung genommen werden kann, empfehlen sich Regelungen in gestaffelter Form.[1345] Die Störungen lösen bemessen nach Zeit und Bedeutung des Fehlerfalls für den Servicenehmer einen Schaden in individueller Höhe aus. Diese Staffelungen können auch als Anhaltspunkt für nicht erfasste Störungen dienen. Weiterhin ermöglicht die Staffelung, angemessene Regelungen im Sinne des KundeBG zu schaffen.

Störungs- und Problem-Management

Es sollten für aufgetretene Mängel vertraglich festgelegte Reaktionszeiten für die Fehlerbeseitigung festgelegt werden, sowie Zeiten für den Support.[1346] Es ist dann klar erkennbar, wann Verzug (§ 326 BGB) vorliegt.

Haftungsregelungen

Siehe Rahmenvertrag.[1347]Sicherheit

Das Sicherungssystem z.B. zur Sicherung des Betriebes und der Daten muss genau vereinbart werden. Der Nutzer hat in der Regel Kenntnis von Mängeln, die auf dem Sicherungssystem beruhen bzw. durch andere hätten vermieden werden können, so dass die Gewährleistung gem. § 539 BGB ausgeschlossen wäre.

1344. Siehe bei Lediger http://www.graefeundpartner.de/ecom/sla.html
1345. Siehe bei Schröcker http://www.industrienet.de/objekte/ba/ecommerce/ecomm3.htm; siehe auch Lediger http://www.graefeundpartner.de/ecom/sla.html
1346. Siehe bei Feil http://www.recht-freundlich.de/edv30.htm; siehe auch bei Lediger http://www.graefeundpartner.de/ecom/sla.html
1347. Kapitel D., Das Outsourcing-Vertragswerk, I.

In bestimmten Bereichen macht es Sinn, den Quellcode (Source-ode) bei einer neutralen Stelle zu hinterlegen, so dass im Notfall die beim Anwender eingesetzte Software genutzt und weiterentwickelt werden kann.[1348]

Berichterstattung

Die Art und Weise der Berichterstattung sollte festgelegt werden, damit im Streitfall über tatsächliche Verfügbarkeiten schnell Klarheit herrscht.[1349]

Weitere Inhalte

Die Angebotspalette des ASP-Anbieters wird in den SLAs näher beschrieben und ausgestaltet. Weitere Leistungskomponenten, wie Schulungen, Beratungen, Aktualisierung und Update der Software werden in die SLAs aufgenommen.

V.2 ASP-Vertrag als eigenständiger Vertrag

Ist der ASP-Vertrag nicht Bestandteil des in Kapitel D. beschriebenen Outsourcing-Vertragswerks, sondern ein einzeln stehender Vertrag,[1350] so sieht der Aufbau und Inhalt des ASP-Vertrags die Beschreibung von Leistungen im Sinne einer Leistungsbeschreibung vor und entsprechende Regelungen zur juristischen Absicherung.

In der Beschreibung des Leistungsinhalts ergibt sich zu der oben beschriebenen Leistungsbeschreibung kein Unterschied. Diese Leistungsbeschreibung sollte lediglich um die entsprechenden Regelungen zur juristischen Absicherung erweitert werden. Idealerweise sollte dann der ASP-Vertrag aus der ASP-Leistungsbeschreibung (inkl. SLA) und dem juristischen Rahmenvertrag aus dem Outsourcing-Vertragswerk bestehen.

VI. Fazit

Den Vorteilen von ASP stehen u.a. die rechtlichen Unsicherheiten im Hinblick auf die vertragsrechtliche Struktur, die garantierte Verfügbarkeitsrate, Sicherheitsrisiken für die IT-Struktur sowie der Schutz personenbezogener Daten entgegen. Die Verträge müssen also juristisch präzise erarbeitet und verschiedene rechtliche Probleme beachtet werden.

Der ASP-Vertrag ist nach der wohl herrschenden Ansicht dem Mietrecht unterzuordnen, so dass der ASP-Anbieter gem. § 538 BGB verschuldensunabhängig haftet. Diese wird er aber in der Regel abbedingen.

1348. Siehe bei Feil http://www.recht-freundlich.de/edv30.htm
1349. Siehe bei Lediger http://www.graefeundpartner.de/ecom/sla.html
1350. Ohne Verweis auf einen Rahmenvertrag

Die zusätzlichen Leistungen des ASP-Anbieters werden einzeln nach ihren charakteristischen Merkmalen vertragstypologisch eingeordnet.

Lizenzrechtliche Probleme zwischen dem ASP-Anbieter und dem Nutzer können bei der Datenverwaltung, besonders bei Beendigung des Vertrages auftreten. Im Verhältnis ASP-Anbieter und Software-Hersteller sind die urheberrechtlichen Regelungen zu der Weitervermietung an Dritte zu beachten, wobei der ASP-Anbieter besonders auf den Umfang der Lizenz achten muss.

Klare und deutliche SLAs, die z.B. Verfügbarkeit, Datensicherung und Wartung enthalten, sind wichtiger Vertragsbestandteil.

Mit Spannung bleibt zu erwarten, wie die Rechtsprechung über ASP-Verträge und SLAs entscheiden wird.

Outsourcing in der öffentlichen Verwaltung

Die Durchführung eines Outsourcing-Projekts in der öffentlichen Verwaltung unterliegt besonderen gesetzlichen Beschränkungen, die im Folgenden erläutert werden.

I. Zulässige Outsourcing-Formen in der öffentlichen Verwaltung

Das Outsourcing im Bereich der öffentlichen Verwaltung verfolgt die gleichen Ziele wie das Outsourcing im privaten Bereich. Zum einen soll es helfen, die Verwaltung zu verschlanken, so dass sie sich auf ihre Kernkompetenzen konzentrieren kann, zum anderen soll aber auch das Know-how der Privaten genutzt und die stark belasteten öffentlichen Haushalte entlastet werden. Der Unterschied zu den Privaten liegt jedoch in der Wahrnehmung von Aufgaben durch die öffentliche Verwaltung, die einem Privaten grundsätzlich nicht zugänglich sind.

Diese Grenzen des Outsourcings im öffentlichen Bereich müssen daher zunächst festgestellt werden, um die Möglichkeiten des Outsourcings im öffentlichen Bereich aufzeigen und datenschutzrechtlich bewerten zu können.

I.1 Verwaltungsrechtliche Einordnung

Das Outsourcing, also die Ausgliederung von Aufgaben und Funktionen oder Teilen davon,[1351] kann, wie schon oben dargestellt, grundsätzlich in zwei Formen, dem internen und dem externen Outsourcing stattfinden. Beim verwaltungsinternen Outsourcing, also bei der Konzentration in einer Abteilung oder in einer Behörde, bestehen lediglich Daten schützende Regelungen, die zu beachten sind. Die Umstrukturierung an sich bildet allerdings nur eine Ausübung der Organisationshoheit der öffentlichen Verwaltung und ist dadurch gedeckt.[1352]

1351. Siehe Kapitel B., Formen des Outsourcings, I., II.
1352. Zundel, S. 19; ders. CR 1996, S. 763 (765 f.)

Das externe Outsourcing, also die Übertragung von Aufgaben an Private, stellt demgegenüber jedoch eine Privatisierung dar, der verwaltungs- und verfassungsrechtliche Bedenken entgegenstehen könnten.

Um dies beurteilen zu können, ist es jedoch zunächst notwendig, das externe Outsourcing durch die Einordnung in eine von vier Formen der Privatisierung zu charakterisieren.

a) Vermögensprivatisierung

Bei der Vermögensprivatisierung liegt der Schwerpunkt auf der Übertragung von Eigentum der öffentlichen Hand auf Private. Damit können durchaus als Annex auch Aufgaben mit übertragen werden, doch liegt darin nicht der eigentliche Zweck der Privatisierung.[1353] Mithin liegt beim Outsourcing keine Vermögensprivatisierung vor, da gerade Aufgaben übertragen werden sollen und Vermögensgegenstände, wie DV-Anlagen, die mit übertragen werden, allenfalls einen Annex darstellen.[1354]

b) Formelle Privatisierung

Den zweiten Fall der Privatisierungsmöglichkeiten bildet die formelle oder Organisationsprivatisierung. Diese stellt ein Handeln der Verwaltung in privatrechtlicher Organisationsform dar. Diese z.T. auch als Scheinprivatisierung bezeichnete Form dient der Dezentralisierung, der Abtrennung spezieller Verwaltungsaufgaben zur Bildung eigener Verantwortungsbereiche und nicht zuletzt dazu, sich der starren öffentlich-rechtlichen Organisationsform zu entledigen, um ein unbürokratischeres Verwaltungshandeln zu ermöglichen und so beispielsweise die Personalbeschaffung zu erleichtern.[1355]

Diese Privatisierungsform entspricht weitestgehend dem internen Outsourcing, ist aber als externes Outsourcing ungeeignet, da gerade die Beteiligung Privater fehlt.[1356]

c) Materielle Privatisierung

Im Fall der materiellen Privatisierung geht es dagegen gerade darum, hoheitliche Aufgaben auf Private zu übertragen und den Staat dadurch zu entlasten,[1357] womit der Private vollkommen selbstständig und selbstverantwortlich agiert. Eine eingeschränkte Form dieser materiellen Privatisierung stellt die Beleihung dar, wobei auch ein Privater ihm übertragene Aufgaben wahrnimmt, allerdings dadurch in die mittelbare Staatsverwaltung einbezogen wird[1358] und so in der Regel nicht selbst

1353. Schumacher, LKV 1995, S. 135 (138)
1354. Battis/Kersten, ZBR 2000, S. 145 (146)
1355. Schumacher, LKV 1995, S. 135 (137); Stober, AWirtVwR, § 41 (S. 409)
1356. Battis/Kersten, ZBR 2000, S. 145 (146)
1357. Battis/Kersten, ZBR 2000, S. 145 (146); Schumacher, LKV 1995, S. 135 (138); Stober, AWirtVwR, § 41 (S. 409)
1358. Maurer, § 23 Rn. 56

haftet, da die Haftung gemäß § 839 BGB i.V.m. Art. 34 GG auf den Staat übergeleitet wird.[1359]

Diese Formen der materiellen Privatisierung könnte einer Funktionsübertragung ähnelnd einen Fall des Outsourcings darstellen, womit deren Zulässigkeit und Grenzen zu prüfen sind.

d) Funktionale Privatisierung

Die vierte mögliche Form der Privatisierung öffentlicher Aufgaben stellt die funktionale Privatisierung dar. Diese zwischen der formalen und materiellen Privatisierung liegende Form schaltet Private als Verwaltungshelfer ein, wobei entgegen der materiellen Privatisierung und Beleihung sie in keine unmittelbare Rechtsbeziehung zu Dritten treten, sondern im Auftrag und nach Weisung der Behörde handeln.[1360]

Dieser Privatisierungsform entsprechen auch die Public-Private-Partnerships (PPP), die beispielsweise in einer Kooperation von Privaten und öffentlicher Verwaltung in einer privatrechtlichen Organisationsform (GmbH oder AG) bestehen kann.[1361] Dazu würde zunächst eine formelle Privatisierung durch die Behörde mit dem Ziel durchgeführt werden, später Anteile der entstandenen Gesellschaft auf einen Privaten zu übertragen. Diese Formen der funktionalen Privatisierung entsprechen eher einer Auftragsdatenverarbeitung, da Weisungs- und Kontrollrechte gewährleistet sind und der Outsourcing-Kunde für das Handeln des Outsourcing-Anbieter einzustehen hat.

e) Fazit

Somit kommen für das Outsourcing die funktionale, die materielle Privatisierung, sowie die Beleihung als Unterform in Betracht.

I.2 Verfassungsrechtliche Bedenken

Diese Formen der Privatisierung sind nun allerdings auf mögliche Grenzen verfassungsrechtlicher Natur zu untersuchen.

a) Privatisierungsverbot

Zunächst muss eine Grenze dort gezogen werden, wo es um die Privatisierung der klassischen Staatsaufgaben, wie des Selbstschutzes des Staates nach innen und außen, der Staatsorganisation, der Gefahrenvorsorge, der Außenvertretung, des Justizgewähranspruches mit seiner Durchsetzung im Wege der Zwangsvollstreckung sowie des Währungs-, Maß- und Gewichtswesens handelt.[1362]

1359. Maurer, § 23 Rn. 59
1360. Stober, AWirtVwR, § 40 II
1361. Püttner, LKV 1994, S. 193 (194); Stober, AWirtVwR, §§ 40 II, 41
1362. v. Münch/Kunig, Art. 33 Rn. 39 ff.; Peine, DÖV 1997, S. 353 (355)

Weitere Verwaltungsmonopole, die in der Verfassung festgeschrieben waren, sind mittlerweile gefallen. Die Flugsicherung, die Bahn und die Post wurden zumindest formell privatisiert[1363] und zeigen damit, dass zumindest formelle Privatisierungen von Verwaltungsmonopolen außerhalb der klassischen Staatsaufgaben durch Verfassungsänderung möglich sind.

Im Übrigen hat sich die Ansicht durchgesetzt, dass ein verfassungsrechtlich gestütztes Privatisierungsverbot nicht besteht.[1364]

b) Funktionsvorbehalt des Art. 33 IV GG

Einschränkend könnte sich jedoch der Funktionsvorbehalt aus Art. 33 IV GG auswirken, nachdem hoheitliche Befugnisse nicht als ständige Aufgabe an Private übertragen werden können, sondern in der Regel Angehörigen des öffentlichen Dienstes vorbehalten bleiben müssen. Fraglich ist jedoch, was unter hoheitlichen Befugnissen im Sinne des Art. 33 IV GG zu verstehen ist.

Nach der **extensiven Ansicht** ist die Ausübung hoheitsrechtlicher Befugnisse die gesamte obrigkeitliche Tätigkeit zuzüglich aller Funktionen öffentlicher Verwaltung, einschließlich der Leistungsverwaltung, allerdings ohne die reine Fiskalverwaltung, die privatrechtlichen Beschaffungsgeschäfte der öffentlichen Hand, die erwerbswirtschaftliche Betätigung und rein mechanische Hilfsgeschäfte.[1365]

Die **gegenteilige Ansicht** will die hoheitlichen Befugnisse auf den Bereich der Eingriffsverwaltung begrenzen.[1366] Dies widerspricht jedoch gerade dem Institutionsschutz des Berufsbeamtentums in Art. 33 V GG, da das Berufsbeamtentum bei einer solchen engen Auslegung verkümmern würde.[1367] Damit umfasst der Begriff der hoheitsrechtlichen Befugnisse über den Bereich der Eingriffsverwaltung hinaus auch die unmittelbare und mittelbare Staatsverwaltung, die als daseinvorsorgende Leistungsverwaltung in öffentlich-rechtlichen Rechtsformen solche Tätigkeiten erbringt, die kraft öffentlich-rechtlicher Legitimation durch Verwaltungsakt dem Bürger oder durch Weisung dem Organverwalter gegenüber zu vollziehen sind, sowie sonstige staatliche Aufgaben, die ausdrücklich auf öffentlichrechtlicher Grundlage erledigt werden.[1368]

1363. vgl. Flugsicherung (Art. 87d Abs. 1 Satz 2 GG); Bahn (Art. 87e Abs. 3 GG); Post (Art. 87 f., 143b GG)
1364. Battis/Kersten, ZBR 2000, S. 145 (147); Peine, DÖV 1997, S. 353 (355); Schumacher, LKV 1995, S. 135 (138)
1365. BVerwGE 34, 126; 49, 141; 47, 314; Badura, ZBR 1996, S. 321 (326); Büllesbach/Rieß, NVwZ 1995, S. 444 (445); Sachs-Battis, § 33 Rn. 55
1366. Dreier/Lübbe/Wolff, Art. 33 Rn. 58 f.; Peine, DV 1984, 415; ders. DÖV 1997, 353 (355)
1367. BVerfGE 7, 155 (162); BR-Drs. 509/93, S. 20
1368. Badura, ZBR 1996, S. 321 (325 f.); Sachs-Battis, Art. 33 Rn. 57

c) Zwischenergebnis

Damit ist die materielle Privatisierung insoweit nicht möglich, als dass Entscheidungskompetenzen auf Private übertragen werden. Ohne diese Letztentscheidungskompetenzen ist die materielle Privatisierung jedoch nur noch eine funktionale Privatisierung.

d) Beleihung

Bei der Beleihung von Privaten werden auch Entscheidungskompetenzen übertragen, womit die Beleihung nach dieser Definition ebenfalls eine Übertragung hoheitlicher Befugnisse darstellt. Allerdings stellt die Beleihung die in Art. 33 Abs. 4 GG offen gehaltene Möglichkeit dar, von der Regel eine Ausnahme zu machen.[1369] Dabei ist jedoch zu beachten, dass die Beleihung die Ausnahme bleiben muss und wegen des Grundsatzes des Vorbehalts des Gesetzes unter einem Gesetzesvorbehalt steht.[1370]

Damit verbleibt dem Gesetzgeber in Rücksicht auf unterschiedliche ordnungs- und gesellschaftspolitische Belange ein erheblicher Spielraum.[1371]

e) Funktionale Privatisierung

Einer funktionalen Privatisierung stehen dagegen weder der Funktionsvorbehalt des Art. 33 Abs. 4 noch das Demokratie-, Sozial- und Rechtsstaatsprinzip in Art. 20 Abs. 1–3; 28 Abs. 1 Satz 1 GG, die Kompetenzordnung der Art. 83 ff. oder die Grundrechte entgegen.[1372]

Auch die Selbstverwaltungsgarantie der Kommunen aus Art. 28 Abs. 2 GG kann einer Privatisierung deshalb nicht entgegenstehen, da es sich hierbei um eine reine Schutzvorschrift zugunsten der Kommunen handelt.[1373]

f) Vertragsanforderung

Allerdings bedarf es einiger vertraglicher Absicherungen, da bei der funktionalen Privatisierung die staatliche Aufgabenverantwortung und die private Aufgabenerfüllung auseinander fallen. Diese Pflicht zu einer vertraglichen Verbindung beider Elemente findet ihre Grundlage eben in diesen Prinzipien, dem Demokratieprinzip, dem Rechtsstaatsprinzip und der Bindung an die Grundrechte.

Aus dem **Demokratieprinzip** ergibt sich, dass alle Staatsgewalt vom Volk ausgeht und deshalb auch vor dem Volk zu verantworten ist. Diese kann die Exekutive allerdings nur dann übernehmen, wenn sie die Durchführung kontrolliert und sicherstellt.

1369. Dreier/Lübbe/Wolff, Art. 33 Rn. 62
1370. BVerwG, NVwZ 1985, 48; DVBl. 1989, 517; Dreier/Lübbe/Wolff, Art. 33 Rn. 62; Maurer, § 23 Rn. 58; Peine, DÖV 1997, 353 (361); Schoch, DVBl. 1994, 962 (970); Schumacher, LKV 1995, 135 (136)
1371. Sachs-Battis, Art. 33 Rn. 58
1372. Battis/Kersten, ZBR 2000, 145 (147)
1373. Lange, JZ 1981, S. 698 (700); Zundel, S. 21; ders. CR 1996, S. 763 (766)

Das **Rechtsstaatsprinzip** beinhaltet die Bindung aller Staatsgewalten, also auch der Exekutive an Gesetz und Verfassung. Deshalb muss er auch die Rechtmäßigkeit der Durchführung der ausgelagerten Aufgaben überwachen. Schließlich ist die Exekutive gemäß Art. 1 Abs. 3 GG an die **Grundrechte** gebunden und muss deren materielles Schutzniveau sicherstellen.

Die Pflichten müssten damit vertraglich mit dem Outsourcing-Anbieter abgesichert werden. Dabei kommt je nach Verantwortungsniveau ein unterschiedlicher Standard in der Vertragsgestaltung und -praxis in Betracht, der beim Outsourcing der Datenverarbeitung sicherlich hoch sein muss, damit der Staat seiner Aufgabenverantwortung gerecht wird.

So könnten verschiedene Vertragsbausteine dieses Ziel sichern:[1374]

- ein ständiges Zugriffsrecht auf die Aufgabenerfüllung
- eine Kontroll- und Korrekturmöglichkeit hinsichtlich der Aufgabenerfüllung und ein Kündigungsrecht für den Fall von Nicht- oder Schlechterfüllung
- die tatsächliche Durchführung von Kontrollen
- eine Verpflichtung von Mitarbeitern des Unternehmens auf die entsprechenden Datengeheimnisse
- ein Vorbehalt einer endgültigen Entscheidung in einem Verwaltung- oder Rechtsmittelverfahren
- eine strafrechtliche oder schadensersatzrechtliche Sanktionierung von Rechtsbrüchen

g) Gesetzvorbehalt

Neben einer solchen vertraglichen Absicherung könnte überdies ein Gesetz notwendig sein. Nach der Wesentlichkeitstheorie des BVerfGs muss der Gesetzgeber die Ausgestaltung von Bereichen, die für die Verwirklichung von Grundrechten wesentlich sind, selbst vornehmen und darf sie nicht der Exekutive überlassen.[1375] Ein solcher Gesetzesvorgehalt läge in Sinne der Wesentlichkeitstheorie des BVerfGs also vor, wenn es sich bei der funktionalen Privatisierung um eine wesentliche grund-, organisations- oder verfahrensrechtliche Entscheidung handeln würde. Doch liegt gerade bei der Verwaltungshilfe im Gegensatz zur Beleihung keine Übertragung von hoheitlichen Aufgaben vor, so dass ein Gesetzesvorbehalt ausscheidet.

Allerdings kann im Einzelfall in einer Gesamtwürdigung auch im Fall der Verwaltungshilfe, der funktionalen Privatisierung, ein solcher Gesetzesvorbehalt notwendig sein.[1376]

1374. Battis/Kersten, ZBR 2000, 145 (148)
1375. BVerfGE 47, 46 (79)
1376. für die Beihilfebearbeitung – Battis/Kersten, ZBR 2000, S. 145 (154)

h) Fazit

Damit kommt für ein Outsourcing angesichts des Gesetzesvorbehalts in der Praxis nur die funktionale Privatisierung in Frage.

I.3 Haushaltsrechtliche Aspekte

Von dem in der Regel notwendigen Staatsakt (Gesetz oder Beschluss) zur rechtsverbindlichen Gründung eines Unternehmens (vgl. u.a. StiftungsG, AktienG) zu unterscheiden ist die unter bestimmten Bedingungen notwendige Einwilligung des Parlaments zur Beteiligung an der Gründung, zur Veräußerung von Anteilen und zur Auflösung und Umwandlung von Unternehmen (vgl. u.a. § 65 VII BHO und § 65 VI 6 Bln LHO)[1377].

Werden bei der Überführung – auch von Teilbereichen – in eine private Rechtsform gleichfalls Vermögensgegenstände veräußert, so darf die Veräußerung grundsätzlich nur zum vollen Wert erfolgen und wenn die Gegenstände »in absehbarer Zeit nicht zur Erfüllung der Aufgaben« der Kommune benötigt werden (§ 63 BHO, § 63 Bln LHO).[1378]

Nach § 26 BHO haben Betriebe, Sondervermögen und Zuwendungsempfänger in der Regel einen Wirtschaftsplan aufzustellen, der als Anlage dem Haushaltsplan der Kommune beigefügt wird. Die Gewährleistung des Prüfungsrechts nach § 53 Haushaltsgrundgesetz (HGrG),[1379] sowohl bei Mehrheits- als auch bei Minderheitsbeteiligung, findet seine Regelung in den §§ 66,67 BHO.

Liegt Outsourcing in Form der Übernahme von Fremdleistungen – ohne Veräußerung und Überführung eines Betriebsteils – vor, so haben o.g. Kriterien keine Bedeutung. Hier gilt es lediglich, den haushaltsrechtlichen Grundsätzen der Ausschreibung zu folgen (§ 30 HGrG). Dabei ist zu unterscheiden zwischen der notwendig EG-weiten Ausschreibung, der öffentlichen und der beschränkten Ausschreibung, die sich aus Gründen der Sache nur an einen bestimmten Kreis infrage kommender Anbieter richtet.

Des Weiteren sind etwaige Strukturveränderungen und personalrechtliche Folgen zu berücksichtigen, die verbindlich vom jeweiligen Rechtsträger einer Lösung zuzuführen sind.

Eine gesetzlich zugesicherte Konkursunfähigkeit kommt nur den juristischen Personen des öffentlichen Rechts zu, die der Staatsaufsicht unterliegen (§ 1 Gesetz über die Konkursunfähigkeit juristischer Personen des öffentlichen Rechts vom 27.03.1990 (GVBL S. 682) verkündet am 03.04.1990).

1377. Berliner Landeshaushaltsordnung vom 5. Okt. 1978 (GVBl S. 1961) zuletzt geänd. durch Gesetz vom 31.12.1990 (GVBl 1991, S. 9)
1378. ebenda.
1379. Gesetz über die Grundsätze des Haushaltsrechts des Bundes und der Länder (Haushaltsgrundsatzgesetz – HGrG) vom 19. Aug. 1969 (BGBl I S. 1273) zuletzt geänd. durch Einigungsvertrag vom 31.08.1990 (BGBl II S. 889, 990)

Für privatrechtlich organisierte Unternehmen kann ein Konkursverfahren – bei überwiegender Beteiligung der öffentlichen Hand und durch Stiftungsaufsicht – ebenfalls abgewendet werden. Wobei zu beachten ist, dass dies nur das Vermögen betrifft, nicht das Unternehmen selbst.

I.4 Personalrechtliche Aspekte

Bei der Umwandlung einer Einrichtung und auch von Teilbereichen der Einrichtung ist gemäß PersVG der Personalrat zu beteiligen. Dabei steht ihm ein Mitwirkungsrecht bei der Auflösung zu (§ 78 I Ziff. 2 BPersVG) und ein Mitbestimmungsrecht bei den damit verbundenen personellen Maßnahmen (§ 75 BPersVG und entspr. PersVG der Länder).[1380]

Die Ausgliederung einer Einrichtung bzw. eines Teilbereiches und ihre/seine Überführung in ein privatrechtlich organisiertes Unternehmen ist als Betriebsübergang im Sinne des § 613a BGB zu qualifizieren. Nach § 613a I BGB gehen bestehende Arbeitsverhältnisse von Angestellten und Arbeitern inhaltsgleich auf den neuen Arbeitgeber über. Gleiches gilt für die tarifgebundenen Inhalte des Arbeitsverhältnisses.[1381]

Besondere Fragen ergeben sich bei der Überführung von Beamten in ein privatrechtliches Unternehmen. Hier eröffnen sich drei Möglichkeiten: Der Beamte beantragt gemäß § 30 BBG[1382] seine Entlassung aus dem Beamtenverhältnis und begründet danach ein Arbeitsverhältnis mit dem neuen Arbeitgeber. Oder er wird auf dem Wege der Beurlaubung (§ 13 II SUrlV)[1383] in dem privatrechtlichen Unternehmen tätig. Beide Möglichkeiten sind vom Einverständnis des Beamten abhängig und können materielle Verluste (Besoldung, Pension) für den Beamten zur Folge haben, die es durch einzelvertragliche Regelung abzufangen gilt.

Abschließend sei noch auf die Form der Dienstüberlassung hingewiesen. Hierbei wird durch Vertrag zwischen einem privatrechtlichen Unternehmen und dem öffentlichen Arbeitgeber vereinbart, dass bestimmte Arbeitnehmer und Beamte unter Fortbestand ihrer Dienst- und Arbeitsverhältnisse ihre Arbeitsleistungen in dem privatrechtlichen Unternehmen erbringen.

1380. Bundespersonalvertretungsgesetz (BPersVG) vom 15. März 1974 (BGBl S. 693) geändert durch Gesetz vom 16.01.1991 (BGBl I S. 47); Berliner Personalvertretungsgesetz (PersVG) vom 26. Juli 1974 (GVBl S. 1669) zuletzt geändert durch Gesetz vom 02.04.1990 (GVBl S. 721).
1381. Zu den Fragen der Personalübernahme nach § 613 a BGB siehe Kapitel D., Das Outsourcing-Projekt, III. Nr. 1.
1382. Bundesbeamtengesetz (BBG) v. 27. Febr. 1985 (BGBl I S. 479) zuletzt geändert durch Gesetz v. 11.6.1992 (BGBl I S. 1030)
1383. Verordnung über Sonderurlaub für Bundesbeamte und Richter im Bundesdienst (Sonderurlaubsverordnung – SUrlV) vom 29. April 1992 (BGBl I S. 977, Neubekanntmachung der SUrlV vom 15.5.1991 BGBl I S. 1122 in der ab 1.6.92 geltenden Fassung).

I.5 Outsourcing-Beispiele

Als funktionale Privatisierungen im IT-Bereich finden sich vor allem Rechenzentrums- und Netzwerkdienstleistungen.

Im Rahmen von Rechenzentrums-Dienstleistungen werden vor allem technische Hilfsfunktionen übertragen und Beratungsleistungen erbracht. In der Regel werden dabei keine hoheitlichen Entscheidungen tangiert. Anders sieht es möglicherweise bei der Betreuung und Aktualisierung von solcher Software aus, mit der automatische Bescheide erstellt werden. Eine Beurteilung muss dabei im Einzelfall abwägen, ob schon hoheitliche Befugnisse tangiert sind oder ob es sich noch um reine Hilfstätigkeiten handelt. Im Zweifel muss die Grenze bei der Durchführung von Updates gezogen werden, wenn diese die automatische Erstellung von Bescheiden unmittelbar betreffen und kein behördliches Handeln mehr dazwischentritt.[1384]

Für den Bereich des Beihilfe-Outsourcings, bei dem bis auf den hoheitlichen Akt der Festsetzung der Beihilfe die gesamte Datenerfassung und -verarbeitung sowie die Auszahlung der Beihilfe vom privaten Outsourcing-Kunden veranlasst werden, wird wegen der Festsetzung durch eine Behörde zwar noch eine funktionale Privatisierung angenommen, jedoch, wie schon oben erläutert, wegen der Sensibilität der Daten die Notwendigkeit des Vorliegens einer Gesetzesgrundlage gesehen.[1385]

Bei Netzwerkdienstleistungen, also dem Aufbau und der Pflege von Netzwerken, handelt es sich dagegen um reine Übermittlungsleistungen, die nicht Bestandteil des Entscheidungsprozesses sind, sondern nur ein Hilfsmittel dazu.[1386]

I.6 Public-Private-Partnership

Im Falle der Public-Private-Partnership mit einer Gemeinde als Partner müssen zudem die Vorschriften der Gemeindeordnung über die Beteiligungen an Unternehmen eingehalten werden[1387]. Diese Vorschriften, die gemäß dem Subsidiaritätsprinzip grundsätzlich nur für die wirtschaftliche Betätigung der Gemeinde und daraus folgende Konkurrenzsituationen mit privaten Unternehmen gelten, finden auch dann Anwendung, wenn die Gemeinde nur Hilfsbetriebe betreibt, die ausschließlich zur Deckung des Eigenbedarfs der Gemeinde dienen,[1388] also nichtwirtschaftliche Unternehmen. Danach darf die Gemeinde nur dann eine solche Zusammenarbeit in Form eines Privatrechtsunternehmens eingehen, wenn der

1384. Büllesbach/Rieß, NVwZ 1995, S. 444 (446)
1385. Battis/Kersten, ZBR 2000, S. 145 (146 f., 150)
1386. Büllesbach/Rieß, NVwZ 1995, S. 444 (446)
1387. Vgl. §§ 116 ff. GO-LSA, §§ 95 ff. SächsGemO, §§ 107 ff. GO NW, §§ 108 ff. NGO, §§ 102 ff. BWGemO, Art. 86 ff. BayrGemO, §§ 121 ff. HGO
1388. Vgl. § 97 III SächsGemO, § 109 I GO NW, § 114 I NGO, § 102 II BWGemO, Art. 95 Abs. 1 BayrGemO, § 127 a HGO

öffentliche Zweck nicht ebenso gut durch einen Eigenbetrieb erfüllt werden kann[1389]. Der Grund der Zusammenarbeit mit den Privaten ist aber gerade die Nutzung deren Know-hows und kann damit nicht ebenso gut durch einen Eigenbetrieb erfüllt werden. Im Übrigen darf sich die Gemeinde durch die Verpflichtungen nicht übernehmen und ihr maßgebender Einfluss muss gesichert sein. Damit sind solche gemischtwirtschaftlichen Unternehmen als Public-Private-Partnerships für Outsourcing-Zwecke von der Gemeindeordnung gedeckt.

Beispiele für solche PPPs finden sich dabei auf allen Verwaltungsebenen. So laufen beispielsweise Projekte für eGovernment und bürgernahe Verwaltung im Jerichower Land und ein Konzept für ein Sachsen-Anhalt-Netz mit der Deutschen Telekom AG. Mit der Microsoft-GmbH und Cisco-Systems läuft die Einführung und Erprobung der digitalen Signatur sowie das eGovernment-Projekt und das Projekt »Aufbau der Zukunftsregion Wernigerode«.[1390] Auf kommunaler Ebene hat die Stadt Leipzig mit IBM eine GmbH gegründet, die eine IT-Strategie für die Stadtverwaltung entwickelt und dann umsetzt. Neben dieser wahren Outsourcing-Euphorie auch in der Praxis gibt es jedoch Stimmen, die die öffentliche Verwaltung dazu in der Lage sieht, solche ausgelagerten Aufgaben effizient zu erfüllen, wenn entsprechende Reformen und Umstrukturierungen durchgeführt werden.[1391]

II. Datenschutz

Wie bereits festgestellt spielt der Datenschutz und Geheimhaltung[1392] bei einem Outsourcing-Projekt in der öffentlichen Verwaltung eine besondere Rolle.

II.1 Allgemeines

Bei der funktionalen Privatisierung liegt, genau wie bei der Auftragsdatenverarbeitung, gemäß § 11 BDSG, die Verantwortung und die Weisungs- und Kontrollrechte beim Outsourcing-Kunden der öffentlichen Verwaltung. Da § 11 BDSG im Gegensatz zu den anderen im zweiten Teil behandelten Vorschriften über den Umgang mit personenbezogenen Daten sowohl für öffentliche, als auch nicht-öffentliche Stellen gilt, kann insoweit auf die dortigen Erläuterungen verwiesen werden. Ein Unterschied besteht jedoch darin, dass die Betroffenen nicht nur die oben angeführten Rechte der Benachrichtigung, Auskunft, Berichtigung, Löschung und Sperrung (§§ 19–20), sondern gemäß § 21 das Recht haben, den Bundesbeauftragten für den Datenschutz anzurufen.

1389. Vgl. § 117 GO-LSA, § 96 SächsGemO, § 108 GO NW, § 108 NGO, § 103 BWGemO, Art. 92 BayrGemO, § 126 HGO

1390. Matthias Gabriel – Erfahrungen aus den Public-private-Partnership-Verträgen zwischen dem Land Sachsen-Anhalt und der privaten Wirtschaft (Vortrag vom 11.01.2001), Vortragsunterlagen, S. 10 ff.

1391. Stößel, S. 248 ff.

1392. Siehe Kapitel C., Das Outsourcing-Projekt, IV. Nr. 2.

Ein Beispiel für ein Outsourcing im öffentlichen Bereich, bei dem die Regelungen zur Auftragsdatenverarbeitung beachtet werden mussten,[1393] findet sich in der Bundesverwaltung beim Auswärtigen Amt, das die IT-Gestellung an den Arbeitsplätzen und die Aufrechterhaltung der Betriebsbereitschaft auf einen privaten Outsourcing-Anbieter ausgelagert hat.[1394]

Für den Bereich der Landesverwaltung in Sachsen-Anhalt gilt z.B., wie schon zu Beginn angedeutet, nicht das BDSG, sondern das DSG-LSA. Dies bedeutet in der Praxis jedoch kaum einen Unterschied, da das DSG-LSA regelmäßig[1395] an die Regelungen des BDSG angepasst wird. Für das Outsourcing in Form der Auftragsdatenverarbeitung gilt jedoch, dass im Falle einer Public-Private-Partnership mit einer Anteils- oder Stimmenmehrheit der öffentlichen Hand der Landesbeauftragte für den Datenschutz seine Kontrollrechte, die er sonst nur gegen die öffentlichen Stellen hat, auch gegenüber den gemischt-wirtschaftlichen Unternehmen ausübt (§ 8 V DSG-LSA).

II.2 Bereichsbesonderheiten

In bestimmten Bereichen sind neben den schon oben angeführten Besonderheiten der Verarbeitung von Sozialdaten[1396] im Auftrag besondere Regelungen zum Schutz personenbezogener Daten getroffen worden, die den allgemeinen Regeln der Datenschutzgesetze vorgehen. So normiert § 30 AO den Schutz des **Steuergeheimnisses**.

Für Amtsträger im Bereich der Finanzverwaltung normiert im Bereich des Personenstand- und Meldewesens § 5 MRRG das **Meldegeheimnis**. In den §§ 17 ff. MRRG sind Sonderregelungen für Datenübermittlungen an öffentliche Stellen, öffentlich-rechtliche Religionsgemeinschaften und sehr eingeschränkt an Private (§ 21 – Melderegisterauskunft) enthalten. Allerdings ist eine Auftragsdatenverarbeitung gemäß § 5 II MRRG möglich. Im Personenstandsgesetz (§ 61) wird die Einsicht in die Personenstandbücher nur Betroffenen und deren Angehörigen gewährt, Behörden nur in deren Zuständigkeit und anderen Personen nur, wenn sie ein rechtliches Interesse haben. Somit ist darauf zu achten, dass in den Fällen einer Auftragsdatenverwaltung die Mitarbeiter auf die entsprechenden Geheimnisse zu verpflichten sind.

Im Bereich des **Sicherheits- und Ordnungsrechts** finden sich zahlreiche Erlaubnistatbestände für die Erhebung von personenbezogenen Daten[1397]. Die Datenübermittlung als Voraussetzung für eine Funktionsübertragung ist allerdings an Private nur dann zulässig, wenn dem Gemeinwohl sonst erhebliche Nachteile oder jemandem schwerwiegende Rechtsbeeinträchtigungen drohen[1398] und ist damit für Outsourcing in Form der Funktionsübertragung ungeeignet.

1393. Vgl. u.a. § 11 V BDSG; § 8 VII DSG-LSA analog, § 11 IV DSG NW, § 4 IV HDSG, Art. 6 Abs. 4 BayrDSG analog, § 7 V LDSG BW
1394. Bundesbeauftragter für den Datenschutz, 18. Tätigkeitsbericht vom 13.03.2001, S. 34
1395. Gesetzentwurf-Lösung (LT-Drs. 3/4378, S. 3)
1396. Siehe Kapitel C., Das Outsourcing-Projekt, IV. Nr. 2c.
1397. Vgl. §§ 21 ff. SÜG NW, §§ 13 ff. SächsDSG, §§ 18 ff. LDSG BW, Art. 18 ff. BayrDSG, §§ 11 ff. NDSG, §§ 15 ff. SOG-LSA, §§ 21 ff. HSOG

III. Auswahl des Outsourcing-Anbieters und Vertragsbedingungen

Im Rahmen einer funktionalen Privatisierung kommt es für die Verwaltung entscheidend darauf an, dass der Outsourcing-Anbieter für die Aufgabenerfüllung ausreichend qualifiziert ist. Dieses Erfordernis leitet sich nicht nur aus den Erfordernissen der Auftragsdatenverarbeitung und der Haftung der Verwaltung für das Handeln des Verwaltungshelfers, sondern ebenso aus der Pflicht der Verwaltung her, bei ihrem Handeln das Wohl der Allgemeinheit zu bewahren, womit ein Verwaltungshelfer diesem Anspruch auch genügen muss.[1399]

Im Übrigen ergibt sich die Auswahl des Outsourcing-Anbieters durch das günstigste Angebot innerhalb der Vergabebedingungen. In § 9 Nr. 2 der Verdingungsordnung für Leistungen Teil A (VOL/A) wird festgelegt, dass die Ausschreibung als die typische Form der Suche eines Vertragspartner für die öffentliche Hand gemäß § 55 BHO in den Verdingungsunterlagen bereits die Festlegung enthalten muss, dass die Allgemeinen Vertragsbedingungen für die Ausführung von Leistungen (VOL/B) Vertragsbestandteil werden. Diese VOL/B stellen die Standard-Einkaufbedingungen der öffentlichen Hand dar, soweit es sich um keine Bauleistungen handelt. Zur Ergänzung der Allgemeinen Vertragsbedingungen (VOL/B) und eventuell vorhandener Zusätzlicher Vergabebedingungen (ZVB) für IT-spezifische Besonderheiten gibt es die besonderen Vertragsbedingungen für die Beschaffung von DV-Leistungen (BVB), die nun sukzessiv durch die neuen Ergänzenden Vertragsbedingungen für die Beschaffung von IT-Leistungen (EVB-IT)[1400] ersetzt werden.[1401]

Diese Novellierung ist deshalb dringend geboten, weil die BVB-Miete als erste BVB bereits 1972 und die letzte BVB (BVB-Planung) 1988 veröffentlicht wurden und diese auf die Zeit der Großrechner zugeschnitten ist und z.B. für den Kauf von standardisierten Produkten viel zu umständlich sind. Außerdem wurden bestimmte Klauseln mittlerweile durch Urteile für unwirksam erklärt.

Diese Entwicklungen erforderten eine Novellierung der BVB. Allerdings wollte man genau wie bei den BVB ausgewogene Vertragsbedingungen schaffen, die sowohl den Interessen von Auftraggebern als auch Auftragnehmern gerecht werden. Aus diesem Grunde konnten bisher erst vier EVB-IT (Dienstleistung, Kauf, Überlassung Typ A, Instandhaltung) im Oktober 2000 veröffentlicht werden. Mit der Einführung der Schuldrechtsreform wurden diese vier EVB-IT mit Wirkung

1398. Vgl. § 22 SÜG NW, § 15 SächsDSG, § 18 LDSG BW, Art. 19 BayrDSG, § 28 SOG-LSA, § 13 NDSG, § 23 HSOG
1399. Peine, DÖV 1997, S. 353 (357 f.)
1400. Die ergänzenden Vertragsbedingungen für die Beschaffung von IT-Leistungen (EVB-IT) der öffentlichen Hand können per Download von www.kbst.bund.de bezogen werden. Siehe auch Feil/Leitzen CR 2002, 407 ff.
1401. Leitzen/Intveen, CR 2001, 493 (494)

zum 1.5.2002 an das neue Schuldrecht angepasst.[1402] Dabei ersetzen diese EVB-IT z.T. bisherige BVB, regeln aber auch bisher nicht erfasste Bereiche neu (EVB-IT Dienstleistung). Im Rahmen der Anpassung der vier EVB-IT an das neue Schuldrecht wurde auch die EVB-IT Überlassung Typ B, die befristete Überlassung, eingeführt. Die EVB-IT Pflege und EVB IT-Systembeschaffung sollen im Laufe des Jahres 2002 eingeführt werden, während die EVB-IT Systembetrieb, Planung, Realisierung und Miete erst im Jahr 2003 eingeführt werden sollen.

Genau so, wie die Ausschreibungsunterlagen einen eindeutigen Hinweis auf die Einbeziehung der EVB-IT in den Vertrag enthalten müssen, sind Abweichungen laut der KBSt[1403] von den Festlegungen der EVB-IT in den Ausschreibungsunterlagen festzuhalten. Dies gilt auch für eine eventuelle Bekanntmachung. Es wird ausdrücklich darauf hingewiesen, dass die der Ausschreibung zugrunde liegenden Vertragsbedingungen ebenso wie die Leistungsbeschreibungen selbst hinsichtlich möglicher nachträglicher Änderungen den Bestimmungen der VOL/A unterworfen sind. Da die EVB-IT mit den betreffenden Wirtschaftsverbänden verhandelt werden und ein ausgewogenes Vertragswerk darstellen, sollen Abweichungen von den Festlegungen der EVB-IT nur getroffen werden, wenn und soweit dafür ein dringender Bedarf besteht.[1404]

Offen ist dagegen zzt. noch, ob es spezielle EVB-IT für Leasing und Outsourcing geben wird, da diese Bereiche aufgrund ihrer Komplexität eine genaue vertragliche Vorgabe nicht zulassen. Aus diesem Grund wird es in diesen Bereichen möglicherweise nur Empfehlungen über den Abschluss von entsprechenden Verträgen geben. Da trotz der Novellierung ständig Änderungsbedarf an den EVB-IT bestehen wird, hat man sich vorgenommen, diese in Zukunft schneller anzupassen und jährlich Überarbeitungen zu veröffentlichen.[1405]

Auf die Anwendung der **neuen** EVB-IT kann,[1406] wie bei den »bisherigen« EVB-IT, nur in besonders gelagerten Ausnahmefällen verzichtet werden, z.B. dann, wenn für die Leistung aus besonderen Gründen nur ein Unternehmen in Betracht kommt oder dieses Unternehmen nicht bereit ist, die EVB-IT als Vertragsgrundlage anzuerkennen.[1407] Ein solcher Ausnahmefall kann möglicherweise in einem

1402. Feil/Leitzen CR 2002, 407 ff.
1403. Koordinierungs- und Beratungsstelle der Bundesregierung für Informationstechnik in der Bundesverwaltung (KBSt)
1404. Siehe »Hinweise zur Nutzung der EVB-IT« der KBSt Fassung vom 01. April 2002, Gültig ab 1. Mai 2002 http://www.kbst.bund.de/evb-it/evb001.doc
1405. Leitzen/Intveen, CR 2001, 493 (496 f.)
1406. Der Umsetzungsempfehlung des KoopA-ADV für die neuen EVB-IT soll für den Bund und für die Länder jeweils durch einen entsprechenden Erlass entsprochen werden. Die bei Bund und Ländern bestehenden Verwaltungsvorschriften zur Anwendung der BVB sind entsprechend anzupassen. Dies ist in der Regel durch eine Änderung der Verwaltungsvorschrift zu § 55 BHO und der Landeshaushaltsordnungen geschehen. Siehe »Hinweise zur Nutzung der EVB-IT« der KBSt Fassung vom 01. April 2002, Gültig ab 1. Mai 2002 http://www.kbst.bund.de/evb-it/evb001.doc
1407. Feil/Leitzen CR 2002, 407 ff.

Outsourcing gesehen werden, was natürlich einzelfallspezifisch ist.[1408] Dann wäre auch das in Kapitel D. beschriebene Outsourcing-Vertragswerk in einer für die öffentlichen Verwaltung modifizierten Version verwendbar.[1409]

Bei der Modifizierung für die öffentliche Verwaltung des in Kapitel D. beschriebenen Outsourcing-Vertragswerks sollten besonders folgende Punkte bedacht werden:

- Die Bereiche, in denen ein Outsourcing zulässig ist[1410]
- Ob entsprechende Konditionen[1411] der EVB-IT mit in den Rahmenvertrag aufgenommen werden sollen
- Die Fragen der Privatisierung[1412]
- Die Pflichten der Aufgabenverantwortung[1413]
- Besondere Fragen bei der Überführung von Beamten in ein privatrechtliches Unternehmen[1414]
- Datenschutzkonzept, das an die Anforderung der öffentlichen Verwaltung angepasst werden muss[1415]

IV. Fazit

Das Outsourcing sowohl von Unternehmen als auch von der öffentlichen Verwaltung wird sich datenschutzrechtlich in den Bahnen einer Auftragsdatenverarbeitung halten, da diese dem Outsourcing-Kunden ausreichend Eingriffsmöglichkeiten bietet und dem Outsourcing-Anbieter nicht die Verantwortung für den Datenschutz aufbürdet. Zudem kann es im Einzelfall zweifelhaft sein, ob ein Erlaubnistatbestand für eine Datenübermittlung überhaupt vorliegt. Um sich jedoch in diesem Fall abzusichern, müsste jeder Betroffene in die Übermittlung seiner Daten einwilligen, was praktisch undurchführbar ist, da die zusätzlich entstehenden Kosten die Vorteile des Outsourcings völlig aufzehren würden.

1408. Vgl. Stadt Leipzig und die IBM Deutschland GmbH, wobei der Vertrag zwischen dem gemeinsamen Joint Venture LeCoS GmbH und der Stadt Leipzig geschlossen worden ist. Siehe Leipziger Volkszeitung vom 16. Februar 2001.
1409. Die Gründe für den Verzicht auf die Anwendung der EVB-IT sind festzuhalten. Siehe »Hinweise zur Nutzung der EVB-IT« der KBSt Fassung vom 01. April 2002, Gültig ab 1. Mai 2002 http://www.kbst.bund.de/evb-it/evb001.doc
1410. Siehe Kapitel G., Outsourcing in der öffentlichen Verwaltung, I.
1411. So wäre als Beispiel eine Dauer von 24 Monaten bei der Verjährung von Mängelansprüchen in den EVB-IT Kauf zu nennen.
1412. Siehe Kapitel G., Outsourcing in der öffentlichen Verwaltung, I. Nr. 1.
1413. Siehe Kapitel G., Outsourcing in der öffentlichen Verwaltung, I. Nr. 1 f.; siehe auch Battis/Kersten, ZBR 2000, 145 (148)
1414. Siehe Kapitel G., Outsourcing in der öffentlichen Verwaltung, I. Nr. 4.
1415. Siehe Kapitel G., Outsourcing in der öffentlichen Verwaltung, III.

Kapitel H

Outsourcing in der Kreditwirtschaft

Die Marktsituation im Bankenumfeld ist gekennzeichnet durch Margenverfall, hervorgerufen u.a. durch hohe IT- sowie Personalkosten. Die Finanzinstitute sehen sich mit folgenden Problemstellungen in ihrer IT konfrontiert:

- Hohe Fertigungstiefen
- Heterogene IT-Infrastrukturen dominieren die IT-Landschaften der Finanzinstitute
- Eingesetzte Technologien unterliegen extrem kurzen Innovationszyklen
- Know-how über neue Technologien ist schwer aufzubauen bzw. aktuell zu halten
- Rekrutierung von qualifiziertem IT-Personal ist mühsam
- Kundenanforderungen an die Verfügbarkeit und Performance der IT-Infrastruktur und der IT-Serviceleistungen steigen stetig
- Bestehende Geschäftsmodelle ändern sich ständig, neue Geschäftsmodelle entstehen
- Historisch gewachsene IT-Prozesse zeichnen sich durch hohe Komplexität und Ineffizienz aus

Zur Verbesserung der dargestellten Situation denken die Finanzinstitute verstärkt über eine Konzentration auf ihre Kernkompetenzen nach. Dies spiegelt sich in den Marktentwicklungen, den Reaktionen der Marktteilnehmer und den Prognosen der weiteren Entwicklung wider.

Viele Banken versprechen sich, durch IT-Outsourcing diese Situation umfassend zu lösen und gleichzeitig Kosten zu reduzieren und die Effizienz der IT zu steigern. Die allgemeinen Herausforderungen an die Kreditinstitute liegen in der Standardisierung des Massengeschäfts und der Konsolidierung der IT-Landschaft. Redundanzen, die in der Vergangenheit erhebliche Kosten produziert haben, können durch eine Konsolidierung der IT-Landschaft in einem IT-Outsourcing-Projekt aufgedeckt und minimiert werden.

Das Massengeschäft, das in der Praxis einen Großteil der Aktivitäten einer Bank darstellt, kann durch die IT-Standardisierung in einem IT-Outsourcing-Projekt effizienter gestaltet werden und somit zu Kosteneinsparungen führen.

Ähnlich wie beim Outsourcing in der öffentlichen Verwaltung gibt es auch beim Outsourcing in der Kreditwirtschaft aufsichtsrechtliche Rahmenbedingungen, die zu beachten sind.

I. Aufsichtrechtliche Vorgaben

Durch das Inkrafttreten der 6. KWG-Novelle am 1. Januar 1998 ist das Outsourcing bei Kreditinstituten erstmals gesetzlich geregelt worden. Dies stellt besondere organisatorische und datenschutzrechtliche Herausforderungen an das IT-Outsourcing.

I.1 Gesetzlicher Rahmen

Gesetzliche Regelungen für die Aufsicht bei Outsourcing-Projekten in Kredit- und Finanzdienstleistungsinstituten ergeben sich aus § 25a KWG. Im Bereich der Aufsicht bei Wertpapierdienstleistungsunternehmen im Sinne des § 2 IV WpHG ergibt sich die Regelung für ein zulässiges Auslagern (Outsourcing) aus der Vorschrift des § 33 II WpHG.[1416]

a) § 25a II KWG

Gemäß § 25a II KWG darf die **Auslagerung von Bereichen auf ein anderes Unternehmen, die für die Durchführung der Bankgeschäfte oder Finanzdienstleistungen wesentlich sind, (...) weder die Ordnungsmäßigkeit dieser Geschäfte oder Dienstleistungen noch die Steuerungs- oder Kontrollmöglichkeiten der Geschäftsleitung, noch die Prüfungsrechte und Kontrollmöglichkeiten des Bundesaufsichtsamtes beeinträchtigen**. Ferner hat sich gem. § 25a II 2 KWG **das auslagernde Institut (der Outsourcing-Kunde) insbesondere die erforderlichen Weisungsbefugnisse vertraglich zu sichern und die ausgelagerten Bereiche in seine internen Kontrollverfahren einzubeziehen**. Darüber hinaus muss das Institut gem. § 25a III KWG **die Absicht der Auslagerung sowie ihren Vollzug dem Bundesaufsichtsamt und der Deutschen Bundesbank unverzüglich anzeigen**. Wobei gem. IV der Norm das Bundesaufsichtsamt[1417] eine Kopie der Anzeige an das Bundesaufsichtsamt für den Wertpapierhandel weiterleitet.

Der § 25a II KWG wird durch die Bestimmungen des § 20 AnzV ergänzt, der die Einzelheiten der Absichts- und Vollzugsanzeige sowie Anzeigepflichten für Altfälle regelt.[1418] Bei Verstößen gegen § 25a KWG kann das Bundesaufsichtsamt für das Kreditwesen (BAKred) bzw. neuerdings Bundesanstalt für Finanzdienstleistungsaufsicht (BAFin)[1419] Anordnungen nach § 6 III Alt. 2 KWG treffen,[1420] während

1416. D.h. Einlagerungskreditinstitute i.S.d. § 1 IIId Satz 1, sofern sie auch Bankgeschäfte i.S.d. § 1 Satz 2 Nr. 4 oder 10 KWG betreiben oder Finanzdienstleistungen i.S.d. § 1 Ia Satz 2 Nr. 1–4 KWG erbringen, und Wertpapierhandelsunternehmen i.S.d. § 1 3d Satz 2 KWG (einschließlich ausländische Unternehmen, die durch eine Zweigstelle i.S.d. § 53 I solche Bankgeschäfte betreiben oder Finanzdienstleistungen erbringen).

1417. Gemeint ist hier das Bundesaufsichtsamt für das Kreditwesen (BAKred) bzw. seit 1. Mai 2002 die Bundesanstalt für Finanzdienstleistungsaufsicht (BAFin)

1418. Eyles WM 2000, 1218

die Verletzung der Anzeigepflicht durch Verhängung von Bußgeld geahndet werden kann (§ 56 II Nr. 4 und IV und § 59 KWG in Verbindung mit § 30 OWIG).

b) § 33 II WpHG

Gemäß § 33 II S. 1 WpHG **dürfen Bereiche, die für die Durchführung der Wertpapierleistungen oder Wertpapiernebenleistungen wesentlich sind, ... nur auf ein anderes Unternehmen ausgelagert werden, wenn dadurch weder die Ordnungsmäßigkeit dieser Dienstleistungen noch die Wahrnehmung dieser Pflichten nach Absatz 1, noch die entsprechenden Prüfungsrechte und Kontrollmöglichkeiten des Bundesaufsichtsamtes (für den Wertpapierhandel) beeinträchtig werden ...**

Gemäß § 33 II S. 2 WpHG ist **das auslagernde Wertpapierdienstleistungsunternehmen verpflichtet, ... insbesondere die erforderlichen Weisungsbefugnisse vertraglich zu sichern und die ausgelagerten Bereiche in seine internen Kontrollverfahren einzubeziehen ...** Bei Verstößen gegen § 33 WpHG kann das BAWe nach § 4 I Satz 2 Alt. 2 und Satz 3 WpHG Anordnungen gegen das auslagernde Wertpapierdienstleistungsunternehmen erlassen.

I.2 Konkretisierung durch Verwaltungsvorschriften

Die Konkretisierung des § 25a II KWG und des § 33 II WpHG soll durch Verwaltungsvorschriften des BAKred (bzw. des BAFin) und des BAWe erfolgen.[1421]

a) Konkretisierung für § 25a KWG

Zur Konkretisierung des § 25a II KWG hat das ehemalige BAKred (heuteBAFin) am 6. Dezember 2001 ein Rundschreiben (Rundschreiben 11/2001)[1422] erlassen. Das Fehlen dieses Rundschreibens führte in der Vergangenheit zur mangelnden Rechts- und Planungssicherheit im Bank- und Wertpapieraufsichtsrecht, das ein Kernproblem des IT-Outsourcings in der Kreditwirtschaft darstellte.

Im Bereich der Kreditaufsicht ist der aufsichtsrechtliche Rahmen des Outsourcings daneben durch eine größtenteils schon vor Inkrafttreten der 6. KWG-Novelle bestehende, in einzelnen Verwaltungsvorschriften dokumentierte Verwaltungspraxis des BAKred (ab 1. Mai 2002 das BAFin) zu Auslagerungsprozessen in bestimmten Spezialkreditinstituten wie Kapitalanlagengesellschaften oder Bausparkassen

1419. Am 1. Mai 2002 ist das Bundesaufsichtsamt für das Kreditwesen mit den Bundesaufsichtsämtern für den Wertpapierhandel und das Versicherungswesen in der Bundesanstalt für Finanzdienstleistungsaufsicht (BAFin) aufgegangen.
1420. Baums/Steck, WM 1998, 2261, 2264; Zerwas/ Hanten, WM 1988, 1110, 1117 PwC Deutsche Revision 6. KWG Novelle und neuer Grundsatz I, 1988, S. 244, Baums/Steck, WM 1998, 2261, 2264
1421. Eyles WM 2000, 1219
1422. Das Rundschreiben zur Auslagerung von Bereichen auf ein anderes Unternehmen gemäß § 25a II KWG befindet sich in Kapitel J., Mustertexte, XIII.

geprägt.[1423] Mit dem Vorbehalt, dass diese auf Kreditinstitute bzw. Spezialbanken zugeschnittenen Verwaltungsvorschriften des BAKred (ab 1. Mai 2002 das BAFin) nicht immer analogiefähige Fallgestaltungen regeln, können sie als Auslegungshilfen und Anhaltspunkte zur Konkretisierung des § 25a II KWG herangezogen werden.[1424]

b) Konkretisierung für 33 II WpHG

In einem Rundschreiben zum § 33 II WpHG vom 18. Aug. 1998 dokumentiert das BAWe seine Verwaltungspraxis im Bereich der Marktaufsicht.[1425] In diesem Rundschreiben legt das BAWe großen Wert darauf, dass die Auslagerung wesentlicher Bereiche für die Durchführung von Wertpapierdienstleistungen und Wertpapiernebendienstleistungen insbesondere durch kleinere Wertpapierdienstleistungsunternehmen keinen Bedenken begegnet, da Auslagerungen gerade für solche Unternehmen eine erhebliche organisatorische Erleichterung, eine Verbesserung der Wirtschaftlichkeit und einen positiven Einfluss auf die Qualität der Dienstleistungen mit sich bringt.[1426]

I.3 Voraussetzungen des § 25a II KWG

Die Anwendungsvoraussetzungen des § 25a II KWG werden durch das Rundschreiben des ehemaligen BAKred (heute BAFin) vom 6. Dezember 2001 konkretisiert und stellt für die outsourcingwillige Bank eine Art von Interpretationshilfe dar.

In der Vorbemerkung des Schreiben des ehemaligen BAKred (heute BAFin) vom 6. Dezember 2001 wird der § 25a II KWG als lex specialis zu § 25a I KWG gesehen. Dies hat zur Folge, dass Maßnahmen, die nicht unter die Definition der Auslagerung fallen, jedenfalls an den Vorgaben der lex generalis des § 25 a I KWG zu messen sind; dies gilt insbesondere für die Bereiche, die das Rundschreiben ausdrücklich vom Anwendungsbereich des § 25a II KWG ausnimmt.[1427] Zu diesem Bereich hat das ehemalige BAKred und heutige BAFin bislang noch keine Interpretationshilfen veröffentlicht.

1423. Consbruch/Möller/Bähre/Schneider, a.a.O Fn. 1
1424. Eine Heranziehung des 17-Punkte-Schreibens des BAKred (a.a.O Fn. 13) als Auslegungshilfe bejahen etwa Zerwas/Hanten WM 1998, 1110, 1111 und Braun in Boss/Fischer/Schulte-Mattler Fn. 11, § 25a Rn. 154. Sowie Eyles WM 2000, 1219
1425. BAWe, Rs. v. 18. Aug. 1998.
1426. Das BAWe hat in diesem Rundschreiben zudem die Regelungen von Detailfragen des § 33 II WpHG in einer künftigen Richtlinie des BAWe angekündigt.
1427. Zerwas/Hanten/Bühr ZBB 2002, 17, 19

a) Adressaten

Die Adressaten zum Rundschreiben des § 25a II KWG sind im Inland ansässige Kredit- und Finanzdienstleistungsunternehmen und Finanzdienstleistungsinstitute bzw. Wertpapierdienstleistungsunternehmen sowie ausländische Unternehmen, die im Inland durch eine Zweigstelle im Sinne des § 53 I KWG Bankgeschäfte betreiben oder Finanzdienstleistungen bzw. Wertpapierdienstleistungen (alleine oder zusammen mit Wertpapiernebendienstleistungen) erbringen (§ 53 I KWG). Inländische Zweigniederlassungen von Einlagenkreditinstituten oder Wertpapierhandelsunternehmen mit Sitz im europäischen Wirtschaftsraum im Sinne des § 1 Va Satz 1 KWG, die das Privileg des Europäischen Passes in Anspruch nehmen, unterliegen hingegen den gesetzlichen Auslagerungsvorschriften (§ 53b III Satz 1. KWG, § 2 IV WpHG).

b) Begriff der Auslagerung

Eine Auslagerung von Geschäftsbereichen im Sinne von § 25a II KWG liegt vor, wenn ein Institut ein anderes Unternehmen (Auslagerungsunternehmen) damit beauftragt, auf Dauer oder zumindest auf längere Zeit eine für die Geschäftstätigkeit des Instituts **wesentliche** Tätigkeit oder Funktion (Dienstleistung) wahrzunehmen. Eine auch räumliche Trennung des ausgelagerten Bereichs von den organisatorisch im Institut verbleibenden Funktionseinheiten erfordert der Tatbestand der Auslagerung nicht. Unerheblich ist auch, ob die Tätigkeit oder Funktion bisher von dem Institut selbst erbracht wurde oder ob das Institut sie erst zukünftig von dem Auslagerungsunternehmen beziehen will.

Sicherlich stellt ein einmaliges Beauftragen eines Dienstleisters keine Auslagerung im Sinne des § 25a II KWG dar. Der Fremdbezug von Dienstleistungen musste aber bereits vor dem Rundschreiben vom 6. Dezember 2001 schon nachhaltig sein, d.h., die organisatorische Trennung des ausgelagerten Bereichs von den übrigen bankbetrieblichen Funktionen muss auf Dauer angelegt sein. Daran fehlte es vor dem 6. Dezember 2001 bereits schon, wenn ein Institut externe Experten nur einzelfallbezogen einschaltet.[1428]

Auch die Abspaltung eines Teilbetriebs, infolgedessen bestimmte Aktivitäten (insbesondere die des IT-Service) nicht mehr vom Institut wahrgenommen werden, wird nicht als Auslagerung klassifiziert.[1429] Darüber hinaus gehören aber auch Bereiche, die bislang nicht Gegenstand des Geschäftsbetriebs waren und erst zukünftig von dem Auslagerungsunternehmen bezogen werden sollen, zur Auslagerung.

1428. Sehr enge Sicht in BAKred, RS.-E 1998, a.a.O. Fn. 12, sub II. (S. 2); Boos/Fischer/Schulte-Mattler, a.a.O. Fn. 11, § 25a Rn. 165

1429. Zerwas/Hanten/Bühr ZBB 2002, 17, 19

c) Andere Unternehmen

Als **anderes Unternehmen** (Auslagerungsunternehmen) wird nach dem Rundschreiben jede andere Stelle, Einheit oder Person angesehen, die in Bezug auf die ausgelagerte Funktion oder Tätigkeit nicht dem auslagernden Institut zuzurechnen und organisatorisch von ihm abgegrenzt ist, ohne dass es auf die Kaufmannseigenschaft, Rechtsfähigkeit oder Rechtsform ankommt.

Der Begriff der Zurechnung wird in Tz. 50 dahin konkretisiert, dass konzernmäßige verbundene Unternehmen als Auslagerungsunternehmen anzusehen sind. Im Übrigen kann davon ausgegangen werden, dass als auslagernde Unternehmen alle juristischen und natürlichen Personen in Frage kommen.[1430]

d) Wesentliche Bereiche

Das Rundschreiben sieht in einem **wesentlichen Bereich** im Sinne des § 25a II KWG die Funktionen und Tätigkeiten, die unmittelbar für die Durchführung und Abwicklung der betriebenen Bankgeschäfte und erbrachten Finanzdienstleistungen notwendig sind und gleichzeitig bankaufsichtlich relevante Risiken, insbesondere Markt-, Kredit-, Ausfall-, Abwicklungs-, Liquiditäts- und Reputationsrisiken sowie operationelle und rechtliche Risiken für das Institut begründen oder sie nachhaltig beeinflussen können. Wesentlich sind auch die Bereiche, die der Erfassung, der Analyse, der Begrenzung, der Überwachung, der Steuerung und Kontrolle der Risiken aus Bankgeschäften oder Finanzdienstleistungen dienen (§ 25a I Nr. 1 KWG), darüber hinaus auch diejenigen Bereiche, die ein Institut haben muss, um den organisatorischen Mindestanforderungen nach § 25a I Nr. 2 KWG zu genügen und eine lückenlose Aufsicht durch das Bundesaufsichtsamt zu gewährleisten (§ 25a I Nr. 3 KWG).[1431]

Als **unwesentlich** im Sinne des § 25a II KWG sind demgegenüber alle die Bereiche einzustufen, die keine bankaufsichtlich relevanten Risiken begründen und die bei einer Auslagerung nicht dazu führen können, dass die Ordnungsmäßigkeit der Geschäfte, die Steuerungs- und Kontrollmöglichkeiten der Geschäftsleitung sowie die Prüfungs- und Kontrollrechte des Bundesaufsichtsamtes beeinträchtigt werden, mögen auch einzelne Tätigkeiten einen sachlichen Bezug zu Bankgeschäften oder Finanzdienstleistungen aufweisen und/oder für die Funktionsfähigkeit des Unternehmens insgesamt wichtig sein (wie z.B. das Inkassowesen, die Geldautomatenversorgung, Wartung technischer Geräte (auch IT) oder allgemeine Service- und Unterstützungsleistungen wie z.B. Kantinenbetrieb, Reinigungsdienst, Wachschutz, Betriebsarzt, betriebspsychologische Betreuung, Baudienst, Unfallverhütung, Brandschutz usw.).

1430. Zerwas/Hanten/Bühr ZBB 2002, 17, 20
1431. Rundschreiben des BAKred vom 6. Dezember 2001 siehe Tz. 10

Ebenfalls nicht wesentlich im Sinne des § 25a II KWG sind reine Beratungsleistungen, die das Institut in Anspruch nimmt. Dies gilt insbesondere für die Beratung in Rechts- und Steuerangelegenheiten, und zwar auch dann, wenn sich die Beratung nicht auf Einzelaspekte bzw. -projekte beschränkt. Insoweit ist z.B. die Auslagerung der Funktionen der Rechtsabteilung kein an § 25a II KWG zu messender Fall der Auslagerung.[1432]

Das BAKred bzw. das BAFin definiert zwar recht umfassend den Begriff des wesentlichen Bereiches, doch im konkreten Anwendungsbereich werden voraussichtlich einige Frage offen bleiben. Interessant ist dabei, dass reine Beratungsleistung nicht unter den wesentlichen Bereich fällt. So würde eine Beratung und die Erstellung einer Outsourcing-Strategie als nicht wesentlich gelten. Der Outsourcing-Kunde würde somit das BAFin erst in der Planungsphase[1433] informieren müssen.

e) Anforderungen an zulässige Auslagerungen

Das Gesetz erlaubt grundsätzlich die Auslagerung jedes Tätigkeitsbereichs eines Instituts, sofern durch die Auslagerung

- weder die Ordnungsmäßigkeit der betriebenen Bankgeschäfte oder der erbrachten Finanzdienstleistungen
- noch die Steuerungs- und Kontrollmöglichkeiten der Geschäftsleitung
- noch die Prüfungsrechte und Kontrollmöglichkeiten des Bundesaufsichtsamtes

beeinträchtigt werden. Dabei ist es unerheblich, ob die Auslagerung auf ein Konzernunternehmen oder ein konzernfremdes Unternehmen erfolgt.[1434]

Das Rundschreiben untersagt weiterhin die Schaffung eines »virtuellen« Instituts, also einer Einrichtung, bei der das Bestehen eines in kaufmännischer Weise eingerichteten Betriebs nicht mehr bejaht wird.[1435] Aus der Tz. 17 des Rundschreiben lässt sich entnehmen, dass ein »virtuelles« Institut in der Regel dann anzunehmen ist, wenn das Institut über keine nennenswerten eigenen sachlich oder personell hinreichend ausgestatteten Unternehmenseinheiten verfügt oder beabsichtigt, sämtliche der Erlaubnispflicht bedürfenden Aktivitäten durch Dritte abzuwickeln.

Weiter zählt das Rundschreiben einige Aktivitäten auf,[1436] die als zentrale Leistungsfunktion nicht auslagerbar sind, weil dies mit der Pflicht zur eigenverantwortlichen Unternehmensleistung nicht vereinbar ist. Nach dem Rundschreiben zählen hierzu:

1432. Rundschreiben des BAKred vom 6. Dezember 2001 siehe Tz. 11
1433. Siehe Kapitel C., Das Outsourcing-Projekt, II.
1434. Rundschreiben des BAKred vom 6. Dezember 2001 siehe Tz. 12
1435. Siehe auch ZBB 2000, 276, 280
1436. Rundschreiben des BAKred vom 6. Dezember 2001 siehe Tz. 13

- Maßnahmen der Unternehmensplanung
- Maßnahmen der Unternehmensorganisation
- Maßnahmen der Unternehmenssteuerung
- Maßnahmen der Unternehmenskontrolle

Dennoch rückt das Rundschreiben begrifflich nicht vom auszulagernden Kernbereich ab.[1437]

Ferner lässt das Rundschreiben die offene Stellvertretung zu. Der Outsourcing-Anbieter, der als Stellvertreter handelt, bedarf danach keiner Lizenzierung nach § 32 KWG. Eine Ausnahme ist lediglich möglich, wenn die Leistungen des Auslagerungsunternehmens (Outsourcing-Anbieter) als Finanzdienstleistung im Sinne von § 1 I a S. 2 KWG einzustufen sind.[1438] Daraus ist zu folgern, dass Stellvertretungen nicht als Zweigstellen des Instituts anzusehen sind[1439] und durch die Beschränkung auf »offene Stellvertretung« eine »verdeckte Stellvertretung« ausgeschlossen ist.[1440]

f) Weitere Anforderung an eine zulässige Auslagerung

Das Rundschreiben sieht als weitere Anforderung an eine zulässige Auslagerung den Vertrag, die Bestimmung des auszulagernden Bereichs, die Auswahl, Instruktion und Kontrolle des Auslagerungsunternehmens (Outsourcing-Anbieter), die interne Revision, Abschlussprüfung und Aufsicht vor.

Outsourcing-Vertrag

Nach dem Rundschreiben des BAKred/BAFin muss jede Auslagerungslösung, die unter § 25a II KWG fällt, auf einem klaren schriftlichen Vertrag beruhen, der den generellen Anforderungen hinreichend Rechnung trägt.[1441] Interessant sind hier die Anforderungen des Rundschreibens an den Vertrag, die sicherlich den Schluss zulassen, dass ein Letter of Intent (LoI)[1442] nach dem allgemeinen Zivilrecht ohne Zweifel einen Vertrag darstellt, dieser aber nicht den Anforderung des Rundschreibens genügt. Der Outsourcing-Kunde und der Outsourcing-Anbieter sollten daher bereits in der frühen Implementierungsphase auf den Abschluss des Outsourcing-Vertrages hinwirken und nicht Leistungen auf Grundlage eines LoI erbringen, was zuweilen in der Praxis durchaus vorkommen kann.

1437. Zerwas/Hanten/Bühr ZBB 2002, 17, 21
1438. ZBB 2002, 66, 68, Fussnote 2
1439. Andere Ansicht Benzler § 4 Rn. 103
1440. Zerwas/Hanten/Bühr ZBB 2002, 17, 21
1441. Rundschreiben des BAKred vom 6. Dezember 2001 siehe Tz. 23
1442. Siehe Kapitel C., Das Outsourcing-Projekt, II. Nr. 2.

Im Wesentlichen kann das in Kapitel D. beschriebene Outsourcing-Vertragswerk Anwendung finden, sofern das Vertragswerk um die aufsichtsrechtlichen Punkte (siehe **Weisungsbefugnisse des Outsourcing-Kunden**) ergänzt wird.

Bestimmung des auszulagernden Bereiches

Weiter ist der auszulagernde Bereich zu definieren; die genauen Anforderungen für die Leistungserbringung sind unter Berücksichtigung der Zielsetzung der Auslagerungslösung festzulegen und zu dokumentieren. Dem Anforderungsprofil des auslagernden Instituts entsprechend muss die Leistungsfähigkeit des Auslagerungsunternehmens im Vorhinein sowohl unter quantitativen als auch qualitativen Gesichtspunkten beurteilbar sein.[1443]

Weisungsbefugnisse des Outsourcing-Kunden

Weiterhin muss sich das Institut die zur Wahrnehmung seiner Überwachungsfunktionen notwendigen Auskunfts-, Einsichts-, Zutritts- und Zugangsrechte (u.a. auch zu Datenbanken) sowie Weisungs- und Kontrollrechte vom Auslagerungsunternehmen vertraglich einräumen lassen. Die Weisungsrechte müssen so abgesichert sein, dass sie zur Sicherstellung einer ordnungsgemäßen Durchführung der ausgelagerten Tätigkeiten und Funktionen unmittelbar und unabhängig von etwaigen konkurrierenden Weisungsrechten durchsetzbar sind.[1444]

Adressat der Weisungsbefugnisse des Instituts (Outsourcing-Kunden) ist das Auslagerungsunternehmen (Outsourcing-Anbieter). Sinn und Zweck des § 25a II KWG legen allerdings ein direktes Weisungsrecht gegenüber dem Geschäftsführungsorgan des Auslagerungsunternehmen (Outsourcing-Anbieter) nahe.[1445] Ein Weisungsrecht gegenüber den einzelnen Mitarbeitern des Outsourcing-Anbieters bleibt wegen des arbeitsrechtlichen Direktionsrechts[1446] des Outsourcing-Anbieters aber weiterhin nach §§ 1 ff. AÜG ausgeschlossen.

Das Weisungsrecht kann sowohl für den Einzelfall als auch für bestimmte Ereignisse abstrakt im Voraus erteilt werden. Beispiele für abstrakte Weisungen sind Arbeitsanweisungen, Handbücher und Richtlinien, die in den Auslagerungsvertrag einbezogen werden. Dem auslagernden Institut (Outsourcing-Kunde) müssen für den Fall, dass das Auslagerungsunternehmen (Outsourcing-Anbieter) von der vertraglichen geregelten Aufgabe abweicht, direkte Weisungs- und Eingriffsrechte zur Verfügung stehen. Diese Weisungsrechte hat sich das auslagernde Institut ausdrücklich vorzubehalten.[1447]

1443. Rundschreiben des BAKred vom 6. Dezember 2001 siehe Tz. 23
1444. Rundschreiben des BAKred vom 6. Dezember 2001 siehe Tz. 30
1445. Mülbert S. 3, 25
1446. Siehe Kapitel C., Das Outsourcing-Projekt, IV. Nr. 1.
1447. Zerwas/Hanten/Bühr ZBB 2002, 17, 22

Haftung

Das BAKred/BAFin empfiehlt, insbesondere wenn sich die gesetzlichen Haftungsregeln als unzureichend erweisen sollten, speziellere vertragliche Haftungsabreden zu treffen.[1448] Als eine solche kann die in Kapitel D., Das Outsourcing-Vertragswerk, getroffene Haftungsregelung angesehen werden.[1449]

Subunternehmer

Weiterverlagerungen ausgelagerter Tätigkeiten und Funktionen auf Dritte (Subunternehmer) sind wie eine Erstverlagerung anzusehen (zur Anzeigepflicht vgl. Tz. 53) und nur zulässig, wenn gewährleistet ist, dass der Subunternehmer den zwischen auslagerndem Institut und Auslagerungsunternehmen bestehenden Verpflichtungen ebenfalls vollumfänglich nachkommt. Die Erfüllung dieser Voraussetzungen ist vertraglich durch einen Zustimmungsvorbehalt des auslagernden Instituts zu Möglichkeit und Modalitäten einer Weiterverlagerung abzusichern. Ferner hat sich das Auslagerungsunternehmen zu verpflichten, seine vertraglichen Vereinbarungen mit dem Subunternehmer nur im Einklang mit den Regelungen des Vertrages mit dem auslagernden Institut auszugestalten. Eine Weiterverlagerung von Funktionen der internen Revision ist ausgeschlossen.[1450]

Sicherheit und Datenschutz

Das Institut und das Auslagerungsunternehmen haben die Sicherheitsanforderungen, die das Auslagerungsunternehmen zu erfüllen hat, zu bestimmen und vertraglich festzuhalten. Das Institut hat die Einhaltung laufend zu überwachen.[1451]

Das in Kapitel D., Das Outsourcing-Vertragswerk, vertraglich vereinbarte Datenschutzkonzept[1452] sollte dahingehend erweitert werden, dass das Institut (Outsourcing-Kunde) berechtigt ist, jederzeit die Einhaltung des Datenschutzkonzepts zu überprüfen. Ferner ist das Auslagerungsunternehmen (Outsourcing-Anbieter) vertraglich zu verpflichten, sich dem Geschäftsgeheimnis des Instituts und, soweit ihm Kundendaten bekannt werden, dem in Nr. 2 I AGB-bk geregelten Bankgeheimnis zu unterwerfen.[1453]

Vertragsdauer und Kündigung

Darüber hinaus sollte die Kündigungsregelung des Rahmenvertrages[1454] des Outsourcing-Vertragswerks entsprechend dem Rundschreiben angepasst werden. Das BAKred bzw. das BAFin ist der Ansicht, dass zu einer effektiven Steuerung und

---

1448. Rundschreiben des BAKred vom 6. Dezember 2001 siehe Tz. 26
1449. Siehe Kapitel D., Das Outsourcing-Vertragswerk, I. Nr. 9.
1450. Rundschreiben des BAKred vom 6. Dezember 2001 siehe Tz. 32
1451. Rundschreiben des BAKred vom 6. Dezember 2001 siehe Tz. 39
1452. Siehe Kapitel D., Das Outsourcing-Vertragswerk, III. Nr. 2.
1453. Zerwas/Hanten/Bühr ZBB 2002, 17, 23
1454. Siehe Kapitel D., Das Outsourcing-Vertragswerk., I. Nr. 11a

Kontrolle der ausgelagerten Bereiche die Möglichkeit gehört, sich aus dem abgeschlossenen Vertrag zu lösen, wenn dies geboten erscheint, und den ausgelagerten Bereich auf ein anderes Unternehmen zu übertragen oder ihn wieder in das Institut einzugliedern. Dies setzt hinreichend flexible Kündigungsrechte voraus, die sich das auslagernde Institut im Auslagerungsvertrag vorbehalten muss. Kündigungsfristen sind so zu bemessen, dass dem auslagernden Institut auch im Falle einer Kündigung durch das Auslagerungsunternehmen genügend Zeit verbleibt, Alternativlösungen umzusetzen.[1455]

Hier ist es schwer zu definieren, was das BAKred/BAFin als flexible Kündigungsrechte insbesondere Kündigungsfrist ansieht. Aus der Praxis ist zu entnehmen, dass ein Outsourcing-Projekt nicht innerhalb von einem Tag beendet werden kann, meist wird deshalb eine ordentliche Kündigungsfrist von drei bis sechs Monaten vereinbart. Diese sollte in Absprache mit BAFin einem flexiblen Kündigungsrecht entsprechen. Wichtig erscheint in diesem Zusammenhang auch eine entsprechende Beendigungsunterstützungsregelung,[1456] damit das Institut sein flexibles Kündigungsrecht tatsächlich ausüben kann.

Auswahl des Dienstleisters

Das Institut hat das Auslagerungsunternehmen mit der erforderlichen Sorgfalt auszuwählen, es angemessen in seine Aufgabe einzuweisen und zu überwachen. Das Auslagerungsunternehmen muss über die für seine Tätigkeit erforderlichen Erlaubnisse verfügen und Gewähr für eine sichere und dauerhafte Leistungserbringung bieten. Die Auswahl des Auslagerungsunternehmens hat deshalb unter Berücksichtigung seiner professionellen Fähigkeiten sowie finanziellen und personellen Ressourcen zu erfolgen.[1457]

Das BAKred/BAFin fordert, dass das Auslagerungsunternehmen alle für seine Tätigkeit erforderlichen Erlaubnisse hat. Hier stellt sich die Frage, welche Erlaubnisse gemeint sind. Darunter fällt sicherlich eine Gewerbeerlaubnis. Fraglich ist aber, ob damit auch eine grundsätzliche Verleiherlaubnis von Arbeitnehmern nach § 1 I AÜG gemeint ist.[1458] Sollte das BAFin eine solche Verleiherlaubnis nach § 1 I AÜG verlangen, würde dies ein Outsourcing-Projekt erheblich erschweren. Hiergegen spricht aber die Regelung in Tz. 48, wonach der längerfristige Einsatz von Leiharbeitnehmern, die für die Dauer ihrer Tätigkeit vollumfänglich in die Betriebs- und Ablauforganisation des Instituts eingegliedert sind, nicht als Auslagerung im Sinne des § 25a II KWG angesehen wird.[1459]

1455. Rundschreiben des BAKred vom 6. Dezember 2001 siehe Tz. 31
1456. Siehe Kapitel D., Das Outsourcing-Vertragswerk, I. Nr. 11c
1457. Rundschreiben des BAKred vom 6. Dezember 2001 siehe Tz. 25
1458. Siehe Kapitel C., Das Outsourcing-Projekt, IV. Nr. 1.
1459. Rundschreiben des BAKred vom 6. Dezember 2001 siehe Tz. 48

Sollte das BAFin zudem auch eine Erlaubnis nach § 32 KWG fordern, so kann dies nur auf Fälle zutreffen, in denen Bankgeschäfte und Finanzdienstleistungen nicht ausgelagert, sondern vollständig ausgegliedert werden.[1460] Die Fälle der Ausgliederung sind jedoch nicht nach § 25a II KWG zu beurteilen, weil das ausgliedernde Institut nicht Teilakte des Geschäfts auslagert, sondern das Geschäft im Ganzen aufgibt.[1461]

Darüber hinaus fordert das BAKred/BAFin, dass der auszulagernde Bereich zu definieren ist; die genauen Anforderungen für die Leistungserbringung sind unter Berücksichtigung der Zielsetzung der Auslagerungslösung festzulegen und zu dokumentieren. Dem Anforderungsprofil des auslagernden Instituts entsprechend muss die Leistungsfähigkeit des Auslagerungsunternehmens im Vorhinein sowohl unter quantitativen als auch qualitativen Gesichtspunkten beurteilbar sein.[1462]

Dies spricht für eine Erstellung von eindeutigen Leistungsbeschreibungen[1463] mit entsprechenden Service Levels,[1464] in denen die quantitativen wie auch qualitativen Ziele der Leistungserbringung gemessen werden. Um die Beurteilbarkeit des Auslagerungsunternehmens (Outsourcing-Anbieter) im Sinne des Rundschreibens zu gewährleisten, sollten im Rahmenvertrag entsprechende Klauseln für Reportings und ein- oder mehrfaches Benchmarking aufgenommen werden.

Outsourcing-Beauftragter

Die Leistungserbringung des Auslagerungsunternehmens ist laufend zu überwachen und zu beurteilen, so dass notwendige Korrekturmaßnahmen sofort ergriffen werden können. Es ist institutsintern für jede Auslagerung eine verantwortliche Stelle zu definieren, die für die Überwachung und Steuerung der jeweiligen Auslagerungsmaßnahme zuständig ist.[1465] Mit einer Stelle, die für die Überwachung und Steuerung der jeweiligen Auslagerungsmaßnahme zuständig ist im Sinne des Rundschreibens ein **Outsourcing-Beauftrager** gemeint.[1466] Diese Notwendigkeit sollte ein Outsourcing-Kunde auch ohne das Rundschreiben erkennen. Die Erfahrung zeigt, dass die Übergabe des IT-Betriebs in die Hände eines Dienstleisters ohne Kontrollfunktionen (Controller) meist nicht unbedingt zur Verbesserung des Service führt.

1460. Hernig/Steck ZKW 2000, 1441, 1443
1461. Zerwas/Hanten/Bühr ZBB 2002, 17, 23
1462. Rundschreiben des BAKred vom 6. Dezember 2001 siehe Tz. 24
1463. Siehe Kapitel D., Das Outsourcing-Vertragswerk, IV. Nr. 1.
1464. Siehe Kapitel D., Das Outsourcing-Vertragswerk, IV. Nr. 2.
1465. Rundschreiben des BAKred vom 6. Dezember 2001 siehe Tz. 27
1466. Zerwas/Hanten/Bühr ZBB 2002, 17, 24

Berichterstattung des Abschlussprüfers

Der Abschlussprüfer des auslagernden Instituts hat im Prüfungsbericht im Abschnitt über die Darstellung der rechtlichen, wirtschaftlichen und organisatorischen Grundlagen zur Ordnungsmäßigkeit der Auslagerung Stellung zu nehmen (vgl. § 5 II PrüfbV).[1467] Im Prüfungsbericht sind die Einhaltung der materiellen Voraussetzungen des § 25a II KWG festzustellen und Art und Umfang der Auslagerungslösungen zu beschreiben.[1468] Das Institut der Wirtschaftsprüfer (IdW) regelt Näheres auch in seinen berufsständischen Verlautbarungen.[1469]

Sonderfälle

In Tz. 47 bis 51 des Rundschreibens regelt das BAKred/BAFin eine Reihe von Sonderfällen und Erleichterungen, auch wenn diese nach einer teleologischen Auslegung den Tatbestand des § 25a II KWG erfüllen würden. Bei Mehrmandantendienstleistern stelle sich die Frage, dass Auslagerungsunternehmen (Outsourcing-Anbieter) mit einer Vielzahl von Kunden durch deren Ausübung der Weisungs- und Kontrollrechte in der Arbeit erheblich behindert werden und sich dies wiederum für das Institut (Outsourcing-Kunden) im »Pricing« für das eigene Outsourcing-Projekt widerspiegelt. Die Erleichterungen hinsichtlich der Kontrollrechte sind insoweit an das Vorhandensein einer internen Revision beim Auslagerungsunternehmen (Outsourcing-Anbieter) und einer Abschlussprüfung gem. § 340k HGB nebst Zustellung der Prüfungsberichte an Bankenaufsicht und interne Revision des auslagernden Institut (Outsourcing-Kunde) geknüpft. Ferner muss sich das Auslagerungsunternehmen verpflichten, Auskünfte zu erteilen und Prüfungen des BAFin zu dulden.[1470]

Die Auslagerung der IT innerhalb eines Konzerns auf eine eigene IT-Service-Tochter[1471] wird durch das BAKred/BAFin erleichtert.[1472] Einer während der Entwicklung des Rundschreibens nachhaltig geforderten völligen Freistellung der Auslagerung im Konzern wurde aber nicht entsprochen.[1473]

Anzeigepflicht

Gemäß § 25 II S. 3 KWG sind die Absicht und der Vollzug der Auslagerung dem BAKred bzw. neuerdings dem BAFin und der Deutschen Bundesbank bzw. der zuständigen Landeszentralbank (§ 20 Satz 1 AnzV) anzuzeigen. Der § 20 AnzV regelt die Modalitäten der Absichts- und Vollzugsanzeige nach § 25 II S. 3 KWG gegenüber dem BAFin und der zuständigen Zweiganstalt der Landeszentralbank

---

1467. Rundschreiben des BAKred vom 6. Dezember 2001 siehe Tz. 52
1468. Zerwas/Hanten/Bühr ZBB 2002, 17, 24
1469. IdwW PS 520 vom 2. Juli 2001
1470. Zerwas/Hanten/Bühr ZBB 2002, 17, 24
1471. Siehe Kapitel B., Formen des Outsourcings, I. Nr. 2.
1472. Rundschreiben des BAKred vom 6. Dezember 2001 siehe Tz. 50
1473. Zerwas/Hanten/Bühr ZBB 2002, 17, 24

(§ 20 S. 1 AnzV) sowie die Vorlage von Verträgen und Erklärungen, die die Weisungsbefugnisse des auslagernden Instituts sowie die Einbeziehung der ausgelagerten Bereiche in die internen Kontrollverfahren des Institutes und in gesetzlich vorgeschriebene oder vom BAFin angeordnete Prüfungen zum Gegenstand haben (§ 20 S. 3 Nr. 1 und Nr. 2 AnzV). Die Absichts- und Vollzugsanzeige muss unverzüglich, d. h. ohne schuldhafte Verzögerung erfolgen.[1474]

Für die Anzeige der Auslagerungsabsicht wird im Regelfall auf den Zeitpunkt des Geschäftsleiter- oder Aufsichtsratsbeschlusses abzustellen sein, damit die Auslagerungsabsicht hinreichend konkretisiert ist. Nach der Praxis ist es zulässig, dass die endgültigen Vertragsentwürfe zeitlich nach der Absichts-, aber vor Vollzugsanzeige nachgereicht werden können, wenn diese zum Zeitpunkt der Absichtsanzeige noch nicht erstellt oder verhandelt sind. Die Vollzugsanzeige kann sich demgegenüber auf eine kurze Benachrichtigung über die Umsetzung der Auslagerung und die Bestätigung der Unterzeichnung des Vertragsentwurfs beschränken, ohne dass die oft sehr umfangreichen Auslagerungsverträge erneut übermittelt werden müssen.[1475]

Institute, die schon vor dem 1. Januar 1998 Auslagerungsmaßnahmen (Outsourcing) durchgeführt und dies dem BAKred/BAFin und der zuständigen Landeszentralbank noch nicht angezeigt haben, müssen dies bis sechs Monate nach Veröffentlichung des Rundschreibens nachholen. [1476] Das bedeutet, dass die Anzeigepflicht mit Ablauf des 6. Juni 2002 endete.[1477] Eine Erleichterung dieser Regelung besteht aber im § 20 S. 4 AnzV, wonach die erforderlichen Vertragsunterlagen nur auf Verlangen des BAFin nachzureichen sind.

Übergangs- und Schlussbestimmungen

Nach dem Rundschreiben sind bestehende Auslagerungslösungen bis zum Jahresende 2003 an die dargelegten Grundsätze anzupassen. Der Abschlussprüfer hat sodann über jede Auslagerungsmaßnahme sowie über den Stand der Anpassung jeweils gesondert zu berichten (vgl. Tz. 52).[1478]

II. Fazit

Zielsetzung des § 25 II S. 1 KWG ist es, bank- und finanzdienstleistungsspezifische Risiken auf der Ebene des auslagernden Instituts zu begrenzen. Konsequenz der Regelung des § 25 II S. 1 Alt. 1 KWG ist, dass das Auslagerungsunternehmen (der

1474. Eyles WM 2000, 1230
1475. Braun in Boos/Fischer/Schulte-Mattler, a.a.O. Fn. 11, § 25a Rn. 217; Zerwas/Hanten WM 1998,1110, 1117 und Nirk a.a.O. Fn. 45 S. 72
1476. Rundschreiben des BAKred vom 6. Dezember 2001 siehe Tz. 56
1477. Zerwas/Hanten/Bühr ZBB 2002, 17, 24
1478. Rundschreiben des BAKred vom 6. Dezember 2001 siehe Tz. 57

Outsourcing-Anbieter) seinerseits all diese Regelungen einhalten muss und dabei diese den gleichen Sorgfaltsanforderungen unterliegen wie das auslagernde Institut.[1479] Da das Auslagerungsunternehmen (der Outsourcing-Anbieter) nicht notwendigerweise selbst Adressat der Bankenaufsicht ist, ist die Geschäftsleitung des auslagernden Instituts dafür verantwortlich, dass das Auslagerungsunternehmen diese Anforderungen erfüllt. Vor diesem Hintergrund muss sich das auslagernde Institut über die gewerbeaufsichtsrechtliche Zuverlässigkeit und die fachliche Eignung des Outsourcing-Anbieters – mithin wesentliche Bedingung für die fehlende Beeinträchtigung der Ordnungsmäßigkeit der Bankgeschäfte und Finanzdienstleistungen bzw. der Wertpapierdienstleistungen – Gewissheit verschaffen.

Zentrales Instrument für eine Einhaltung dieser Vorgaben in Auslagerungskonstellationen ist, dass sich das auslagernde Institut seine erforderlichen Weisungsrechte gegenüber dem Auslagerungsunternehmen (Outsourcing-Anbieter) vertraglich sichert (§ 25a II S. 2 Alt. 1 KWG). Die Erfüllung dieser Voraussetzung ist gegenüber dem BAFin und der zuständigen Landeszentralbank durch Vorlage des Auslagerungsvertrags nachzuweisen (§ 20 Satz 3 Nr. 1 Alt. 1 AnzV).[1480] In diesem Zusammenhang ist es jedoch nicht geboten, dass die Geschäftsleitung des auslagernden Instituts jeden einzelnen auf den ausgelagerten Bereich bezogenen Betriebsablauf tatsächlich durch Einzelanweisungen detailliert steuert, weil dies dem Ziel des Outsourcings, durch Beauftragung externer Dienstleister Unternehmensfunktionen zu optimieren, zuwiderlaufen würde. Aus den gleichen Gründen bedarf es keines direkten Weisungsrechts der Geschäftsleitung des auslagernden Instituts gegenüber jedem einzelnen Mitarbeiter[1481] des Auslagerungsunternehmens.[1482] Die Weisungsrechte müssen sich auf alle Bereiche erstrecken, in denen das KWG und ergänzende Bestimmungen zum Aufsichtsrecht der Kredit- und Finanzdienstleistungsinstitute für das auslagernde Institut und dessen Geschäftsführer aufsichtsrelevante Verhaltenspflichten begründen. Aus diesen Gründen muss der Outsourcing-Vertrag entsprechend den Anforderungen des BAKred/BAFin angepasst werden.

1479. BAKred, RS.-E 1998 a.a.O. Fn. 12, sub VI. S. 9; Braun in Boos/Fischer/Schulte-Mattler, a.a.O. Fn. 11, § 25a Rn. 190; Zerwas/Hanten, WM 1998, 1110, 1114
1480. Anforderungen an den Auslagerungsvertrag (Outsourcing-Vertrag) siehe BAKred Rs. – E 1998, a.a.O. Fn. 12, sub VI S. 10 f.; Eyles WM 2000, 1230; Braun in Boos/Fischer/Schulte-Mattler, a.a.O. Fn. 11, § 25a Rn. 217; Zerwas/Hanten WM 1998,1110, 1117 und Nirk a.a.O. Fn. 45 S. 72
1481. Was voraussichtlich auch dem § 1 AÜG zuwiderlaufen würde, siehe Kapitel C., Das Outsourcing-Projekt, IV. Nr. 1.
1482. Zerwas/Hanten, WM 1998, 1110, 1114; Zur Notwendigkeit der Bestimmung »erforderlicher Weisungsrechte aufgrund einer Einzelfallbetrachtung« zu Recht Beck/Samm, a.a.O. Fn. 11, § 25a Rn. 23. und in Braun Boos/Fischer/Schulte-Mattler, a.a.O. Fn. 11, § 25a Rn. 194

Ausblick

Der Outsourcing-Anbieter sollte die juristische Betreuung des Outsourcing-Projekts als seine Kernkompetenz ansehen und über entsprechend mit Know-how ausgestattete Mitarbeiter (Vertragsjuristen/Contract Manager/Negotiatoren) oder über eine entsprechende Vertragsabteilung verfügen.

Zukünftig werden sich Vertragsjuristen/Contract Manager/Negotiatoren auch mit Themen wie der Rückabwicklung von Outsourcing-Projekten beschäftigen und der Aktivierung von IT-Verträgen in der Handelsbilanz (nach US-Gaap) kümmern müssen.

Sicherlich kann eine gut entwickelte rechtliche Outsourcing-Strategie und ein entsprechend gut gestalteter Vertrag zum Gelingen eines Outsourcing-Projekts beisteuern. Dennoch kann trotz Berücksichtigung aller in diesem Werk geschilderten Punkte ein Outsourcing-Projekt scheitern, wenn die Kommunikation zwischen Outsourcing-Kunde und Outsourcing-Anbieter nicht mehr funktioniert oder wenn bereits von Beginn an in verschiedene Richtungen gedacht wurde. Häufig gehen die Parteien von verschiedenen Ausgangspositionen aus. Der Outsourcing-Kunde, meist getrieben vom Finanzvorstand (CFO) und nicht vom Chief Information Officer (CIO), möchte die Kosten des IT-Betriebs um fünf bis zehn Prozent senken. Der Outsourcing-Anbieter ist meist durchaus in der Lage dazu, wenn er den IT-Betrieb für den Outsourcing-Kunden im erheblichem Maße standardisiert. Doch genau hier setzen die Probleme für den Outsourcing-Kunden ein. Da viele Geschäftskonzerne völlig unterschiedliche Bedürfnisse an den IT-Service haben, kann eine Standardisierung um jeden Preis zu Störungen und Behinderungen des laufenden Betriebs führen, was gleichzeitig die Gesamtkosten (TCO) erhöht. Diese Thematik verbunden mit einer schlechten Kommunikation zwischen Outsourcing-Anbieter und Outsourcing-Kunde führt zwangsläufig zum Scheitern des Outsourcing-Projekts. Daher sollten Outsourcing-Kunde und Outsourcing-Anbieter eine gute Kommunikation pflegen, auch wenn dies manchmal zu Lasten der Beantwortung rechtlicher Fragen geht. Denn Outsourcing ist zu sehen wie eine Ehe, die ohne gute Kommunikation scheitert.

Kapitel J

Mustertexte

Dieser Teil enthält Musterverträge und Texte der im Laufe des Buches angesprochenen Verträge, Vereinbarungen, Pläne und Anschreiben.

Diese Texte liegen dem Buch auch auf CD als Word-Dateien bei, so dass sie leicht abgewandelt und auf eigene Bedürfnisse abgestimmt werden können.

Diese Muster sind unverbindlich und sollten nur mit kompetenter juristischer Unterstützung verwendet werden. Der Autor übernimmt für die Verwendung der Mustertexte keine Verantwortung.

I. Pflichtenheft

Das vorliegende Pflichtenheft wurde als Ausschreibungsunterlage für ein IT-Outsourcing verwendet. Auf Darstellung der einzelnen Leistungsanforderung wurde zugunsten der allgemeinen Anforderungen verzichtet.

Sie finden den Text auf der CD unter `pflichth.doc`.

Pflichtenheft

für die Realisierung eines

Outsourcing-Projektes

bei der Firma X

1. Einleitung und Vertragsgestaltung

Zur Realisierung des Outsourcing-Projekts bei der Firma X (Outsourcing-Kunde) wurde das vorliegende Pflichtenheft konzipiert. Das vorliegende Pflichtenheft wird als Ausschreibung des Outsourcing-Projektes bei der Firma X verwendet. Die angeschriebenen Firmen werden gebeten, bis zum xx.xx.200x (12 Uhr) ihre Angebote an folgende Adresse abzugeben:

Firma X
Anschrift

Zur vertraglichen Absicherung dieses Pflichtenhefts wird ein Vertragswerk zwischen der Firma X und einem Outsourcing-Anbieter gemeinsam gestaltet. Das Outsourcing-Vertragswerk gliedert sich in mehrere Teile und sieht wie folgt aus:

Der Rahmenvertrag regelt folgende Punkte:

1. Präambel
2. Vertragspartner
3. Vertragsgegenstand und Geltungsbereich
4. Vertragshierarchie
5. Juristische Einzelheiten
6. Installation und Abnahme
7. Leistungsqualität
8. Gewährleistungsansprüche
9. Einräumung von Nutzungsrechten
10. Pricing
11. Datenschutz
12. Schutzrechte
13. Haftung und Garantien
14. Wettbewerbsklausel/Treuepflicht
15. Mitwirkungs-/Nebenleistungspflichten
16. Benchmarking
17. Vertragslaufzeit, Kündigung und Beendigungsunterstützung
18. Sonstiges
19. Allgemeine Geschäftsbedingungen

Übernahme-Verträge für

1. Personal
2. Hardware
3. Software
4. Für vertragliche Verpflichtungen der Firma X gegenüber Dritten

Sonstige-Verträge

1. Datenschutzkonzept
2. Infrastrukturvertrag für die Lokation in X
3. Infrastrukturvertrag für die Lokation in Y
4. Infrastrukturvertrag für die Lokation in Z

Leistungsverträge für:

1. SAP-Betrieb
2. Network Station Management (Desktop Services)
3. LAN (Local Area Network)
4. UHD (User Help Desk)
5. Server-Betrieb
6. Mailsysteme-Betrieb

Die vorstehende rechtliche Konstruktion wurde der Ausschreibungsunterlage zugrunde gelegt und wird nach einer Entscheidung mit einem Anbieter im Detail verhandelt.

2. Vertraulichkeit und Haftungsausschluss

Diese Leistungsbeschreibung ist geistiges Eigentum des Kunden. Sie darf ohne schriftliche Genehmigung des Kunden weder ganz noch teilweise dupliziert, an Dritte weitergegeben, anderweitig veröffentlicht noch zur Ausführung benutzt werden. Dies gilt nicht für Kopien, die für die Anbieter – interne Verwendung – bestimmt sind. Auch sämtliche verbundenen Unternehmen im Sinne von § 15 Aktiengesetz und alle Beteiligungsgesellschaften gelten im Sinne dieser Geheimhaltungsvereinbarung als Dritte.

Die potenziellen Auftragnehmer sind im Übrigen verpflichtet, die ihnen im Rahmen dieser Leistungsbeschreibung von der jeweils anderen Partei sowie deren Auftraggeber zugänglich gemachten Informationen vertraulich zu behandeln (vgl. Geheimhaltungsverpflichtung) und während der Dauer, sowie nach Beendigung dieses Verfahrens, nicht zu verwerten oder anderen zugänglich zu machen. Dies gilt für Informationen technischer, kommerzieller oder organisatorischer Art. Eine Nutzung dieser Information ist allein auf den Gebrauch im Rahmen der Ausschreibung beschränkt. Im Gegenzug verpflichtet sich der Auftraggeber, soweit es der potenzielle Auftragnehmer für erforderlich hält, sich einer Vertraulichkeitserklärung zu unterwerfen. Sollte der potenzielle Auftragnehmer nicht beauftragt werden, so verpflichtet er sich, sämtliche Ausschreibungsunterlagen, inklusive der maschinenlesbaren Daten sowie aller Kopien, nach Vergabe des Auftrages zu vernichten.

Diese Vertraulichkeitsverpflichtung gilt nicht für Informationen, die die andere Partei nachweislich

a) von Dritten rechtmäßig erhalten hat oder erhält, oder die

b) bereits allgemein bekannt waren oder nachträglich, ohne Verstoß gegen die dieser Leistungsbeschreibung zugrunde liegenden Verpflichtungen, allgemein bekannt wurden.

Die Parteien werden ihre Mitarbeiter und Auftragnehmer entsprechend verpflichten und nur solchen Mitarbeitern die vertraulichen Informationen zugänglich machen, deren Kenntnis im Rahmen der Angebotserstellung zwingend erforderlich ist.

Die oben beschriebenen Verpflichtungen bleiben für beide Parteien auch nach Beendigung dieses Verfahrens bestehen.

Dieses gesamte Dokument ist zudem urheberrechtlich geschützt. Die dadurch begründeten Rechte, insbesondere der Übersetzung, des Nachdrucks, der Entnahme von Abbildungen, der Weitergabe auf fotomechanischem oder ähnlichem Wege und der Speicherung in Datenverarbeitungsanlagen bleiben, auch bei nur auszugsweiser Verwertung, vorbehalten.

3. Haftung

Der Auftraggeber hat alle Informationen (Kardinalpflichten), die innerhalb dieser Ausschreibung dargestellt werden, mit besonderer Sorgfalt ermittelt und erstellt. Er haftet zu keinem Zeitpunkt für fehlerhafte Informationen oder Schäden, die durch diese Ausschreibung entstehen könnten.

4. Organisatorische Rahmenbedingungen

Die organisatorischen Rahmenbedingungen für das Angebot werden wie folgt festgelegt:

Zeitplan	Das Angebot muss bis zum xx.xx.xx – 12:00 Uhr eintreffen. Die Bindefrist der Angebote beträgt mindestens 6 Monate. In der Zeit ab dem xx.xx.xx erfolgen folgende Schritte - Bewertung der Angebote - Klärung offener Fragen - Referenzbesuche - Verhandlungen (Vertrag, Due Diligence) - Vertragsabschluss Der Betrieb durch den Dienstleister ist geplant ab 1. Q. 200x.
Form des Angebotes	Das verbindliche Angebot muss in deutscher Sprache in schriftlicher (2fach) und elektronischer (PDF-Datei) Form vorliegen.
Kommunikation während der Angebotsphase	Jeder Anbieter benennt einen Ansprechpartner für das Angebot. Dieser Ansprechpartner bündelt eventuelle Anfragen in elektronischer Form und leitet sie an den Kunden weiter. Die Antworten werden, sofern relevant, anderen Anbietern zur Verfügung gestellt. Die Ansprechpartner seitens des Kunden stehen den Anbietern für inhaltliche Fragen jeweils einen halben Tag persönlich und im direkten Gespräch zur Verfügung. Die Termine liegen in den angegebenen KWs und sind direkt mit den unten genannten Personen abzustimmen: **Projektleitung:** **Kommerzielle Fragen:** **Leistungspakete:** **SAP-Betrieb:** **Network Station Management:** **LAN:** **UHD:** **Server-Betrieb:** **Mailsysteme-Betrieb:**

Empfänger	Kundenanschrift
Sub-Dienstleister	Der Anbieter benennt alle Sub-Unternehmen, die er für die Leistungserbringung einsetzen wird.
Vorauswahl Angebote	Der Auftraggeber wird nach Eingang der Ausschreibungsunterlagen diese auf Vollständigkeit und deren Inhalt prüfen. In einem weiteren Schritt erfolgt eine Vorauswahl und Eingrenzung der Anbieter. Die Anbieter werden über die Entscheidung vom AG informiert. Die in der Vorauswahl verbliebenen Anbieter werden zu einer Präsentation ihres Angebotes gesondert eingeladen.
Referenzkunden	Im Angebot sind mindestens drei Referenzkunden zu benennen, bei denen vergleichbare Aufgaben in ähnlicher Größenordnung wahrgenommen werden, und die dort wahrgenommenen Aufgaben zu beschreiben sowie die Anzahl der betreuten Systeme zu nennen. Weiterhin hat der Anbieter mindestens drei Referenzansprechpartner mit Telefonnummer zu benennen, um diese auf Wunsch zu kontaktieren.
Kosten der Angebotserstellung	Der Anbieter trägt alle Kosten, die ihm in Verbindung mit der Erstellung und der Einreichung des Angebots entstehen. Der Kunde kann für solche Kosten in keinem Fall verantwortlich oder haftbar gemacht werden, ohne Rücksicht auf die Entscheidung über die Auswahl des Anbieters. Eine Rückgabe der Angebote ist nicht vorgesehen.
Verbindlichkeit	Durch die Ergebnisse, die sich aus dieser Ausschreibung ergeben, entstehen keine rechtsverbindlichen bzw. vertraglichen Verpflichtungen seitens des Kunden.
Änderungsvorbehalt	Der Kunde behält sich jederzeit Änderungen an den Grundlagen der Angebotsbedingungen sowie an den kommerziellen und technischen Angebotsbedingungen vor. In solchen Fällen wird hierüber eine schriftliche Mitteilung an alle Anbieter versendet.
Statement-of-Compliance	Ist der Anbieter mit den Angebotsbedingungen oder den kommerziellen und technischen Angebotsbedingungen (Leistungsbeschreibung) einverstanden, bestätigt er dies ausdrücklich durch ein Statement-of-Compliance mit dem Wortlaut »volles Einverständnis«. Existieren jedoch Abweichungen, erklärt der Anbieter dies in Form einer Ablehnungserklärung (Statement-of-non-Compliance), in der der Anbieter seine Änderungswünsche oder seine Ablehnung begründet.
Vollständigkeit des Angebotes	Alle geforderten Punkte der Ausschreibung sind im Angebot darzustellen. Insbesondere sind die Preise in der geforderten Struktur darzustellen. Falls der Anbieter jedoch zu geforderten Punkten dieser Ausschreibung keine Angabe machen kann, so sind diese explizit zu benennen.

5. Preise

a) Preisdegression während der Vertragslaufzeit

Für alle ausgeschriebenen Leistungsmodule erwartet der Auftraggeber eine Preisreduktion während der Vertragslaufzeit. Der Anbieter hat für die Vertragslaufzeit eine Preisreduktion von x % pro Jahr und Leistungsmodul anzubieten. Falls in einzelnen Leistungsmodulen Abweichungen von dieser generellen Vorgabe vorgesehen sind, sind diese in den jeweiligen Leistungspaketbeschreibungen dargestellt.

b) Stunden- und Tagessätze von Projektmitarbeitern

Der Anbieter wird aufgefordert, eine Aufstellung über Stunden- und Tagessätze von Projektmitarbeitern seinem Angebot zur Ausschreibung beizufügen.

c) Vorzeitige Vertragsbeendigung

Grundsätzlich beabsichtigt der AG, mit dem AN einen 5-Jahresvertrag zu schließen. Nennen Sie die Kosten einer vorzeitigen Vertragsauflösung nach 3 Jahren.

d) Zusätzliche Bonusvergütung für den Auftraggeber

Der Anbieter ist aufgefordert, sein Angebot isoliert pro Modul und Geschäftsfeld zu kalkulieren. Weitergehende Synergieeffekte, die sich aus einer konzernweiten Betrachtung ergeben, sollen pro Modul separat durch eine Volumenrabattierung ausgewiesen werden. Der AG stellt sich vor, dass z.B. durch halb- oder jährliche Reviews das Gesamtvolumen der Leistungen konzernweit ermittelt und durch eine Gutschrift vergütet wird. Stellen Sie deshalb dar, bei welchen Leistungsmodulen durch Erhöhung der Abnahmemengen mit zusätzlichen Gutschriften zu rechnen ist (Angaben in % pro Mengenstaffel)

6. Preismodelle

Innerhalb des Kapitels »Leistungsbeschreibung« findet der AN unterschiedliche Ansätze zur Preisbildung. Nachfolgend die Zuordnung der Leistungsarten zu den Preismodellen.

a) Staffelpreismodelle für LAN, SAP, Server

Unter Staffelpreismodell wird verstanden, dass für eine bestimmte vorgegebene definierte Menge je Leistungseinheit (z.B. User, Gigabytes, Ports etc. – siehe Beschreibung der einzelnen Leistungspakete) ein Preis genannt wird. Entsprechend der vorgegebenen Rasterung je Leistungspaket (z.B. von Anzahl User bis Anzahl User) sind unterschiedliche Preise zu nennen.

Wie aus dem nachfolgenden Beispiel hervorgeht, ergibt sich bei 400 Usern ein Gesamtpreis von 27.500,-- €; davon entfallen 10.000,-- € auf die ersten 100 User, weitere 7.500,-- € auf die nächsten 100 User und 10.000,-- € für die angenommen letzten 200 User.

Anzahl User (Untergrenze)	Anzahl User (Obergrenze)	€ / User
Von 1 User	bis 100 User	XXX €/User
Von 101 User	bis 200 User	XXX €/User
Von 201 User	bis 500 User	XXX €/User

Bitte berücksichtigen Sie diesen Ansatz in Ihrer Kalkulation.

b) Lineare Preismodelle für Network Station Management, UHD, Mail, WAN

Unter linearem Preismodell wird verstanden, dass der Einzelpreis je Leistungseinheit (z.B. Anschlusswert, Calls, User etc. – siehe Beschreibung in den einzelnen Leistungspaketen) unverändert bleibt. Die in Rechnung zu stellenden Beträge verändern sich linear nur durch Mengenveränderungen.

c) Mindestabnahmemengen

Die in den Leistungspaketen angegebenen Mindestabnahmemengen sind der Kalkulation zugrunde zu legen. Sind in den einzelnen Leistungspaketen keine Mindestabnahmemengen vorgegeben, so sind diese vom AN anzugeben.

d) Pönale

Die Pönaleregelung ist geregelt je Leistungspaket und entsprechender Vertragsbestandteil bei Vertragsabschluss.

e) Musterabrechnung

Wir bitten im Rahmen der Angebotsabgabe um Darstellung einer Musterfakturierung.

f) Vollständigkeit

Alle geforderten Punkte der Ausschreibung sind im Angebot darzustellen. Insbesondere sind die Preise in der geforderten Struktur darzustellen. Falls der Anbieter jedoch zu geforderten Punkten dieser Ausschreibung keine Angabe machen kann, so sind diese explizit zu benennen.

Der AN haftet für die Vollständigkeit und Richtigkeit seiner Angaben. Fehlerhafte Angaben gehen zu Lasten des AN.

Es wird erwartet, dass der Anbieter die im Basisvertrag und im Rahmenvertrag angeführten Anlagen y1...yn und x1...xn seinem Angebot beifügt.

7. Dokumentenübersicht der Ausschreibung

Die vorliegende Ausschreibung umfasst folgende Dokumente:

1. vorliegende Einleitung
2. Rahmenvertrag (Entwurf)
3. Übernahmeverträge für Personal, Hard-, Software und Vertragliche Verpflichtungen (Entwurf)
4. Sonstige Verträge für die Lokation X–Z und ein Datenschutzkonzept
5. Leistungsverträge:
   a) Leistungspaket NWSM
   b) Leistungspaket WAN
   c) Leistungspaket LAN
   d) Leistungspaket MAIL-Betrieb
   e) Leistungspaket UHD
   f) Leistungspaket Server-Betrieb
6. Kenngrößen und Abkürzungen (Anlage zum Basisvertrag)
7. Personal und Betriebsteilübergang (Anhang zum Basisvertrag)
8. Leistungspaket SAP-Betrieb
9. Server-Ist-Erfassung

II. Letter of Intent

Dieser Text befindet sich auf der CD unter `loi.doc`.

Letter of Intent

Der Auftraggeber (**AG**) und der Auftragnehmer (**AN**) beabsichtigen, einen Vertrag über die Übernahme von Endgeräte-Service-Leistungen und die Beschaffung von Datenendgeräten und aller hierfür erforderlichen Nebenleistungen zu schließen.

Vertragsinhalt soll das vollständige Outsourcing von Endgeräte-Service-Leistungen und die Beschaffung von Datenendgeräten sein, wobei Voraussetzung und Zweck ist, eine gegenüber dem Eigenbetrieb auf Dauer wirtschaftlichere Lösung bei gleicher Dienstleistungsqualität und gleichen Leistungsmerkmalen zu realisieren.

Der Abschluss eines Vertrags setzt voraus, dass die vom AN zu erbringenden Leistungen umfassend und insbesondere hinsichtlich Leistungsfähigkeit, Verfügbarkeit, Zuverlässigkeit und anderen Funktionsmerkmalen definiert werden. Hierfür sind bestimmte Vorarbeiten und gemeinsame Definitionen erforderlich, um die vorgenannten Merkmale festzulegen.

Als Zeitpunkt für die Aufnahme eines vertragsgemäßen Betriebs der Services wird der xx.xx.200x angestrebt. Bis zu diesem Termin ist der entsprechende Vertrag zwischen den Parteien abzuschließen.

Die in dem Vertragsangebot aufgezeichneten Mengengerüste und Preise gelten unter der Bedingung, dass der Vertrag bis spätestens xx.xx.200x zustande kommt.

Die Partner werden sich nach besten Kräften bemühen, die Leistungsbeschreibungen so rechtzeitig zu erstellen, dass der vorgesehene Beginn der Lieferung und Service-Leistung realisiert werden kann. Sollte abzusehen sein, dass eine vertragliche Einigung nicht zustande kommt, weil der AG die Realisierung des Projektes zurückzieht oder Anforderungen stellt, die über die vorgenannten Ziel- und/oder Leistungsmerkmale hinausgehen, wird der AG die vom AN für dieses Projekt getätigten und zuvor mit den AG abgestimmten Leistungen übernehmen.

Als Projektleiter für den AG wird Herr/Frau xxx und für den AN Herr/Frau yyy benannt.

Musterdorf, den xx.xx.200x	Musterstadt, den xx.xx.200x
--	-------------------------------------
Auftraggeber	Auftragnehmer

III. Rahmenvertrag

Dieser Vertrag befindet sich unter `rahmenv.doc` auf der CD zum Buch.

Rahmenvertrag

Nr.

für das Outsourcing-Projekt

zwischen

AG

(AG)

Anschrift

Vertreten durch den Vorstand

und

AN

(AN)

Anschrift

Vertreten durch den Vorstand

0. Inhaltsverzeichnis

1. Präambel

Nachfolgend nur als Beispiel, ist individuell zu formulieren:

Der AG und AN betrachten die Zufriedenheit der Anwender als oberstes Prinzip der Zusammenarbeit.

Die gemeinsame Arbeit in den letzten Jahren und die strategische Weiterentwicklung sowie die gute Zusammenarbeit während der bisherigen Vertragslaufzeit sollen auch in Zukunft Garant für eine ständige Qualitätsverbesserung der IT-Leistungen sein. Die hierzu erforderlichen Verträge sollen den dynamischen Rahmen für eine fortlaufende Prozessverbesserung und Ablaufoptimierung bilden.

Im Rahmen der Internationalisierung der Geschäfte und Märkte sind sich beide Partner einig, dass ein prägendes Element der neuen Vereinbarung u.a. eine mögliche Internationalisierung der IT-Services in einem angemessenen Kosten-/Leistungsverhältnis sein soll, um sowohl den lokalen als auch den globalen Geschäftsprozessbedürfnissen Rechnung zu tragen.

Die in den Verträgen getroffenen Vereinbarungen sollen hierzu den strukturellen Rahmen bieten. Daher ist die Modularisierung der Verträge ein signifikantes Element der Vertragsstruktur, um sowohl nationalen wie internationalen Belangen gerecht zu werden.

Auf der Basis differenzierter strategischer Planungen für Informationssysteme (IS) erarbeiten der AG und der AN gemeinsame Zielsetzungen und präzisieren die künftige Kooperation. Beide profitieren von frühen Entscheidungen und davon, dass sie von Anfang an einen offenen Informationsaustausch pflegen und von einer unternehmensübergreifenden Informationsinfrastruktur her unterstützen.

Die insgesamt auf Fairplay und Vertrauen gegründete und langfristig orientierte Zusammenarbeit basiert auf Regeln mit möglichst transparenten Service Level Agreements (SLAs) mit Regelungsmechanismen im Beschaffungsmanagement und im Servicemanagement.

Gleichzeitig verpflichten sich die Vertragsparteien, den bestehenden Rahmenvertrag vom xx.xx.19xx durch diesen Rahmenvertrag zu ersetzen.

2. Vertragspartner

Kontaktstellen und Ansprechpartner

Um eine enge und effektive Zusammenarbeit zwischen den Mitarbeitern des AG und den beteiligten AN-Mitarbeitern sicherzustellen, benennen beide Parteien jeweils entsprechende Serviceverantwortliche (siehe hierzu Anlage 1 zum Servicevertrag).

Grundsätzlich ist zur erfolgreichen Umsetzung der vertraglichen Vereinbarungen ein »Single Point of Contact« (SPOC) eingerichtet. Dieser dient in jedem Fall als Kontaktstelle bei technischen Fragen.

Vertragliche und organisatorische Punkte werden über die Zusammenarbeit der in Anlage 1 zum Servicevertrag angegebenen Serviceverantwortlichen geregelt und gegebenenfalls über den **Lenkungsausschuss** zu einer Vereinbarung geführt. Kontaktstelle für den AG ist in jedem Fall: z.B. die Niederlassung des AN.

Lenkungsausschuss

Zur zielgerichteten, reibungslosen Abwicklung dieses Rahmenvertrages sowie des dazugehörigen Servicevertrags wird ein Lenkungsausschuss gebildet, dem jeweils maßgebliche Entscheidungsträger des AG und AN angehören.

Der Lenkungsausschuss hat als Aufgaben:

- Qualitätssicherung des Gesamtprozesses
- Change-Management bei Gesamtprozessen
- Controlling des Beschaffung-Managements
- Koordination der Aktivitäten der Gremien Beschaffung und Service
- Eskalationsstufe für die Gremien Beschaffung und Service
- Bewertung von Geschäftsvorfällen

Der vorgenannte Lenkungsausschuss ist ein übergeordnetes Gremium für die in den Standortvereinbarungen zu definierenden Regelgremien.

Sofern im Rahmen eines Einzelvertrages Projekte durch den oder mit dem AN durchgeführt werden sollen, wird zur zielgerichteten, reibungslosen Abwicklung des Projektes zu Projektbeginn ein Projekt-Lenkungsausschuss gebildet, dem entsprechende Entscheidungsträger des AG und AN angehören. Die Zusammensetzung des Projekt-Lenkungsausschusses wird jeweils bezogen auf das betroffene Projekt geregelt.

Der Projektleiter berichtet dem Projekt-Lenkungsausschuss über den Projektfortschritt, aktuelle und zu erwartende Probleme. Der Projekt-Lenkungsausschuss trifft kurzfristig die für die zügige Projektabwicklung erforderlichen Entscheidungen, die nicht dem Verfahren gemäß nachfolgender Ziffer unterfallen.

Änderungen und/oder Ergänzungen in Bezug auf die unter dem entsprechenden Servicevertrag zu erbringenden Leistungen können sowohl vom AG als auch vom AN gegenüber der jeweils anderen Vertragspartei beantragt werden. Änderungen bzw. Ergänzungen, die Auswirkungen auf Systemfunktionen, Systemleistungen, sonstige Leistungsmerkmale, Termine, Preise, Kosten oder sonstige Bedingungen des der entsprechenden Leistung zugrunde liegenden Einzelvertrages haben, werden im Rahmen des »»Änderungsverfahrens« vor deren Ausführung schriftlich festgelegt (s. hierzu auch Anlage 3 zum Servicevertrag).

Die Vertragsparteien werden den Änderungsvorschlägen der jeweils anderen Vertragspartei zustimmen, wenn für sie weder für den gegenwärtigen Zeitpunkt noch für die Zukunft wirtschaftliche, technische oder andere Auswirkungen zu ihren Lasten aus der Änderung ersichtlich sind. Die Ablehnung eines Änderungsvorschlags bedarf grundsätzlich der schriftlichen Begründung.

3. Vertragsgegenstand und Geltungsbereich

3.1. Der AN erbringt für den AG Dienst- oder Werkleistungen, deren genauer Umfang in Einzelverträgen geregelt wird. Die Bestimmungen dieses Rahmenvertrags gelten für alle Einzelverträge, die zwischen dem AN und dem AG zum Geltungsbereich dieses Rahmenvertrages nach dessen Wirksamwerden abgeschlossen werden, wenn und soweit nicht ausdrücklich im Einzelvertrag eine anderweitige Regelung getroffen wird.

3.2. Insbesondere erbringt der AN die Leistung für den AG jeweils auf gesonderte Anforderung durch den AG im Rahmen von Einzelverträgen auf dem Gebiet der Informationsverarbeitung im Bereich Desktop Services.

3.3. Der AN ist berechtigt, zur Durchführung der vertragsgegenständlichen Lieferungen und Leistungen Unterauftragnehmer, freie Mitarbeiter etc. einzusetzen.

3.4. Für den Fall, dass der AN wegen der Sachnotwendigkeit des Leistungsinhaltes die Leistung vor Ort beim AG erbringt, sind sich die Parteien darüber einig, dass der AN sowie dessen Mitarbeiter und Subunternehmer im Sinne der arbeits-, steuer- und sozialversicherungsrechtlichen Bestimmungen

- nicht in den Betrieb des Auftraggebers eingegliedert sind,
- über die vereinbarten Termine hinaus in der Wahl und Einteilung sowie dem Umfang, den Zeiten und dem Ablauf ihrer Tätigkeit völlig frei sind,
- die Abläufe selbst organisieren,
- keiner Weisungsgebundenheit unterliegen, sondern die Leistung vertragsgemäß zu erbringen haben.

3.5. Die Rahmenvereinbarung gilt für die Bundesrepublik Deutschland. Erweiterungen der Geltungsbereiche auf Gebiete außerhalb der Bundesrepublik Deutschland sind nach Absprache möglich. Sollten die gesetzlichen Regelungen in diesen Gebieten erheblich von den gesetzlichen Regelungen der Bundesrepublik Deutschland abweichen, so verpflichten sich die Vertragsparteien, für diese Gebiete eigenständige Verträge abzuschließen.

4. Vertragshierarchie und Change-Management

4.1. Art und Umfang der vom AN zu erbringenden Lieferungen und/oder Leistungen aus Einzelverträgen unter diesem Rahmenvertrag sowie die entsprechenden einzelvertragsspezifischen Bedingungen werden zwischen dem AG und dem AN in dem jeweiligen Einzelvertrag definiert. Sofern Dokumente Basis für die Leistungserbringung sind, sind diese in der entsprechenden Leistungsbeschreibung als Grundlage zu definieren und zu beschreiben. Mündliche Nebenabreden oder im Vorfeld getätigte Äußerung im Sinne des § 434 BGB werden nicht Bestandteil des Vertrags. Die Vertragsparteien sind sich darüber einig, dass Beschaffenheitsbeschreibungen und Leistungsmerkmale keine Garantien oder Eigenschaftszusicherungen im Sinne der §§ 443, 444, 649 BGB darstellen.

4.2. Einzelverträge sind nur wirksam, wenn sie schriftlich zwischen dem AG und dem AN vereinbart worden sind. Im Rahmen von Einzelverträgen können schriftlich Bestellungen vom AG abgegeben werden, die der schriftlichen Bestätigung des AN bedürfen. Jede Änderung und/oder Ergänzung eines Einzelvertrages – insbesondere Änderungen in Art und Umfang der zu erbringenden Leistungen – muss als solche gekennzeichnet werden und bedarf einer schriftlichen Vereinbarung der Vertragsparteien.

4.3. Folgende Bestimmungen werden Bestandteil eines Einzelvertrages:

a) Die Bestellung des AG nebst Anlagen sowie die textgleiche Bestellannahme des AN. Soweit der AN die Bestellung unter Erweiterungen, Einschränkungen oder sonstigen Änderungen annimmt, gilt diese als neues Angebot und wird nur wirksam, wenn sie vom AG schriftlich akzeptiert wird.

b) Die Bestimmungen dieses Rahmenvertrages, sofern und soweit nicht in dem Einzelvertrag eine abweichende andere Regelung getroffen wird.

Bei Widersprüchen gilt die vorstehend aufgeführte Reihenfolge.

4.4. Change-Management

Änderungsgesuche (Change Request) können sowohl vom AG aus als auch vom AN gegenüber dem anderen Vertragspartner gestellt werden. Änderungsgesuche werden grundsätzlich an den Lenkungsausschuss gestellt. Nach Vorbereitung der Entscheidung durch den Lenkungsausschuss entscheidet das Lenkungsausschuss einvernehmlich über das Änderungsgesuch. Entscheidungen gelten als verbindlich, wenn sie im anzufertigenden Review-Protokoll dokumentiert sind. Kann im Lenkungsausschuss keine einvernehmliche Entscheidung herbeigeführt werden, entscheidet das Management beider Vertragspartner.

Die Änderungsvereinbarung muss dokumentiert und rechtsverbindlich von beiden Vertragspartnern unterschrieben werden.

Änderungen zu bestehenden Leistungs- und Standortvereinbarungen, die

- den Leistungsinhalt,
- den Leistungsumfang
- die Leistungsqualität
- die Art und Weise sowie den Ort der Leistungserbringung etc.

betreffen, sind Gegenstand eines Änderungsgesuches.

5. Juristische Einzelheiten

5.1. Der jeweilige Liefer- und/oder Leistungsort für die vom AN zu erbringenden Lieferungen und/oder Leistungen ist im Einzelvertrag zu regeln.

5.2. Die Termine für die jeweils vom AN zu erbringenden Lieferungen und/oder Leistungen werden ebenfalls in dem Einzelvertrag festgelegt.

Schriftlich zwischen den Vertragsparteien vereinbarte Termine und Fristen sind grundsätzlich verbindlich, es sei denn, die Vertragsparteien haben die Termine und Fristen schriftlich als unverbindlich bezeichnet. Mündlich vereinbarte Termine und Fristen sind nur dann verbindlich, wenn sie vom AG und vom AN im Einzelfall schriftlich als verbindlich bezeichnet worden sind.

5.3. Erkennt der AN, dass die in einem Einzelvertrag festgelegten Termine oder Fristen nicht eingehalten werden können, so wird der AN den AG unverzüglich unter Darlegung der für die Verzögerung ausschlaggebenden Gründe informieren.

Ist die Nicht- oder Schlechterfüllung bzw. die Nichteinhaltung eines gemäß vorstehender Ziffer 5.2 verbindlichen Termins oder einer verbindlichen Frist auf ein unvorhergesehenes Ereignis (z.B. Ereignisse höherer Gewalt einschließlich Streik und Aussperrung) zurückzuführen, das außerhalb des Einflusses des AN liegt, so verlängert sich der Termin oder die Frist um eine angemessene Zeitspanne. Eine Minderung, die Zahlung einer Pönale und sonstige Schadenersatzansprüche sind ausgeschlossen.

Sofern die Nichteinhaltung eines Termins oder einer Frist vom AN zu vertreten ist, wird der AG dem AN eine angemessene Nachfrist setzen. Nach Ablauf dieser Nachfrist kann der AG, sofern ihm nachweislich ein Schaden entstanden ist, eine Verzugsentschädigung für den unmittelbaren Schaden verlangen. Diese beträgt für jeden vollendeten Monat des Verzuges bis zu ein v.H. des Wertes der im Verzug befindlichen Lieferung oder Leistung. Die Verzugsentschädigung ist insgesamt beschränkt auf die Höhe des nachgewiesenen Schadens, höchstens jedoch fünf v.H. des Wertes der im Verzug befindlichen Lieferung oder Leistung. Mit Zahlung einer Verzugsentschädigung sind sämtliche Schadensersatzansprüche aus Verzug abgegolten. Eine weitergehende Haftung übernimmt der AN im Falle des Verzuges nicht. Dieses gilt nicht, soweit in Fällen des Vorsatzes oder der groben Fahrlässigkeit zwingend gehaftet wird.

5.4. Mit der Lieferung geht die Gefahr des Untergangs auf den AG über.

6. Installation und Abnahme

6.1. Die vom AN an den AG auszuliefernden Geräte und Programme werden vom AN oder durch eine vom AN beauftragte Firma geliefert und, sofern im Einzelvertrag vereinbart, aufgestellt und in Betrieb genommen. Voraussetzung für die Aufstellung und Inbetriebnahme ist, dass der AG die Aufstellungsräume einschließlich der Betriebsumgebung (Raum, Energie, Klima etc.) und der Verkabelung (komplette Infrastruktur) spätestens bis zum vereinbarten Liefertermin entsprechend den Installations- und Betriebsbedingungen bereitstellt und ausrüstet. Eine nähere Regelung über die Bereitstellung der Infrastruktur durch den AG für den AN findet sich in einem gesondert abzuschließenden Infrastrukturvertrag wieder.

6.2. Die vom AN an den AG ausgelieferten Geräte und Programme sind betriebsfähig. Erfolgt keine Aufstellung und/oder Installation der Geräte/Programme durch den AN, so erfolgt weder ein Nachweis der Betriebs- noch der Funktionsfähigkeit. Das System (Geräte und Programme gemäß vorstehendem Satz 1) gilt mit Auslieferung als übergeben und steht zur Abnahme bereit. Verweigert der AG die Abnahme ohne Angabe eines wichtigen Grundes, so gilt das System spätestens 14 Tage nach Auslieferung als abgenommen.

6.3. Werden die Geräte vom AN aufgestellt und in Betrieb genommen bzw. Programme installiert, so erfolgt die Übergabe an den AG durch eine Funktionsvorführung. Die Funktionsvorführung gilt als erfolgreich, wenn die Geräte und Programme bei einem Testlauf den in den vereinbarten Funktionsbeschreibungen festgelegten Spezifikationen entsprechen. Das System gilt damit als abgenommen. Kann die Übergabe nicht innerhalb einer Frist von 14 Tagen nach Installation der Geräte und der Programme aus Gründen, die der AG zu vertreten hat, durchgeführt werden, so gilt das System als übergeben und abgenommen.

Geringfügige Mängel berechtigen den AG nicht zur Verweigerung der Abnahme.

7. Leistungsqualität

7.1. Der AN und der AG werden die Qualität der vom AN zu erbringenden Dienstleistungen einzelvertraglich regeln und in diesem Zusammenhang Leistungsqualitäten (nachfolgend »Service Level«) vereinbaren. Eine Haftung des AN bei Unterschreitung bzw. Nichteinhaltung solcher Service Levels ist nur dann gegeben, wenn der AN die Unterschreitung bzw. Nichteinhaltung ausschließlich zu vertreten hat.

7.2. Die Haftung des AN besteht darin, dass der AG in den Fällen der Unterschreitung bzw. der Nichteinhaltung der Service Levels die monatliche Vergütung für die Erbringung der Dienstleistungen um einen gewissen Prozentsatz mindern kann. Die Haftung des AN darf in keinem Fall 5 % der sich aus dem jeweiligen Vertrag ergebenen kalenderjährlichen Gesamtvergütung überschreiten.

7.3. Weitergehende Ansprüche gegen den AN wegen der Nichteinhaltung bzw. der Unterschreitung des Service Level, insbesondere solche auf Ersatz von indirekten und Folgeschäden wie z.B. entgangenem Gewinn, Produktionsausfall, sind im rechtlich größtmöglichen Umfang ausgeschlossen.

7.4. Werden die Service Levels vom AN nicht eingehalten, wird jede Vertragspartei, soweit erforderlich, die entsprechend ihrem Verantwortungsbereich erforderlichen Maßnahmen unverzüglich einleiten, um die Service Levels zu erreichen.

8. Gewährleistungsansprüche

8.1. Bei Lieferung von Geräten verpflichtet sich der AN, mangelhafte Geräte nach der Wahl des AG zu reparieren oder auszutauschen; Verbrauch bzw. Abnutzung sind hiervon ausgenommen. Weitergehend haftet der AN nur, sofern und soweit der jeweilige Hersteller bzw. Lieferant Gewährleistungsverpflichtungen gegenüber dem AN übernommen hat.

8.2. Die vom AN erbrachten Werkleistungen stimmen mit den jeweils festgelegten vertraglichen Leistungsmerkmalen überein. Mängel fallen dann unter die Gewährleistung, wenn die Funktionen von den Leistungsmerkmalen abweichen, und dieses nicht auf Mängel in Anlagen/Geräten oder vom AG oder Dritten gelieferten Programmen zurückzuführen ist.

Jeglicher Gewährleistungsanspruch entfällt, sofern ein etwaiger Mangel darauf beruht, dass der AG oder ein Dritter Geräte oder Programme ohne Zustimmung des AN verändert, unsachgemäß benutzt oder repariert hat oder dass Systeme nicht den Richtlinien des Herstellers oder des AN gemäß installiert, betrieben und gepflegt worden sind.

Treten während der Gewährleistungsfrist reproduzierbare Mängel auf, so wird der AG die festgestellten Mängel dem AN unverzüglich mitteilen und dabei die mangelhaften Teile genau benennen, und der AN wird diese Mängel beseitigen. Dies gilt auch für Mängel in den Unterlagen. Der Kunde wird zudem auf Verlangen des AN die von ihm eingesetzten Daten, die zum Mangel geführt haben, sowie die zur Mängelanalyse und Mangelbehebung benötigten Mitwirkungsleistungen des Kunden in der im betreffenden Vertrag für die Vertragsabwicklung vereinbarten Weise zur Verfügung stellen.

Wird bei einem vom AG gemeldeten Mangel vom AN nachgewiesen, dass kein Gewährleistungsfall vorliegt, so gehen die Aufwendungen des AN für die Fehlersuche und ggf. Fehlerbehebung zu Lasten des AG.

Weitergehende Ansprüche gegen den AN, insbesondere solche auf Ersatz von indirekten und Folgeschäden wie z.B. entgangenem Gewinn, Produktionsausfall etc., sind im rechtlich größtmöglichen Umfang ausgeschlossen.

8.3. Soweit bei vertragsgegenständlichen Lieferungen oder Leistungen Störungen bzw. Fehler (im Sinne von Mängel) auftreten, wird der AG die festgestellten Mängel dem AN unverzüglich, auch nach vorheriger mündlicher Mitteilung, schriftlich melden. Mündliche Meldungen an das Service-Desk des AN gelten dabei als schriftliche Meldungen, wenn sie in einem Problem-Record des Service-Tools erfasst und die zugehörige Problem-Record-Nummer dem Melder bekannt gegeben worden ist. E-Mails gelten als schriftliche Meldungen.

8.4. Die Gewährleistungsfrist für Systeme (vom AN gelieferte Geräte und Programme) beträgt 24 **(12 sind auch möglich)** Monate. Die Gewährleistungsfrist im Falle, dass der AN die Systeme nicht installiert, beginnt mit der Ablieferung der Produkte beim AG. Werden die Systeme vom AN installiert, beginnt die Gewährleistungsfrist mit der Abnahme.

Treten während der vorgenannten Frist Gewährleistungsmängel auf, so verlängert sich die Gewährleistungsfrist um die zur Mängelbeseitigung benötigte Zeit.

Bei Lieferung gebrauchter Geräte ist jede Gewährleistung ausgeschlossen, es sei denn, dass der AN Gewährleistungsansprüche gegenüber Lieferanten hat. In diesem Fall wird der AN gegenüber dem AG die Gewährleistung in dem Umfang übernehmen, wie dem AN selbst Gewährleistungsansprüche gegen den Lieferanten zustehen.

9. Einräumung von Nutzungsrechten

9.1. Der AN räumt dem AG für die im Rahmen von Einzelverträgen überlassene Standardsoftware einschließlich der dazugehörigen Dokumentation nach vollständiger Bezahlung der jeweils vereinbarten Vergütung ein nicht ausschließliches, nicht übertragbares Recht zur Nutzung auf dem in dem jeweiligen Einzelvertrag beschriebenen Rechnersystem und Betriebssystem ein. Alle sonstigen Rechte an den Programmen und den Dokumentationen einschließlich der Kopien und nachträglichen Ergänzungen verbleiben beim AN bzw. bei dem originären Software-Lieferanten.

9.2. Dem AG steht nach vollständiger Bezahlung der auf den jeweiligen Einzelvertrag bzw. die einzelnen Ergebnisse bezogenen, vereinbarten Vergütung das ausschließliche, unentgeltliche, übertragbare, unbeschränkte und unwiderrufliche Nutzungsrecht an den entsprechenden, speziell für den AG erbrachten Auftragsergebnissen zu.

Unter den vorgenannten Auftragsergebnissen sind Studien, Konzepte, Individualsoftware-Dokumentationen und -programme sowie durchgeführte Software-Anpassungen zu verstehen, die unter die Schutzrechte im Sinne des Urheberrechtgesetzes fallen. Nicht hierzu zählen die nicht speziell für den AG entwickelten Werke, insbesondere Standardsoftware und dazugehörige Dokumentation sowie das beim AN vorhandene und während der Durchführung des jeweiligen Auftrages vom AN und dessen Mitarbeitern, Erfüllungs- und Verrichtungsgehilfen erworbene Know-how.

9.3. Dem AN verbleibt an den für den Kunden gelieferten Studien, Konzepten, Dokumentationen und Software-Programmen ein unwiderrufliches, einfaches, zeitlich, räumlich und inhaltlich uneingeschränktes, unentgeltliches Nutzungsrecht.

9.4. Die Rechte an allen Programmen, Dokumentationen und Daten des AG, die durch den AG auf den DV-Systemen vom AN gesichert bzw. an den AN übergeben werden, verbleiben in vollem Umfang beim AG.

10. Pricing

10.1. Die Art und Höhe der Vergütung sind in entsprechenden Einzelverträgen zu vereinbaren. Je nach Vereinbarung werden die erbrachten Leistungen nach Aufwand oder nach Festpreis, gegebenenfalls mit zusätzlichen Leistungen nach Aufwand, vergütet.

Die Vergütungssätze, Sach- und Nebenkosten gelten zuzüglich der jeweils gültigen gesetzlichen Mehrwertsteuer.

Mehraufwand (z.B. auch durch Wartezeiten) des AN, der nachweislich durch nicht rechtzeitige oder nicht in der vereinbarten Weise erbrachte Mitwirkungsleistungen entsteht, wird vom AG nach Aufwand gesondert vergütet. Voraussetzung ist, dass der AN dem AG erfolglos eine angemessene Nachfrist zur Erbringung der Mitwirkungsleistungen gesetzt hat.

Wenn aufgrund nicht ordnungsgemäßer Mitwirkung durch den AG der Arbeitsaufwand nachweislich erheblich über den Schätzungen liegt, die der AN bei Übernahme des Auftrages zugrunde gelegt hat, so ist der AN auch bei Vergütung nach Festpreis berechtigt, eine Erhöhung der Vergütung zu verlangen.

10.2. Bei der Leistungserbringung nach Festpreis wird ein Zahlungsplan zugrunde gelegt, der je nach Umfang der Leistung bzw. Höhe der Vergütung aus Vorauszahlung, Abschlagszahlungen und Schlusszahlung bestehen kann.

Außerhalb des Festpreises kann eine Vergütung bestimmter zusätzlicher Leistungen (z.B. Sachkosten, Reisekosten) nach Aufwand (siehe unter Ziffer 10.3 »Leistungen nach Aufwand") zwischen den Vertragsparteien im Rahmen des entsprechenden Einzelvertrages vereinbart werden.

Im Falle einer vereinbarten Vergütung zum Festpreis ist der Zahlungsplan im jeweiligen Einzelvertrag festzulegen. In jedem Falle ist die vereinbarte Vergütung nach Lieferung und Abnahme zu leisten.

10.3. Bei Vergütung nach Aufwand können innerhalb eines Einzelvertrages folgende Vergütungsalternativen zur Anwendung kommen:

a) Eine aufwandsbezogene Vergütung erfolgt nach den zwischen den Vertragsparteien im jeweiligen Einzelvertrag zu vereinbarenden Stundensätzen.

b) Die Vergütung erfolgt entsprechend der auftragsgemäßen Tätigkeit eines Mitarbeiters (z.B. Consulting, Training) auf Basis von Zeit und Aufwand (siehe hierzu Anlage 4 zum Servicevertrag).

Liegt die Arbeitszeit auf Veranlassung des AG außerhalb der normalen Arbeitszeit des AN, so werden die jeweils beim AN gültigen Zuschläge auf die Vergütung je Arbeitsstunde erhoben.

Reisezeiten werden mit 75 % der vorgenannten Vergütungen je Stunde berechnet.

Der AN ist berechtigt, jährlich innerhalb angemessener Frist eine Anpassung der Honorar- und Kostensätze entsprechend der allgemeinen Markt- und Kostenentwicklung vorzunehmen.

Wenn Mitarbeiter des AN zur Erbringung der beauftragten Leistungen außerhalb ihrer regelmäßigen Betriebsstätte tätig werden, wird der AG die entstehenden Reisekosten, Reisezeiten und Spesen nach Aufwand vergüten (siehe Anlage 4 zum Servicevertrag).

Die Rechnungslegung für Reisekosten erfolgt monatlich nachträglich.

Sachkosten, die für die Erbringung der beauftragten Leistung des AN erforderlich sind, wird der AN in Höhe der tatsächlich angefallenen Kosten zuzüglich einer Handling Charge von 15 % weiterbelasten. Wenn im Einzelauftrag nicht anders geregelt, wird die entsprechende Beschaffung vorab mit dem AG abgestimmt. Die entsprechenden Nachweise werden vom AG gegengezeichnet. Die Rechnungslegung für Sachkosten erfolgt monatlich nachträglich oder bei besonderen Anlässen.

10.4. Die Vergütung für Dienstleistungen (Betriebsführung von IT-Systemen) wird in den jeweiligen Einzelverträgen festgelegt.

10.5. Die Rechnungsstellung erfolgt über kalendermonatliche Abschlagsbeträge und am 1. Werktag eines jeden Kalendermonats für den laufenden Monat oder zu den im Einzelvertrag festgelegten Zahlungsterminen. Die Rechnungsbeträge sind innerhalb von 14 Tagen nach Erhalt ohne Abzug zuzüglich der am Tage der Rechnungsstellung gültigen gesetzlichen Mehrwertsteuer zur Zahlung fällig.

Am Ende eines jeden Monats erfolgt eine Gesamtabrechnung unter Berücksichtigung der geleisteten Anzahlungen. Ergibt die Abrechnung Differenzbeträge, so ist diese von der schuldenden Vertragspartei unverzüglich auszugleichen.

Bei Zahlungsverzug seitens des AG kann der AN Zinsen in Höhe von 5 % über dem anwendbaren Basiszinssatz der Europäischen Zentralbank geltend machen.

10.6. Zur Aufrechnung und Zurückbehaltung ist der AG nur berechtigt, wenn die Gegenansprüche unbestritten oder rechtskräftig festgestellt sind.

10.7. Sofern im Rahmen von Einzelverträgen der AN Geräte oder Programme an den AG liefert, behält sich der AN das Eigentum an den gelieferten Geräten/Programmen bis zur vollständigen Zahlung des Kaufpreises vor. Der AG kann an den gelieferten Systemen durch Einbau in andere Geräte oder Anlagen kein Eigentum erwerben. Jede Verarbeitung der vom AN gelieferten Systeme erfolgt für den AN. Verpfändungen oder Sicherungsübereignungen sind unzulässig.

11. Datenschutz

Der AN ist zur Geheimhaltung aller vom AG zur Verfügung gestellten Informationen und Unterlagen verpflichtet. Diese Pflicht zur Geheimhaltung bezieht sich insbesondere auf geschützte personenbezogene Daten gemäß Bundesdatenschutzgesetz (BDSG), auf Daten, die dem Bankgeheimnis unterliegen, sowie auf alle dem AN bekannt gewordenen Daten, Betriebs- und Geschäftsgeheimnisse oder sonstige Umstände und Tatsachen, die als vertraulich bezeichnet werden oder an deren Vertraulichkeit der AG ersichtlich ein Interesse hat. Von der Geheimhaltungspflicht umfasst ist ebenfalls der Gegenstand und Inhalt der Einzelaufträge, nicht jedoch die Tatsache der Auftragserteilung an sich (Referenznachweis).

Dem AN und seinen Mitarbeitern bzw. Erfüllungsgehilfen ist untersagt, personenbezogene Daten zu einem anderen als dem zur jeweiligen Aufgabenerfüllung gehörenden Zweck zu verarbeiten oder sonst zu nutzen; dem AN ist nicht gestattet, solche Daten Dritten bekannt zu geben oder zugänglich zu machen. Im Übrigen gelten die Bestimmungen des BDSG.

Der AN darf ausschließlich solche Unternehmen oder Personen zur Erfüllung des Einzelauftrages einschalten, die die Gewähr für die Einhaltung der Geheimhaltungspflichten bieten. Sie haben die ihr im Hinblick auf Geheimhaltung auferlegten Verpflichtungen allen Personen, die mit dem Vertragsgegenstand in Berührung kommen, aufzuerlegen. Auf Verlangen des AG sind die Erfüllungsgehilfen des AN verpflichtet, eine die Geheimhaltung betreffende Verpflichtungserklärung zu unterzeichnen.

Der AN bestätigt, dass seine Mitarbeiter und Erfüllungsgehilfen auf das Datengeheimnis nach § 5 BDSG verpflichtet und mit den Vorschriften dieses Gesetzes vertraut gemacht wurden.

Der AG kann die weitere Mitarbeit derjenigen durch den AN eingeschalteten Personen untersagen, denen gegenüber ein begründeter Verdacht der Verletzung der sich aus allgemeinen Grundsätzen sowie im Besonderen aus diesem Vertrag ergebenden Pflichten besteht.

Soweit dem AN die ihm übertragenen Einzelaufträge außerhalb der Geschäftsräume des AG ausführt, wird der AN ihm zur Verfügung gestellte Informationen, Unterlagen, Arbeitsmittel und Testdaten sowie die von ihm eingebrachten, erstellten oder bearbeiteten Aufzeichnungen und Arbeitsmittel in seinen Geschäftsräumen so aufbewahren, dass die Einhaltung der Geheimhaltungspflichten gewahrt ist; insbesondere ist § 9 BDSG zu beachten. Der AG ist berechtigt, zur Kontrolle der Einhaltung der Geheimhaltungspflichten die Geschäftsräume des AN innerhalb der üblichen Geschäftszeiten zu betreten und – soweit dies zur Kontrolle der Einhaltung der Geheimhaltungspflichten erforderlich und angemessen ist – Einsicht in Geschäftsunterlagen zu nehmen. Für die Mitarbeiter des AG, die diese Kontrollen durchführen, gelten die Geheimhaltungsvorschriften dieses Vertrages analog, im Übrigen gilt das BDSG.

Soweit der AN den ihm übertragenen Einzelauftrag innerhalb der Geschäftsräume des AG ausführt, wird der AG den AN mit der Betriebsordnung und den beim AG geltenden Sicherheitsregelungen vertraut machen. Die Mitarbeiter des AN und dessen sonstige Erfüllungsgehilfen haben im Hinblick auf Sicherheitsvorschriften den Anweisungen des AG und der mit der Kontrolle und Überwachung von Sicherheitsvorschriften und Regelungen befassten Einrichtungen und Mitarbeitern Folge zu leisten; ihre Aufgaben erledigen sie im Übrigen eigenverantwortlich nach den Weisungen des AN. Die dem AN zur Verfügung gestellten Informationen, Unterlagen, Arbeitsmittel und Testdaten sowie die vom AN eingebrachten, erstellten oder bearbeiteten Aufzeichnungen oder Arbeitsmittel dürfen nur mit Genehmigung des AG in und unter Wahrung der Datensicherungsbestimmungen des BDSG aus dessen Geschäftsräumen entfernt werden.

Nach Abschluss der einzelnen Auftragsarbeiten wird der AN die ihm zur Verfügung gestellten Informationen, Unterlagen, Arbeitsmittel und Testdaten etc. unverzüglich dem AG zurückgeben. Eventuell beim AN verbleibende Daten werden nach Abschluss der Arbeiten von diesem unverzüglich gelöscht oder vernichtet. Der AN wird dem AG die vollständige Rückgabe bzw. Vernichtung der genannten Daten, Informationen oder Unterlagen auf Anforderung schriftlich bestätigen. Ein Zurückbehaltungsrecht an Daten, Unterlagen oder Arbeitsmitteln ist ausgeschlossen.

Sämtliche Geheimhaltungspflichten gelten auch nach Beendigung des jeweiligen Einzelvertrags oder dieses Rahmenvertrags fort.

Der AN stellt den AG von sämtlichen gegen ihm gerichteten Schadenersatzansprüchen frei, soweit diese auf einer von ihm, einem seiner Mitarbeiter oder einem seiner Erfüllungsgehilfen zu vertretenden Verletzung der Geheimhaltungspflichten beruhen.

Die Vertragsparteien sind verpflichtet, die Informationen, die ihnen unter diesem Rahmenvertrag und den im Rahmen dieses Rahmenvertrages zwischen ihnen abgeschlossenen Einzelverträgen von der jeweils anderen Vertragspartei zugänglich gemacht wurden, sowie Kenntnisse, die sie bei Gelegenheit dieser Zusammenarbeit über Angelegenheiten – etwa technischer, kommerzieller oder organisatorischer Art – der jeweils anderen Vertragspartei erlangen, vertraulich zu behandeln und während der Dauer sowie nach Beendigung dieses Rahmenvertrages und der in dessen Rahmen abgeschlossenen Einzelverträge nicht zu verwerten oder anderen zugänglich zu machen. Eine Nutzung dieser Information ist allein auf den Gebrauch im Rahmen dieser Zusammenarbeit beschränkt.

Diese Vertraulichkeitsverpflichtung gilt nicht für Informationen, die

a) die andere Vertragspartei nachweislich von Dritten rechtmäßig erhalten hat oder erhält,

b) bei Vertragsabschluss bereits allgemein bekannt waren oder nachträglich ohne Verstoß gegen die in diesem Vertrag enthaltenen Verpflichtungen allgemein bekannt wurden oder

c) bei der empfangenden Vertragspartei nachweislich zum Zeitpunkt des Erhaltes dieser Informationen bereits vorhanden waren.

Die Vertragsparteien werden ihre Mitarbeiter und Unterauftragnehmer entsprechend verpflichten.

Die oben beschriebenen Verpflichtungen bleiben für beide Vertragsparteien auch nach Beendigung dieses Rahmenvertrages bzw. der in dessen Rahmen abgeschlossenen Einzelverträge hinaus für weitere fünf Jahre ab dem Ende der Laufzeit des jeweiligen Vertrages bestehen, sofern in diesem Rahmenvertrag nichts anderes vereinbart ist.

12. Schutzrechte

Der AN bestätigt, dass die von ihm eingebrachten und erstellten Programme und Materialien von Schutzrechten Dritter frei sind, die die Nutzung gemäß § 9 behindern, einschränken oder ausschließen, widrigenfalls er zur Freistellung des AG von allen geltend gemachten Ansprüchen verpflichtet ist. Darüber hinaus hat der AN auf seine Kosten unverzüglich die Beseitigung der Beeinträchtigung der Nutzbarkeit zu bewirken. Weitergehende gesetzliche und vertragliche Ansprüche bleiben unberührt.

Ist der AN aufgrund bestehender Rechte Dritter, insbesondere an eingebrachten Programmen und Materialien, nicht in der Lage, dem AG die in § 9 genannten, ausschließlichen Nutzungsrechte zu verschaffen, hat er den AG auf diesen Umstand ausdrücklich schriftlich hinzuweisen. Die Vertragsparteien werden dann im Einzelvertrag eine den Interessen beider Vertragsparteien angemessene Regelung vereinbaren.

13. Haftung und Garantien

Für die Haftung des AN sowie für die Eigenhaftung seiner Mitarbeiter, Erfüllungs- und Verrichtungsgehilfen – gleich aus welchem Rechtsgrund – gelten folgende Haftungsbeschränkungen:

13.1. Der Auftragnehmer haftet für einen von ihm zu vertretenden Personenschaden (Verletzung des Lebens, des Körpers oder der Gesundheit) unbeschränkt und ersetzt bei einem von ihm zu vertretenden Sachschaden den Aufwand für die Wiederherstellung der Sachen bis zu einem Betrag von xx.xxx,-- € je Schadensereignis. Bei Beschädigung von Datenträgermaterial umfasst die Ersatzpflicht nicht den Aufwand für die Wiederbeschaffung verlorener Daten und Informationen.

13.2. Weitergehende als die in diesem Vertrag ausdrücklich genannten Mängelansprüche, Schadens- oder Aufwendungsersatzansprüche des Auftraggebers, gleich aus welchem Rechtsgrund, insbesondere Ansprüche wegen Betriebsunterbrechung, entgangenem Gewinn, Verlust von Informationen und Daten oder Mangelfolgeschäden sind ausgeschlossen, soweit nicht z.B. nach dem Produkthaftungsgesetz oder in Fällen des Vorsatzes, der groben Fahrlässigkeit oder wegen Verletzung wesentlicher Vertragspflichten zwingend gehaftet wird. Der Schadens- oder Aufwendungsersatz wegen Verletzung wesentlicher Vertragspflichten ist jedoch begrenzt auf den vertragstypischen, vorhersehbaren Schaden, soweit nicht Vorsatz oder grobe Fahrlässigkeit vorliegt

13.3. Eine Änderung der Beweislast zum Nachteil des Auftraggebers ist mit den vorstehenden Regelungen nicht verbunden.

13.4. Muss der AN dem AG aus Verletzung eines Service Levels eine Pönale in Geld zahlen, so wird diese nicht auf die im Rahmenvertrag vereinbarte Haftungsbegrenzung summiert.

13.5. Garantien im Sinne der §§ 443, 444, 649 BGB werden nach Maßgabe dieser Vereinbarung (unbeschadet sonstiger Ansprüche des AG) vom AN nur dann abgegeben, soweit diese ausdrücklich als »Garantien" oder »Garantieerklärungen" gekennzeichnet sind.

14. Wettbewerbsklausel/Treuepflicht

Die vereinbarten Leistungen dürfen vom AG nur zum Zwecke der Benutzung durch ihn oder Drittfirmen, mit denen der AG einen Vertrag über die Erbringung von IT-Services abgeschlossen hat, in Anspruch genommen werden. Die durch den AG bezogenen Leistungen dürfen von ihm weder ganz noch teilweise weiter vermarktet, d.h. zum Handelsobjekt gemacht werden; dieses gilt nicht für Software-Entwicklungen, die eigens für den AG entwickelt worden sind, sofern keine Rechte Dritter entgegenstehen oder im Einzelvertrag eine anderweitige Regelung vereinbart worden ist.

Die Parteien verpflichten sich zur gegenseitigen Loyalität. Während der Vertragsdurchführung und innerhalb von 6 (sechs) Monaten danach werden die Parteien die mit der Vertragsdurchführung beauftragten Mitarbeiter der jeweils anderen Partei weder bei sich einstellen noch in sonstiger Form bei sich oder einem abhängigen Unternehmen beschäftigen.

15. Mitwirkungs-/Nebenleistungspflichten

Die vom AG im Rahmen von Einzelverträgen unentgeltlich zu erbringenden Mitwirkungsleistungen werden im jeweiligen Einzelvertrag definiert. Für alle unter diesem Rahmenvertrag abgeschlossenen Einzelverträge gilt allgemein Folgendes:

15.1. Der AG und der AN werden bei der Ausführung von Einzelverträgen die Grundsätze ordnungsgemäßer Datenverarbeitung (GoD) beachten. Hierunter fallen z.B. Virenschutz- und Sicherungs-(Backup-)Maßnahmen, die Beachtung von Datenschutz- und Datensicherheitsbestimmungen sowie sämtliche Vorkehrungen und Maßnahmen, die als »Stand der Technik" innerhalb der IT-Branche gelten.

15.2. Der AG wird den AN bei der Erbringung der von dem jeweiligen Einzelvertrag umfassten Lieferungen und Leistungen in der erforderlichen Weise unterstützen und ihm insbesondere die in den entsprechenden Leistungsbeschreibungen definierten Unterlagen/Informationen zu den dort genannten Terminen zur Verfügung stellen sowie alle sonstigen zwischen den Vertragsparteien schriftlich vereinbarten Maßnahmen zur Mitwirkung bei der Erstellung der vorbezeichneten Leistungen zu den jeweils vereinbarten Terminen durchführen.

15.3. Der AG stellt die entsprechend benötigte Hardware in seinem Betrieb rechtzeitig zur Verfügung, soweit keine andere Regelung in dem jeweiligen Einzelvertrag getroffen wird.

15.4. Datenträger, die der AG zur Verfügung stellt, müssen inhaltlich und technisch für den vereinbarten Gebrauch einsetzbar sein.

15.5. Der AG stellt genügend Fachpersonal, um die im Hinblick auf die vertragsgegenständlichen Lieferungen und Leistungen durch den AN anfallende Aufgaben in angemessener Zeit zu erledigen. Die Ausbildung dieses Fachpersonals obliegt dem AG. Einzelheiten hierzu sind in den jeweiligen Einzelverträgen zu regeln.

15.6. Bei einer Mitarbeit von Mitarbeitern des AG und/oder Dritten im Rahmen eines Einzelvertrages sind das Weisungsrecht und die jeweilige Verantwortung der Beteiligten im entsprechenden Einzelvertrag genau zu spezifizieren.

Der AG wird den AN auf dessen Verlangen bei der Fehleranalyse und ggf. bei der Fehlerbehebung im erforderlichen Umfang unterstützen. Wurde der Mangel nachweislich vom AN verursacht, werden die Aufwendungen, die der AG bei der Unterstützung der Fehleranalyse bzw. der Fehlerbehebung erbringt, vom AN getragen.

15.7. Zur Problembearbeitung sind von beiden Vertragsparteien kompetente Ansprechpartner zu benennen, deren Aufgabenprofil so ausgerichtet sein muss, dass ein Teil ihrer Arbeitszeit für Organisations- und Koordinierungsaufgaben zur Verfügung steht.

Der AG wird darüber hinaus eine Kontaktperson benennen, die den Mitarbeitern des AN während der vereinbarten Arbeitszeit zur Verfügung steht. Diese Kontaktperson ist ermächtigt, Erklärungen abzugeben, die zur Erbringung der vertragsgegenständlichen Lieferungen und Leistungen durch den AN als bindende Entscheidung erforderlich sind, soweit diese Entscheidungen nicht gemäß dem Verfahren gemäß Ziffer 2 dieses Rahmenvertrages getroffen werden müssen.

15.8. Der AG und der AN sind verpflichtet, der jeweils anderen Vertragspartei den erforderlichen Zutritt zum Betrieb und Zugang zu den für ihre Tätigkeit notwendigen Informationen zu gewähren und alle erforderlichen Unterlagen rechtzeitig zu übergeben.

15.9. Der AG wird bei Aufstellung und Inbetriebnahme von durch den AN auszuliefernden Geräten und Programmen gemäß vorstehender Ziffer 15.1 die Aufstellungsräume einschließlich der Betriebsumgebung (Raum, Energie, Klima etc.) und der Verkabelung (komplette Infrastruktur) spätestens bis zum vereinbarten Liefertermin entsprechend den vom AN dem AG zur Verfügung gestellten Installationsrichtlinien und Betriebsbedingungen bereitstellen und ausrüsten. Hierzu schließen die Vertragsparteien einen gesonderten Infrastrukturvertrag ab.

15.10. Der AG wird, sofern und soweit Mitarbeiter des AN zur Erbringung der vertragsgegenständlichen Lieferungen und Leistungen im Betrieb vom AG eingesetzt werden, dem AN ausreichend und zweckentsprechende Arbeitsräume inklusive Arbeitsmittel zur Verfügung stellen.

15.11. Kommt der AG seinen Mitwirkungspflichten nicht, nicht vollständig oder nicht rechtzeitig nach, entfällt bzw. verzögert sich die Leistungsverpflichtung des AN entsprechend, ohne dass insoweit eine Leistungsstörung im Sinne der Erfüllung bzw. des Verzuges eintritt. Hinsichtlich der dem AN hierdurch entstehenden Kosten und Schäden gilt Ziffer 10.1, Abs. 3.

In strittigen Angelegenheiten wird der betreffende Lenkungsausschuss eine abschließende Regelung im gegenseitigen Einvernehmen herbeiführen.

15.12. Weitergehende Pflichten und Obliegenheiten der jeweiligen Vertragsparteien sind in den Einzelverträgen zu regeln.

15.13. Der AG stellt dem AN die notwendigen Zugänge zur Verfügung, sofern sie zukünftig für die Erfüllung des Vertrages notwendig sind.

16. Benchmarking

16.1. Allgemeines

Zur Überprüfung des Preis/Leistungsverhältnisses des zwischen AG und AN vereinbarten Leistungsspektrums wird der zu untersuchende Bereich mit den zu diesem Zeitpunkt am Markt bestehenden Kenngrößen in Vergleich gebracht. Die interne Kostenstruktur von AG und AN sind dabei nicht offen zu legen. Die Durchführung des Benchmarking wird einstimmig im Lenkungsausschuss beschlossen.

Die Parteien sind sich einig, dass ein Benchmarking nur dann durchgeführt werden kann, wenn sichergestellt ist, dass kein Verstoß gegen kartell- und wettbewerbsrechtliche Vorschriften vorliegt.

16.2. Verfahrensweise

Die Vertragsparteien stimmen sich über ein herstellerunabhängiges, qualifiziertes Unternehmen ab, das die Überprüfung durchführen soll. Dieses Unternehmen (Benchmarker) muss unabhängig und insbesondere nicht Wettbewerber des AN sein. Dies gilt gleichermaßen für etwaige verbundene Gesellschaften oder Obergesellschaften des Unternehmens. Die Beauftragung erfolgt durch den AG.

Bei der Beauftragung sind Untersuchungsumfang sowie die besonderen Randbedingungen (z.B. durchgeführtes und geplantes IT-Investment) zu definieren.

16.3. Durchführung des Benchmarking

Der Benchmarker wird für die zu untersuchenden Leistungsbereiche jeweils eine sinnvolle Referenzgruppe in Abstimmung mit dem AN und dem AG festlegen. Die betrachtete Gesamtklasse soll repräsentative Aussagen ermöglichen. Hierzu werden Leistungskennzahlen, wie z.B. Servicezeiten, Wiederherstellzeiten herangezogen. Als Vergleichsdaten gelten ferner

- die vertragliche vereinbarten Leistungsumfänge und Service-Level
- Kennzahlen vergleichbarer Industrieunternehmen

Die Vertragsparteien werden dem beauftragten Benchmarker die erforderlichen Informationen vollständig und zeitgerecht zur Verfügung stellen.

Die Ergebnisse der Untersuchung werden durch den Benchmarker in Form eines schriftlichen Berichts dokumentiert und im Rahmen einer Präsentation beiden Vertragsparteien vorgestellt.

16.4. Umsetzung der Ergebnisse

Falls das Benchmarking eine positive oder negative signifikante Abweichung vom Referenzwert ergibt, werden die Vertragsparteien die Ergebnisse des Benchmarkings zeitnah zur Grundlage von Verhandlungen machen, um eine einvernehmliche Vertragsanpassung zu Beginn des Folgejahres zu ermöglichen.

Sollte das Ergebnis eines Benchmarking eine negative, signifikante Abweichung vom Referenzwert ergeben, so werden die Kosten für das Benchmarking zwischen dem AG und dem AN zu gleichen Teilen getragen. In allen anderen Fällen trägt der AG die Kosten des Benchmarking.

17. Vertragslaufzeit, Kündigung und Beendigungsunterstützung

Dieser Rahmenvertrag ist für eine Zeit vom tt.mm.jjjj bis tt.mm.jjjj geschlossen und tritt nach Unterzeichnung durch beide Vertragspartner in Kraft. Der Vertrag kann vor Ablauf der Vertragsdauer mit einer Frist von sechs Monaten gekündigt werden. Sollte die Kündigung nicht innerhalb dieser Frist erfolgen, verlängert sich der Vertrag automatisch um ein Jahr.

Die Kündigung des Rahmenvertrages erstreckt sich nicht auf noch nicht erfüllte Einzelaufträge. Bis zu deren vollständiger Abwicklung gelten alle Regelungen dieses Rahmenvertrages weiter. Die Regelung zu Laufzeit und Kündigungsfristen der Einzelverträge sind in den jeweiligen Einzelverträgen enthalten.

Das Recht zur fristlosen Kündigung aus wichtigem Grund bleibt für beide Vertragspartner unberührt.

Im Falle der Beendigung dieses Rahmenvertrages (RV) erstellt der AN auf Anforderung des AG im Rahmen eines gesonderten Projektvertrages kostenlos eine Konzeption für die geordnete Übergabe der Betriebsführung. Gegenstand dieser Konzeption sind u.a. folgende Punkte:

- Projektplan
- Installationsplanung (Installation Hard- und Software)
- Angebot der Übernahme vorhandener Hard- und Software
- Parallelbetrieb.

Die Konzeption bedarf der Zustimmung des AG. Der AG darf die Zustimmung nicht unbillig verweigern. Für einen Zeitraum von max. sechs Monaten nach Zustimmung durch den AG verpflichtet sich der AN auf Wunsch des AG, den Parallelbetrieb durchzuführen; den Parallelbetrieb wird der AG dem AN nach den in Kapitel 3 dieses Vertrages beschriebenen Grundsätzen vergüten. Gleiches gilt für Sonderanforderungen des AG, die den beschriebenen Umfang überschreiten.

Bei der Übergabe der Betriebsführung wird der AN den AG aktiv unterstützen.

18. Diverses

18.1. Änderungen und Ergänzungen dieses Rahmenvertrages oder von Einzelverträgen müssen als solche gekennzeichnet sein und bedürfen der Schriftform. Dies gilt auch für die Aufhebung des Schriftformerfordernisses.

18.2. Eine teilweise oder vollständige Übertragung von Rechten und Pflichten aus diesem Vertrag kann jeweils nur mit schriftlicher Einwilligung des jeweiligen anderen Vertragspartners erfolgen. Dieses gilt nicht für Übertragungen auf verbundene Unternehmen im Sinne von §§ 15 ff. AktG.

18.3. Sollten Betriebsteile oder Beteiligungsgesellschaften einer Vertragspartei ganz oder teilweise veräußert werden, so erstreckt sich der Geltungsbereich dieses Rahmenvertrages und der jeweiligen Einzelverträge auf Wunsch der jeweiligen Vertragspartei grundsätzlich auch weiterhin auf diese Betriebsteile oder diese Beteiligungsgesellschaften.

18.4. Sollten einzelne Bestimmungen dieses Rahmenvertrages oder von Einzelverträgen ganz oder teilweise nicht rechtswirksam oder nicht durchführbar sein oder werden, so soll hierdurch die Gültigkeit der übrigen Bestimmungen des jeweiligen Vertrages nicht berührt werden. Das Gleiche gilt für den Fall, dass der jeweilige Vertrag eine Regelungslücke enthält. Anstelle der unwirksamen oder undurchführbaren Bestimmungen oder zur Ausfüllung der Lücke soll eine angemessene Regelung gelten, die, soweit rechtlich möglich, dem am nächsten kommt, was die Vertragsparteien gewollt haben würden, sofern sie bei Abschluss des Vertrages diesen Punkt bedacht hätten.

18.5. Es gilt das Recht der Bundesrepublik Deutschland. Die Geltung von UN-Kaufrecht ist ausdrücklich ausgeschlossen. Insoweit das internationale Privatrecht auf UN-Kaufrecht verweist, gilt deutsches Kaufrecht.

18.6. Als Gerichtsstand ist für alle Streitigkeiten aus oder im Zusammenhang mit diesem Vertrag xxx vereinbart.

18.7. Streitigkeiten, Meinungsverschiedenheiten und/oder Ansprüche, die sich aus diesem Vertrag zwischen den Parteien ergeben und zwischen den Parteien nicht einvernehmlich geregelt werden können, werden jeweils auf Antrag einer Partei unter Ausschluss des ordentlichen Rechtsweges durch ein Schiedsgericht entschieden. Entsprechendes gilt für die Rechtswirksamkeit dieses Vertrages.

Dieses Schiedsgericht soll nach den Schlichtungs- und Schiedsgerichtvorschriften der Handelskammer Hamburg gemäß dem »Regulativ des Schiedsgerichts der Handelskammer Hamburg" vom 09.12.1948 und 04.09.1958 bzw. in der aktuellsten Fassung besetzt werden.

Der Schiedsspruch wird entsprechend dieser Vorschriften endgültig gefällt.

Wird eine Gegenforderung, für die eine Schiedsgerichtsvereinbarung getroffen worden ist, zur Aufrechnung gestellt, so entscheidet das Schiedsgericht zugleich über die Forderung und Gegenforderung.

Der Sitz des Schiedsgerichtes ist xxx.

Das für das Schiedsgerichtsverfahren und die Hinterlegung des Schiedsspruches zuständige Gericht ist das Landgericht xxx.

19. Allgemeine Geschäftsbedingungen

Der AN und der AG verzichten zugunsten eines fairen und vertrauensvollen Umgangs auf die jeweils gültigen Allgemeinen Geschäftsbedingungen (AGB's). An dessen Stelle tritt dieses von beiden Seiten vereinbarte Vertragswerk in Kraft.

Auftraggeber:	Auftragnehmer:
xxx, den	xxx, den ....
______________________	______________________
Rechtsverbindliche Unterschrift des AG	Rechtsverbindliche Unterschrift des AN

IV. Vertrag zur Übernahme von Personal

Die Word-Datei zu diesem Vertrag ist auf der CD zum Buch mit `personal.doc` benannt.

Vertrag zur Übernahme von Personal über

die Folgen des Übergangs von Mitarbeitern des AN

zu dem Unternehmen des AG

zwischen

AG

(AG)

Anschrift

Vertreten durch den Vorstand

und

AN

(AN)

Anschrift

Vertreten durch den Vorstand

1. Vertragsgegenstand

1.1. Die mit dem AG bestehenden Arbeitsverhältnisse der Beschäftigten des Bereiches IT gehen zum 1. Januar 2001 (Betriebsübergang) gemäß § 613a BGB auf den AN über.

1.2. Dieser Vertrag regelt in Konkretisierung und Ergänzung des § 613a BGB die arbeitsrechtlichen Fragen des Übergangs der Beschäftigten des AG.

2. Eintritt in bestehende Arbeitsverhältnisse

2.1. Der AN tritt in alle Rechte und Pflichten aus den im Zeitpunkt des Übergangs bestehenden Arbeitsverhältnissen ein und verpflichtet sich, die in der Anlage aufgeführten Beschäftigten am 1. Januar 200x zu übernehmen und deren Arbeitsverhältnisse entsprechend § 613a BGB fortzusetzen.

2.2. Der AN tritt in alle Rechte und Pflichten aus den im Zeitpunkt des Übergangs bestehenden Ausbildungsverhältnissen ein und setzt diese fort.

2.3. Die übergehenden Beschäftigten erhalten keine neuen Arbeitsverträge, sondern eine Übergangsanzeige vom Kunden.

2.4. Der AN zeigt den Übergang der Beschäftigten des Kunden mit einer Übergangsanzeige an.

2.5. Bis zum 31. Dezember 200x +1 werden vom Anbieter keine betriebsbedingten Kündigungen an die übernommenen Mitarbeiter ausgesprochen.

2.6. Die Personalabteilung des Kunden wird die Resturlaubstage aus 200x und die nicht abgeglichenen Über- und Mehrarbeitsstunden zum Zeitpunkt des Betriebsübergangs ermitteln, finanziell bewerten und den entsprechenden Geldbetrag mit dem AN ausgleichen.

2.7. Für zukünftige Jubiläumszahlungen ermittelt der Kunde einen betriebswirtschaftlichen Rückstellungsbetrag für die betroffenen Mitarbeiter und überträgt ihn auf den Anbieter.

3. Arbeitsbedingungen, Tarifbedingungen

3.1. Bis zum Abschluss von neuen Betriebsvereinbarungen werden bestehende Dienstvereinbarungen übernommen und gelten individualrechtlich fort. Dies sind:

- Vereinbarungen für das Nichtrauchen
- Vereinbarungen für die private Nutzung der Telekommunikation
- Vereinbarung zur Nutzung der Unternehmenskantine

3.2. Der AN verpflichtet sich, im Rahmen des § 613a BGB, zur Weiterführung des geltenden Tarifvertrag und aller diesen ergänzenden, ändernden oder ersetzenden Tarifverträge in der jeweils gültigen Fassung bis zum Abschluss eines Haustarifvertrags.[1483]

4. Versorgungspflichten

Der AN führt für die zum Beginndatum übergehenden Beschäftigten die bestehenden Zusatzversorgungen des AG fort.

5. Beschäftigungszeiten

5.1. Der Anbieter wird die Pensionsverpflichtungen der in Anlage »Personalübergang« zum Übertragungsvertrag aufgeführten Mitarbeiter auf den AN übertragen.

5.2. Der Gegenwert der bewerteten Pensionsverpflichtungen gegenüber den in Anlage »Personalübergang« zum Übertragungsvertrag genannten Mitarbeitern des AG wird zum Beginndatum an den AN übertragen.

5.3. Entspricht die Versorgungsregelung nicht geltendem Recht und der Rechtsprechung (auch EuGH) insbesondere zur Gleichbehandlung von Männern und Frauen und von Teilzeitkräften, so ist den Berechnungen eine fiktive Versorgungsordnung entsprechend dem geltenden Recht und der Rechtsprechung mit Gleichstellung der benachteiligten Gruppe zugrunde zu legen. Der Bewertungsstichtag entspricht dem Beginndatum des Vertrages. Eventuelle steuerliche Nachholverbote und Verteilungswahlrechte (§ 6a IV EStG) bleiben unberücksichtigt. Soweit zwischenzeitlich Anpassungen vom Auftraggeber bei bestehenden und vom Auftragnehmer für die übergehenden Mitarbeiter fortgeführten Versorgungsregelungen an die bei Übergang bestehende Rechtslage zu einer Erhöhung der Pensionsverpflichtungen führen, erfolgt eine entsprechende Ausgleichszahlung durch den Auftraggeber an den Auftragnehmer. Für die Bestimmung dieser Ausgleichszahlung sind die oben beschriebenen Berechnungsmodalitäten anzuwenden.

5.4. Sofern die Pensionsverpflichtungen über Unterstützungskassen bzw. Versorgungskassen durchgeführt werden, sollen diese nach Möglichkeit beibehalten werden. Sollte dies nicht möglich sein, werden die Vertragsparteien eine andere angemessene Regelung schnellstmöglich treffen.

1483. Evtl. sollte dann dieser Stelle schon über den Abschluss eines neuen Haustarifvertrages oder die Integration in den Tarifvertrag des Outsourcing-Anbieters nachgedacht werden.

6. Schriftform, Vertragshierarchie, salvatorische Klausel

6.1. Änderungen dieses Vertrages bedürfen der Schriftform.

6.2. Im Übrigen gelten die Regelungen des zwischen dem AG und AN am xx.xx.200x geschlossenen Rahmenvertrags (Nr. xxxx) ergänzend. Bei Widersprüchen zwischen diesem Vertrag und dem Rahmenvertrag (Nr. xxxx) gilt dieser Vertrag vorrangig.

6.3. Sollten einzelne Bestimmungen dieses Rahmenvertrages oder von Einzelverträgen ganz oder teilweise nicht rechtswirksam oder nicht durchführbar sein oder werden, so soll hierdurch die Gültigkeit der übrigen Bestimmungen des jeweiligen Vertrages nicht berührt werden. Das Gleiche gilt für den Fall, dass der jeweilige Vertrag eine Regelungslücke enthält. Anstelle der unwirksamen oder undurchführbaren Bestimmungen oder zur Ausfüllung der Lücke soll eine angemessene Regelung gelten, die, soweit rechtlich möglich, dem am nächsten kommt, was die Vertragsparteien gewollt haben würden, sofern sie bei Abschluss des Vertrages diesen Punkt bedacht hätten.

7. Anlage »Auflistung der Arbeitsverträge«

- Name, Vorname
- Personal-Nr.
- Dauerarbeitsverhältnis, Teilzeitkraft
- Vorübergehende Arbeitsverhältnisse
- Im Ausbildungsverhältnis (ja/nein)

Auftraggeber:	Auftragnehmer:
xxx, den	xxx, den ....
______________________________	______________________________
Rechtsverbindliche Unterschrift des AG	Rechtsverbindliche Unterschrift des AN

V. Vertrag zur Übernahme von Hardware

Auf der CD ist dieser Vertrag unter `hardware.doc` zu finden.

Vertrag

zur

Übernahme von Hardware

zwischen

AG

(AG)

Anschrift

Vertreten durch den Vorstand

und

AN

(AN)

Anschrift

Vertreten durch den Vorstand

1. Vertragsgegenstand

Der AN übernimmt die vom AG in Anlage X »Übernahmegeräte« beschriebenen Geräte zu den in Anlage X beschriebenen Werten.

2. Übergabe

Die Übernahmegeräte werden zum Beginndatum an den AN übergeben und in Rechnung gestellt.

Der Kaufpreis für die Übernahmegeräte in Anlage X »Übernahmegeräte« wird wie folgt ausgeglichen: Übernahmegeräte, die erst nach dem Beginndatum von Dritten den AG geliefert werden, werden zu diesem Lieferdatum an den AN übergeben. Die Rechnungen werden vom AG ausgeglichen.

Die Vertragspartner werden bis spätestens sechs Monate nach dem Beginndatum ein Übergabeprotokoll fertigen und gegenzeichnen. Sollte das Übergabeprotokoll Abweichungen ergeben, so wird dies entsprechend Anlage X »Übernahmegeräte« aufgenommen und Bestandteil dieses Vertrages.

Der AG bestätigt, dass er an den Übernahmegeräten einschließlich Zusatzeinrichtungen und Zubehör ein uneingeschränktes Eigentumsrecht besitzt und die Überstellungen an den AN ohne Belastungen erfolgen. Der AG stellt den AN insoweit von Verpflichtungen frei, die ab dem Beginndatum im Zusammenhang mit den Übernahmegeräten gegen den AN geltend gemacht werden. Der AN bestätigt fernerhin, dass die Übernahmegeräte sich bei Übernahme durch den AN in betriebsbereitem Zustand befinden. Der AG überträgt seine Rechte gegenüber Dritten bezüglich der Übernahmegeräte auf den AN. Im Übrigen werden die Übernahmegeräte ohne Gewährleistung durch den AG übergeben.

3. Sonstiges

Nicht zum Leistungsumfang gehören das Legen von Leitungen sowie die Vorbereitung der Räumlichkeiten des AG für die Installation.

Die Geräte sind dem AN nach Abschluss des Vertrages zum Zweck der Durchführung einer Funktionsprüfung zu übergeben. Es ist ein Protokoll anzufertigen, das die Durchführung der Funktionsprüfung sowie deren Ergebnis festhält. Das Protokoll ist vom AN zu unterzeichnen.

Haben sich nicht unwesentliche Funktionsbeeinträchtigungen ergeben, hat der AG binnen angemessener Frist für die Beseitigung zu sorgen oder eine Minderung der Vergütung für das entsprechende Gerät hinzunehmen.

4. Schriftform, Vertragshierarchie, salvatorische Klausel

4.1 Änderungen dieses Vertrages bedürfen der Schriftform.

4.2. Im Übrigen gelten die Regelungen des zwischen dem AG und AN am xx.xx.200x geschlossenen Rahmenvertrags (Nr. xxxx) ergänzend. Bei Widersprüchen zwischen diesem Vertrag und dem Rahmenvertrag (Nr. xxxx) gilt dieser Vertrag vorrangig.

4.3. Sollten einzelne Bestimmungen dieses Rahmenvertrages oder von Einzelverträgen ganz oder teilweise nicht rechtswirksam oder nicht durchführbar sein oder werden, so soll hierdurch die Gültigkeit der übrigen Bestimmungen des jeweiligen Vertrages nicht berührt werden. Das Gleiche gilt für den Fall, dass der jeweilige Vertrag eine Regelungslücke enthält. Anstelle der unwirksamen oder undurchführbaren Bestimmungen oder zur Ausfüllung der Lücke soll eine angemessene Regelung gelten, die, soweit rechtlich möglich, dem am nächsten kommt, was die Vertragsparteien gewollt haben würden, sofern sie bei Abschluss des Vertrages diesen Punkt bedacht hätten.

Auftraggeber:	Auftragnehmer:
xxx, den	xxx, den ....
______________________________	______________________________
Rechtsverbindliche Unterschrift des AG	Rechtsverbindliche Unterschrift des AN

Anlage x:

Folgende Geräte und Anlagen werden von AN übernommen:

Gerätbezeichnung	Serien-Nr.	Alter	Buchwert	Standort

VI. Vertrag zur Übernahme von Software

Auf der CD ist dieser Vertrag unter `software.doc` zu finden.

Vertrag

zur

Übernahme von Software

zwischen

AG

(AG)

Anschrift

Vertreten durch den Vorstand

und

AN

(AN)

Anschrift

Vertreten durch den Vorstand

1. Vertragsgegenstand

Der AN übernimmt die vom AG in Anlage X »Software-Übernahme« beschriebene Software zu den in Anlage X beschriebenen Werten.

2. Eigensoftware des Outsourcing-Kunden

Der AG räumt dem AN ab dem Beginndatum an selbst entwickelter Software oder an Software, die speziell für sie entwickelt wurde und an der sie das Recht besitzt, Lizenzen zu vergeben (Eigensoftware), ein nicht ausschließliches Nutzungsrecht ein. Als solche Eigensoftware gilt all jene Software, die der AG unter diesem Vertrag dem AN zur Verfügung stellt.

Das dem AN eingeräumte Nutzungsrecht gilt nur für die Verwendung im Rahmen der Leistungserbringung unter diesem Vertrag und berechtigt zum Vervielfältigen, Bearbeiten und Verbinden mit anderem Material. Dem AN werden an Daten keine Rechte übertragen.

Für den Fall, dass Dritte an dieser Software eigene Rechte gegenüber dem AN geltend machen, wird der AG den AN von den Ansprüchen Dritter freistellen. Der AN wird alle ihm als angemessen erscheinenden Maßnahmen ergreifen, um die Ansprüche Dritter abzuwehren. Die Vertragsparteien werden derartige Fälle jedoch vorrangig dadurch lösen, dass der AN die Nutzung der betroffenen Software einstellt. Der AN wird sodann versuchen, Ersatzsoftware zu beschaffen, und mit dem AG eine entsprechende Vereinbarung treffen, um den Einsatz dieser Software oder der angegriffenen Eigensoftware zu ermöglichen.

Daneben werden sich die Vertragsparteien über solche Eigensoftware verständigen, für die der AG dem AN das ausschließliche Nutzungsrecht einräumt und dem AN in eigenem Namen gegen Provisionszahlung an den AG in Höhe von xx % der Lizenz vermarktet.

3. Fremdsoftware als Beistellung

Der AG stellt dem AN Fremdsoftware ab dem Beginndatum dieses Vertrages bei und klärt mit dem Eigentümer der Software, dass der AN ein nicht ausschließliches Nutzungsrecht erhält. Das dem AN eingeräumte Nutzungsrecht gilt nur für die Verwendung im Rahmen der Leistungserbringung des Outsourcing-Projektes und berechtigt zum Vervielfältigen, Bearbeiten und Verbinden mit anderem Material.

4. Fremdsoftware als Übernahme

Der AN wird – unter Voraussetzung der Beibringung der erforderlichen Einwilligungserklärung – bei Fremdsoftware, an der der AG das Nutzungsrecht besitzt und die zur Erbringung der Betriebsleistungen eingesetzt und benötigt wird, direkt als Vertragspartner in die Verträge mit Dritten eintreten.

Diese Fremdsoftware einschließlich der Dokumentation und soweit vorhanden der Quellcode wird zu Vertragsbeginn an den AN übergeben.

Gemäß § 34 Abs. 3 UrhG bedarf es einer Einwilligung des Urhebers der Fremdsoftware nicht, wenn die Übertragung im Rahmen der Gesamtveräußerung eines Unternehmens oder der Veräußerung von Teilen eines Unternehmens geschieht, vorausgesetzt, es liegt keine abweichende Vereinbarung zwischen dem AG und dem Urheber vor. Der AG trägt das Risiko einer solchen abweichenden Vereinbarung, wenn er auf die Einholung der Einwilligung verzichtet.

5. Software des Outsourcing-Anbieters

Der AN wird die Lizenzverträge für die in Anlage X aufgeführte Software des AN unverzüglich nach Zustandekommen dieses Vertrages kündigen. Der AN wird diese Software im Rahmen des Vertrages zur Nutzung zur Verfügung stellen. Die in Anlage X aufgeführte Software des AN wird für die Leistungserbringung vom AG beigestellt. Eine Ablösegebühr für diese Software fällt nicht an.

6. Schriftform, Vertragshierarchie, salvatorische Klausel

6.1. Änderungen dieses Vertrages bedürfen der Schriftform.

6.2. Im Übrigen gelten die Regelungen des zwischen dem AG und AN am xx.xx.200x geschlossenen Rahmenvertrags (Nr. xxxx) ergänzend. Bei Widersprüchen zwischen diesem Vertrag und dem Rahmenvertrag (Nr. xxxx) gilt dieser Vertrag vorrangig.

6.3. Sollten einzelne Bestimmungen dieses Rahmenvertrages oder von Einzelverträgen ganz oder teilweise nicht rechtswirksam oder nicht durchführbar sein oder werden, so soll hierdurch die Gültigkeit der übrigen Bestimmungen des jeweiligen Vertrages nicht berührt werden. Das Gleiche gilt für den Fall, dass der jeweilige Vertrag eine Regelungslücke enthält. Anstelle der unwirksamen oder undurchführbaren Bestimmungen oder zur Ausfüllung der Lücke soll eine angemessene Regelung gelten, die, soweit rechtlich möglich, dem am nächsten kommt, was die Vertragsparteien gewollt haben würden, sofern sie bei Abschluss des Vertrages diesen Punkt bedacht hätten.

Auftraggeber:	Auftragnehmer:
xxx, den	xxx, den ....
______________________	______________________
Rechtsverbindliche Unterschrift des AG	Rechtsverbindliche Unterschrift des AN

VII. Vertrag zur Übernahme von vertraglichen Verpflichtungen

Auf der CD ist dieser Vertrag unter `verpfli.doc` zu finden.

Vertrag

zur Übernahme von

vertraglichen Verpflichtungen

zwischen

AG

(AG)

Anschrift

Vertreten durch den Vorstand

und

AN

(AN)

Anschrift

Vertreten durch den Vorstand

1. Vertragsgegenstand

Der AN übernimmt vom AG die in Anlage X »Übernahmeverträge« beschriebenen vertraglichen Verpflichtungen.

2. Eintritt in die vertraglichen Verpflichtungen

Der AN wird – unter Voraussetzung der Beibringung der erforderlichen Einwilligungserklärung für die sonstigen Verträge des AG mit Dritten (Drittverträge), deren Leistungsumfang zur Erbringung der Betriebsleistungen erforderlich und notwendig ist, direkt als Vertragspartner in die Drittverträge eintreten. Diese Drittverträge sind in Anlage X »Übernahmeverträge« aufgeführt.

Soweit dies nicht möglich sein sollte, wird der AN im Verhältnis zum AG die administrative Verantwortung übernehmen. Diese Drittverträge sind in Anlage X »Administrierte Verträge« aufgeführt. Die finanzielle Verantwortung verbleibt beim AG.

Die administrative Verantwortung ist in ihrem Umfang abhängig von den jeweiligen Vollmachten, die der Outsourcing-Kunde dem AN einräumt. Im Umfang der vom AN übernommenen finanziellen Verantwortung stellt der Outsourcing-Kunde den AG von Ansprüchen Dritter frei.

Der Outsourcing-Kunde erklärt, dass alle seine Verpflichtungen aus den bestehenden Drittverträgen bis zum Beginndatum erfüllt sind. Der Outsourcing-Kunde stellt den AN bei Nichterfüllung dieser Gewährleistung von allen Verpflichtungen aus diesen Drittverträgen frei, die ab dem Beginndatum für den vorhergehenden Zeitraum geltend gemacht werden.

Der AN hat das Recht, den Eintritt in Verträge oder die Übernahme der finanziellen Verantwortung für solche Verträge abzulehnen, deren Preis-Leistungs-Verhältnis zum Zeitpunkt des Vertragsabschlusses unter verständiger Würdigung eines ordentlichen Kaufmanns unbillig ist oder die unangemessene und nicht marktübliche Bedingungen aufweisen.

3. Schriftform, Vertragshierarchie, salvatorische Klausel

3.1. Änderungen dieses Vertrages bedürfen der Schriftform.

3.2. Im Übrigen gelten die Regelungen des zwischen dem AG und AN am xx.xx.200x geschlossenen Rahmenvertrags (Nr. xxxx) ergänzend. Bei Widersprüchen zwischen diesem Vertrag und dem Rahmenvertrag (Nr. xxxx) gilt dieser Vertrag vorrangig.

3.3. Sollten einzelne Bestimmungen dieses Rahmenvertrages oder von Einzelverträgen ganz oder teilweise nicht rechtswirksam oder nicht durchführbar sein oder werden, so soll hierdurch die Gültigkeit der übrigen Bestimmungen des jeweiligen Vertrages nicht berührt werden. Das Gleiche gilt für den Fall, dass der jeweilige Vertrag eine Regelungslücke enthält. Anstelle der unwirksamen oder undurchführbaren Bestimmungen oder zur Ausfüllung der Lücke soll eine angemessene Regelung gelten, die, soweit rechtlich möglich, dem am nächsten kommt, was die Vertragsparteien gewollt haben würden, sofern sie bei Abschluss des Vertrages diesen Punkt bedacht hätten.

Auftraggeber	Auftragnehmer
xxx, den	xxx, den ....
____________________	____________________
Rechtsverbindliche Unterschrift des AG	Rechtsverbindliche Unterschrift des AN

VIII. Infrastrukturvertrag

Die Word-Datei zu diesem Vertrag ist auf der CD unter dem Namen `infra.doc`.

Vertrag über die Nutzung von
Infrastruktur
zum Rahmenvertrag Nr.: XXXX

zwischen

AG

(AG)

Anschrift

Vertreten durch den Vorstand

und

AN

(AN)

Anschrift

Vertreten durch den Vorstand

1. Mietobjekt, Mietzins

1.1. Mietobjekt

Der Auftraggeber vermietet an den Auftragnehmer die in Anlage 1 aufgeführten Räumlichkeiten sowie Parkplätze auf seinem Grundstück in XXX (gemäß den Raumplänen grün bzw. blau gekennzeichnet, Anlage I).

1.2. Das Mietobjekt wird in dem Zustand übernommen, in dem es sich zur Zeit der Übernahme durch den Auftragnehmer befindet (gemäß Übergabeprotokoll zum Übergabestichtag).

1.3. Mietzins

Der Mietzins beträgt während der Dauer des Vertrages xxx.xxx,xx € pro Kalendermonat (zzgl. ges. USt) und enthält alle Betriebskosten im Sinne des § 27 II BVO, sofern nicht nachstehend etwas anderes vereinbart ist.

Die Miete für das Mietobjekt enthält auch Abschreibungen, Strom, Reinigung, Heizung, Licht und Wasser, Grundinstandhaltung, Steuern, Gebäudeversicherung, Kapitalkosten, Verwaltungskosten sowie die Kosten für Betrieb und Wartung der Klimaanlage.

Der Mietzins gemäß Ziffer 1.3 ist in monatlichen Teilbeträgen (1/12 des Jahresbetrages) anteilig vom Auftragnehmer gegen Rechnung des Auftraggebers jeweils zum 01. des jeweiligen Monats auf das Konto .... bei .... (BLZ ....) zu zahlen.

1.4. Sofern der Auftragnehmer während der Laufzeit dieses Vertrages über die vorgenannten Flächen hinaus zusätzlichen Flächenbedarf hat und seitens des Auftraggebers freie Flächenkapazität hierfür vorhanden ist, werden die Parteien einvernehmlich über eine Anmietung der benötigten Flächen durch den Auftragnehmer und die Bedingungen hierfür beschließen.

2. Nutzungsrechte, Zugang, Parkplätze

2.1. Der Auftragnehmer verpflichtet sich, das Mietobjekt ausschließlich für den Betrieb eines Service-Stützpunkts für Desktop-Services zu nutzen.

2.2. Der Auftragnehmer, seine Mitarbeiter, Besucher und ggf. Untermieter erhalten zum Mietobjekt jederzeit Zugang über die Straßen und Wege auf dem Gelände des Auftraggebers.

3. Verantwortlichkeiten, Sicherheitsvorschriften

3.1. Der Auftragnehmer ist im Zusammenhang mit dem Mietobjekt für die Einhaltung von Sicherheits- und Unfallverhütungsvorschriften selbst verantwortlich. Auftraggeberspezifische Sicherheitsvorschriften werden dem Auftragnehmer zur Verfügung gestellt.

3.2. Der Auftragnehmer wird allgemeine und vom Auftraggeber erlassene Sicherheitsvorschriften beachten und sich den Richtlinien und Gepflogenheiten des Auftraggebers am Standort XXXX unterwerfen. Diese sind dem Auftragnehmer rechtzeitig bekannt zu geben.

Der Auftragnehmer verpflichtet sich, allen Vorgaben des Werk- und Feuerschutzes des Auftraggebers Folge zu leisten und seine Mitarbeiter dazu anzuhalten.

4. Instandhaltungen, Instandsetzungen, Schönheitsreparaturen

4.1. Schönheitsreparaturen an den Mieträumen (Büroflächen und technische Flächen) obliegen dem Auftragnehmer und sind fachgerecht auszuführen. Der Auftraggeber ist nach Vereinbarung im Einzelfall bereit, solche auf Kosten des Auftragnehmers durchzuführen.

5. Bauliche Maßnahmen

5.1. Ein- und Umbauten durch den Auftragnehmer sind nur mit Zustimmung des Auftraggebers zulässig.

5.2. Jede Änderung der Nutzungsart der Flächen während der Dauer des Vertragsverhältnisses bedarf der Zustimmung des Auftraggebers.

5.3. Werbeschilder am Werkseingang des Auftraggebers und an den mitgenutzten Gebäuden darf der Auftragnehmer in standortüblicher Größe, Anzahl und Ausführung anbringen.

5.4. Die vorgenannten Zustimmungen können nicht unbillig verweigert werden.

6. Untervermietung

Der Auftragnehmer darf den Mietgegenstand ganz oder teilweise nur mit Zustimmung des Auftraggebers Dritten überlassen oder vermieten.

7. Betreten der Gebäude/Räume auf den vermieteten Flächen

Der Auftraggeber und seine Beauftragten sind berechtigt, das Mietobjekt nach Terminabsprache jederzeit zu betreten, in Angelegenheiten des Werk- und Brandschutzes jederzeit und ohne Anmeldung. Der Auftraggeber übergibt dem Auftragnehmer die Schlüssel. Da diese Bestandteil der Gebäudeschließgruppe des Auftraggebers sind, behält dieser mit seinem Generalschlüssel weiterhin Zutritt im Rahmen des Werk- und Brandschutzes. Die Schlüssel dürfen nur vom Auftraggeber verändert werden. Bei Verlust eines Schlüssels ist dem Auftraggeber sofort Anzeige zu erstatten, damit auf Kosten des Auftragnehmers die Schließgruppe erneuert werden kann.

VS- und Datenschutzvorschriften bleiben hiervon unberührt.

8. Netzwerkinfrastruktur

Zur Durchführung der Serviceaktivitäten des Auftragnehmers stellt der Auftraggeber eine ausreichende aktive und passive Netzwerkinfrastruktur zur Verfügung. Diese umfasst eine Verkabelung (mind. Cat. 6) und eine ausreichende Ausstattung mit Router, Switch und Hubs.

9.1. Werksausweis

9.1.1. Der Auftraggeber stellt dem Auftragnehmer für seine Mitarbeiter eine ausreichende Anzahl von Werkausweisen zur Verfügung. Der Auftragnehmer zahlt pro Werksausweis an den Auftraggeber eine Pauschale von € xx,--.

9.1.2 Mit der Entrichtung der Pauschale für die Werksausweise sind auch Kosten für ärztliche und medizinisch-technische Dienste/WÄD (siehe Ziffer 9.5 ff.) abgegolten.

9.2. Telefon

9.2.1 Der Auftraggeber verpflichtet sich, dem Auftragnehmer eine ausreichende Anzahl (mind. die bereits zum Vertragsschluss bestehenden Anlagen) von TK-Anschlüssen, TK-Endgeräten und Testanschlüssen kostenlos zur Verfügung zu stellen.

9.2.2 Der Auftragnehmer zahlt die Gesprächsgebühren, die außerhalb des Campus in XXX von Mitarbeitern des Auftragnehmers geführt werden. Damit sind alle Aufwendungen für die Bereitstellung der Telefonanlage abgegolten.

9.3. Werkschutz

9.3.1 Der Auftraggeber verpflichtet sich, künftig dem Auftragnehmer seinen Werkschutz für die Bewachung der Räumlichkeiten gemäß Anlage I zur Verfügung zu stellen.

9.3.2 In der Grundmiete sind auch alle Kosten für einen Werkschutz enthalten.

9.4. Kaffeeküche

9.4.1 Der Auftraggeber verpflichtet sich, dem Auftragnehmer und seinen Mitarbeitern die Leistungen der Kaffeeküche zur Verfügung zu stellen.

9.4.2 In der Grundmiete sind auch alle Kosten für die Nutzung einer Kaffeeküche enthalten.

9.5. Ärztliche und medizinisch-technische Dienste

9.5.1 Der Auftraggeber verpflichtet sich, künftig dem Auftragnehmer ärztliche und medizinisch-technische Dienste im Rahmen der üblichen Arbeitszeit des werksärztlichen Dienstes (WÄD) zur Verfügung zu stellen.

9.5.2 Der mit der Wahrnehmung zentraler Aufgaben im Bereich der arbeitsmedizinischen Betreuung wie z.B.

- Sicherstellung der arbeitsmedizinischen Versorgung nach konzerneinheitlichen Vorgaben
- Planung und Kontrolle der Durchführung konzernweiter arbeitsmedizinischer Projekte
- Durchführung von Schulungsmaßnahmen
- Mitarbeit im ZASA
- Mitarbeit in nationalen und internationalen Arbeitsschutzgremien

verbundene zeitliche Aufwand liegt bei etwa XXX Stunden jährlich. Die hierdurch entstehenden Kosten sind mit der in Ziffer 9.1 getroffenen Regelung abgegolten.

9.6. Zentrale Dienste

9.6.1 Der Auftraggeber verpflichtet sich, künftig dem Auftragnehmer die Leistungen der Abteilung Zentrale Dienste zur Verfügung zu stellen. Dazu gehören Postbüro, Post- und Fernschreibdienst sowie Reprographie, nicht dagegen Hausverwaltung/Büromaterialausgabe, Reisedienst/Fahrkarten, Reisekostenprüfung. Zur Leistung Telefonzentrale siehe oben Ziffer 9.2.

9.6.2 Die Vertragspartner sind sich darüber einig, dass die vom Auftragnehmer zu zahlenden Vergütungen im Mietzins enthalten sind.

9.6.3 Der Auftraggeber ist berechtigt, den Vertrag für Lieferungen und Leistungen gemäß Ziffer 9.7. – auch bezogen auf einzelne Leistungen – mit einer Frist von sechs Monaten zu kündigen.

9.7. Sonstige Lieferungen und Leistungen

Darüber hinaus wird der Auftraggeber im Rahmen seiner vorhandenen Kapazitäten alle Lieferungen und Leistungen erbringen.

10. Gewährleistung, Haftung

10.1. Bei fehlenden oder mangelhaften Lieferungen und Leistungen des Auftraggebers hat der Auftragsnehmer Anspruch auf Schadensersatz und Minderung und auf unentgeltliche unverzügliche Mängelbeseitigung.

10.2. Die Rechtsfolgen der Nichterfüllung von Mitwirkungspflichten nach einem Einzelvertrag bleiben unberührt.

11. Übertragbarkeit

Jeder Vertragspartner ist berechtigt, Rechte und Pflichten aus diesem Vertrag (auch bezüglich einzelner Lieferungen und Leistungen) mit Zustimmung des anderen Vertragspartners auf einen Dritten zu übertragen. Diese Zustimmung darf nur aus wichtigem Grund verweigert werden. Der Zustimmung bedarf es nicht bei der Übertragung auf verbundene Unternehmen im Sinne der §§ 15 ff. AktG.

12. Vertragsdauer

12.1. Der Vertrag beginnt am xx.xx.200x und endet mit dem Laufzeitende des Rahmenvertrages Nr. xxx, ohne dass es einer besonderen Kündigung bedarf.

12.2. Sollte der Vertrag über den in Ziffer 12.1 bestimmten Zeitpunkt hinaus fortgesetzt werden, ist er mit einer Frist von 6 Monaten zum Quartalsende kündbar, erstmals jedoch zum 01.12.200x.

13. Allgemeine Bestimmungen

13.1. Dieser Vertrag tritt nur bei gleichzeitiger Unterzeichnung des Rahmenvertrags (Nr. xxxxx) in Kraft.

13.2. Mündliche Nebenabreden bestehen nicht.

13.3. Die Anlagen I und II zu diesem Vertrag sind Vertragsbestandteile.

13.4. Änderungen oder Ergänzungen dieses Vertrages sowie Kündigungserklärungen bedürfen der Schriftform.

13.5. Sollten einzelne Bestimmungen dieses Vertrages ganz oder teilweise nicht rechtswirksam oder objektiv nicht durchführbar sein oder werden, so soll hierdurch die Gültigkeit der übrigen Bestimmungen des Vertrages nicht berührt werden. Das Gleiche gilt für den Fall, dass der Vertrag eine Regelungslücke enthält.

Anstelle der unwirksamen oder undurchführbaren Bestimmungen oder zur Ausfüllung der Lücke soll eine angemessene Regelung gelten, die, soweit rechtlich möglich, dem am nächsten kommt, was die Vertragsschließenden gewollt haben würden, sofern sie bei Abschluss des Vertrages diesen Punkt bedacht hätten.

13.6. Schiedsklausel

Alle aus dem gegenseitigen Vertrag sich ergebenden Streitigkeiten werden nach der Vergleichs- und Schiedsordnung der Internationalen Handelskammer von einem oder mehreren gemäß dieser Ordnung ernannten Schiedsgerichten endgültig entschieden.

13.7. Es gilt das Recht der Bundesrepublik Deutschland.

13.8. Im Übrigen gelten die Regelungen des zwischen dem AG und AN am xx.xx.200x geschlossenen Rahmenvertrags (Nr. xxxx) ergänzend. Bei Widersprüchen zwischen diesem Vertrag und dem Rahmenvertrag (Nr. xxxx) gilt dieser Vertrag vorrangig.

Auftraggeber:	Auftragnehmer:
xxx, den	xxx, den ....
______________________________	______________________________
Rechtsverbindliche Unterschrift des AG	Rechtsverbindliche Unterschrift des AN

IX. Datenschutzkonzept

Nicht immer ist es nötig, ein Datenschutzkonzept in einem separaten Vertrag abzuschließen. Zuweilen ist es ausreichend, die entsprechenden Passagen eines Datenschutzkonzeptes auch in den Rahmenvertrag mit aufzunehmen. Aus diesem Grund entsprechen die Regelungen des vorliegenden Datenschutzkonzeptes auch den Regelung im Rahmenvertrag (Siehe Abschnitt III., Rahmenvertrag Nr. 11 und Nr. 16).

Im Übrigen geht das hier vorliegende Datenschutzkonzept nicht auf die Besonderheit des BAKred/BAFin und des öffentlichen Dienstes ein.

Die Word-Datei befindet sich auf der CD unter `dskonz.doc`.

Vereinbarung zum Datenschutz (Datenschutzkonzept)

zwischen

AG

(AG)

Anschrift

Vertreten durch den Vorstand

und

AN

(AN)

Anschrift

Vertreten durch den Vorstand

1. Einleitung

Der AN und AG schließen zur Sicherheit von vertraulichen Daten folgendes Datenschutzkonzept ab. Die Regelungen sind für beide Seiten verbindlich.

2. Datenschutz

Der AN ist zur Geheimhaltung aller vom AG zur Verfügung gestellten Informationen und Unterlagen verpflichtet. Diese Pflicht zur Geheimhaltung bezieht sich insbesondere auf geschützte personenbezogene Daten gemäß Bundesdatenschutzgesetz (BDSG), auf Daten, die dem Bankgeheimnis unterliegen, sowie auf alle dem AN bekannt gewordenen Daten, Betriebs- und Geschäftsgeheimnisse oder sonstige Umstände und Tatsachen, die als vertraulich bezeichnet werden oder an deren Vertraulichkeit der AG ersichtlich ein Interesse hat. Von der Geheimhaltungspflicht umfasst ist ebenfalls der Gegenstand und Inhalt der Einzelaufträge, nicht jedoch die Tatsache der Auftragserteilung an sich (Referenznachweis).

Dem AN und seinen Mitarbeitern bzw. Erfüllungsgehilfen ist untersagt, personenbezogene Daten zu einem anderen als dem zur jeweiligen Aufgabenerfüllung gehörenden Zweck zu verarbeiten oder sonst zu nutzen; dem AN ist nicht gestattet, solche Daten Dritten bekannt zu geben oder zugänglich zu machen. Im Übrigen gelten die Bestimmungen des BDSG.

Der AN darf ausschließlich solche Unternehmen oder Personen zur Erfüllung des Einzelauftrages einschalten, die die Gewähr für die Einhaltung der Geheimhaltungspflichten bieten. Sie haben die ihr im Hinblick auf Geheimhaltung auferlegten Verpflichtungen allen Personen, die mit dem Vertragsgegenstand in Berührung kommen, aufzuerlegen. Auf Verlangen des AG sind die Erfüllungsgehilfen des AN verpflichtet, eine die Geheimhaltung betreffende Verpflichtungserklärung zu unterzeichnen.

Der AN bestätigt, dass seine Mitarbeiter und Erfüllungsgehilfen auf das Datengeheimnis nach § 5 BDSG verpflichtet und mit den Vorschriften dieses Gesetzes vertraut gemacht wurden.

Der AG kann die weitere Mitarbeit derjenigen durch den AN eingeschalteten Personen untersagen, denen gegenüber ein begründeter Verdacht der Verletzung der sich aus allgemeinen Grundsätzen sowie im Besonderen aus diesem Vertrag ergebenden Pflichten besteht.

Soweit dem AN die ihm übertragenen Einzelaufträge außerhalb der Geschäftsräume des AG ausführt, wird der AN ihm zur Verfügung gestellte Informationen, Unterlagen, Arbeitsmittel und Testdaten sowie die von ihm eingebrachten, erstellten oder bearbeiteten Aufzeichnungen und Arbeitsmittel in seinen Geschäftsräumen so aufbewahren, dass die Einhaltung der Geheimhaltungspflichten gewahrt ist; insbesondere ist § 9 BDSG zu beachten. Der AG ist berechtigt, zur Kontrolle der Einhaltung der Geheimhaltungspflichten die Geschäftsräume des AN innerhalb der üblichen Geschäftszeiten zu betreten und – soweit dies zur Kontrolle der Einhaltung der Geheimhaltungspflichten erforderlich und angemessen ist – Einsicht in Geschäftsunterlagen zu nehmen. Für die Mitarbeiter des AG, die diese Kontrollen durchführen, gelten die Geheimhaltungsvorschriften dieses Vertrages analog, im Übrigen gilt das BDSG.

Soweit der AN den ihm übertragenen Einzelauftrag innerhalb der Geschäftsräume des AG ausführt, wird der AG den AN mit der Betriebsordnung und den beim AG geltenden Sicherheitsregelungen vertraut machen. Die Mitarbeiter des AN und dessen sonstige Erfüllungsgehilfen haben im Hinblick auf Sicherheitsvorschriften den Anweisungen des AG und der mit der Kontrolle und Überwachung von Sicherheitsvorschriften und Regelungen befassten Einrichtungen und Mitarbeitern Folge zu leisten; ihre Aufgaben erledigen sie im Übrigen eigenverantwortlich nach den Weisungen des AN. Die dem AN zur Verfügung gestellten Informationen, Unterlagen, Arbeitsmittel und Testdaten sowie die vom AN eingebrachten, erstellten oder bearbeiteten Aufzeichnungen oder Arbeitsmittel dürfen nur mit Genehmigung des AG in und unter Wahrung der Datensicherungsbestimmungen des BDSG aus dessen Geschäftsräumen entfernt werden.

Nach Abschluss der einzelnen Auftragsarbeiten wird der AN die ihm zur Verfügung gestellten Informationen, Unterlagen, Arbeitsmittel und Testdaten etc. unverzüglich dem AG zurückgeben. Eventuell beim AN verbleibende Daten werden nach Abschluss der Arbeiten von diesem unverzüglich gelöscht oder vernichtet. Der AN wird dem AG die vollständige Rückgabe bzw. Vernichtung der genannten Daten, Informationen oder Unterlagen auf Anforderung schriftlich bestätigen. Ein Zurückbehaltungsrecht an Daten, Unterlagen oder Arbeitsmitteln ist ausgeschlossen.

Sämtliche Geheimhaltungspflichten gelten auch nach Beendigung des jeweiligen Einzelvertrags oder dieses Rahmenvertrags fort.

Der AN stellt den AG von sämtlichen gegen ihn gerichteten Schadenersatzansprüchen frei, soweit diese auf einer von ihm, einem seiner Mitarbeiter oder einem seiner Erfüllungsgehilfen zu vertretenden Verletzung der Geheimhaltungspflichten beruhen.

3. Geheimhaltung

Die Vertragsparteien sind verpflichtet, die ihnen unter diesem Rahmenvertrag und den im Rahmen dieses Rahmenvertrages zwischen ihnen abgeschlossenen Einzelverträgen von der jeweils anderen Vertragspartei zugänglich gemachten Informationen sowie Kenntnisse, die sie bei Gelegenheit dieser Zusammenarbeit über Angelegenheiten – etwa technischer, kommerzieller oder organisatorischer Art – der jeweils anderen Vertragspartei erlangen, vertraulich zu behandeln und während der Dauer sowie nach Beendigung dieses Rahmenvertrages und der in dessen Rahmen abgeschlossenen Einzelverträge nicht zu verwerten oder anderen zugänglich zu machen. Eine Nutzung dieser Information ist allein auf den Gebrauch im Rahmen dieser Zusammenarbeit beschränkt.

Diese Vertraulichkeitsverpflichtung gilt nicht für Informationen, die

a) die andere Vertragspartei nachweislich von Dritten rechtmäßig erhalten hat oder erhält,

b) bei Vertragsabschluss bereits allgemein bekannt waren oder nachträglich ohne Verstoß gegen die in diesem Vertrag enthaltenen Verpflichtungen allgemein bekannt wurden oder

c) bei der empfangenden Vertragspartei nachweislich zum Zeitpunkt des Erhaltes dieser Informationen bereits vorhanden waren.

Die Vertragsparteien werden ihre Mitarbeiter und Unterauftragnehmer entsprechend verpflichten.

Die oben beschriebenen Verpflichtungen bleiben für beide Vertragsparteien auch nach Beendigung dieses Rahmenvertrages bzw. der in dessen Rahmen abgeschlossenen Einzelverträge hinaus für weitere fünf Jahre ab dem Ende der Laufzeit des jeweiligen Vertrages bestehen, sofern in diesem Rahmenvertrag nichts anderes vereinbart ist.

4. Schriftform, Vertragshierarchie, salvatorische Klausel

4.1 Änderungen dieses Vertrages bedürfen der Schriftform.

4.2. Im Übrigen gelten die Regelungen des zwischen dem AG und AN am xx.xx.200x geschlossenen Rahmenvertrags (Nr. xxxx) ergänzend. Bei Widersprüchen zwischen diesem Vertrag und dem Rahmenvertrag (Nr. xxxx) gilt dieser Vertrag vorrangig.

4.3. Sollten einzelne Bestimmungen dieses Rahmenvertrages oder von Einzelverträgen ganz oder teilweise nicht rechtswirksam oder nicht durchführbar sein oder werden, so soll hierdurch die Gültigkeit der übrigen Bestimmungen des jeweiligen Vertrages nicht berührt werden. Das Gleiche gilt für den Fall, dass der jeweilige Vertrag eine Regelungslücke enthält. Anstelle der unwirksamen oder undurchführbaren Bestimmungen oder zur Ausfüllung der Lücke soll eine angemessene Regelung gelten, die, soweit rechtlich möglich, dem am nächsten kommt, was die Vertragsparteien gewollt haben würden, sofern sie bei Abschluss des Vertrages diesen Punkt bedacht hätten.

Auftraggeber:

xxx, den ....

____

Rechtsverbindliche Unterschrift des AG

Auftragnehmer:

xxx, den ....

____

Rechtsverbindliche Unterschrift des AN

X. Leistungsbeschreibung / Leistungsvertrag

Als Beispiel einer Leistungsbeschreibung wird nachfolgend das Muster einer Leistungsbeschreibung Konfiguration dargestellt. Die Konfiguration bezieht sich dabei auf die zuvor in einem zwischen dem Outsourcing-Kunden und Outsourcing-Anbieter gemeinsam definierten Warenkorb.

Sie finden diesen Mustertext auf der CD unter `leistung.doc`.

Leistungsvertrag über die

Konfiguration und Auslieferung von Hardware

zwischen

AG

(AG)

Anschrift

Vertreten durch den Vorstand

und

AN

(AN)

Anschrift

Vertreten durch den Vorstand

1. Vertragsgegenstand

Im Folgenden wird die Leistungserbringung »Konfiguration und Auslieferung« zwischen der Firma XXX (nachfolgend als Auftraggeber oder als AG bezeichnet) und der Firma XXX (nachfolgend als Auftragnehmer oder als AN bezeichnet) geregelt. Gegenstand der Leistungserbringung sind ausschließlich die in der Leistungsdefinition dieses Vertrages gemachten Leistungsmerkmale. Mündliche Nebenabreden oder im Vorfeld getätigte Äußerungen im Sinne des § 434 BGB werden nicht Bestandteil des Vertrags. Die Vertragsparteien sind sich darüber einig, dass Beschaffenheitsbeschreibungen und Leistungsmerkmale keine Garantien oder Eigenschaftszusicherungen im Sinne der §§ 443, 444, 649 BGB darstellen.

2. Kurzbeschreibung[1484]

Lieferung, Aufbau und Inbetriebnahme der im Warenkorb definierten Produkte.

- Kennzeichnung der zu betreuenden Client-Komponenten

  Die Geräte werden mit Aufklebern versehen, die folgende Informationen ausweisen: AG-Inventarnummer, Geräte-Typ, Serien-Nummer, Gewährleistungsende, User-ID.

- Auslieferung des Clients an den Arbeitsplatz des Anwenders
  - Feinterminierung
  - Aufbau und Anschluss am Arbeitsplatz des Anwenders inkl. Netzanbindung
  - Personalisierung
  - Übergabe an den Anwender und Abnahmetest bzw. Funktionsnachweis
  - Übergabe Zubehör, Schlüssel und Dokumentation gem. Vorgaben
  - Kurzeinweisung des Anwenders
  - Die Kurzeinweisung ersetzt keine Schulung und wird 5 Min. nicht überschreiten.
  - Abnahme (Unterschrift Abnahmeprotokoll und Lieferscheine) und Kopien für den Anwender
  - Entsorgung Verpackungsmaterial
- Dokumentation im Auftragstool
  - Statuspflege im BMT eintragen.

1484. Eine ausführliche Beschreibung der Leistung muss im Einzelfall konkretisiert werden.

3. Gefahrenübergabepunkt

Der Gefahrenübergabepunkt ist der vorgesehene Installationsort gemäß Auftrag.

4. Prämissen/Ausschlüsse

- Die Mitarbeiter des AN haben Zutritt zu den Verwendungsstellen.
- Die Installation erfolgt nur im Beisein des Anwenders oder seines Vertreters.
- Die Systeme, die sich bereits im Eigentum des AG befinden, sind zum Zeitpunkt der Leistungserbringung in technisch einwandfreiem und funktionsfähigem Zustand.
- Software und Hardware muss vor Einsatz im Testlabor getestet und vom AG freigegeben sowie die Installationsanweisung erstellt sein.

5. Mitwirkungspflichten

- Eine entsprechende Infrastruktur wird vom AG vor Ort zur Installation bereitgestellt:
- Büromöbel sind fertig aufgestellt
- USER ID (für Notes, Novell, NT etc.)
- Spannungsversorgung 230 Volt, 50/60 Hz
- Die Datenanschlussdosen sind betriebsbereit vorhanden.
- Der gemeinsame Kunde unterzeichnet nach der Übergabe des Systems ein Abnahmeprotokoll und Lieferscheine.
- Der gemeinsame Kunde ist für die Sicherung seiner Daten im Netz und auf den lokalen Laufwerken verantwortlich.

6. Service Level Agreement (SLA)

Zur Sicherung der quantitativen und qualitativen Ziele der Leistungserbringung dieses Vertrages gelten die in Anlage X. vereinbarten SLA.[1485]

1485. Siehe vereinbarten SLA in Kapitel J. Mustertexte Nr. XI.

7. Schriftform, Vertragshierarchie, salvatorische Klausel

7.1. Änderungen dieses Vertrages bedürfen der Schriftform.

7.2. Im Übrigen gelten die Regelungen des zwischen dem AG und AN am xx.xx.200x geschlossenen Rahmenvertrags (Nr. xxxx) ergänzend. Bei Widersprüchen zwischen diesem Vertrag und dem Rahmenvertrag (Nr. xxxx) gilt dieser Vertrag vorrangig.

7.3. Sollten einzelne Bestimmungen dieses Rahmenvertrages oder von Einzelverträgen ganz oder teilweise nicht rechtswirksam oder nicht durchführbar sein oder werden, so soll hierdurch die Gültigkeit der übrigen Bestimmungen des jeweiligen Vertrages nicht berührt werden. Das Gleiche gilt für den Fall, dass der jeweilige Vertrag eine Regelungslücke enthält. Anstelle der unwirksamen oder undurchführbaren Bestimmungen oder zur Ausfüllung der Lücke soll eine angemessene Regelung gelten, die, soweit rechtlich möglich, dem am nächsten kommt, was die Vertragsparteien gewollt haben würden, sofern sie bei Abschluss des Vertrages diesen Punkt bedacht hätten.

Auftraggeber:	Auftragnehmer:
xxx, den	xxx, den ....
______________________________	______________________________
Rechtsverbindliche Unterschrift des AG	Rechtsverbindliche Unterschrift des AN

XI. Service Level Agreement (SLA)

Den nachstehenden Mustertext finden Sie auf der CD unter `sla.doc`.

Service Level Agreements (SLA)

1. Einleitung

Die Vertragsparteien vereinbaren zur Gewährleistung eines erfolgreichen Beschaffungs- und Servicemanagements verschiedene Service Level (SLA). Jeweilige SLA ist als Anhang zum Leistungsvertrag für Beschaffungs- und Servicemanagements beizufügen und wird somit Vertragsbestandteil des entsprechenden Leistungsvertrags.

2. Service-Beschaffung

Folgende Leistungsbeschreibungen werden für die Bewertung einbezogen:

- Installation
- Konfiguration
- Auftragsmanagement

Die Dauer vom vollständigen und damit bearbeitbaren Auftragseingang beim AN bis zur Vor-Ort-Installation beträgt bei:

Kategorie	Beschaffung innerhalb	SLA-Erfüllung bei:
A	12 Arbeitstagen	Beschaffung und Installation von 98 % der Aufträge innerhalb von 12 Arbeitstagen nach vollständigem und damit bearbeitbarem Auftragseingang bzw. am durch den Anwender gewünschten Installationstermin.
B	17 Arbeitstagen	Beschaffung und Installation von 95 % der Aufträge innerhalb von 17 Arbeitstagen nach vollständigem und damit bearbeitbarem Auftragseingang bzw. am durch den Anwender gewünschten Installationstermin.

Die Beschaffung von nicht am Markt verfügbaren Produkten fließt dann nicht in die SLA-Bewertung ein, wenn der AN die Nichtbeschaffbarkeit des Produktes durch einen Herstellernachweis schriftlich dokumentieren kann.

Der Berichtszeitraum für die SLA-Auswertung wird auf Basis eines Kalendermonates festgelegt. Die Messung erfolgt auf Basis des ARS Remedy Beschaffungsmanagement Tools (BMT). Das Verfahren zur Messung des SLA wird gemeinsam festgelegt und ist im Anhang hinterlegt.

3. Service Level »Qualität«

Der SL »Qualität« gilt zu 100 % erfüllt, wenn 95 % der im Beschaffungsmanagement-Tool beauftragten Installationen durchgeführt worden sind. Diese Regelung gilt nur am Standort des AG in XXX.

Als Reklamation im Sinne der SLA-Bewertung gelten gemeinsam anerkannte Beschwerden, die schriftlich beim AN oder AG eingegangen sind, die der AN im Rahmen eines Auftrages bzw. einer Entstörung ausschließlich zu verantworten hat. Dazu zählen grobe Terminverletzungen, Nichteinhaltung von Zusagen, mangelhafte Informationsflüsse und das Auftreten des Mitarbeiters des AN. Diese Beschwerden werden in einer Datenbank dokumentiert und im jeweiligen Messzeitraum gemeinsam ausgewertet.

4. Service Level »Customer-Satisfaction Index«

In einem durch das Review-Gremium zu bestimmenden Turnus werden 500 gemeinsame Kunden nach einem Zufallsprinzip ausgewählt. Im Rahmen einer gemeinsamen Kundenzufriedenheitsbefragung des AN und AG werden diese 500 Kunden auf ihre Zufriedenheit mit dem AN von einer qualifizierten Person, die durch den AG und AN bestimmt wird, befragt. Die Zufriedenheit mit dem AN ergibt sich aus den Punkten:

- Zufriedenheit mit dem Auftragsmanagement durch den AN
- Zufriedenheit mit der Installation und der Entstörung durch den AN

Für die Auswertung werden nur jene Fragen bewertet, die auf den Verantwortungsbereich des AN zurückzuführen sind.

Ein Messverfahren für die Einhaltung des SLA wird zwischen dem AG und dem AN separat festgelegt und vom Review-Gremium bestätigt. Die Kosten werden gemeinsam vom AN und AG getragen.

5. Bonus/Malus-Regelung

Für die Bonus/Malus-Regelung gehen die Bewertungen des SL »Performance« und »Qualität« ein.

- Eine prozentuale Gewichtung der SLA, bezogen auf die Auswertung für die Bonus/Malus-Regelung wird durch das Review-Gremium festgelegt.
- Die vereinbarten SLAs gelten als erfüllt, wenn die vereinbarten Schwellenwerte dieser Leistungsvereinbarung im Messzeitraum erreicht werden.
- Der Messzeitraum für die Bonus/Malus-Regelung ist ein Quartal.
- Die Bonus/Malus-Regelung wird wirksam, wenn der erreichte Wert um mindestens 2 Prozent vom Schwellenwert abweicht.

- Bei einer Über-/Untererfüllung erfolgt eine Bonusberechnung an den Auftragnehmer/Malusberechnung an den AG in Höhe von 2.500,-- € pro Prozentpunkt. Die Zahlung erfolgt quartalsweise und orientiert sich an dem gemessenen Quartalsdurchschnitt.
- Die Höhe der Zahlungen wird durch das Review-Gremium bestätigt und protokolliert. Die Verrechnung erfolgt über den AG-Jahresumsatz-Bonus.
- Bei Unterschreitung der SLAs um mehr als 5 % im Messzeitraum wird eine additive Malus-Regelung durch das Review-Gremium festgelegt, die Sonderzahlung beträgt mindestens xxxx.-- €.

SLA	SLA-Wert	Gewichtung	Gewichtung Soll-SLA	Ist-Werte pro Quartal	Gewichtung Ist-SLA
Performance A-Komponente	98 %	10 %	9,8 %	95 %	9,5 %
Performance B-Komponente	95 %	10 %	9,5 %	90 %	9 %
Performance Entstehung	90 %	20 %	18 %	85 %	17 %
Qualität BM/Installation	95 %	30 %	28,5 %	96 %	28,8 %
Qualität Entstehung	95 %	30 %	28,5 %	92 %	27,6 %
		Gesamt SLA-Soll	94,3 %	Gesamt SLA-Ist	91,9 %

Soll-SLA pro Quartal 94,3 %
Ist-SLA pro Quartal 91,9 %
Das ergibt eine Differenz von 2,4 Prozentpunkten.

Ab einer Differenz von über 2 Prozentpunkten erfolgt die Bonus/Malus-Zahlung.

Hier ergibt sich eine Maluszahlung von 2,4 * xxxx.- € = xxxxx.- €

XII. Projektplan für ein Outsourcing-Vertragswerk

Den kompletten Projektplan in MS Project finden Sie auf der CD zum Buch unter `plan.prj`.

XIII. Rundschreiben des Bundesaufsichtsamtes für das Kreditwesen

Auf der CD hat dieser Mustertext den Namen `rs.doc`.

Rundschreiben 11/2001

Auslagerung von Bereichen auf ein anderes Unternehmen gemäß § 25a II KWG

An alle Kreditinstitute und Finanzdienstleistungsinstitute in der Bundesrepublik Deutschland

I. Vorbemerkung	
1	§ 25a II KWG trägt dem Anliegen der Kredit- und Finanzdienstleistungsinstitute Rechnung, zur Stärkung ihrer Wettbewerbsfähigkeit die Unternehmensfunktionen und -prozesse durch die Beauftragung externer Dienstleister zu optimieren. Zugleich soll die Vorschrift der Gefahr entgegenwirken, dass durch die Auslagerung von aufsichtlich sensiblen Bereichen auf Dritte die Steuerungs- und Kontrollmöglichkeiten der Geschäftsleitung und die aufsichtlichen Einwirkungsmöglichkeiten faktisch gelockert werden.
2	Die in § 25a II KWG normierten Spezialregelungen für die Auslagerung von Unternehmensbereichen sind Ausfluss der allgemeinen Grundsätze ordnungsgemäßer Geschäftsführung und ergänzen und konkretisieren die Anforderungen an eine ordnungsgemäße Organisation, die der Gesetzgeber in § 25a I KWG im Kern normiert hat; § 25a II KWG ist deshalb nicht isoliert zu betrachten. Anforderungen und Grenzen der Auslagerung sind vielmehr an diesen allgemeinen Organisationsregeln und den mit ihnen verfolgten aufsichtsrechtlichen Zielen sowie an den mit der Auslagerung verbundenen speziellen Risiken zu messen. Dabei haben die Institute dem technischen Wandel und den sich fortentwickelnden internationalen Prüfungs- und Aufsichtsstandards Rechnung zu tragen.
3	Die in § 25a II KWG festgelegten Anforderungen berühren nicht den Grundsatz der Alleinverantwortung der Geschäftsleitung. Die Geschäftsleitung des auslagernden Instituts trägt gegenüber dem Bundesaufsichtsamt in vollem Umfang die Verantwortung für den ausgelagerten Bereich. Sie hat deshalb in geeigneter Weise sicherzustellen, dass die ausgelagerten Bereiche weiter den Leistungs- und Qualitätsstandards genügen, wie sie bei einer Leistungserbringung im Institut selbst einzuhalten wären. Dies gilt insbesondere für die Einhaltung und Beachtung der aufsichtsgesetzlichen Vorgaben und Pflichten sowie der Anordnungen des Bundesaufsichtsamtes.

4	Das Rundschreiben ergeht im Einvernehmen mit dem Bundesaufsichtsamt für den Wertpapierhandel. Es lässt die besonderen Anforderungen, die sich nach dem Wertpapierhandelsgesetz, insbesondere nach § 33 II WpHG, für Auslagerungslösungen ergeben, unberührt; das Bundesaufsichtsamt für den Wertpapierhandel wird hierzu, soweit erforderlich, eine eigene Verlautbarung veröffentlichen.
II. Anwendungsbereich	
5	§ 25a II KWG gilt für jedes Kredit- oder Finanzdienstleistungsinstitut (einschließlich seiner rechtlich unselbstständigen Zweigniederlassungen im Ausland), das der Aufsicht des Bundesaufsichtsamtes untersteht, ebenso für die inländischen Zweigstellen von ausländischen Unternehmen, die Bankgeschäfte betreiben oder Finanzdienstleistungen erbringen (§ 53 KWG) und nicht unter die Regelung des europäischen Passes gemäß § 53b KWG fallen.
6	Von § 25a II KWG nicht erfasst ist die Verlagerung bestimmter Bereiche innerhalb des Instituts, von der Hauptniederlassung auf eine rechtlich unselbstständige Zweigniederlassung (auch wenn diese im Ausland ist), von Zweigniederlassungen auf andere rechtlich unselbstständige Zweigniederlassungen des Instituts oder von Zweigniederlassungen auf die Hauptniederlassung[1]. Derartige Verlagerungen können jedoch nach § 25a I KWG von Bedeutung sein.
III. Definitionen	
7	Der sachliche Anwendungsbereich des § 25a II KWG beschränkt sich auf Auslagerungslösungen, die erlaubnispflichtige Bankgeschäfte oder Finanzdienstleistungen nach § 1 I Satz 2 oder Ia Satz 2 KWG betreffen. Für Auslagerungslösungen, die andere sensible Geschäftsbereiche des Instituts betreffen, bleiben die Anforderungen des § 25a I KWG zu beachten; das gilt insbesondere für Geschäfte nach § 1 I KWG und nach § 24 I Nr. 9 KWG (i. V. m. § 11 AnzV). Diese sind nicht Gegenstand dieses Rundschreibens.
8	Eine **Auslagerung** von Geschäftsbereichen i. S. v. § 25a II KWG liegt vor, wenn ein Institut ein anderes Unternehmen (Auslagerungsunternehmen) damit beauftragt, auf Dauer oder zumindest auf längere Zeit eine für die Geschäftstätigkeit des Instituts **wesentliche** Tätigkeit oder Funktion (Dienstleistung) wahrzunehmen. Eine auch räumliche Trennung des ausgelagerten Bereichs von den organisatorisch im Institut verbleibenden Funktionseinheiten erfordert der Tatbestand der Auslagerung nicht. Unerheblich ist auch, ob die Tätigkeit oder Funktion bisher von dem Institut selbst erbracht wurde oder ob das Institut sie erst zukünftig von dem Auslagerungsunternehmen beziehen will.

9	Als **anderes Unternehmen (Auslagerungsunternehmen)** ist jede andere Stelle, Einheit oder Person anzusehen, die in Bezug auf die ausgelagerte Funktion oder Tätigkeit nicht dem auslagernden Institut zuzurechnen und organisatorisch von ihm abgegrenzt ist, ohne dass es auf die Kaufmannseigenschaft, Rechtsfähigkeit oder Rechtsform ankommt.
10	Ein **wesentlicher Bereich** im Sinne des § 25a II KWG umfasst Funktionen und Tätigkeiten, die unmittelbar für die Durchführung und Abwicklung der betriebenen Bankgeschäfte und erbrachten Finanzdienstleistungen notwendig sind und gleichzeitig bankaufsichtlich relevante Risiken, insbesondere Markt-, Kredit-, Ausfall-, Abwicklungs-, Liquiditäts- und Reputationsrisiken sowie operationelle und rechtliche Risiken für das Institut begründen oder sie nachhaltig beeinflussen können. Wesentlich sind auch die Bereiche, die der Erfassung, der Analyse, der Begrenzung, der Überwachung, der Steuerung und Kontrolle der Risiken aus Bankgeschäften oder Finanzdienstleistungen dienen (§ 25a I Nr. 1 KWG), darüber hinaus auch diejenigen Bereiche, die ein Institut haben muss, um den organisatorischen Mindestanforderungen nach § 25a I Nr. 2 KWG zu genügen und eine lückenlose Aufsicht durch das Bundesaufsichtsamt zu gewährleisten (§ 25a I Nr. 3 KWG).
11	Als **unwesentlich** im Sinne des § 25a II KWG sind demgegenüber alle die Bereiche einzustufen, die keine bankaufsichtlich relevanten Risiken begründen und die bei einer Auslagerung nicht dazu führen können, dass die Ordnungsmäßigkeit der Geschäfte, die Steuerungs- und Kontrollmöglichkeiten der Geschäftsleitung sowie die Prüfungs- und Kontrollrechte des Bundesaufsichtsamtes beeinträchtigt werden, mögen auch einzelne Tätigkeiten einen sachlichen Bezug zu Bankgeschäften oder Finanzdienstleistungen aufweisen und/oder für die Funktionsfähigkeit des Unternehmens insgesamt wichtig sein (wie z. B. das Inkassowesen, die Geldautomatenversorgung, Wartung technischer Geräte (auch EDV) oder allgemeine Service- und Unterstützungsleistungen wie z. B. Kantinenbetrieb, Reinigungsdienst, Wachschutz, Betriebsarzt, betriebspsychologische Betreuung, Baudienst, Unfallverhütung, Brandschutz usw.). Ebenfalls nicht wesentlich im Sinne des § 25a II KWG sind reine Beratungsleistungen, die das Institut in Anspruch nimmt. Dies gilt insbesondere für die Beratung in Rechts- und Steuerangelegenheiten, und zwar auch dann, wenn sich die Beratung nicht auf Einzelaspekte bzw. -projekte beschränkt. Insoweit ist z. B. die Auslagerung der Funktionen der Rechtsabteilung kein an § 25a II KWG zu messender Fall der Auslagerung.

IV. Zulässigkeit der Auslagerung	
12	Grundsätzlich ist die Auslagerung jedes Tätigkeitsbereichs eines Instituts möglich, sofern durch die Auslagerung weder die Ordnungsmäßigkeit der betriebenen Bankgeschäfte oder der erbrachten Finanzdienstleistungen noch die Steuerungs- und Kontrollmöglichkeiten der Geschäftsleitung noch die Prüfungsrechte und Kontrollmöglichkeiten des Bundesaufsichtsamtes beeinträchtigt werden. Dabei ist es unerheblich, ob die Auslagerung auf ein Konzernunternehmen oder ein konzernfremdes Unternehmen erfolgt. Eine Beeinträchtigung in diesem Sinne liegt ausnahmslos bei solchen Auslagerungslösungen vor, die dazu führen, dass die von einem Institut nach § 25a I KWG zwingend verlangten Mindestanforderungen an eine ordnungsgemäße Geschäftsorganisation als auch das in § 32 I Satz 1 KWG vorausgesetzte Bestehen eines in kaufmännischer Weise eingerichteten Geschäftsbetriebes nicht mehr bejaht werden können.
13	Mit der Pflicht zur eigenverantwortlichen Unternehmensleitung unvereinbar ist die Auslagerung zentraler Leitungsfunktionen. Nicht auslagerbar sind deshalb alle Maßnahmen der Unternehmensplanung, -organisation, -steuerung und -kontrolle als originäre Leitungsaufgaben, wozu auch der einstimmige Beschluss der Geschäftsleiter eines Instituts über die Gewährung oder Zusage von Groß- oder Organkrediten nach § 13 II Satz 1, § 13a II und § 15 I Satz 1 KWG zählen. Ausnahmen sind lediglich hinsichtlich allgemeiner Weisungen und Entscheidungen im Rahmen der zentralen Risikosteuerung möglich, sofern ein Institut Mitglied einer Gruppe i. S. v. § 10a KWG ist, die der konsolidierten Aufsicht durch das Bundesaufsichtsamt untersteht.
14	Zulässig ist die Übertragung von Vertretungsbefugnissen auf Dritte (offene Stellvertretung), soweit es das Gesetz, der Gesellschaftsvertrag oder die Satzung des Instituts zulassen[2]. Auch im Rahmen der offenen Stellvertretung ist die Verlagerung von Entscheidungen über die Begründung neuer und die Veränderung bestehender bank- und finanzdienstleistungsspezifischer Risiken nur zulässig, wenn hierdurch die Fähigkeit der Geschäftsleitung zur angemessenen Risikosteuerung nicht unterlaufen wird. Wegen der aus der Erteilung von entsprechenden Vollmachten auf einen Dritten im Vergleich zur Bevollmächtigung eigener Angestellter verbundenen andersgearteten Risikolage erfordert diese Übertragung von Vertretungsbefugnissen entsprechende organisatorische Vorkehrungen und Kontrollmaßnahmen (vgl. Tz. 28).

	Dem Umstand der geänderten Risikosituation ist insbesondere im Rahmen der mit den Bevollmächtigten zu schließenden Verträge hinreichend Rechnung zu tragen.
15	Die vorgenannten Voraussetzungen sieht das Bundesaufsichtsamt in der Regel als erfüllt an, wenn dem Auslagerungsunternehmen für die Begründung und Beeinflussung bank- und finanzdienstleistungsspezifischer Risiken exakt vorherbestimm- und nachprüfbare objektive Beurteilungs- und Ergebnisfindungskriterien zwingend vorgegeben werden bzw. Vorgaben hinsichtlich der Entscheidungsfindung gemacht werden, die den internen Handlungsanweisungen entsprechen, wie es beispielsweise bei den im standardisierten Mengenkreditgeschäft gebräuchlichen Scoring-Verfahren oder diesen materiell und qualitativ gleichwertigen Verfahren der Fall ist.
16	Bei den Spezialkreditinstituten wie Kapitalanlagegesellschaften, Bausparkassen oder Hypothekenbanken können sich aus den jeweiligen Spezialgesetzen besondere Maßstäbe für Auslagerungsmaßnahmen ergeben.
17	Unter dem Gesichtspunkt des Erfordernisses einer ordnungsgemäßen Geschäftsorganisation i. S. v. § 25a I Nr. 2 KWG unzulässig sind ferner Auslagerungslösungen, bei denen die Gesamtheit der in der Einzelbetrachtung zulässigerweise ausgelagerten Bereiche die im Institut verbleibenden Bereiche an Umfang und Bedeutung deutlich übertreffen. Ob ein solches Missverhältnis besteht, ist unter Berücksichtigung der dem Institut erteilten Erlaubnis, gegebenenfalls zu beachtender spezialgesetzlicher Anforderungen und dem Umfang und den Eigenarten der betriebenen Bankgeschäfte und erbrachten Finanzdienstleistungen zu beurteilen. Es wird in der Regel zu bejahen sein, wenn das Institut über keine nennenswerten eigenen sachlich und personell hinreichend ausgestatteten Unternehmenseinheiten (mehr) verfügt oder sämtliche die Erlaubnispflicht begründende Aktivitäten durch Dritte durchführen und abwickeln lässt bzw. abwickeln lassen möchte. Das Bundesaufsichtsamt wird in Bezug auf die Auslagerung einzelner Geschäftsbereiche Erleichterungen insbesondere bei kleineren Instituten unter Berücksichtigung der individuellen Geschäftsausrichtung prüfen.
18	Tz. 17 Satz 4 gilt entsprechend, sofern auszulagernde Geschäftsbereiche, für die das Institut eine Erlaubnis nach § 32 KWG besitzt, geschäftspolitisch für das auslagernde Institut von untergeordneter Bedeutung sind.

19	Eine vollständige Auslagerung der **Internen Revision** ist lediglich bei kleinen Instituten nach Maßgabe meines Rundschreibens 1/2000 vom 17. Januar 2000 - I 4 - 42 - 5/97 - zulässig. Sofern (kleine) Finanzdienstleistungsinstitute ihre Interne Revision auslagern, sind die Tzn. 40 und 41 des Rundschreibens 1/2000 entsprechend anzuwenden.
20	**Laufende interne Kontrollen**, d. h. diejenigen Formen von Überwachungsmaßnahmen, die unmittelbar oder mittelbar in die zu überwachenden Arbeitsabläufe integriert sind (prozessabhängige Überwachung), können zusammen mit den jeweiligen Arbeitsabläufen ausgelagert werden; Tz. 28 ist zu beachten. Eine **vollständige** Auslagerung der laufenden internen Kontrollen ist ausgeschlossen.
21	Auslagerbar sind ferner Funktionen zur Unterstützung bankbetrieblicher Planungs- und Kontrollprozesse.
V. Anforderungen an zulässige Auslagerungen	
22	Sofern Auslagerungslösungen i. S. v. § 25a II KWG zulässig sind, sehe ich die gesetzlichen Anforderungen als erfüllt an, wenn Auslagerungsmaßnahmen den nachfolgend aufgestellten Grundsätzen angemessen Rechnung tragen.
	1. Vertrag
23	Jede Auslagerungslösung, die unter § 25a II KWG fällt, muss auf einem klaren schriftlichen Vertrag beruhen, der den nachstehenden generellen Anforderungen hinreichend Rechnung trägt. Dabei sind nicht in jedem Anwendungsfall alle nachfolgenden Punkte in gleichem Maße zu gewichten. Neben der Fixierung und Dokumentation der Rechte des auslagernden Instituts dient der Vertrag dem nach § 20 Satz 3 Nr. 1 AnzV zu führenden schriftlichen Nachweis über die Einhaltung der Anforderungen nach § 25a II KWG. Wenn eine inländische Zweigstelle eines ausländischen Unternehmens Funktionen auf die ausländische Hauptniederlassung oder eine Niederlassung desselben Unternehmens auslagert, bedarf es entsprechender interner Vereinbarungen (interne Richtlinien, Organisationsanweisungen, Verpflichtungserklärungen).
	2. Bestimmung des auszulagernden Bereiches
24	Der auszulagernde Bereich ist zu definieren; die genauen Anforderungen für die Leistungserbringung sind unter Berücksichtigung der Zielsetzung der Auslagerungslösung festzulegen und zu dokumentieren. Dem Anforderungsprofil des auslagernden Instituts entsprechend muss die Leistungsfähigkeit des Auslagerungsunternehmens im Vorhinein sowohl unter quantitativen als auch qualitativen Gesichtspunkten beurteilbar sein.

	3. Auswahl, Instruktion und Kontrolle des Auslagerungsunternehmens
25	Das Institut hat das Auslagerungsunternehmen mit der erforderlichen Sorgfalt auszuwählen, es angemessen in seine Aufgabe einzuweisen und zu überwachen. Das Auslagerungsunternehmen muss über die für seine Tätigkeit erforderlichen Erlaubnisse verfügen und Gewähr für eine sichere und dauerhafte Leistungserbringung bieten. Die Auswahl des Auslagerungsunternehmens hat deshalb unter Berücksichtigung seiner professionellen Fähigkeiten sowie finanziellen und personellen Ressourcen zu erfolgen.
26	Die Verantwortlichkeiten und Zuständigkeiten von Institut und Auslagerungsunternehmen sind genau festzulegen und abzugrenzen. Die Einhaltung sämtlicher gesetzlicher und vertraglicher Pflichten, die das auslagernde Institut, z. B. auf Grund bankaufsichtlicher Vorgaben, zu erfüllen hat, darf durch die Auslagerung nicht beeinträchtigt werden bzw. ist auch durch das Auslagerungsunternehmen zu gewährleisten. Schnittstellen, Verantwortlichkeiten und Zuständigkeiten sind vertraglich zu regeln. Haftungsfragen sollten, insbesondere wenn sich gesetzliche Haftungsregelungen als unzureichend erweisen sollten, ebenfalls vertraglich geregelt werden.
27	Die Leistungserbringung des Auslagerungsunternehmens ist laufend zu überwachen und zu beurteilen, so dass notwendige Korrekturmaßnahmen sofort ergriffen werden können. Es ist institutsintern für jede Auslagerung eine verantwortliche Stelle zu definieren, die für die Überwachung und Steuerung der jeweiligen Auslagerungsmaßnahme zuständig ist.
28	Die laufende interne Kontrolle des ausgelagerten Bereichs durch die Geschäftsleitung des Auslagerungsunternehmens (Prüfung sowie Identifizierung und Beseitigung von Mängeln) sowie die Verpflichtung zur regelmäßigen Berichterstattung an das auslagernde Institut und zur unverzüglichen Abgabe von Fehlermeldungen ist vertraglich vorzusehen. Der ausgelagerte Geschäftsbereich bleibt folglich in das interne Kontrollsystem des auslagernden Instituts integriert. Dabei ist den infolge der Auslagerung geänderten Kontrollabläufen und den damit verbundenen erweiterten Überwachungspflichten der Geschäftsleitung angemessen Rechnung zu tragen.
29	Änderungen der für das Institut maßgeblichen oder von ihm vorgegebenen Leistungs- und Qualitätsstandards müssen, insbesondere wenn dies auf Grund geänderter gesetzlicher Rahmenbedingungen notwendig wird, auch vom Auslagerungsunternehmen berücksichtigt werden. Dies ist vertraglich und durch interne Sicherungsvorkehrungen, laufende Kontrollen und nachträgliche Prüfungen sicherzustellen und zu überwachen.

30	Das Institut hat sich die zur Wahrnehmung seiner Überwachungsfunktionen notwendigen Auskunfts-, Einsichts-, Zutritts- und Zugangsrechte (u. a. auch zu Datenbanken) sowie Weisungs- und Kontrollrechte vom Auslagerungsunternehmen vertraglich einräumen zu lassen. Weisungsrechte müssen so abgesichert sein, dass sie zur Sicherstellung einer ordnungsgemäßen Durchführung der ausgelagerten Tätigkeiten und Funktionen unmittelbar und unabhängig von etwaigen konkurrierenden Weisungsrechten durchsetzbar sind.
31	Zu einer effektiven Steuerung und Kontrolle der ausgelagerten Bereiche gehört die Möglichkeit, sich aus dem abgeschlossenen Vertrag zu lösen, wenn dies geboten erscheint, und den ausgelagerten Bereich auf ein anderes Unternehmen zu übertragen oder ihn wieder in das Institut einzugliedern. Dies setzt hinreichend flexible Kündigungsrechte voraus, die sich das auslagernde Institut im Auslagerungsvertrag vorbehalten muss. Kündigungsfristen sind so zu bemessen, dass dem auslagernden Institut auch im Falle einer Kündigung durch das Auslagerungsunternehmen genügend Zeit verbleibt, Alternativlösungen umzusetzen.
32	Weiterverlagerungen ausgelagerter Tätigkeiten und Funktionen auf Dritte (Subunternehmer) sind wie eine Erstverlagerung anzusehen (zur Anzeigepflicht vgl. Tz. 53) und nur zulässig, wenn gewährleistet ist, dass der Subunternehmer den zwischen auslagerndem Institut und Auslagerungsunternehmen bestehenden Verpflichtungen ebenfalls vollumfänglich nachkommt. Die Erfüllung dieser Voraussetzungen ist vertraglich durch einen Zustimmungsvorbehalt des auslagernden Instituts zu Möglichkeit und Modalitäten einer Weiterverlagerung abzusichern. Ferner hat sich das Auslagerungsunternehmen zu verpflichten, seine vertraglichen Vereinbarungen mit dem Subunternehmer nur im Einklang mit den Regelungen des Vertrages mit dem auslagernden Institut auszugestalten. Eine Weiterverlagerung von Funktionen der Internen Revision ist ausgeschlossen.
	4. Interne Revision, Abschlussprüfung und Aufsicht
33	Das auslagernde Institut, seine Interne Revision, Prüfer, die beim Institut aufgrund gesetzlicher Vorschriften tätig werden und das Bundesaufsichtsamt sowie von diesem mit der Prüfung beauftragte Stellen müssen den ausgelagerten Geschäftsbereich jederzeit vollumfänglich und ungehindert einsehen und prüfen können.

34	Hierzu hat sich das Auslagerungsunternehmen gegenüber dem Institut entsprechend der nach § 20 Satz 3 Nr. 2 AnzV abzugebenden Duldungserklärung vertraglich zu verpflichten, dem Bundesaufsichtsamt sowie von diesem mit der Prüfung beauftragte Stellen in Bezug auf den ausgelagerten Geschäftsbereich sämtliche Auskünfte zu erteilen und Unterlagen auszuhändigen, die diese für ihre Aufsichtstätigkeit benötigen.
35	Die Interne Revision des Instituts und dessen Abschlussprüfer müssen in der Lage sein, die Einhaltung der bankaufsichtsrechtlichen Bestimmungen sowie die Einzelvorgaben des Bundesaufsichtsamtes im Hinblick auf den ausgelagerten Bereich beim Auslagerungsunternehmen zu prüfen. Ihnen ist deshalb im Auslagerungsvertrag ein jederzeitiges, vollumfängliches und ungehindertes Einsichts- und Prüfrecht einzuräumen, das die Anfertigung von Abschriften einschlägiger Unterlagen mit einschließt. Sie müssen Zugang zu allen Dokumenten, Datenträgern und Systemen beim Auslagerungsunternehmen haben, sofern diese den ausgelagerten Bereich betreffen. Vertraglich ist sicherzustellen, dass Personen, die beim Auslagerungsunternehmen Funktionen der Internen Revision wahrnehmen oder gesetzlich vorgeschriebene oder aufsichtlich angeordnete externe Prüfungen vornehmen, gegenüber dem auslagernden Institut sowie dessen Prüfern einer Schweigepflicht nicht unterliegen. Darüber hinaus ist sicherzustellen, dass alle Prüfungsrechte nach Beendigung der Auslagerung für einen Zeitraum von mindestens zwei Jahren fortbestehen, beginnend mit dem Ablauf des Geschäftsjahres, in dem der Auslagerungsvertrag beendet wird; relevante Unterlagen müssen ebenso lange weiterhin verfügbar bleiben.
36	Soweit Funktionen der Internen Revision auf das Auslagerungsunternehmen oder einen externen Revisor delegiert werden, ist sicherzustellen, dass die Prüfungstätigkeit und die Berichterstattung dieser Revisoren sowie der Prozess der Auslagerung nach Maßgabe des Rundschreibens 1/2000 erfolgen. Durch wen die Funktion der Internen Revision ausgeübt wird, ist vertraglich festzulegen. Die notwendige Kooperation der mit der Wahrnehmung der Internen Revision beauftragten Prüfer mit der Internen Revision des auslagernden Instituts ist insbesondere im Hinblick auf die Vorlage der maßgeblichen Prüfungsergebnisse sicherzustellen. Die maßgeblichen (Einzel-)Prüfungsergebnisse sind darüber hinaus dem Bundesaufsichtsamt und dem Abschlussprüfer des auslagernden Instituts auf Anfrage zur Verfügung zu stellen.

37	Die Delegation der Funktion der Internen Revision entbindet die Interne Revision des auslagernden Instituts insbesondere dann nicht von der Pflicht, eigene Prüfungshandlungen in dem Auslagerungsunternehmen vorzunehmen, wenn das auslagernde Institut bzw. dessen Prüfer von der Funktionsfähigkeit der Internen Revision des Auslagerungsunternehmens nicht überzeugt ist (vgl. Tz. 29 Rundschreiben 1/2000). Das Recht zu eigenen Ergänzungsprüfungen der Internen Revision des auslagernden Instituts ist vertraglich sicherzustellen.
38	Bei Auslagerungen von Funktionen der Internen Revision auf Mehrmandantendienstleister (Auslagerungsunternehmen, die Tätigkeiten oder Funktionen i. S. v. § 25a II KWG für mehr als ein Institut durchführen bzw. wahrnehmen) gelten die Sonderregelungen nach Maßgabe des Abschnitts 6c, Tz. 29, des Rundschreibens 1/2000 vom 17. Januar 2000 entsprechend.
	5. Sicherheit, Datenschutz
39	Das Institut und das Auslagerungsunternehmen haben die Sicherheitsanforderungen, die das Auslagerungsunternehmen zu erfüllen hat, zu bestimmen und vertraglich festzuhalten. Das Institut hat die Einhaltung laufend zu überwachen.
40	Das auslagernde Institut muss eine ordnungsgemäße Fortführung der Geschäfte im Notfall jederzeit gewährleisten. Die festzulegenden Sicherheitsmaßnahmen müssen insbesondere Regelungen enthalten, welche die Weiterführung des ausgelagerten Bereichs sicherstellen, falls das Auslagerungsunternehmen verhindert ist, seine Leistung zu erbringen. Dem Umstand, dass andere Auslagerungsunternehmen als Ersatz nicht zur Verfügung stehen, ist durch geeignete Vorkehrungen Rechnung zu tragen.
41	Das Institut und das Auslagerungsunternehmen haben den Datenschutz im Sinne der datenschutzrechtlichen Bestimmungen zu gewährleisten und für die Vertraulichkeit, die Verfügbarkeit und die Richtigkeit der Daten zu sorgen.
42	Kundendaten müssen durch angemessene technische und organisatorische Maßnahmen vor unbefugtem Umgang geschützt werden. Insbesondere sind die Systeme zu schützen gegen unbefugte oder zufällige Vernichtung, zufälligen Verlust, technische Fehler, Fälschung, Diebstahl, widerrechtliche Verwendung, unbefugtes Ändern, Kopieren, Zugreifen und andere unbefugte Bearbeitungen.

	6. Geschäfts- und Bankgeheimnis
43	Das Auslagerungsunternehmen ist dem Geschäftsgeheimnis des Instituts und, soweit ihm Kundendaten bekannt sind, dem Bankgeheimnis des auslagernden Instituts zu unterstellen. Das Auslagerungsunternehmen hat sich ausdrücklich zu verpflichten, die Vertraulichkeit der Kundendaten zu wahren.
44	Bietet das Auslagerungsunternehmen seine Dienstleistungen mehreren Instituten an, so ist durch besondere technische, personelle und organisatorische Maßnahmen sicherzustellen, dass die Vertraulichkeit der Daten nicht nur gegenüber Dritten, sondern auch zwischen den verschiedenen auslagernden Instituten gewahrt bleibt.
	7. Kundeninformation
45	Das auslagernde Institut muss seine Kunden in geeigneter Weise über die Auslagerung informieren bzw. ihre Zustimmung zur Auslagerung einholen, soweit es hierzu gesetzlich oder vertraglich verpflichtet ist.
	8. Auslagerung ins Ausland
46	Bei Auslagerungen ins Ausland trägt das auslagernde Institut die Verantwortung, dass das Bundesaufsichtsamt für das Kreditwesen gemäß § 44 KWG seine Auskunftsrechte, einschließlich der Befugnis, die Vorlage von Unterlagen zu fordern, und seine Prüfungsrechte wahrnehmen kann. Sollte sich die Ausübung bzw. Durchsetzung dieser Rechte als nicht möglich erweisen, ist die Auslagerung rückgängig zu machen.
VI. Sonderfälle, Erleichterungen	
47	Obwohl tatbestandlich ebenfalls unter § 25a II KWG subsummierbar, nehme ich die Einschaltung anderer Institute oder sonstiger Dritter von der Anwendung der Vorschrift aus, sofern diese aufgrund der Struktur des Ablaufs des jeweiligen Geschäfts für die vollständige Durchführung des Geschäfts unumgänglich oder aufgrund der besonderen Struktur und notwendigen Arbeitsteilung eines Finanzverbundes erforderlich ist. Dies gilt z. B. für die Funktion der Clearingstellen im Rahmen des Zahlungsverkehrs und der Wertpapierabwicklung, die Nutzung der Wertpapierhandelssysteme durch die Institute, die Autorisierungszentralen für Electronic-Cash-Transaktionen, die Evidenzzentralen für »GeldKarte"-Transaktionen sowie die Zentralbankfunktion innerhalb eines Finanzverbundes, die Einschaltung von Lead Managern, Arrangern oder Agents bei internationalen Konsortialkrediten und vergleichbare Fallgestaltungen.

48	Den ggf. auch längerfristigen Einsatz von Leiharbeitnehmern, die für die Dauer ihrer Tätigkeit vollumfänglich in die Betriebs- und Ablauforganisation des Instituts eingegliedert sind, sehe ich nicht als Auslagerung im Sinne des § 25a II KWG an.
49	Auf nach deutschem Recht organisierte Auslagerungsunternehmen, insbesondere solche, die von Instituten eines Finanzverbundes getragen werden und deren Geschäftstätigkeit im Wesentlichen darin besteht, standardisierte Dienstleistungen im Massengeschäft für die angeschlossenen Institute (auch soweit sie nicht unmittelbar Verbundunternehmen im eigentlichen Sinne sind) zu erbringen, namentlich die Rechenzentren und Wertpapierservicebanken im Sparkassen- und Genossenschaftssektor, ist Abschnitt V. mit der Maßgabe anzuwenden, dass die unabhängige Durchführbarkeit und Befolgbarkeit von Weisungen sowie die Einräumung unabhängiger Prüfungsbefugnisse für die Interne Revision jedes auslagernden Instituts nicht vertraglich ausbedungen werden müssen; das Recht zu eigenen Ergänzungsprüfungen i. S. v. Tz. 37 bleibt davon unberührt. Diese Erleichterung setzt voraus, dass ein solches Auslagerungsunternehmen über eine eigene, nach Maßgabe des Rundschreibens 1/2000 organisierte Interne Revision verfügt, dass die ordnungsgemäße Durchführung der erbrachten Dienstleistungen im Interesse des auslagernden Instituts von einem in § 340k HGB genannten inländischen Abschlussprüfer geprüft wird und der Prüfungsbericht bzw. der für den ausgelagerten Bereich erstellte Teilbericht dem Bundesaufsichtsamt, der zuständigen Landeszentralbank, der Internen Revision des auslagernden Instituts sowie dessen Abschlussprüfer auf Anforderung zur Verfügung gestellt wird,[3] und dass das Auslagerungsunternehmen sich verpflichtet, auch darüber hinaus Auskünfte zu erteilen und Prüfungen des Bundesaufsichtsamtes sowie von diesem mit der Prüfung beauftragten Stellen zu dulden. Sofern Mehrmandantendienstleister Weiterverlagerungen von ausgelagerten Bereichen i. S. v. Tz. 32 vorzunehmen beabsichtigen, prüft das Bundesaufsichtsamt auf Antrag des auslagernden Instituts bzw. der auslagernden Institute im Einzelfall, ob Erleichterungen gewährt werden können.
50	Bei Auslagerungen innerhalb eines Konzerns sind die Grundsätze nach Abschnitt V, Ziffern 3., 4. und 8. nur insoweit umzusetzen, als sie nicht bereits aufgrund der konzernmäßigen Verflechtung mit dem auslagernden Institut als erfüllt anzusehen sind.

	Tz. 30 (Weisungsrechte) ist mit der Maßgabe anzuwenden, dass im Konzern und insbesondere bei Vorliegen einer steuerlichen Organschaft das Mutterunternehmen (Organträgergesellschaft) unbeschadet der organschaftlichen Eingliederung des Tochterunternehmens (Organgesellschaft) verpflichtet ist, bei der Durchführung der auf das Mutterunternehmen übertragenen Funktionen die für die Organgesellschaft geltenden aufsichtsrechtlichen Vorschriften zu beachten, und insbesondere keine den bankaufsichtlichen Regelungen widersprechende Weisungen zu erteilen. Auf Rechenzentren und Wertpapierservicebanken, die in einen Konzern eingegliedert sind, kann Tz. 49 entsprechend angewendet werden.
VII. Berichterstattung der Abschlussprüfer	
52	Der Abschlussprüfer des auslagernden Instituts hat im Prüfungsbericht im Abschnitt über die Darstellung der rechtlichen, wirtschaftlichen und organisatorischen Grundlagen zur Ordnungsmäßigkeit der Auslagerung Stellung zu nehmen (vgl. § 5 II PrüfbV, ferner entsprechende Standards und Normen der Fachverbände). Dabei sind Art und Umfang der verschiedenen Auslagerungslösungen in den Grundzügen zu beschreiben. Die Einhaltung der materiellen Voraussetzungen des § 25a II KWG ist festzustellen.
VIII. Anzeigen	
53	Gemäß § 25a II Satz 3 KWG und § 20 AnzV hat das Institut die Absicht der Auslagerung sowie ihren Vollzug dem Bundesaufsichtsamt und der Deutschen Bundesbank unverzüglich anzuzeigen; eine Weiterverlagerung ausgelagerter Tätigkeiten auf Dritte (Subunternehmer) ist wie eine erneute Auslagerung anzusehen und ihre Absicht sowie ihr Vollzug anzuzeigen, wobei im Falle von Weiterverlagerungen durch einen Mehrmandantendienstleister Absichts- und Vollzugsanzeige für jedes der betroffenen Institute einzeln von diesem abgegeben werden können. In der Absichtsanzeige sind der auszulagernde Bereich, das Auslagerungsunternehmen und der voraussichtliche Zeithorizont bis zur Umsetzung der Auslagerungslösung anzugeben. Die Einhaltung der vorstehenden Voraussetzungen ist unter Vorlage des Auslagerungsvertrages darzulegen, der, sofern sich der Vertragsschluss verzögert, nachgereicht werden kann; ggf. ist ein Vertragsentwurf mit der Absichtsanzeige einzureichen.
54	In den Fällen der Tz. 49 sieht das Bundesaufsichtsamt die Anzeigepflicht als erfüllt an, wenn die Anzeigen jeweils durch den Mehrmandantendienstleister oder durch den Verband entsprechend der Regelung in § 26 AnzV unter Hinweis auf einen mit dem Bundesaufsichtsamt abgestimmten bzw. in der Vergangenheit nicht beanstandeten Mustervertrag eingereicht werden; bei inhaltlich gleich lautenden Verträgen ist die Vorlage nur eines Mustervertrages ausreichend.

55	Die Vollzugsanzeige kann sich auf die Angabe des Vollzugs beschränken; Abweichungen von der Absichtsanzeige sind darzustellen.
56	Sofern vor dem 1. Januar 1998 durchgeführte Auslagerungsmaßnahmen dem Bundesaufsichtsamt und der für das Institut zuständigen Zweiganstalt der Landeszentralbank noch nicht angezeigt wurden, ist dies bis sechs Monate nach Veröffentlichung des Rundschreibens nachzuholen, wobei nach § 20 Satz 4 AnzV die Vertragsunterlagen nur auf Verlangen des Bundesaufsichtsamtes nachzureichen sind.
IX. Übergangs- und Schlussbestimmungen	
57	Bestehende Auslagerungslösungen sind bis zum Jahresende 2003 an die dargelegten Grundsätze anzupassen. Der Abschlussprüfer hat sodann über jede Auslagerungsmaßnahme sowie über den Stand der Anpassung jeweils gesondert zu berichten (vgl. Tz. 52).
58	Punkt II Nr. 1 der Verlautbarung vom 24. August 1979 - I 5 - 211 - 3/76 - (abgedruckt in CMBS 4.171a) betreffend Kreditvermittler, die ermächtigt sind, über einen Darlehensantrag nach eigener Prüfung zu entscheiden, wird mit Bekanntgabe dieses Rundschreibens aufgehoben.[4]
[1]	Für inländische unselbstständige Zweigstellen von Unternehmen mit Sitz im Ausland (§ 53 I Satz 1 KWG) gilt, dass Auslagerungen auf ausländische Schwesterfilialen oder die Zentrale ebenfalls von der Vorschrift erfasst werden.
[2]	Soweit ein Auslagerungsunternehmen Leistungen ausschließlich in offener Stellvertretung für ein lizenziertes Institut erbringt, bedarf es keiner eigenen Erlaubnis gemäß § 32 KWG. Dies gilt nicht, soweit die Leistungen, die in offener Stellvertretung erbracht werden, als Finanzdienstleistungen im Sinne des § 1 Ia Satz 2 KWG einzustufen sind. Lediglich unter den im Einzelnen in § 2 X KWG normierten Voraussetzungen entfällt die Erlaubnispflicht für die Anlage- und Abschlussvermittlung i. S. v. § 1 Ia Satz 2 Nr. 1 und 2 KWG (vgl. dazu auch die Anforderungen des Rundschreibens 8/98 vom 3. Juli 1998 - VII 4 - 71.61). In diesen besonderen Fällen bleibt neben einer Anzeige gemäß § 25a II KWG eine Anzeige gemäß § 2 X KWG erforderlich. Die Absichtsanzeige nach § 25a II Satz 3 KWG kann mit der Anzeige nach § 2 X Satz 1 KWG zusammengefasst werden, wobei dieser Umstand in der Anzeige deutlich hervorzuheben ist. Zur Erfüllung der Anzeigepflicht nach § 2 X Satz 1 KWG ist die Anzeige nebst einzureichender Unterlagen in dreifacher Ausfertigung dem Bundesaufsichtsamt einzureichen; § 20 Satz 1 AnzV bleibt unberührt, d. h., die Anzeige ist insgesamt fünffach bei dem Bundesaufsichtsamt sowie zweifach bei der zuständigen Landeszentralbank einzureichen.

[3]	Findet diese Prüfung nicht im Rahmen der Jahresabschlussprüfung statt, gilt dies entsprechend für die dann erforderliche gesonderte Berichterstattung.
[4]	In solchen und vergleichbaren Fälle handelt es sich um Auslagerungen im Sinne des § 25a II KWG, die künftig nicht mehr als Zweigstelle des lizenzierten Instituts angesehen werden.

Geschäftsnummer (bitte bei Antwort angeben)	**I 3 - 272 A - 2/98**
Bonn, den	6. Dezember 2001

Anhang

I.1 Literaturverzeichnis

I.1.1 Fachbücher

Auernhammer, Herbert	Bundesdatenschutzgesetz, Kommentar 3. Auflage, Köln, Berlin, München 1993
Amann, Hermann* Brambring, Günter Hertel, Christian	Die Schuldrechtsreform in der Vertragspraxis 1. Auflage, München 2002
Assmann, Heinz-Dieter Bungert, Hartwin	Handbuch des US-amerikanischen Handels-, Gesellschafts- und Wirtschaftsrechts/Institutionelle und zivilrechtliche Rahmenbedingungen, Wirtschaftsverwaltungsrecht 1. Auflage, München 2001
Balze, Wolfgang Rebel, Wolfgang Schuck, Peter	Outsourcing und Arbeitsrecht 1.Auflage, München 1997
Baumbach, Adolf Hopt, Klaus J.	Handelsgesetzbuch 30. Auflage, München 2000
Beckmann, Heiner	Computerleasing 1. Auflage, Köln 1993
Bergmann, Lutz Möhrle, Roland Herb, Armin	Datenschutzrecht, Handkommentar, Stand: 24. August 2000, Stuttgart, München, Hannover, Berlin, Weimar, Dresden
Bernhard, M.G. Lewandowski, W Mann. H.	Service-Level-Management in der IT 1. Auflage, Düsseldorf 2000
Birk, Dieter	Steuerrecht 3. Auflage, Heidelberg 2000
Bongard, Stefan	Outsourcing, Entscheidungen in der Informationsverarbeitung Wiesbaden 1994

Brox, Hans Rüthers, Bernd	Arbeitsrecht 14., neubearbeitete Auflage, Stuttgart, Berlin, Köln 1999
Brox, Hans* Walker, Wolf-Dietrich	Besonderes Schuldrecht 26. Auflage, München 2001
Bruch, Heike	Outsourcing, Konzepte und Strategien, Chancen und Risiken Wiesbaden 1998
Büschgen, Hans	Praxishandbuch Leasing München 1998
Busse von Colbe, Walther* Pellens, Bernhard	Lexikon des Rechnungswesens 4. Auflage, München, Wien, Oldenbourg 1998
Bundesbeauftragter für den Datenschutz	Tätigkeitsbericht 1999 und 2000 des Bundesbeauftragten für den Datenschutz, 18. Tätigkeitsbericht BT-Drs. 14/5555 vom 13.03.2001
Cunningham, Peter A. Fröschl, Friedrich	Outsourcing – strategische Bewertung einer Informationsdienstleistung 1. Auflage, Frankfurt a.M. 1995
Dieterich, Thomas Hanau, Peter Schaub, Günter	Erfurter Kommentar zum Arbeitsrecht 2., neubearbeitete Auflage, München 2001
Diemer, Michael	Strategisches Outsourcing: Gemeinsam den Markt angehen In: Outsourcing – Eine strategische Allianz besonderen Typs; Hrsg.: Köhler-Frost, W.; 4. Auflage, Berlin 2000
Dreier, Horst	GG, Kommentar Band II: Art. 20, 82 Tübingen 1998
Döser, Wulf	Vertragsgestaltung im internationalen Wirtschaftsrecht JuS Schriftenreihe 1. Auflage, München 2001
Dötsch, Ewald	Das neue Umwandlungssteuerrecht ab 1995 Stuttgart 1995
Dütz, Wilhelm	Arbeitsrecht 6. Auflage, München 2001
Erman, Walter	Handkommentar zum Bürgerlichen Gesetzbuch 9. Auflage, 1. Band, Münster 1993

Fisher, Roger* Ury, Willian	Das Harvard-Konzept, Sachgerecht verhandeln – erfolgreich verhandeln 2. Auflage, Frankfurt/New York 2000
Fromm, Karl Nordemann, Wilhelm	Urheberrecht 8. Auflage, Stuttgart-Berlin-Köln 1994
Gabler (Redaktion)*	Fremdwörterbuch Wirtschaft 1. Auflage, Weyarn 1998
Gamm, Otto-Friedrich Frhr. von	Urheberrechtsgesetz, Kommentar München 1968
Gaulke, Markus	Risiko Management in IT-Projekten 1. Auflage, Oldenburg 2002
Genthe, Barbara	Der Umfang der Zweckübertragstheorie im Urheberrecht Frankfurt a. M., Bern 1981
Grabitz, Eberhard Hilf, Meinhard	Das Recht der Europäischen Union, Band 2 Sekundärrecht, Stand: 14. Ergänzungslieferung Oktober 1999, München
Grigoleit, Hans Christoph	Vorvertragliche Informationshaftung, Vorsatzdogma, Rechtsfolgen, Schranken München 1997
Haberstumpf, Helmut	Der urheberrechtliche Schutz von Computerprogrammen Lehmann, Michael (Hrsg.), Rechtschutz und Verwertung von Computerprogrammen, Köln 1993, S. 69–167
Hammes, Michael Klimpke, Thomas Hamann, Dirk Koffka, Nils u.a.	Outsourcing in Banken und Sparkassen, Strategien, rechtliche Grundlagen, Praxisbeispiele 1. Auflage, Stuttgart 1997
Haestedt, Uwe-Peter Mellwig, Winfried	Leasing Heidelberg 1998
Hertin, Paul*	Urheberrecht 1. Auflage, Berlin 1996
Horchler, Hartmut	Outsourcing: Eine Möglichkeit zur Wirtschaftlichkeit der Unternehmensfunktionen und Unternehmensprozesse 1996

Immenga, Ulrich Mestmäcker, Ernst-Joachim	GWB – Gesetz gegen Wettbewerbsbeschränkungen, 3. Auflage, München 2001
Macfarlane, Ivor Rudd, Colin	IT Service Managment nach ITIL (IT Infrastructure Library) Version 2 Großbritannien, 2001
Jacob	Risiko Management Schriften der Unternehmensführung Band 33, Wiesbaden 1986
Jacobs, Otto H.	Internationale Unternehmensbesteuerung 3. Auflage, München 1995
Jauernig, Othmar	Bürgerliches Gesetzbuch mit Gesetz zur Regelung des Rechts der Allgemeinen Geschäftsbedingungen, 9. Auflage, München 1999
Karlöf, Bengt Östblom, Svante	Das Benchmarking-Konzept Stockholm 1993
Kerschner, Helmut Köhler, Hermine	Betriebsveräußerung und Arbeitsrecht, Haftung des Betriebserwerbers beim Übergang von Arbeitsverhältnissen Berlin 1983
Kilian, Wolfgang Heussen, Benno	Computerrecht – Handbuch, Computerterminologie in der Rechts- und Wirtschaftspraxis 17. Ergänzungslieferung, München 2001
Knobbe-Keuk, Brigitte	Bilanz- und Unternehmenssteuerrecht 9. Auflage, Köln 1983
Koch, Frank A.	Computer-Vertragsrecht Berliner Praxishandbücher 5. Auflage, Berlin 2000 Computer-Vertragsrecht Berliner Praxishandbücher 6. Auflage, Berlin 2002
Köhler, Helmut Fritzsche, Jörg	Die Herstellung und Überlassung von Software im bürgerlichen Recht, in Lehmann, Michael (Hrsg.), Rechtsschutz und Verwertung von Computerprogrammen, Köln 1993, S. 513–627
Köhler-Frost, Wilfried	Outsourcing zur Jahrtausendwende: Zahlen – Informationen – Erkenntnisse, in: ders. (Hrsg.) Outsourcing – Eine strategische Allianz besonderen Typs 4. Auflage, Berlin 2000

Köppel, Andreas, Abeck, Sebastian Müller, Rolf	Unterstützung von SLAs für verteilte Anwendungen – Eine durchgängige Lösung für Design, Implementierung und Betrieb, Karlsruhe 2000
Küchler, Peter R.	Application Service Providing, Application Hosting: Visionen eines neuen Services?; In: Outsourcing – Eine strategische Allianz besonderen Typs; Hrsg.: Köhler-Frost,W.; 4. Auflage, Berlin 2000
Küting, Karlheinz*	Saarbrücker Handbuch der Betriebswirtschaftlichen Beratung Küting (Hrsg.) 2. Auflage, Herne, Berlin 2000
Lamla, Joachim	Prozeßbenchmarking dargestellt an Unternehmen der Antriebstechnik München 1995
Larenz, Karl	Lehrbuch des Schuldrechts 1. Band/Allgemeiner Teil 14. Auflage, München 1987
Lewandowski, Winfried Mann, Hartmut	Die AgrEvo GmbH und Service-Projekt – Drei Phasen für eine optimale IT, in: Service Level Management in der IT, Hrsg. von Bernhard, G.; Lewandowski, W. ; Mann, H.
Luther, Andersen	Die Schuldrechtsreform 1. Auflage, Heidelberg 2001
Lutter, Marcus	Der Letter of Intent Zur rechtlichen Bedeutung von Absichtserklärungen 3. Auflage, Köln, Berlin, Bonn, München 1998
Lux, Wolfgang Schön, Peter	Outsourcing der Datenverarbeitung Heidelberg 1997
Kulas, Christian Schulz, Raymond	Dienstgüte und Dienstgütevereinbarungen (SLAs) Karlsruhe 2000
Leibfried, Kathleen H. J. McNair, Carol Jean	Benchmarking – Von der Konkurrenz lernen, die Konkurrenz überholen 1. Auflage, München 1995
Marly, Jochen	Softwareüberlassungsverträge 2. Auflage. München 1997
Mertens, Peter Knolmayer, Gerhard	Organisation der Informationsverarbeitung, Grundlagen – Aufbau – Arbeitsteilung 3. Auflage, Wiesbaden 1998

Mertins, Kai Siebert, Gunnar Kempf, Stefan	Benchmarking – Praxis in deutschen Unternehmen, 1. Auflage, Berlin, Heidelberg, New York 1995
Merkt, Hanno	Internationaler Unternehmenskauf 1. Auflage, Köln, 1997
Meumann, Ulrich	Entwurf eines Dienstmodells als Bestandteil einer integrierten Dienstmanagement-Architektur, Karlsruhe 2000
Meyer, Jürgen	Benchmarking – Spitzenleistungen durch Lernen von den Besten, Stuttgart 1996
Möhring,Philipp* Nicolini, Käte	Urheberrechtsgesetz, Kommentar 2. Auflage, München 2000
Müller, Hans-Erich Prangenberg, Arno	Outsourcing-Management Köln 1997
Müthlein, Thomas	Outsourcing und Datenschutz – Vertragsgestaltungen aus datenschutzrechtlicher Sicht; 2. Auflage, Frechen 1997
Nagengast, Johann	Outsourcing von Dienstleistungen industrieller Unternehmen, Eine theoretische und empirische Analyse Hamburg 1997
Nicolini, Käte (Hrsg.) Ahlberg, Hartwig (Hrsg.)	Urheberrechtsgesetz, Kommentar 2. Auflage, München 2000
Niebling, Jürgen	Outsourcing – Rechtsfragen und Vertragsgestaltung 2. Auflage, Stuttgart, München, Hannover, Berlin, Weimar, Dresden, Boorberg 2002
Oecking, Christian	Outsourcing im Wandel: Von der Auslagerung der Datenverarbeitung zum Management der Komplexität von Informationstechnologie; In: Outsourcing – Eine strategische Allianz besonderen Typs; Hrsg.: Köhler-Frost,W.; 4. Auflage, Berlin 2000
Paefgen, Walter G.	Haftung für mangelhafte Aufklärung aus culpa in contrahendo, Studien zum Handels-, Arbeits- und Wirtschaftsrecht Band 59, Baden-Baden 1999

Palandt, Otto	Bürgerliches Gesetzbuch, 59. Auflage, München 2000 Bürgerliches Gesetzbuch, 60. Auflage, München 2001 Bürgerliches Gesetzbuch, 61. Auflage, München 2002 Bürgerliches Gesetzbuch, Ergänzungsband zum Schuldrecht 61. Auflage, München 2002
Pässler, Katrin Brumby, Lennart	Benchmarking von industriellen Dienstleistungsunternehmen; IO Management 2001, S. 56–61
Preis, Ulrich	Arbeitsrecht, Praxis-Lehrbuch zum Individualarbeitsrecht Köln 1999
Raffee, Hans Eisele, Jürgen	Erfolgsfaktoren des Joint-Venture-Managements 1. Auflage, Mannheim, 1993
Rebmann, Kurt Säcker, Franz Jürger	Münchener Kommentar zum BGB Band 1. Allgemeiner Teil 3. Auflage, München 1993
Redeker, Helmut	Der EDV-Prozess 2. Auflage, München 2000 Handbuch der IT-Verträge, Stand März 2000, Köln 2000
Rehäuser, Jakob Krcmar, Helmut	Prozessorientiertes Informationsmanagement-Benchmarking; Information Management & Consulting 2001, S. 81–89
Richardi, Reinhard Wlotzke, Otfried	Münchener Handbuch zum Arbeitsrecht, Band II – Individualarbeitsrecht, 2. Auflage, München 2000
Ritter. Bernard	Das ERP-Pflichtenheft 1. Auflage, Bonn 2000
Rittner, Fritz	Wettbewerbs- und Kartellrecht, Heidelberg 1999
Scheja, Katharina	Hardware-Vollwartung in Handbuch der IT-Verträge hrsg. von Redeker, Helmut, Köln 2000

Schmid, Karlheinz	Computervertragsrecht in Theorie und Praxis (CAD, CAM, CIM) Köln 1990
Schmidt, Ludwig	Kommentar zum EstG 20. Auflage, München 2001
Schott, Eberhard	Markt und Geschäftsbeziehung beim Outsourcing Wiesbaden 1997
Schrey, Joachim	Ein Wegweiser für effektive vertragliche Regelungen – Fehlende gesetzliche Regelungen erfordern Absprachen, in: Service Level Management in der IT, hrsg. von Bernhard, G., Lewandowski, W., Mann, H.
Schricker, Gerhard	Verlagsrecht, Kommentar 3. Auflage, München 2001
Schricker, Gerhard Dietz, Adolf	Urheberrecht, Kommentar 2. Auflage, München 1999
Semlinger, K.*	Small firms and outsourcing as flexibility reservoirs of large firms. The embedded Firm, Gernot Grabher Routeledge (Hrsg.) London 1993
Staudacher, Richard	Steuerliche, gesellschaftsrechtliche und arbeitsrechtliche Aspekte von Outsourcing-Maßnahmen; In: Outsourcing – Eine strategische Allianz besonderen Typs; Hrsg.: Köhler-Frost,W.;
Staudinger, Julius von	Kommentar zum Bürgerlichen Gesetzbuch mit Einführungsgesetz und Nebengesetzen, Zweites Buch – Recht der Schuldverhältnisse, §§ 611–615 13. Bearbeitung, 1999 Berlin
Sommerlad, Klaus W.	Vertrag und rechtliche Rahmenbedingungen beim Outsourcing der Informationsverarbeitung In: Outsourcing – Eine strategische Allianz besonderen Typs; Hrsg.: Köhler-Frost,W.; 4. Auflage, Berlin 2000
Sontheimer, Jürgen	Vertragsgestaltung und Steuerrecht JuS Schriftenreihe 1. Auflage, München 2001
Steffen, Günter	Blick zurück nach vorn – Vom Outsourcing zum Application Service Provider; In: Outsourcing – Eine strategische Allianz besonderen Typs; Hrsg.: Köhler-Frost,W.; 4. Auflage, Berlin 2000

Thiele, Robert	IT-Services für moderne Client/Server-Strukturen In: Outsourcing – Eine strategische Allianz besonderen Typs; Hrsg.: Köhler-Frost,W.; 4. Auflage, Berlin 2000
Tipke, Klaus Lang, Joachim	Steuerrecht 15. Auflage, Köln 1996
Triantafillakis, Georgios	Die Abgrenzung zwischen Kooperation und Kartell im deutschen und EG-Recht, Frankfurt am Main 1985
Ulmer, Peter* Brandner, Hans E. Hensen, Horst Diether	AGB – Gesetz (Kommentar) 4. Auflage, München, 1999
Watson, Gregory H.	Benchmarking – Vom Besten lernen, Landsberg/Lech 1993
Weimar, Robert*	Subunternehmerverträge/Outsourcingvertrag, Heidelberger Musterverträge 1. Auflage, Heidelberg 1999
Westermann, Harm Peter	Münchener Kommentar zum Bürgerlichen Gesetzbuch, Band 4, Schuldrecht Besonderer Teil II (§§ 607–704), 3. Auflage, München 1997
Westphalen, Friedrich Graf von	Der Leasingvertrag 4. Auflage, Köln 1992
Wiedemann, Gerhard	Handbuch des Kartellrechts, München 1999
Witter, Carsten	Abstimmungsverbot und strategisches Parallelverhalten im Wettbewerbsrecht Wiesbaden 1999
Wöhe, Günter	Grundzüge der Unternehmensfinanzierung 6. Auflage, München 1991
Wolf, Manfred Horn, Norbert Lindacher, Walter F.	AGB-Gesetz Kommentar 4. Auflage, München 1999
Zöllner, Wolfgang Loritz, Karl-Georg	Arbeitsrecht 5. Auflage, München 1998

I.1.2 Aufsätze

Badura, Peter	Die hoheitlichen Aufgaben des Staates und die Verantwortung des Berufsbeamtentums ZBR 1996, S. 321
Battis, Ulrich Kersten, Jens	Das Outsourcing der Beihilfebearbeitung ZBR 2000, S. 145
Bender, Hans Wiljes, Carsten	Welche steuerliche Auswirkung hat eine bilanzielle Objektzurechnung beim Leasinggeber oder -nehmer? BB-2001-Beilage-0004-0017
Bengsch, Volker	Die Vorteilhaftigkeit des Leasings bei der internen Erfolgsrechnung und der Shareholder-Value-Betrachtung BB-2001-Beilage-0004-0021
Berger, Christian	Der Schutz elektronischer Datenbanken nach der EG-Richtlinie vom 11.03.1996 GRUR 1997, S.169
Bihr, Dietrich	Due Diligence: Geschäftsführungsorgane im Spannungsfeld zwischen Gesellschafts- und Gesellschafterinteressen BB 1998, 1198 ff.
Blaurock, Uwe	Der Letter of Intent Zeitschrift für das gesamte Handels- und Wirtschaftsrecht 147 (1983), 334–339
Boemke, Burkhard Lembke, Mark	Änderungen im AÜG durch das »Job-AQTIV-Gesetz« DB 2002, 893, 899
Bordewin, Arno*	Leasingverträge in Handels- und Steuerbilanz NWB Nr. 22, 28.05.1996
Breilinger, Astrid	Kontrolle des IT-Outsourcing durch die Aufsichtsbehörden im Hinblick auf den Auftragnehmer RDV 1995, 211
Bremer, Jürgen	Herausgabe von Informationen i. Rahmen einer Due Diligence GmbHR 2000, 176 ff.
Büllesbach, Alfred Rieß, Joachim	Outsourcing in der öffentlichen Verwaltung NVwZ 1995, S. 444

Commandeur, Gert	Die Bedeutung des § 613a BGB im Bereich der ehemaligen DDR, NZA 1991, S. 705 f. Individualrechtliche Probleme des Widerspruchs des Arbeitnehmers beim Betriebsübergang, NJW 1996, S. 2537 f.
Däubler, Wolfgang	Das neue Bundesdatenschutzgesetz und seine Auswirkungen im Arbeitsrecht, NZA 2001, S. 874
Dauner-Lieb, Barbara	Die Schuldrechtsreform – Das große juristische Abenteuer DStR 2001, 1572 ff.
Dauner-Lieb, Barbara Thiessen, Jan	Garantiebeschränkung in Unternehmenskauf nach der Schuldrechtsreform ZIP 2002, 108–114
Diedrich, Kay	Typisierung von Softwareverträgen nach der Schuldrechtsreform (Lösungsansätze für neue Abgrenzungsfragen) CR 2002, 473–480
Düwell, Franz Josef	Chancen und Risiken von Outsourcing, AuA 2001, 292 f.
Ehmann, Horst	Prinzipien des deutschen Datenschutzrechts, unter Berücksichtigung der Datenschutz-Richtlinie der EG vom 24.10.1995 RDV 1999, 12
Eidenmüller, Horst*	Zur Effizienz der Verjährungsregeln im geplanten Schuldrechtmodernisierungsgesetz JZ 2001, 285
Ellenberger, Martin H.	Die Aufklärungspflicht des Herstellers in der EDV-Praxis gegenüber dem Anwender ZIP 1982, 519 ff.
Engel, Johanna	Zur Darstellung des »Sales-and-lease-back« im Jahresabschluss DStZ 1995, 616
Eyles, Uwe	Funktionsauslagerung (Outsourcing) bei Kredit- und Finanzdienstleistungsinstituten, WM 2000, 1217
Färber, Georg	PKW-Leasing und Computer-Leasing BuW 1993, 86

Feil, Thomas Leitzen, Werner	Die EVB-IT nach der Schuldrechtsreform CR 2002, 407–410
Gleißner, Werner Füser, Karsten	Moderne Frühwarn- und Prognosesysteme für Unternehmensplanung und Risikomanagement DB 2000, 933, 941
Gottwald, Peter	Die Haftung für culpa in contrahendo JuS 1982, 877 ff.
Götze, Cornelius	Auskunftserteilung durch GmbH-Geschäftsführer im Rahmen der Due Diligence bei Beteiligungserwerb ZGR 1999, 202 ff.
Gronstedt, Sebastian Jörgens, Stefan	Die Gewährleistungshaftung bei Unternehmensverkäufen nach dem neuen Schuldrecht ZIP 2002, 52–65
Grützmacher, Malte	Application Service Providing – Urhebervertragsrechtliche Aspekte ITRB 2001, 59
Harrer, Herbert	Die Bedeutung der Due Diligence bei der Vorbereitung eines Unternehmenskaufs DStR 1993, 1673 ff.
Heinrich, Christian	Einführung in das Arbeitsvertragsrecht JuS 1998, S. 97 f.
Henssler, Martin	Aufspaltung, Ausgliederung und Fremdvergabe NZA 1994, S. 294 f. Die zivil- und urheberrechtliche Behandlung von Software MDR 1993, S. 489
Heymann, Thomas	Gesetzliches Leitbild des Wartungsvertrages CR 1991, 525 ff. Outsourcing als Form der Kooperation CR 2000, 23 ff.
Hoeren, Thomas	Anmerkungen zu BGH-Urteil vom 20.01.1994 CR 1994, 279 f.
Hoene, Thomas*	DGRI Stellungnahme zu § 640 BGB CR 2001 Beilage zu Heft 9, 7
Hörl, Bernhard	Aufklärung und Beratung beim Computer-»Kauf«, Schriftenreihe Information und Recht (Band 3) München 1999

Horn, Nobert	Culpa in contrahendo JuS 1995, 377 ff.
Jobs, Friedhelm* Horchler, Hartmut	DV-Outsourcing Wirtschaftliche und Rechtliche Grundlagen der Vertragsgestaltung RDV 1992, 105
Junker, Abbo	Die Entwicklung des Rechtsschutzes für EDV-Leistungen in den Jahren 1988 und 1989 NJW 199, 2117–2124
Kersten, Hans-Christian	Bewußtes Parallelverhalten – aufeinander abgestimmte Verhaltensweise – Kartellvertrag WuW 72, 69–83
Kiethe, Kurt	Vorstandshaftung aufgrund fehlerhafter Due Diligence beim Unternehmenskauf NZG 1999, 976 ff.
Koch, Frank A.	Application Service Providing als neue IT-Leistung ITRB 2001, 39
Kösters, Friedrich	Letter of Intent – Entscheidungsformen und Gestaltungshinweise NZG 1999, 623 ff
König, M. Michael	Besitzlos glücklich? Verträge zwischen Anwender und ASP c´t 2001/19, S. 220 Zur Sacheigenschaft von Computerprogrammen und deren Überlassung NJW 1990, 1584, 1587
Kort, Michael	Software – eine Sache? DB 1994, 1505–1509
Kues, Petra	Vereinbarung im Vorfeld eines Vertrages Konstanzer Schriften zur Rechtswissenschaft Band 78, Konstanz 1994
Kromschröder, Bernhard Lück, Wolfgang	Grundsätze risikoorientierter Unternehmensüberwachung DB 1998, 1573, 1576
Lauer, Jörg	Verträge über Software-Leistungen in der Praxis BB 1982, 1758–1763

Lehmann, Michael	Anmerkungen zu BGB-Urteil vom 20.01.1994 CR 1994, 277–279 Anmerkungen zu BGB-Urteil vom 25.03.1987 CR 1987, 422
Lesshaft, Karl	Anforderungen an Spezifikationen und Dokumentation CR 1989, 146–151 Softwarefehler und Gewährleistung CR 1988, 813–818
Loges, Rainer	Der Einfluß der Due Diligence auf die Rechtsstellung des Käufers eines Unternehmens DB 1997, 965 ff.
Lück, Wolfgang Hunecke, Jörg	Risiko Managementsystem – Internes Überwachungssystem, Controlling und Frühwarnsystem (Teil 1) Stbg 1998 Nr. 3, 129
Menner, Stefan Herrmann, Harald	Outsourcing bei Banken und Versicherungen, Auswirkungen d. EuGH-Entscheidung CSC Financial Services Umsatzsteuer-Rundschau 2002,112, 177
Merkt, Hamo	Due Diligence und Gewährleistung beim Unternehmenskauf BB 1995, 1042 ff.
Mertens, Kai	Die Information des Erwerbers einer wesentlichen Unternehmensbeteiligung an einer Aktiengesellschaft durch deren Vorstand AG 1997, 541 ff.
Michalski, Lutz	Das Rechtsinstitut der »culpa in contrahendo« (c.i.c.) Jura 1993, 22 ff.
Moll, Wilhelm	Die Rechtsstellung des Arbeitnehmers nach einem Betriebsübergang NJW 1993, S. 2016 f.
Moritz, Hans-Werner	Überlassung von Programmkopien – Sachkauf oder Realakt im Vetrag sui generis? CR 1994, 257–263
Müller-Hengstenberg, Claus-Dieter	Risikoteilung in DV Projekten CR 1995, 198–205
Redeker, Helmut	Wer ist Eigentümer von Goethes Werther? NJW 1992, 1739 f.

Richardi, Reinhard	Die Anwendbarkeit des § 613a BGB bei Betriebserwerb und Neugründung von Unternehmen in den neuen Bundesländern NZA 1991, S. 289 f.
Röhrborn, Jens Sinhart, Michael	Application Service Providing – juristische Einordnung und Vertragsgestaltung CR 2001 S. 69
Roschmann, Christian Frey, Johannes	Geheimhaltungsverpflichtungen der Vorstandsmitglieder von Aktiengesellschaften bei Unternehmensverkäufen AG 1996, 449 ff.
Roth, Herbert*	Die Reform des Werksvertragsrechts JZ 2001, 543
Sandrock, Otto	Gentlemen's Agreements, aufeinander abgestimmte Verhaltensweisen und gleichförmiges Verhalten nach dem GWB WuW 71, S. 858–868
Schäfer, Stefan Seibt, Dietrich	Benchmarking – Eine Methode zur Verbesserung von Unternehmensprozessen BFUP 98, S. 365–380
Scharpf, Paul	Die Sorgfaltspflicht des Geschäftsführers einer GmbH DB 1997, 739, 741
Schaub, Günter	Rechtsprobleme des Betriebsübergangs ZIP 1984, S. 272 f.
Schiefer, Bernd	Outsourcing, Auftragsvergabe, Betriebsübergang – nach geänderter Rechtsprechung NZA 1998, 1095–1107
Schmid, Joachim	Probleme der Rechtsnaturbestimmung moderner Vertragstypen am Beispiel des »Back up«-Vertrages CR 1994, 513 ff.
Schmidt, Harry	Beratungsleistungen und Mitwirkungspflichten CR 1992, 709 ff.
Schneider, Jochen	Projektsteuerung – Projektrisiken bei Software CR 2000, 27 ff.
Sieger, Jürgen Hasselbach, Kai	Veräußererkündigung mit Erwerberkonzept, Arbeitsrechtliche Probleme des Unternehmenserwerbs zu Sanierungszwecken DB 1999, S. 430 f.

Thewalt, Stephan	Softwareerstellung als Kaufrecht mit werkvertraglichem Einschlag CR 2002,1 ff.
Timm, Wolfram	Grundfälle zum Konzernrecht JuS 1999, S. 867
Vogler, Matthias Engelhard, Sven Gundert, Martin	Risikomanagementsysteme – Stand der Umsetzung DB 2000, 1425, 1431
Wächter, Michael	Die »komplementäre« Nutzung von Standardsoftware bei Inanspruchnahme von Rechenzentrumsbetriebsleistungen NJW-CoR 1999, S. 292
Weber, Jürgen Weißenberger, Barbara Liekweg, Armin	Ausgestaltung eines unternehmerischen Chancen- und Risikomanagements nach dem KonTraG DStR 99, 1710
Weber, Martin	Anmerkungen zu OLG Köln, Urteil v. 21.01.1994 (19U 73/93) Entscheidungen zum Wirtschaftsrecht 1994, 533–534
Weimar, Robert Alfes, Jochen	Arbeitsrechtliche Grundsatzfragen der Betriebsaufspaltung BB 1993, 783 f.
Westphalen, Friedrich Graf von	Ausgewählte arbeits- und datenschutzrechtliche Fragen beim »Outsourcing« im Rahmen von § 25a II KWG WM 1999, 1810–1816
Willemsen, Heinz Josef Lembke, Mark	Unterrichtung und Widerspruchsrecht der Arbeitnehmer beim Betriebsübergang NJW 2002, 1159
Wlotzke, Otfried	Arbeitsrechtliche Aspekte des neuen Umwandlungsrechts DB 1995, 40 f.
Wulf, Döser,	Einführung in die Gestaltung internationaler Wirtschaftsverträge JuS 2000, 456
Zahrnt, Christoph	Die Rechtsprechung zu Aufklärungs- und Beratungspflichten bei der Beschaffung von DV-Leistungen BB 1992, 720 ff. Die Rechtsprechung zu Aufklärungs- und Beratungspflichten von Computer-Beschaffungen NJW 1995, 1785 ff.

Ziegler, Ole	»Due Diligence« im Spannungsfeld zur Geheimhaltunspflicht von Geschäftsführern und Gesellschaftern DStR 2000, 249 ff.
Ziemons, Hildegard	Die Weitergabe von Unternehmensinterna durch Dritte durch den Vorstand einer Aktiengesellschaft AG 1999, 492 ff.
Zimmermann, Reinhard Mansell, Heinz-Peter	Finis Litium zum Verjährungsrecht nach dem Regierungsentwurf eines Schuldrechtsmodernisierungsgesetzes JZ 2001, 684, 690 ff.
Zundel, Frank P.	Outsourcing in der öffentlichen Verwaltung CR 1996, S. 763

I.2 Abkürzungsverzeichnis

Hinsichtlich der Abkürzungen wird auf das Abkürzungsverzeichnis von
Hildebert Kirchner
Abkürzungsverzeichnis der Rechtsprache
9. Auflage, Berlin 2000
verwiesen.

I.3 Kurzerklärungen und Abkürzungen

Benchmarking
Ist ein Analyse- und Planungsinstrument, das einen Vergleich des eigenen Unternehmens mit dem »Klassenbesten« der Mitbewerber und darüber hinaus auch Vergleiche mit branchenfremden (best practice) Unternehmen erlaubt. Es ist somit ein Prozess, der Produkte, Methoden, Abläufe und Strukturen betrieblicher Funktionen einem oder mehreren anderen Unternehmen gegenüberstellt, um Rationalisierungspotenziale oder Qualitäts- und Leistungssteigerungspotenziale aufzudecken (vgl. auch IGC-Wörterbuch).

BMF
Bundes**m**inisterium der **F**inanzen

b2b (**B**usiness **t(w)o** **B**usiness)
Internet-Handel zwischen Unternehmen

Consulting Leistung
Beratungsleistung/Dienstleistung, die in einer Beratung besteht

CRM (**C**ustomer **R**elationship **M**anagement)
Zusammenfassung von Aktionen und Reaktionen, die sich unmittelbar auf das Verhältnis zum Kunden auswirken. Im Vordergrund steht hierbei die Gewinnung und Aufbereitung von Kundeninformationen. CRM geht von einer gezielten kundenzentrierten Organisation aus, d.h., der Kunde steht im Mittelpunkt des unternehmerischen Denkens und Handelns. Die Affinität zum Kunden wird neu definiert. Seine Zufriedenheit soll dem Unternehmen Wiederkäufe garantieren. Schwierigkeiten können jedoch dann auftreten, wenn jede softwareunterstützende Direkt-Marketing-Aktion als CRM-Maßnahme angesehen wird.

Beispiel
Eine kundenorientierte Umgebung für den Einkauf im Internet, die genau auf die Bedürfnisse des Kunden ausgerichtet ist.

HOST-Systeme
Ein Verarbeitungsrechner in einem Rechnernetz, der netzwerkunabhängige Aufgaben löst und dessen Leistungen von anderen Netzstationen in Anspruch genommen werden.

Letter of Intent (LoI)
Ein Letter of Intent ist eine unverbindliche Absichtserklärung zwischen Käufer und Verkäufer. Ein Letter of Intent bestätigt, dass beide Seiten in Verhandlungen über einen Vertragsabschluss stehen. Häufig bildet der Letter of Intent auch die Grundlage des anschließenden Vertrages. Er begründet häufig jedoch keinerlei Rechtsansprüche (siehe den Inhalt des LoI). Verkündet ein Unternehmen, dass man mit einem Kunden einen LoI unterzeichnet habe und nun einen Großauftrag erwarte,

so ändert dies nichts an der rechtlichen Situation, d.h., es gibt bislang keinen Vertrag und keinen Auftrag.

Man Power
Die Kraft eines Mitarbeiters für das Unternehmen.

Pflichtenheft
Ein Pflichtenheft wird gem. DIN 69901 definiert als ausführliche Beschreibung der Leistungen (z.B. technische, wirtschaftliche und organisatorische Leistungen), die erforderlich sind oder gefordert werden, damit die Ziele des Projekts erreicht werden.

Die BVB der öffentlichen Hand beschreiben das Pflichtenheft als fachliches Feinkonzept, in dem der Informationsbedarf festgelegt wird, und zwar im Hinblick auf Umfang, Zeitpunkt, Ort und Prioritäten.

Pönale/Vertragsstrafe
Erreicht der Anbieter seine in dem SLA vertraglich vereinbarten Ziele nicht, so muss er eine Strafe (meist in Geld) an den Kunden zahlen.

SCM (**S**upply **C**hain **M**anagement)
Überwachung und Steuerung von Lieferketten.

SLA (**S**ervice **L**evel **A**greement)
In einem SLA werden zwischen Anbieter und Kunde die qualitativen und quantitativen Ziele der Leistungserbringung vertraglich vereinbart.

SOP (**S**ervice **O**ffering **P**ortfolio)
Die Services, die ein Anbieter seinen Kunden anbieten (offerieren) kann. Geht man davon aus, dass jede Lieferung von Produkten auch eine Dienstleistung (Service) nach sich zieht, so umfasst das SOP auch ein Produktangebot.

OLA (**O**peration **L**evel **A**greement)
Im Gegensatz zu einem SLA (→ Service Level Agreement) hat ein OLA nur eine interne Bedeutung für den Lieferanten (Supplier). Der Lieferant definiert in einem OLA die *internen* qualitativen und quantitativen Ziele, die ein Leistungs- oder Unternehmensprozess haben darf.

Beispiel
Die Beschaffung eines PC besteht aus vier Teilbereichen (Prozesse): Einkauf, Konfiguration, Auslieferung und Rechnungsstellung. Jeder dieser Teilbereiche verfügt über jeweils einen OLA. Der Lieferant kann anhand der OLAs seine Lieferkette beurteilen und Verbesserungen einführen. Die Summe dieser OLA-Auswertung ergibt die Informationen für den SLA (hier Beschaffung).

UHD (**U**ser **H**elp **D**esk)
Ist die erste Anlaufstelle beim Anbieter im Falle von Störungen oder sonstigen

Belangen des Kunden (First Level Support). Diese Anlaufstelle arbeitet meist telefonisch oder via E-Mail.

Wertschöpfungskette (auch *Leistungskette, Geschäftssystem value chain*) Die Differenz zwischen der Absatzleistung und dem Faktoreinsatz kennzeichnet den Wert der betrieblichen Wertschöpfung. W. Hopfenbeck Allg. Betriebswirtschaftslehre 9. Auflage S. 95.

Stichwortverzeichnis

A

G

M

N

Q

R

S

T

U

V

W

Z

ISBN 3-8266-0534-9
www.mitp.de

Manfred Bundschuh, Axel Fabry

Aufwandschätzng von IT-Projekten

Wettbewerbsvorteile erringen nur die Unternehmen und Projektleiter, die ihre IT bzw. IT-Projekte professionell managen. Nur wer Aufwand, Zeit, Kosten und Qualität seiner IT-Projekte auf Basis einer fundierten Aufwandschätzung von Anfang an solide plant, kann sie erfolgreich ins Ziel steuern.

Wer die IT Managementaufgabe »Aufwandschätzung« nicht wahrnimmt, riskiert somit leichtfertig das Scheitern seiner IT-Projekte. Das heisst, teures Lehrgeld zahlen, denn ein einziges abgebrochenes Projekt kommt teurer als die Einführung einer professionellen Aufwandschätzung im Unternehmen oder die Durchführung der Aufwandschätzung, die

oft wegen Zeitknappheit, angeblich zu hohem Aufwand, oder wie die Ausreden sonst noch heißen, sträflich vernachlässigt werden.

Manfred Bundschuh und Axel Fabry stellen in ihrem Buch ihre Erfahrungen bei Einführung und Durchführung der Aufwandschätzung sowie unterschiedliche Aufwandschätzmethoden, Software-Metriken und Tools zur Aufwandschätzung vor. Besonders detailliert beschäftigen sie sich mit der gebräuchlichsten Methode, der Function-Point-Methode. Dem Anfänger werden viele praktische Erfahrungen rund um das Thema Aufwandschätzung vermittelt. Der Profi wird zu seiner Freude vieles aus der eigenen Praxis wiedererkennen und von den Kennzahlen im Kapitel Benchmarking von IT-Projekten sowie von den Internetadressen und Hinweisen zur Vertiefung in das Thema profitieren. Dieses Buch überzeugt durch seine Praxisnähe und versucht mit möglichst wenig Theorie auszukommen.

Aus dem Inhalt:

- Grundprinzipien des Schätzens, Die Schätzproblematik
- Grundlagen und Bestimmungsfaktoren der Aufwandschätzung
- Die Einführung der Aufwandschätzung, häufig gestellte Fragen
- Typische Fehler, To-Dos und Not-To-Dos bei der Aufwandschätzung
- Software-Metriken, Benchmarking-Kennzahlen
- IT-Metrik-Organisationen, Tools zur Aufwandschätzung
- Methoden und Metriken, vor allem die Function-Point-Methode und ihre Varianten
- Fallbeispiele, Checklisten, Internetadressen